ANNEMARIE DÜHRSSEN

Psychogene Erkrankungen bei Kindern und Jugendlichen

Eine Einführung
in die allgemeine und spezielle Neurosenlehre

13. Auflage

Verlag für Medizinische Psychologie
im Verlag Vandenhoeck & Ruprecht in Göttingen

1. Auflage 1954
2., durchgesehene Auflage 1955
3., durchgesehene Auflage 1960
4., durchgesehene und erweiterte Auflage 1962
5. Auflage 1965
6. Auflage 1967
7. Auflage 1969
8. Auflage 1971
9. Auflage 1972
10. Auflage 1974
11. Auflage 1976
12. Auflage 1978

CIP-Kurztitelaufnahme der Deutschen Bibliothek
Dührssen, Annemarie:
Psychogene Erkrankungen bei Kindern und Jugendlichen : e. Einf. in d. allg. u. spezielle Neurosenlehre / Annemarie Dührssen. – 13. Aufl. – Göttingen : Verlag für Med. Psychologie im Verl. Vandenhoeck & Ruprecht, 1982.
ISBN 3-525-45602-6

13. Auflage 1982

© Verlag für Medizinische Psychologie, Göttingen 1954. Ohne ausdrückliche Genehmigung des Verlages ist es nicht gestattet, das Buch oder Teile daraus auf foto- oder akustomechanischem Wege zu vervielfältigen. – Printed in Germany. – Gesamtherstellung: Hubert & Co., Göttingen

DEM ANDENKEN
MEINES LEHRERS
HARALD SCHULTZ-HENCKE
IN DANKBARKEIT GEWIDMET

INHALT

Einleitung 7

I. Einführung in die Entwicklungspsychologie des Kleinkindes ... 10

A. Vorbemerkung 10

B. Die biologische Reifung von Einzelfunktionen 11
   1. Aktivität und Antriebsüberschuß 11
   2. Sinnesorgane 12
   3. Motorik 15
   4. Ausscheidungsfunktionen von Darm und Blase 16
   5. Sprachentwicklung 18
   6. Gedächtnisleistungen und Erfahrungserwerb 18
   7. Sexualität 22

C. Entfaltungsstufen der wahrnehmenden und urteilenden Welterfassung 24
   Vorbemerkung 24
   1. Physiognomisches Erleben 25
   2. Magisches Erleben 26
   3. Theoretische Welterfassung 27

D. Die Entwicklung der kindlichen Antriebe, Bedürfnisse und Interessen 29
   1. Wesen und Inhalte des menschlichen Antriebserlebens 29
   2. Entfaltungsstufen der kindlichen Antriebswelt 37
      a) orale und intentionale Bezogenheit zur Welt 37
      b) „handelnde" Phase 39
      c) Realitätsprüfung und theoretische Weltbewältigung 44
   3. Die Zwiespältigkeit der menschlichen Antriebswelt 45

II. Allgemeine Neurosenlehre 47

A. Das zentrale Krankheitsgeschehen 47
   1. Verdrängung und Gehemmtheit, der Begriff des Unbewußten 47
   2. Die Bedeutung der menschlichen Antriebswelt für die Entstehung von Neurosen 50
   3. Biologische Entwicklungsgesetze, die die Entstehung von Neurosen hervorrufen 53
   4. Verdrängungsvorgänge und Krankheitsbegriff 53
   5. Die erworbene Tönung des Lebensgefühls (Angsterlebnisse als Sonderfall) 54
   6. Der Circulus vitiosus in der neurotischen Fehlentwicklung 56
   7. Zusammenfassung 57

B. Verdrängungsvorgänge in den verschiedenen Antriebsbereichen 58
   1. Oral-kaptative Gehemmtheit 59
   2. Retentive Gehemmtheit 60

    3. Aggressive Gehemmtheit 60
    4. Hingabe-Gehemmtheit 61
    5. Sexuelle Gehemmtheit 62
    6. Intentionale Gehemmtheit 63

C. Anlage und Umwelt 65
    1. Gefährdende Anlagen 65
    2. Gefährdende Umwelt 71

D. Grundformen neurotischer Entwicklungsstörungen 79
    1. Die erworbene depressive Grundstimmung und intentionale Hemmungen 81
    2. Die Präformierung zur zwangsneurotischen Struktur 86
    3. Die Präformierung zur hysterischen Struktur 94
    4. Vergleichende Betrachtung der verschiedenen Strukturbilder 101

E. Die Manifestation neurotischer Krankheitszeichen und typische Krisensituationen in einem Kinderleben 105
    (Versuchungs- und Versagungssituationen) 105

III. Spezielle Neurosenlehre 115

A. Zur Einführung 115
    a) Die Diagnose in der Psychotherapie 115
    b) Neurotische Manifestationsformen und ihr Krankheitswert 119

B. Manifestationen im charakterologischen Bereich 125
    Vorbemerkung 125
    1. Neurotische Leistungsminderungen, Spiel- und Arbeitshemmungen ... 128
    2. Kompensationsversuche 138
    3. Ersatzbefriedigungen 146
    4. Neurotische Verwahrlosung
       a) Weglaufen, Eigentumsdelikte, Lügen, Hochstapelei, aggressive und sexuelle Verwahrlosung 151
       b) Neurotische Verwahrlosung und ihre Beurteilung in der Rechtsprechung 170

C. Spezielle neurotische Verhaltensweisen 175
    Vorbemerkung 175
    1. Daumenlutschen, Nägelknabbern, Haarausreißen 175
    2. Mutismus 184
    3. Onanie 189
    4. Perversionen 194

D. Psychische und psycho-somatische Krankheitserscheinungen 204
    Vorbemerkung 204
    1. Grundsätzliches über die verschiedenen Möglichkeiten psychogener Verursachung bei Organerkrankungen 206
    2. Krankheitssymptomatik, neurotische Grundstruktur und Antriebsqualität 213
    3. Depressive Verstimmungen und intentionale Gehemmtheiten 216
    4. Zwangssymptomatik 220
    5. Angstsymptomatik (Allgemeine Ängstlichkeit, Angstanfälle, phobische Zustände, Pavor nocturnus) 228
    6. Schlafstörungen 235

7. Eßstörungen (Anorexia nervosa, Erbrechen, psychogene Magersucht) 238
8. Ulcus ventriculi et duodeni, Gastritis............................ 251
9. Obstipation 256
10. Asthma bronchiale 259
11. Hautaffektionen 264
12. Kopfschmerzen... 266
13. Erröten 268
14. Ohnmachten.. 271
15. Herzsymptomatik 274
16. Störungen des motorischen Apparates 277
    a) Allgemeine motorische Unruhe 279
    b) Iactationen 280
    c) Ticartige Erscheinungen 282
    d) Schreibkrampf 285
    e) Stottern.. 287
17. Enuresis nocturna et diurna 295
18. Enkopresis 301

E. Indikationsstellung, Prognose und Therapie 303

Literaturhinweise 317

Sachregister.. 321

Namenverzeichnis 323

EINLEITUNG

Das vorliegende Buch ist den psychogenen Erkrankungen im Kindesalter gewidmet. Der Aufgabenkreis, der vor einem solchen Unternehmen liegt, ist weit. Seit je ist der Wissensbestand der Psychotherapie mit allen Problemstellungen der Entwicklungsbiologie und Entwicklungspsychologie eng verknüpft gewesen. Man kann die grundlegenden Einsichten der Psychotherapie kaum wirklich verständlich machen, ohne daß man die Ergebnisse dieser Nachbarwissenschaften zu Hilfe ruft. Immer sollte eine allgemeine Neurosenlehre so entwickelt werden, daß sie das ihr zugehörige Erfahrungsmaterial sinnvoll und störungsfrei in einen breiteren Gesamtkreis wissenschaftlicher Erkenntnisse einordnet. Außerdem sollte man versuchen, die Darstellungen der allgemeinen Neurosenpsychologie mit reichlichem kasuistischen Anschauungsmaterial so zu belegen, daß sich die Grundlagen zu einer speziellen Neurosenlehre ergeben. Eine Vervollständigung der allgemeinen Neurosenpsychologie in dieser Richtung gehört zu den Aufgaben, die dringend in Angriff genommen werden müssen, damit man von den ersten versuchsweisen Anfängen aus die zukünftige Wissenschaftsentwicklung überprüfen und ausdifferenzieren kann.

Die Schwierigkeiten, die vor einem liegen, wenn man sich dieser soeben umrissenen Zielsetzung nähern will, sind groß. Sie werden dadurch nicht kleiner, daß die Psychotherapie selbst zur Zeit noch kein eindeutig einheitliches Wissenschaftsgebäude darstellt. Es muß also ein besonderes Anliegen unserer Unternehmung sein, eine Darstellungsform zu finden, die im Rahmen des Möglichen die interschulischen Schwierigkeiten der Psychotherapie umgeht. Zum Glück kann gesagt werden, daß im Bereich der Kindertherapie die Schärfe einander widersprechender Meinungen etwas gemildert erscheint. Die kompliziertesten Differenzen der psychotherapeutischen Schulmeinungen finden sich erst dort, wo im Erwachsenenleben das Problem menschlicher Grenzsituationen und die Frage nach den möglichen Lebenslösungen auftaucht. Jung selbst verwies — wenigstens in früheren Arbeiten —, sofern er von der Psychotherapie bei Kindern sprach, häufig auf die Freudsche Lehre. Daß die wissenschaftlichen Einsichten von Freud im Verlauf der vergangenen Jahrzehnte eine Fortentwicklung erfahren haben, wird auch den Uninformierten nicht entgangen sein. Vorwegnehmend stellen wir heraus, daß die alte, eng gefaßte Libidotheorie und ihre sexualistische Überspitzung von einem großen Teil der Fachkenner und auch von uns fallen gelassen wurde. Die Berücksichtigung jener Einsichten, die Adler und Künkel der Wissenschaft vermittelt haben, gehört zur Zeit zu den Selbstverständlichkeiten. Außerdem wurden von uns eine Fülle ergänzender Kenntnisse verwertet, die in jahrelanger Zusammenarbeit mit Schultz-Hencke und seinem Arbeitskreis gewonnen werden konnten.

Wenn wir die gegenwärtige Lage der verschiedenen psychotherapeutischen Schulen richtig überblicken, so ist die fortschreitende Entwicklung durch eine immer größere Annäherung hinsichtlich des beobachteten Erfahrungsgutes gekennzeichnet. Leider wird dieser Entwicklungsprozeß zu einem Teil dadurch verdeckt, daß die Terminologien der verschiedenen Schulen recht erhebliche Unterschiede aufweisen und außerdem eine Reihe von Begriffsbildungen enthalten, die unbemerkt durch die getroffene Wortwahl die Merkmale des beurteilten Tatbestandes verschieben. Dieser Vorgang fällt oft nur dem Fachkenner bei sehr sorgfältiger Beobachtung auf, und er hat bereits viel Unheil gestiftet. Unheil insofern, als die breiteste Erläuterung Mißverständnisse nicht verhindern kann, sofern die Begriffsbildung selbst gewisse Ungeschicklichkeiten aufweist. Die Mißverständnisse, die zwischen den Schulen bestehen, vermehren sich natürlich in dem Augenblick, in dem die verschiedenen Beteiligten nicht mehr klar bemerken, daß die Beschreibungsform und der beobachtete Tatbestand nicht miteinander identisch sind. Die Diskussion, die einen Vergleich der gesammelten Empirie herbeiführen sollte, geht immer solange am eigentlichen Gegenstand vorbei, als sie den Unterschied zwischen Beschreibungsform und Tatbestand übersieht und hartnäckig an der Erörterung der Beschreibungsformen hängen bleibt.

Das Anliegen des vorliegenden Buches erfordert es also, wie gesagt, daß im Rahmen des irgend Möglichen eine Darstellungsform gewählt wird, die die interschulischen Schwierigkeiten in der Psychotherapie vermeidet und die verwendeten Begriffe möglichst sorgfältig erläutert.

In diesem Zusammenhang sei ein kurzer Hinweis auf die Eigenart der von uns gewählten Kasuistik gestattet. Wir werden bei den Falldarstellungen, die unsere spezielle Neurosenlehre füllen, nicht immer verhüten können, daß mit der Betonung bedeutungsvoller Entwicklungslinien auch gewisse Schematisierungen auftreten. Solche Schematisierungen müssen natürlich ganz besonders den Fachkenner stören. Um uns vor Mißverständnissen zu schützen, wollen wir gleich zu Beginn vor Fehlurteilen warnen. Die lebendige Wirklichkeit wird niemand in kurzgefaßten Abstraktionen einfangen können. Die Darstellungsformen, die wir wählten, sind immer nur als Zwischenlösungen anzusehen. Das sorgfältige Einzelstudium biographischer und psychologischer Zusammenhänge wird vom jedem ergänzend nachgeholt werden müssen, der ein vertieftes Interesse befriedigen möchte. Das Material an Krankengeschichten, auf das sich unsere eigenen Erfahrungen stützen, stammt überwiegend aus der Poliklinik für Kinder und Jugendliche des Zentralinstituts für psychogene

Erkrankungen der Krankenversicherungsanstalt Berlin. Die dargestellten kasuistischen Beispiele sind allerdings nur zum kleineren Teil den dortigen Akten entnommen. Für die Erlaubnis, das vorliegende Material für unsere Zwecke verwenden zu dürfen, sei in diesem Zusammenhang der Leitung der Krankenversicherungsanstalt Berlin bestens gedankt.

Abschließend wollen wir noch hinzufügen, daß es nach unserer Meinung kaum eine bessere Vorbereitung für das Verständnis psychogener Erkrankungen im Erwachsenenalter geben kann, als ein genauer Überblick über neurotische Entwicklungsabläufe in Kindheit und Jugend. Ja, wir möchten glauben, daß niemand, der mit psychogenen Störungen der Erwachsenen vertraut werden will, wirklich umhin kann, sich sorgfältig und genau die vorbereitende neurotische Entwicklung im Kindesalter zu betrachten. Ist es doch unbestreitbar, daß die neurotischen Störungen beim Kind und beim Erwachsenen nichts anderes sind, als die verschiedenen Glieder einer gemeinsamen, sich konsequent fortsetzenden Entwicklungslinie.

I.

EINFÜHRUNG IN DIE ENTWICKLUNGSPSYCHOLOGIE DES KLEINKINDES

A. Vorbemerkung

Der erste Abschnitt unseres Buches trägt eine recht anspruchsvolle Überschrift. Wir schicken zur Erläuterung eine notwendige Einschränkung vorweg:
Die Entwicklungspsychologie des Kindes befaßt sich mit einem außerordentlich weiten Arbeitsfeld. Wenn wir hier zu Beginn eine „Einführung" unternehmen, so leitet uns im wesentlichen ein didaktisches Ziel. Unsere Grundvoraussetzung ist folgende: Wir wissen heute, daß die seelische Entwicklung eines kleinen Kindes durch Umwelteinflüsse außerordentlich tiefgehend gestört werden kann. Es können in der Zeit der frühen Kindheit krankhafte seelische Reaktionsweisen entstehen, die unter Umständen das ganze Leben begleiten. Nun wirken sich schädigende Umweltfaktoren auf die seelische Verfassung eines Kindes jeweils verschiedenartig aus, je nach der Entwicklungsstufe, die dieses Kind gerade erreicht hatte. Wir werden die Entwicklungsgesetzlichkeiten einer krankhaft fehlgesteuerten Reifung daher kaum verstehen können, wenn wir nicht vorher einführend einen kurzen Überblick zu gewinnen suchen über die normalen Reifungsetappen, die ein kleines Kind durchläuft.

Bei dem Versuch, eine solche übersichtsweise Gliederung zu entwickeln, kann man allerdings sehr verschieden zentrieren. Wir haben es für zweckmäßig gehalten, in folgender Weise vorzugehen:

Wir befassen uns zunächst mit den *biologischen Entwicklungsgesetzlichkeiten*, denen einzelne, enger umschriebene Funktionsabläufe unterworfen sind. Die verschiedenen Einzelbefähigungen des Kindes reifen ja in äußerst unterschiedlichem Entwicklungstempo soweit heran, daß sie schließlich gebrauchsfertig vorliegen. Natürlich treffen wir bei einer so ausgerichteten Beschreibung eine gewisse Auslese, da uns von Anfang an bevorzugt jene Befähigungen des Menschen interessieren müssen, deren Reifungsschritte an der Entstehung neurotischer Störungen besonders beteiligt sind.

Selbstverständlich können wir mit Hilfe einer so ausgewählten Beschreibung bestimmter Einzelbefähigungen niemals ein vollständiges Bild der charakteristischen Entfaltungsstufen kleiner Kinder mosaikartig zusammensetzen. Es birgt sowieso nicht unerhebliche Gefahren, wenn man bei dem Versuch Elementenbiologie oder Elementenpsychologie zu treiben, den Bogen allzu weit überspannt.

Diese ersten einführenden Erörterungen haben auch keinen anderen Zweck, als daß sie eine gewisse Übersichtlichkeit vorbereiten sollen.

Unerläßlich ist es auf jeden Fall, daß wir unsere Aufmerksamkeit dann gesondert der *wahrnehmenden* und *urteilenden Weltbewältigung* des Kleinkindes zuwenden, so wie sich diese Erlebnisformen bei ganzheitlicher Zusammenschau in den verschiedenen Entwicklungsetappen darbieten. Zwar ist es selbstverständlich, daß sich an den Übergängen zwischen den verschiedenen Entwicklungsetappen niemals festmarkierte Begrenzungen finden lassen, doch würden wir die fruchtbarsten Aspekte vernachlässigen, wenn wir nicht den typischen Knotenpunkten in der Entwicklung eines kleinen Kindes unser gesondertes Augenmerk zuwendeten.

Allerdings muß unsere Einführung in die Entwicklungspsychologie, da sie ja eine allgemeine Neurosenlehre vorbereiten will, noch weitere besondere Vorgänge hervorgehoben betrachten und beschreiben. Sie kann sich nicht mit einer formalen Beschreibung der Entwicklungsschritte des kleinen Kindes im Wahrnehmen und Urteilen begnügen. Auch die *Wunsch- und Antriebswelt* des Menschen reift nach einem regelhaften Entwicklungsrhythmus. Zum Verständnis einer späteren Neurosenlehre wird gerade die Beschäftigung mit der reifenden kindlichen Impulswelt von hervorgehobener Bedeutung sein. Es ist zwar selbstverständlich, daß die Reifung körperlicher und seelischer Leistungsmöglichkeiten im engsten Zusammenhang steht mit der Entfaltung der Wunsch- und Antriebswelt. Mit Hinblick auf eine erstrebte gute Übersichtlichkeit wird man jedoch gut daran tun, gesondert darzustellen, was gesonderte Eigentümlichkeiten besitzt.

Unsere Einführung in die Entwicklungspsychologie des kleinen Kindes wird also nach dem bisher Gesagten in drei Abschnitte zerfallen:

Ein Abschnitt, der die biologische Reifung verschiedener Einzelbefähigungen oder Einzelfunktionen heraushebt und ihre Entwicklungsgesetzlichkeiten gesondert beschreibt. Ein zweiter Abschnitt, der die verschiedenen Entfaltungsstufen der wahrnehmenden und urteilenden Welterfassung darzustellen sucht. Schließlich einen dritten Abschnitt, der sich mit den Reifungsepochen der kindlichen Wunsch- und Antriebswelt befaßt. Es braucht dabei kaum wiederholt zu werden, daß mit der von uns gelieferten Beschreibung entwicklungspsychologischer Zusammenhänge kein Anspruch auf Vollständigkeit verbunden ist. Unsere Ausführungen stellen eine Auswahl dar. Jeder, der sich genauer in dieses Arbeitsgebiet vertiefen möchte, wird sich sorgfältig mit der reichhaltig vorliegenden einschlägigen Literatur befassen müssen.

B. Die biologische Reifung von Einzelfunktionen

1. Aktivität und Antriebsüberschuß

In dem soeben skizzierten Zusammenhang gilt unser Augenmerk nun zunächst einer speziellen Sondereigentümlichkeit des Menschen, die zwar bestimmten gesonderten Gesetzmäßigkeiten der Entwicklung unterliegt, die wir aber nur selten unabhängig von den Inhalten unseres Erlebens einer Beurteilung unterziehen. Die Überschrift dieses ersten, zwar kurzen, aber wichtigen Kapitels sagt bereits, was wir meinen. Aktivität und Antriebsüberschuß sind keineswegs bereits vom ersten Lebenstage ab eine Eigentümlichkeit, die die menschliche Natur vor allem anderen auszeichnet. Die ersten Lebenstage verbringt das kleine Kind ganz überwiegend schlafend. Tatsächlich verschläft das Neugeborene noch fast vier Fünftel seines Tages. Außerdem ist das eine Fünftel seiner wachen Existenz überwiegend von reaktiven Lebensäußerungen ausgefüllt. Wie uns die Untersuchungen von Ch. Bühler und Hetzer gelehrt haben, zeigt der neugeborene Säugling nur vierzehn Minuten seines Tages spontane, nicht reaktive Lebensäußerungen. Der Antriebsüberschuß, der über die Befriedigung existenzieller Minimumbedürfnisse hinausgeht, erwacht erst später. Freilich erwacht er bald und wird dann zum Träger einer immer wieder nach Handlung drängenden produktiven Lebensenergie, die sich betätigen will, sofern nur immer die zur Verfügung stehenden geistigen Mittel es gestatten wollen. Denn mit dem Ende des zweiten Monats beginnen bereits die spontanen Lebensäußerungen die reaktiven zu überwiegen. Hand in Hand geht damit dann das Schlafbedürfnis des Kindes zurück. Das Halbjahreskind verschläft nur noch die Hälfte des 24-Stundentages, seine Spontanaktivität füllt bereits einen Zeitraum von fünf Stunden und schon das Einjahrskind ist für die Dauer von sieben Stunden von spontanem Unternehmungsgeist erfüllt. Diese Spontanaktivität bedient sich selbstverständlich der reifenden motorischen Geschicklichkeit und bekommt zugleich im Verlauf der Entwicklung ihre Inhalte. Indem die sich allmählich bebildernde Innenwelt der Unternehmungslust des kleinen Kindes ihre Ziele gibt, beschwört der Antriebsüberschuß, das Bedürfnis nach motorischer Entladung, die ersten Abenteuer der Weltbewältigung herauf. Doch müssen wir betonen, daß Spontanaktivität und Antriebsüberschuß keineswegs mit der Befähigung zu geordneter koordinierter Bewegung zusammenfallen, ebensowenig aber mit geistiger Beweglichkeit identisch sind. Ein motorisch sehr geschickter Mensch kann sparsam sein in seinen Bewegungen und Plänen, der erethische Idiot dagegen ist ein sprechendes Beispiel dafür, daß ein amorpher Entladungsdrang existieren kann, ohne daß ihm die Fruchtbarkeit geistiger Mittel beigegeben wurde.

2. Sinnesorgane

Die nächsten Befähigungen des Menschen, die wir zu besprechen haben, sind die Leistungen seiner verschiedenen Sinnesorgane. Hier handelt es sich um Leistungen und Erlebnisvollzüge, die unserem subjektiven Erleben immer ganz besonders nahestehen. Liefern uns doch die verschiedenartigen Apparaturen unserer Wahrnehmungsorgane das gegenständliche Rohmaterial für unsere bebilderte Innenwelt. Soweit wir nun aus Beobachtungen und Experiment beim Säugling und kleinen Kind bisher entnehmen können, sind die Organsysteme selbst, die uns die Eindrücke der Außenwelt vermitteln, bereits bei der Geburt funktionstüchtig. Sachlich falsch ist also die These, daß der Säugling bei der Geburt taub sei. Sinnliche Reize aus allen Sinnesgebieten wirken auf das Kind. Jedoch beteiligt sich das Großhirn zunächst noch nicht an der Verarbeitung dieser Sinnesreize, und wir dürfen uns kaum vorstellen, daß gleich anfangs all diesen Reizeindrücken eine nach Dingen und Gegenständen gegliederte Wahrnehmung zugeordnet ist. Dies schon deshalb nicht, weil die sogenannten höheren Sinnesorgane, also Auge und Ohr, bei der Geburt zwar Reize aufnehmen und weitervermitteln können, diese Reize aber zu Anfang noch nicht die gleiche Bedeutung haben, wie sie sie in der späteren Entwicklung des Menschen besitzen.

Hier müssen wir kurz eine Zwischenüberlegung einschalten, die für das Verständnis menschlichen Erlebens und Verhaltens hinsichtlich seiner Wahrnehmungswelt von größter Wichtigkeit ist:

Jede Wahrnehmung, jeder Reizeindruck ist, wie wir wissen, vom Zeitpunkt seines ersten Wirkens an mit einem zugehörigen Affekt, mit einem charakteristischen Gefühlston fast untrennbar verschmolzen. Lersch nennt diesen Vorgang den „Anmutungscharakter" der sinnlichen Wahrnehmungswelt. In der älteren Psychologie sprach Wundt von den „Vorstellungsgefühlen", während man heute in Anlehnung an Russel auch gelegentlich davon spricht, daß die gegenständliche Welt für den erlebenden Menschen bestimmte „Valenzen" besitzt.

Die hier notwendige Beschreibung seelischer Vorgänge steht vor recht erheblichen Schwierigkeiten. Wahrnehmung und zugehöriger Gefühlston bilden im allgemeinen eine Erlebnisganzheit, die im subjektiven Erleben schwer zu zertrennen ist. Eine alltägliche Beobachtung kann uns aber zeigen, daß es sich trotzdem um Verschiedenartiges handelt: Der Mensch erlebt z.B. die Geschmacksqualität süß nicht nur einfach als süß, sondern neben dem eigentlichen Geschmackseindruck her läuft eine ausgesprochen angenehme Empfindung. Die Empfindungsqualität süß ist also mit einer angenehmen lustvollen Gefühlstönung gekoppelt. Eine Tatsache, die keineswegs selbstverständlich ist. Können wir doch oft beobachten, daß bei Überangebot von süßen Speisen das Erlebnis des Angenehmen allmählich nachläßt und schließlich sogar ausgesprochenem Ekel und Abwehrgefühlen Platz macht. Bereits in der einfachsten Selbstbeobachtung verzeichnen wir also, daß die ursprüngliche Koppelung des süßen Geschmackseindrucks mit der angenehmen Gefühlstönung nicht unaufhebbar konstant ist, sondern daß durchaus Veränderungen möglich sind und daß es sich hier ganz offenbar um verschiedenartige, wenn auch eng verschmolzene Erlebniseindrücke handelt.

Der Mensch besitzt eine ganze Fülle von solchen angeborenen Gefühlskoppelungen oder „Anmutungen". Zum Teil hängen sie an den biologischen Bedürfnissen unseres Organismus. Auch in der Art, wie sie wechseln oder sich ablösen, scheinen sie bestimmten Regeln unterworfen zu sein, wenn auch hier bisher wenig Genaueres bekannt ist. Warm ist angenehm, Unterkühlung oder Hitze lösen Unbehagen aus. Tageslicht und Sonnenschein werden allgemein von positiven, heiteren und bewegten Gefühlstönen begleitet. Dunkelheit und Nacht scheinen die innerseelischen Abläufe eher zu drosseln. Der belebende Anreiz, der von glänzenden, goldenen Gegenständen ausgeht, ist uns gut bekannt. Zahlreiche seelische Bewegtheiten werden außerdem schon im ganz kleinen Kind vom anderen Menschen, seinem Erscheinungsbild, seiner Stimme, seinen Bewegungen ausgelöst. Vielfältig, u.a. von Kroh, wurde darauf hingewiesen, daß z.B. das menschliche Auge offenbar angeborenerweise bereits für den Säugling einen besonderen, sehr hervorgehobenen Gefühlswert besitzt.

Diese Tatsachen scheinen uns im allgemeinen ganz außerordentlich selbstverständlich. Doch es ist wohl gut, einmal darüber nachzudenken, daß es auch anders sein könnte. Denn daß auch ganz anders geartete Gefühlsreaktionen lebendige Organismen lebens- und fortpflanzungsfähig erhalten, lehrt uns täglich die Natur. Die menschliche Wesensart wird freilich niemand voll erfaßt haben, der dieser Seite seiner Natur nicht das volle Augenmerk zugewendet hat.

Diese eingeschaltete Zwischenüberlegung war nun insofern bedeutungsvoll, als sich der „Anmutungscharakter", also der gefühlsmäßige Bedeutungsgehalt verschiedener Sinneseindrücke beim Säugling und kleinen Kind je nach Entwicklungsstufe in charakteristischer Weise verschiebt. Die hier gängigen Einsichten, die vielfältig in der Literatur wiederholt werden, sind etwa folgende: Für den Säugling haben in den ersten Lebenswochen die sogenannten niederen Sinnesorgane, also Geschmacks-, Geruchs- oder auch Hauterlebnisse — Berührung, Temperatur —, einen viel wesentlicheren gefühlsmäßigen Bedeutungsgehalt als die Eindrücke, die ihm durch Auge oder Ohr vermittelt werden. Spranger sprach von der „Mundwelt" des kleinen Kindes und wollte damit auf den hervorgehobenen Bedeutungsgehalt hinweisen, den die Munderlebnisse für den sehr jungen Säugling besitzen. Das sogenannte „Schaualter", wie Ch. Bühler es genannt hat, also die Zeit, in der das kleine Kind mit großem, ernstem Blick im Bettchen liegt und betrachtend zu schauen scheint, liegt dagegen erst einige Wochen später. Ch. Bühler gibt diesen Zeitraum etwa vom 3. bis 5. Monat an und fügt hinzu, daß nach dem Schaualter das Greifalter kommt. Vom 5. Monat ab können wir konstatieren, daß optische Eindrücke nicht nur den betrachtenden Blick des Kindes fixieren, sondern daß von ihnen eine zusätzlich anregende Wirksamkeit ausgeht, die das Kind zu Greifhandlungen veranlaßt. Die Welt bekommt damit den typischen „Aufforderungscharakter", wie Lewin das genannt hat. Ebenfalls vom 3. Monat ab beobachten wir beim Säugling die Hinwendung zu einer Schallquelle.

Wie weit diese regelhaft zu beobachtenden Entwicklungsgesetzlichkeiten vom biologischen Reifezustand des Zentralnervensystems abhängen, wissen wir im einzelnen nicht sehr genau. Zwar besteht eine gewisse Parallelschaltung zwischen der sogenannten Markscheidenreifung im Gehirn und dem Neuerwachen bestimmter psychischer Funktionen. Doch ist eine absolut genaue Zuordnung zwischen den anatomischen Befunden und den psychologischen Beobachtungen noch nicht mit Sicherheit herzustellen gewesen.

Für unsere Zwecke halten wir also fest, daß die Wahrnehmungswelt des Kindes in den frühen Lebenswochen verschiedenartige Charakteristika hat. Der seelische Bedeutungsgehalt von Gesehenem und Gehörtem tritt in den ersten Lebenstagen erheblich zurück hinter den Eindrücken, die dem Kind durch Mund- und Hauterlebnisse vermittelt werden. Die frühesten Eindrücke, die offenbar vom Säugling hervorgehoben aufgenommen werden, sind die Erlebnisse um die Nahrungsaufnahme, um Wärme und Trockenheit und erst Wochen danach wird die Wahrnehmungswelt des kleinen Kindes durch optische und akustische Erlebnisse entscheidend bereichert und erhält überwiegend durch diese Sinneseindrücke den typischen Aufforderungscharakter.

Folgendes heben wir außerdem noch als bedeutungsvoll hervor: Zahlreiche Reizeindrücke, die ein kleines Kind zu verarbeiten hat, gruppieren sich um jenes Erleben, das wir im allgemeinen unter dem Wort Zärtlichkeitserleben zu umreißen suchen. Es ist gar kein Zweifel, daß für ein kleines Kind die Zärtlichkeitszuwendung der Mutter einen lebensnotwendigen Erlebnisbestandteil darstellt. Was wir als Zärtlichkeit verstehen, wird dem Kind sicher auf sehr verschiedenen Wegen vermittelt. Sei es durch beruhigendes Umherfahren, sei es durch freundlichen Zuspruch, sei es durch liebevolles Streicheln. Hier haben sehr verschiedenartige Erlebniseindrücke aus getrennten Sinnesgebieten einen sehr verwandten „Anmutungsgehalt", eine sehr verwandte „Valenz", und es erscheint notwendig, in diesem Zusammenhang vorbereitend darauf hinzuweisen, daß diese Gefühlsbetonung bestimmter Erlebniseindrücke in der Entwicklungspflege eines kleinen Kindes eine ganz hervorgehobene Rolle spielt.

3. Motorik

In bezug auf die jetzt zu besprechenden motorischen Fähigkeiten des Menschen stehen wir vor einer anderen Situation, als wir sie soeben bei der Beurteilung der Sinnesfunktionen gefunden haben. An motorischen Möglichkeiten liegt dem kleinen Kind praktisch nichts gebrauchsfertig vor. Es funktionieren lediglich einige, den Lebenserhalt stützende Reflexmechanismen, während aktiv gezielte Bewegungsabläufe noch nicht zur Verfügung stehen. Erst schrittweise wächst für das Kind die Befähigung heran, die verschiedenen Gruppen willkürlicher Muskulatur aktiv zu beherrschen und in Funktion zu nehmen. Im allgemeinen spricht man vom sogenannten „cephalo-caudalen" Entwicklungsgang. Vom Kopf abwärts werden nach und nach die verschiedenen Muskelgruppen aktiv beherrschbar. Übung und das Eingreifen erworbener Erfahrungen spielen ohne Frage bei der Entwicklung unserer motorischen Fähigkeiten eine nicht unerhebliche Rolle. Doch kann es keinem Zweifel unterliegen, daß es einen angeborenen, gesetzmäßigen Entwicklungsrhythmus gibt, den zu durchbrechen auch den intensivsten Dressurübungen nicht gelingt. Bei einer gewissen individuellen Schwankungsbreite können wir etwa folgende Gesetzmäßigkeiten beschreiben:

Kopfheben, sowie Zusammenspiel der Augen- und Akkomodationsmuskeln gehört zum Leistungserwerb der ersten Lebenswochen. Das Heben des Rumpfes, Aufsetzen sowie Greifbewegungen mit den Armen pflegen etwa vom 6. Monat ab zu den Möglichkeiten eines Säuglings zu gehören. Die unteren Extremitäten mit Stehen und Gehen bekommt das kleine Kind um die Vollendung des ersten oder zu Anfang des zweiten Lebensjahres in seine Gewalt.

Die psychologische Bedeutung dieser Vorgänge wird uns klar, wenn wir bedenken, daß die Funktionstüchtigkeit des motorischen Apparates in bestimmten Altersstufen eine der Bedingungen dafür abgibt, daß das Weltbild eines kleinen Kindes und seine Auseinandersetzung mit der Umgebung ein bestimmtes Gepräge erhalten. Das sitzende oder gerade eben stehende, das kriechende und das bereits unbehindert laufende Kind unterscheiden sich jeweils in grundsätzlicher Weise in bezug auf alle Möglichkeiten der Betätigung und Wahrnehmung. Zudem wissen wir sicher, daß sich bei einem kleinen Kind alle Versuche, nicht entwicklungsgerechte, vorzeitige Leistungen zu provozieren, früher oder später einmal rächen. Genau so, wie motorische Behinderungen über die Phase der biologischen Reifung hinaus beeinträchtigend empfunden und evtl. mit einer Fehlentwicklung beantwortet werden.

Freilich müssen wir in bezug auf unsere motorischen Leistungen noch auf den gleichen Sachverhalt eingehen, den wir bei den sinnlichen Wahrnehmungen bereits lebhaft betont und unterstrichen haben: Es gibt keine motorische Leistung, die nicht *zugleich* von *Gefühlserlebnissen* begleitet wäre. Für das Kind ist die Betätigung seiner Muskulatur gleichzeitig immer Gegenstand sinnlicher Wahrnehmungen und bei jeder Bewegung wird ihm über die Tiefensensibilität und die Tastorgane der Haut eine Fülle sinnlicher Eindrücke zugetragen. Im allgemeinen ist außerdem — wie wir schon früher schilderten — der spontane Bewegungsdrang, der Antriebsüberschuß des Menschen von einer bestimmten Entwicklungsstufe ab, wenn auch individuell unterschiedlich, so doch allgemein recht groß, und motorische Betätigung, die nicht zur Überanstrengung führt, ist als Gefühlserlebnis ein Vergnügen, Behinderung der Bewegungsmöglichkeiten meist eine sehr erhebliche Qual.

Als weiteres haben wir noch hervorzuheben, daß ein besonders prägnantes und uns bei unseren Handlungsvollzügen besonders selbstverständliches Erleben das Gefühl *subjektiver Freiheit* ist, dieses Gefühl, dem ja unsere sogenannte willkürliche Muskulatur eigentlich ihren Namen verdankt. Es scheint uns wichtig, diese manchem vielleicht übertrieben sorgfältig erscheinende Unterscheidung und Beschreibung ausdrücklich zu betonen. Dieses Gefühl subjektiver Freiheit, das unsere aktiven motorischen Handlungen mehr oder weniger deutlich begleitet, ist ihm selbstverständlich zugeordnet, freilich keineswegs allein an die willkürliche Muskulatur geknüpft. Zum Beispiel kann auch der Vorgang des Wahrnehmens mit diesem Gefühl der Freiheit gesteuert werden und ein großer Teil unserer Gedankenabläufe ist von dem gleichen Gefühl begleitet. Dieses Problem ist freilich hier nicht weiter zu diskutieren. Für unsere vorbereitenden Zwecke mag das bisher Aufgeführte zunächst genügen und wir leiten über zu dem jetzt folgenden Kapitel.

4. *Ausscheidungsfunktionen von Darm und Blase*

In verhältnismäßig engem Zusammenhang mit der Reifung des Systems der willkürlichen Muskulatur steht auch die Beherrschung der Sauberkeitsfunktionen. Natürlich sind die Vorgänge, die am Beherrschen der Ausscheidungsfunktionen beteiligt sind, außerordentlich komplizierte sensomotorische Funktionsabläufe und nicht allein durch die Reifung des willkürlich-motorischen Funktionsanteils bestimmt. Grundsätzlich kann man zunächst sagen, daß ein Kind etwa um das vollendete zweite Lebensjahr herum in der Lage sein wird, Sauberkeitsanforderungen zu genügen. Die Entwicklung bis dahin ist beim Säugling und Kleinkind durch verschiedene Faktoren bestimmt. Beim Säugling rechnet man nach Ablauf der ersten Lebenstage mit etwa 25 bis 30 Entleerungen der Blase in 24 Stunden. Diese sogenannte physiologische Pollakisurie ist das Ergebnis der normalerweise großen Harnmenge einerseits und des geringen Fassungsvermögens der Blase andererseits. Beide Faktoren verändern sich im Verlauf der kindlichen Entwicklung und erleichtern damit die Ausbildung jener bedingten Reflexe, mit deren Hilfe die Urinentleerung zu bestimmter Zeit erlernt wird.

Was die willkürliche, vom Großhirn gesteuerte Beeinflussung der Blasenentleerung angeht, so ist zu sagen, daß sich eine zentralnervöse Verbindung vom Großhirn zu den tiefer gelegenen automatischen Reflexzentren erst gegen Ende der Säuglingszeit, also gegen das Ende des ersten Lebensjahres ausbildet. Vorher kann man vom Kind die Regulierung seiner Blasenleistung auch im ersten Ansatz nicht erwarten.

Zum späteren Verständnis psychisch bedingter Fehlreaktionen, die die Blasenkontrolle betreffen, schalten wir an dieser Stelle noch einige Zwischenbemerkungen ein. Die Physiologie, die die normalen Reflexvorgänge bei der Urinausscheidung untersucht hat, belehrt uns, daß normalerweise beim Menschen die reflektorische Empfindlichkeit der Blasenwandung auf sensible nervöse Reize überraschend hoch ist. Sensible Reize, die z. B. den Blutdruck noch nicht beeinflussen, können die Blasenwandung bereits zu lebhaften Zusammenziehungen veranlassen. Somit hängt der Spannungszustand der Blasenwandung, ihr Tonus also, sehr erheblich vom nervösen Reizzustand ab. Er kann grundsätzlich reflektorisch von allen zentripetalen Nerven beeinflußt werden.

Beim größeren Kind und beim späteren Erwachsenen ist der Tonuszustand der Blase in der Nacht normalerweise erschlafft und die Füllungskapazität beträgt etwa einen halben Liter. Inwieweit diese Faktoren von Wichtigkeit sind, werden wir bei der späteren Erörterung der Enuresis noch genauer besprechen.

Für die Kotentleerungen gilt insofern der gleiche Sachverhalt, wie für die Blasenentleerung, als sich die Verbindung vom übergeordneten zentralen Großhirnbereich zu den tiefer gelegenen Reflexzentren erst nach der Säuglingsphase ausbildet. Große Unterschiede bestehen natürlich hinsichtlich der normalen Häufigkeit der Stuhlentleerungen, der Heftigkeit des subjektiv erlebten Stuhldranges und der Befähigung, den Stuhldrang aktiv zurückzuhalten. Die für eine Neurosenlehre interessierenden physiologischen Zusammenhänge werden wir im zugehörigen Kapitel über die psychogen bedingte Enkopresis abhandeln.

Sofern man die Fähigkeit eines Kindes, Sauberkeitsanforderungen zu genügen, einer Beurteilung unterzieht, hat man auf jeden Fall zu bedenken, daß von jedem Kind etappenweise recht verschiedenartige Leistungen erlernt werden:

Zuerst erfolgt die Gewöhnung an den Ausscheidungsvollzug zu bestimmter Zeit — wie gesagt, überwiegend erlernt durch den Erwerb bedingter Reflexe. Nebenher und als zweites kann das Kind dann auch lernen, den auftretenden Stuhl- und Urindrang zu bemerken und sich zu melden. Schließlich ist das Kind von einem bestimmten Alter ab auch in der Lage, den auftretenden Stuhl- und Urindrang, den es erlebt, für eine Weile zu beherrschen und zurückzudrängen, bis die Gelegenheit zur Kot- oder Urinentleerung gegeben ist. Die nächtliche Sauberkeit hinsichtlich der Urinentleerungen ist dann vollständig erreicht, wenn das Kind in der Regel in der Lage ist, nachts ohne Urindrang durchzuschlafen und gegebenenfalls bei auftretendem Urindrang zu erwachen und die Blasenentleerung selbständig zu steuern.

Es leuchtet übrigens ein, daß alle diese Leistungen aus physiologischen Gründen für die Darmentleerungen leichter zu bewerkstelligen sind als für die Blase, da der Urindrang rascher, heftiger und häufiger aufzutreten pflegt und weil schon normalerweise die Blasenentleerung nicht ebenso lange aufgeschoben werden kann, wie die Darmentleerung, ohne daß sich nicht doch der unwillkürliche Eigenautomatismus durchsetzt.

5. Sprachentwicklung

Die Sprachentwicklung des Kleinkindes, die wir jetzt noch kurz besprechen wollen, kann außerordentlichen individuellen Schwankungen unterliegen. Diese Schwankungen können einerseits durch den naturgegebenen biologischen Entwicklungsrhythmus entstanden sein, andererseits auch durch die Art der Entwicklungspflege, die das Kind erhielt.

Die ersten Anfänge der Sprachentwicklung beobachten wir beim Säugling bereits sehr früh. Schon im zweiten Monat zeigt das Kind Lautäußerungen, die offensichtlich von Kontakterlebnissen begleitet sind. Es ist das Lall-Alter, wie man sagt. Im dritten Vierteljahr pflegen schon differenziertere Äußerungen möglich zu sein (Mamma, Papa), mit einem Jahr existiert bereits das Verständnis für einfachere Sätze und kurz danach pflegt das Selbstsprechen zu beginnen. Es muß aber betont werden, daß die bereits erwähnten enormen Schwankungen in der individuellen Entwicklung keinen Rückschluß erlauben auf den späteren Verlauf der Reifung, insbesondere auch keinen Rückschluß erlauben auf den Grad und die Lebhaftigkeit der Intelligenz.

Wichtig in der Gesamtentwicklung ist die Unterscheidung von lautlicher Kommunikation, die den *Gefühlskontakt* zwischen Säugling und Pflegepersonen herstellt und der Sprachentwicklung im Sinne der *beschreibenden Sprache*, die Wortsymbole für Personen, Gegenstände und Vorgänge formuliert und die einen ganz besonderen Anteil an der Entwicklung abstraktiver Denkleistungen hat. Die lautliche Kontaktnahme und die zugehörigen gefühlsmäßigen Beziehungen erlebt das Kind offenbar schon sehr früh und sehr lebhaft und eine ganze Weile bevor das beschreibende Wortsymbol in seinem Erleben Bedeutung gewinnt. Auch hier werden wir die neurosenpsychologisch besonders hervorzuhebenden Momente in den Kapiteln über psychogene Sprachstörungen erneut und etwas ausführlicher diskutieren.

6. Gedächtnisleistungen und Erfahrungserwerb

Wir hatten bei der Erörterung der Sinneseindrücke, die ein kleines Kind erlebt, davon gesprochen, daß sich der „Anmutungsgehalt" bestimmter Erlebniseindrücke je nach der Altersstufe etwas verschiebt. Dabei hatten wir beschreibend eingefügt, daß die menschliche Natur durch bestimmte *angeborene* „Anmutungserlebnisse" ausgezeichnet ist. Jetzt müssen wir auf einen weiteren Vorgang hinweisen. Wir wissen nämlich, daß es neben solchen Gefühlsreaktionen, die angeborenerweise mit bestimmten Sinneseindrücken gekoppelt sind, auch *erworbene* Gefühlsassoziationen geben kann. War ein Sinneseindruck eingebettet in ein erfreuliches oder ängstigendes Allgemeinerlebnis, so kann sich dieser Gefühlston an den einzelnen sinnlichen Erlebniseindruck anheften und ihm unter Umständen hartnäckig zugeordnet bleiben. Bereits in der Tierwelt vermutet man mit gutem Grund die Existenz solcher Vorkommnisse. In der Tierpsychologie spricht man von dem Erwerb „sekundärer Valenzen", den Gegenstände für ein Tier erhalten. Für das Tier gibt es, wie wir annehmen, in der stammesgeschichtlichen Entwicklung schon sehr früh den Vorgang, daß seine sinnlichen Eindrücke von angeborenen und artspezifischen Gefühlstönungen begleitet werden. So wird der Fuchs, der ein Kaninchen wittert, angeborenerweise aufgeregt und jagdlustig, während ihn ausgestreute Haferkörner weitgehend gleichgültig lassen. Wir haben es hier mit einer, wie man in der Tierpsychologie sagt, angeborenen, artspezifischen „Valenz" zu tun, die in diesem Fall das Kaninchen für den Fuchs besitzt. Andererseits kann aber auch bei einem Tier ein sinnlicher Eindruck einen speziellen Gefühlston *neu erwerben*, und zwar bedingt durch die Umstände, in die das Erlebnis eingebettet gewesen ist. So kann z.B. für einen Hund das ursprünglich gleichgültige Loch in einem Zaun erregend und interessant werden, es kann, wie man sagt, als sekundäre Valenz sogenannte „Futtertönung" bekommen, weil es sich gelegentlich als bester Weg zu einer Nahrungsquelle erwiesen hat. Man spricht in der Tierpsychologie von positivierenden und negativierenden Valenzen und man weiß, daß sogenannte „Strafreize" ein Tier dazu bringen können, einen ursprünglich gleichgültigen Gegenstand reflexhaft zu meiden. Auf dem Wege der von Pawlow sogenannten bedingten Reflexe ergibt es sich, daß hier Wahrnehmungen und Affektwallungen miteinander gekoppelt werden und auf längere Zeitstrecken hinweg Nachwirkungen zu beobachten sind. Der assoziierte Affekt wallt wieder auf und entfaltet seine Wirkung, wenn das Wahrnehmungsgebilde erneut im Blickfeld erscheint.

Dieser Vorgang ist ohne Frage eine der stammesgeschichtlich ältesten Befähigungen, die am Erfahrungserwerb der Tiere beteiligt sind. Offenbar handelt es sich hier um die ersten Vorläufer jener Leistungsvollzüge, die wir in ihrer hochentwickelten Ausprägung unter dem Sammelbegriff „Gedächtnisleistungen" zusammenfassen.

Soweit die Tierpsychologie heute weiß, gibt es in der stammesgeschichtlichen Entwicklung neben dem Erfahrungserwerb mit Hilfe solcher Affektassoziationen auch bereits das gegenständliche *Wiedererkennen*. Dieses gegenständliche Wiedererkennen ist allerdings wiederum nur eine nächste Stufe der Entwicklung und Vorläufer von noch höheren und noch differenzierteren Gedächtnisleistungen. Bemühte Untersuchungen in der Tierpsychologie haben nämlich ergeben, daß sehr hoch entwickelte Tiere unter Umständen bereits über die *freie Reproduktion* als höchste Sonderform der Gedächtnisleistungen verfügen. Unter freier Reproduktion im Gegensatz zum einfachen Wiedererkennen versteht man jene aktive Neubelebung von Gedächtnisinhalten, die auch dann erlebt und verwertet werden können, wenn das dem Gedächtnisinhalt zugrunde liegende Gebilde nicht mehr oder nicht erneut in den Sinnesbereich gebracht wird. In Versuchen mit sogenanntem „aufgeschobenem Handeln" hat man für zahlreiche Tierarten die zeitliche Kapazität festgelegt, mit der diese einen Gegenstand noch mit Hilfe reproduktiver Gedächtnisleistung weiterhin berücksichtigen konnten, auch wenn dieser Gegenstand aus dem Sinnesbereich entschwunden war. Man bediente sich dabei der einfachen Methode, einem Tier einen Futterbrocken vorzuweisen und diesen dann vor seinen Augen unter einem Napf zu verstecken, der zwischen mehreren gleichartigen Näpfen stand. Die Wartefrist, die das Tier vertrug, ohne daß es Fehler machte in der Wahl, wenn es schließlich unter den verschiedenen Näpfen den futterhaltigen wählen durfte, war dann sehr einfach zu messen.

Wir zitieren einmal nach Fischel die Leistungen, die sich hier z. B. für Affen ergeben haben:

Halbaffen	5	Sekunden
Neuweltaffen	15	„
Gibbons	15	„
Altweltaffen	1	Stunde, evtl. mehr
Menschenaffen	2	Stunden und mehr.

Unter den Menschenaffen stehen Schimpansen hinsichtlich ihrer Gedächtnisleistungen dem Menschen am nächsten, während der Mensch selbst dann in der stammesgeschichtlichen Entwicklungsreihe durch den grandiosen Zuwachs seiner frei reproduzierenden Gedächtnisbefähigungen ausgezeichnet ist und damit durch die Möglichkeit, über einen Erfahrungsschatz zu verfügen, mit dessen Hilfe der Verlust so gut wie aller gebrauchsfertiger Instinktmechanismen ausgeglichen werden kann.

Diese soeben von uns eingeschobene Überlegung über den Erfahrungserwerb in der stammesgeschichtlichen Entwicklung hatte seine guten Gründe. Die Leistungsvollzüge, die uns in diesem Zusammenhang beim Kleinkind interessieren, folgen nämlich dem gleichen Entwicklungsgesetz, dem auch sonstige biologische Funktionen unterworfen sind: Die stammesgeschichtliche Entwicklung pflegt sich in der Entwicklung des Einzelindividuums in abgekürzter Form zu wiederholen. Der Erfahrungserwerb eines kleinen Kindes weist also auf den verschiedenen Entwicklungsetappen die gleichen Merkmale auf, die wir soeben für die stammesgeschichtliche Entwicklung kurz skizziert haben:

Für den Erfahrungserwerb des Säuglings haben *erworbene Gefühlsassoziationen* eine ganz hervorgehobene Bedeutung. Die freie Reproduktion als höchste Form der Gedächtnisbefähigung reift erst relativ spät und sehr allmählich zu ihrer vollen Ausgebildetheit heran.

Wir verwenden hier für den weiteren Verlauf unserer Überlegungen die kindespsychologischen Untersuchungen von Hetzer und Bühler, sofern sie kindliche Gedächnisleistungen betreffen. Wir erfahren hier folgendes: Die ersten frühen Lebenstage bieten offenbar im wesentlichen Lernleistungen, die die Mundwelt betreffen und scheinen ganz überwiegend das Resultat erworbener Gefühlsassoziationen. Erst von der 8. Woche ab scheint ein Säugling in der Lage, optisch wiederzuerkennen und erst von der Mitte des ersten Lebensjahres ergibt sich im Experiment, daß das Kind ansatzweise einzelne

Vorstellungen reproduktiv zu erneuern vermag, das heißt also, einen Erlebniseindruck neu zu beleben und zu verwerten, auch dann, wenn das Wahrnehmungsgebilde nicht wieder unmittelbar im sinnlichen Wahrnehmungsfeld erscheint. Hier müssen wir allerdings betonen, daß diese etwa im 6. Monat neu zu beobachtende Befähigung doch erst Jahre später ihren vollen Reifegrad erlangt. Der inhaltliche Kenntniserwerb sachlichen Wissens haftet in den ersten Lebensjahren nur flüchtig. Er haftet so flüchtig, daß die Menschen ganz allgemein weitreichende Erinnerungslücken für die ersten Lebensjahre aufweisen. Erst mit dem 4. bis 5. Lebensjahr wird diese Situation anders. Die Befähigung und das Interesse, gegenständliches Wissen zu erwerben, nimmt allmählich zu und mit dem vollendeten 6. Jahr halten wir dann das Kind auf Grund seines Reifegrades für befähigt, an einer geregelten Schulausbildung teilzunehmen.

Bei einer Gesamtbeurteilung der frühkindlichen Gedächtnisleistungen mit dem zugehörigen Erfahrungserwerb halten wir also fest, daß in den frühesten Lebensmonaten und -jahren im wesentlichen der Lernprozeß dadurch bestimmt wird, daß die Erfahrungseindrücke mit neu erworbenen Gefühlstönen gekoppelt werden, daß Strafreize das Kind verhindern, sich einem gefährlichen Gegenstand unbedenklich zuzuwenden, während belebende und erfreuende Vorerlebnisse den anlockenden „Aufforderungscharakter" der Welt im positivierenden Sinn bereichern. Dieser Erfahrungserwerb mit Hilfe neu gewonnener Gefühlsassoziationen wird allmählich ergänzt durch die Befähigung zu gegenständlichem Wiedererkennen und — ganz zuletzt — bereichert durch die Fähigkeit zu sogenannter freier Reproduktion, die schließlich Kombination und Urteil erlaubt. Mit diesen Entwicklungsschritten in den ersten Lebensjahren wiederholt das Kleinkind, wie wir sagten, einen alten stammesgeschichtlichen Entwicklungsprozeß. Für das Verständnis der späteren Neurosenpsychologie und der ihr zugrunde liegenden biologischen Gesetzmäßigkeiten müssen wir diese Tatsachen ganz besonders beachten und müssen sie außerdem noch mit Hinblick auf ein weiteres biologisches Reifungsgesetz beurteilen:

Die Reifung der menschlichen Gedächtnisfunktionen und Gedächtnisleistungen unterliegt nämlich dem gleichen Entwicklungsgesetz, das auch die Reifung von Organfunktionen bestimmt: Wie wir wissen, pflegen die spätreifen Funktionsvollzüge wesentlich empfindlicher zu sein und leichter Verletzungen zu unterliegen, als die stammesgeschichtlich älteren Funktionen. So stirbt z. B. der neugeborene Säugling sehr viel eher am Versagen des Atemzentrums, an der Asphyxie, als durch das Versagen des stammesgeschichtlich älteren Herzkreislaufsystems.

Ähnlich geht es mit Gedächtnisleistungen und Erfahrungserwerb: Durch Alter, Krankheit und Ermüdung gehen zuerst die differenziertesten Leistungen in Verlust, also die freie Reproduktion, das freie Wiedererinnern. Auch das spät erworbene Wissensgut verlieren wir zuerst: Der alternde Mensch ist charakterisiert durch die Tatsache, daß er Dinge aus der Vergangenheit noch gut, Neues aus der Gegenwart aber nicht mehr beherrscht. Ganz zum Schluß erst pflegen für den Menschen die sinnlichen Eindrücke jenen Gefühlswert zu verlieren, den sie in vergangenen Epochen einmal erworben haben.

Diese Tatsachen sind an sich alle weitläufig bekannt. Nicht genügend bedacht ist jedoch, daß diese Entwicklungsgesetze einen ganz entscheidenden Anteil daran haben, daß spätere neurotische Fehlentwicklungen zustande kommen. Der oben beschriebene früheste Erwerb affektiver Gefühlskoppelungen hat hinsichtlich seiner Haftfähigkeit einen nicht unerheblichen Vorrang vor später erworbenem inhaltlichem Gedächtnisbesitz. Nichts haftet, wie wir heute wissen, so zäh wie das gefühlsmäßige Erleben unserer frühen Kindertage. Nichts geht schwerer in Verlust, nichts ist — selbst wenn wir es wollten — schwerer abzuschütteln als diese frühen Erlebniseindrücke.

Diese unsere heutige Einsicht hat insbesondere deshalb eine ganz hervorgehobene Bedeutung, weil sie die Wichtigkeit der frühen Gefühlserfahrungen, die ein kleines Kind durchlebt, mit besonderer Sorgfalt erfaßt. Die Früherfahrungen eines Kindes aus der Zeit, in der sein Erfahrungserwerb überwiegend von Gefühlserlebnissen bestimmt und geführt wird, haften sehr viel länger und werden sehr viel schwerer wieder aufgegeben, als man ursprünglich annahm, und können somit besonders leicht den Anlaß geben für außerordentlich ernst zu nehmende seelische Schäden und seelische Fehlentwicklungen.

Wem übrigens nicht ganz einleuchten will, daß die Haftfähigkeit erworbener Gefühlsassoziationen wesentlich intensiver ist als die Lebensdauer unseres inhaltlichen Gedächtniserwerbs, der mag sich kurz folgendes Beispiel überdenken:

Er mag einmal versuchen, sich an eine früher durchlebte Examenssituation zu erinnern. Es wird ihm sofort deutlich werden, daß in seinem Erleben rasch eine Gefühlstönung aufwallt, die die damalige Situation begleitete. Sei es ein Anhauch von Spannung, Erregung, Mißstimmung oder auch Befriedigung. Die Bemühung, sich aus der damaligen Situation jene Examensfragen wieder zurückzurufen, deren Beantwortung der Prüfer verlangte, pflegt dann im allgemeinen schon auf einige Schwierigkeiten zu stoßen. In einer ganz außerordentlich großen Zahl der Fälle wird es dann aber überhaupt mißlingen, sich zurückzurufen, welche Antworten denn seinerzeit gegeben wurden und ob sie richtig waren und inwiefern. Gerade auf den Erwerb dieses Wissensbesitzes wurde aber vermutlich ein recht erhebliches Maß an Bemühung, Arbeit und Anstrengung verwandt.

Bereits an einem solchen kleinen Beispiel kann jeder Erwachsene an sich selbst verzeichnen, wieviel leichter eine früher einmal erlebte Affektwallung neu ins Bewußtsein tritt, als ein erarbeiteter inhaltlicher Vorstellungsschatz. Bei der Beschreibung der biologischen Grundvoraussetzungen für eine allgemeine Neurosenlehre werden wir auf die soeben erörterten Sachverhalte jedenfalls zurückkommen müssen.

7. *Sexualität*

Abschließend haben wir nun noch im ersten Kapitel unserer Gedankenführung einiges Erläuternde über die Entwicklung der Sexualität mitzuteilen. In den ersten Dezennien der psychoanalytischen Wissenschaft hat die Erörterung der Sexualität sowohl beim Erwachsenen wie beim Kleinkind einen außerordentlich breiten Raum eingenommen. Die extreme ideologisierende Ablehnung alles Sexuellen in einer historisch vergangenen Epoche war Anlaß für den Ausschlag des Pendels in eine recht extreme Richtung. Heutzutage wird die schöpferische Weltordnung nicht mehr so ausgeprägt mit gekünstelten Wertvorstellungen übermalt, wie seinerzeit, und es erübrigt sich wohl, betonten Nachdruck auf Sachverhalte zu legen, die selbstverständliche Teile in einem vielgliedrigen Gesamtgeschehen sind.

Bei der Besprechung der sexuellen Reifung sei methodisch zweierlei unterschieden: Die eine Seite des Problems hat eigentlich nicht unmittelbar mit biologisch bedingter sexueller Reifung zu tun, wurde aber mit ihr oft genug unter dem Motto: „Sexuelle Neugier" verwechselt. Daß die Genitalorgane des eigenen und fremden Körpers das prüfende sachliche Interesse des kleinen Kindes ebenso erwecken, wie jeder andere Gegenstand der Welt, ist wohl eine Selbstverständlichkeit. Wenn eine vermeintlich betonte oder verfrühte sexuelle Neugier bei kleinen Kindern vorgefunden wird oder existieren soll, dann hat das meist den einfachen psychologischen Hintergrund, daß vor der betonten Neugier des Kindes das betonte Verbot des Erwachsenen dagewesen ist. Dem kleinen Kind geht es da etwa wie dem Erwachsenen, den man in einen ihm fremden Raum führt und ihm die Erlaubnis erteilt, sich alles genau zu betrachten, lediglich einen bestimmten verschlossenen Gegenstand unberührt zu lassen. Nur bei sehr stumpfen Menschen wird es passieren, daß sich nicht das spezielle Interesse gerade dem verbotenen Gegenstand zuwendet. Es ist heute vielleicht schwer einfühlbar, welche innere Verfassung früher die Menschen zu einem so sonderbaren psychologischen Mißverständnis ihrer selbst gebracht hat und zu der oft vertretenen Vorstellung, daß das harmlose Interesse des Kindes für die Welt ganz allgemein vom Einbegreifen des Sexuellen ab ein Zeichen besonderer verfrühter „Triebhaftigkeit" sein solle.

Doch sind diese Fragen, wie gesagt, heute nicht mehr so aktuell wie früher und auch nicht eigentlich Probleme der biologischen Reifung. Zu diesem engeren Thema gehört es vielmehr, wenn man sich fragt, wie früh genitale Sensationen von angedeutet oder prägnant sexuellem Charakter beim kleinen Kind vermutlich auftreten. Hier freilich haben wir in den letzten fünfzig Jahren umlernen müssen. Genitale Sensationen, wenn auch nicht in der Prägnanz des Erwachsenenerlebens, sind sicher sehr viel früher vorhanden, als man in früheren Epochen meinte. Die Beobachtung und Erfahrung lehrt uns, daß bereits Säugling und Kleinkind diesbezügliche Erlebnisse haben müssen. Folgen wir etwa Schmëing, so dürfen wir annehmen, daß um das vierte bis fünfte Lebensjahr herum ein kleiner erster Vorläufer der in der Pubertät mächtig einsetzenden Entwicklung zu verzeichnen ist. Das Einklinken dieser ersten Vorformen sexueller Reifung in den allgemeinen Entwicklungsprozeß wird uns in der späteren Neurosenlehre noch zu beschäftigen haben. Nur angedeutet sei hier noch vermerkt, daß die sexuelle Reifung offenbar rein biologisch lebhafte intensivierende Impulse für die gesamte Persönlichkeitsentwicklung mit sich bringt. Bei der gelegentlich beobachteten Keimdrüsenaplasie menschlicher Individuen, also bei dem Fehlen sexueller Ausreifung, ergeben sich später Entwicklungsbilder, die man unter dem Etikett der sogenannten „Miniaturpsyche" zusammenfaßte, womit angedeutet werden soll, daß solche Menschen zwar sozial eingeordnete Entwicklungsgänge nehmen, daß ihnen jedoch die Höhen und Tiefen geistig-seelischer Bewegtheit fehlen.

Folgendes sollte allerdings beim Vergleich der frühkindlichen, der kindlichen und der Erwachsenen-Sexualität sorgfältig unterschieden werden: Soweit wir heute wissen und beurteilen können, treten sexuelle Erlebnisse beim Kleinkind nicht auf die gleichen Außenreize hin auf, wie beim Erwachsenen. Wir haben Grund zu der Annahme, daß die ersten Vorläufer sexuellen Erlebens beim kleineren und auch beim größeren Kind entweder Ausdruck verschiedener noch nicht ausreichend erforschter *spontaner* biologischer Funktionsabläufe sind, oder daß sie bevorzugt durch *direkte Berührung* ausgelöst werden. Wir haben keinen wirklich stichhaltigen Grund zu der Annahme, daß die gleichen Erlebniseindrücke, die den Erwachsenen sexuell zu erregen vermögen, dasselbe Erleben beim Kind in Bewegung setzen. Daß wir hier eine sorgfältige Unterscheidung vornehmen, ist insofern wichtig, als gerade die überspitzten Formulierungen der älteren orthodoxen Psychoanalyse hier sehr viele Mißverständnisse provoziert haben, die zu einer Fülle von langwierigen Debatten Anlaß gegeben haben. In dem späteren Kapitel über die Entstehung der Perversionen werden wir uns übrigens mit diesem Problemkreis noch genauer zu befassen haben.

C. Entfaltungsstufen der wahrnehmenden und urteilenden Welterfassung

Vorbemerkung

Mit der jetzt folgenden Darstellung, die sich mit den verschiedenen typischen und normalen Reifungsetappen der frühen Kindheit befaßt, können wir natürlich nicht ohne Vorbehalte beginnen. In jedem Einzelfall werden die naturgegebenen Entwicklungsantriebe, die das Werden eines Menschen durchziehen, durch Anlage und Umwelt neu bestimmt. Der Begriff der „Norm" kann also hier, wie immer, nur eine Abstraktion, ein Hilfsbegriff bleiben, der es uns ermöglichen soll, aus den zahllosen Varianten des bewegten Lebens die typischen und charakteristischen Linien herauszuarbeiten.

Wie bedeutend die Reifungsschritte des kindlichen Seelenlebens im Kleinkindalter sind, vergegenwärtigen wir uns noch einmal kurz an der Tatsache, daß das kindliche Gehirn in dieser Epoche ein ganz enormes Massenwachstum zeigt. Bis zum Ende des ersten Lebensjahres pflegt das Gehirn sein Anfangsgewicht zu verdoppeln und am Ende des Spielalters hat es sich fast verdreifacht. Das Gehirn des Neugeborenen wiegt etwa 400 g, um nach Abschluß des Spielalters ein Gewicht von 1200 g im Durchschnitt zu zeigen. Bedenkenswert ist dabei, daß das Massenwachstum des Gehirns erst mit der Pubertät abschließt, daß die gesamte Gewichtszunahme während des Schulalters aber nur noch 150 bis 200 g beträgt.

Abgesehen vom zunehmenden Massenwachstum wird natürlich auch das Gewebsbild des Gehirns fortlaufend differenzierter. Hier ist die sogenannte Markscheidenreifung besonders auffällig, doch sagten wir schon, daß eine sehr genaue Zuordnung der anatomischen Befunde und der beobachteten sich entfaltenden seelischen Reifung bisher noch nicht aufgestellt werden konnte.

Die Einzelfunktionen, von deren Reifung wir bisher gesprochen hatten, sind nun natürlich nur ein Teil des Rohmaterials, das wir zu einer ganzheitlichen Zusammenschau in der Kindespsychologie eigentlich benötigten. Doch birgt es, wie wir schon sagten, ohne Frage recht erhebliche wissenschaftliche Gefahren, wenn wir den Bogen der Elementenpsychologie oder der Elementenbiologie überspannen wollten. Zahllose, in ihrer Ganzheit geprüfte Leistungen bei Kind und Erwachsenem setzen sich vermutlich aus Einzelbefähigungen zusammen, denen unsere wissenschaftliche Psychologie noch kaum den Namen gegeben hat. Es erscheint für unsere Zwecke klüger, unsere Beschreibung jetzt etwas komplexer um die verschiedenen Entfaltungsstufen zu zentrieren, die den Entwicklungsgang eines kleinen Kindes in augenfälliger Weise kennzeichnen. Mit unseren folgenden Betrachtungen lehnen wir uns dabei zu einem erheblichen Teil an Ausführungen an, mit denen Kroh der Entwicklungspsychologie des Kindes lebhafte Impulse verliehen hat.

1. *Physiognomisches Erleben*

Die wahrnehmende und urteilende Welterfassung des kleinen Kindes ist stetig in Veränderung und stetig im Reifen. Der fließende Übergang verschiedener Reifungsphasen ist ein Zeichen für die Stetigkeit seelischen Wachsens überhaupt. Trotzdem lassen sich die verschiedenen Etappen dieses Entwicklungsvorganges um charakteristische Tatbestände beschreibend zentrieren. Kroh hat für die erste größere Etappe in der kindlichen Entwicklung ein Erleben als charakteristisch hervorgehoben, das als das *physiognomische Erleben* bzw. das *physiognomische Wahrnehmen* bezeichnet wurde. Hier auf dieser Stufe ist es charakteristisch, daß für das kleinste Lebewesen die konkrete Einzelerfahrung am Ding, die Genauigkeit der Wahrnehmung noch nicht die spätere Vorrangstellung im seelischen Erleben besitzt. Vielmehr ist es der lebhaft empfundene personale Ausdruckscharakter bezeichnender Formen und Farben, der gefühlsmäßige Bedeutungsgehalt der umgebenden Welt, der sich im Erlebnisstrom des sehr kleinen Kindes spiegelt. Eine allbeseelte ausdruckshaltige Welt spricht das Kind an. Freundliches oder Feindliches scheint in jedem Tisch, jedem Stuhl, jedem Gegenstand zu leben. Totes und Lebendiges stehen noch auf einer Stufe. Eingebettet in den Strom affektiven Erlebens überfluten bedeutungshaltige Gefühle die Konturen der gegenständlichen Wahrnehmungen.

Hier an dieser Stelle können wir uns bereits einmal einen Teil jener Überlegungen zunutze machen, die wir in unseren ersten Kapiteln skizzierten. Hatten wir doch hervorgehoben, daß in der Entwicklung und Reifung aller gedächtnismäßigen Erwerbungen auf früher Stufe die gefühlsmäßigen Erlebniseindrücke unbedingt den Vorrang haben. So gewinnt es unter diesem Gesichtswinkel erneut an Bedeutung, wenn wir vermerken, daß das kleine noch nicht einjährige Kind — lebhaft der Umwelt zugewandt und lebhaft bemüht, Wahrnehmungen in Dingen und Gegenständen zu gliedern — gleichwohl dem Primat seiner Gefühlswallungen ausgeliefert ist und in allen Verhaltensweisen bekundet, wie stark sein Eindruck von der umgebenden Welt durch die gefühlsmäßigen Anmutungen bestimmt ist, die die sinnliche Wahrnehmung begleiten. Das sogenannte physiognomische Erleben in diesem Sinne wäre die erste Etappe in dem Reifungsprozeß der wahrnehmenden und urteilenden Welterfassung.

2. Magisches Erleben

Freilich arbeitet sich das Kind in unaufhaltsam fortschreitender Entwicklung immer besser zu einzelnen Dingvorstellungen vor. Die reifende Motorik gibt dem kindlichen Wissensdrang ein weiteres Aktionsfeld. Die beschreibende Sprache wird zum Träger symbolhafter Bezeichnungen, stellt Wissensbesitz in handlicher Form zur Verfügung und erleichtert das Zurechtfinden in der verwirrenden Welt. Aufmerksamkeit und verfeinerte Wahrnehmung, die freie Erneuerung früherer Gedächtniserwerbungen gestatten Wiedererkennen und Orientierung auch unter veränderten Bedingungen. Der Wissensbestand vom eigenen Körper, von der eigenen Person vermehrt sich. In zunehmendem Maße werden Kenntnisse erworben über regelhafte Verknüpfungen von Ursachen und Wirkungen. So tritt allmählich der gefühlshafte Ausdruckscharakter der Umwelt zurück zugunsten sachlich richtiger Wahrnehmungseindrücke. Freilich gibt es eine lange Übergangszeit, bis die Realitätsprüfung des Kindes überwiegenden Charakter theoretischer, quasi wissenschaftlicher Beobachtungen und Beurteilungen annimmt.

Die vermittelnde Stufe zwischen überwiegend physiognomischem Bedeutungserleben und überwiegend rationaler theoretischer Welterfassung stellt sich — nach Kroh — in der Entwicklungsphase des sogenannten *magischen Erlebens* dar. Hier ist die Welt zwar ärmer an Bedeutungsaffekten als im Verlauf der früheren Phase rein physiognomischen Erlebens, doch ist sie keineswegs gefühlverödet. Noch wird die Allbeseelung der dinglichen Welt als möglich unterstellt, noch wohnt jedem Gegenstand mindestens der Potenz nach die Befähigung inne, sich aus der scheinbaren Reglosigkeit in plötzlich planende, handelnde Aktivität zu verändern. Doch nehmen jetzt diese Vorstellungen beim Kind offensichtlich ausgeprägt den Charakter anthropomorpher Vorstellungen an. Mächtige personelle Gewalten werden vermutet, deren individuelles Wünschen und Planen die Veränderungen und Zufälligkeiten des kleinen Kinderlebens zu beeinflussen scheinen. Mit gutem Grund ist immer wieder auf die Verwandtschaft hingewiesen worden, die frühkindliches Erleben mit der Vorstellungswelt noch junger primitiver Völker aufzuweisen hat. Magisch-anthropomorph wird die Welt interpretiert. Der Gedankenkraft der allmächtig erscheinenden Erwachsenen werden unbegrenzte Möglichkeiten zugeschrieben. Aber auch die magische Kraft der eigenen Phantasie, des eigenen Affektes gewinnt Bedeutung. In dieser Entwicklungsperiode, etwa im Verlauf des zweiten bis dritten Lebensjahres, scheinen die ersten Erlebnisse aufzukeimen, die der vage flutenden Vermutung Raum geben, daß der Zauberkraft des eigenen Gedankens realer Wirkungseffekt zukommen könnte. Lange scheinen Vorstellungen dieser Art im Kind erhalten zu bleiben. Bilden sie doch noch lange später bei manchem nüchternen Erwachsenen einen dann freilich meist sorgfältig verborgenen Bestandteil seiner Gedanken und Erlebnisse.

Hier an dieser Stelle gilt es nun allerdings, noch einmal gesondert einen psychologischen Sachverhalt hervorzuheben, der nicht ohne genauere Beachtung bleiben darf.

Es erscheint eine einigermaßen gesicherte Tatsache zu sein, daß im sehr kleinen Kind der eigene aufsteigende Vorstellungsstrom, die Lebhaftigkeit der eigenen Phantasietätigkeit nicht sicher von dinglichen Wahrnehmungen geschieden werden kann. Wie der erwachsene Mensch im Traumerleben nicht mehr in der Lage ist, das Traumhafte der ihn bewegenden Vorgänge sicher zu registrieren, so scheint das kleine Kind oft unbemerkt von Phantasievorstellungen zur Wirklichkeit zu gleiten und von der Wirklichkeit zurück ins eigene Innenleben. Innen und außen sind noch ungeschieden, wie man sagt. Erst langsam scheint ein sich kristallisierendes Bewußtsein vom eigenen Erlebnisstrom herauszutreten und sich eine gesicherte Trennung von innen und außen zu schaffen. Im Traum und im krankhaften psychotischen Erleben kann es noch dem Erwachsenen geschehen, daß er die sichere Trennung von innen und außen verliert.

Nun wächst dem Kind in der Epoche magischer Weltbewältigung ganz offenkundig eine weitere Befähigung zu, die der Trennung von innen und außen und der Steuerung des eigenen Vorstellungsstromes zusätzlich dienen kann: Dem erwachsenen Menschen ist es selbstverständlich, daß er mit dem, was er seinen Willen nennt, also mit dem *subjektiven Gefühl aktiver Freiheit*, dem Strom seiner Gedanken und Vorstellungen gebieten kann. Er kennt nicht nur den Unterschied von innen und außen, er kann auch Bilder und Begriffe aktiv ins Bewußtsein rufen, oder sie zugunsten anderer vertreiben. Er ist dem eigenen Vorstellungsstrom nicht passiv ausgeliefert. Zwar gibt es auch für den Erwachsenen den Zustand, daß Vorstellungen und Gedanken ungerufen vor das innere Auge treten. Doch nur in Krankheit oder bei hoher Ermüdung geht das grundsätzliche Primat der freiheitlich gesteuerten Gedanken unseres bewußten Erlebens endgültig verloren. Daß diese Befähigung nicht mit dem Tage der Geburt dem Menschen mitgegeben wurde, lehrt uns täglich die Kindespsychologie. Wir dürfen annehmen, daß erst in der Zeit, in der man gemeinhin vom *Trotzalter* des kleinen Kindes spricht, die Fähigkeit entsteht, den Gedankenstrom aktiv in Führung zu nehmen und auf Ziele einzustellen, und damit den sich aufdrängenden Strom anschaulichen Denkens in die Hand zu bekommen. Es mag dabei einen engen biologischen Zusammenhang besitzen, daß die endgültige Ausreifung unserer willkürlichen Körpermotorik und unserer Sprachimpulse zusammenfällt mit der Zeit, in der das Kind die Befähigung zur aktiven Steuerung seines Gedankenstromes hinzuerwirbt. Von hoher Bedeutung für die Erörterung neurotischer Krankheitsbilder, etwa der Zwangsneurose, wird es später sein, wenn wir uns dann daran erinnern, daß in der Phase magischer Weltbewältigung zugleich der Zeitpunkt liegt, in der die *aktive Steuerung* unseres Vorstellungsstromes als Neuerwerbung seelischgeistiger Möglichkeiten reift.

3. *Theoretische Welterfassung*

Inzwischen schreiten wir weiter in der Beschreibung der Entfaltungsstufen, die die kindlichen Urteilsformen voneinander abheben.

Magisches Welterleben wird im Zuge der Entwicklung immer weiter durchsetzt von sachlichen Kenntnissen über Ursache und Wirkung. Gedächtnisbilder verlieren ihren episodischen Charakter. In gewaltigem Aufschwung reift die Befähigung zum langfristigen Behalten und Erinnern gegenständlicher

Wahrnehmungen. Noch weiter tritt gefühlsmäßiger Bedeutungsgehalt hinter dem sachlichen Eindruck zurück. Allmählich wird die Welt entzaubert. Das Märchenalter des Kleinkindes klingt allmählich aus, der liebenswerte Charme der hier verwurzelten weichen Anlehnungsbedürftigkeit des Kleinkindes weicht dem optimistischen aktiv handelnden Schwung der Älteren. Das Schulkind reift heran. Die Einstellung des Kindes zum Wissenserwerb ist nun, wie Kroh diese dritte Phase beschreibt, theoretisch geworden. Das heißt, es interessieren die sachlichen Zusammenhänge selbst. Richtigkeit des Urteils wird allmählich bewußt erstrebt, die personalen Bedeutungserlebnisse, die den Gegenständen angeheftet waren, klingen ab. Die Phase der *Realitätsprüfung*, wie sie von Freud genannt wurde, löst die magische Weltbeurteilung ab. Ein langes Nebeneinander beider Erlebnisweisen können wir freilich beim kleinen Kind noch beobachten. Etwa vom vierten bis sechsten Lebensjahr durchmischen sich die Züge des einen oder des anderen Erlebens. Unverkennbar tritt allerdings das magische Welturteil immer weiter zurück, um schließlich nur noch in den Resten abergläubischer Besorgnisse ein letztes Dasein zu fristen. Mit dem Eintritt in das schulfähige Alter hat das Kind in hohem Maße die Fähigkeit zu sachlich richtigem Urteil erworben. Es hat ein gesichertes Bewußtsein vom eigenen Ich, trennt innen und außen und ist zugleich zu langfristigen Gedächtnisleistungen befähigt, die dingliche Wahrnehmungsgebilde betreffen. Die Wellen bewegter emotional flutender Gefühlsströme verebben langsam, die dingliche Welt verliert den zentralen Kern ihrer Gefühlsbetonung und bewahrt sich lediglich einen Schleier von „Anmutungen", die freilich dem Welterleben und dem Lebensgefühl auch weiterhin seine Tönung verleihen.

Eine Besonderheit der kindlichen Wahrnehmungsform und Urteilsbildung sei dabei abschließend noch hervorgehoben, um das Wesen der theoretischen Welterfassung des kleinen Kindes zu beschreiben. Man sagt, das kleine Kind erlebe „ganzheitlich" und gewinne erst später die Befähigung, aus einem ganzen gestalteten Gebilde die Einzelteile herauszulösen und gegebenenfalls wieder zum Gesamtbild zusammenzusetzen. Diese Feststellung ist unbezweifelbar richtig. Der Übergang zur „ganzheitlichen" Lehrmethode beim Leseunterricht war eine der Konsequenzen aus dieser Einsicht. Ein Blick auf unsere gängigen Intelligenzprüfungen belehrt uns, welche Vorformen höherer Abstraktionsleistungen wir auf den verschiedenen frühen Altersstufen voraussetzen und welche Einzeleigentümlichkeiten eines gestalteten Ganzen das kleine Kind gesondert registrieren kann.

Vom vierjährigen Kind verlangen wir, daß es bei zwei parallelen Linien die Sondereigentümlichkeit der Länge oder der Kürze erfaßt. Vom fünfjährigen, daß es bei einer umrandeten Fläche gerade Linien und rechte Winkel auffaßt und wiedergeben kann (Viereck abzeichnen). Vom sechs- bis siebenjährigen, daß es den schiefen Winkel vom rechten Winkel unterscheidet (Rhombusabzeichnen). Erst das siebenjährige Kind ist in der Lage, das Fehlen eines Teiles in einem gezeichneten Gesicht richtig zu registrieren (Lückenbilder). Und erst sehr viel später, nämlich mit ca. neun Jahren, erwarten wir, daß für verschiedenartige Gebilde der gemeinsame Oberbegriff gefunden werden kann.

Es leuchtet ein, wie sehr diese neu auftauchende Befähigung zur gesonderten Beachtung von Einzelteilen in einem gestalteten Gebilde der weiterschreitenden Weltbewältigung des Kindes zu dienen in der Lage ist. Beruhen doch z. B. die ersten rechnerischen Leistungen auf der Fähigkeit, aus einer Gesamtheit von Gegenständen heraus zu lesen, daß sie sich der Art nach in bestimmter Weise ähneln, aber zahlenmäßig wiederholen.

Mit diesem kurzen Hinweis wollen wir jedoch dieses Kapitel abschließen, vorher allerdings noch einmal zusammenfassend die wesentlichsten Eigentümlichkeiten der soeben beschriebenen Epoche theoretischer Welterfassung hervorheben. Wir stellen heraus: Eine geläufig verfügbare Motorik liegt zu dieser Zeit gebrauchsfertig vor und dient dem Kind zur ungehinderten Kontaktnahme mit der umgebenden Welt. Der gefühlsmäßige Bedeutungsgehalt der Wahrnehmungen tritt allmählich zurück hinter ihrer sachlichen Kontur. Die Gedächtnisbefähigung zu langfristigem Wissenserwerb reift heran und mit ihr schließlich auch die ersten Vorformen von Abstraktionsleistungen, die das ursprünglich „ganzheitliche" Wahrnehmen ergänzen und bereichern. Das kleine Kind hat damit die ersten Instrumente in der Hand, um ein quasi wissenschaftliches Durchforschen der Welt zu beginnen.

D. Die Entwicklung der kindlichen Antriebe, Bedürfnisse und Interessen

1. Wesen und Inhalte des menschlichen Antriebserlebens

Nach den bisher dargestellten biologischen und psychologischen Entwicklungsvorgängen in der frühen Kindheit müssen wir nun unsere Überlegungen um einen neuen Fragenkomplex zentrieren. Bisher hatten wir in kurzer Skizze geschildert, wie dem kleinen Kind stufenweise die Funktionsmittel seiner Weltbewältigung zuwachsen, wie es betrachtet, erlebt und urteilt. Jetzt müssen wir uns mit neuem Ausgangspunkt den Inhalten und dem Reifen seines Strebens, Wünschens und Wollens zuwenden. Natürlich durchmischt sich die Reifung der wahrnehmenden und urteilenden Weltbewältigung eines Kindes auf das Innigste mit der Entwicklung einer zielstrebig affektbetonten Wunschwelt. Für ein psychologisches, evtl. pädagogisches Interesse ist die Entwicklung der Leistungsmöglichkeiten eines Kindes natürlich auch von gleichem Belang, wie die Entwicklung seiner affektiven Bedürfnisse mit zugehöriger Antriebswelt. Nur für unsere speziellen Fragestellungen ist es notwendig, ganz bevorzugt von den Bereichen des menschlichen Antriebserlebens auszugehen. Die Gründe hierfür werden wir bei der Entwicklung einer allgemeinen Neurosenlehre bald verstehen lernen. Freilich müssen wir, bevor wir die verschiedenen Entwicklungsstufen der kindlichen Antriebswelt beleuchten, genauer erläutern, was unter dem sogenannten Antriebserleben eines Menschen zu verstehen ist. Auch der sehr Nachdenkliche kann sich — wie die Erfahrung didaktischer Bemühungen lehrt — nicht ohne weiteres ein klares Bild von dem komplexen psychologischen Sachverhalt machen, der mit dem Wort „Antriebserleben" umschrieben wird. Für die Vorbereitung einer entwicklungspsychologischen Betrachtung der kindlichen

Antriebswelt wird daher sowohl eine formelle Beschreibung des psychologischen Gesamtgeschehens notwendig sein, wie eine sorgfältige Darstellung der jeweils möglichen auftretenden Inhalte, soweit man sie in Kategorien ordnen kann, und soweit sie für eine spätere Neurosenpsychologie von Bedeutung sind. Dies sei nämlich vorwegnehmend bereits betont. Auch unsere nun folgende Darstellung menschlicher Antriebsreifung stellt nur eine sehr spezielle *Auswahl* dar, die bestimmten sachlichen Bedürfnissen dienen soll. Es ist selbstverständlich, daß wir uns bevorzugt jenen Erlebnisvollzügen zuwenden müssen, die für eine krankhafte neurotische Fehlentwicklung von Bedeutung sind, und die in diesem Zusammenhang unsere besondere Aufmerksamkeit verdienen.

Zum Verständnis der nun folgenden Ausführungen besinnen wir uns am besten noch einmal auf Überlegungen aus früheren Kapiteln zurück. Ein Teil unserer bisherigen Ausführungen war der Tatsache gewidmet, daß den Gegenständen unserer Wahrnehmungswelt ein sehr spezifischer Gefühlston, ein „Anmutungsgehalt" anhaftet. Diese „Anmutungen" können, wie Lewin formulierte, eine eigentümliche Art von „Aufforderungscharakter" besitzen. Der mit einer Wahrnehmung zusammen aufwallende Affekt bringt unter Umständen lebhafte motorische Bereitschaften mit sich, die nach Betätigung drängen. Ein Kind erblickt z. B. einen bunten Ball, findet ihn schön und möchte ihn haben. Es wird „aufgeregt", das heißt, es steht „auf und regt sich", im wortwörtlichsten Sinn. Es ist deutlich, daß dieser kleine beispielhafte Vorgang genau jenes Geschehen enthält, das man gemeinhin ein Antriebserlebnis nennt. An Hand dieses Beispieles können wir uns auch recht gut vergegenwärtigen, welch komplexer Vorgang im allgemeinen unter einem sogenannten Antriebserlebnis verstanden wird. Wir registrieren im wesentlichen folgende drei Komponenten: Einmal die *inhaltliche Vorstellung* — vom Gegenstand selbst oder von der Phantasie ausgelöst —, sodann die zugehörige *emotionale Tönung* und schließlich den sich regenden *motorischen Impuls*. Diese drei Komponenten lassen sich immer finden, wenn wir von einem Antriebserleben sprechen, wenn sie sich auch oft in recht unterschiedlicher Weise mischen.

Der vorwissenschaftliche Sprachgebrauch unterscheidet z. B. gern zwischen dem „Antrieb" einerseits und dem sogenannten „blinden Trieb" andererseits. Überprüfen wir diese Formulierung, der eine richtige psychologische Einsicht zugrunde liegt, so verstehen wir, daß die Anteile von Affekt, bildhafter Vorstellung und motorischem Drang außerordentlich verschieden zusammengefügt sein können. Ist die Affektwallung sehr leidenschaftlich und der motorische Entladungsdrang besonders intensiv, während die bildhaften Vorstellungen der klareren Konturen ermangeln, dann pflegen wir von blindem Trieb zu sprechen. Wir deuten mit dieser Wortwahl außerdem noch an, daß es dem so „blind" erlebenden Menschen schwer fallen mag, die Wucht seines motorischen Impulses zu beherrschen und zu drosseln. Dem Erleben eines „Antriebes" unterstellen wir dagegen meist, daß die Steuerung des angeregten Handlungsimpulses seinem Träger durchaus noch möglich ist. Gehlen hat in seiner Anthropologie vom Menschen sehr ausführlich beschrieben, wie der Mensch den Antrieb von der vollzogenen Handlung abzuhängen vermag.

Wie er den „Hiatus" — die Besinnung — zwischenschiebt zwischen Impuls und motorische Reaktion, wie die „Formierung" unserer Antriebe, ihre Steuerung und Koordinierung einen wesentlichen Inhalt menschlichen Reifens ausmacht.

Sinkt nun — wie wir noch weiter kurz beschreiben wollen — der motorische Anteil eines Antriebes beim Erwachsenen stärker unterschwellig herab und schieben sich betrachtende, besinnliche Vorstellungsabläufe in den Vordergrund des Erlebens, dann nennen wir das Ganze gern ein *Interesse*". Wir unterstellen damit, daß die interessierte Zuwendung im Dienste sachlicher Bemühung besonders gern und leicht den motorischen Impuls zurückhält, zügelt und erst dann zur Handlung übergeht, wenn nachdenkliches Überlegen dies als zweckvoll erwies. Haben wir dagegen innerlich fast ganz auf handelnde Betätigung verzichtet, schwebt uns nur noch eine begehrenswerte Vorstellung vor, dann sprechen wir gern von einem *Wunsch*, während wir andererseits unser Erleben ein *Bedürfnis* heißen, wenn Mangelerlebnisse ausgeprägter Art nach ihrer Befriedigung drängen. Tatsächlich ist die Formierung unserer Antriebswelt, d. h. die Koordinierung unserer Wünsche, Pläne und Hoffnungen mit den Möglichkeiten dieses Lebens ein wesentlicher Inhalt menschlicher Reifung, und die Art, wie ein Mensch in früher Kindheit gelernt hat, seine Wünsche und Pläne handelnd zu gestalten, zu formen, durchzusetzen oder sie verzichtend aufzugeben, bietet in hohem Maße die Basis für späteres Lebensglück.

Was aber, so fragen wir nun weiter, wünscht der Mensch, wenn er einmal aktiv zu wünschen anfing? In welchen Erlebnisbereichen trägt er die Siege und Wunden des Existenzkampfes davon? Gibt es hier Regeln, Gesetze und wohl umschreibbare psychische Verlaufsformen, die festzuhalten und darzustellen wären? Müssen wir annehmen, daß das Wünschen eines Menschen, wenn einmal erwacht, lediglich dadurch bestimmt wird, was aus der dinglichen und personellen Umgebung durch Zufall an ihn herangetragen wurde? Oder wohnen der menschlichen Natur hinsichtlich ihrer Antriebswelt Eigentümlichkeiten inne, die wohl beschreibbar sind und die herausgehoben werden sollten, abgetrennt von den Zufälligkeiten der bildenden Umwelteinflüsse?

Die Art unserer Fragestellung sagt wohl bereits, zu welcher Antwort wir uns von psychologischen Erfahrungen führen lassen müssen.

Und bevor wir zur Beschreibung der Entwicklungsstufen kindlicher Antriebserlebnisse vorwärtsschreiten können, muß noch einiges Grundsätzliche über die Inhalte der menschlichen Wunsch- und Antriebswelt angemerkt werden, das zur Vorbereitung der weiteren entwicklungspsychologischen Erörterungen dienen soll:

In der Geschichte der Antriebspsychologie haben wechselnde Meinungen miteinander konkurriert. Gehlen vertrat die Ansicht, daß es ein hoffnungsloses Beginnen sei, den Inhalten unserer Antriebswelt irgendeine nur mögliche Ordnung abzugewinnen. Der unvermeidliche Rückfall in die Biographie jedes Einzelnen sei regelmäßig die unproduktive Konsequenz eines solchen Unterfangens. Andere Wissenschaftler, z. B. McDougall, beschäftigen sich jedoch sehr wohl mit dem Versuch, jene Erlebnisweisen des Menschen beschreibend zu gliedern, die nach angeborenen Konstanten seinem Wünschen und Wollen das Gepräge geben. Bei einem diesbezüglichen Versuch haben, wie leicht zu verstehen ist, angeborene *biologische Bedürfnisse* immer eine ganz entscheidende Bedeutung gehabt. Nicht nur Wahrnehmungsgebilde können bewegende und motorisch anregsame Affekte mit sich bringen, sondern auch ein Bedürfnis körperlicher oder seelischer Art wird zum Motor von Handlungsimpulsen, die die Befriedigung für den beunruhigenden Zustand herbeiführen sollen.

Seit langem hat man, um zu der gesuchten Ordnung zu kommen, vernünftigerweise damit begonnen, erst einmal von den biologischen Notwendigkeiten unseres Organismus auszugehen und zu beschreiben, wie existentiell-lebensnotwendige Bedürfnisse unseres Körpers seelische Unruhezustände schaffen, und wie die Möglichkeiten, diese Bedürfnisse zu stillen, Gegenstand unserer inhaltlichen Erfahrungen werden, damit aber auch zum Ausgangspunkt eines Antriebserlebens.

Für den Säugling ist es ein Bedürfnis, satt, warm und trocken zu sein. Hat er das nicht, so erfüllt ihn Unruhe und Unbehagen, er schreit, und seine ersten Lernerfolge betreffen unter anderem die Erfahrung, daß dieses Schreien die Umwelt zu fürsorglichem Verhalten bestimmen kann. Allerdings hat uns das Krankheitsbild des Säuglingshospitalismus schon seit langem gelehrt, daß die Befriedigung dieser ebengenannten biologischen Notwendigkeiten nicht ausreicht, um die physische Existenz zu sichern. Das Bedürfnis nach Liebe und Zärtlichkeit ist mindestes ebenso existentiell, wie das Bedürfnis nach Nahrung und Schlaf, und Versäumnisse hier rächen sich sehr bald im biologischen Getriebe.

Es rächt sich aber auch die Behinderung dessen, was man die Funktionslust des Körpers genannt hat. Für den erwachsenen Menschen, wie für das kleine Kind, ist es nicht nur ein Vergnügen, sondern eine biologische Notwendigkeit, Bewegungsmöglichkeiten und Sinnesorgane in Übung und Funktion zu halten, bis Ermüdung eintritt. Sich bewegen zu dürfen, schauen, hören, tasten zu können, ist ein Bedürfnis und jedes dieser Bedürfnisse wird ebenso wie sexuelles Begehren zum Inhalt eines Antriebes, wenn es über die Schwelle des Erlebens tritt.

Aber damit nicht genug! Noch weitere bedeutungsvolle Eigentümlichkeiten charakterisieren die menschliche Wunsch- und Antriebswelt. Nehmen wir noch einmal das oben erwähnte kleine Beispiel von dem Kind, das einen Ball erblickt, ihn haben möchte und aufsteht, um ihn sich zu holen. Mit dieser vorbereitenden Beschreibung wurde uns ein Stichwort angeboten, an das wir jetzt leicht anknüpfen können. Es wurde gesagt: „Das Kind möchte etwas haben." Wir besinnen uns, hier fortfahrend, einmal kurz auf die Tatsache, daß die Regelung von *Eigentumsverhältnissen* in der sozialen Welt der Erwachsenen einen ganz außerordentlich breiten Raum einnimmt. Es ist eine psychologische, den Menschen als Lebewesen ganz allgemein charakterisierende Eigentümlichkeit, daß in ihm das Erleben wurzelt: „Dieser oder jener Gegenstand gehört mir, bzw. soll mir gehören." So wie in der Tierwelt ein Gegenstand, etwa ein Freßnapf, wie man sagt „Futtertönung" bekommt, so bekommen für den Menschen in ähnlichem Sinne Gegenstände „*Besitztönung*". Oft ist gesagt worden, daß für den Menschen die Notwendigkeit, Hunger und Hungersnot abzuwehren, die Wurzel sei, aus der alles Besitzstreben und Besitzerleben erwächst. In dieser Bemerkung steckt fraglos ein richtiges psychologisches Wissen. Wie wir immer wieder sehen, knüpfen sich bereits aus den Früherlebnissen des Säuglings um Nahrungsaufnahme, „Mundwelt", Fütterung und Stillung des Hungers eine Fülle von fast unzerreißbaren Fäden hinüber zur späteren Besitzproblematik. Doch wäre eine solche Charakteristik keineswegs erschöpfend. Besitzwünsche eines kleinen Kindes oder eines Erwachsenen richten sich nicht allein auf Gegenstände, die in unmittelbarem oder erweitertem Sinne die Gefahren des Hungers fernhalten können. Hier gibt es sehr Verschiedenes zu überlegen. Denken wir z. B. daran, daß einer ganzen Fülle von Wahrnehmungen ein belebender und beglückender Gefühlswert innewohnt, der zu der Formulierung Anlaß gibt, daß ein Gegenstand, eine Form, eine Farbe, eine Melodie oder ein Rhythmus als schön empfunden wird. Das Erleben der Schönheit ist an sich zweckfrei. Aber obgleich das so ist, bleibt ästhetisches Erleben keineswegs immer reine Anschauung. Diese schönen Dinge, obgleich im engeren biologischen Sinne vielleicht zwecklos, will der Mensch unter anderem auch besitzen, will sie erobern, will sie haben und behalten, will mit ihnen sein inneres Erleben, nicht nur seine biologische Existenz bereichern. Ob Gold oder Edelsteine, ob Kaurimuscheln oder buntes Glas, ob kostbare Gemälde oder schön gewebte Teppiche, der Schönheitsgehalt solcher Gegenstände gibt ihnen im Erleben des Menschen „Wert", das heißt, er stempelt sie zu Objekten, die man nicht nur schön findet, sondern die man auch begehrt und haben will.

Das, was wir das *Besitzerleben* des Menschen nennen, und was wir hiermit als ein wichtiges und weitverzweigtes Gebiet psychischer Reaktionsformen herausheben wollen, wurzelt ganz ohne Frage im Wesen der menschlichen Natur selbst, die der umgebenden Welt ihre Gefühlsvalenzen beilegt, nicht aber primär im sich darbietenden Gegenstand. Fraglos hat dieses Erleben seinen entwicklungsgeschichtlichen Ursprung in der Befriedigung existenzieller biologischer Bedürfnisse, insbesondere in der Befriedigung des Hungers. Vorformen solcher Erlebnisweisen gibt es bereits beim Tier. Doch spinnen sich unaufhörlich die vielfältigsten feinen Fäden der Beziehung zum verschwenderischen Reichtum menschlicher Gefühlserlebnisse überhaupt und die Erlebnisweisen des Menschen, die sich um Besitz und Eigentumsfragen herumgruppieren, haben immer vielfältige gesondert zu betrachtende Seiten.

Die psychologische Weisheit vieler Jahrhunderte, die in unserer Sprachentwicklung ihren Niederschlag gefunden hat, gibt uns hier einige gewichtige Hinweise, die wir nicht unbenutzt lassen wollen, um wenigstens anzudeuten, mit einem wie komplexen Gebiet wir es bei dem Bezitzerleben des Menschen zu tun haben. In der deutschen Sprache haben wir sehr verschiedene Worte, um zu kennzeichnen, was einem Menschen als Eigentum zugehört: Wir sprechen von „Erwerb", also dem Erworbenen, Erarbeiteten, Eroberten. Wir sprechen von „Besitz", also dem, worauf man „sich setzt", was man unter sich sicher verstaut und nicht hergeben will. Wir sprechen schließlich von „Vermögen", also dem, womit man etwas „vermag", womit man „Macht" entfaltet, Einfluß gewinnt, Aktivität und Unternehmungsgeist betätigt. Der „vermögende" Mann ist nicht der Briefmarken- oder Gemäldesammler, der möglicherweise höchsten Geldeswert sein eigen nennt, sondern es ist der unternehmungslustige Industrielle, der sein Eigentum als Betriebskapital zu weitreichenden Aktionen benutzt.

„*Erobern*", „*behalten*", „*vermögen*" sind drei sehr wichtige verschiedenartige Erlebnisformen, die unter dem Etikett „Besitzerleben" die Antriebswelt des Menschen kennzeichnen und die sich in vielen Varianten immer wieder in das Blickfeld unserer Beobachtung schieben, wenn wir Lebensschicksale und Biographien zu beurteilen haben.

Mit dem Wort „Vermögen" leiten wir nun freilich über zu einem weiteren Erlebnisbereich, der ebenfalls einen deutlich herausgehobenen Komplex in der psychischen Gesamtstruktur eines Menschen bildet und seine Antriebswelt kennzeichnet.

Ist es doch ein sehr charakteristisches Gefühl, das den Menschen erfüllt, wenn er handelnd und gestaltend der dinglichen Welt ihr Geheimnis abgezwungen hat, oder wenn er den anderen Menschen bestimmen konnte, sich in den Dienst der eigenen Pläne und Interessen zu stellen, sich gefügig zu unterwerfen, nachzugeben oder dienstbar zu sein. Wir nennen dieses Empfinden Überlegenheitsgefühl oder *Machtgefühl, Herrschsucht, Herrscherwille* oder wie auch immer. Die Gefühlsbereitschaften, in diesem Sinne handelnd und gestaltend, evtl. feindselig und zerstörend mit Dingen und Menschen umzugehen, werden zu Bedürfnissen, Impulsen, Antrieben. Sie erfüllen einen breiten Raum im menschlichen Erleben und auch sie wurzeln fraglos in biologischen Bedürfnissen, die der Erhaltung der Existenz dienen müssen. Auch für diesen Erlebnisbereich gilt, was wir bereits für das Besitzerleben ausführten. Auch hier gibt es Vorformen des Erlebens und Reagierens in der Tierwelt. Doch weit hinaus über den Dienst am Erhalt des Lebens tragen Handlungswille und Machtbedürfnis des Menschen dazu bei, daß er sowohl Triumphe feiert in der geistigen Eroberung der Welt, wie auch, daß sein Lebensgefühl sich hebt und bereichert angesichts der Möglichkeit, sich vor den anderen Menschen der Gemeinschaft hervorzutun, ihr evtl. den eigenen Willen aufzuzwingen, zu herrschen, zu regieren.

Kaum erscheint es erforderlich, an dieser Stelle noch einmal hervorzuheben, daß auch diese Reaktionsformen als angeborene Eigentümlichkeiten die menschliche Natur kennzeichnen und daß lediglich ihre Inhalte den Zufälligkeiten der formenden Umwelteinflüsse ausgeliefert sind. Doch ist es wohl wichtig, hier, bei der Erörterung der handlungsbereiten Machtimpulse im Menschen zugleich darauf hinzuweisen, daß für jeden lebensvollen Menschen die Existenz eines Partners, eines Gegners oder Freundes noch eine ganz andere Rolle als die eben skizzierte übernehmen kann. Das belebende Gefühl, ausgelöst durch die Bewunderung und Anerkennung der Gemeinschaft genügt nicht allein. Es sucht eine Ergänzung. Die Bewunderung, evtl. gemischt mit Furcht, die die Umgebung zollt, ist keine Liebe, ist nicht das, was wir Zuneigung nennen. Und hier liegt ein inneres entscheidendes Bedürfnis in dem Erleben jedes Menschen, hier liegt zugleich eine Quelle für zahllose innere und äußere Mißverständnisse. *Liebeswerbung* und *Geltungssucht* sind nicht identisch. Das, was in der Entwicklung der Tiefenpsychologie und Psychopathologie in diesem Sinn als „Geltungssucht" eine langjährige bedeutungsvolle Rolle gespielt hat, hat leider auch zu einer Fülle von psychologischen Mißverständnissen Anlaß gegeben. Der sogenannte geltungssüchtige Psychopath ist fast immer einer Beurteilung unterlegen, die die Note mißbilligender Abwehr trug. Übersehen wurde dabei, daß nur zu oft ein leiderfülltes Selbstmißverständnis bei Kind und Erwachsenem den Motor für auffälliges Gebaren abgab. Liebeswerbung und Geltungsstreben verwechselt nicht nur die Umgebung eines solchen Kindes, sondern auch das Kind in sich selbst. „Wenn schon nicht geliebt, so wenigstens bewundert", so mag die innere unbewußte Formel lauten, die oft genug hinter geltungssüchtigem Verhalten steht und die meist nicht verstanden wird. Doch greifen wir mit solchen Erörterungen bereits neurosenpsychologischen Überlegungen vor.

Hier sei zunächst nur festgehalten, daß dem Menschen neben all seiner herrschlustigen aggressiven Machttendenz das uralte Bedürfnis innewohnt, sich der liebevollen Zuneigung der Mitwelt zu versichern, ihr liebevolles Verständnis zu suchen, nicht nur ihre distanzierte Bewunderung. Liebe mit Sexualität zu verwechseln, wird dabei keinem nachdenklichen Menschen passieren, wenn auch gelegentlich in manchen philosophischen Systemen ein nihilistisches Lebensgefühl zu verwischen suchte, mit welchem differenzierten Gefühlsreichtum der Mensch in diesen Bereichen seiner inneren Welt beschenkt worden ist.

Die enge Beziehung zwischen *Liebesgefühlen, Zärtlichkeitsbedürfnis* und *sexuellen Antrieben* im Menschen braucht wiederum kaum gesondert hervorgehoben zu werden. Wichtiger ist es vielleicht, bereits hier einmal hervorzuheben, daß die menschliche Natur die Neigung zeigt, dem geliebten Anderen nicht nur hingebungsvolle Zärtlichkeit und Innigkeit entgegenzubringen, sondern ihn zugleich nicht selten zum Gegenstand intensiver Besitz- und Herrscherwünsche zu machen. Ein großer Teil der vielfältigen Verwickelungen unserer zwischenmenschlichen Beziehungen wurzelt ganz ohne Frage in dieser Eigentümlichkeit und leiht dem lebendigen Leben seinen tragischen Hauch.

Doch wollen wir es damit für unsere Vorbemerkung genug sein lassen. Halten wir noch einmal zusammenfassend fest, daß für den Menschen erstens alle Bedürfnisse der *biologischen Existenz* zum Inhalt eines Antriebserlebens werden können. Wir halten weiter fest, daß — zum Teil aus den biologischen Bedürfnissen abgeleitet, aber in weiten Bereichen eigenständig — *Besitzstreben, Gestaltungswille* und *Machtbedürfnis* ebenso wie *hingebungsvolles Lieben* die menschliche Natur kennzeichnen und Erlebnisformen ausmachen, die die charakteristischen Eigentümlichkeiten des Antriebsgeschehens tragen. Besitzerleben, Machtwille und hingebungsvolles Lieben werden als Erlebnisbereiche — wie wir später sehen werden — für eine Neurosenpsychologie immer von besonderer Bedeutung sein, und aus diesem Grund haben wir unsere ausführliche Aufmerksamkeit gerade diesen Erlebnisgebieten gewidmet.

Wir möchten aber dieses Kapitel nicht schließen, ohne nochmals darauf hinzuweisen und zu betonen, daß unsere Ausführungen selbstverständlich nur eine *Auswahl* darstellen. Diese Auswahl wurde, wie oben schon gesagt, getroffen im Hinblick darauf, daß hier eine Vorbereitung zum Verständnis neurosenpsychologischen Krankheitsgeschehens geliefert werden soll. Es wäre ein grobes Mißverständnis, wenn den bisherigen Ausführungen ein Anspruch auf allgemein anthropologische Vollständigkeit unterstellt würde, ein Anspruch, der von uns nicht erhoben wird und der auch nicht erhoben werden dürfte.

Nur mit einem kurzen Seitenblick konnten wir es uns z. B. vergönnen, auch auf jene Entwicklungsgesetze zu achten, die an der Reifung dessen beteiligt sind, was wir das *geistige Erleben* des Menschen nennen. Eine eigene Abhandlung von mehrbändigem Umfang wäre erforderlich, um diesem Gegenstand gerecht zu werden. Geistigkeit ist für jeden lebendigen Menschen ein Bedürfnis. Der Mensch in seinen menschlichsten Bereichen ist dadurch ausgezeichnet, daß die Pflege geistigen Erlebens für ihn zu einem existentiellen Anliegen wird. Geistigkeit will handelnd und planend in das Leben eingebaut werden. Freilich gibt die Pflege geistiger Bedürfnisse selten Anlaß zum Beginn neurotischer Fehlentwicklungen und in einem späteren Kapitel werden wir erläutern, woher das kommt. Wir werden dann verstehen, warum wir unsere Aufmerksamkeit im Rahmen einer Neurosenpsychologie nicht um diese Erlebnisbereiche des Menschen zu zentrieren brauchten, obgleich wir die Wichtigkeit dieses Gebietes nicht einen Augenblick unterschätzen und außer acht lassen.

Vielleicht ist es allerdings zweckmäßig, hier abschließend noch eine kurze Bemerkung anzufügen: Es ist selbstverständlich, daß die von uns soeben vollzogene beschreibende Aufgliederung der menschlichen Wunsch-, Impuls- und Antriebswelt nichts anderes sein kann, als ein Versuch zur Abstraktion und gliedernden Übersicht. Eine Abstraktion ist niemals das lebendige Leben selbst. Die vielfältige Differenziertheit und der Nuancenreichtum menschlichen Erlebens läßt sich nur in groben Zügen in solchen abstrahierenden Gliederungen einfangen. Bereits der vorwissenschaftliche Kenntnisschatz unserer Sprache weist uns auf, wie fast unerschöpflich hier Unterscheidungsmöglichkeiten und Unterscheidungsnotwendigkeiten sind. Vergegenwärtigen wir uns nur einmal die landläufigsten Worte, die die kämpferische, feindselige oder auch nur konkurrierende Auseinandersetzung der Menschen untereinander mit den zugehörigen Affektlagen beschreiben. Wir kennen die Begriffe Wut, Ärger, Zorn als die Ausdrücke für eine verhältnismäßig gradlinige und ungebrochene aggressive Regung. Wir kennen die Worte Bosheit, Hohn, Ressentiment und Heimtücke für die Zerrbilder der gleichen Affektqualität. Wir kennen die Worte Stolz, Herrschsucht, Geltungsstreben, Ehrgeiz, Angriffslust, wir sprechen von schneidendem oder schneidigem Verhalten, und wir kennzeichnen das Gegenteil von aggressiv aktiver Selbstbehauptung mit den Worten Gefügigkeit, Nachgiebigkeit, Ergebenheit, Duldsamkeit oder dienender Einordnung.

Jedes dieser Worte bezeichnet eine andere affektive Verfassung und auch eine andere Form, in der das handelnde Verhalten Ausdruck der erlebten Affektlage wird.

Die gleiche Unterschiedlichkeit finden wir, wenn wir uns um die Zuneigungsgefühle der Menschen bekümmern. Wir sprechen von *Zuneigung* und *Zuwendung*, wir sprechen von Anlehnungsbedürfnis oder auch von Vertrauensseligkeit, von Hingabebereitschaft und Weichheit. Wir sagen, ein Mensch sei liebevoll, sei zart oder zärtlich, sanftmütig, gütig, innig oder gemütvoll. Wir sagen auch, er sei sentimental, wenn die Dürftigkeit und mangelnde Tiefe des Gefühls ins Auge springt. Auch hier sind die Unterscheidungsmöglichkeiten fast unerschöpflich.

Betrachten wir das Besitzerleben des Menschen in gleichem Sinne, so kennen wir z. B. ein Wünschen, ein Wollen, ein Verlangen, ein Begehren. Wir sprechen von rauben und stehlen, von Gier und Habgier. Wir sprechen von abgeben und preisgeben, von bitten und beten, von flehen und fordern und vielem anderen mehr.

Die Skala der Gefühle und Bedürfnisse des Menschen mit den zugehörigen Reaktionsweisen ist kaum übersehbar und im Rahmen des vorliegenden Buches ist es sicher nicht möglich, hier die differenzierte Beschreibung noch weiter auszudehnen, als es bisher schon geschehen ist. Wir können nichts anderes tun, als den Lesenden zu ermahnen, daß er sich nicht in die Annahme verirren möge, die verhältnismäßig rohe und einfache Gliederung, die wir anbieten, sei die erschöpfende Beschreibung ebenso einfacher Vorkommnisse und Vorgänge.

2. *Entfaltungsstufen der kindlichen Antriebswelt*

a) *Orale und intentionale Bezogenheiten zur Welt*

Betrachten wir jetzt die Entwicklung des Kleinkindes unter dem speziellen Gesichtspunkt der sich entfaltenden Antriebswelt! Die vorbereitenden Kapitel geben uns die Mittel dazu in die Hand. Zu einem Teil handelt es sich um nichts anderes als um die Wiederholung des Früheren unter Verschiebung der Akzentsetzung.

Wie wir gesehen hatten, sind die ersten Lebenswochen eines kleinen Kindes aus biologischen Gründen in besonderer Weise charakterisiert: Die erste kurze Epoche passiven Ausgeliefertseins an sinnliche Reize wird bald gefolgt von dem sich belebenden Antriebsüberschuß, wenn auch der gesamte Zustand noch durch erhebliche motorische Hilflosigkeit charakterisiert ist. Die Ausschnitte, die der Säugling von der Welt zunächst bedeutungsvoll erlebt, gruppieren sich ganz ausgeprägt um die sogenannte Mundwelt. Hier registrieren wir demnach auch eine der ersten antriebshaften Reaktionsweisen des kleinen Lebewesens im Sinne des Zupackens, Zugreifens oder besser Zuschnappens.

Wir benutzen dabei den gegebenen Moment, um unsere Leser erstmalig mit einem Wort des psychotherapeutischen Fachjargons vertraut zu machen, der, wie jede konventionell anerkannte Terminologie die Verständigung erleichtert und beschleunigt.

Die Mundwelt eines kleinen Kindes wird mit dem lateinischen Wort gern auch die „orale" Welt genannt. Die sogenannte *Oralität* taucht als Kennwort in der gesamten psychoanalytischen Wissenschaft immer wieder dann auf, wenn von den Antrieben um Hunger und Nahrungsaufnahme gesprochen wird.

Oben hatten wir schon angedeutet, daß sich die Erlebnisweisen des Menschen, auch des Erwachsenen, die sich um die Nahrungsaufnahme und um die Munderlebnisse gruppieren, außerordentlich leicht koppeln und assoziieren mit dem, was in der Vorstellungswelt „Besitztönung", auch im erweiterten Sinn, bekommt. Diese Tatsache ist leicht verständlich. Die ersten Uranfänge des Besitzerlebens gruppieren sich sowieso um alle jene Gegenstände, die der Nahrungsaufnahme und damit dem Lebenserhalt dienen. Es ist auf keinen Fall ein Zufall, wenn einem kleinen Kind von seinen Pflegepersonen und befreundeten Erwachsenen Essensdinge, also Bonbons, Süßigkeiten usw. als Geschenke mitgebracht werden. Konkurrenzstreitigkeiten zwischen Geschwistern um das, was der eine bekommt und der andere evtl. nicht, zentrieren sich z. B. oft und mit großer Lebhaftigkeit um die Fragen des Essens. Aus diesen Vorgängen leitet sich die Tatsache ab, daß man das Wort oral im analytischen Fachjargon als Kennwort auch sehr oft dann verwendet, wenn man von den soeben aufgezählten psychologischen Erweiterungen der Munderlebnisse spricht, also auch dann, wenn nicht mehr im engeren Sinn von Nahrung und Nahrungserwerb die Rede ist, sondern von *Besitz* ganz allgemein, von Gelderwerb und Eigentumsstreben.

Um den besonderen antriebshaften Charakter des erobernden Wünschens noch genauer mit einer Wortprägung zu umschreiben, hat übrigens Schultz-Hencke den Begriff „kaptativ" (kaptare = Habenwollen) gewählt. Dieser Begriff verläßt den alten Sprachgebrauch, der die Bezeichnung eines Körperbereichs repräsentativ für ein sehr komplexes psychisches Geschehen benutzte. Wir werden in unseren folgenden Ausführungen den Begriff kaptativ sicher ebenfalls gelegentlich verwenden und es kann vorkommen, daß wir ihn gleichsinnig für das Wort oral gebrauchen.

Oral-kaptatives Erleben, die ersten Vorformen des Habenwollens, kennzeichnen also in betonter Weise die frühe Antriebswelt des kleinen Kindes. Bald ordnen sich ihm die ersten Formen aktiv wahrnehmender Zuwendung zur Welt bzw. zum eigenen Körper hinzu. Die ersten Sinneseindrücke, die durch Mund und Haut erlebt werden, werden bald gefolgt von betrachtendem und horchendem Aufmerken. Die erste „intentionale" Bezogenheit zur Welt keimt auf. Der Begriff des „Intentionalen" ist verhältnismäßig alt. 1874 hat Brentano in erster Erweiterung der damaligen alten Assoziationspsychologie darauf hingewiesen, daß die aktive Wahrnehmung eine antriebshafte Seite hat, eine „Intention" enthält. Brentano's Schüler Husserl griff diese Wortprägung auf, und in der Psychotherapie war es Schultz-Hencke, der diesen Begriff viel verwandte, ihn allerdings etwas erweiterte im Sinne allgemein aktiver Zuwendung überhaupt. Auch wir werden den Begriff des Intentionalen gelegentlich gebrauchen, besonders wenn wir an späterer Stelle beschreiben wollen, wie dieses erste „Sichzuwenden", dieses „Intendere" beeinträchtigenden Störungen unterliegen kann. Wir erwähnen dabei in diesem Zusammenhang noch einmal, daß sich beim kleinen Kind wie beim späteren erwachsenen Menschen offenbar ein dauerndes Wechselspiel zwischen den spontanen ungerichteten Antriebshaltungen und dem sogenannten „Aufforderungscharakter" der dinglichen Umwelt vollzieht. Dieser Aufforderungscharakter der Umwelt variiert offenbar von Gegenstand zu Gegenstand, bzw. von Reizeindruck zu Reizeindruck und entspringt seinerseits mindestens zu einem Teil angeborenen Eigentümlichkeiten der menschlichen Erlebniswelt.

Wir sagten bisher, daß sich das kleine Kind, der wenige Wochen alte Säugling, sowohl seiner dinglichen Umwelt, wie den eigenen Körpersensationen zuwendet. Das ist jedoch keine erschöpfende Beschreibung. Vielmehr noch als der eigene Körper, mehr noch als Gegenstand und Ding löst die betreuende und pflegende menschliche Umwelt Hinwendung und Aufmerksamkeit aus. Der innige persönlich-zärtliche Kontakt zur Mutter oder Pflegeperson ist intensives existentielles Bedürfnis, wird Inhalt „intentionaler" gefühlshafter Bezogenheit zur Welt. Vom Säuglingshospitalismus als Ergebnis tiefgreifender Mangelerlebnisse in diesem Bereich hatten wir in einem früheren Kapitel bereits andeutungsweise gesprochen. Wichtig ist es hier, nochmals festzuhalten, daß gegliederte Wahrnehmungen in dieser Epoche nur ganz allmählich aufgebaut werden, während die Gefühlsbetonung dieser Früherlebnisse ganz offensichtlich eminent ist.

Nebenher wird übrigens auch die lautliche Kommunikation des Säuglings mit seiner Umwelt, sein Schreien oder sein freundlich-friedliches Entgegenlallen Träger einer Intention, Inhalt eines Antriebes. Ganz offenkundig ist es für das kleine Lebewesen ein Bedürfnis, eine Notwendigkeit, daß sein schreiendes Rufen, sein freundliches Lallen, beantwortet werden. Lehrt uns doch bereits eine alte Sage, daß alle Knaben starben, die dem sonderbaren Experiment unterzogen wurden, daß sie aufwachsen sollten, ohne daß ihren Ammen erlaubt wurde, ein Wort mit ihnen zu sprechen (zitiert nach Peiper).

Vorwegnehmend und zum Hinweis auf spätere Kapitel heben wir hier bereits folgendes hervor: Wenn man in der Normalpsychologie davon spricht, daß die Welt für den Menschen einen sogenannten „Aufforderungscharakter" hat, so ist damit gesagt, daß der Mensch antriebshaft und handlungsbereit auf die ihn umgebende Welt reagiert. In welchem Maß ein kleines Kind in diesem Sinn „angetrieben" und aktiv auf die Welt reagiert, hängt zu einem Teil sicher von angeborenen Bereitschaften ab. Zu einem anderen Teil kann aber diese Form antriebshafter Reaktionsweisen im Sinne zugewandter Aktionsbereitschaft in sehr früher Zeit Schaden nehmen. Umgekehrt ausgedrückt: Es gehört zu den physiologischen Entwicklungsbedingungen und Entwicklungsanreizen, daß einem Kind in dieser Epoche von seiner Umwelt anteilnehmender und belebender Kontakt geboten wird. Fehlt dieser Entwicklungsanreiz, so nehmen auch die Intentionen des Kindes ab, sich der Welt zuzuwenden. Die „intentionale Bezogenheit" leidet Not und der „Aufforderungscharakter" der Welt sinkt unterschwellig herab.

Die von uns soeben verwandten Fachwörter „orales" und „intentionales" Erleben sollen im Folgenden behilflich sein, antriebshafte Reaktionsweisen des Kindes zu charakterisieren. Wir heben sie in diesem ersten Kapitel hervor, weil die erste Entwicklungsphase des Säuglings, also die Phase, die dem sogenannten physiognomischen Erleben entspricht, hervorgehoben durch orale Antriebe und intentionale Zuwendung charakterisiert ist.

b) „Handelnde" Phase

Diese soeben besprochene, noch einmal von der Antriebsseite her charakterisierte Epoche, ist allerdings nicht allzu lang. Bereits gegen Ende des ersten Lebensjahres tragen die reifenden motorischen Möglichkeiten und die erwachenden Gedächtnisleistungen dazu bei, daß für das Kind ein breiterer Lebensraum ins Blickfeld rückt und wahrnehmend und behaltend verarbeitet werden kann.

Zu einem antriebshaften Bedürfnis wird jetzt die Betätigung der Motorik selbst. Zum Gegenstand des Begehrens werden alle erreichbaren Gegenstände, Gegenstand des Interesses wird immer weiter der eigene Körper, der andere Mensch, die dingliche Umwelt. Suchen wir nach einem Kennwort für diese Epoche der Antriebsentfaltung, so könnten wir sagen, daß es sich hier ganz betont um die Periode der beginnenden *handelnden* Weltbewältigung handelt. An die gegenständliche Welt wird herangegangen. Die reifende Körpermotorik vermittelt aber nicht nur diese Möglichkeit. Sie wird zugleich zum Ausdrucksgestalter aggressiver Regungen und Affekte. Das erste keimende Wollen kündet sich beim Kind in dieser Altersstufe an. Ganz offenbar wird das Erlebnis der Wut im Zusammenhang mit den auftauchenden Aggressionen ein Stück weit bewußter als vorher und kann unter Umständen in der sogenannten Trotzphase lebhafteste Intensität erreichen. Das Kind will, daß seine ersten Selbständigkeitsimpulse respektiert werden. Es will seinem prüfenden Taten- und Zerstörungsdrang nachgehen können. Zugleich lösen die ersten Erfolgserlebnisse vollbrachter Handlung Befriedigung aus und drängen damit zur Wiederholung.

Bereits in dieser frühen Phase handelnder Selbstentfaltung werden allerdings auch, wie wir wissen, an das Kind die ersten Pflichten und die ersten Anforderungen herangetragen. Mit dem Risiko, mit dem sich das unternehmungslustige Kleinkind in ungekannte Gefahren stürzt, werden einschränkende, steuernde Verbote notwendig. Mit Hinblick auf die reifende Befähigung, die Darm- und Blasenfunktion zu beherrschen, setzt im allgemeinen auch für das Kind die Sauberkeitserziehung ein. Es werden die ersten kleinen Dienste vernünftiger Einordnung verlangt.

In dem kritischen Schrifttum, das die ersten wissenschaftlichen Veröffentlichungen der Psychoanalyse einer Beurteilung unterzog, wurde nicht selten abfällig bemerkt, daß die Psychoanalyse den Fragen der Sauberkeitserziehung ein recht ungebührlich übertriebenes Gewicht beilegt. Hierzu sei folgendes bemerkt: Die möglicherweise in früheren wissenschaftlichen Entwicklungsperioden zu starke Akzentuierung spezieller Kleinkindsituationen, die die Frage der Sauberkeitserziehung betreffen, hat ihren Ursprung ohne Zweifel in der wichtigen und notwendig zu vermerkenden Tatsache, daß die Sauberkeitserziehung die erste prägnant hervorgehobene, stereotyp wiederholte sachliche Leistungsanforderung darstellt, die an das kleine Kind herangetragen wird. Lange Zeit wird nachgiebige Rücksicht in bezug auf eine große Zahl kindlich unvernünftiger Wünsche und Impulse geübt. An der Sauberkeit des kleinen Kindes hat die Mutter jedoch ein eigenes lebhaftes Interesse. Das Kind, das in der Lage ist, Sauberkeitsanforderungen zu genügen, erspart der Mutter eine Fülle von Arbeit und Bemühung. Lob und Tadel treffen das kleine Kind also zu allererst und in häufigster Wiederholung gerade für diese Leistungsvollzüge.

In diesem Sinne müssen wir es also verstehen, wenn man sagt, daß in der Phase handelnder Weltbewältigung für das Kleinkind auch eine spezielle

Körperfunktion einen repräsentativen Charakter erhält. Wie für den sehr jungen Säugling die Mundwelt, das orale Erleben, die repräsentative Funktion für zupacken, zugreifen, erobern darstellte, so werden für das größere Kind Blasen- und Darmtätigkeit bald mit dem Erleben „etwas leisten, etwas hergeben müssen" gekoppelt. Erinnern wir uns an unsere früheren Ausführungen über Entwicklung der Wahrnehmungs- und Gedächtnisfunktionen, so könnten wir hier etwa so formulieren, daß auch die Darmfunktion „Besitztönung" erhält auf Grund der häufigen assoziativen Koppelung von Ausscheidungsvollzug und fordernder Aufmerksamkeitshaltung der Umwelt. Im Grunde handelt es sich auch hier um nichts anderes, als um die Entstehung sogenannter bedingter Reflexe.

Übrigens erwähnten wir früher schon, daß das subjektive Erleben des Kleinkindes jeweils in bezug auf Blasen- und Darmtätigkeit verschiedenartig aussieht. Wir können also auch nicht ohne weiteres beide Körpervorgänge miteinander identisch setzen. Im Augenblick wollen wir nochmals die Gelegenheit benutzen, um dem Leser noch einen weiteren Teil der üblichen Fachterminologie der psychotherapeutischen Wissenschaft nahezubringen. Die lateinischen Worte für Darm- und Blasenausgang werden gebraucht, um darauf hinzuweisen, daß — wie beschrieben — in der frühen Kindheit diese Körperfunktionen repräsentativ für psychische Erlebnisabläufe erlebt werden. Man spricht also von den Vorgängen des *„Analen"* und *„Urethralen"*. Um den psychologischen Vorgang des Behaltenwollens unabhängig von der analen Funktion besser zu beschreiben, schlug dann später Schultz-Hencke die praktische, vom Organvorgang sich ablösende Wortprägung „retentiv" für Zurückhalten oder Nichthergebenwollen vor. Somit werden retentiv und anal im Fachjargon nicht selten synonym verwandt und diese Kenntnis wird manchem Lernenden das Zurechtfinden in der Literatur erleichtern.

Es muß dabei aber bedacht werden, daß das Wort retentiv nur die eine Seite dessen trifft, was ein kleines Kind im allgemeinen im Zusammenhang mit der Darmfunktion erlebt. Jedes kleine Kind bemerkt sehr früh, daß das Einkoten zur Unzeit die Erwachsenen ärgert. Die Möglichkeit, auf diesem Weg einer aggressiven Regung Ausdruck zu geben, wird von kleinen Kindern sehr bald erfaßt. So sagte ein Junge von etwa 3 Jahren, als er die Höschen naß gemacht hatte und deswegen gescholten wurde, wutentbrannt und voller Empörung zu seiner Mutter: „Das nächste Mal mache ich groß, und zwar in Dein Bett." Wir müssen also diese Tatsache — die aggressive Seite des Gesamtgeschehens — immer beachten, wenn bei einem Kind im Verlauf einer seelischen Fehlentwicklung auffällige Verhaltensweisen in bezug auf Kot und Darmentleerung beobachtet werden.

Aber auch damit ist der Bedeutungsgehalt, den die Darmfunktion für das kleine Kind bekommen kann, noch nicht erschöpft. Die Körperfunktion selbst, bei sich, bei den Geschwistern und bei den Erwachsenen ist für ein kleines Kind, wie alles in der Welt überhaupt, auf das Äußerste interessant. Die naiv-prüfende Neugier wendet sich diesem biologischen Geschehen genau so interessiert zu, wie etwa der Tatsache, daß Gegenstände, die man in der Luft losläßt, dann auf die Erde fallen.

Diese naiv-prüfende Neugier des kleinen Kindes begegnet nun der Tatsache, daß die Erwachsenen den Forschungsdrang des kleinen Kindes an diesem Punkt nicht allzu gerne dulden.

Das Eindringen in diese intim-privaten Bereiche ist, wie das kleine Kind mit seinem wachen Instinkt bald registriert, nicht unbedingt erwünscht. Die privateste Körpersphäre bekommt aber für das Kind über diese Assoziationen hinweg privat „intime Tönung", wenn man so sagen darf, und sie kann damit bei speziellen neurotischen Fehlentwicklungen auch repräsentativ werden für die intimste Form vertrauten Beieinanderseins überhaupt.

Auch diesen Sachverhalt müssen wir ganz unbedingt gesondert in unseren Erörterungen festhalten, weil keinem Leser, der vielleicht mühevoll versucht, sich in der weitverstreuten Literatur zurechtzufinden, sonst verständlich wird, warum in scheinbar kühnem oder gar sinnlos überspitztem Gedankensprung die Begriffskoppelung: Analität — intime Gefühlswelt vorgenommen wird. Wir selber halten es nicht für besonders glücklich, den Begriff der Analität so weit auszudehnen, daß auf jeden Fall diese spezielle Seite des Geschehens miteinbegriffen sein soll. Doch wollen wir die Sache selbst nicht unbeschrieben lassen, da sonst ein wichtiger erklärender Faktor im neurosenpsychologischen Geschehen fehlen würde.

Neben dem Begriff der Analität, der sich in bezug auf die Ausscheidungsfunktion des Darmes von dem lateinischen Wort anus ableitet, hatten wir oben bereits das Wort urethral erwähnt. Obgleich wir selbst diesen Begriff als psychologisches Kennwort kaum verwenden werden, soll doch der Vollständigkeit halber kurz erwähnt sein, was die analytische Literatur im allgemeinen damit meint.

Das Wort selbst lehnt sich — ebenso wie die Begriffe oral und anal — an eine Körperfunktion an und will darauf hinweisen, daß für das kleine Kind die Funktionsabläufe des eigenen Körpers repräsentativ werden können für sehr spezielle seelische Erlebnisse. Was nun den Ausscheidungsvollzug der Blase angeht — den urethralen Bereich also —, so wurde bald beobachtet, daß das zugehörige seelische Erleben keineswegs erschöpfend beschrieben war, wenn man die gleichen Erlebnisse wie beim oben beschriebenen Ausscheidungsvollzug des Darmes zuordnen wollte. Als besonders wichtig wurde die unbestreitbar bedeutungsvolle Tatsache hervorgehoben, daß für diese Körperfunktionen die Geschlechtsunterschiede eine wesentliche Rolle spielen. An der Funktion des Urinierens beobachten kleine Kinder im allgemeinen zuerst, daß sie sich in ihrer Geschlechtsbestimmung voneinander unterscheiden. Der Zuschuß an eigener Aktivität, an aktiven Impulsen, die der kleine Junge beim Urinieren mitbetätigen kann, ist von dem Körpervorgang des kleinen Mädchens wesentlich unterschieden. Keinem erfahrenen Kinderbeobachter fehlen Kenntnisse über belustigende Konkurrenzkämpfe kleiner Jungen untereinander, wenn sie ausprobieren, wer wohl den größeren Bogen produzieren kann. Kleine Mädchen haben ähnliche Erfahrungen wesentlich weniger. Gelegentlich kommen sie stattdessen, bei etwa versuchter Identifikation mit einem kleinen Jungen zu dem Ergebnis, daß ihnen selbst etwas fehlt, daß sie in diesen bestimmten Bereichen geringere Möglichkeiten haben als kleine Jungen. Von der späteren erwachsenen Frau, die etwa an einer solchen mißglückten Identifikation mit der männlichen Rolle ihre Hauptschwierigkeit erworben hat, sprach man dann gern als von einem „Phallischen Typ" oder von unverarbeiteten „urethralen Aggressionen", die bei ihr durchbrachen. Wobei mit dieser Bezeichnung dann angedeutet werden sollte, daß die urethrale Körperfunktion einmal in früher Kindheit Repräsentant gewesen ist für die seelischen Komplikationen, die die Geschlechtsunterschiedlichkeit mit sich brachte.

Allerdings sind diese Erörterungen eigentlich schon ein Vorgriff und zielen auf Vorgänge einer späteren Lebensepoche ab. Die bewußte oder bewußtere Auseinandersetzung mit der eigenen Geschlechtsrolle hat ihr Schwergewicht sehr viel mehr in der nächsten Entwicklungsetappe, die sich erst etwas später an die soeben besprochene anschließt. Wir haben die soeben vollzogene Überlegung nur deshalb hier eingeschoben, weil es zu einer der häufigsten Denkgewohnheiten gehört, daß man den Ausscheidungsvollzug von Darm und Blase gemeinsam zu beurteilen versucht.

Es geschieht also, wie wir sahen, außerordentlich viel in dieser Epoche des Kinderlebens. Doch sind wir noch immer nicht am Ende. Diese Phase, die um die Wende des ersten Lebensjahres beginnt und etwa mit dem dritten Lebensjahr endet, hat noch weitere wichtige Seiten. Dürfen wir doch die Entwicklung zur *Sprachfähigkeit* nicht vergessen. Die erste lautliche Kommunikation des Säuglings mit seiner Umwelt trägt, wie wir schon früher ausführten, zunächst ganz überwiegend den Charakter der gefühlsmäßigen Beziehungnahme mit der Umwelt. Allmählich werden dann mit zunehmender Reifung die Lautsymbole, die die Erwachsenen benutzen, „verstanden". Das heißt, das gehörte Wort wird verknüpft, assoziiert mit Wahrnehmungsgebilden, Vorgängen, Handlungsvollzügen usw. Die beschreibende Sprache stellt dem Menschen allmählich die Welt in Wortsymbolen zur Verfügung und gestattet den sich damit immer leichtflüssiger vollziehenden Vorgang des Nachdenkens, Kombinierens und Abstrahierens. Das kleine Kind erhält und versteht allmählich Mitteilungen. Der Impuls bzw. die Fähigkeit, selbst Worte zu formulieren und zu benutzen, reift — wie wir schon beschrieben — beim Kind erst später als das Wortverständnis. Von der affektiven Antriebsseite her gesehen gewinnt die Sprachbefähigung freilich allerhöchste Bedeutung. Liebevolle wie aggressive Affekte werden mitgeteilt, Wünsche ausgesprochen, Forderungen gestellt, geheime Gedanken offenbart bzw. verschwiegen. Die gesamte vielfältige Gefühlsskala inneren Erlebens erhält im Sprachvollzug ein Vehikel der Manifestation, ein Mittel zur Darstellung und Präzisierung. Sprachstörungen im Sinne des Stotterns nehmen in der letzten Phase dieser Epoche ihren Ausgangspunkt. Die affektiven Hintergründe für die Bedeutung des Sprechenkönnens sind in vielfältiger Bezogenheit ihre Ursachen. Ganz ohne Frage ist dabei die Sprachentwicklung mit der Pflege und der Entwicklung rationaler Denkvollzüge ein wesentliches Hilfsmittel, um das Kind herauszuführen aus seiner in magische Vorstellungen eingebetteten Welthaltung.

Wir greifen hier noch einmal zurück auf Einsichten aus früheren Kapiteln. Überwiegend magisches Welturteil war die Eigentümlichkeit, die das kleine Kind etwa zwischen dem zweiten und dritten Lebensjahr kennzeichnete. In magischer Weise werden also, wie wir nun vervollständigend für dieses Kapitel hinzufügen müssen, eigene und fremde Handlungsvollzüge interpretiert. Magische Möglichkeiten scheinen den eigenen und fremden Körperfunktionen innezuwohnen, magisch kann in der Phantasie des kleinen Kindes der Sprachvollzug benutzt oder mißbraucht werden. Doch führen, wie wir soeben schon kurz erwähnten, gerade Pflege der Sprache, Übung in begrifflicher Kombination zusammen mit den weiter reifenden Fähigkeiten von Gedächtnis und Abstraktion das Kind allmählich heraus aus dieser Entwicklungsperiode und lassen es eintreten in jene Epoche, die in einem früheren Kapitel die Phase der theoretischen Realitätsprüfung genannt wurde.

c) Realitätsprüfung und theoretische Weltbewältigung

Mit dem vierten bis fünften Lebensjahr beginnt allmählich ein neuer Abschnitt. In unserem Kapitel über die wahrnehmende und urteilende Weltbewältigung hatten wir — mit K r o h — diese Epoche die Zeit der theoretischen Weltbewältigung genannt. Wir tun gut daran, auch für die Betrachtung der Antriebsentwicklung diesen Titel als wichtig festzuhalten. Die Existenz dieses immer mehr sachbezogenen Interesses, das sich von affektbetonter Triebhaftigkeit abhebt, prägt nämlich auch der jetzt weiter erfolgenden Antriebsreifung ihren Stempel auf. Das Kind fängt an, sich der Welt mit einer sich immer verstärkenden Note von Bewußtheit zuzuwenden. Es hebt das eigene Ich von der Umwelt immer deutlicher ab, es steuert den eigenen Gedankenstrom mit immer bewußterer Zielsetzung. Geformte Vorstellungen lassen ein immer langfristigeres Handeln und Planen zu. Im ersten Ansatz erlebt das Kind jetzt bewußt die eigene Rolle in der Welt als abgehoben von der Existenz der Umgebung. Seine Antriebswelt ist also ganz wesentlich dadurch gekennzeichnet, daß die Vorstellungen davon, was erstrebt wird, eine immer deutlichere Kontur bekommen und immer langfristiger im Gedächtnis bewahrt werden. Die Epoche des impulsiven Handelns, das meist ganz unmittelbar vom Wahrnehmungseindruck der Gegenwart bestimmt war, erhält jetzt die neue Note langfristigerer Planung.

Vom Biologischen her ergibt sich zugleich, wie wir in einem früheren Kapitel sahen, daß prägnantere Vorläufer *sexueller* Regungen erlebt werden können. Hier fügt sich ein, daß das kleine Kind, das seine eigene Rolle, sein eigenes Ich inzwischen abgehoben erlebt, nun auch dem Wesen der eigenen Geschlechtsrolle mehr oder weniger deutlich geformte Überlegungen widmen kann. Das Kind fängt an zu überprüfen, ob es so, wie es da ist, in den Augen seiner Umgebung auch richtig ist, ob es geliebt und anerkannt wird. So erhält allmählich unter vielen anderen Überlegungen auch die Frage ihre Bedeutung, ob es gut und richtig sei, ein Junge oder ein Mädchen zu sein, ob es der Umwelt gefällt, oder ob es vielleicht anders gewünscht sei.

Sicher reagiert das Kind bereits in früherer Epoche instinktiv auf Bestätigung oder Abwehrhaltung durch die Umgebung, sicher richtet es auch sein Verhalten in irgendeiner Weise darauf ein. Doch ist das neue Kennzeichen dieses Lebensabschnittes, daß das Kind bewußter zu probieren anfängt: Wie mache ich es, wie verhalte ich mich in dieser Welt am besten. Die Meinungen und Gedanken der Anderen, Eltern und Geschwister, werden auf ihre Inhalte mit einem Stück Bewußtheit überprüft auf das Maß an Liebe und Vernunft, das sie enthalten, und es wird ein Charakteristikum dieser Zeit, daß bewußtes Sicheinordnen, bewußt aggressive Auseinandersetzung, bewußter Besitzwille, sich allmählich abheben von früherem dranghaften Reagieren. Das, was wir beim Kind die Realitätsprüfung nennen, gilt keineswegs nur der dinglichen Umwelt, sie gilt ebenso dem Wesen der eigenen Person, wie den merkwürdigen gefühlshaften Beziehungen, die die Menschen untereinander verbinden.

So halten wir fest, daß in dieser Epoche die erste prägnantere Entwicklung der Sexualität als eigentlich neuer Inhalt von Antriebsqualitäten reift, daß jedoch die Formierung der Antriebswelt selbst ihren wesentlichen Stempel erhält von der Ausreifung bewußterer Seelentätigkeit überhaupt.

3. Die Zwiespältigkeit der menschlichen Antriebswelt

Nun haben wir mit den bisherigen Erörterungen wesentliche Bereiche des menschlichen Antriebserlebens herausgehoben und — soweit möglich — ihre Entfaltungsstufen beschrieben. Jetzt bleibt uns noch die Notwendigkeit einer betrachtenden Überlegung, die die existentielle Bedeutung des Dargestellten noch einmal ableuchten soll.

Der Mensch ist ein aktives, antriebsreiches, handelndes Lebewesen, ausgestattet mit zahllosen Bedürfnissen, Wünschen und Interessen. Er hätte es leicht, wenn seine Wünsche und Pläne der Gestaltung zugänglich wären, ohne daß diese Gestaltung nicht zugleich nur allzuoft gefahrdrohende Konsequenzen mit sich brächte. Es ist ein unaufhebbares Gesetz der menschlichen Existenz, daß die Bedürfnisse, die der eine hat, bei ihrer Verwirklichung dem Anderen zum Verderben werden können. Nicht nur die Bedürfnisse einander gleichgültiger Nachbarn treten miteinander in Konkurrenz und führen zu Kampf und Streit, auch die Bedürfnisse von Menschen, die einander lieben, die in Gemeinsamkeit leben und leben wollen, geraten in Konflikt. Ja, mehr noch! Wertmäßig gleiche Pflichten oder Ansprüche einer höheren geistigen Existenz können untereinander in Widerstreit geraten und den Menschen vor Entscheidungen stellen, für die es keine Lösung und keinen Ausweg zu geben scheint. In diesem Sinn kann das Leben und die Existenz des Menschen wahrhaft tragisch genannt werden. Kriege um Macht- und Besitzansprüche, der Streit um den gleichen Liebespartner füllen seit Jahrtausenden die Menschheitsgeschichte. Die zwischenmenschliche Antinomik, wie man die unaufhebbare Gegensätzlichkeit der menschlichen Bedürfnisse und Antriebe nennt, bietet die Quelle für ein Meer von Not und Trauer.

Aber es ist fast noch bedeutungsvoller für die individuelle Persönlichkeitsreifung, daß der Mensch nicht nur mit seinem Nachbarn in Konflikt gerät, wenn dieser ihm hindernd im Wege steht. In sich selbst findet jeder Einzelne ein fast unentwirrbares Knäuel einander widerstreitender Impulse, die unter keinen Umständen zugleich zu voller Befriedigung geführt werden können. So liebt der Mensch Dauer und Beständigkeit fast ebensosehr wie buntbewegte Abwechslung. Hat er das eine, so muß er das andere aufgeben. Sucht er Abwechslung, zerstört er das Beständige. Bleibt er beständig, so vermeint er, viel vom Reichtum dieser Welt zu versäumen. Der Mensch will prüfen, wissen und untersuchen. Unweigerlich zerstört er mit diesem Unterfangen den intakten Gegenstand, dessen Schönheit und Reiz vielleicht sein Gemüt ebensosehr bewegte, wie die Rätselfrage, die in ihm verborgen lag und den wissensdurstigen Geist um eine Antwort drängte.

Der Mensch liebt Freiheit und Unabhängigkeit, ist aber zugleich ebensosehr auf Zuneigung und gemeinschaftliches Leben angewiesen. Leben in einer Gemeinschaft bringt immer ein Stück beschränkter Freiheit mit sich und es ist nicht leicht, Freiheitsliebe und Gemeinschaftsgefühl gegeneinander abzuwägen.

Der Mensch neigt außerdem dazu, Besitz anzuhäufen und zu sammeln, aber ebensooft treibt es ihn zu unbekümmertem Verschwenden und sorglosem Genießen. Auch hier ist es nicht leicht, die mittlere Linie zu finden.

Schon das sehr kleine Kind wird angerührt von allen diesen Fragen und Problemen, die die Reifung der menschlichen Existenz ausmachen. Sein Unternehmungsdrang stößt zusammen mit dem Ruhebedürfnis der Erwachsenen. Seine Ansprüche konkurrieren mit denen der Geschwister. Seine eigenen Impulse liegen im Widerstreit. Soll man das Spielzeug genau untersuchen oder intakt lassen? Untersucht man es, dann ist es hinterher kaputt. Soll man den geschenkten Groschen gleich ausgeben oder soll man ihn aufheben und für spätere Zeit sparen? Soll man sich selbständig machen und als „Hänschen klein" auf die Wanderschaft gehen, oder soll man bei den Eltern bleiben, die zwar die Spender von Liebe und Fürsorge, aber auch die Urheber von Verboten sind? Wie soll man sich mit den leidenschaftlichen Wutregungen gegen diese geliebten Menschen auseinandersetzen? Soll man der einzigen und geliebten Freundin seine Eifersucht zeigen und ihr verbieten, mit noch einer anderen zu gehen? Oder soll man großmütig die innere Unabhängigkeit zugeben.

Es wäre ein abgrundtiefes Mißverständnis, wenn man all diese kurz angedeuteten Entscheidungen eines Kinderlebens leicht nehmen wollte und an der Dramatik des Erwachsenen messen. Für die Kapazität des Kindes sind alle seine Probleme von gleichem Gewicht und gleichem Belang, wie die scheinbar schwerwiegenderen des Erwachsenen. Sie sind in ihrer Existenz von folgenschweren Konsequenzen und bieten zu einem erheblichen Teil den Ansatzpunkt für eine beginnende Neurosenentwicklung. Ist doch die Fähigkeit zu vollbewußtem Ausphantasieren und Abwägen der einander widerstreitenden Wünsche und Hoffnungen die wichtigste Ausstattung, die zu einer befriedigenden Lebensplanung beitragen kann. Und bringt es doch die existentielle Tragik des menschlichen Lebens mit sich, daß nichts schwerer zu bewahren und zu erhalten ist, als die innere Klarheit, die die lebenswichtigsten Entscheidungen tragen sollte.

II.

ALLGEMEINE NEUROSENLEHRE

A. Das zentrale Krankheitsgeschehen

1. *Verdrängung und Gehemmtheit, der Begriff des Unbewußten*

Mit dem Abschluß des vorigen Kapitels können wir nun zu der Darstellung dessen übergehen, was man die allgemeine Neurosenlehre nennt. Eine „allgemeine Neurosenlehre" ist, wie der Name sagt, die Lehre von allgemeinen Gesetzmäßigkeiten bei seelisch bedingten Erkrankungen.

In der medizinischen Forschung ist man aus guten Gründen immer bestrebt, bei der Beurteilung und Darstellung von krankhaften Funktionsabläufen nach Möglichkeit ein gewichtsmäßig besonders bedeutungsvolles Geschehen herauszuarbeiten. Für die Infektionskrankheiten kennen wir den Erreger als eine der Hauptbedingungen für das Auftreten der Krankheit, für Vergiftungen das Toxin als wirksames Agens, oder für Mangelkrankheiten das Fehlen eines speziellen lebensnotwendigen Stoffes. Bei einer so ausgerichteten Beurteilung von Erkrankungen wird man zwar nie außer acht lassen, daß immer noch eine Fülle weiterer Faktoren ein Krankheitsbild mitbestimmen oder sogar zur Manifestation der Störung unentbehrlich sind, doch orientiert sich der menschliche Geist gern an einem zentralen Vorgang, wenn er das Bedingungsgefüge eines weit verwickelten Geschehens übersehen möchte.

Zu einer ähnlichen Zentrierung der Überlegungen neigt man auch in der Neurosenpsychologie. Seit Freud wissen wir um jenen psychologischen Vorgang, der von ihm mit dem Wort *Verdrängung* bezeichnet wurde. Wir wissen um den Zustand der *Gehemmtheit*, der die Folge von Verdrängungsvorgängen ist, und wir wissen auch, daß mit dem Vorgang der Verdrängung, dem Impulse, Wünsche oder Antriebe zum Opfer fallen können, ein Kernstück im neurotischen Gesamtgeschehen umschrieben wird. Das vorliegende Kapitel soll daher zunächst der genauen Darstellung dieses psychischen Vorganges dienen. Zu diesem Zweck gehen wir praktischerweise von dem äußerst nah zugehörigen und ebenfalls zu erläuternden Begriff des *Unbewußten* aus. Wir schicken vorbereitend einige theoretische Erörterungen vorweg.

Der Begriff des Unbewußten reicht, historisch gesehen, mindestens bis auf Leibniz zurück. Leibniz gebraucht in seinen „Neuen Abhandlungen über den menschlichen Verstand" zwar nicht den Terminus technicus des Unbewußten, aber er spricht von den „unmerklichen und verworrenen Perzeptionen[1]", die nicht die Bewußtseinsschwelle überschreiten, wenn sie

---

[1] Perzeption bedeutet bei Leibniz seelische Regung überhaupt.

auch gleichwohl nicht ohne dynamische Wirksamkeit sind. Erläuterung und Darstellung der hierher gehörigen Sachverhalte nimmt einen breiten Raum in diesem Werk von Leibniz ein, das in seiner umfassenden Großartigkeit eigentlich bereits der Ausgangspunkt für eine Neurosenpsychologie hätte abgeben können. Leibniz formuliert u. a. etwa so:

„*Und wenn wir nicht immer die Ursache bemerken, die uns bestimmt oder im Hinblick auf die wir uns selbst bestimmen, so ist der Grund davon, daß wir ebensowenig fähig sind, das ganze Spiel unseres Geistes und seiner meist unvernehmlichen und verworrenen Gedanken zu übersehen, als wir den ganzen Mechanismus erkennen können, den die Natur in unserem Körper spielen läßt.*"

Diese Feststellungen und Gedankengänge erfahren bei Leibniz mancherlei verschiedene Beleuchtung. An anderer Stelle heißt es:

„*Verschiedene Perzeptionen und Neigungen wirken zusammen, um einen vollkommenen Willensakt, der das Ergebnis ihres Widerstreites ist, hervorzubringen. Es gibt darunter solche, die für sich allein nicht wahrzunehmen sind, deren Anhäufung aber eine Unruhe erzeugt, die uns vorwärts treibt, ohne daß wir den Grund davon sehen.*"

Oder es heißt: „... weil man oft in Unruhe ist, *ohne zu wissen*, was man will..."

Oder noch anders: „Die Kunst, sich dessen zu bedienen, was man weiß, wäre eine der wichtigsten, wenn sie erfunden wäre, aber ich sehe noch nicht, daß man bisher auch nur daran gedacht habe, ihre Elemente festzustellen."

Der Begriff des Unbewußten, der bald für diese Sachverhalte als Etikett herangezogen wurde, hat sich nun freilich im Verlauf der Entwicklung mancherlei verschiedenartige Beschreibungen und Kennzeichnungen gefallen lassen müssen. Es ist hier nicht der Ort, diesem historischen Problem ausgedehntere Beachtung zu widmen. Mit Freud jedenfalls erfuhr dieser Begriff eine Einengung bzw. eine sehr spezielle Akzentuierung. Freud unterschied zwischen Vorbewußtem und Unbewußtem. Für beide Vorgänge wurde von ihm festgehalten, daß sich unser seelisches Leben nicht in jenen Vorgängen erschöpft, die in der Helligkeit bewußter Vorstellungen und Gedanken verlaufen. Festgehalten wurde von ihm auch, daß diese „unmerklichen Perzeptionen" trotz ihrer Unmerklichkeit noch lebendige Bewegtheit besitzen und daß sie eine dynamische Wirksamkeit entfalten, die unser Handeln und Denken mehr bestimmt, als wir bemerken. Das wäre etwa der gleiche Inhalt dessen, was auch Leibniz meint, wenn er in dem oben aufgeführten Zitat davon spricht, daß „die Anhäufung von Perzeptionen" eine Unruhe in uns erzeugen kann, die uns vorwärtstreibt, „ohne daß wir den Grund davon sehen".

Ein illustrierendes Beispiel hierfür wäre folgendes: Manche Menschen sind in der Lage, morgens rechtzeitig aufzuwachen, wenn sie am Abend zuvor dazu den Vorsatz hatten. Dieses Unternehmen glückt, obgleich im Schlaf alle bewußten Zielvorstellungen verlöschen. Ein anderes Beispiel wäre, daß man den Weg zu einem bestimmten Ziel nicht verfehlt, auch wenn man in ein fesselndes Gespräch vertieft ist und keine bewußten Überlegungen über den einzuschlagenden Weg anstellt.

Doch machen diese beiden genannten Merkmale, „nicht bewußt" und „trotzdem wirksam", nicht allein das Wesen dessen aus, was man seit Freud im Fachjargon der Tiefenpsychologie gemeinhin als „das Unbewußte" bezeichnet. Kann man sich doch, um bei dem oben genannten Beispiel zu bleiben, etwa den Weg, den man eigentlich gehen wollte, jederzeit aktiv ins Gedächtnis rufen.

Das neu zu beschreibende Moment ergab sich für Freud in dem Augenblick, als er beobachtete, daß dem Menschen unter bestimmten Bedingungen die Fähigkeit abhanden kommen kann, seine „vorbewußten" inneren Erlebnisse nach freiem Belieben heraufzurufen. Auch diese Feststellung wäre an sich nichts Neues, wenn man seine Aufmerksamkeit auf die vielen bereits bekannten Faktoren beschränken wollte, die in der Lage sind, uns die freie Verfügbarkeit unseres Kenntnisschatzes zu rauben. Also etwa auf Krankheit, Müdigkeit oder Alter. Um diese Vorgänge handelte es sich bei Freuds Beobachtungen nicht. Seine neuen Beobachtungen gingen dahin, daß die freie Verfügbarkeit seelischer Erlebnisvollzüge dann abhanden kommen kann, wenn ihnen stark *affektbetonte Eigentümlichkeiten* anhaften. Unter dem Druck heftiger Affekte können sie vom Zugang zu unserem wachbewußten Erleben abgedrängt, eben „verdrängt" werden und können damit auch bei Bemühung nicht mehr ohne weiteres heraufgerufen werden. Auch diese Feststellungen haben übrigens bei Leibniz ihre Vorläufer. Er sprach von sogenannter „unwillkürlicher Aufmerksamkeitsentziehung". Man macht damit in der Beschreibung einen deutlichen Unterschied zwischen einfachem *Vergessen* und dem scharf umschriebenen Vorgang des „*Verdrängens*". Als Charakteristikum wird die Tatsache hervorgehoben, daß nicht Müdigkeit oder ähnliches sein Auftreten bestimmen, sondern daß intensive gefühlsmäßige Bewegtheit die eigentliche Ursache ist. Und zwar ist es nicht intensiver Affekt schlechthin, der die Verdrängungsreaktionen mit sich bringt, sondern im allgemeinen ist der sehr spezielle Affekt der *Angst* ursächlich beteiligt. Unter dem Druck der Angst kann es passieren, daß eine Handlung, deren Ergebnis sehr gefürchtet werden muß, nicht mehr wie sonst in einen bewußten Plan einbezogen und in Anbetracht ihrer Gefährlichkeit in bewußtem Verzicht aufgegeben wird. Statt dessen wird der Wunsch, der Plan, der Impuls selbst bereits im Keim erstickt, er fällt eben der „Verdrängung" zum Opfer und bleibt damit, wie wir sagen, unbewußt. Es ist wichtig, auch diese nächste Unterscheidung hervorzuheben. Nicht nur „vergessen" und „verdrängen" müssen wir voneinander abheben, auch „verzichten" und „verdrängen" sind etwas sehr Verschiedenes. Liegt doch ein grundsätzlicher Unterschied darin, ob ein Mensch einen Plan, einen Wunsch, einen Impuls, den er in sich kennt und dessen Unerfüllbarkeit er zugleich überblickt, nun konsequenterweise aufgibt, oder ob er im Verlauf der Verdrängungen bereits unfähig geworden ist, sich seine eigenen inneren Bedürfnisse klar und transparent zu machen.

An diese Stelle gehört ein erläuterndes Beispiel: Aus der Schule des Behaviorismus sind eine Reihe von Experimenten an kleinen Kindern bekannt geworden, u.a. der berühmt gewordene Kaninchenversuch von Watson. Dieses Experiment wurde unternommen in Anlehnung an die Forschungen des großen russischen Physiologen Pawlow, der aufzeigte, wie erworbene assoziative Vorgänge regelhafte Reaktionsweisen beim tierischen Organismus mit sich bringen.

Bei dem Kaninchenexperiment handelte es sich um den einfachen Vorgang, daß dem kleinen Kind ein an sich harmloser Gegenstand, in diesem Fall ein weißes Kaninchen, gezeigt wurde, gleichzeitig aber ein heftig erschreckendes Geräusch ertönte. Es zeigte sich, daß auf dem Wege der bedingten Reflexe das weiße Kaninchen bei dem kleinen Kind später regelmäßig lebhafte Angstreaktionen auslöste, auch dann, wenn das erschreckende Geräusch wegfiel. Es ist leicht einzusehen, daß die gleichen bedingten Reflexe, wie sie sich hier an den Anblick eines Gegenstandes knüpfen, auch bei der Betätigung von Handlungswünschen entstehen können. Ja, es liegt auf der Hand, daß solche bedingten Reflexe gerade bei der handelnden Selbstentfaltung und bei der Betätigung eigener Antriebe und Impulse besonders leicht entstehen, da das Kind auf diesem Weg ganz bevorzugt in Konflikt mit seiner Umwelt gebracht wird und der Gefahr ausgesetzt ist, ängstigende Erlebnisse zu erleiden. Ein so erworbener bedingter Reflex wird also das Kind blitzhaft daran hindern, den geplanten Impuls zu betätigen. Statt dessen wird die erworbene Angstassoziation, der erworbene „Angstreflex", wie Schultz-Hencke das genannt hat, die Verdrängung des aufkeimenden Impulses mit sich bringen, und dieser Impuls bleibt damit „unbewußt", kann also nicht mehr aktiv vergegenwärtigt werden.

Übrigens zeigen die Experimente von Watson, daß die bedingten Reflexe der eben genannten Art nur außerordentlich schwer zu löschen sind und daß langwierig versucht werden muß, beruhigende und tröstende Gegenassoziationen zu setzen, damit der einmal erworbene bedingte Angstreflex wieder gelöscht werden kann.

2. Die Bedeutung der menschlichen Antriebswelt für die Entstehung von Neurosen

In diesem Zusammenhang gehört jetzt eine Erörterung über die von uns mehrfach betonte Bedeutung der menschlichen Antriebswelt eingefügt. Oft genug ist der alten Psychoanalyse zum Vorwurf gemacht worden, sie versuche in unverantwortlicher Weise den gesamten menschlichen Pesönlichkeitsaufbau aus der niederen Triebwelt abzuleiten und übersähe völlig, daß der Mensch nicht nur ein Triebwesen sei, sondern durch seine geistige Welt erst eigentlich zum Menschen werde.

Hierzu ist folgendes zu beachten: In der alten Psychoanalyse waren, ebenso wie in der modernen Psychotherapie, seelische Krankheitsvorgänge der Mittelpunkt des Interesses. Die Beobachtung und Erfahrung lehrte bald, daß jene Vorgänge im menschlichen Seelenleben, die mit einer besonderen dynamischen Konflikthaftigkeit belastet sind, die Quelle oder den Ausgangspunkt für seelische Fehlentwicklungen abgeben. Wir verstehen das leicht, wenn wir uns die soeben dargelegten Ausführungen noch einmal überdenken. Wenn ausgedehnte Verdrängungsvorgänge als Kernstück neurotischen Krankheitsgeschehens unter dem Druck heftiger Erregungen und Angst zustande kommen, dann werden — wie wir schon sagten — eben jene menschlichen Erlebnisvollzüge bevorzugt der Entstehung von Verdrängungen zum Opfer fallen, denen auch bevorzugt ein konflikthaft-dramatischer Charakter anhaften kann. Niemand wird hier nun bestreiten wollen, daß z.B. die sexuellen Antriebe und Bedürfnisse des Menschen die zwischenmenschlichen Beziehungen ganz außerordentlich komplizieren. Die Lebenslösungen, die der Mensch in diesem Bereich seit Jahrtausenden in Recht, Gesetz und Sitte sucht, ließen doch immer und zu jeder Zeit noch Raum genug für krisenhafte Grenzsituationen, die scheinbar keiner Lösung mehr zugänglich waren.

Es ist also kaum zu verwundern, daß zunächst und mit Recht jene seelischen Bereiche des Menschen in den Mittelpunkt des neurosenpsychologischen Interesses rückten, die — wie die Sexualität — eine besonders affektstarke und konfliktbelastete Dynamik aufwiesen. Psychotherapeutische Forschung, insbesondere auch Freud selbst, hat dann bald die Beobachtungen in bezug auf die menschliche Sexualität ergänzt und weiteren Erlebnisbereichen des Menschen ihre Aufmerksamkeit geschenkt. Es ist wohl kaum ein Zweifel, daß die angeborene Streit- und Angriffslust des Menschen die Harmonie seiner Lebensform ebenso, wenn nicht mehr bedroht, wie das Auftreten sexueller Bedürfnisse. Die Formierung hierhergehöriger Antriebe und Bedürfnisse stellt ohne Frage eine zentrale Lebensaufgabe dar, deren gradlinige Lösung zahllosen Krisen unterworfen ist und in ebenso zahllosen Varianten Anlaß zu Angstreaktionen, evtl. zu neurotischem Reagieren geben kann.

Und genau ebenso steht es mit der Eroberungslust und der Besitzgier des Menschen, die seit Jahrtausenden immer wieder Anlaß geben zu dramatischen konflikthaften Auseinandersetzungen der Menschen untereinander oder des einzelnen Menschen mit sich selbst.

Es ist also richtig und berechtigt, wenn die neurosenpsychologische Forschung diesen besonderen Erlebnisbereichen des Menschen ihre zentrale Aufmerksamkeit zugewandt hat und noch zuwendet. Die vorliegenden Gegebenheiten der menschlichen Natur fordern es von selbst. Eine sachgerechte Durchforschung der Ursprünge neurotischen Geschehens ist auf anderem Wege gar nicht möglich.

Doch kann im Verlauf wissenschaftlicher Entwicklung eine richtige sachliche Beobachtung leicht zum Gegenstand einer falschen Theorie werden. Sachlich richtig sind nun weiterhin zahllose Beobachtungen darüber, daß eine aus neurotischen Gründen mißglückte Persönlichkeitsreifung unter anderem auch Störungszeichen aufweist in der Möglichkeit, sich unbekümmert und voll erfüllt geistigem Erleben hinzugeben. Theoretisch falsch wäre aber die Behauptung — falls sie vertreten würde — daß sich aus dieser Feststellung folgern ließe, die Geistigkeit des Menschen sei „abzuleiten" aus seinen Trieben, sei möglicherweise nichts anderes als „nur" die Sublimierung der verhinderten und nicht zum Zuge gekommenen sogenannten niederen Triebwelt.

Eine solche Theorie wäre sachlich falsch, denn sie würde wesentliche Gegebenheiten der menschlichen Natur übersehen und unberücksichtigt lassen und statt dessen voreilige Konsequenzen aus richtigen Teilbeobachtungen ziehen.

Wie wir schon in einem früheren Kapitel kurz andeuteten, vertreten wir hier die Meinung, daß das, was wir im Menschen sein geistiges Erleben nennen, ein gesondertes und voll ursprüngliches Bedürfnis darstellt. Ein Bedürfnis, das durch das Wetterleuchten anderer Erlebnisbereiche zwar tief gestört und getrübt werden kann, dessen Eigenständigkeit aber darum nicht weniger ursprünglich ist, weil Einflüsse aus der menschlichen Totalperson an seiner Prägung beteiligt sind.

Wichtig ist hier ohne Frage noch ein weiteres Moment. Das Bedürfnis des Menschen, sich der Welt zweckfrei und nur erkennend zu nähern oder sich von ihrer geistigen Bedeutung und ihrer Schönheit bewegen und ergreifen zu lassen, diese Bedürfnisse, die zum Besten gehören, was der Mensch in sich trägt, bieten verhältnismäßig selten den Ausgangspunkt für konfliktbetonte zwischenmenschliche Krisen, für Angstreaktionen überhaupt. Sie fallen daher im Verlauf neurosenpsychologischer Überlegungen über die Quelle und den Ursprungsort primärer neurotischer Fehlsteuerungen wesentlich weniger ins Gewicht, als jene Antriebsbereiche, von denen in früheren Kapiteln die Rede war. Ein großer Fehler aber würde darin liegen, wenn man aus der Neurosenpsychologie und den für ihren Bereich bedeutungsvollen Faktoren nun Verallgemeinerungen ziehen wollte, die unberechtigt sind, ein Fehler, den wir für unsere Überlegungen auf jeden Fall vermeiden wollen.

3. Biologische Entwicklungsgesetze und die Entstehung von Neurosen

Nach dieser zwischengeschalteten Bemerkung kehren wir jetzt noch einmal zu den oben erwähnten Experimenten von Watson zurück, in deren Verlauf er ein kleines Kind beim Anblick eines weißen Kaninchens gleichzeitig durch ein heftiges Geräusch erschreckte. Wir hatten dabei erwähnt, daß sich bei dem Kind offenbar eine Assoziation zwischen der Angst und dem weißen Kaninchen herstellt, dergestalt, daß sich das Kind späterhin vor dem Kaninchen ängstigt, auch ohne daß der erschreckende Knall ertönt. Es bilden sich bedingte Reflexe im Sinne Pawlows. Der Erwerb solcher bedingten Reflexe ist eine phylogenetisch ältere Form des Erfahrungserwerbs überhaupt. Noch früher hatten wir die biologischen Gesetze beschrieben, nach denen sich der Erfahrungserwerb eines kleinen Kindes entwickelt. Im Rahmen unserer allgemeinen Neurosenlehre müssen wir jetzt die Bedeutung der dort mitgeteilten Fakten noch einmal hervorheben. Mit ihrer Hilfe können wir nämlich am besten eine Arbeitshypothese gewinnen, die uns jene Erfahrungen erläutert, die sich seit den ersten Entdeckungen und Hinweisen Freuds in vielfältigen Nachuntersuchungen bestätigt haben. Freud gab an, daß gerade die frühe Kindheit eines Menschen eine besonders gefährdete Epoche sei, in der ungünstige seelische Einflüsse lebensschädigende Folgen haben können.

Wir wiederholen in diesem Zusammenhang zweierlei: Entsprechend dem alten *biogenetischen Grundgesetz* ist der Erfahrungserwerb des kleinen Kindes anfänglich ganz überwiegend durch den Erwerb von bedingten Reflexen, von „Anmutungen", „Valenzen" oder „Gefühlstönen" bestimmt. Die Fähigkeit zum Erwerb inhaltlicher Vorstellungen reift erst später. Sodann sind diese *frühreifen* Funktionen wesentlich *haftfähiger* und stabiler als die spätreifen, das heißt: *Gefühlsassoziationen haften länger als Vorstellungsinhalte.*

Unter diesen Gesichtspunkten wird uns nun leicht verständlich, warum gerade die frühen Lebensabschnitte in dem von Freud beobachteten Sinn so besonders gefährdet sein müssen. Es liegt auf der Hand, daß seelische Beeinträchtigungen in jener Epoche die größten Gefahrenmomente bringen, in der sich gefühlsmäßige Erfahrungen besonders tief, nachhaltig, unter Umständen unaufhebbar in die Seele graben. Wird ein Kind in früher Entwicklungsepoche übertrieben geängstigt, beunruhigt oder – was das gleiche Resultat hat – allein gelassen so schieben sich notgedrungen noch lange Zeit später immer wieder die alten beunruhigenden Affektwallungen in den Vordergrund, selbst dann, wenn die Gegenwart inzwischen heiter, wohlwollend und freundlich geworden ist. Es knüpfen sich auch an diese Affektwallungen die zugehörigen Verdrängungsvorgänge an und das Lebensgefühl eines in den frühen Entwicklungsphasen nachhaltig geängstigten Kindes bleibt lange und hartnäckig getönt von allgemeiner Ängstlichkeit und Unruhe. Einmal gesetzte Verbotsschranken behalten überlange ihre Bedeutung. Sind doch die Kinder in früher Reifungsstufe ausgeliefert an die Gefühlserlebnisse, die ihnen vermittelt werden und tragen sie diese Erfahrungseindrücke ganz offenkundig länger mit sich herum, als wir früher je vermutet hätten.

Beim Überblick über die sich uns so darbietenden Entwicklungsgesetzlichkeiten gewinnen wir natürlich auch ein Verständnis dafür, daß mit dem Ausklingen der frühen affektbetonten Entwicklungsperiode auch die Gefahrenmomente hinsichtlich einer seelischen Fehlsteuerung allmählich nachlassen. In dem Augenblick, in dem der Erwerb von sachlich richtigen inhaltlichen Vorstellungen den Erwerb von Gefühlstönungen ablöst oder bedeutungsmäßig das Übergewicht bekommt, in diesem Augenblick ist auch die Gefahr für spätere Neurosenbildung nicht mehr so groß. Beängstigende Lebenserfahrungen können nun durch kritische Prüfung und sachlichen Vergleich wesentlich leichter verarbeitet werden als zuvor und damit vermindern sich die Ansatzpunkte für Verdrängungsreaktionen. Wir sagen absichtlich „die Ansatzpunkte vermindern sich" und nicht „sie hören auf". Es scheint, als ob es sich um ein gewissermaßen asymptotisches Ausklingen handelt, d. h. um ein allmähliches Abnehmen der Gefahrenquellen, bis ihnen praktisch keine wesentliche Bedeutung mehr zukommt.

Wir wollen noch vermerken, daß die soeben aufgeführten biologischen Entwicklungsgesetze, die den *Erfahrungserwerb* des kleinen Kindes betreffen, natürlich nicht ausreichen, um *allein* die langfristigen Spätfolgen früh erworbener Verdrängungsreaktionen zu erklären. Sie sind nur ein Teil der sich vielfältig ergänzenden ursächlichen Bedingungen. Wir werden auf das angeschnittene Thema in dem Kapitel über den sogenannten Circulus vitiosus im neurotischen Krankheitsgeschehen noch einmal zurückkommen.

4. *Verdrängungsvorgänge und Krankheitsbegriff*

Der ängstliche Affekt ist nun in dem Zusammenhang, von dem wir oben gesprochen haben, eigentlich nur ein Sonderfall gewesen. Ein Sonderfall aller Gefühlswallungen überhaupt, die das kleine Kind bewegen können. Für die Neurosenpsychologie sind die Angsterlebnisse freilich — wie wir soeben ausführten — von besonderer Bedeutung, da sie, falls sie als reflexhafte Koppelung erhalten bleiben, Anlaß geben zu Verdrängungsvorgängen und diese Verdrängungsvorgänge dann, wenn sie an Zahl und Intensität zu große Ausdehnung erhalten, ein geordnetes inneres Gleichgewicht nicht mehr erlauben.

Es mag an dieser Stelle vielleicht noch eingeflochten werden, daß der seelische Vorgang, den wir die Verdrängung nannten, keineswegs selbst bereits als krankhaftes Geschehen gekennzeichnet werden sollte. Die Frage, wann wir im körperlichen oder geistigen Geschehen von Krankheit sprechen wollen, ist überhaupt oft genug nicht leicht zu beantworten. Wie überall im lebendigen Leben, kennzeichnen fließende Übergänge auch die Grenze von gesund und krank und meist handelt es sich um das Resultat stillschweigender oder ausdrücklicher Konvention, wenn eine festgelegte Demarkationslinie unseren Beschreibungen Ordnung verleiht.

Für den Vorgang der Verdrängung dürfen wir nun wohl doch in Anspruch nehmen, daß er ein in Grenzen biologisch normales Geschehen darstellt, das vielleicht sogar die Aufgabe besitzt, dem Vollzug lebensnotwendiger Schutzreaktionen und leidlichem Erhalt des inneren Gleichgewichtes zu dienen. Vielleicht ist, wenn man es recht bedenkt, die Zahl der Verzichtsleistungen, die der Mensch im Dienst eingeordneter Lebensführung zu bringen hat, doch so groß, daß es fast eine biologische Erleichterung darstellt, wenn ihm ein Teil der bewußten inneren Arbeit einfach im Vollzug reflexhafter Abschaltungsmechanismen abgenommen wird. Vorformen solcher Reaktionsweisen sind, wie wir ja schon erwähnten, in der Tierpsychologie massenhaft bekannt. Die „Strafreize", die ein Tier z.B. erhält, wenn es auf Futtersuche ist, lassen schließlich das gestrafte Tier alle jene Gebilde reflektorisch meiden, die mit dem Schmerzerlebnis regelhaft gekoppelt waren.

Betont sei jedenfalls, daß wir annehmen möchten, daß erst mit dem Überschreiten einer bestimmten Grenze hinsichtlich der Zahl und Heftigkeit von Verdrängungsvorgängen die innerseelische Situation schließlich die Bezeichnung krankhaft verdient.

5. Die erworbene Tönung des Lebensgefühls (Angsterlebnisse als Sonderfall)

Doch kehren wir noch einmal zu unserem Ausgangspunkt zurück und besinnen uns, daß wir soeben den Angstreflex als einen Sonderfall aller überhaupt möglichen affektiven Regungen beim Kind bezeichnet hatten. Wir halten damit fest, daß das gesamte Lebensgefühl eines kleinen Kindes erworbenerweise die Tönung ängstlich-beunruhigter Erregtheit erhält, wenn frühe Eindrücke überwiegend Angst, Unruhe und Mangelerlebnisse mit sich brachten. Wir stellen aber zusätzlich heraus, daß auch der zufällige Erwerb *positiver* Gefühlskopplungen nun zwar nicht Anlaß zu neurotischen Verdrängungsreaktionen gibt, aber seinerseits an der Prägung des Charakterbildes erheblich mitbeteiligt ist und unter anderem Ursprung merkwürdiger Liebhabereien, Vorlieben, scheinbar unverständlicher Verhaltensweisen werden kann.

Leibniz, der um fast alle die soeben beschriebenen Vorgänge bereits wußte und sie in seiner Sprache benannte, führt z.B. zur Erläuterung dieses Vorgangs die Anekdote an, daß Descartes, der in früher Jugend von einer schielenden Person Gutes erfuhr, hinfort sein ganzes Leben nicht umhin gekonnt haben soll, schielenden Menschen zugetan zu sein. In diesen und ähnlichen Vorgängen, die wir gesondert hervorheben wollen, liegt sicher eine, wenn auch nur eine der tieferen Wurzeln für zahllose merkwürdige Reaktionsweisen, die in der analytischen Literatur eine große Rolle spielen. Man muß nämlich oft feststellen, daß ein Patient eine hervorragende Vorliebe für Merkmale und Verhaltensweisen aufweist, die Vater oder Mutter einmal getragen haben. Hier kann es sich zunächst um eine normale Bindung an positiv Bekanntes handeln. Später werden wir noch hören, wie die neurotischen Ängste vor dem Fremden, dem Unbekannten, eine an sich normale Bevorzugung des Vertrauten mit einem übertriebenen Gewicht ausstatten können und damit jene Zustände hervorbringen, die man früh in der Psychotherapie eine neurotische Vater- oder Mutter-Fixierung genannt hatte.

Im übrigen kann man — wie wir glauben — auch in der Neurosenpsychologie nicht allein damit auskommen, daß lediglich die negativen angsterfüllten Gefühlserlebnisse registriert und zur Beurteilung der Gesamtsituation herangezogen werden. Auch die positive Gebundenheit des Menschen an Bekanntes und Vertrautes spielt in der Neurosenpsychologie eine nicht zu unterschätzende Rolle. Diese positive Gebundenheit des Menschen an Bekanntes, diese niemals schlafende Sehnsucht nach dem Vertrauten charakterisiert, wie wir glauben, das gesamte Menschengeschlecht. Diese Sehnsucht ist ungemein intensiv. Die positiven Tönungen, die die vertraute Umgebung oder die vertrauten Menschen in uns wachrufen, überstrahlen z. B. auf Dauer fast immer den Reiz großartiger, aber fremder Landstriche. Der Mensch hat Heimweh, wenn er entwurzelt wird. Er hat sogar Heimweh nach einer öden stürmischen Insel, wenn diese öde Insel nur die vertraute Landschaft seiner Kindheit war. Es ergibt sich die sonderbare Tatsache, daß der Mensch Heimweh und Sehnsucht haben kann nach Dingen oder gar Lebensformen, die scheinbar negativen Charakter besitzen. Er sucht und wählt das scheinbar Negative, nur weil es mit dem hohen Vorzug des Vertrautseins ausgestattet ist.

Ein kurzes Beispiel aus tierpsychologischen Experimenten mag auch hier ein kleines Streiflicht werfen. Einem Frosch z. B. werden zwei verschiedene Wahrnehmungsgebilde unter verschiedenen Bedingungen angeboten. Das eine erhält positive „Futtertönung", weil es zugleich mit Futter vorgewiesen wird, und wird so allmählich zum Gegenstand der Wahl. Das andere erhält negative Tönung und wird bald regelmäßig abgelehnt, da mit ihm zusammen keine Fütterung erfolgt. Nach einer Weile darf das Tier von Neuem wählen. Diesmal wird der negativ getönte Gegenstand wiederum vorgewiesen, zugleich mit ihm ein neues, aber noch völlig indifferentes Gebilde. Und nun passiert das Sonderbare, daß sich das Tier tatsächlich zugunsten des Bekannten und Vertrauten entscheidet, den Gegenstand mit „negativer Tönung" wählt und ihn vor dem unbekannten Neuen, ungeachtet zahlreicher früherer Enttäuschungserlebnisse und negativer Erfahrungen bevorzugt. Die instinktive Zuwendung zum Bekannten überwiegt, das Vertraute hat den Sieg davongetragen.

Freilich ist der Mensch kein Frosch. Doch schien es uns nicht falsch, hier noch einmal an urtümliche Reaktionsweisen zu erinnern, die weit in die stammesgeschichtliche Entwicklung zurückgreifen und die wir uns zunutze machen können, wenn es dem besseren Verständnis des menschlichen Verhaltens dient.

6. Der Circulus vitiosus in der neurotischen Fehlentwicklung

Die vergangenen Überlegungen in ihrer Gesamtheit werden uns jedenfalls aufrufen, größte Sorgfalt walten zu lassen, wenn es gilt, die gefühlsmäßigen Bedingungen aufzuspüren, die ein Kinderschicksal prägten. Wir werden uns nicht damit begnügen dürfen, grobe Beeinträchtigungen — „Traumen" wie man sagt — festzustellen, sondern unser Augenmerk wird den feinsten Schwingungen seelischen Geschehens ebenso zu gelten haben, wie den augenfälligeren Ereignissen. Doch ist es wohl notwendig, an dieser Stelle einem Mißverständnis vorzubeugen, das nicht selten neurosenpsychologische Erkenntnisse in Mißkredit gebracht hat. Oft genug wird den Psychotherapeuten das kritische Scherzwort entgegengehalten, daß man sich nur wundern könne, wie ein kleiner Mensch überhaupt mit heiler Haut den Fährnissen der Kinderstube entronnen sei, wenn all das, was die Psychoanalyse für so bedeutsam hält, wirklich das angenommene Gewicht haben soll. Diese kritische Bemerkung verdient natürlich ihre Beachtung. Das Mißverständnis, das sie trägt, hat seine Wurzel wohl überwiegend in der alten Traumatheorie, die prägnante und dramatische Einzelerlebnisse — möglichst noch sexueller Natur — aufspürte und sie für den Ausgangspunkt der neurotischen Entwicklungen hielt. Die langfristige Wirksamkeit solcher Einzeltraumen wurde mit Recht angezweifelt. Hier, wie an vielen anderen Stellen, mußte die Akzentsetzung früherer wissenschaftlicher Epochen korrigiert werden. Schultz-Hencke hat diese wissenschaftliche Notwendigkeit bereits 1931 in „Schicksal und Neurose" ausführlich dargestellt. Und für unsere heutigen Zwecke müssen wir auf jeden Fall festhalten, daß selbstverständlich nicht einmalige Traumen die Ursache für spätere neurotische Fehlentwicklungen sind. Selbstverständlich sind auch die frühen negativen Erwerbungen aus der Fülle unserer „Anmutungen" nicht unwiderruflich und unaufhebbar. Selbstverständlich verlieren auch sie sich nach einer Weile, wenn Ruhe und Geborgenheit geboten werden.

Aber die Lebenssituationen aller Kinder, auch derjenigen, denen das Schicksal eine neurotische Fehlentwicklung zugeteilt hat, ist ausgezeichnet durch das, was man eine häusliche „Atmosphäre" nennt. Die ganze Fülle der täglich von neuem und gleichsinnig wirkenden Einzelerfahrungen, ihre ständige Wiederholung, ihre tägliche Wiederkehr, verleiht ihnen zusätzlich die nachhaltige Wirksamkeit und ihre langfristige Existenz.

Und das ist außerdem nur eines der wichtigen Momente, die wir zu beachten haben. Wichtiger noch ist vielleicht die Tatsache, daß ein kleines Kind, das täglich eine Serie von Mangel- und Angsterlebnissen zu verarbeiten hat, meist mißlaunig wird, erregt, unruhig, unzufrieden. Bald bietet es in seinem Verhalten Auffälligkeiten, die der umgebenden Welt keineswegs gefallen. Es weint, schreit und wird quengelig oder auch nur still, zurückhaltend, wenig zutraulich und verschlossen. Aber nach dem alten Sprichwort „wer da hat, dem wird gegeben" fliegen zum Unglück gerade dem lachenden, strahlenden, unbekümmert vergnügten Kind die Herzen seiner Umwelt zu. Das Kind mit den ersten Störungszeichen ist jedoch eher eine Last als eine Freude. Es provoziert im Circulus vitiosus mit seiner Unruhe und Verstörtheit nur noch verstärkt gerade das, was es nicht verträgt, nämlich Abwehr, Ungeduld, Strafen, Liebesentzug. Erneut werden damit Gehemmtheiten provoziert.

Ursache und Wirkung verstärken sich gegenseitig mit fast lawinenartiger Gewalt, und dieser Circulus vitiosus setzt sich unaufhaltsam fort bis in das Erwachsenenleben hinein, wenn nicht rechtzeitig helfend von außen eingegriffen werden kann.

Diese Tatsachen müssen wir uns vor Augen halten, wenn wir kritische Überlegungen anknüpfen wollen an die Theorien von der Bedeutung des umgebenden frühkindlichen Milieus und wenn uns mit Recht die Feststellung nicht ganz genügen wollte, daß rein biologische Gründe das zähe Haften früher affektiver Eindrücke bis weit in späteres Lebensalter hinein mit sich brachten.

7. Zusammenfassung

Doch lassen wir es mit dieser einen abschweifenden Bemerkung genug sein. Zweckmäßigerweise fassen wir nun an dieser Stelle noch einmal wiederholend zusammen, welche Sachverhalte wir bisher im Rahmen einer allgemeinen Neurosenlehre für bedeutungsvoll gehalten haben. Wir zählen auf:

1. In der Zeit der frühen Kindheit ist der Mensch für gefühlshafte seelische Eindrücke besonders ansprechbar. Sein gegenständliches Weltbild erwirbt „Tönungen", „Anmutungen", „Valenzen" oder Gefühlskoppelungen, die, wenn auch nicht immer laut bemerkt, doch aus biologischen Gründen eine besonders zähe Existenz bewahren.

2. Unter den erworbenen Valenzen oder Gefühlstönen verdient der ängstliche Affekt im Rahmen der Neurosenpsychologie eine besondere Beachtung. Angsterlebnisse, „bedingte Reflexe", „Strafreize" bringen es mit sich, daß bei einem kleinen Kind der angstgetönte Impuls aus dem Erleben abgedrängt wird und schließlich auch bei Bemühung nicht mehr ohne weiteres klar bewußte Konturen erhalten kann.

3. Positive Gefühlserlebnisse verleihen natürlich Vorgängen und Dingen ebenso eine positive Valenz, wie negative Eindrücke eine negative. Diese positiven Valenzen erhalten sich ebenso ausdauernd, wenn nicht ausdauernder wie die negativen und tragen damit erheblich zur Lenkung der inneren Entwicklung bei. Auf lange Sicht sucht und liebt der Mensch die positiven Werte, die seine Kindheit begleitet haben.

4. Manches scheint dafür zu sprechen, daß es für den Menschen einen besonderen Wert darstellt, wenn er etwas genau kennt und ihm ein Vorgang besonders bekannt und vertraut ist. Der Vertrautheitswert kann eine an sich negative Tönung überstrahlen, so daß manche Menschen die vertrauten Situationen suchen, auch wenn diese nach dem Urteil eines Außenstehenden eigentlich Mißbehagen mit sich bringen.

5. Im Fachjargon der Tiefenpsychologie spricht man von *„verdrängen"*, wenn der unter 2. geschilderte Vorgang gemeint ist, also wenn eine Vorstellung, ein Impuls, eine Handlung aus Angst vom bewußten Erleben abgeschaltet wird und nicht ohne weiteres wieder heraufgerufen werden kann, trotzdem aber eine dynamisch gespannte Wirksamkeit behält. Dieser Vorgang hebt sich deutlich ab von einfachem gedächtnismäßigem *Vergessen*, er hebt

sich ebenso deutlich ab von der Verarbeitung eines behinderten Impulses mit Hilfe bewußten *Verzichtes.*

6. Man nennt gemeinhin alle jene seelischen Bereitschaften und Möglichkeiten des Erlebens „unbewußt", die der eben genannten Verdrängung zum Opfer fielen, die also im Gefolge früherer Angsterlebnisse nicht mehr ohne weiteres in das Bewußtsein gerufen werden können.

7. Man spricht vom Zustand der „Gehemmtheit", wenn ein Mensch einen Impuls „verdrängen" mußte und er somit eine Handlung nicht mehr wagt, ja nicht einmal mehr phantasiert, die er ohne früh erworbene Angsttönung ungefährdet jetzt wagen würde und wagen dürfte.

8. Man hat Grund zu der Annahme, daß die in diesem Sinne verdrängten seelischen Bereitschaften eine dynamische Wirksamkeit behalten und daß die abgeschalteten vitalen Bedürfnisansprüche amorphe innere Unruhezustände schaffen, die evtl. zu krankhaften Symptomen führen können. Diese krankhaften Zustände wären dann die psychogenen Erkrankungen oder — wie man auch sagt — die Neurosen.

9. Die ersten Störungszeichen, die ein Kind bei einer sich anbahnenden neurotischen Fehlentwicklung bietet, pflegen unangenehm aufzufallen und damit in der Umgebung erst recht jenes Verhalten zu verstärken, das ursächlich die ersten Verdrängungsreaktionen provozierte. Dieser Circulus vitiosus ist ein weiterer wichtiger ursächlicher Faktor für die Tatsache, daß Neurosen einen chronischen Verlauf zu nehmen pflegen und bedrohliche Spätfolgen noch nach Jahrzehnten mit sich bringen. Die zahlreichen gleichsinnig wirkenden atmosphärischen Erlebnisse in einer Familiensituation verdienen jedenfalls mehr Beachtung, als gelegentliche heftig erschreckende Einzelerlebnisse.

B. Verdrängungsvorgänge in den verschiedenen Antriebsbereichen

Mit Recht ist, wie wir bisher mehrfach hervorgehoben haben, die Lehre von den Neurosen nicht selten auch die Lehre von fehlgesteuerter Antriebsentwicklung genannt worden. Diese Tatsache ist uns im Verlauf der bisherigen Erörterungen verständlicher geworden. Es ist deutlich, daß die Betätigung und Eroberung dessen, was wir planen, wünschen und wollen am ehesten geeignet ist, uns in Konflikt mit der Umwelt zu bringen und damit schon beim kleinen Kind die ersten Angstreaktionen mit zugehöriger Verdrängung provozieren kann. Ein früheres Kapitel hatten wir aus diesem Grunde der Beschreibung der sich entfaltenden kindlichen Antriebserlebnisse gewidmet. Nun wird es praktisch sein, an einigen konkreten Beispielen zu verdeutlichen, wie sich neurotische Gehemmtheiten beim Kind in den verschiedenen Erlebnisbereichen ankündigen können. Dabei folgen wir jetzt zweckmäßigerweise mit unseren konkreten Beispielen in etwa der gleichen Gliederung in Antriebsbereiche, die wir für die ordnende Übersicht unserer Darstellung früher benutzt hatten. Wir fragen uns also dementsprechend etwa, wie die Existenz eines gehemmten oral-kaptativen Antriebes festzustellen wäre, wie ein retentiver, ein aggressiver oder ein zärtlicher Impuls verdrängt sein kann und welchen Zustand das Kind dann wohl bietet. Fangen wir also mit einem Beispiel aus dem oral-kaptativen Bereich an:

1. Oral-kaptative Gehemmtheit

Ein zehnjähriger Junge wird z. B. von seiner Mutter zur Untersuchung vorgestellt. Im Verlauf der Konsultation wird dem Jungen vorgeschlagen, sich einmal zu überlegen, was er sich für einen Groschen, den er zum Abschied geschenkt bekommen soll, wohl kaufen möchte. Der Junge überlegt. Er überlegt lange. Ihm fällt nichts ein. Er wird ganz aufgeregt. „Muttilein, hilf mal mit überlegen!" ruft er aus. Die Mutter sagt dazu recht bekümmert: „So macht er es immer. Wenn er einen Groschen bekommt, weiß er nie, was er dafür kaufen soll. Er läuft in den nächsten Laden und fragt die Verkäuferin, ob sie wohl irgendetwas für einen Groschen hätte. Dann läßt er sich aufhängen, was der Verkäuferin gerade einfällt. Ich kann überhaupt nicht mehr dulden, daß dem Kind Geld geschenkt wird."

Dieser kleine Vorgang ist nun nicht schwierig zu verstehen, wenn wir ihn uns im Licht früherer Überlegungen transparent machen. Ein unbekümmerter zehnjähriger Junge weiß, was er mit zehn Pfennigen anfangen soll. Bonbons, Zündplätzchen oder was auch immer. Eine Fülle von Dingen kann ein Junge für einen Groschen kaufen. Er kann ihn auch sparen, wenn er will. Diesem Jungen aber fällt nichts ein. Auch dann nicht, wenn er krampfhaft überlegt. Er findet keinen Wunsch heraus, nichts Begehrenswertes kann er sich ausdenken. Er läßt sich statt dessen von einer Verkäuferin irgend etwas aufhängen. Wir haben bei einem solchen Vorgang, auch ohne daß wir Näheres über das Kind wissen, allen Grund zu der Annahme, daß dieses Kind mit früheren Besitzwünschen einmal schlechte Erfahrungen gemacht hat und daß es diese Wünsche so lange verdrängte, bis sie nun nicht mehr heraufzurufen sind, auch wenn zur Zeit gar keine Gefahr besteht, daß man ihm etwas verbietet.

Da das Kind eine neurotische Symptomatik hat, werden wir diesen Vorgang auf keinen Fall unbeachtet lassen dürfen, sondern ihm unsere Aufmerksamkeit widmen.

Was war hier passiert? Die Mutter war eine freundliche, nette Frau. Sie sah nicht so aus, als ob sie ihrem Jungen grundlos viel verbieten würde. Aber die Frage nach sachgemäßem Spielzeug für das Kind beantwortete sie mit einiger Verlegenheit. Aus zwei Quellen stammten nämlich die Geschenke, die der kleine Junge erhielt. Einmal waren es die abgelegten Gegenstände der beiden älteren Schwestern, inklusive Nesthäkchenbücher, die ihm überlassen wurden. „Die Sachen sind doch noch gut", hieß es. Und dann schenkte der Vater außerdem jungenhafte Sachen, nun aber leider nur solche Dinge, mit denen er selber gerne spielen wollte. Also eine kostbare elektrische Eisenbahn, die dann ein verletzliches Heiligtum wurde und nie allein benutzt werden durfte, während das sehnlich gewünschte Aufziehauto in Anbetracht der kostbaren Eisenbahn zurückgestellt wurde. Und diese Vorgänge ließen sich in zahlreichen Varianten weit zurück verfolgen. In der Kleinkindphase des Jungen war die Familie zudem ausgesprochen arm gewesen. Der Nachkömmling war unerwünscht, insbesondere als Junge unerwünscht, da die Mutter sorgenvoll bedauerte, daß er die noch vorhandene Kleidung der älteren Schwestern nicht werde auftragen können. Orale Besitzwünsche fanden unter diesen Bedingungen bei dem Kind eigentlich nie ihre Befriedigung, sie wurden, wie man sagen kann, negativ getönt. Und so war es dann kaum ein Wunder, daß der Junge schließlich nicht einmal mit einem Groschen mehr etwas Selbständiges anzufangen wußte, wenn er ihn zur eigenen Verfügung bekam.

2. Retentive Gehemmtheit

Und nun ein Beispiel für eine retentive Gehemmtheit:

Ein achtjähriges Mädchen kommt neu in eine Spielgruppe von etwa Gleichaltrigen. An diesem Tage hatten gerade alle Mädchen ein Spielpüppchen geschenkt bekommen. Giselas Ankunft war nicht vorhergesehen und so mußte sie auf die nächste Stunde vertröstet werden. Als die nächste Stunde kam, gab Gisela ihr neues Püppchen, kaum daß sie es in Empfang genommen hatte, schon an ein anderes Kind in der Gruppe weiter. „Erika hat ihre Puppe kaputt gemacht", sagte Gisela zur Erklärung, „und hat gewollt, daß ich ihr meine neue Puppe heute schenke." „Du bist schön dumm", meint eine Dritte aus der Gruppe zu dem Vorgang. Aber Gisela verteidigt sich: „Ich gebe immer ab. Meine Mutti sagt, ich bin ihr die Liebste, weil ich immer abgebe. Ich brauche auch das Püppchen nicht."

Ein ganzes Stück Neurosenpsychologie liegt in diesem einen kleinen Ausspruch der achtjährigen Gisela: „Meine Mutti hat gesagt, ich bin ihr die Liebste, wenn...". Die weitere Fortsetzung des Satzes aber müßte lauten: „Ich bin nicht mehr Muttis Liebste, wenn ich mir merken lasse, daß ich etwas behalten möchte. Es ist besser, ich denke gar nicht mehr daran, daß es schön sein könnte, etwas für mich zu haben. Dann bin ich sicher, daß Mutti mich lieb behält." Retentive Impulse des Behalten-Wollens werden also regelmäßig von dem Kind abgeschaltet, und zwar aus Angst vor Liebesentzug der liebevoll aber übertrieben zum Abgeben mahnenden Mutter, und schließlich ist Gisela nicht mehr in der Lage, sich gegen den anspruchsvollen Wunsch einer Gleichaltrigen durchzusetzen, auch wenn es vernünftig und berechtigt wäre.

3. Aggressive Gehemmtheit

Jetzt eine aggressive Gehemmtheit:

Der siebenjährige Peter kommt zur fünften oder sechsten Behandlungsstunde. Es war verabredet, daß das sehr beliebte Spiel aus der vorigen Stunde „Autobahn mit Lastwagen" von neuem aufgenommen werden sollte. Durch einen Zufall war diesmal der Platz für dieses Spiel nicht rechtzeitig freigeräumt worden. Ein paar große Holzwürfel im Spielzimmer waren aus der Spielstunde des Vorgängers noch zur Pyramide getürmt. Peter traut sich nicht, diese Holzwürfel, obgleich er ihren richtigen Platz kennt, an die gewohnte Stelle zu setzen und sein eigenes Spiel zu beginnen. Er wird etwas ratlos.

Die Ermunterung, das Spiel des früheren Kindes zu zerstören, lehnt er ab. „Ich brauche den Platz nicht. Es geht schon so". Peter darf sich zunächst verhalten, wie er gern möchte. Aber natürlich wird das Spiel nicht so schön, wie es sein könnte. Der Platz ist zu eng. Peter wird sichtlich unruhig und verdrießlich. Plötzlich macht er eine ungeschickte Bewegung und die störende Würfelpyramide stürzt zusammen. Und nun fängt Peter herzzerbrechend an zu weinen. „Was wird der Junge sagen, der die Pyramide gebaut hat." Kein Trost will zunächst helfen, keine Versicherung, daß es sein Recht sei, in seiner Stunde das Spielzimmer so zu benutzen, wie er es möchte. Die Angst vor dem anderen Jungen, den Peter vermutlich nie zu Gesicht bekommen wird, ist zunächst stärker. In Peters Vorstellung ist die Welt voll von gewalttätigen Instanzen, die auf der Lauer liegen, um sich zu rächen, wenn man ihre Kreise stört. Besser, man fängt damit gar nicht erst an. Sollte es einem doch passieren durch Fehlleistung oder Ungeschick, dann kann man sich auf Schreckliches gefaßt machen.

Es wundert uns nach diesem Vorgang nicht, wenn wir über die Erlebniswelt des Kindes hören, daß Peters Zuhause eine einzige „gute Stube" ist, in der die Mutter pausenlos darauf bedacht ist, daß alles blitzblank, heil und wie neu wirkt. „Zu mir kann kommen wer will, zu jeder Zeit und Stunde, es ist immer aufgeräumt." So lautet wörtlich ihr Leitspruch. Und so nützlich manche eine solche Devise finden mögen, Peter hat eine neurotische Symptomatik, weil seine Handlungs- und Spielimpulse ständig auf Schranken treffen.

4. Hingabegehemmtheit

Der gleiche Peter zeigt uns deutlich, wie nah aggressive Gehemmtheit und Hingabegehemmtheit miteinander verschwistert sein können. Die Mutter, die den ganzen Tag im Dienst ihrer ordentlichen Wohnung steht, schätzt es auch nicht besonders, wenn Peter sich auf ihren Schoß setzen und zärtlich sein möchte. Das Kleid könnte zerknüllen und Zeit hat sie eigentlich auch nicht. „Jungens schmusen nicht, Jungen weinen auch nicht", ist ihre Devise, die sie gern vertritt. Peter, der spürt, wie ungelegen er mit seinen Tränen oder seinen Zärtlichkeitswünschen kommt, hat schon lange gelernt, sich danach zu richten. Er bewahrt Haltung. Er läßt sich von Gefühlen nicht mehr rühren. Die Mutter klagt: „Das Kind ist ganz verstockt. Nichts macht ihm mehr Spaß. Ich wollte ihm eine Freude machen und nehme ihn zu einem Weihnachtsspiel mit. Alle anderen Kinder waren ganz andächtig. Aber mein Peter behauptet, es war ,doof'. Mit dem Jungen ist nichts mehr anzufangen."

Aber was erzählt Peter über dieses Weihnachtsspiel? „Da war ein Schutzengel in dem Spiel", berichtet er. „Und Schutzengel gibt es nicht. Man muß sich immer allein helfen, sagt Mutti. Spiele, wo etwas vorkommt, was es nicht gibt, finde ich doof." Peter ist also inzwischen ein Kind geworden, das nicht mehr daran glauben kann, daß ihm jemand freundlich schenkend helfen kommt, daß es jemanden geben könnte, dem er sich unbekümmert anvertrauen kann. Sehnsüchte in dieser Richtung hat er verdrängt. Ehe er sich von Rührung überwältigen läßt, findet er den Engel lieber doof.

Es wird nicht leicht sein, dem Kind dieses Vertrauen zurückzugeben.

5. Sexuelle Gehemmtheit

Im Zusammenhang mit der Beschreibung von Gehemmtheiten, die die Bereitschaft zu hingebungsvollem Vertrauen betreffen können, erhebt sich natürlich auch die Frage danach, ob es schon beim Kind so etwas geben kann, wie eine sexuelle Gehemmtheit. Es erhebt sich damit die Frage, wie ein sogenanntes normales Sexualverhalten beim Kind aussehen könnte und wie die zugehörige Gehemmtheit.

In unserem früheren Kapitel über die Entwicklung der Sexualfunktionen hatten wir bereits beschrieben, daß das, was man die sogenannte sexuelle Neugier nennt, nicht anders eingeordnet werden kann, als mit dem Hinweis darauf, daß die allgemeine normale Neugier des Kindes natürlich auch die sexuellen Bereiche mit einbegreift. Ein Kind, dem also ganz bevorzugt verboten wird, nach den Vorgängen der Schwangerschaft und Zeugung zu fragen, wird mit Unbefriedigtheitsreaktionen antworten. Sehr oft beobachten wir, daß Kinder in ihrem unbefriedigten Wissensdurst sich zwar dem Verbot der Erwachsenen fügen, aber nun überschießend an anderen Stellen eine auffällige Fragesucht zeigen. Das „Quälkind", das die Erwachsenen in einem weit höheren Maß als jedes durchschnittliche Kind sonst mit seiner Fragesucht quält, ist jedem Pädagogen oder Erzieher gut bekannt. Man kann hier tatsächlich nicht eigentlich von einer sexuellen Gehemmtheit sprechen, sondern es handelt sich vielmehr um eine Gehemmtheit in bezug auf das aktive Fragenkönnen mit einem speziell zugehörigen Inhalt.

Etwas anderes ist natürlich die Frage, wie es mit dem Erleben sexueller Bedürfnisse steht. Hier möchten wir glauben, daß ein Kind nur dann wirklich richtig auf das spätere Erwachsenenleben vorbereitet ist, wenn es den Vorgängen seines eigenen Körpers positiv gegenübersteht. Es wird also darauf ankommen, daß ein Kind nicht in völlig unbegründete Angst- und Schuldgefühle hineingedrängt wird, nur deshalb, weil seine Körperfunktionen den normalen biologischen Reifungsgesetzen unterliegen. Eine echte sexuelle Gehemmtheit würde also dann vorliegen, wenn ein Kind jene sexuellen Bedürfnisse, die in seiner Entwicklungsstufe eigentlich auftauchen müßten, abschaltet und den gesamten Erlebnisbereich aus dem bewußten Registrieren auszuschalten sucht.

In verschiedenen Entwicklungsstadien des Kindes würde naturgemäß auch die Situation hinsichtlich des sexuellen Normalverhaltens sehr verschiedenartig aussehen. Wir greifen als Beispiel zunächst einmal einen Vorgang heraus, der den Erwerb einer sexuellen Gehemmtheit in einer sehr frühen Epoche illustrieren kann.

Ein kleiner Junge von drei Jahren und zwei Monaten wird wegen einer beginnenden neurotischen Störung vorgestellt. Er fängt an, zu stottern. In der zweiten oder dritten Behandlungsstunde spielt er mit den Gegenständen, die der für ihn bereitgestellte Spielkasten enthält. Er hat die Angewohnheit, bei jedem Ding, selbst wenn er es gut kennt, mehrfach zu fragen, um was es sich handelt. „Was ist das? Und das?" geht es fast die ganze Stunde. Eines fällt dabei auf: Der Spielkasten enthält zwei Kühe, die eine ohne, die andere mit deutlich geschnitztem Euter. Gottfried, der nach allem und jedem fragt, läßt die Kuh mit dem Euter immer links liegen. Bekommt er sie trotzdem in die Hand, legt er sie sofort mit den Zeichen deutlicher Beunruhigung beiseite. Hier fragt er nicht. Als er nun selbst einmal auf das Tier aufmerksam gemacht wird und mit Hinweis auf das Euter gefragt, was das wohl sei, legt das Kind reaktiv die Hände gefaltet auf den Rücken und antwortet dazu, hochgradig stotternd: „Das ist pfui." Ganz offenbar hat der Junge das Euter mit dem eigenen Glied identifiziert. Die Mutter, mit der dieser Vorgang besprochen wird, berichtet tatsächlich erläuternd, daß sie bei dem Jungen gelegentlich einen Griff nach dem Genitale beobachtet habe, auch ab und an Erektionen, und daß sie keine Gelegenheit verstreichen ließe, um dem Kind klarzumachen, daß Berührungen am Glied strengstens verboten seien. Auch verlange sie bei solchen Gelegenheiten regelmäßig von ihm, daß er die Hände gefaltet auf den Rücken lege.

Es ist kein Zweifel darüber, daß der Junge die ersten Gehemmtheitsreaktionen erworben hat, die die eigenen geschlechtlichen Körpervorgänge betreffen, den ersten Beginn einer sexuellen Gehemmtheit also, der sich in höheren Altersstufen bedenklich bemerkbar machen könnte.

Wir werden in dem Kapitel über neurotisch exzessives Onanieren noch im einzelnen erörtern, wann und an welchen Stellen man allein Anlaß hat zu der Annahme, daß die normale Spielonanie eines Kindes bereits übergegangen ist in ein krankhaft extremistisches Verhalten.

6. Intentionale Gehemmtheit

Abschließend nun noch einige Beispiele aus dem Bereich intentionaler Störungen:

Von allen Varianten der Gehemmtheit ist erfahrungsgemäß den Lernenden am schwersten zu verdeutlichen, was es mit der sogenannten intentionalen Störung auf sich haben soll. Dieser Vorgang ist fein und recht schwer zu fassen, so daß er sich mit Mühe in Worten ohne praktische Demonstration beschreiben läßt. Doch dürfen wir uns der hier notwendigen Darstellung wohl kaum ihrer Schwierigkeit wegen entziehen, spielen doch gerade diese Störungen in der Kontaktfähigkeit eines Kindes zu Dingen und Menschen eine äußerst bedeutungsvolle Rolle.

Am besten gehen wir natürlich wiederum von der Beschreibung einer konkreten Situation aus:

Von der zehnjährigen Inge klagt die Mutter, daß sie sich in der Schule wie zu Hause verträumt und wie abwesend verhalte. Sie passe nicht auf, höre Aufträge nur halb und sehe „den Wald vor Bäumen nicht", wenn sie etwas suchen solle. Die Leistungen seien entsprechend schlecht. Inge wird sitzenbleiben.

Bei der Untersuchung wird Inge zunächst an den Scenotestkasten gesetzt. Der Scenokasten enthält in Fächern geordnet eine Fülle von Gegenständen, die eigentlich alle für ein Kind interessant sind. Puppen in verschiedenen Kleidern, Autos, eine Eisenbahn, Tiere, Bäume, Bausteine. Inge sitzt vor dem Kasten und hat die Erlaubnis, etwas zu spielen. Aber sie sieht nicht aus, als hätte sie Lust dazu und als würde irgendein Interesse in ihr wach. Sie spielt nichts. Schließlich wird die Aufforderung wiederholt. Nun rafft Inge sich gehorsam auf. Sie fängt an zu spielen. Aber ihr Verhalten wirkt fast mechanisch, wie angelernt. Wirklich gefesselt und angeregt scheint sie von den Gegenständen nicht zu sein. Sie tut auch nichts anderes, als die flachen Bausteine zu einem Teppich zusammenzulegen. Farbwirkungen werden nicht beachtet. Was das wohl darstellen solle, wird sie nach einer Weile gefragt. „Ach, nichts. Das ist nur so." Inge wird aufgefordert, eine der Figuren ins Spiel zu nehmen. Sie weiß nicht welche. Keine der Figuren scheint ihr etwas zu bedeuten. Vielleicht die Großmutterfigur, wird vorgeschlagen. Inge blickt nun suchend nach dem Kasten hin. Die Großmutterfigur liegt in einem Fach zu oberst. Aber Inge blickt ausdruckslos über die Figur hinweg. Kein erfahrener Beobachter verkennt in solchem Augenblick den charakteristischen Blick, mit dem ein so gestörtes Kind nicht mehr fixiert, sondern ins Gleiten kommt, wenn es den gesuchten Gegenstand zwar schon im Blickfeld hat, ihn dennoch nicht wahrnimmt und aus neurotischen Gründen übersieht. Die Zuwendung zum Ding, die Intention, der emotionale „Aufforderungscharakter" eines Gegenstandes ist, wie wir sagen, in solchen Fällen gestört und Inge sieht, wie die Mutter berichtet, „den Wald vor Bäumen nicht".

Sehr typisch ist z.B. auch folgender kleiner Vorgang:

Der kleine achtjährige Fritz baut, ähnlich wie Inge, ein Scenospiel, in dem keinerlei Figuren verwandt werden. Fritz baut eine Stube, in der ein Tisch gedeckt wird. Beim Spiel fällt ihm die Milchflasche in die Hand, die für das Baby unter den Figuren bestimmt ist. Er fragt, für wen die wohl sei und er wird aufgefordert, das Kind zu suchen, dem die Flasche gehöre. Fritz, der etwas weniger gestört ist als Inge, blickt prüfend in den Kasten. Aber auch er nimmt nicht eigentlich auf, was deutlich sichtbar in seinem Blickfeld liegt. Er übersieht die Babypuppe — und zwar, wie die Gesamtsituation vermuten läßt, aus inneren Gründen — und wendet sich resigniert zum Untersucher, zuckt die Achseln und sagt: „Keiner da", und wendet sich seinem weiteren Spiel zu.

Der gleiche Fritz hat schließlich das Krokodil in der Hand. Als er gefragt wird, was dieses Tier wohl tut und wozu es da ist, sieht er es einen Moment recht zweifelnd an, zuckt wiederum die Achseln und meint, das wüßte er nicht. Es ist nun kein Zweifel, daß ein Kind dieser Altersstufe, das nicht gerade schwachsinnig ist, das Krokodil mit seinem aufgesperrten Rachen als ein fressendes Wesen interpretiert. Normalerweise bringt die volle unbekümmerte Zuwendung zu einem Gegenstand auch die zugehörigen Assoziationen mit herauf, die zu den besonderen Eigentümlichkeiten eines solchen Gegenstandes gehören. Fritz, der zwar sieht, wie das Krokodil mit seinem aufgesperrten Rachen rein formal beschaffen ist, hat hier große Schwierigkeiten, die zugehörige Bedeutung der von ihm wohl registrierten Form zu erfassen. Er hat, wenn man so sagen darf, intentionale Lücken in bezug auf den oralen — den fressenden — Antrieb.

Besonders deutlich wurde die Situation, als dem Kind die richtige Lösung der Frage angeboten wurde: „Vielleicht frißt das Krokodil?" Fritz schüttelt hier ängstlich den Kopf, dann meint er korrigierend: „Es ißt die Blumen zierlich."

Dieses letzte Beispiel zeigt dabei deutlich, wie nah intentionale Lücken und orale Gehemmtheiten miteinander verschwistert sein können. Wir ersparen es uns dabei im Augenblick, vorwegnehmend schon zu berichten, wie solche Störungen zustande kommen. Ein späteres Kapitel wird diesen Fragen noch gewidmet sein.

Wir möchten nur den Leser jetzt bitten, die soeben aufgeführten Beispiele als das zu nehmen, was sie sind und sein sollen und nicht für mehr, nämlich für illustrierende Einzelheiten, skizzenhaft herausgegriffen aus einer Fülle verschiedenartiger Möglichkeiten, dargestellt ohne die an sich notwendig zugehörende ausführliche biographische Anamnese. Auf keinen Fall handelt es sich hier um vollständige Schilderungen neurotischer Entwicklungsstörungen. Es wäre auch sicher falsch, nun auf der Suche nach Gehemmtheiten bei Kindern zu vermuten, daß alle Antriebsgehemmtheiten in ihren Äußerungsformen den hier gewählten Beispielen gleichen müssen. Jedes Kind ist ein anderes, jedes Schicksal ist ein anderes und bei jedem Kind kann die Gehemmtheit anders aussehen.

C. Anlage und Umwelt

1. Gefährdende Anlagen

Bevor wir nun beginnen, die verschiedenen neurotischen Persönlichkeitsveränderungen zu beschreiben, die sich aus den Entwicklungsphasen des kleinen Kindes ableiten, müssen wir doch vorweg noch unser Augenmerk auf einen Fragenkomplex richten, der die Überlegungen aller beteiligten Untersucher seit langem lebhaft beschäftigt.

Die Frage nämlich, in welchem Gewichtsverhältnis Anlagefaktoren und Umweltschäden an einem späteren auffälligen Zustandsbild beteiligt sind, ist zur Zeit immer noch keineswegs befriedigend zu beantworten.

Zwar hat sich die Forschung bisher ergebnisreich damit beschäftigt, den beiden Seiten dieser Fragestellung ihre Aufmerksamkeit zu widmen. Doch sind die Urteile hier bisher noch schwankend, und es ist offenkundig immer wieder notwendig, für jedes einzelne neu zu untersuchende Kind diese Frage gesondert zu beantworten. Wie sich die Gewichtsverhältnisse an statistisch großem Material verteilen, das können wir bisher wohl nur in Annäherungswerten schätzen.

Wir übergehen auf jeden Fall den jahrelangen Streit, ob Anlagefaktoren *oder* Umweltschäden die bewirkende Ursache seien. Vernünftige Untersucher haben nie daran gezweifelt, daß es sich hier um Gewichtsanteile verschiedener Faktoren handelt und nicht um unaufhebbare Gegensätze. Im Interesse einer leichteren Orientierung im Schrifttum teilen wir lediglich mit, daß der in der modernen Sprachkonvention verwandte Begriff der Psychopathie die Arbeitshypothese enthält, daß das jeweilige Zustandsbild überwiegend von *Anlage*faktoren geprägt sei. Der Begriff der Neurose wird dagegen im allgemeinen dann verwandt, wenn man meint, daß *erworbene* Gehemmtheiten den Hauptanteil der ursächlichen Faktoren bilden. Beide Begriffe übrigens, sowohl Psychopathie wie Neurose, haben in früheren wissenschaftlichen Perioden einen anderen Inhalt gehabt, als heute üblich. Es wird jedoch wenig zweckmäßig sein, sich heute gegen die sich weitgehend durchsetzende neue Konvention zu sträuben und willkürlich an ältere wissenschaftliche Namensgebung anzuknüpfen. Auch unser Interesse muß vordringlich sachlichen und weniger den formalen Problemen der Namensgebung gelten.

Vordringlich in unserem Zusammenhang erscheint uns nämlich die Frage, ob es gut zu umschreibende Anlagefaktoren geben mag, die ihrer Natur nach eine besondere Gefährdung für das heranwachsende kleine Kind mit sich bringen können. Und zwar eine besondere Gefährdung, sofern es sich um die *Entstehung* von *Neurosen* handelt.

Orientieren wir uns im Schrifttum über Psychopathen, so erfahren wir, daß eine Fülle von charakterlichen Auffälligkeiten zur ordnenden Beschreibung dieser Menschengruppe aufgeführt werden. Wir erfahren aber zugleich, daß diese Ordnungsversuche in Psychopathen-„typen" nicht geeignet sind, um uns wirksam bei der Suche nach Erbradikalen behilflich zu sein. Kurt S c h n e i d e r, der eigentliche Schöpfer des modernen Psychopathenbegriffes stellt diesen Sachverhalt ausdrücklich fest.

Auch das Schrifttum über die Untersuchungen an getrennt aufwachsenden eineiigen Zwillingen weist recht widerspruchsvolle Ergebnisse auf. Soweit zu sehen ist, hat sich hier beteiligten Forschern im wesentlichen die Tatsache ergeben, daß angelegte Möglichkeiten hinsichtlich der Intelligenz oder der Begabungen schwerer durch die Umwelt zu modifizieren seien, als Eigentümlichkeiten des Gemüts- und Affektlebens. Doch sind die Ergebnisse hier — wie gesagt — unterschiedlich und widerspruchsvoll. Und gerade in bezug auf die Frage nach angeborenen Temperamentsunterschieden sprechen die Untersuchungen von K r e t s c h m e r und seiner Schule eine recht andere Sprache.

Immerhin scheint der gegenwärtige Stand unseres Wissens doch so weit ausgereift, daß wir es hier unternehmen können, zu dem aufgeworfenen Fragenkomplex überlegend Stellung zu nehmen.

Zweckmäßigerweise werden wir allerdings die gesamte Problemstellung etwas einengen. Im Sinne der Überschrift unseres Kapitels sollte es uns vordringlich interessieren, welche Anlagefaktoren das Auftreten von *Neurosen*, also von neurotischen Gehemmtheiten, ganz besonders begünstigen können. Diese Fragestellung würde sich herausheben aus dem etwas umfassenderen Problemkreis, der die abwegigen psychischen Erbeigentümlichkeiten des Menschen ganz allgemein betrifft.

Bereits F r e u d hat betont, daß der sehr Sensible auch in schonendster Umwelt seine neurotischen Störungen erleiden wird, da seine übergroße Ansprechbarkeit schon die mittlere Umwelt nicht mehr verträgt. Schultz-Hencke hat hervorgehoben, daß die Faktoren „Hypersensibilität", „Hypermotorik" und „Hypersexualität" als Erbanlagen ein mit ihnen ausgestattetes Kind zu einem schwierigen Lebensweg prädestinieren. Übertrieben angriffslustig als hypermotorisches Kind wird es die Konsequenzen seiner Angriffslust als überdurchschnittlich sensibles Wesen besonders schlecht vertragen.

Die Notwendigkeit, übertrieben lebhafte sexuelle Bedürfnisse im Leben unterzubringen, wird ihrerseits bevorzugt leicht zu Komplikationen führen.

Die Feststellung, daß große Sensibilität einen Menschen bereits als kleines Kind sehr gefährdet, wird heutzutage wohl von keinem angezweifelt. Doch wird oft betont, daß etwa ein angeboren „psychopathisches" Kind nicht nur sensibler, sondern auch „anders" reagiere, als das durchschnittliche. Wie wäre also zu versuchen, den Begriff der Sensibilität noch ein wenig aufzugliedern und zu differenzieren, damit wir ein klares Bild über die gefährdenden Anlagefaktoren erhalten?

Im bisherigen Gang unserer Überlegungen ist es — wie wir uns einmal erinnern wollen — von besonderer Bedeutung gewesen, daß das Lebensgefühl und der Erfahrungserwerb eines kleinen Kindes durch erworbene affektive Tönungen stark beeinflußt wird. Heftigkeit und Überzahl von negativen ängstlichen Affekten, die ein Kind durchleben muß, können Verdrängungsvorgänge und neurotische Fehlentwicklungen mit sich bringen. Es ist selbstverständlich, daß „Sensibilität" im Sinne großer Ansprechbarkeit auch auf geringe Reize hin, u. a. auch besonders leicht Angst- und Schreckreaktionen zur Folge haben kann. Das Gesamtproblem wäre damit aber nicht vollständig und erschöpfend beschrieben. Wir erinnern uns noch einmal an die bedingten Reflexe beim kleinen Kind, die von Watson in Anlehnung an die Pawlowschen Arbeiten im Experiment erzeugt wurden. Wie die Experimentatoren berichteten, zeigten sich recht erhebliche Unterschiede bei den Einzelindividuen in bezug auf die Leichtigkeit, mit der bedingte Reflexe eingeschliffen und auch wieder gelöscht werden konnten. Diese Tatsache war übrigens den Forschern der Pawlowschen Schule schon vorher genau bekannt. Die tierischen Organismen unterscheiden sich sehr erheblich in bezug auf die Fähigkeit, bedingte Reflexe zu bilden und bedingte Reflexe zu bewahren. Offenbar ist es auch an den verschiedenen Organsystemen verschieden leicht, bzw. verschieden schwer, bedingte Reflexe zu erzielen. Die Ergebnisse der Pawlowschen Schule, insbesondere seines jetzigen Schülers Bykow wären in diesem Zusammenhang sicher von allergrößtem Interesse.

Es sei dabei hervorgehoben, daß man sorgfältig unterscheiden muß zwischen der Ansprechbarkeit auf einen Reiz ganz allgemein, und der Fähigkeit, einen bedingten Reflex zu *bilden*, schließlich auch von der Fähigkeit, einen solchen Reflex zu *bewahren*. Es soll nach den Ergebnissen hier vorgenommener Experimente für sogenannte intelligente Kinder die Tatsache gelten, daß sie leicht bedingte Reflexe bilden, diese Reflexe aber auch leicht wieder löschen, wodurch eine Beweglichkeit und Korrekturfähigkeit des Erfahrungsschatzes gewährleistet wäre [Zitiert nach Flugel].

Für unsere Überlegungen sind die mitgeteilten experimentellen Ergebnisse von äußerster Bedeutung, wenn wir bedenken, daß hier eine Grundeigentümlichkeit verborgen liegen muß, die geeignet sein kann, das kleine Kind in besonderem Maße hinsichtlich der Neurosenentstehung zu gefährden. Es liegt auf der Hand, daß ein Kind mit besonderer Neigung, diese bedingten Reflexe lange zu bewahren, bei dem sich diese Reflexe also nur schwer löschen lassen, daß ein solches Kind durch die einmal eingetretenen Assoziationen in nur schwer zu korrigierender Weise psychisch verändert worden ist.

Hypothetisch und extrem formuliert könnte in dieser einen einzigen Eigentümlichkeit ein so grundlegender Unterschied hinsichtlich der Verarbeitung von Umwelteinflüssen existieren, daß sonst völlig erbgleiche Menschen im gleichen Milieu trotzdem einen deutlich verschiedenartigen Entwicklungsgang nehmen.

Wir wissen sowieso seit langem, daß sich die Menschen außerordentlich weitgehend darin unterscheiden, mit welcher Flüchtigkeit oder mit welcher Tiefe sie Gefühlseindrücke aufbewahren. Es gibt sehr leicht ansprechbare, also in diesem Sinn „sensible", besser „reagible" Menschen, deren intensive Affektwallung gleichwohl nur flüchtig ist. Wenn man so sagen darf, gibt es nicht nur Menschen, die über ein gutes oder ein schlechtes „Vorstellungsgedächtnis" verfügen, sondern auch solche, die ein gutes oder ein schlechtes „Affektgedächtnis" besitzen. Gemeinhin nennen wir die affektflüchtigen Menschen die leichtlebigeren Naturen und die anderen die „tiefen" oder auch die „schweren" Temperamente. Hier handelt es sich allerdings um einen vorwissenschaftlichen Sprachgebrauch, der nicht genau auf die gleichen Sachverhalte abzielt, die wir oben erwähnten, als wir von der geringen oder großen Befähigung zum Erwerb bedingter Reflexe sprachen.

Alles in allem schwankt hier die Norm wohl mit großer Streuungsbreite um einen hypothetischen mittleren Wert. Wie gesagt, unterliegt es wohl kaum einem Zweifel, daß der tief und nachhaltig erlebende „Valenzenbewahrer" sehr viel mehr unter den Folgen negativer Einflüsse zu leiden hätte, als etwa sein leichtlebigerer Bruder.

Unter allen Umständen möchten wir für die Neurosenentstehung diesem einen speziellen Faktor ganz besondere Wichtigkeit zuerkennen. Wir halten es für sehr wahrscheinlich, daß in ihm eine der wesentlichen Bedingungen dafür liegt, daß sich nach Meinung mancher Untersucher Gemütsanlagen eher modifizieren lassen als Begabungsanlagen. Könnten wir doch mit diesem Faktor zugleich eine Erklärung dafür finden, daß sich gelegentlich bei Menschen aus sehr belastendem frühkindlichem Milieu doch nicht die sonst durchschnittlich auftretenden Störungszeichen finden. Es würde sich — in der Hypothese — hier um solche Menschen handeln, bei denen die Nachhaltigkeit der früherworbenen Gefühlseindrücke, die Haftfähigkeit der früherworbenen bedingten Reflexe von der Anlage her gemindert ist.

Einseitig wäre es allerdings, wenn wir meinen wollten, daß die soeben beschriebenen Anlagefaktoren die einzigen wären, die die Entstehung einer neurotischen Fehlentwicklung besonders leicht vorbereiten. Lebhafte Ansprechbarkeit überhaupt und langfristiges Bewahren der erworbenen bedingten Reflexe sind sicher nur zwei unter vielfältigen bedeutungsvollen Gefahrenquellen.

Aus den zahlreichen umfassenden Untersuchungen der Kretschmerschen Schule über Eigentümlichkeiten des konstitutionellen Reagierens in psychischer und körperlicher Hinsicht bei Pyknikern und Asthenikern greifen wir die für unsere Zwecke bedeutungsvollsten heraus. Ohne auf die formalen körperlichen Merkmale einzugehen, die den Astheniker vom Pykniker rein äußerlich unterscheiden, müssen wir folgende Befunde als wesentlich hervorheben:

Bei experimentellen Belastungsproben mit Medikamenten, Schilddrüsenhormon, Traubenzucker oder anderem pflegen sich Astheniker oder Pykniker regelmäßig in typischer Weise zu unterscheiden. Nehmen wir z. B. den Blutzuckerspiegel als einen der gewählten Indikatoren auf bestimmte Belastungsproben, so zeigt der Astheniker charakteristische steilgipflige Erregungsanstiege mit anschließender unternormaler Nachschwankung. Also auf Adrenalingabe etwa steigt die Kurve steilgipflig und schnell zum Maximalwert an, um dann ebenso rasch auf subnormale Werte abzufallen und sich erst lang nachschleppend wieder zur Norm zurückzupendeln. Der Pykniker hingegen holt seinen Maximalwert später, fällt langsamer zur Norm zurück und bleibt für eine Weile mit leicht übernormalen Werten stabil.

Die psychischen Entsprechungen im Affektleben für diese biologischen Regulationsmechanismen sind vielfältig und differenziert in der Literatur beschrieben worden. Von zahlreichen Sachverhalten greifen wir hier nur den einen heraus, daß damit eine bestimmte Gruppe von Menschen auch im Affektleben ausgezeichnet ist mit steilgipfligen Erregungsanstiegen, diese Affekthöhe aber dann bezahlt mit rasch anschließendem Gefühl gespannter Schwäche und Erschöpfung, Der Name „Asthenie" wurde nicht zuletzt wegen dieser psychischen Entsprechungen zu den Körperreaktionen so gewählt. Der Pykniker jedoch hat die Chance, daß sein körperlicher, wie psychischer Erregungsanstieg gefolgt ist von einer stabil anhaltenden Phase gelöster Kraft. Er wird von seinem eigenen Affekt nicht ausgepumpt, er braucht ihn nicht zu fürchten und kann sich ihm unbekümmert überlassen. Sein eigenes Kräftereservoir wird in der Lage sein, ihn mit stabiler Sicherheit zu tragen.

Nun sind zwar die Untersuchungen, auf die wir uns soeben ganz speziell bezogen haben, überwiegend an Erwachsenen ausgeführt. Doch glauben wir, kaum daran zweifeln zu dürfen, daß sich Analogien bereits beim Säugling finden, selbst dann, wenn uns die Konstitutionswissenschaft heute lehrt, daß „Konstitution" nicht gleich „Erbkonstitution" gesetzt werden kann und zahlreiche bildende Faktoren — evtl. auch psychischer Art — an der Manifestationsform eines jeweiligen Konstitutionsbildes beteiligt sind.

Wir halten es für sehr wahrscheinlich, daß ein in diesem Sinne asthenischzartes Kind ganz bevorzugt in Schwierigkeiten seines Affektlebens kommt, da es ja regelmäßig die Zustände von Schwäche und Mißbehagen als Konsequenz seiner gefühlsmäßigen Erregtheit erfährt. Freilich würde diese Tatsache nicht bedeuten, daß ein solches Kind seine so besonders leicht erworbenen neurotischen Schwierigkeiten nun unaufhebbar immer auch behalten müßte. Auch hier ist Korrektur möglich, wenn es auch in der Behandlung erwachsener Neurotiker regelmäßig ein Problem darstellt, daß der Patient es lernt, sich mit den eigenen Konstanten vernünftig und ökonomisch auseinanderzusetzen. In der Behandlung der Kinder müssen regelmäßig die Eltern entsprechend beraten werden.

Die bisher genannten Faktoren könnten bereits genügen, um uns einen Einblick zu gewähren in die vielgestaltige Fülle der Möglichkeiten, um die es sich handeln kann, wenn Anlagemomente ein Kind besonders stark in seiner psychischen Entwicklung gefährden.

Doch sei noch einer weiteren Gruppe angeborener Merkmale gedacht, die — mindestens hypothetisch — in diesem Zusammenhang eine Rolle spielen können.

Wir hatten bei unseren Überlegungen über die sich entwickelnde Wahrnehmungswelt darauf hingewiesen, daß für den Menschen eine Reihe von Sinneseindrücken mit angeborenen Gefühlsvalenzen belegt sind. Wir hatten hingewiesen, daß z. B. süß nicht nur süß geschmeckt wird, sondern auch als angenehm, oder bitter nicht nur bitter, sondern in bestimmter Konzentration als sehr unangenehm. Zweifelsohne gibt es für den Menschen als Gattung in diesem Sinne eine nicht kleine Zahl so *angeborener* Gefühlsvalenzen. Über ihre Art und ihr Ausmaß wissen wir unter anderem deshalb so wenig Genaues, weil sie durch die vielfältigen *erworbenen* „Anmutungen" stark überdeckt werden können. Doch müssen wir allermindestens als Arbeitshypothese der Vermutung Raum gewähren, daß angeborene Gefühlsvalenzen, die sonst nicht üblich sind, einmal als mutative Variante auftreten können und dann ein solches Kind mit Bedürfnissen und Neigungen ausstatten, die es außerhalb der Norm stellen.

Bei Tieren sind z. B. mutative Varianten in bezug auf Geschmacksneigungen nichts Unbekanntes. Ein Rattenstamm unterscheidet sich etwa von einem anderen durch die Bevorzugung von Möhren vor Getreide bzw. umgekehrt, und in der Tierpsychologie hat man allen Anlaß, zu glauben, daß derartige mutative Varianten stark zur Bildung von tierischen Lebensgewohnheiten beigetragen haben.

Ein Säugling, der — wie wir einmal beobachteten — gesüßte Nahrung von Geburt an intensiv ablehnte, kann diese Eigentümlichkeit angeborenerweise mitgebracht haben. Es ist leicht zu sehen, daß ein Kind mit nur einer einzigen so gearteten Eigentümlichkeit große Schwierigkeiten in der Pflege machen muß, bis man überhaupt nur entdeckt, welcher Faktor seine Fütterungsschwierigkeiten mit sich brachte, und bis es sachgerechte Befriedigung erhält.

Wie gesagt, sind diesbezügliche Überlegungen weitgehend Hypothese. Doch zweifeln wir nicht, daß der hier noch unerschlossen liegende Fragenkomplex uns bei seiner Durchforschung wichtige Einsichten vermitteln kann. Die Schwierigkeit seiner Untersuchung liegt, wie wir schon einmal betonten, in der Tatsache, daß die erworbenen Gefühlstönungen gegenüber den angeborenen nicht nur erheblich überwiegen, sondern sie auch in ungewöhnlich hohem Maß abändern können, so daß beim Erwachsenen die Frage nach angeboren oder erworben nur noch mit größten Schwierigkeiten beantwortet werden kann.

Wir sehen nun selbst die Fragwürdigkeit allzu weitgreifender hypothetischer Spekulationen, auch wenn sie einen fruchtbaren Arbeitsansatz enthalten. Doch wollen wir es trotzdem unternehmen, noch eine weitere, ebenfalls hypothetische Überlegung in die Entwicklung unserer Gedankengänge einzuführen.

Wir beziehen uns dabei auf eine von Lersch geprägte Formulierung hinsichtlich auffälliger Eigentümlichkeiten der menschlichen Gedächtnisleistungen. Lersch spricht vom sogenannten „Gedächtnisoptimismus" der Menschen. Er meint damit jenen unbezweifelbaren Sachverhalt, daß die menschliche Natur im großen und ganzen dazu neigt, vergangene Epochen des eigenen

Lebens in einem rosigeren Licht zu sehen, als es der Wirklichkeit einmal entsprach. Der Mensch scheint dadurch charakterisiert, daß er negative Gefühlseindrücke schließlich doch leichter verliert, vergißt, als die positiven und wir möchten dieser Tatsache einen wichtigen lebenserhaltenden biologischen Wert zuerkennen. Würde der Mensch nämlich die ganze Fülle negativer Erfahrungen immer in voller Frische aufbewahren, so würden sie ihm möglicherweise auf die Dauer doch den Mut zu weiterer Existenz, mindestens zur Fortpflanzung rauben. Es ist nicht ausgeschlossen, daß sich im Sinne der Selektionstheorie gerade solche Individuen unter den Menschen erhielten und fortpflanzten, die mit dieser Eigentümlichkeit des „Gedächtnisoptimismus" ausgestattet waren.

Theoretisch ist nun aber durchaus denkbar, ja eigentlich wahrscheinlich, daß es als mutative Variante auch solche Individuen geben muß, die das negative Gegenteil, nämlich einen „Gedächtnispessimismus" besitzen, die also negative Eindrücke länger bewahren als positive. Die enorme Gefährdetheit evtl. so ausgestatteter Individuen liegt auf der Hand. Kein anderes Kind wäre so in Gefahr, Verdrängungsreaktionen zu erwerben, wie ein in diesem Sinne belastetes, und die Mischung so gearteter Anlagefaktoren mit Umwelteinflüssen wäre überhaupt kaum mehr in ihre Bestandteile zu zerlegen.

Überhaupt wird es immer wieder den größten Schwierigkeiten begegnen, die Mischungsanteile von Anlage- und Umweltfaktoren richtig zu bestimmen und abzuschätzen. Schon bei einem vier- bis fünfjährigen Kind kann es ein äußerst kompliziertes Unternehmen sein und selbstverständlich ist, daß mit zunehmendem Alter auch die Schwierigkeiten der Beurteilung wachsen.

Der Untersuchungsgang aber, der einem diesbezüglichen Interesse dienen soll, wird immer zur Voraussetzung haben, daß der Untersucher die neurosenpsychologischen Tatbestände mit absolutester Geläufigkeit beherrscht. Die häufig formulierte Feststellung, daß Geschwister einer Familie ja aus dem gleichen Nest, dem gleichen Milieu kämen, und daher selbstverständlich alle verschiedenartigen Auffälligkeiten anlagebedingt sein müßten, diese Meinung enthält sehr wesentliche Fehlvorstellungen und mit ihnen ist auf keinen Fall eine wirklich sachgerechte Beurteilung der beteiligten Faktoren von Anlage und Umwelt möglich.

Das folgende Kapitel wird uns zeigen, wie vielfältig Verschiedenes es hier zu beachten gibt.

2. Gefährdende Umwelt

Seit uns vor mehr als einem halben Jahrhundert erfahrene und aufmerksame Kinderärzte das oben erwähnte Krankheitsbild des „Säuglingshospitalismus" erstmalig beschrieben, wissen wir, daß bei der Betreuung eines Säuglings die sorgfältigste Beachtung hygienischer Erfordernisse keineswegs allein ausreicht, um ein befriedigendes Gedeihen des kleinen Lebewesens zu garantieren. Der seelische Kontakt und der affektive Zuspruch, den ein Kind vom Tage seiner Geburt ab erfährt, gehört — wie wir schon mehrfach betonten — zu den bedeutungsvollsten Entwicklungsreizen, die bei einer vollen Entfaltung aller naturgegebenen Anlagen und Möglichkeiten beteiligt sind. Zahl-

reiche vergleichende Untersuchungen über den Entwicklungsstand von
Hospital- und Familienkindern sprechen auch heute noch eine äußerst ernste
Sprache. Bereits eine verhältnismäßig kurze Trennung eines Kindes von seiner
Mutter hat, wie wir heute wissen, überaus bedeutsame Folgen. Bringt sie
doch fast immer ein katastrophales Absinken des Entwicklungsquotienten
mit sich und sind zugleich, was besonders ernst zu bedenken ist, die einmal
so entstandenen Entwicklungslücken nur schwer, wenn überhaupt, wieder
aufzufüllen. Auf Anregung der Weltgesundheitsorganisation der Vereinten
Nationen wurde von Bowlby eine zusammenfassende Übersicht über Untersuchungsergebnisse aus diesem Forschungsbereich zusammengestellt. Aus
dieser Zusammenstellung entnehmen wir z.B. die Feststellungen von Spitz
und Wolff, die sich durchaus mit den Feststellungen zahlreicher anderer
Forscher decken. Im Verfolg der hier aufgeführten Fragestellungen wurden
zwei verschiedene Gruppen von Kindern untersucht. In der einen Gruppe
war die Mutter den Kindern erhalten geblieben, in der anderen Gruppe hatte
die Mutter von einem bestimmten Lebensabschnitt ab gefehlt. Es war zunächst
der Entwicklungsquotient im Durchschnitt für die ersten vier Lebensmonate
festgestellt worden, solange die Mutter anwesend war. Nach der Trennung
wurde er in einer Kontrolluntersuchung nochmals im neunten bis zwölften
Lebensmonat bestimmt. Bei den Kindern, denen die Mutter gefehlt hatte,
zeigte sich ein katastrophaler Rückgang des Entwicklungsquotienten (von
124 auf 72), während die Kinder, denen die Mutter nicht gefehlt hatte, einen
gleichbleibenden Entwicklungsquotienten aufwiesen.

Diese Untersuchungsergebnisse, die Familienkinder und Institutionskinder
miteinander vergleichen, sind flagrant. Die gesamte Fragestellung muß sich
nun allerdings dahingehend erweitern, was wohl vorgelegen haben mag, wenn
Kinder im Rahmen einer geordneten Familie ihre Entwicklungsstörungen erwarben. Bowlby selbst spricht bei seinen Untersuchungen vom Mangel an
mütterlicher Fürsorge ganz allgemein und betont dabei, daß es nicht allein
die räumliche Trennung sei, die einen solchen Mangel herbeiführen könne.
Die innere Verfassung der Mutter selbst kann so beschaffen sein, daß sie trotz
äußerlich vorhandener Möglichkeiten dem Kind nicht das Maß an Zuwendung
und Fürsorge entgegenbringt, das zu gesundem Gedeihen und geordneter
Reifung nötig wäre. Es wird heute oft gesagt, daß ein kleines Kind Liebe und
Geborgenheit brauche, um sich störungsfrei entfalten zu können. Diese Feststellung ist unbestreitbar richtig. Doch es wird nicht immer ausreichend
darüber nachgedacht, unter welchen Bedingungen denn ein Kind „Geborgenheit" erleben kann. Bald werden wir feststellen müssen, daß unter Umständen
auch eine ehrlich liebevolle Mutter nicht in der Lage ist, Geborgenheit im
voll und reich verstandenen Sinn des Wortes zu vermitteln.

Beginnen wir aber zunächst mit den schwierigeren Fällen, in denen die
Lebenssituation des kleinen Kindes dadurch gefährdet ist, daß die Mutter
ihm direkt abwehrend, ablehnend oder mindestens sehr zwiespältig gegenübersteht. Beginnen wir mit der Lebenssituation des ungewünschten Kindes! In
einer Geschwisterreihe von drei oder vier Kindern, die — wenn man diese
Formel aufgreifen will — zunächst aus dem gleichen „Nest" stammen, kann
jedes Kind mit einer anderen Variante der Erwartung aufgenommen worden

sein. So kann z. B. die älteste Tochter unter drei Geschwistern mit Freude empfangen worden sein, als das erste Kind überhaupt, das von beiden Eltern gewünscht wurde und bei dem man sich noch darüber hinwegtröstete, daß eigentlich ein Sohn, ein Stammhalter, erhofft worden war. Die Zuwendung der Mutter zu diesem Kind ist voll, reich und herzlich. Die zweite Tochter allerdings, die unerwarteter- und unerwünschterweise bereits ein Jahr nach der älteren Schwester geboren wird, ist eine ausgesprochene Last. In der Fehlerwartung, daß langes Stillen eine neue Konzeption verhüten würde, wurden Vorsichtsmaßnahmen nicht getroffen. Die Mutter ist über die Notwendigkeit, ein zweites Kind auszutragen, eigentlich entsetzt. Sie ist noch angestrengt von der ersten Entbindung. Sie ist gefesselt vom Reiz der sich entfaltenden Entwicklung ihrer Ältesten, sie ist das Windelwaschen, das mühevolle Stillen leid und sie überläßt das zweite Kind bald einer Pflegeperson. Doppelt war bei ihr die Enttäuschung, daß wiederum „nur" ein Mädchen geboren wurde und kein Sohn. Bemerkungen darüber sind oft genug in Gegenwart des zweiten Kindes gefallen. Die Lebenssituation dieser zweiten Tochter unterscheidet sich nicht nur erheblich von der Situation ihrer älteren Schwester, sie unterscheidet sich mindestens ebensosehr von der Lebenslage des nach sechs weiteren Jahren geborenen Bruders, der als der lebhaft gewünschte, lang ersehnte Stammhalter der vergötterte Liebling seiner Eltern wird.

Zahllose Varianten in der seelischen Verfassung der Mutter oder in der Gesamtkonstellation der Familie müssen bedacht und erforscht werden, wenn wir die Entwicklungsbedingungen eines kleinen Kindes richtig verstehen wollen. Aus der großen Fülle aller Möglichkeiten greifen wir im Folgenden nur einige illustrierende Beispiele heraus, um aufzuzeigen, in welcher Richtung man bei der Beurteilung eines Kinderschicksals zu forschen hat.

Nehmen wir z. B. den weiteren Fall, daß eine Mutter im Anschluß an ihre erste Schwangerschaft gern in ihren alten Beruf als Sängerin zurückkehren wollte. Eine rasch sich anschließende zweite Entbindung hindert sie daran. Jetzt erfüllen Ungeduld, Ressentiment und Auflehnung gegen das Schicksal die Frau, die das erste Kind noch durchaus als Bereicherung ihres Lebens empfunden hat. Die Mutter, die sich ihr Leben anders erträumt hat, erfüllt von mehr Glanz und Abwechslung, empfindet das zweite Kind als den Urheber ihrer Unzufriedenheit. Ihm gegenüber brechen immer wieder die aufgestauten Affekte durch. Heftige reizbare Ungeduld wechselt ab mit schuldgefühlshaft überströmender Zärtlichkeit. Die verwirrende Haltung der Mutter läßt das Kind innerlich nicht fest werden. Es wird selbst schwankend, reizbar, weinerlich und leicht unzufrieden. Das Ergebnis der eigenen Verhaltensweisen scheint der Mutter die Bestätigung dafür zu liefern, daß ihr Kind eine Last, ein Nichtsnutz und eigentlich „unausstehlich" sei.

In einem anderen Fall kann es so liegen, daß die Mutter an der Ehe enttäuscht ist und durch die Schwangerschaft in einer Situation festgehalten wird, der sie eigentlich entfliehen wollte. Es kann natürlich auch so sein, daß die Mutter in schlechter gesundheitlicher Verfassung ist und für die Betreuung des Kindes kein Kräftereservoir mehr zur Verfügung hat. Es kann so sein, daß die Mutter subjektiv über das Alter, in dem sie Kinder zu gebären wünscht, hinaus ist und den Nachkömmling nur mit äußerst gemischten Gefühlen empfängt. Es kann so sein, daß die Mutter in noch sehr jungen Jahren schwanger wird und eigentlich vom Leben noch etwas haben wollte, genießen, aber nicht Pflichten erfüllen. Es kann unter ganz anderen Lebensbedingungen so liegen, daß sich die Mutter, um ihre zerbrechende Ehe zu festigen, gegen den eigentlichen Wunsch ihres Mannes ein Kind ertrotzt und dann erleben muß, daß ihre Spekulationen eine Fehlrechnung gewesen sind und daß sich ihr Mann keineswegs mehr an die Familie gebunden fühlt, sondern ganz im Gegenteil die neuen Lasten und Pflichten nicht übernehmen will.

All diese Varianten in der Lebenssituation eines kleinen Kindes kommen vor. Zwar wollen wir nicht behaupten, daß alle Kinder, die eine neurotische Fehlentwicklung erwerben, im soeben beschriebenen Sinn ungewünschte Kinder waren. Aber es handelt sich nach den Angaben der Mütter, die wir in großer Zahl befragen konnten, um einen sehr hohen Prozentsatz. Nach unseren Erfahrungen, um einen Anteil von mehr als 60%.

Nun waren die Vorgänge, die wir soeben beschrieben und herausgehoben haben, durch einen bestimmten gemeinsamen Faktor ausgezeichnet. Sie waren charakterisiert durch die Tatsache, daß die Mütter, von denen wir sprachen, in einer individuellen akuten *Schicksalsschwierigkeit* steckten und daß sie wegen dieser persönlichen Schwierigkeit nicht die volle und warme, pflegerische Zuwendung zur Verfügung hatten.

Etwas anders liegt es bei jenen Müttern, bei denen nicht eine mehr oder weniger umschriebene aktuelle Schicksalslage die Schwierigkeiten heraufbeschworen hat, sondern die in ihrer *Persönlichkeitsstruktur* eine Reihe von typischen schwer korrigierbaren Merkmalen zeigen, die die Haltung und den Umgang mit dem Kind stark beeinflussen und bestimmen. Mütter also, die unter Umständen eine eigene Neurosenstruktur erworben haben. Immer wieder hat man aus diesem Grund bei der Beurteilung der Mutter-Kind-Beziehung versucht, die Verhaltensweisen der Mütter nach bestimmten typischen Merkmalen zu gliedern, bestimmte „Muttertypen" aufzustellen. So unterscheidet z. B. Kemper in seiner Abhandlung über die Enuresis eine Reihe von typischen Beispielen von „pathogenen Haltungen" der Mutter. So nennt er die Reinlichkeitsfanatikerin, die unruhig Getriebene, die in ihrem Selbstwert gestörte, die fehlende Mutter, die erdrückende, die verniedlichende und die überfordernde Mutter.

Versuche dieser Art sind immer recht fruchtbar, um den Überblick zu erleichtern und charakteristische Merkmale hervorzuheben. Allerdings darf man niemals übersehen, daß solche Typisierungen ihre Grenzen haben, bzw. daß man sie an sich fast uferlos erweitern könnte. Es wäre z. B. für den Neurotiker allgemein zu ergänzen: die inkonsequente Mutter, die gefühlskalte Mutter, die depressive oder die infantile Mutter usw., wenn wir uns die pathogenen Haltungen der Mütter vollständig vor Augen führen wollten.

Außerdem ist es natürlich auch nicht nur die Verfassung der Mutter allein, die eine gewichtige Rolle unter den Entwicklungsbedingungen des Kindes spielt. Die Haltung des Vaters, die Stellung des Kindes in der Geschwisterreihe formen und prägen das Lebensgefühl in bedeutsamer Weise mit. Das älteste Kind mit frühen Pflichten den jüngeren Geschwistern gegenüber, das jüngste Kind mit häufigen Verwöhnungserlebnissen, die zurückgesetzte Schwester hinter dem bevorzugten Bruder, der Bruder, der zu ausdrücklich auf Kavalierspflichten der kleinen Schwester gegenüber angesprochen wird, all diese Kinder entwickeln sich in einem anderen affektiven Milieu und werden in anderer Weise auf das spätere Erwachsenenleben hin vorbereitet. Tatsächlich ist aber die Beurteilung des frühkindlichen Milieus noch nicht genügend sorgfältig differenziert, wenn wir uns nur sehr genau die innere Verfassung und das seelische Klima aller beteiligten Beziehungspersonen betrachten. Wir sagten schon, daß bestimmte Mütter in ihrer Persönlichkeitsstruktur Merkmale aufweisen können, die ihr jeweiliges erzieherisches Verhalten in hohem Maße bestimmen. Die *typischen Verhaltensweisen*, die ein Kind erlebt und durch die seine Erziehung geleitet und gesteuert wird, sollte man gesondert beachten, selbst wenn sie sich direkt aus der inneren Verfassung der Beziehungspersonen ableiten lassen. Es muß uns natürlich ganz besonders interessieren, ob spezifische Verhaltensweisen und Umgangsformen der Eltern mit ihren Kindern den Anlaß zu neurotischen Verdrängungsreaktionen geben können. Übersichtsweise haben wir einmal die Methode benutzt, die Schwidder anwandte, als er die Erziehungsprinzipien feststellen wollte, die die Mütter von mehr als 1000 Enuretiker-Kindern anwandten. Wir haben einmal 500 Mütter, deren Kinder neurotische Störungszeichen aufwiesen, danach gefragt, was ihnen als das Ideal der inneren und äußeren Verfassung ihrer Kinder vorschwebe und welche Erziehungspläne und Erziehungsprinzipien ihnen denn zur Leitlinie ihres Verhaltens geworden seien. Nur zehnmal hörten wir von diesen Müttern die Antwort: „Ich möchte ein glückliches und zufriedenes Kind". Von den übrigen Antworten, die wir erhalten haben, geben wir nachstehend einmal die prägnantesten an:

„Gehorchen, parieren, Respekt haben, musterhaft spuren"
„Daß man sich sehen lassen kann"
„Sauberkeit vor allem"
„Ordentlich"
„Fix"
„Tüchtig"
„Es sollte mal mehr sein, als wir selbst"
„Anpassungsfähig"
„Mutig"   usw.

Aus all diesen Antworten der befragten Mütter entnehmen wir zunächst nur eines: Das Kind ist für diese Frauen mehr Objekt als Subjekt. Nur zu häufig sind die Prinzipien und das Ideal wichtiger als die Verfassung des Kindes selbst. Nur zu häufig werden dem Temperament und den Anlagekonstanten des Kindes bei ehrgeizigen Leistungsüberforderungen nicht genügend Rechnung getragen. Vorzeitige Dressur auf Leistungen, die noch nicht dem Entwicklungsstand entsprechen und die zugehörige dauernde Leistungsüberforderung finden wir in einem hohen Prozentsatz der neurotisch gestörten Kinder. Oft finden sich außerdem rücksichtslose Härte und Grausamkeit der Strafen. Es wird mit dem Siebensträhnigen geprügelt, in den finsteren Keller unter Androhung des schwarzen Mannes gesteckt, tagelanger Stubenarrest verhängt,

Mittagessen und Abendbrot entzogen. Grausame Strafen brechen dabei nicht selten in ein im ganzen eher weiches und aus Weichheit ratloses Verhalten dem Kind gegenüber ein. Zwischengeschaltete ausgedehnte Verwöhnungen fehlen bei solchen Eltern fast nie. Oft genug werden moralisierende Vorträge für das geeignete Erziehungsmittel gehalten. Der Wert eines ruhigen festen Verbotes zur Steuerung unverständiger und überschießender Impulse ist den meisten dieser Mütter fast unbekannt.

Vielleicht ist es notwendig, hier noch eine kurze Zwischenbemerkung einzuschalten: Es ist früher oft gesagt worden, daß neurotische Gehemmtheiten erworben werden im Anschluß an Verbote und Versagungen, die von außen an das Kind herangetragen werden. Diese Feststellung ist zwar nicht im eigentlichen Sinn falsch, aber sie bedarf dringend einer präzisierenden Einschränkung: An sich verträgt ein Kind ganz unbedingt ein sehr beträchtliches Maß von Versagungen, *ohne* eine neurotische Fehlentwicklung zu nehmen. Ja, es ist kein Zweifel darüber, daß man ein Kind nicht tiefer ängstigen kann, als dadurch, daß man ihm alles erlaubt. Kein verständiger Psychotherapeut wird völlige Verbotslosigkeit für das geeignete pädagogische Verhalten empfehlen. Von entscheidender Wichtigkeit für die Entwicklung eines Kindes ist es allerdings, in welcher Form Verbote gesetzt werden und welches Maß an Vernunft sie enthalten. Mütter, die in ihrem Umgang mit dem Kind neurotische Fehlreaktionen provozieren, sind in einem ungewöhnlich hohen Prozentsatz so geartet, daß sie in ihrer eigenen Verwirrtheit auch für das Kind eine verwirrende Welt schaffen.

So gibt es z. B. Mütter, die grundsätzlich im Nachsatz bestreiten, was sie selbst im Vorsatz behauptet haben, und die sich dann wundern, wenn ihre Kinder ihnen keine Ehrfurcht und keinen Respekt mehr entgegenbringen. Ebenso ergeht es Müttern, die etwa ihre Kinder hinter verschlossenen Türen zum Vertrauten und Teilhaber ihres Ärgers auf andere Mitglieder der Familie werden lassen, die aber eine halbe Stunde später vom gleichen Kind dienende Ehrfurcht gegen diese älteren Respektspersonen verlangen. Sie verlangen diesen Respekt, ohne sich seiner wirklich würdig zu erweisen. Sie schwatzen dem Kind z. B. die Sparbüchse ab, versprechen die Rückgabe, versäumen diese aber und verlangen doch vom Kind Ehrlichkeit und Korrektheit. Sie belügen das Kind naiv über die Vorgänge der Schwangerschaft und Zeugung unter dem Motto, es sei noch zu klein und wundern sich doch, wenn sich dem Kind die Maßstäbe über Wahrheit und Unwahrheit verwirren. Sie verlangen vom Kind Dinge, die sie sich selbst nicht zumuten würden. Selbst äußerst erregbar und motorisch unruhig, versuchen solche Mütter doch die gleiche motorische Erregbarkeit bei ihren Kindern durch einen Strom von Ermahnungen oder gar durch Prügel und Stubenarrest zu dämpfen. Wenn auch nicht böswillig, so doch oft äußerst gedankenlos mißbrauchen diese Frauen die Machtbefugnisse, die ihnen die Elternsituation vermittelt. Die eigene innere Verwirrung erlaubt ihnen nicht, Abstand zu nehmen von der Fehlerhaftigkeit ihrer eigenen Verhaltensweisen.

Eine ganz besonders häufige Eigentümlichkeit von Müttern, deren Kinder neurotische Schwierigkeiten erwerben, wollen wir noch gesondert schildern: Es gibt Mütter, die selbst dauernd von Bedürfnissen nach rascher Aktivität oder sogar von Ungeduld und Hast erfüllt sind. Diese Mütter neigen bevorzugt dazu, ihre Kinder in dem zu stören, was man gern die „Probierphase" nennt. Die Lebenssituationen solcher Kinder sehen dann fast immer so aus: Kaum hat das Kind einen Gegenstand prüfend in die Hand genommen, will ihn betrachten, untersuchen, evtl. irgendetwas damit beginnen, so kommt die Mutter auch schon mit einem eigenen Impuls dazwischen, sei es, um eine Erklärung oder eine eigene Anregung zu geben und so indirekt den eigenständigen kindlichen Impuls zu stören, sei es, um das Kind direkt zu behindern und abzubringen von dem, was es tun wollte.

Die Situationen mit solchen Müttern und ihren Kindern bei der ärztlichen Konsultation sind unverändert die gleichen: Bekommt das Kind Buntstifte und einen Zeichenblock, um etwas nach Wunsch zu malen, so hat es noch kaum die Buntstifte herausgenommen und untersucht, ohne daß die Mutter nicht schon ein Zeichenmotiv vorgeschlagen hat, oder verboten hat, daß alle Buntstifte auf einmal ausgeschüttet wurden oder gar mitgeteilt hat „der traut sich doch nicht".

Es ist kein Zweifel, daß solche Verhaltensweisen ein kleines Kind in der oben erwähnten „Probierphase" und ganz bevorzugt in der Zeit seiner handelnden Weltbewältigung ganz empfindlich stören. Solche Kinder sind dann später charakterisiert durch die Klagen ihrer Mütter, daß das Kind so ungeschickt sei, keine eigenen Einfälle habe und nicht allein spielen könne. Oft genug fehlt diesen Kindern überhaupt ein eigener, für sie reservierter Platz, an dem sie spielen dürfen, ohne daß sie die Erwachsenen mit den eigenen kindlichen Impulsen stören. Die Notwendigkeit, das soeben begonnene Spiel gleich wieder wegzuräumen, weil Vater, der nach Hause kommt, seine Ordnung haben will, oder weil die Mutter den Anblick des soeben benutzten Tuschkastens nicht erträgt, verhindert von vornherein die Entfaltung einer gesunden Spielfähigkeit.

Ein Kind braucht aber nicht nur das Recht, seine Handlungs- und Spielbedürfnisse entfalten zu können, sondern es braucht ganz unbedingt ebensosehr zugewandte liebevolle Anteilnahme an dem, was es da beginnt. Kinder neben depressiven Müttern haben entscheidende Mangelerlebnisse zu verarbeiten. Solche Mütter lassen zwar oft ihr Kind gutmütig und liberal gewähren, aber ihr resigniertes Lebensgefühl legt sich wie Mehltau auf die Stimmung ihrer Umgebung. Sie züchten in der eigenen Familie den Hospitalismus, weil sie zwar korrekt, aber wie abwesend und nur mechanisch ihre Pflichten erledigen, dem Kind nicht entgegenlächeln, es freundlich zugewandt ermuntern. Für ein Kind ist die lebensbejahende Anteilnahme seiner Mutter ein wesentlicher Entwicklungsanreiz. Die unbewußte Identifikation mit dem positiv zufriedenen Lebensgefühl der nächsten Beziehungspersonen ist ein nicht zu unterschätzender Faktor für die Lebensfreude des sich entfaltenden Kindes. In einem früheren Kapitel hatten wir bereits darauf hingewiesen, daß das Lebensgefühl des Menschen nicht nur durch die negativen Erlebniseindrücke seine Tönung erhält, sondern durchaus tiefgreifend von positiven Gefühlseindrücken bestimmt wird. Das Kind in einer lebensbejahenden Umgebung erwirbt als Lebensgefühl eine innere Sicherheit dafür, daß es planen, handeln und aktiv gestalten kann. Das Kind hingegen, dem diese Möglichkeiten von seinen Eltern nicht vorgelebt werden, entbehrt die Möglichkeit der positiven Identifikation. Auch ohne daß ihm direkt etwas verboten wird, richtet es sich instinktiv nach dem Verhalten seiner Umwelt. Sind die Eltern depressiv, gedrückt, resigniert und ohne Unternehmungsgeist, so strahlt ein solches Verhalten seine Wirkungen aus, ohne daß aktive Behinderungen an das Kind herangetragen werden. Wir glauben mit Sicherheit, daß neben jene Erziehungsfaktoren, die sich in einzelne pädagogisch gezielte Verhaltensweisen beschreibend aufgliedern lassen, absolut gleichberechtigt jene Momente treten, die nichts anderes sind, als die beispielhaft wirkenden Möglichkeiten der Lebensbewältigung, die den Eltern zur Verfügung stehen.

All diese geschilderten Gefahrenquellen, die der Entwicklung eines Kindes hinderlich entgegenstehen, werden aber in ihrer Bedeutung fast noch übertroffen von den Folgen, die übertriebene und törichte *Verwöhnungen* mit sich bringen. Es kann für ein Kind keine katastrophalere Mitgift auf den Lebensweg geben, als jene hochgezüchtete anspruchsvolle Erwartungshaltung, die dauerndes weiteres Verwöhntwerden fordert, so wie es einmal in der Kindheit geboten wurde. Nach allen Erfahrungen der Psychotherapie ist jenen Menschen mit neurotischen Schwierigkeiten am allerschwersten zu helfen, die auf einer Fülle von frühen Verwöhnungserlebnissen aufbauen müssen. Die Prinzessinnenallüren der jüngsten verwöhnten Tochter, die Bequemlichkeitshaltungen eines jungen Mannes, der schon in der Schule jeden Entschuldigungszettel von der Mutter bekam, die Verwilderungserscheinungen von Kindern, denen aus Gleichgültigkeit zahllose Freiheiten gelassen wurden, — all diese psychischen Konsequenzen früher Verwöhnungserlebnisse sind im allgemeinen äußerst schwer zu beseitigen, und bringen oft genug entscheidende Krisen für diese Menschen mit sich, die auf die durchschnittliche Härte des Lebens nicht vorbereitet sind.

Freilich ist Verwöhnung noch nicht identisch mit der normalen Befriedigung kindlicher Bedürfnisse. Hier ergibt sich oft ein Mißverständnis, dem besonders leicht Menschen mit dogmatischen starren Erziehungsprinzipien unterliegen. Doch ohne Frage ist die Wichtigkeit dieser Unterscheidung eminent, denn oft genug werden sinnlose Härten praktiziert, gerade mit dem Hinweis darauf, daß ein Kind auf gar keinen Fall verwöhnt werden dürfe, und es ist ganz gewiß nicht einfach, hier die vernünftigen mittleren Maßstäbe zu finden.

Es wird nun im Rahmen dieses Kapitels nicht möglich sein, die vielgestaltige Fülle aller möglichen Einzelvorkommnisse zu schildern, die dem störungsfreien Gedeihen eines Kindes entgegenstehen. Abschließend wollen wir nur eines betonen und hervorheben: Die überwiegende Zahl der Mütter, deren Kinder neurotisch entgleisen, verhält sich aus innerer Verwirrung, weniger aus wirklicher Böswilligkeit so, wie das Kind es nicht verträgt und nicht vertragen kann. Wir haben in einem früheren Abschnitt kurz beleuchtet, wie der Mensch von den ihn bedrängenden vitalen Bedürfnissen immer wieder in äußerste Zwiespältigkeit hineingeführt wird. Die Unzahl der krisenhaften Schicksalssituationen, die das Leben der Eltern stören und bedrohen, führt zugleich unweigerlich tiefgreifende Konsequenzen herauf für das sich nebenher entfaltende Kinderleben. Die spätere Darstellung der Einzelkasuistik wird hier Sorge tragen müssen, die Beschreibung der sich ergebenden verschiedenartigen Möglichkeiten ergänzend zu vervollständigen.

Eine spezielle Beschreibung jener Folgezustände, die den schädigenden Erlebniseindrücken zugehören, soll dagegen dem folgenden Kapitel vorbehalten bleiben.

D. Grundformen neurotischer Entwicklungsstörungen

Vorbemerkung

Mit diesem sich jetzt anschließenden Kapitel beginnen wir einen äußerst bedeutsamen Abschnitt der allgemeinen Neurosenlehre. Wir nehmen jetzt Bezug auf die vorbereitend beschriebenen normalen Reifungsetappen der Kleinkindzeit und schildern, was geschieht, wenn in jeweils der einen oder der anderen Phase besonders widrige Milieuverhältnisse das Kind belasten. Es handelt sich also jetzt um die zugehörig zur normalen Reifung einklinkenden neurotischen Fehlentwicklungen und die sich hieraus ergebenden abartigen Grundformen der neurotischen Persönlichkeitsstruktur. Dabei ist es selbstverständlich, daß sich in der überwiegenden Zahl der Fälle dem späteren Untersucher sogenannte Mischstrukturen anbieten werden. Es ist das seltenere Vorkommnis, daß ein akuter Schicksalseinbruch und mit ihm akute Veränderungen des pflegerischen Verhaltens plötzliche einschneidende Veränderungen in den Reifungsmöglichkeiten mit sich bringen. Sehr viel häufiger wirkt gleichsinnig und dauerhaft die häusliche Atmosphäre auf die verschiedenen Entwicklungsschritte ein und ruft in jeder Phase die zugehörigen Schäden hervor. Einen späteren kurzen Abschnitt werden wir der mutmaßlichen Häufigkeitsverteilung sogenannter neurotischer Strukturen widmen.

Die Prägung und Entwicklung solcher Persönlichkeitsstrukturen unterliegt natürlich einem sehr langwierigen Entstehungsprozeß. Ihr Beginn liegt zwar in den jeweiligen Entwicklungsphasen der frühen Kindheit. Doch ist es selbstverständlich, daß den späteren Lebensjahren, etwa dem Schulkindoder auch dem Erwachsenenalter noch ein sehr weitgehend prägender und formender Einfluß zukommt. Fortlaufend und gleichsinnig wirksame Momente verstärken den früher schon entstandenen Schaden noch weiterhin, sie vertiefen und konturieren den Ausgangszustand, während andererseits begünstigende und entlastende Veränderungen ein vorhandenes Unglück wieder mildern und glätten können. Wir müssen daher hervorheben, daß zwar die frühen Entwicklungsjahre des kleinen Kindes den Ansatzpunkt für die Entwicklung typischer und gut voneinander abgrenzbarer Störungen abgeben, daß uns aber diese „typischen" Grundformen in der Kindheit noch wesentlich aufgelockerter vor Augen treten als etwa im späteren Erwachsenenalter. So wie bei einer Münzprägung der erste leichte Druck einer Matrize zwar die Konturen des geprägten Bildes festlegt, aber das voll ausgeprägte Relief doch erst bei nachhaltiger Einwirkung auf das bildsame Material deutlich wird, so verhält es sich auch — um im Bilde zu sprechen — bei der Prägung und

Entstehung eines neurotischen Strukturbildes. Die typischen Merkmale lassen sich um so deutlicher nachweisen, je nachhaltiger und ausdauernder der Außendruck einwirken konnte, sie sind aber natürlich um so schwerer zu fassen, je geringfügiger die Außeneinwirkung gewesen ist.

Die Ordnungsprinzipien und die Begriffsbildung, die wir im Folgenden mit verwenden und diskutieren müssen, sind eine im internationalen Schrifttum immer wieder auftauchende gliedernde Einteilung. Einleitend führen wir die hier verwandte Nomenklatur auf:

Man unterscheidet heutzutage, insbesondere in der Therapie der Erwachsenen, gern zwischen vier verschiedenen neurotischen Strukturbildern, denen man die Bezeichnungen schizoide, depressive, zwangsneurotische und hysterische Struktur verliehen hat. Besonders Schultz-Hencke hat diese Bezeichnungen aufgegriffen. Die Entstehungsgeschichte dieser Strukturbezeichnungen ist lang. Man formulierte diese Bezeichnungen im wesentlichen im Verlauf der Beobachtungen, daß bestimmte Naturen auffällige und charakteristische Verhaltensweisen zeigten, denen ebenso charakteristische Konstellationen des inneren Erlebens zugeordnet waren. Nicht sehr glücklich erscheint uns dabei die Tatsache, daß man bestimmte seelische Zustandsbilder, die man nach der eigenen Arbeitshypothese für überwiegend *erworben* hielt, mit Namen belegte, die bereits seit langem in anderem Sinn benutzt wurden, und zwar, um gerade der entgegengesetzten Arbeitshypothese Ausdruck zu geben, nämlich um festzustellen, daß es sich um *anlagemäßige* Eigentümlichkeiten handele. Wir meinen hier vor allem die beiden Begriffe des depressiven und schizoiden Strukturbildes. Mindestens für die deutsche Schulpsychiatrie gilt die Tatsache, daß diese beiden Zustandsbilder als das Ergebnis angeborener konstitutioneller Faktoren aufgefaßt werden. In der anglo-amerikanischen Wissenschaftsentwicklung der Psychiatrie hat allerdings der recht umfangreiche Infiltrationsprozeß psychoanalytischer Einsichten in den allgemeinen Wissensbestand die Konturen zwischen den beiden Arbeitshypothesen „angeboren" oder „erworben" nicht unerheblich verwischt. Freilich wurden damit auch — nicht immer im Interesse einer fruchtbaren Weiterentwicklung der Wissenschaft — die Anforderungen an eine sorgfältige Beschreibung der Krankheitsbilder herabgemindert. So wird z. B. in den USA die Diagnose „Schizophrenie" ganz offenkundig häufig für Zustandsbilder verwandt, die in Deutschland den gleichen Namen nicht erhalten würden.

Es scheint uns selbst, wie schon gesagt, wenig glücklich, wenn die gleichen Begriffe von sehr verschiedenen Schulmeinungen mit genau entgegengesetzten Arbeitshypothesen verwandt werden. Aus diesem Grund werden wir uns im folgenden auch nur mit Vorbehalt der beiden Worte „schizoid" und „depressiv" bedienen und werden das Kapitel auch nicht beenden, bevor wir nicht kurz diskutiert haben, wo wir eine Brücke für die Vereinigung beider Arbeitshypothesen zu finden glauben.

Im übrigen müssen wir noch darauf hinweisen, daß zwar die Strukturbegriffe, die wir verwenden werden, international geläufig sind, daß jedoch die speziell zugehörige Neurosenlehre hier eine Spezifizierung erfährt, die im wesentlichen auf die Bemühungen von Schultz-Hencke zurückzuführen ist.

Das Zweckmäßigste für unsere folgenden Überlegungen ist es nun, wie schon erwähnt, wenn wir mit Hilfe unserer Ausführungen aus den früheren Kapiteln klarlegen, welche Konsequenzen die Umweltschäden während der verschiedenen Entwicklungsperioden haben können. Wir halten uns dabei, wie gesagt, an jene Zeitabschnitte der kindlichen Entwicklung, deren Erörterung wir in der Beschreibung der kindlichen Normalentwicklung durchgeführt haben.

1. Die erworbene depressive Grundstimmung und intentionale Hemmungen

Der erste Entwicklungsabschnitt, von dem wir also jetzt zu sprechen haben, umfaßt die ersten Lebensmonate des kleinen Kindes bis gegen Ende des ersten Lebensjahres. Wir rufen uns noch eimal zurück, durch welche Merkmale diese Etappe des kindlichen Lebens charakterisiert war, und wir beachten dabei insbesondere die in neurosenpsychologischer Hinsicht bedeutungsvollen Momente.

Wie wir gesehen hatten, war diese erste Etappe kindlicher Reifung charakterisiert durch das bedeutungsvolle Übergewicht der erlebten Gefühlswallungen, die in einem Kind durch die umgebende Welt heraufgerufen werden. Die Etappe des „physiognomischen" Erlebens ist dadurch ausgezeichnet, daß das kleine Kind von der umgebenden Welt freundlich oder feindlich, aber tatsächlich allbeseelt, angesprochen wird. Die Vorherrschaft der gefühlsmäßigen Bewegtheit ist Ausdruck bestimmter biologischer Entwicklungsgesetze, die der Reifung höherer Gedächtnisfunktionen und gliedernder Detailauffassung erst einen späteren Zeitpunkt zudiktieren. Wir hatten gesehen, daß die Wahrnehmungswelt des kleinen Kindes aus den Umwelteindrücken etappenweise bestimmte bedeutungshaltige Eindrücke bevorzugt herausschält und damit ebenfalls einem biologischen Entwicklungsgesetz folgt.

Die „Mundwelt" des Säuglings beherrscht zunächst sein Erleben, um dann allmählich mit dem erwachenden Antriebsüberschuß von weiteren Sinneswahrnehmungen und lebhafteren weltzugewandten Intentionen ergänzt zu werden. Der Antriebsüberschuß, von dem wir in einem ersten frühen Kapitel sprachen, erwacht erst allmählich und bekommt seinerseits nur langsam die reifenden Funktionen der willkürlichen Muskulatur als Vehikel der Betätigung zur Verfügung gestellt. Wir fragen uns nun, welche Störungszeichen ein Kind wohl bieten kann, wenn es in dieser ersten Entwicklungsperiode beunruhigt, gestört, mangelhaft, flüchtig oder ungeduldig versorgt wird.

Mehrfach hatten wir in den früheren Kapiteln schon den Begriff des Säuglingshospitalismus erwähnt. Es ist eine Feststellung der erfahrenen Kinderärzte aller Länder, daß ein Säugling, der in hygienisch einwandfreier, aber gefühlsmäßig kalter Umgebung aufwächst, nicht richtig gedeiht. Immer wieder ist dabei das Verhalten eines Säuglings, der plötzlich von der Mutter getrennt und ins Hospital versetzt wird, mit dem Zustand der Depression beim Erwachsenen verglichen worden. Das Kind wirkt matt, lahm und gedrückt. Es antwortet nicht mehr auf ein Lächeln oder einen zärtlichen Laut. Die Spontanaktivität sinkt herab, der Entwicklungsquotient fällt rapide.

Körperliche Erkrankungen, insbesondere Dyspepsien, werden häufig. Aus sorgfältigen Studien, die die Entwicklung jener Kinder weiter verfolgten, die in sehr früher Zeit in diesem Sinn gestört wurden, hat sich ergeben, daß nur mit Mühe so gesetzte Entwicklungsschäden wieder repariert werden können. Man meint sogar, daß eine Entwicklungsstörung, die in früher Zeit für mehr als 12 Monate wirksam war, fast überhaupt nicht mehr voll ausgeglichen werden könne. Adoptiveltern, die so geschädigte Kinder zur Adoption erhalten, klagen oft, daß sie keinen Zugang erhalten zum Erleben des kleinen Wesens. Die Kinder wirken kontaktarm, kontaktscheu, evtl. sogar gemütlos. Ihr Verhalten zeigt Lücken der Gefühlsbewegtheit, und ihre Kontaktnahme macht den Eindruck eines oberflächlichen Scheinkontaktes, der auf den Partner uneinfühlbar und unverständlich wirkt. Was anderen Kindern Freude macht, scheint diesen so gestörten Kindern kaum etwas zu bedeuten. Der lebhafte Reichtum von Wünschen und Plänen, der sonst ein Kinderleben auszeichnet, scheint hier zu fehlen. Der Aufforderungscharakter der Welt ist herabgemindert.

Sofern es möglich ist, den Entwicklungsgang eines solchen Kindes bis ins spätere Erwachsenenalter hinein zu verfolgen und den dann herangereiften Erwachsenen über sein eigenes Erleben zu befragen, so bieten sich hier die typischen zugehörigen Berichte an. Solche Menschen erleben die umgebende Welt zwar formal und hinsichtlich der sinnlichen Wahrnehmungen ebenso wie der nicht neurotische Nachbar. Aber dem Sinneseindruck fehlt der volle, warme, bewegende „auffordernde" Bedeutungsgehalt oder, wenn überhaupt, ist er mit negativen Gefühlstönen besetzt. Insbesondere macht sich das bemerkbar beim affektiven zwischenmenschlichen Kontakt. Auch der Erwachsene bietet genau wie in seiner kindlichen Entwicklungsperiode ein sonderbares, uneinfühlbares Verhalten. Er wirkt sprunghaft, fremdartig, er ist abweisend, wo ein anderer sich freundlich gibt. Er verhält sich kalt und scheinbar gefühllos, wo warme menschliche Zugewandtheit erwartet wird.

Im allgemeinen bezeichnet man in der Psychopathologie des Erwachsenen solche Menschentypen als die sogenannten schizoiden Charaktere. Es erhebt sich nun die Frage, wie es dazu gekommen sein mag, daß das gleiche Zustandsbild des schizoiden Verhaltens einmal als angeboren-konstitutionell, einmal als erworben aufgefaßt wurde. Wie immer, wenn erfahrene und ernsthaft bemühte Wissenschaftler, die den gleichen Gegenstand untersuchen, zu sehr verschiedenartigen, ja entgegengesetzten Ergebnissen kommen, pflegen in gewissen Grenzen beide recht zu haben und die Wahrheit läßt sich auf einer mittleren Linie finden. Der Schlüssel zum Verständnis der hier vorliegenden Schwierigkeiten scheint uns nicht allzu schwer zu finden.

Der schizoide Patient — wenn wir die unbezweifelbar richtigen Untersuchungsergebnisse von Kretschmer aufgreifen — ist in einem hohen Prozentsatz der Fälle der asthenisch Zarte, der Empfindsame und Sensible. Wenn wir nun auf unser Kapitel über die gefährdende Anlage zurückgreifen, dann wird uns deutlich, daß selbstverständlich diese Menschen in besonders hohem Maße gefährdet sind, Störungszeichen durch schädigende Umwelteinflüsse davonzutragen. Je mehr ein kleines Kind darauf angewiesen ist, warm, liebevoll und herzlich betreut zu werden, um so erschreckter wird es sich von der Welt zurückziehen, wenn diesen Bedürfnissen nicht Rechnung getragen wird. Für ein solches Kind kann bereits eine mittlere durchschnittliche Schwierigkeit mit grobem Schrecken beantwortet werden, und es kann möglich sein, daß eine noch so schonende Umwelt der hohen Störbarkeit nicht mehr Rechnung trägt. Ohne Frage gibt es anlagemäßig Unterschiede der Empfindlichkeit. Natürlich gibt es auch Unterschiede des angeborenen Gemütsreichtums. Auch wir glauben nicht, daß es notwendig ist, das Zustandsbild eines gemütlos wirkenden Menschen immer und nur darauf zurückzuführen, daß er in frühester Zeit seiner Entwicklungsperiode von der umgebenden Welt mit seinen Bedürfnissen nach Zuwendung und Kontakt abgewiesen wurde. Schon in der Tierwelt finden wir bei sehr nahverwandten Rassen deutliche Unterschiede der Gemütsqualitäten. Hund und Wolf oder Pferd und Zebra, so nahe verwandt sie der Art nach sein mögen, unterscheiden sich doch für den Menschen deutlich fühlbar in der besonderen Form, in der sie affektiver Zuwendung zugänglich sind. Pferd und Hund sind zähmbar, Wolf oder Zebra lassen Bemühungen dieser Art in weiten Grenzen scheitern. Es besteht unseres Erachtens kein Grund, Feststellungen, die uns in der Tierpsychologie eine Selbstverständlichkeit sind, nun für den Menschen abzulehnen. Doch mit Nachdruck sei betont, daß wir es auf keinen Fall für erlaubt halten, daß aus dem Phänomen des gemütlosen Verhaltens *sofort* auf einen *Anlagemangel* geschlossen wird. Gerade beim sogenannten schizoiden Typus, der oft genug tatsächlich der asthenisch Zarte und zugleich Hochsensible ist, wird man allen Grund haben, daran zu zweifeln, daß angeborenerweise Gefühlskälte und Sensibilität so eng verschwistert sein sollen. Wir selbst wollen nicht verhehlen, daß nach unserer Meinung der Anteil der Umweltschäden in hohem Prozentsatz an der Entstehung des Gesamtbildes beteiligt ist. Die Schwierigkeit in der Beurteilung des jeweiligen Einzelfalles wird dann allerdings immer darin liegen, daß man Mühe haben wird, die Gewichtsverteilung der beteiligten Faktoren richtig abzuschätzen.

Nun halten wir im Rahmen einer Neurosenpsychologie jedoch zunächst einmal fest, daß ganz unbestreitbar Mangelerlebnisse oder sonstige Störungsfaktoren aus den ersten Lebensmonaten wesentlich dazu beitragen können, daß dem Kind die warme, volle und reichhaltige Zuwendung zur umgebenden Welt abgeschnitten wird und daß die positive Gestimmtheit, die das Lebensgefühl eines kleinen Kindes ausmachen sollte, in ihr Gegenteil verkehrt wird. Ein Kind, das in diesem Sinn sogenannte intentionale Lücken erwirbt, dem also die gefühlsmäßige Zuwendung, die „Intention", zur Welt abgeschnitten wird, weist im späteren Verlauf seiner Entwicklung die oben geschilderten charakteristischen Merkmale auf. Das sogenannte schizoide Kind, das im Fachjargon der Neurosenpsychologie „intentionale" Gehemmtheiten zeigt, wirkt also kontaktarm, gemütarm oder kalt, sofern es sich um die zwischenmenschlichen Beziehungen handelt. Es ist aber auch in seiner Beziehung zur *dinglichen Welt* gestört und auffällig. Für diese Kinder hat die Welt nicht den gleichen Bedeutungsgehalt bewegender, zu Spiel und Handlung auffordernder Lebendigkeit. In diesem Sinn ist also der allgemeine Antriebsreichtum bereits gedrosselt. Für diese Kinder ist die Welt der Gegenstände eher beunruhigend oder scheinbar bedeutungsleer und gleichgültig. Kinder dieser Art können unter Umständen deshalb nicht spielen, weil die Gegenstände, die sich vor ihnen ausbreiten, ihnen nichts bedeuten. Im Verhalten wirken sie oft genug lahm, langweilig und einfallslos. Möglicherweise sind sie ganz isoliert und nur mit besonderer Erregung an einen schmalen Sektor der Betätigung fixiert, der für sie aus den vielen Möglichkeiten der Betätigung noch ausgespart blieb. Sie werden nicht nur wegen ihrer zwischenmenschlichen Schwierigkeiten zum Einzelgänger und Eigenbrödler, sondern sie werden es auch, weil sie ihre isolierten sachlichen Interessen in kaum einzufühlender Weise abgekapselt von anderen pflegen und keine Möglichkeit haben, die sachlichen Interessen anderer Kinder zu teilen.

Je schwieriger nun ein Kind oder ein späterer Erwachsener sich im zwischenmenschlichen Kontakt verhält, um so eher sprechen wir von einem sogenannten schizoiden Charakter. Vitalere und mit mehr Lebensfülle ausgestattete Kinder als jene asthenischen, die zum späteren Schizoiden werden, werden nun natürlich unter ähnlichen Entwicklungsbedingungen eine etwas andere Entwicklungslinie nehmen. Bei ihnen kann es offenbar nur gelingen, jene Impulse abzudrosseln, die einen besonders elementaren Grad von Heftigkeit haben und deren Behinderung deshalb besonders schmerzlich empfunden wird.

Wenn wir uns hier zurückbesinnen, welche Antriebe und Bedürfnisse den Säugling noch weiterhin oder sogar ganz bevorzugt charakterisieren, dann erinnern wir uns, daß es nicht nur die soeben geschilderten Bedürfnisse in bezug auf den zwischenmenschlichen Kontakt und die erste Zuwendung zur dinglichen Umwelt gewesen sind. Kaum ein anderer Impuls beim kleinen Kind hat nämlich die gleiche vitale Antriebsgewalt, wie die, die den sogenannten oralen Bedürfnissen eigen ist. Wie wir in früheren Kapiteln geschildert haben, gehören die Bedürfnisse, die sich um Hunger und Sättigungserlebnisse gruppieren, zu den elementarsten, die das Erleben eines kleinen Kindes erfüllen. Was ein kleines Kind haben will, und zwar mit intensivem Affekt haben will, gruppiert sich zu einem sehr erheblichen Teil um die Erlebnisse der Fütterung und Nahrungsaufnahme. Hier liegen die Ursprünge und Wurzeln von später klar konturierten, zunächst aber nur sehr amorph und allgemein erlebten Wünschen. Das Erlebnis dessen, was im Verlauf des Stillens und Fütterns in befriedigender Weise dargereicht wird, wird zum Repräsentanten für fast alles, was ein sehr kleines Kind mit intensivem Affekt wünscht und begehrt. Vielfältige Erfahrungen haben gezeigt, daß ein Säugling, der z.B. von einer überanstrengten Mutter hastig und ungeduldig gestillt oder gefüttert wird, und der aus diesen Gründen nie zu einem vollbefriedigten Gefühl gesättigter Entspanntheit kommt, allmählich mit vielfältigen Störungszeichen reagiert. Diese Störungszeichen spinnen sich bald von den primären Schwierigkeiten um die Nahrungsaufnahme fort in zugehörige nahverwandte Bereiche. Das Erste, was ein Kind intensiv haben will, ist die Nahrung. Noch die ganze weitere Entwicklung hindurch ist für das Kind das, was es zu essen bekommt, ein sehr betontes Moment in seinem Erleben. Nicht umsonst bringen, wie wir schon erwähnten, Erwachsene, die ein kleines Kind in einer fremden Familie beschenken wollen, zunächst Bonbons, Schokolade, Obst oder ähnliches mit. Neidreaktionen gruppieren sich unter Geschwistern in hohem Maße um Essensdinge. Sie

beneiden sich um die Zahl der Kirschen, die verteilt wurden, um die Größe
der Apfelsinen, die verschieden ausgefallen ist, um den süßen Brei, den das
kleinere Geschwisterkind bekommt, während sie selbst ein unbeliebtes Gemüse essen. Wie wir wissen, pflegen sich bei einem kleinen Kind hier vorliegende intensive Wunscherlebnisse allmählich zu verändern. Sie blassen ab
und machen anderen Bedürfnissen und Wünschen Platz. Von entscheidender
Wichtigkeit ist aber, in welchem Ausmaß ein Kind hier auf frühen Befriedigungserlebnissen aufbauen kann. Nur von der früheren Befriedigung her
lassen sich die weiteren Entwicklungsphasen normal gestalten. Frühe orale
Mangelerlebnisse bringen es mit sich, daß dauernde unabgesättigte Bedürfnisspannungen bei einem Kind erhalten bleiben und Ansatzpunkt werden für
unangemessene überschießende Neidreaktionen oder für Hast, Gier und
Ungeduld oder auch für absolute, depressive Resignation. Wenn ein kleines
Kind in allerfrühester Zeit seine oralen Bedürfnisse und Wünsche verdrängen
und abschalten mußte, dann sind im allgemeinen die späteren Konsequenzen
typisch und charakteristisch. Auf der einen Seite steht die sogenannte orale
Gehemmtheit. Ein solches Kind kann Besitzansprüche nicht voll ausgereift
erleben. In Situationen, in denen ein anderes Kind bemerkt, daß es gerne ein
Stückchen Schokolade, eine Eiswaffel oder ähnliches haben möchte, hat
das oral gehemmte Kind den gleichen Impuls nicht. Statt dessen wird es bedrückt und unlustig. Das gleiche Kind, schon etwas größer geworden, bemerkt nicht mehr, wenn ihm ein Spielzeug begehrenswert erscheint, es verzichtet und verhält sich genügsam, ist aber statt dessen in unbefriedigter
Stimmungslage. Diese verdrängten Wünsche schaffen, wie wir wissen, nebenher immer eine zugehörige dauernde Bedürfnisspannung, die unter Umständen
in der vorhin schon geschilderten Hast- und Ungeduldshaltung durchbricht, die sich evtl. sogar in plötzlich hochschießenden unangemessenen Ansprüchen Luft macht, die aber auch oft genug in die erwähnte depressive
Resignation einmündet.

Es ist oft eine große Schwierigkeit, dem naiven Beobachter deutlich zu
machen, daß bei manchen Kindern Gehemmtheiten der oralen Wunschwelt
den Kernpunkt der Schwierigkeit darstellen, denn nicht selten bieten solche
Kinder ein Verhalten, in dem quengelnde, anspruchsvolle Riesenerwartungen
ein besonders störendes Moment bilden. Hier handelt es sich immer darum,
daß dicht neben dem verdrängten Wunsch und an Stelle seiner normalen und
unbekümmerten Ankündigung die durchbruchshafte Überschußreaktion liegt
und so ein dauerndes Hin und Her von zu großer Anspruchslosigkeit einerseits und enorm anspruchsvollem Verhalten andererseits sich zeigt.

Setzen nun diese oralen Störungen früh, ausgedehnt und heftig ein und
koppeln sich mit den intentionalen Störungen der allgemeinen Weltzuwendung,
so ergeben sich — wie gesagt — jene Zustandsbilder, die man in der kinderärztlichen Praxis den Säuglingshospitalismus genannt hat, den man oft und
immer wieder mit depressiven Zustandsbildern beim Erwachsenen vergleicht,
und dessen Spätschäden sich ohne Frage bis in das Erwachsenenalter hinein
verfolgen lassen. Je nach Konstitution kann dann natürlich die eine oder
die andere Seite der Entwicklungsvarianten mehr betont werden. Das lebensfülligere, vitalere Kind wird sich phasenweise und im Bewußtsein des eigenen

Kräftereservoirs immer wieder gegen Behinderungen durchsetzen und aufraffen können zu aktiver Lebensbewältigung. Das asthenisch zarte Kind wird in seiner hohen Empfindsamkeit die Fühler eingezogen behalten und in zurückgeschreckter Kontaktarmut verharren. Auf jeden Fall stehen hinter depressiver Stimmungslage und schizoider Persönlichkeitsveränderung im allgemeinen *äußerst vitale* Ansprüche ans Leben, denen allerdings von den frühesten Lebenstagen ab die Befriedigung versagt geblieben ist.

Insgesamt und in Zusammenfassung der bisherigen Ausführungen halten wir daher folgendes fest: Mehrere Antriebe aus der frühesten Entwicklungsphase des kleinen Kindes können geschädigt und getroffen werden, nämlich die oralen Wünsche und Bedürfnisse einerseits, die Wünsche nach zärtlichem Kontakt mit der Umwelt andererseits und schließlich die Intentionen, sich der dinglichen Welt betrachtend und wahrnehmend zuzuwenden. Die Konsequenz solcher Gehemmtheiten und Störungen ist für die spätere Entwicklung in folgendem charakterisiert: Gehemmtheit der gesamten oralen Wunschwelt mit der zugehörigen Unfähigkeit, Pläne, Hoffnungen und Phantasien zu erleben und zu betätigen. Weiterhin ausgedehnte Kontaktschwierigkeiten in allen zwischenmenschlichen Beziehungen und schließlich auch ein mangelnder Kontakt zum sonst normalerweise vorhandenen Bedeutungsgehalt der umgebenden Welt.

Daß die Stimmung eines solchen Kindes hinsichtlich seines allgemeinen Lebensgefühls gedrückt, niedergeschlagen und hoffnungslos erscheint, bedarf kaum einer nochmaligen Erwähnung. Handelt es sich hier doch um die selbstverständliche Konsequenz der Tatsache, daß ein positives Lebensgefühl nur dann lebendig sein kann, wenn dem Kind ebenso wie dem Erwachsenen die Betätigung und Realisierung seiner Hoffnungen und Pläne erreichbar erscheint. Die Möglichkeit, daß das Lebensgefühl eines Kindes in dieser Epoche tief und einschneidend evtl. auf Dauer nach der depressiven Seite hin verändert wird, ergab sich uns unter anderem auch aus der in früheren Kapiteln ausführlich erörterten biologischen Gesamtsituation. Wir weisen dabei rekapitulierend noch einmal darauf hin, daß selbstverständlich auch denkbar ist, daß spezielle Anlagefaktoren der Gefühls- und Gemütswelt dazu beitragen können, daß ganz bevorzugt die negativ getönte Stimmungslage erhalten bleibt.

2. Die Präformierung zur zwangsneurotischen Struktur

Die zweite Etappe, die sich jetzt anschließend in der frühkindlichen Entwicklung hervorgehoben beschreiben läßt, ist der Lebensabschnitt, der ungefähr die Zeit des zweiten und dritten Lebensjahres umspannt. Wir rufen auch hier noch einmal kurz ins Gedächtnis zurück, was unter verschiedenen Gesichtspunkten als wesentlich für diese Entwicklungsphase zu nennen war:

Wie wir gesehen hatten, wird der Lebensraum des kleinen Kindes in dieser Zeit durch ein besonderes Moment der biologischen Reifung enorm verändert: Mit der allmählich sich vervollkommnenden Möglichkeit, die eigene Körpermotorik zu beherrschen und aktiv in Gebrauch zu nehmen, gewinnt das Kind in stark erhöhtem Maß die Befähigung, die umgebende Welt in Augenschein zu nehmen. Der Aktionsradius des kleinen Kindes erhält damit einen Zuwachs, der in seiner Bedeutung für ein verändertes Lebensgefühl nicht leicht überschätzt werden kann. Die passive Form der Lebenssituation und das Ausgeliefertsein an fremde Lebensimpulse verändert sich von diesem Abschnitt der Entwicklung ab, und das beweglich gewordene Kind greift mit seinen Impulsen und Wünschen aktiv in den Lebensraum der Erwachsenen ein. Das Kind dieser Lebensepoche ist nicht mehr von den Menschen seiner Umgebung einfach im Körbchen oder im Wagen beiseite zu schieben, gegebenenfalls, wenn es schreit, hinter eine geschlossene Tür zu stellen. Dieses Kind braucht jetzt in sehr viel ausgeprägterem Maße als vorher eine steuernde Führung bei den sich anbahnenden Wünschen zur Welteroberung und Weltdurchforschung.

Die Ausreifung der motorischen Körperfunktionen hat, wie wir beschrieben hatten, von der Antriebsseite her eine besondere Bedeutung. Nicht nur die Bewegung selbst wird erstrebt, sondern zusammen mit der sich einübenden Bewegungsfähigkeit entwickelt sich auch der Wunsch nach geformter Handlung. Handelnd wird an die Umwelt herangegangen, handelnd, prüfend, untersuchend, zerlegend, zerstörend benutzt das kleine Kind seine motorischen Fähigkeiten, um seinem Interesse an der Welt Nahrung zu geben. Wir hatten unter diesen Gesichtspunkten die sich jetzt abspielende Entwicklung die Phase der ersten handelnden Weltbewältigung genannt. Diese Phase der handelnden Weltbewältigung hat auch vom Affekt her ihre besondere Note. Die Beherrschung des eigenen Körpers gibt dem kleinen Kind neue Möglichkeiten der Selbstbehauptung und Selbstdurchsetzung. Die *Trotzphase*, die ja in diese Epoche fällt, ist die Zeit, in der sich beim Kind das erste keimende Wollen entfalten will. Es ist die Zeit, in der das Kind beginnt, seine eigenen Impulse deutlich von den Wünschen, Vorschriften und Erwartungen der Erwachsenen abzuheben. Vom Erleben der Erwachsenen her gesehen, hat diese Entwicklungssituation des kleinen Kindes zum Teil schwierige Seiten und stellt an die führende Betreuung neue Anforderungen. Das kleine Kind in dieser Epoche stört nicht nur mehr als vorher, sondern es braucht auch eine noch aufmerksamere Lenkung bei seinen ersten erobernden Schritten in die Welt. Wie wir schon sagten, werden an das kleine Kind in dieser Zeit die ersten Anforderungen zur Steuerung der eigenen Impulswelt herangetragen. Notwendigerweise, denn ein Kind, dem uferlose Betätigung seiner noch unverständigen Impulse und Wünsche gestattet würde, würde sich unaufhörlich in lebensbedrohliche Situationen begeben. Notwendigerweise müssen also in dieser Zeit vom Kind die ersten kleinen Leistungen des Verzichtens und Sicheinordnens verlangt werden.

Als eine Sonderform dieser ersten Notwendigkeit, sich den Wünschen und Anordnungen der Umwelt anzupassen, hatten wir die Beherrschung der Sauberkeitsfunktionen beschrieben. Wir hatten beschrieben, wie die biologischen Reifungsvorgänge in dieser Epoche allmählich so weit gediehen sind, daß das Kind in der Lage ist, den hierhergehörigen Anforderungen zu genügen. Auch hier hatten wir die Antriebsseite des Erlebens, die die Betätigung der Körperfunktionen zu besitzen pflegt, besonders hervorgehoben. Wir hatten beschrieben, wie die Erwartungshaltung der Umwelt, die das Kind ermuntert, zu bestimmten Zeiten etwas zu leisten und etwas herzugeben, im Kind bestimmte Vorstellungskoppelungen im Sinne bedingter Reflexe setzt. Der entgegengesetzte Impuls, nämlich etwas nicht herzugeben, ein Eigentum zu behalten und zu verteidigen, kann sich bei entsprechender Erlebniskonstellation ebenfalls in diesem Sinne als bedingter Reflex an die Funktionen der Ausscheidungsorgane, insbesondere des Darmes, knüpfen.

Die allgemeine Befindlichkeit des kleinen zwei- bis dreijährigen Kindes in der Welt hatten wir unter dem Etikett „magisches Welterleben" gekennzeichnet. Wir hatten beschrieben, daß das kleine Kind dieser Entwicklungsperiode nicht nur die Menschen, sondern auch die Gegenstände seiner Umwelt im magischen Sinn mit mächtigen, nicht vorhersehbaren Fähigkeiten ausstattet und daß in der Unmöglichkeit, die richtigen Kausalverknüpfungen zu beurteilen, auch die Tendenz wurzelt, der Umwelt Leistungsmöglichkeiten zuzuschreiben, die von affektiven Bedürfnissen und Wünschen getrieben scheinen. Die umgebende Welt wird interpretiert, als sei sie allbeseelt und jedem einzelnen Gegenstand kann persönliches Wünschen, Planen und Handeln zugeschrieben werden.

Weiter hatten wir hinzugefügt, daß in dieser Epoche offensichtlich auch die Befähigung heranreift, *den eigenen Vorstellungsstrom aktiv zu führen*. In dieser Periode scheint, soweit wir aus kindespsychologischen Beobachtungen schließen können, ganz allmählich diese Leistungsmöglichkeit in Funktion zu treten. Offenbar steht sie auch in engem Zusammenhang mit der Befähigung zur aktiven Reproduktion von Gedächtnisinhalten. Sie tritt in Konkurrenz mit dem Erlebnisstrom, der ungerufen und ohne das Gefühl freiheitlicher Lenkbarkeit das Innenerleben erfüllt. Mit zunehmender „Wachheit", „Bewußtheit", „Konzentrationsfähigkeit" verstärkt sich auch diese Befähigung, den eigenen Gedankenstrom zu lenken und zu führen. Zur Erläuterung der später darzulegenden Arbeitshypothese über die Entstehung der zwangsneurotischen Symptomatik sollen diese soeben genannten Sachverhalte hier nochmals als besonders wichtig unterstrichen werden.

Insgesamt sind die neurotischen Störungen, die aus der eben besprochenen Entwicklungsphase stammen, im Verlauf der psychoanalytischen Wissenschaftsentwicklung unter verschiedener Akzentsetzung beschrieben worden. Nach Freud handelt es sich um die sogenannte anal-sadistische Phase. Mit dieser Wortprägung wurde das Gewicht besonders stark auf die sogenannte „Analität" — genauer gesagt die Analerotik — und den „Sadismus" gelegt. Freud hat damit die Körperfunktionen des Darmes als den bevorzugten Repräsentanten der Erlebniskonstellation dieser Entwicklungsphase genannt, und er hat zugleich unterstellt, daß der Ausscheidungsvollzug am Darm ebenso wie die Aggression beim kleinen Kind sehr nah auch dem sexuellen Erleben zugehörte. Wie wir schon früher erörterten, scheint uns heute eine solche hervorgehobene Akzentuierung der Darmfunktionen nicht besonders glücklich. Außerdem ist die Hypothese, daß Darmerlebnisse und sexuelle Regungen normalerweise beim Kind gekoppelt oder gar identisch seien, empirisch kaum ausreichend begründet. Wir bezweifeln zwar nicht, daß den genannten Körperfunktionen ein bedeutungsvoller Teil im Erleben des kleinen Kindes zukommt. Doch sind sie wohl nicht die wichtigsten und eine so abgestimmte Etikettierung verschiebt die Bedeutungsakzente in unangemessener Weise.

Schultz-Hencke hat bereits darauf hingewiesen, daß eine Korrektur in der Beschreibungsform notwendig sei. Er hat die besondere Wichtigkeit der sich entfaltenden Motorik mit den zugehörigen Handlungsimpulsen hervorgehoben.

Abgesehen von diesen Unterschieden in der Verteilung von Bedeutungsakzenten, bestanden und bestehen jedoch sonst hinsichtlich empirischer Beobachtungen über den weiteren Entwicklungsverlauf neurotisch geschädigter Kinder große Übereinstimmungen. Diese Übereinstimmungen beziehen sich, wie gesagt, überwiegend auf die Konsequenzen, die man beobachten kann, wenn ein Kind in dieser Entwicklungsperiode ungewöhnlich stark in seiner Selbstentfaltung behindert und beeinträchtigt wird. Bevor wir weiter unten unsere eigene Arbeitshypothese über die mutmaßliche Entstehung zwangsneurotischer Störungen klarlegen, wollen wir vorbereitend erst genauer die charakterologischen Abartigkeiten so veränderter Kinder darstellen.

Wir hatten oben gesagt, daß das Kind in dieser Entwicklungsperiode der handelnden Selbstentfaltung in ganz besonderem Maße Führung und Steuerung braucht, damit die keimende Impulswelt in vernünftiger Weise in befriedigende Betätigung oder — falls notwendig — in vernünftigen Verzicht einmünden kann. Erhält ein Kind aber in dieser Periode diese Form fürsorglicher Führung und Steuerung nicht, wird es stattdessen in Situationen gestellt, in denen die erste übende motorische Betätigung auf allzu heftige Schranken stößt, dann geschieht etwas anderes. Werden bei einem Kind allzuviele „Strafreize" gesetzt, so passiert es unweigerlich, daß die Impulse zu Expansion und Handlung allmählich weitgehend abgeschaltet und abgedrosselt werden. Die ersten Ursprungstendenzen zur Zerstörung und die späteren Versuche zur Gestaltung werden damit verdrängt. Die zugehörigen aggressiv feindseligen Affekte, die die Auseinandersetzung mit der Umwelt in der Trotzphase hervorrufen, werden ebenfalls abgeschaltet. Normale Betätigung oder normaler Verzicht können nicht erlebt werden, sondern die gesamte innere Dynamik staut sich an den Barrieren dauerhafter Verbote und steht unter dem Druck der entwickelten Verdrängungsreaktionen. Ein Kind, das in diesem Alter zunächst noch ein Anrecht hat auf neugierig prüfende Zerstörung, sollte z.B. nicht vorzeitig und übertrieben auf Ordnung dressiert werden. Das Wort „Dressur" beschreibt dabei deutlich den Unterschied, den wir zwischen vorzeitigem und unvernünftigem Drill und rechtzeitiger und verständiger Steuerung und Führung machen wollen. Kinder, denen zu früh und zu strikt Leistungen in bezug auf Ordnung und Sauberkeit abverlangt werden, pflegen in übereinstimmender Weise die gleiche typische Fehlentwicklung zu bieten: Zunächst wird zur Befriedigung der Erziehungspersonen tatsächlich manches an frühen Leistungen gefügiger Ordentlichkeit und stiller Nachgiebigkeit erreicht. So will es das Unglück, daß solche Kinder zunächst in dem Verhalten, das sie bieten, die Erziehungsgrundsätze ihrer Eltern zu rechtfertigen scheinen. Das Erleben solcher Kinder ist aber keineswegs störungsfrei.

Wie wir heute wissen, bleiben die aufgestauten Affekte, die Tendenzen zu aggressiver Zerstörung in unterirdischer Dynamik erhalten. Statt dessen hat die umgebende Welt für das Kind, das sich jetzt weiter entwickeln soll, einen überbetonten „Aufforderungscharakter" erhalten. Dieser vermehrte „Aufforderungscharakter", den die Welt durch das Verhalten der Umgebung angeheftet bekommt, nimmt das Kind dauernd durch Verpflichtungen und Gebote in Anspruch. Eine solche Erlebnissituation ist aber weder für ein kleines Kind, noch für einen Erwachsenen angemessen. Die normale Lebensentfaltung sollte darin bestehen, daß das eigene Erleben erfüllt ist von Impulsen zu befriedigender und beglückender Selbstverwirklichung. Es sollte nicht dadurch charakterisiert sein, daß alle Tätigkeitsbereitschaften ausgelöst werden vom Verpflichtungsgehalt, den die umgebende Welt einmal in einer frühen Entwicklungsperiode angeheftet bekam. Die Konsequenz einer solchen inneren Lebenssituation ist nämlich allemal die, daß die ursprünglich einmal verdrängten Impulse zur aktiven Gestaltung, zur Selbstverteidigung und Selbstbehauptung später auch dann nicht zur Verfügung stehen, wenn sie dringend gebraucht werden. Kein Mensch ist in der Lage, sein weiteres Leben wirklich befriedigend zu bewältigen, wenn es ihm nicht möglich ist, in aktiver Selbstdurchsetzung und aktiver Selbstverteidigung planend und handelnd in die Welt einzugreifen. Haben frühe Verbote es verhindert, daß ein kleines Kind zu den eigenen Impulsen positiv steht und vernünftig abschätzen lernt, wann der eigene Impuls im Interesse übergeordneter Bedürfnisse aufgegeben werden muß, dann fehlen für später wichtige Voraussetzungen zur Weltbewältigung.

Ein so unter Druck heranreifendes Kind hat dauernd die Last und die Anstrengung bestimmter unbewußter Spannungen und Erregungen mit sich herumzutragen. Die ungeformten, nie wirklich durchlebten Antriebe drängen unterirdisch an und drohen das Gleichgewicht der Person zu stören. Die eingeübten Ordnungsdressate müssen dann immer verstärkt als Abwehrmechanismus herangezogen werden, um die eigene Person zu schützen vor der Überflutung durch die nicht beherrschte, ja nicht einmal bekannte unterirdische Erlebniswelt. Von außen her gesehen, kann sich in der Entwicklung eines solchen Kindes folgendes darstellen: Zunächst bieten sich Verhaltensweisen, die positiv registriert werden, nämlich Ordnung, vielleicht sogar betonte Ordnung, Bereitwilligkeit, sich sauber und gepflegt zu halten, mit größter Genauigkeit Pflichten zu erfüllen und fremden Ansprüchen und Anforderungen Genüge zu leisten. Manchmal sind solche Kinder allerdings neben der andressierten Gefügigkeit bereits früh gekennzeichnet durch gelegentliche, scheinbar sinnlose Wut- und Erregungsausbrüche, in denen sich die aufgestaute innere Erregung ein Abflußventil schafft.

Unvermerkt kann eine so geartete zwangsneurotische Persönlichkeitsentwicklung, die zunächst von den Eltern positiv beurteilt wird, Merkmale bekommen, die den ersten Anlaß zur Beunruhigung geben. Wir bringen im Folgenden zwei kurze Beispiele, die die Entstehung einer echten zwangsneurotischen Symptomatik illustrieren sollen.

So hat etwa ein kleines Mädchen als Zehn- oder Elfjährige — geführt von der Mutter — dieser mit größter Bereitwilligkeit beim Ordnen und Saubermachen geholfen und nicht geruht, bis jeder Flecken im Kleid, jede Spur von Rost auf dem Küchenherd beseitigt war. Dieses gleiche Kind fängt mit zwölf bis dreizehn Jahren plötzlich an, eine sonderbare und schon nicht mehr ganz einzufühlende Vorliebe für Reinigungsvollzüge zu zeigen. Sie läuft in die Nachbarschaft, um überall, wo sich die Möglichkeit bietet, beim Abwaschen behilflich zu sein. Als Berufswunsch entwickelt sie das Ideal, Dienstmädchen zu werden, weil da immer sauber zu machen und aufzuräumen sei. Anfangs werden diese Eigentümlichkeiten noch belächelt. Zwei Jahre später ist aus der ursprünglich gelobten Ordnungsliebe und Arbeitswilligkeit ein Ordnungs- und Waschzwang geworden. Die Fünfzehnjährige kommt von den Flecken auf dem Herd nicht mehr los. Obgleich alles bereits blitzblank gescheuert und sauber ist, läuft sie immer wieder zurück und fängt von neuem mit sinnlosen Reinigungsriten an. Aus der früh andressierten Ordnungsliebe ist jetzt ein Ordnungs- und Waschzwang geworden.

Die Gründe, warum aus einer vorbereitenden neurotischen Fehlentwicklung eines Tages eine manifeste Erkrankung wird, lassen sich recht gut angeben. In dem späteren Kapitel über Versuchungs- und Versagungssituationen wird hierzu Genaueres zu sagen sein. Hier sei vorwegnehmend nur so viel angemerkt: Das Kind, das zunächst im Rahmen der Familie Lob und Anerkennung für seine dienende Einordnung gefunden hatte, wuchs allmählich aus dieser Familie heraus. Die Patientin beendete die Schulzeit und nun zeigte sich bald, wie schlecht vorbereitet dieses Kind auf die späteren Lebensansprüche gewesen ist. Die fremde Umwelt antwortete keineswegs mehr mit Liebe und Anerkennung auf die extreme Bereitwilligkeit, zu gehorchen und zu dienen. Statt dessen wurden die neurotischen Gehemmtheiten und Gefügigkeitshaltungen laufend ausgenutzt. Ein Übermaß an Pflichten wurde dem Mädchen zugeschoben, ohne daß es in der Lage war, gegen solche Forderungen zu rebellieren, sich vernünftig zur Wehr zu setzen, evtl. auch nur festzustellen, daß zuviel Arbeit verlangt wurde und der Arbeitsplatz zu wechseln wäre. In der Unfähigkeit, sich angemessen gegen fremde Ansprüche zu verteidigen oder eigene Ansprüche anzumelden, geriet die Patientin in einen verwirrenden, wenngleich nicht bewußt registrierten Konflikt. Unaufhörlich drängten jetzt die unverarbeiteten aggressiven Impulse an, ohne daß — in Konsequenz der Frühentwicklung — Mittel zu ihrer vernünftigen Bewältigung zur Verfügung standen. So wurde die andressierte Reaktionsform, die die Patientin erlernt hatte, mechanisch und immer wieder erneut zur Abhilfe herangezogen. Es wurde geordnet, gewaschen und wieder geordnet, was eigentlich nicht mehr geordnet und gewaschen zu werden brauchte. Der Ordnungszwang oder der Waschzwang hat von außen her gesehen keinen Sinn mehr, und nur die Kenntnis der inneren Dynamik eines so erkrankten Kindes vermittelt uns das Verständnis für die Bedeutung dieser sinnlos erscheinenden Handlungsvollzüge.

Allerdings handelt es sich bei der entstehenden Zwangssymptomatik nicht immer nur um die Intensivierung bereits vorgeprägter Verhaltensweisen, die eines Tages als zwanghaft erlebt werden. Es gibt auch folgende Variante:

Ein elfjähriger Junge berichtet z. B. voller Entsetzen, daß sich ihm plötzlich Gedanken und Vorstellungen aufdrängen, die er als sinnlos und persönlichkeitsfremd erlebt und die einen Inhalt haben, der ihn selbst außerordentlich beängstigt. Es drängen sich ihm die Vorstellungen auf, daß er den Vater köpfen müsse und die Mutter mit einem Messer verletzen. Er kann an keinem scharfen, schneidenden Gegenstand vorbeigehen, ohne daß er nicht befürchtet, damit etwas Mörderisches anzustellen. Über die sich so aufdrängenden Vorstellungen ist der Junge ebenso entsetzt wie seine Eltern, bei denen er Schutz und Rat vor dem bedrängenden inneren Erleben sucht. Das intelligente Kind hat gute Fähigkeit, zu beschreiben, was in ihm vor sich geht. Der Junge sagt wörtlich: „Ich weiß, daß ich das eigentlich nicht will. Aber die Gedanken kommen, ich kann dagegen nichts machen." Der „zwingende" Charakter der sich so aufdrängenden Gedanken und Vorstellungen ist hierbei deutlich. Der erfahrene Beobachter hat im allgemeinen auch nur wenig Mühe, um den inneren Zusammenhang zwischen lange verdrängten und aufgestauten aggressiven Impulsen und den sich jetzt aufdrängenden Inhalten zu finden. Die psychologische Bedeutung, die die Inhalte des Krankheitserlebens haben, ist im allgemeinen bei ausreichendem Überblick über die Biographie unschwer festzustellen.

Eine gesonderte Erörterung braucht jetzt allerdings die Frage, wie sich die *formalen* Charakteristika zwangsneurotischer Erlebnisvollzüge erklären lassen. Mit dem Hinweis auf die frühkindliche Entwicklungsphase der *aggressiven Weltbewältigung* und der *reifenden Motorik* ist zwar viel, aber noch nicht alles gewonnen. Es bleibt noch unbeantwortet, wie es zustande kommen kann, daß diese als persönlichkeitsfremd empfundenen Gedankenabläufe den Erlebnisstrom überfluten und ein ungesteuertes Eigenleben zu führen beginnen, dessen Dynamik nicht mehr zu beherrschen ist.

Wir kehren jetzt zur Erläuterung dieser Frage zu unseren früheren theoretischen Vorüberlegungen zurück. Wie wir sagten, mußte man im Verlauf empirischer Beobachtungen die Entstehung der zwangsneurotischen Struktur in die jetzt besprochene frühkindliche Entwicklungsphase verlegen. F r e u d zentrierte seine Beschreibungsform um den sogenannten anal-sadistischen Erlebnisbereich, S c h u l t z - H e n c k e um die Beschreibung der handelnden aggressiven motorischen Selbstentfaltung. Nach unserer Meinung braucht nun die erschöpfende Klärung zwangsneurotischer Erlebnisvollzüge noch zusätzliche Überlegungen.

Über das formale Wesen der oben beschriebenen, sich aufdrängenden Zwangsvorstellungen war folgendes gesagt: Das so erkrankte Kind hat, genau wie der ähnlich erkrankte Erwachsene, eine ganz bestimmte Fähigkeit eingebüßt. *Es ist ihm nicht mehr möglich, den eigenen Vorstellungs- und Gedankenstrom vollständig und ungehindert mit dem Gefühl aktiver Freiheit zu lenken.* Wie wir schon ausführten, existiert normalerweise beim Erwachsenen ein dauerndes Nebeneinander von verschieden gearteten Innenerlebnissen. Bereits der vorwissenschaftliche Sprachgebrauch beschreibt diese Situation. Wir sagen z. B. in bezug auf unsere Gedächtnisleistungen einmal: „Ich erinnere mich." Damit meinen wir, daß wir in der Lage sind, bestimmte Teile aus unserem Erfahrungsschatz aktiv vor das innere Auge zu rücken. Wir sagen aber zugleich: „Es fällt mir ein." Dieser Sprachgebrauch zielt auf den mehrfach erwähnten Vorgang ab, daß sich ein nicht unerheblicher Teil unseres Vorstellungsstromes, insbesondere das anschauliche Erleben, ungerufen aufdrängt. Im Zustand halbwachen Tagträumens und entspannten Phantasierens, insbesondere beim Übergang in Schlaf und Traum geben wir die aktiv zielgerichtete Steuerung unseres Erlebnisstromes aus der Hand. Im Wachzustand besteht jedoch normaler- und gesunderweise ein grundsätzliches und weitreichendes Primat, eine Vorrangstellung der aktiv gesteuerten Erlebnisvollzüge. Es wird sofort als lästig oder gar krankhaft empfunden, wenn diese Vorrangstellung verlorengeht. Sei es, daß wir eine Melodie nicht loswerden können oder einen beunruhigenden Gedanken nicht mehr abzuwehren vermögen oder einer inhaltlichen Vorstellung nicht ausweichen können. Hier sind wir aber bereits bei der Zwangssymptomatik im engeren Sinn angelangt, und wir sind auch bereits zurückgekehrt zu unseren theoretischen Ausgangsüberlegungen. Hatten wir doch beschrieben, daß bei dem kleinen Kind im Zusammenhang mit der aufkeimenden Trotzphase die Fähigkeit entwickelt wird, die frei aufsteigende Phantasiewelt aktiv zu steuern, zu lenken und zu führen. Wir hatten außerdem hinzugefügt, daß mit dieser reifenden Befähigung zugleich eine erste Kristallisation um die sogenannten Ich-Erlebnisse beginnt. Wenn wir nun diese Feststellung hervorheben und im Zusammenhang mit dem formalen Wesen einer Zwangserscheinung betrachten, so liegt der Gedanke nahe, daß hier im Verlauf eines gestörten und beeinträchtigten Reifungsprozesses eine bestimmte Befähigung Schaden genommen hat. Es handelt sich bei diesen Überlegungen natürlich zunächst nur um eine Arbeitshypothese, die unser erkennendes Verstehen erleichtern soll. Benutzt man eine Arbeitshypothese mit den zugehörigen methodischen Einschränkungen, so kann sie für die weitere Gedankenführung fruchtbare Möglichkeiten bieten. Folgende Überlegungen scheinen einleuchtend:

Es liegt auf der Hand, daß eine kindliche Entwicklung ganz bevorzugt an jenen Punkten Schaden nimmt, an denen Reifungsprozesse gestört oder behindert werden. Wenn nun einem Kind nicht ausreichend erlaubt wird, seine eigenständige Aktivität zu entfalten, dann muß auch jener Prozeß Störungen erleiden, dessen Entwicklung dem Kind dazu verhilft, die übergeordneten und eigenständigen Ich-Funktionen zur Führung und Verwaltung seines Vorstellungsschatzes zu benutzen. Unter diesen Gesichtspunkten ist gut vorstellbar, wie die brüchig gewordene, durchlöcherte oder nie ganz zur Ausreifung gelangte seelische Funktion, mit deren Hilfe wir unser Vorstellungsvermögen und unsere Impulse aktiv steuern, unter gegebenen Bedingungen in ihrer Leistungsfähigkeit versagt. Das Kind verliert die Steuerung über sein Innenerleben, das überflutet wird von den konkurrierenden Vorgängen des eigengesetzlich sich aufdrängenden Erlebnisstroms, weil diese Befähigung in der Zeit, in der sie reifte, immer wieder mit Strafreizen besetzt wurde. Das Primat der freiheitlich gesteuerten Gedankenabläufe ist damit mehr oder weniger stark eingeschränkt worden. Die auch später sich unaufhörlich vollziehende Auseinandersetzung zwischen dem frei gesteuerten und dem ungerufen aufsteigenden Erlebnisstrom kann dadurch an bestimmten stark affektbesetzten Stellen zugunsten der sich „zwingend" aufdrängenden Ideenwelt entschieden werden. Da aber auch im Verlauf der gesamten Persönlichkeitsentwicklung der Zugang zum inneren Bedeutungsgehalt der auftauchenden Zwangserlebnisse verlorenging, da kein Zusammenhang mehr hergestellt werden kann zwischen dem verdrängten „Sinn" der Impulse und dem wachbewußten Erleben, erhält das Krankheitsbild seine alarmierenden, quälenden und sinnlos erscheinenden Eigentümlichkeiten.

Das manifeste Krankheitsbild der Zwangsneurose ist allerdings nicht allzu häufig. Wenigstens nicht, was die sehr alarmierenden und subjektiv als krankhaft empfundenen Zustände angeht. Gar nicht so selten sind freilich die verschleierten und larvierten Vorläufer der Zwangssymptomatik. Oben, bei unserem ersten Beispiel, hatten wir bereits geschildert, daß der Ordnungs- und Waschzwang, der aufgetreten war, vorbereitet wurde durch eine zunächst sehr gelobte Ordnungsliebe. Neurotischer Ordnungs- und Putzfimmel ist tatsächlich gar nicht so selten. Die Hausfrau, die die Sklavin ihrer Wohnung ist und die ihre Wohnung zum Putzen, aber offenbar nicht zum Wohnen benutzt, ist ein wohlbekannter Typ. Wichtig ist nur, daß bei diesen Menschen im allgemeinen kein Krankheitsgefühl vorzuliegen pflegt. Ja, im allgemeinen wird aus der neurotischen Not sogar eine Tugend gemacht. Die Abartigkeit eines neurotischen Ordnungsfimmels — selbstverständlich ist nicht Ordnungsliebe ganz allgemein neurotisch — zeigt sich im allgemeinen erst dann, wenn diese Ordnungssucht mit Hinblick auf höhere Interessen etwas eingedämmt werden müßte. Wenn also z. B. eine notwendig werdende Kräfteökonomie oder der Wunsch nach Gemütlichkeit es erforderten, daß das ständige Ordnen und Putzen etwas zurückgestellt werden. Erst unter diesen Bedingungen pflegt sich zu zeigen, daß der Mensch, der aus neurotischen Gründen ordnet, von diesen Verhaltensweisen nicht lassen kann. Auch nicht, wenn er darum gebeten wird, auch nicht im Zustand der Überanstrengung, auch nicht, wenn er es eigentlich möchte. Dies ist der entscheidende Unterschied zwischen zwanghafter Ordnungssucht und gesundem Ordnungsbedürfnis.

Im übrigen gibt es zahllose Varianten zwanghaften Reagierens und zwangsneurotischer Krankheitszustände. Über die einzelnen Erscheinungsformen werden wir in den späteren Kapiteln der speziellen Neurosenlehre zu sprechen haben.

3. Die Präformierung zur hysterischen Struktur

Die nächste Epoche der frühkindlichen Reifung, die sich jetzt in fließendem Übergang an die vorhergegangene anschließt, umfaßt ungefähr das vierte bis fünfte Lebensjahr. Wir hatten diese Epoche in früheren Kapiteln die Phase der theoretischen Welterfassung oder die Phase der Realitätsprüfung genannt. Wir rufen uns auch hier noch einmal ins Gedächtnis zurück, welche besonderen Eigentümlichkeiten diese Entwicklungsstufe aufwies:

Die motorische Bewegungsfreiheit des kleinen Kindes hat zu dieser Zeit bereits einen gewissen Grad von Mühelosigkeit erreicht. Damit bereichert sich noch einmal der Aktionsradius, der dem Kind zur Verfügung steht. Das Sammeln von Kenntnissen und Vorstellungen wird durch den Aufschwung der reifenden Gedächtnisfunktionen vielfältig und differenziert. Die Befähigung zu ersten Abstraktionsleistungen unterbaut die Möglichkeit der oben erwähnten theoretischen Weltzuwendung, die Möglichkeit zu sachlichem und quasi wissenschaftlichem Kenntniserwerb. Nicht zu unterschätzen ist dabei die Bedeutung der inzwischen ebenfalls weitgehend herangereiften Sprachfähigkeit. Die Möglichkeit, Gegenstände, Vorgänge, ja auch Wünsche und Impulse in Sprachsymbolen festzuhalten, erleichtert ohne Zweifel in ganz ungewöhnlichem Maße die Möglichkeit, zu kombinieren, zu planen und nachzudenken. Ist doch kein Zweifel, daß theoretisches Nachdenken sich immer dann in der Form des *sprachlichen* Denkens vollzieht, wenn es einen höheren Grad von Wissenschaftlichkeit erhält, während der Strom der *anschaulichen* Phantasie sehr viel weniger in sogenannte Wissenschaft einmündet.

Sachliche Kenntnisse über Ursache und Wirkung werden also jetzt von dem kleinen Kind in reichem Maße gesammelt und die magische Interpretation der Welt tritt allmählich zurück. Der Strom des anschaulichen Denkens wird schärfer konturiert. G o e t h e würde sagen, daß das kleine Kind anfängt, exakte Phantasie zu üben. Der Vorstellungsstrom wird aber nicht nur klarer und präziser, sondern er kann inzwischen auch aktiv gesteuert und gelenkt werden. Wir hatten beschrieben, wie diese Befähigung auf der früheren Entwicklungsstufe allmählich dem kleinen Kind zur Benutzung zuwächst. Mit dieser Befähigung reift dann zugleich die Möglichkeit, von der zunächst amorph andrängenden eigenen Impulswelt mit einem Stück Bewußtheit in Selbstbesinnung Abstand zu nehmen. Ein Gefühl vom eigenen Ich und von der Rolle der eigenen Person in der Welt kristallisiert sich immer stärker heraus. Mit der bewußteren Einstellung auf die Welt wird auch das eigene Ich immer bewußter von der Umgebung abgehoben. Die so geartete bewußtere Einstellung auf sachlichen, quasi wissenschaftlichen Kenntniserwerb umfaßt nicht nur die dingliche Umwelt, sondern sie umfaßt auch das Wesen der umgebenden Menschen mit ihren Beziehungen untereinander und es umfaßt das Wesen der eigenen Person.

Wir wiesen in einem früheren Kapitel über die Antriebsentwicklung bereits darauf hin, daß das kleine Kind immer in elementarer Weise davon abhängig ist, daß es von seiner Umwelt geliebt und bestätigt wird. In der Entwicklungsphase, von der wir im Augenblick sprechen, erhält dieses Bedürfnis aber eine Note von sehr bewußter Fragestellung. Es kann zum Gegenstand deutlicher und abgehobener Überlegung für ein kleines Kind werden, ob es in seiner Natur und in seiner Eigenart von der umgebenden Welt anerkannt wird. Ein kurzes Beispiel sei zur Illustration hier eingefügt:

Ein kleines Mädchen von vier Jahren wurde wegen einer Reihe von neurotischen Auffälligkeiten zur Behandlung geschickt. Bereits in der ersten Stunde der Konsultation passierte folgendes: Das kleine Kind frappierte durch einen außerordentlich drolligen und lustigen Ausspruch die Behandlerin und verursachte damit ein lebhaftes und vergnügtes Gelächter. Etwa eine Viertelstunde später bittet die Kleine: „Nun lach' doch noch mal so nett wie vorhin". Als ihr bedeutet wurde, daß das nicht so auf Kommando ginge, überschattet sich das Gesichtchen, das Kind wird ernsthaft und fast bedrückt und meint nach einem Augenblick des Überlegens: „Nein, nun muß ich wohl erst wieder etwas Drolliges sagen".

Aus diesem Ausspruch ist leicht abzulesen, was in dem kleinen Mädchen vor sich ging und was der Ursprung für ein gelegentlich auffällig gewordenes clownhaftes Verhalten des Kindes sein muß. Das Kind geht von der Erfahrung und der sich immer mehr verfestigenden Voraussetzung aus, daß seine Existenz der Umwelt eigentlich gleichgültig ist und daß niemand sich kümmert und niemand Anteil nimmt, solange es sich still und unauffällig verhält. In dem Augenblick aber, in dem es bestimmte Verhaltensweisen pflegt, „drollig" ist, wie es selber sagt, erntet es einen Augenblick der Aufmerksamkeit, ein Lächeln, eine freundliche Anerkennung. Es ist kein Zweifel, daß ein solches Kind nun weiter versuchen wird, mit dem Mittel, das es soeben entdeckt hat, weiterhin das Leben zu bewältigen. Es fängt an, nicht mehr unbekümmert und naiv es selbst zu sein, gelassen und gefestigt in der Gewißheit, daß man es liebt, sondern es spielt aktiv eine Rolle, es konstruiert eine Fassade, die sich mit dem eigentlichen Wesenskern nicht mehr deckt.

Es hängt sehr weitgehend von der zufälligen Umweltkonstellation ab und von den mitgegebenen Möglichkeiten eines Kindes, welche Rolle späterhin gespielt wird oder welche Fassade aufgerichtet bleibt. Oft genug geschieht es, daß ein Kind, das heranwachsend unaufhörlich beschäftigt ist, nach der erfolgreichsten „Rolle" zu suchen, zahlreiche Varianten der Lebensform durchprobiert, eine nach der anderen als doch nicht voll tragfähig wieder verläßt und in diesem dauernden Wechsel der Fassade auf den Betrachter sehr bald den Eindruck des Lebensunechten, Unausgereiften, möglicherweise sogar Unehrlichen macht.

Wenn wir uns überlegen, welcher Menschentypus in der Psychopathologie bevorzugt dadurch charakterisiert wurde, daß sein Verhalten den Stempel des Unechten und Rollenhaften trug, so ist wohl kaum ein Zweifel darüber, daß vorwiegend die hysterische Persönlichkeitsveränderung so zu charakterisieren ist. Immer wieder ist die theatralische Pose, das aufdringliche Dramatisieren von Affekten, die sogenannte innere Leere, die Diskrepanz zwischen wirklichem Sein und gespielter Rolle als typisch und charakteristisch für den hysterischen Menschen hervorgehoben worden. Das kleine Mädchen, von dem wir oben sprachen, stand mit den ersten Anzeichen halb bewußt gesteuerter Clownerie an der Schwelle zu einer hysterischen Persönlichkeitsentwicklung.

Dieses gleiche Kind bekundete übrigens noch in einem anderen Ausspruch die tiefe Vertrauenslosigkeit in die Welt, von der es ganz offenbar erfüllt war und die sein Lebensgefühl ausmachte. Als diesem Kind nämlich einmal von der Mutter die Geschichte von Adam und Eva und der Vertreibung aus dem Paradies erzählt wurde, antwortete es nach einer Weile kurzen nachdenklichen Überlegens: „Dann hätte der liebe Gott eben keine Schlange schaffen dürfen, wenn er es wirklich gut mit Adam und Eva gemeint hat."

Mit dieser Frage hat das kleine Mädchen im Grunde an die Kabinettsfrage religiösen Zweifels gerührt und wir möchten glauben, daß für eine Vierjährige ein solcher Ausspruch jedenfalls verfrüht ist und darauf hinweist, daß das Vertrauensverhältnis zur Welt tief erschüttert ist. Die Welt ist im Erleben dieses Kindes voll von unheimlichen Möglichkeiten, und es ist nicht einmal sicher, ob der liebe Gott es mit den Menschen wirklich gut meint.

Die Vertrauenslosigkeit in bezug auf die Welt ist ein Charakteristikum, das niemals vergessen werden sollte, wenn man hysterisch auffälliges oder sogar aufdringliches Verhalten hysterischer Kinder oder hysterischer Erwachsener beurteilt. Andernfalls wird es passieren, daß man in seiner Beurteilung der inneren Verfassung diesen Menschen Unrecht tut, da nur zu leicht das unechte Gebaren, sofern es nicht von viel Geist und Talent gestaltet wird, unangenehm auffällt.

Mit der Notwendigkeit für ein kleines Kind, in dieser Entwicklungsepoche die eigene Rolle in der Welt in Übereinstimmung mit dem eigenen Wesenskern positiv und bejahend zu erleben, ist selbstverständlich auf das Engste die Notwendigkeit verknüpft, auch die eigene Geschlechtsrolle mit einzubauen. Wir hatten schon früher darauf hingewiesen, daß in der Entwicklungsperiode zwischen dem vierten und fünften Lebensjahr ein erster Vorläufer sexueller Impulsreifung liegt. Es muß also auch die eigene Sexualität, wenn auch in ihrer frühkindlichen Form, und damit die eigene Geschlechtsrolle positiv in die Entwicklung des Lebensgefühls einbezogen werden können. Kleine Jungen die als Mädchen gewünscht waren, und mädchenhaft von ihren Eltern erzogen werden, kleine Mädchen, die als Jungen gewünscht für jungenhaftes Verhalten besondere Anerkennung erzielen, fangen in dieser Entwicklungsperiode an, mit einer Note von Bewußtheit dieser gewünschten Rolle nachzuleben. Der feminine Junge oder das brunhildenhafte Mädchen fangen zu diesem Zeitpunkt an, Verhaltensweisen zu kultivieren, und zwar ansatzweise bewußt zu kultivieren, die die spätere Persönlichkeitsentwicklung auf das bedeutungsvollste prägen.

Hier müssen wir nun eine Erörterung einschalten, die sich mit jenen Vorgängen befaßt, die in der alten analytischen Literatur zu fast sensationell wirkenden Feststellungen und Behauptungen geführt haben. In der alten analytischen Literatur wurde die Entwicklungsperiode des kleinen Kindes, die wir soeben besprechen, auch gern die *oedipale Phase* genannt. Die alte Sage von König Oedipus, der seine Mutter liebt und heiratet, gab den Namen zur Beschreibung bestimmter entwicklungspsychologischer Sachverhalte. Hierher gehörte die Feststellung, daß der kleine Junge mit seinen Zärtlichkeitsregungen ganz besonders und intensiv der Mutter zugewandt war und daß — wie man unterstellte — in diese Zärtlichkeitsregungen auch die ersten Vorläufer sexueller Erregungen mit einklinkten. Es hat nun große Verwirrung gestiftet, daß man in der Überspitzung bestimmter Theorien gelegentlich die frühkindliche Sexualität mit der Sexualität des Pubertierenden oder gar mit der Sexualität des Erwachsenen gleichsetzte. An keiner Stelle ist wohl der Sturm heftiger, empörter Abwehr gegen psychoanalytische Einsichten so intensiv gewesen, wie an dieser. Es zeigte sich, mit was für schwierigen Konsequenzen man zu rechnen hat, wenn man eine sehr sorgfältige und differenzierende Beschreibung der vorliegenden Situation unterläßt. Es ist kein Zweifel, daß das kleine Kind sich mit seinen ersten Zärtlichkeits- und Liebesregungen an die Menschen wendet, die in seinem Leben bisher die größte Rolle gespielt haben, also an seine Eltern. In der Identifikation mit der Mutter probiert das kleine Mädchen phantasierend aus, ob es wohl die Rolle als Frau übernehmen könnte. In diesem Sinn muß es auch am Vater lieben lernen, ebenso wie der kleine Junge in der Identifikation mit dem eigenen Vater seine erste Zärtlichkeitszuwendung der Mutter schenkt. Allerdings muß man aber bei der Betrachtung dieser normalen Entwicklungsbedingungen kleiner Jungen und kleiner Mädchen genau beachten, inwiefern sich aus dieser Normalsituation auch neurotische Fehlentwicklungen ableiten können.

Wir hatten früher schon einmal mit einem kurzen Hinweis den Begriff einer neurotischen Vater- oder Mutterfixierung gestreift. Hier nun ist der Ort, diesen Fragenkomplex einmal genauer zu betrachten. Die Normalentwicklung eines Kindes aus der Phase, von der wir soeben sprechen, über die Pubertät hinweg in die Reifezeit hinein, pflegt eine Entwicklungsperiode zu passieren, in der die aktive Auseinandersetzung mit der Außenwelt unbedingt den Vorrang einnimmt vor dem Bedürfnis, sich im Rahmen der vertrauten Familienatmosphäre geschützt und geborgen zu fühlen. Zwar ist es zweifellos für den Menschen charakteristisch, daß das Bekannte und Vertraute für ihn immer wieder einen ungewöhnlichen Reiz besitzt, doch pflegt allermindestens in der Jugend Neugier und Unternehmungsgeist bald dem Bedürfnis nach Geborgenheit den Rang abzulaufen, und die Entwicklung zu selbständiger eigengesetzlicher Reifung bahnt sich damit an.

Hat nun aber ein Kind im Verlauf seiner Entwicklung eine große Zahl neurotischer Gehemmtheiten erworben, dann ist es damit äußerst schlecht auf die Auseinandersetzung mit der weiteren Außenwelt vorbereitet. Es kennt die dort herrschenden Spielregeln und Gesetze nicht, weiß nicht, wann man etwas fordern, wann ein Ansinnen zurückweisen kann. Weiß nicht, wann man vertrauen darf, oder wann Skepsis am Platze ist. Hat ein Kind z. B. eine besondere Gefügigkeitshaltung erworben, die ihm im Rahmen seiner Familie die Existenzberechtigung einbrachte, so ist die spätere Gefahr des Ausgebeutetwerdens enorm. Waren nebenher Verwöhnungsfaktoren wirksam, so pflegen unangemessene Erwartungshaltungen und Hoffnungen auf eine Dauerverwöhnung durch das Leben schwere Krisen heraufzubeschwören. Es ist daher kein Wunder, wenn ein heranwachsender junger Mensch oder späterer Erwachsener als Resultat seiner früh erworbenen neurotischen Fehlentwicklung immer solche Lebenssituationen oder Partner sucht und wählt, die der früheren Familiensituation verwandt sind, oder daß er gar in dieser Familiensituation verharrt. Da er außer seinen neurotischen Reaktionsweisen keine anderen Mittel zur Weltbewältigung zur Verfügung hat, muß ein solcher Mensch immer wieder Situationen suchen, in die seine neurotischen Verhaltensweisen hineinpassen.

Ein kleines Mädchen, das einen tyrannischen Vater hatte und sich dieser Tyrannis unterwerfen mußte, handelt sich oft genug bei der späteren Partnerwahl wiederum nur einen Tyrannen ein. Und dies nur deshalb, weil es niemals gelernt und erfahren hat, wie man mit anderen Männern sich verhalten und umgehen kann. Sehr zur Verwunderung der ferner stehenden Umwelt pflegen solche Menschen sich aus scheinbar freiem Willen Lebenslagen zu schaffen, unter denen sie selber leiden und aus denen sie sich nicht ohne äußere Assistenz herauslösen können.

Das Schlagwort für solche Verhaltensweisen lautet — wie gesagt — eine neurotische Vater- oder Mutterfixierung. Die Komponenten hierfür sind aber, wie wir festhalten wollen, vielfältig determiniert. Die normale Bevorzugung bekannter und vertrauter Lebenssituationen wird verstärkt und intensiviert durch erworbene neurotische Ängste vor der Außenwelt und von der Unfähigkeit, sich mit den erworbenen neurotischen Gehemmtheiten in einem anderen Milieu zurechtzufinden, als in dem, das diese Gehemmtheiten seinerzeit provozierte.

Es erscheint nun nicht sehr zweckvoll, diese sehr komplexen Vorgänge überbetont mit dem Sexualleben des späteren Erwachsenen in Verbindung zu bringen. Es handelt sich hier um ein sehr breites charakterologisches Problem, das sehr viele Neigungen, Vorlieben und Verhaltensweisen des Menschen umfaßt. Unter anderem hat es natürlich auch eine sexuelle Seite, aber es würde die Gewichte verlagern, wenn wir diese gesamte Entwicklungsstufe allein unter dem Etikett der „oedipalen Phase" beschreiben wollten. An sich gehört die Gesamtproblematik auch schon weitgehend in die Erlebnisreifung des Schulalters hinein. Wir sind hier nur deshalb vorgreifend so ausführlich gewesen, weil es uns notwendig schien, kurz auf den historischen Entwicklungsgang hinzuweisen. Es wird dem Lernenden dann leichter fallen, sich über die Gesamtsituation einen Überblick zu verschaffen.

Wir wollen aber nicht versäumen, bereits jetzt einem bestimmten Vorgang im Leben kleiner Kinder, insbesondere im Leben kleiner Mädchen, Rechnung zu tragen, der den weiteren Lebensweg tiefgreifend bestimmen kann und der im ersten Keim schon in dieser Zeit Bedeutung erlangt.

Es ist kein Zweifel darüber, daß hübsche Kinder von ihrer Umwelt spontan mehr anerkannt, bewundert oder auch geliebt werden, als weniger hübsche oder gar dürftige, entstellte, häßliche Kinder. Die Menschheit ist aesthetischen Bedürfnissen aufs tiefste verhaftet und von formaler Schönheit der Person geht eine unwiderstehliche Anziehungskraft aus. Nicht nur Erwachsene reagieren lebhaft auf das ansprechende Äußere eines Kindes, sondern auch Kinder untereinander machen den Schönheitsmaßstab in hohem Grade zum Ausgangspunkt ihrer Zuwendung. Eine Umfrage in Schulklassen hat ergeben, daß der überwiegende Teil der hübschen Kinder von ihren Schulkameraden auch als die beliebtesten bezeichnet werden, und wir haben daher allen Grund, einmal darüber nachzudenken, welche Rolle bei einem kleinen Kind die Feststellung spielen muß, daß Eigentümlichkeiten seiner Person, die völlig außerhalb der möglichen Einflußnahme durch eigene Anstrengung und Bemühung liegen, so bedeutungsvolle Konsequenzen haben. Nach zwei Richtungen hin lassen sich die Entwicklungslinien verfolgen, die ernsthafte Gefahrenquellen für die Persönlichkeitsentwicklung mit sich bringen. Auf der Hand liegt die Tatsache, daß ein sehr verunstaltetes Kind, sei es durch Hasenscharte, auffällige Schielstellung der Augen, deformierte Kopfform oder ähnliches in einem Ausmaß Ablehnung erfährt, das nicht immer ertragen und verarbeitet werden kann und das besonders deshalb so tragisch empfunden wird, weil es nicht aktiv zu verändern ist. Doch möchten wir fast glauben, daß die sich hier ergebenden Schwierigkeiten unter Umständen noch geringer sind, als die Komplikationen, die die entgegengesetzte Situation hervorruft. Ungewöhnlich anziehendes Äußeres kann für die Entwicklung eines Menschen schwerere Krisen mit sich bringen als das Gegenteil. Die Gründe sind hierfür an sich nicht schwer zu sehen. Das „häßliche Entlein" hat als Bewältigungsmöglichkeit für seine Zurücksetzungserlebnisse immerhin die Chance, entweder durch sachliche Leistung oder durch die Entwicklung und Betonung von gemüthaften Eigenschaften seine Umwelt zu gewinnen. Die Lebensplanung bekommt damit, auf lange Frist gesehen, ein immer noch verhältnismäßig solides Fundament.

Das sehr reizvolle Kind hat von der Natur ein Geschenk mitbekommen, dessen tiefe Gefahr darin liegt, daß aktive Leistung, Anstrengung und Bemühung für den Lebenserfolg lange Zeit überflüssig sind. Dem liebenswürdigen Charme eines hübschen kleinen Mädchens wird schwer widerstanden. Eine solche Situation wird schon vom kleinen Kind sehr früh erst instinktiv, dann immer bewußter erfaßt. Schönheit wird benutzt, um sich Anstrengungen zu ersparen. Schon ein kleines vierjähriges Mädchen kann „Starallüren" haben. Bedrohlicher noch, als diese Möglichkeit, vor Leistungen auszuweichen, ist eine andere Tatsache. Es gibt Familiensituationen, die affektiv durch besondere Kühle und durch Mangel an Gemütsbeziehungen ausgezeichnet sind. In solchen Familien ist aber unter Umständen Schönheit Trumpf. Das kleine Kind in einer solchen Atmosphäre erregt also nicht gemütvoll warmes Anteilnehmen an seiner Entwicklung, aber es erregt Entzücken und Bewunderung, wenn es besonders niedlich ist. Das Lebensgefühl eines solchen Kindes stellt sich also darauf ein, daß man Gemütsbedürfnisse zu unterdrücken hat, aber Schönheit zu pflegen und reizvolles Verhalten entwickeln muß. Die kleine Vierjährige, die einen Begeisterungssturm erlebt, weil sie eine Tänzerin spielt oder kleine Chansons singt, entwickelt diese Möglichkeiten immer dann betont, wenn ihre sonstigen Bedürfnisse nach gemüthaftem Kontakt unabgesättigt bleiben. Die Lebensbilanz bleibt aber bei einer solchen Entwicklungssituation fast immer negativ. Vielfältig wurden in Literatur und Geschichte die Lebensschicksale schöner, aber hysterischer Frauen beschrieben. Es ist sicher kein Zufall, daß von Schauspielerinnen so oft gesagt werden muß, daß es sich im Grunde um hysterische Persönlichkeiten handelt. Immer wurde hier die Schönheit in den Dienst einer rollenhaften Bewältigung der Welt gestellt mit dem Versuch, ein frühzeitig brüchig gewordenes Lebensgefühl auf diesem Wege zu kompensieren. Es braucht hier wohl kaum weiter ausgeführt zu werden, daß es nur in seltenen Ausnahmefällen gelingt, die Lebensbilanz in dem Augenblick, in dem die formale Schönheit allmählich vergeht, auf ein tragfähiges Fundament zu stellen, denn fast immer sind unauffüllbare Lücken in den zwischenmenschlichen Beziehungen sowie im Leistungs- und Kenntnisfundament entstanden.

Freilich ist die Beschreibung einer hysterischen Persönlichkeitsentwicklung nicht damit erschöpft, daß wir hinweisen auf die Entwicklungsperiode, in der die eigene Rolle in der Welt mit dem ersten Ansatz von Bewußtheit empfunden und überdacht wird. In dieser Entwicklungsperiode passiert noch mehr. Das kleine Kind, das anfängt, klare Konturen in seinen Wissensbestand zu bringen, sollte auch anfangen, seine langfristige Planung nach präzis konturierten Wünschen und Vorstellungen auszurichten. Mit der bewußteren Formierung der eigenen Antriebe, mit dem bewußten Abwägen, auf welche Art man einander widerstreitende Impulse rangmäßig anzuordnen hat, um etwa bestimmte Impulse im Interesse höher zu wertender Bedürfnisse zurückzustellen, mit dieser Antriebsreifung sollten die ersten Ansatzpunkte zu planvollem Handeln und planvollem Verzichten entstehen. Das, was wir Vernunft nennen, sollte in dieser Periode vorbereitend und im ersten Ansatz entwickelt werden.

Aus dieser Feststellung ist unschwer abzuleiten, was mit einem kleinen Kind passiert, das in angstvolle Verwirrung gerät und diese Rangordnung der Werte, die Rangordnung einander widerstreitender Impulse nicht herstellen kann. Ein Kind, das „exakte Phantasie" nicht ausbilden kann, weil die umgebende Welt so verwirrenden Charakter trägt, erwirbt ein Weltbild, das verworrene, verzerrte, halbrichtige und unklare Konturen zeigt. Planvolles Handeln wird damit unmöglich. Die aktiven Impulse eines solchen Kindes behalten den Charakter allgemeiner Propulsivität, ohne von dem Mittel vernünftiger Überlegung geführt und geordnet zu werden. Die verwirrende Umwelt, die dem kleinen Kind unvernünftig erscheinen muß, verhindert damit auch in diesem Kind die Entwicklung von dem, was wir — mit Adler — vernünftige Leitlinien nennen. Schultz-Hencke hat gesagt, daß die hysterische Persönlichkeitsveränderung dadurch charakterisiert sei, daß planlose Aktivität einen solchen Menschen treibt. Diese „Planlosigkeit", das Unvernünftige und töricht Widerspruchsvolle im Verhalten solcher Menschen ist eines der wesentlichsten Charakteristika, die den Umgang mit Hysterikern so außerordentlich erschweren. Da ein solcher Mensch aus neurotischen Ängsten heraus immer wieder abschaltet, wenn es darum geht, die im Ansatz sich hervorwagende eigene Wunsch- und Impulswelt scharf ins Auge zu fassen, ist er auch nicht in der Lage, scharf und klar gegeneinander abzuwägen, an welchen Stellen Aktivität sinnvoll ist und an welchen Stellen ein Plan aufgegeben werden müßte. Er ist also nicht in der Lage, das in sich auszubilden, was wir im allgemeinen ein vernünftiges Verhalten nennen.

Unechte Rollenhaftigkeit, planlose Aktivität und Mangel an vernünftiger Abschätzung dessen, was möglich und nicht möglich ist, charakterisieren also die Entwicklung zur hysterischen Struktur.

4. Vergleichende Betrachtung der verschiedenen Strukturbilder

Blicken wir jetzt noch einmal auf die früheren Kapitel zurück, so können wir den bisher beschriebenen Vorgängen der neurotischen Persönlichkeitsentwicklung eine kurze vergleichende Überlegung widmen: Mehrfach hatten wir mit Lewin vom „Aufforderungscharakter" der Welt gesprochen und hatten beschrieben, wie im Verlauf neurotischer Fehlentwicklungen und Antriebsverdrängungen der „normale" Aufforderungscharakter der Welt verändert werden kann. So hatten wir beschrieben, wie es die Entstehung intentionaler Lücken im Verlauf der ersten Entwicklungsstufe mit sich bringt, daß der Aufforderungscharakter der Welt *herabgemindert* erscheint und mindestens für bestimmte Sektoren und Teile des Erlebens ausfällt. Wir hatten gesehen, daß die affektiv anteilnehmende Entwicklungspflege in dieser Phase besonders notwendig ist, damit die Welt eine bestimmte Form von anregendem Charakter für das kleine Kind haben und behalten kann.

Für die zweite Entwicklungsphase hatte sich ergeben, daß im Gegensatz zur ersten Epoche, dieser Aufforderungscharakter unter bestimmten Bedingungen in unangemessener Weise *verstärkt*, in bestimmte Richtung gedrängt und mit besonderen Assoziationen besetzt werden kann. Die eigenständigen Impulse zur Handlung und Betätigung, die aufkeimenden aggressiven Affekte pflegen gleichzeitig verdrängt zu werden und gelangen nicht ausreichend zur Betätigung.

Für die dritte Phase könnte man beschreibend sagen, daß dieser Aufforderungscharakter *verwirrt* wird und ausgezeichnet ist durch stark irritierende und schwankende Merkmale.

Natürlich soll man eine solche vergleichende Betrachtung nicht allzu weit treiben. Eine so angesetzte Spezialüberlegung vermittelt uns nur einen anregenden neuen Gesichtspunkt, der aber sicher nicht durch die vollständige Beschreibung ersetzt werden kann.

Eine Frage, die man sich außerdem immer stellen wird, gilt dem Problem, mit welchen Häufigkeitsanteilen die verschiedenen Strukturbilder im Gesamtkrankengut verzeichnet werden können. Hier ist es selbstverständlich, daß man in der überwiegenden Zahl der Fälle sogenannte Mischstrukturen vorfinden wird. Lebt das Kind in einem verwirrenden, ungeordneten, zu harten oder zu verwöhnenden Milieu und verbleibt es in diesem Milieu vom ersten Tage der Geburt, so wird es natürlich in jeder Entwicklungsstufe die entsprechenden Störungszeichen erwerben. Es weist dann, wie wir sagen, eine Mischstruktur auf. Übersichtsweise gehört es tatsächlich wohl zu den selteneren Fällen, daß hervorgehobene Schicksalseinbrüche nach einer einigermaßen störungsfrei durchlaufenen Erstentwicklung einbrechen. So sind natürlich auch „reine" Strukturbilder das seltenere Vorkommnis.

Allerdings ist es nach allen bisher vorliegenden Beobachtungen wohl kaum ein Zweifel, daß hysterische Persönlichkeitsveränderungen sowohl bei Männern, wie bei Frauen häufiger sind als die anderen bisher beschriebenen Entwicklungsstörungen. Diese Tatsache muß einen Grund haben. Wir glauben, daß sich zwanglos und ohne große Schwierigkeiten eine Reihe von Gründen finden lassen, wenn man die Entstehungsgeschichte der hysterischen Strukturentwicklung überdenkt.

Wie wir aus dem bisher Geschilderten entnehmen konnten, haben eine ganze Reihe von Verhaltensweisen der Eltern, die aktiv gegen das Kind gerichtet sind, einen schädigenden Effekt. Wir hatten aber ebenfalls beschrieben, daß es sich durchaus nicht immer darum handeln muß, daß die Eltern oder sonstigen Beziehungspersonen mit dem Kind selbst direkt aus halbbewußter Feindseligkeit falsch umgehen. Es kann durchaus so liegen, daß ein Kind in der Phase der Realitätsprüfung in innere Verwirrung gerät, weil die Welt, in die es hineinwächst, einen ungewöhnlich zwiespältigen und tragischen Charakter hat. Daß es sich mit Schicksalskonflikten auseinandersetzen muß, die seine Fassungskraft eigentlich übersteigen. Zum Beispiel muß ein Kind, das beide Eltern liebt, und von beiden Eltern wiedergeliebt wird, feststellen, daß diese Eltern sich untereinander nicht mehr verstehen und sich evtl. sogar trennen wollen. Oder es erlebt, wie der Beschützer der Familie, der zunächst noch als allmächtig empfundene Vater, arbeitslos oder krank wird, daß er die Familie nicht mehr ernähren kann, sondern Reaktionen von Hilflosigkeit zeigt, die zu seinem schützenden Charakter nicht mehr passen wollen. Die Varianten, die hier vorkommen können, sind sehr vielfältig. Die allgemeine Möglichkeit tragischer Schicksalseinbrüche wird von einem Kind in dieser Entwicklungsperiode wesentlich deutlicher erlebt, ja zum Gegenstand seiner Überlegungen gemacht, als früher. Die Antinomik zwischenmenschlicher Beziehungen, von der wir früher schon gesprochen haben, erhält jetzt eine wesentlich prägnantere Bedeutung als zuvor. Hineingestellt in eine stark verwirrte und verwirrende Welt kann das kleine Kind dann unter Umständen nichts anderes tun, als sich hilflos zurückzuziehen und die Konfrontation mit den beängstigenden Situationen zu vermeiden. Damit wird aber das vermieden, was in dieser Zeit eigentlich gepflegt und geübt werden sollte, nämlich der klare Blick für die Welt, das klare Wissen um die eigenen Wünsche und Impulse und die geordnete Abstimmung von eigenen Wünschen auf die vorliegenden Möglichkeiten.

Noch eine weitere Überlegung sei hier angeschlossen:

Was soeben als das Resultat von *Umweltschäden* beschrieben wurde, wird mit Wahrscheinlichkeit auch besondere Begünstigungen erhalten durch spezifische *Anlagekonstellationen*, und zwar Anlagekonstellationen, die vermutlich noch umschriebener zu charakterisieren wären, als wir das in früheren Abschnitten über gefährdende Anlage bereits getan haben.

Allerdings wird es wohl größte Mühe machen, die Erbradikale, die hierher gehören, der Hypothese und der beoachtenden Erfahrung nach herauszukristallisieren. Im Ansatz hatten wir bereits über jene Anlagekomponenten gesprochen, die sich an der Entstehung der schizoiden und depressiven Struktur beteiligen. Wir brauchen das bereits Erörterte hier nicht noch einmal zu wiederholen.

Anlagekomponenten, die bevorzugt zur zwangsneurotischen Persönlichkeitsveränderung — z.B. zu Ordnungszwängen — führen können, sind sicher außerordentlich schwer zu fassen. Der Hypothese nach kann es natürlich Menschen geben, die besonders lebhaft dazu neigen, mit Hilfe ordnenden Überblicks die Welt zu bewältigen, während andere diese Form der Gestaltung nicht so besonders suchen. Ein normales „Ordnungsbedürfnis" muß beim Menschen ja wohl sowieso in gewissen Grenzen vorausgesetzt werden, wenngleich es sich hier vermutlich um einen außerordentlich komplexen psychologischen Sachverhalt handelt. Man wird auch nicht fehlgehen in der Annahme, daß es Menschen gibt, die der Anlage nach besonders lebhaft von der Umwelt „angemutet" werden, für die die Welt also von Natur einen besonders starken „Aufforderungscharakter" hat. Dieser Sachverhalt wäre nicht identisch mit dem, was man im allgemeinen unter dem Sammelbegriff der Sensibilität versteht, sondern würde eher das umfassen, was man lebhaftes Interesse oder lebhafte Neugier nennt. Eine besonders intensive Neigung, diese Neugierreaktionen aktiv und handelnd zu verarbeiten, hebt sich wiederum von der allgemeinen Interessehaltung ab. Es ist klar, daß ein Kind mit besonderer Neugier und zugehörigem besonderen Antriebsüberschuß in der Phase handelnder Weltbewältigung besonders leicht in Schwierigkeiten gerät, wenn es in ungünstigem Milieu lebt. Als zusätzliche Komponente kann man unterstellen, daß die Menschen der Anlage nach verschiedenartig zu Angst- und Unruhereaktionen neigen. Kombinieren sich bei einem Kind Neugierhaltung, Antriebsüberschuß und Neigung zu Angstreaktionen, dann vermehrt diese Kombination die Gefahrenquellen gerade für diese Entwicklungsphase enorm. Es muß aber weiter bedacht werden, daß es — ebenfalls der Anlage nach — Naturen geben kann, denen bestimmte Valenzerlebnisse besonders unangenehm sind. Also z. B. kleine Kinder, denen von Natur das Anfassen von Klebrigem, schmierig Feuchtem nicht angenehm oder sogar hervorgehoben unangenehm ist. Man berichtet z. B. vom gesund entwickelten Schimpansenjungen, daß es, sofern es nicht kränkelt, mit intensiven Abwehrreaktionen antwortet, etwa wenn es sich die Finger mit Kot beschmutzt hat. Es handelt sich hier um ein, wie man in der Tierpsychologie sagt, angeborenes Schema, das Abwehrreaktionen auslöst. Man hat beobachtet, daß bei kränkelnden Schimpansen oder auch bei domestizierten Tieren überhaupt ein „Schematenausfall" eintreten kann, der solche Abwehrreaktionen stark herabmindert. Im Zusammenhang mit diesen vergleichenden Untersuchungen aus der Tierpsychologie ist immerhin die Hypothese erlaubt und überlegenswert, daß es auch bei Menschen angeborene Varianten solcher Valenzerlebnisse gibt, die bevorzugt die Entwicklung in die eine oder die andere Richtung führen, die also ganz besonders bei gleichsinnigen Einwirkungen von außen — z. B. einer besonderen Sauberkeitsdressur — die Bildung von zugehörigen Assoziationen begünstigen.

Die oben erwähnte Hypothese über Kinder, die mit einer angeborenen besonderen Neigung zu Angstreaktionen ausgestattet sind, die also besonders stark auf „Strafreize" reagieren, bietet uns übrigens auch eine Verbindungslinie zu dem, was man in der Erbforschung und in der Einteilung der Psychopathentypen den ängstlichen oder — stark erweitert — den anankastischen Psychopathen genannt hat.

Im Urteil über die Beteiligung von Anlage und Umweltfaktoren muß man wohl allerdings immer sehr vorsichtig sein. Die Familienforschung ist kaum ausreichend geeignet, verwertbares Material für die Erhärtung von Arbeitshypothesen über Erbkonstitutionen zu liefern. Ist doch in unserem Bereich das, was man die „soziale Vererbung" nennt, immer nur mit größter Mühe von der eigentlichen biologischen Vererbung abzugrenzen.

Natürlich sollte man sich nicht abhalten lassen, trotz aller hier vorliegender Schwierigkeiten mindestens die Fragestellungen sorgfältig herauszuarbeiten. Auch die Entwicklung von hysterischen Strukturen kann und muß unter dem gleichen Gesichtspunkt beurteilt werden. Bedenken wir hier die Faktoren, die wir früher genannt haben, um die hysterische Strukturentwicklung zu kennzeichnen, so könnte man daran denken, daß eine angeborene geminderte Fähigkeit zur theoretischen Weltbewältigung existieren kann und dann natürlich die Entstehung von hysterischen Strukturen im oben geschilderten Sinn stark begünstigt wäre. Es würde sich hier z. B. um ein geringeres sachliches Interesse allgemein und ein geringeres Interesse für Kausalitätszusammenhänge im speziellen handeln. Daß diese Eigenschaften im Menschen angelegt sind und unterschiedliche Grade der Lebhaftigkeit aufweisen, kann wohl kaum bestritten werden. Man spricht oft davon, daß die sogenannte „Sachbezogenheit" des Knaben und die „Personenbezogenheit" des Mädchens hervorgehobene Wesensmerkmale seien, die die Geschlechter voneinander unterscheiden. Mit dieser Beobachtung, die auf große Zahlen gesehen sicher richtig ist, sind wir wieder zurückgeführt an das Problem angeborener primärer

Valenzerlebnisse. Probierlust und Kausalitätsbedürfnis sind sicher im Durchschnitt beim kleinen Jungen von Anbeginn lebhafter und intensiver, als bei einem kleinen Mädchen. Es ist wahrscheinlich, daß solche angeborenen Bedürfnisse und Bereitschaften, sofern sie lebhaft vorhanden sind, besonders behilflich sind, die theoretische Weltbewältigung gelingen zu lassen. Umgekehrt, daß ihr Mangel oder ihre Minderung das Versagen in der Realitätsprüfung mit sich bringt. Es ist nicht ausgeschlossen, daß diese soeben skizzierten Faktoren daran beteiligt sind, daß nach allen bisher vorliegenden statistischen Erhebungen hysterische Strukturen bei Frauen häufiger sind, als bei Männern. Wenn man annehmen darf, daß bei Frauen in Anbetracht angeborener Personenbezogenheit eine bestimmte Form der Realitätsprüfung weniger gepflegt und zugunsten personeller affektiver Beziehungen zurückgestellt wird, dann leuchtet ein, daß damit auch die Mittel fehlen können, bestimmte Krisenpunkte in bestimmten Entwicklungsphasen gut zu bewältigen.

Es ist selbstverständlich, daß die hier vorliegenden Überlegungen zunächst noch im Bereich der Hypothese bleiben, doch zweifeln wir nicht, daß gerade diesem Problemkreise noch die ausgedehntesten Forschungen gewidmet werden müssen.

E. Die Manifestation neurotischer Krankheitszeichen und typische Krisensituationen in einem Kinderleben

(Versuchungs- und Versagungssituationen)

Im Verlauf unserer bisherigen Schilderungen haben wir unsere Aufmerksamkeit den allgemeinen Gesetzmäßigkeiten zugewandt, nach denen neurotische Gehemmtheiten entstehen und nach denen sich diese Gehemmtheiten in den Entwicklungsstand der ersten Kindheit einfügen. Gelegentlich, bei kurz zwischengeschobenen Fallbesprechungen, hatten wir erwähnt, daß akute Krankheitszeichen unter bestimmten äußeren oder inneren Belastungssituationen aufzutreten pflegen. Diesem Fragenkomplex müssen wir noch einmal ein gesondertes Kapitel widmen. Der Begriff der sogenannten *Versuchungs-* und *Versagungs*situationen spielt in der gesamten Neurosenpsychologie eine außerordentlich große Rolle. Wir wollen erläutern, was damit gemeint ist:

Wie wir sagten, stehen neurotische Krankheitszeichen immer in engstem Zusammenhang mit der gesamten biographischen Situation. Jeder Mensch wird im Verlaufe seines Lebens durch Schicksalshärten zu Verzichten gezwungen. Bei jedem Menschen, der Versagungen erleidet und der verzichten soll, entstehen im Verlauf solcher Situationen eine ganze Reihe von Gegenreaktionen von Protest, Ärger und Abwehr. Die affektive Stauung, in die ein Mensch gerät, wenn er sich gezwungen sieht, auf einen intensiven Wunsch zu verzichten, ist im allgemeinen sehr groß. Für den neurotisch veränderten Kranken, für das neurotisch veränderte Kind gilt nun die Tatsache, daß es in Anbetracht seiner Verdrängungen und Gehemmtheiten jene Wünsche und Impulse, die ein unbekümmertes Kind in gleicher Situation hätte, nicht bewußt erlebt und daher auch nicht richtig verarbeiten kann. Erhalten bleibt jedoch, wie wir in früheren Abschnitten beschrieben, die dynamische Wirksamkeit der durch die Versagung zwar mobilisierten, aber nichtsdestoweniger vom Bewußtsein abgeschalteten Wünsche und Impulse. Bei der Schilderung einzelner Antriebsgehemmtheiten hatten wir das an Hand von kurzen Teilbeschreibungen bereits aufgezeigt. Die sogenannte auslösende Versagungssituation ist also dadurch charakterisiert, daß sie in einem neurotisch veränderten Kind heftige Affektstauung hervorruft, ohne daß jedoch diesen inneren Erregungen ausreichende Abflußkanäle offenstehen. Die auftretende neurotische Symptomatik ist das Ergebnis dieser unverarbeiteten Affektstürme. Die differentielle Entstehungsgeschichte der verschiedenen Symptomvarianten wäre in späteren Kapiteln zu erörtern.

Sehr ähnlich steht es mit den Vorgängen bei sogenannten Versuchungssituationen. Hier handelt es sich allerdings nicht darum, daß einem Kind akut und direkt ein Verzicht aufgezwungen wird, sondern der Vorgang sieht so aus, daß — eingesprengt in eine an sich mit zahlreichen Verboten ausgestattete Entwicklung — unvermutet das Erlebnis von expansiven Möglichkeiten angeboten wird. Sei es, daß ein Kind, das zu Hause nur selten ein karges Leistungstaschengeld erhält, einen Freund bekommt, der regelmäßig über reichliche Taschengeldsummen verfügt. Sei es, daß ein Kind plötzlich die Wohngemeinschaft mit einer anderen Familie erlebt, in der die Kinder weniger autoritativ als es selbst und wesentlich liberaler erzogen werden. In solchen Fällen pflegt das Erlebnis dieser expansiven Möglichkeiten den Charakter einer außerordentlich großen Versuchung zu haben. Wünsche werden mobilisiert, die mit Hinblick auf die eigene Entwicklung längst gedrosselt und verdrängt waren, und die Unfähigkeit zur bewußten Verarbeitung pflegt auch hier das Auftreten neurotischer Krankheitszeichen herbeizuführen. Das nicht neurotisch veränderte Kind kann, ebenso wie der nicht neurotisch veränderte Erwachsene, im instinktiven halb reflektierten Vollzug die Möglichkeiten abschätzen, die zur Selbstverwirklichung offenstehen, ohne übergeordnete Interessen zu verletzen, und es kann im gleichen instinktiven Vollzug verzichten, unter Umständen protestierend verzichten, aber sich doch mit Notwendigkeiten aussöhnen. Wie gesagt, stehen gerade diese Verarbeitungsformen dem Kind mit einer neurotischen Fehlentwicklung nicht zur Verfügung.

Im Zusammenhang mit den soeben besprochenen Versuchungs- und Versagungssituationen muß noch folgendes bedacht werden: Neurotische Krankheitszeichen können sehr akut, heftig und dramatisch auftreten, dergestalt, daß ein umschriebener Zeitpunkt für die Erkrankung angegeben werden kann. Sie können sich aber auch langsam schleichend und sehr allmählich aus einem langwierigen Vorstadium leichter Gestörtheit entwickeln. Zwischen beiden Formen des Auftretens gibt es natürlich alle Varianten des fließenden Überganges. Die sorgfältige Unterscheidung der vorliegenden Gegebenheiten ist deshalb so besonders wichtig, weil sich von der auslösenden Schicksalssituation eine ganze Reihe von Rückschlüssen ergeben, die behilflich sein können, die Schwere der Erkrankung richtig zu beurteilen. Eine ganz allgemeine Faustregel der Erfahrung lehrt uns hier, daß die sehr akut auftretenden Erkrankungen, wenn sie nachweislich unter stark belastenden Bedingungen aufgetreten sind, eine günstigere Prognose besitzen, als jene Krankheitsformen, die sich als Folge eines laufenden Circulus vitiosus schleichend intensivieren und für die nur mittlere Belastungssituationen zu ermitteln sind. Es liegt auf der Hand, daß ein Kind, das allen leichteren bis mittleren Schicksalsschwierigkeiten gewachsen ist und das nur bei einem groben Schicksalseinbruch erkrankt, geringere Störungszeichen haben muß, als ein anderes, das in Anbetracht seiner neurotischen Fehlentwicklung bereits bei den üblichen und durchschnittlichen Lebensanforderungen scheitert. Es ist klar, daß z. B. für einen jungen Menschen das Hineinwachsen in einen Beruf, die Bewältigung etwa einer Lehrlingssituation, zu den normalen Anforderungen gehört. Ist ein Jugendlicher im Hinblick auf seine bisherige neurotische Fehlentwicklung z. B. nicht in der Lage, die konkurrierende Auseinandersetzung mit anderen Lehrlingen zu bewältigen, oder etwa eine tragfähige Beziehung zu seinem Meister herzustellen, ohne sich ausnutzen zu lassen, sondern bekommt er bereits in diesen Situationen eine neurotische Symptomatik, so ist es sehr wahrscheinlich, daß es sich bei ihm um tiefgreifende neurotische Entwicklungsstörungen handeln muß.

Reagiert dagegen ein Flüchtlingskind auf den Verlust der Heimat, der gewohnten Schulsituation und den Verlust jedes Minimums von materieller Geborgenheit erstmalig mit neurotischen Störungszeichen, so wird man sagen dürfen, daß ein solches Kind für die Bewältigung mittlerer Lebensschwierigkeiten ausreichend vorbereitet war und erst unter dem Gewicht sehr massiver Schicksalseinbrüche in Schwierigkeiten geriet.

Als Konsequenz unserer bisherigen Überlegungen halten wir also jetzt erst einmal fest, daß neurotische Symptomatik aufzutreten pflegt, wenn eine vorbereitende neurotische Fehlentwicklung einen psychischen Zustand geschaffen hat, der die Bewältigung von Schicksalskrisen nicht mehr erlaubt. Für die Erklärung eines neurotischen Symptoms ist also immer zu fordern, daß man ausreichende Anhaltspunkte findet, die auf die Existenz dieser Sachverhalte hinweisen. Konfliktsituation schlechthin genügt nicht, um anzunehmen, daß ein Krankheitszeichen durch den auslösenden Konflikt zustande gekommen ist. Es müssen außerdem noch ausreichende Anhaltspunkte dafür vorliegen, daß die vorbereitende Entwicklung das ihrige getan hat, um die Konfliktsituation mit besonderem Gewicht auszustatten.

Diese Tatsache sollte man auf keinen Fall aus dem Auge verlieren. Sie gilt immer und auf jeden Fall für den Erwachsenen, ebenso für den Jugendlichen und für das ältere Schulkind. Eine gesonderte Beurteilung verdient lediglich das Auftreten neurotischer Symptome in der Kleinkindzeit. Hier ist es natürlich schwer, von vorbereitender neurotischer Fehlentwicklung zu sprechen. Die Zeiträume sind sehr kurz, und je jünger ein Kind ist, um so eher kann die auftretende Fehlreaktion eine direkte Antwort sein auf vorliegende Störungsquellen, die die Antriebsreifung behindern. Je jünger ein Kind ist, um so eher haben wir Gelegenheit, das Auftreten von Verdrängungsreaktionen in statu nascendi zu beobachten. Diese Unterscheidung ist insofern wichtig, als sie uns auf bessere therapeutische Chancen hinweist, die natürlich um so größer sind, je jünger ein Kind ist, es sei denn, die Milieuverhältnisse sind in solchem Ausmaß unbeeinflußbar, daß von daher die Therapie aussichtslos wird.

Um unsere Erörterungen über die Versuchungs- und Versagungssituationen noch ein wenig zu komplettieren, wollen wir im folgenden noch einige kurze Ausführungen angliedern, die sich mit typischen Krisensituationen in Kinderschicksalen befassen. Es wird sich dabei allerdings ergeben, daß wir gelegentlich zu Wiederholungen greifen müssen, da manches von den hier zu besprechenden Faktoren, verstreut und in anderem Zusammenhang, schon zur Erörterung kam. Trotzdem glauben wir im Interesse ordnender Übersichtlichkeit diese Wiederholungen in Kauf nehmen zu können.

Eine typische, in allen Kinderschicksalen sich auffindende Problematik ist das Thema des *Geschwisterneides,* sofern ein Kind nicht als Einzelkind aufwächst. „Geschwisterneid" ist an sich eine Normalerscheinung. Eltern sollten sich nicht darüber beunruhigen, wenn sie entdecken, daß z. B. ihre Ältesten auf nachgeborene jüngere Geschwister eifersüchtig oder neidisch sind. Liebe und Haß gehören zur menschlichen Natur von Anbeginn. Liebe und Haß der gleichen Person gegenüber gehört zu den tragischen Erfahrungen, die jeder Erwachsene, aber auch jedes Kind durchzumachen hat. Man hilft einem Kind nicht mit moralisierenden Verweisen oder gar harten Strafen, wenn es Neid und Eifersucht bekundet. Man hilft ihm nur, wenn man anteilnehmend Verständnis zeigt und dem Kind zugleich die positiven Möglichkeiten gefühlsmäßiger Kontaktnahme und konstruktiver Betätigung für seine eigene Altersstufe eröffnet und unterstreicht. Ein beliebter Fehler, den Eltern in solchen Fällen immer wieder machen, geht übrigens dahin, daß sie sich selbst ganz außerordentlich darüber täuschen, wie unterschiedlich sie ihre Kinder behandeln. Wie sehr viel mehr Zeit, Kraft und Zuwendung, Liebe und Bestätigung sie z. B. einem jüngsten nachgeborenen Kind schenken, während die älteren kurz nacheinander geborenen Geschwister die volle Aufmerksamkeit ihrer Mutter nur sehr viel kurzfristiger genießen konnten. Eltern sind in solchen Fällen oft wirklich ungerecht und für den Außenstehenden merkbar verschieden in dem Grad ihrer Gefühlszuwendung. Es ist sehr unzweckmäßig, wenn in solchen Fällen den eifersüchtigen anderen Geschwistern ein unbegründeter und verwerflicher „Neid" unterstellt wird, ein Neid, der aus einer gegebenen und wirklich vorhandenen Realsituation seine Impulse bekommt.

Hinsichtlich unbewältigter oder fehlbewältigter Geschwisterproblematik und allen Varianten komplizierender Konkurrenzerlebnisse wird man immer die verschiedenartigsten Möglichkeiten bedenken müssen. Ein besonderes Problem, das sich aus der vielgestaltigen Fülle der hier vorkommenden Möglichkeiten heraushebt, hatten wir schon mehrfach erwähnt. Es handelt sich um den Neid, den ein Kind auf ein Geschwister des anderen Geschlechtes hat oder haben kann. Bereits im Leben einer Familie zeichnen sich für die Kinder die positiven oder negativen Möglichkeiten der eigenen Geschlechtsrolle ab. Kleine Mädchen erleben z. B., daß ihre Brüder ein größeres Maß an expansiven Möglichkeiten haben, als es ihnen selbst erlaubt wird. Kleine

Jungen erleben unter Umständen, daß das stillere, nachgiebigere und weichere Mädchen wegen seiner Eigenschaften bevorzugt und geliebt wird. Die neidvolle Auseinandersetzung mit den Möglichkeiten des anderen Geschlechtes spielt an sich normalerweise im Erleben jedes Kindes eine gewisse Rolle. Einen überwertigen Akzent bekommen solche Neid- und Konkurrenzgefühle, sofern die eigene Lebensform besonders unbehaglich empfunden wird, während die gegengeschlechtliche besonders erstrebenswerte Möglichkeiten zu bieten scheint.

Überlegungen eines Kindes, die sich an seine eigene Geschlechtsrolle anknüpfen, werden natürlich bald verknüpft mit phantasierenden Überlegungen über jene Merkmale, die das kleine Mädchen von dem kleinen Jungen unterscheiden, zunächst also von den Geschlechtsmerkmalen. Hier in diesen Zusammenhang gehört das in der älteren analytischen Literatur so vielfältig diskutierte Problem der „Kastrationsangst" und des „Penisneides". Beide Jargonworte haben u. E. das Wesen und die Bedeutung der Sexualität im kindlichen Erleben über Gebühr akzentuiert. Sofern man aber bedenkt, daß die Geschlechtsmerkmale im Erleben des Kindes bereits die Repräsentanten für die Unterschiedlichkeit zwischen Jungen und Mädchen darstellen, wird einem deutlich, daß diese Problematik im Erleben neurotisch veränderter Kinder auf jeden Fall eine Rolle spielt, die man nicht übersehen darf. Das kleine Mädchen, das feststellen muß, daß kleine Jungen in ihrer Körperbildung etwas besitzen, was ihm selbst fehlt und das nun außerdem noch die Rolle des Jungen glühend beneidet, wird als Pars pro toto den Jungen um das Genitale, das er hat, beneiden.

Umgekehrt wird der kleine Junge unter Umständen überlegen, daß Mädchen etwas weniger haben als er selbst und unter bestimmten Bedingungen wird sich die Überlegung daran knüpfen, ob der Körperteil evtl. gewaltsam abhanden gekommen ist, abgeschnitten oder ähnliches. Wird das Kind also außerdem noch in seinem jungenhaften Wesen von den Eltern nicht bestätigt, sondern bedroht und eingeengt, so kann sich hieran die Assoziation knüpfen, daß es ihm unter Umständen ähnlich gehen werde, wie den stilleren, sanfteren und gefügigeren Mädchen, die in seiner Vorstellung das Genitale möglicherweise gewaltsam verloren haben. Dies wird um so leichter geschehen, wenn, wie es ja häufig passiert, direkte Kastrationsdrohungen von den Eltern ausgesprochen werden, etwa wenn sie den kleinen Jungen mit der Hand am Genitale erwischen und sagen, das Glied werde abgeschnitten, wenn er das noch mal mache, es werde krank, faule ab oder ähnliches. Drohungen, daß der Finger abgeschnitten werde, an dem gelutscht wird oder gar die ganze Hand, sind ja ebenfalls keineswegs eine Seltenheit und provozieren in einem Kind unbedingt eine Fülle von nicht angemessenen Ängsten.

Auf jeden Fall wird man, wenn man versucht, Überblick über ein Kinderschicksal zu bekommen, sich überlegen müssen, wie die Stellung in der Geschwisterreihe ist, welche Konkurrenzerlebnisse, welche Verwöhnungssituationen evtl. vorliegen und man wird außerdem die Auseinandersetzung mit den Kindern des anderen Geschlechts überprüfen müssen.

Bedeutungsvolle Krisenpunkte für ein Kind leiten sich weiterhin von seiner Beziehung zu Eltern und Pflegepersonen ab. Auch hierüber haben wir bereits bei der Erörterung einer beginnenden Vater- oder Mutterfixierung in der sogenannten ödipalen Phase gesprochen. Die Gefühlsbeziehungen der Kinder zum gleichgeschlechtlichen oder gegengeschlechtlichen Elternteil haben sicher recht verschiedene Nuancen. Für das kleine Mädchen werden die Haltungen des Vaters für sein späteres Frauenschicksal von entscheidender Bedeutung. Liebesfähigkeit und Vertrauen zum anderen Geschlecht erwirbt das Mädchen sehr weitgehend durch die entsprechenden Vorerfahrungen bei dem eigenen Vater. Die Eigenschaften, die ein Vater an seiner Tochter besonders bevorzugte, pflegte und liebte, wird dieses Mädchen in späterer Kontaktnahme zum anderen Geschlecht bevorzugt und zuerst zeigen. Bevorzugt der Vater bei seiner Tochter jungenhafte Leistung, so führt er die Entwicklung seines Kindes unmerklich in diese Richtung. Teilt er ihr in der Familie die Rolle des dienenden Aschenputtels zu, so wird die später erwachsene Frau eine Fülle von unangemessener Nachgiebigkeit und Demutshaltungen aufweisen und daran kranken. Zeigt sich der Vater überhaupt und grundsätzlich unzuverlässig, brutal und gewalttätig, so wird er unter Umständen jeden späteren Wunsch auf Kontaktnahme mit dem anderen Geschlecht abdrosseln.

Ergänzt und vervollständigt werden diese Haltungen des Vaters, die die spätere Partnerschaftsbeziehung eines Mädchens vorbereiten, durch die Rolle, die die Mutter im gemeinsamen Familienleben spielt. Hat ein Mädchen als Kind in der Umgebung keine Frauen, deren Rolle befriedigend und akzeptabel erscheint, so wird es sich nur schwer mit der eigenen Rolle als Frau positiv auseinandersetzen können. Ist dagegen die Rolle der eigenen Mutter in der Familie übermächtig, weil der Vater der weich nachgebende und weniger talentierte ist, so wird ein solches Mädchen Bereitschaften erwerben, auch im späteren Leben diese Rolle der Mutter dem eigenen Partner gegenüber zu übernehmen.

Diese geschilderten Entwicklungslinien machen sich bereits bei pubertierenden jungen Mädchen hinsichtlich ihrer latent vorhandenen Konflikte bemerkbar. Das junge Mädchen zwischen vierzehn und achtzehn Jahren macht die ersten Entwicklungsschritte, die es auf sein Frauenleben vorbereiten. Hat es durch die Haltungen von Vater und Mutter eine Fehlentwicklung genommen, die ihm den prüfend abwartenden und aufmerksam probierenden Kontakt nicht erlaubt, hat es außerdem Grund, die spätere Rolle als Frau extrem zu fürchten, dann wird es bereits in diesem Alter an sogenannten Pubertätsschwierigkeiten scheitern.

Ähnlich, wenn auch unter anderen Vorzeichen, steht es mit der Entwicklung der Knaben. Das Ausmaß fürsorglicher Betreuung und liebevollen Gewährenlassens, das eine Mutter ihrem Jungen vermittelte, bringt die Vorbereitung für die spätere Kontaktnahme zum anderen Geschlecht, bringt die Vorstellungen mit, was von einer Partnerschaftsbeziehung zu erwarten ist, wieviel erhofft und wieviel gefürchtet werden muß. Die übertriebene und dauerhafte Bindung oder Fixierung eines Sohnes an seine Mutter hat, wie wir schon beschrieben haben, immer die Tatsache zum Hintergrund, daß expansive Schritte in die Welt gefürchtet werden und daß deshalb die vertraute Gegenwartssituation der Familie beibehalten bleibt.

Die positive Auseinandersetzung mit der Rolle des Vaters, insbesondere hinsichtlich der Berufsplanung, ist für einen Knaben eine Entwicklungsbedingung, die nicht fehlen sollte. Die Entwicklungskrisen bei der großen Zahl der jetzt vaterlos aufwachsenden Knaben zeigen das nur allzu deutlich. Ein Kind lernt nun einmal nicht durch theoretische Abhandlungen und Erziehungshinweise, sondern es lernt überwiegend durch die lebendige Auseinandersetzung mit Vorbildern. Es liegt auf der Hand, daß ein Vater, der den eigenen Sohn als Sohn ablehnt und in ihm lieber ein Mädchen gesehen hätte, diesen Sohn auf eine männliche Rolle schlecht vorbereitet. Er wird in ihm den femininen, übernachgiebigen Jungen züchten, der sich unter Umständen ein Leben lang mit dieser neurotischen Nachgiebigkeit auf dem Boden neurotischer Übergefügigkeit auseinandersetzen muß.

In diese Thematik der Eltern-Kind-Beziehung gehört nochmals das Problem des bereits zitierten, vielbesprochenen und viel diskutierten „Ödipuskomplexes". So wie nach der alten Sage König Oedipus den Vater erschlägt und die Mutter heiratet, nachdem er als ehemals ausgesetztes Kind in die Heimat zurückkehrt, so meinte man auch die gleichen Impulse bei allen neurotisch fehlentwickelten Jungen zu finden. Haß und Wutimpulse dem Vater gegenüber und sexuelle Wünsche, die sich auf die eigene Mutter richten, sollten der Bestandteil jeglicher fehlbewältigter Partnerschaftsbeziehung beim Knaben sein. Auch hier ist es angezeigt, genau wie bei der Problematik der Kastrationsängste, die betonte Akzentuierung des sexuellen Themas zu vermeiden. Wir müssen uns klar darüber sein, daß ein Kind auch seinen Eltern gegenüber zwiespältige und spannungsreiche Gefühle hat. Die Eltern, auch die liebevollsten, die für Pflege und Wohlergehen ihrer Kinder sorgen, sind zugleich diejenigen, die die Freiheit und die ungehinderte Betätigung dieser Kinder begrenzen. Der Wunsch nach Selbständigkeit und der elementare Freiheitsdrang, der schon ein kleines Kind beseelt, bringt es in Konflikt mit demjenigen, der dieser Handlungsfreiheit Grenzen setzte. Notwendig regen sich damit auch dem geliebtesten Menschen gegenüber Gefühle von Ärger, Abwehr und Wut. Dieser Zustand charakterisiert auch den normalen, gesund entwickelten Menschen, charakterisiert das normale und gesund entwickelte Kind. Ärgerreaktionen intensivieren sich zu Haß- und Rachegefühlen, wenn die Behandlung von seiten der Eltern ein Übermaß an Kälte, Gleichgültigkeit oder gar Grausamkeit trug. Es ist nach unserer Meinung eine tiefe Weisheit, daß König Oedipus, der in ein so tragisches Schicksal verstrickt wurde, auch in der alten Sage ein ausgesetzter, verstoßener und von den Eltern verlassener Sohn war. Ein sehr tiefgehendes psychologisches Wissen spiegelt sich ohne Zweifel in dieser Form, die die Sage angenommen hat. Nicht jeder beliebige, gut und liebevoll aufgezogene Sohn tötet seinen Vater, sondern nur der, der seinerseits nur mit Mühe dem Schicksal entging, vom eigenen Vater getötet zu werden.

Es wird also zweckmäßig sein, wenn man dem Begriff des Oedipus-Komplexes nur den Sinn beilegt, den er unabhängig von der betont sexuellen Bedeutung in Wirklichkeit hat. Indentifikation mit dem Vater und seiner Lebensform, kombiniert mit der konkurrierenden Auseinandersetzung sind die eine Seite des psychologischen Geschehens. Positive Zuwendung zu der vertrauten weiblichen Person der Kinderjahre, also zur Mutter, als Vorbereitung auch zur sexuellen Kontaktnahme ist die andere Seite. Überstarke „Fixierung" an die Mutter und dauernde protestierende Abwehrhaltung gegen Männer überhaupt, charakterisieren eine neurotische Fehlentwicklung, in der die Auseinandersetzung mit Gegnern, Konkurrenten und Partnern nicht voll geglückt ist.

Wie wir gesehen haben, erwirbt das Kind in seiner Stellung in der Familie, zu der es gehört, die ersten vorbereitenden Erfahrungen für die spätere Gestaltung der zwischenmenschlichen Beziehungen überhaupt.

Die Vorbereitung für das spätere Berufsleben erwirbt es überwiegend in der *Schulsituation*. Für das Kind ist die Schule dasselbe, was für den Erwachsenen der Beruf. In der Schulsituation hat sich das Kind mit mehreren sehr verschiedenartigen Problemen auseinanderzusetzen. Sie bedeutet

1. die Auseinandersetzung mit der gleichaltrigen Gruppe,

2. die Auseinandersetzung mit einem Vorgesetzten, der nicht durch die affektiven Beziehungen der Familie eine besondere persönliche Zuwendung bietet,

3. die Auseinandersetzung mit Leistungsanforderungen.

Sofern man sich auf die Suche nach auslösenden Versuchungs- und Versagungssituationen begibt, wird man sich immer bemühen müssen, ausreichende Daten über das subjektive Erleben des Kindes in der Schule zu erfahren. Daß der erste Schulanfang hier eine besondere Belastung darstellt, leuchtet von selber ein. Über die Krisenhaftigkeit des Schulanfängers ist bereits viel geschrieben worden, und wir ersparen uns daher auch hier eine breitere Ausführung. Wir weisen lediglich darauf hin, daß man in einem Kinderleben nicht unterschätzen darf, welche Rolle ein Lehrerwechsel oder ein Schulwechsel spielen kann. Was das Auftauchen oder der Verlust eines Freundes oder einer Freundin bedeutet. Wie wichtig es ist, welche Rolle das Kind in seiner Klassengemeinschaft spielt.

Auslösende Schicksalssituation bei einem empfindlichen und wenig tragfähigen Kind kann es bereits sein, daß ihm ein Klassenamt entzogen und an ein anderes Kind weitergegeben wurde. Umgekehrt kann es eine Rolle spielen, daß ein solches Amt übernommen werden sollte und als nicht zu bewältigen erlebt wurde. Man wird bei der Beurteilung einer kindlichen Biographie nicht nur die Einordnung des Kindes in den Familienkreis, sondern ebensosehr seine Rolle in der Klassengemeinschaft beachten müssen. Man wird außerdem sein Augenmerk auf die Leistungsfähigkeit richten, die bei der Bewältigung der Schulanforderungen zur Verfügung steht. Ein Lehrer, der höhere Anforderungen stellte, als der bisherige, ein neues schwieriges Schulfach — ein Schulwechsel — der Wechsel von Schule zum Beruf können bei schlecht ausbalanzierten Kindern bereits den Charakter einer auslösenden Krisensituation haben.

Ebenso sorgfältig, wie wir die Schul- und Familiensituation eines Kindes beachten, sollten wir uns um die *Besitzsituation* der Familie und des Kindes kümmern. Was für den erwachsenen Menschen das Einkommen ist, ist für das Kind das Taschengeld. Wir hatten schon bei der Erörterung der verschiedenen Antriebsgebiete und der schädigenden Umwelteinflüsse einiges über die hier möglicherweise vorliegenden Konfliktsituationen beschrieben. Kinder, die mit Geld wirtschaften lernen sollen, erleben die Existenz des Taschengeldes nicht anders als der Erwachsene sein Einkommen. Eine Hausfrau, die mit einem festen Wirtschaftsgeld planen und einteilen kann, ist wesentlich besser dran als diejenige, die immer nur kleckerweise unerwartete Beträge zur Verfügung gestellt bekommt. Planung auf lange Sicht läßt sich dann nicht durchführen. Ein Erwachsener, der in die Lage versetzt wird, daß er ein Honorar nur dann erhält, wenn seine Leistung ausreichend gewesen ist, eine Ehefrau, die von ihrem Mann das Wirtschaftsgeld nur dann bekommt, wenn ihm das Essen geschmeckt hat, ist sicher in der Fähigkeit, mit Geld planend umzugehen, sehr behindert.

Genau so aber geht es Kindern, die entweder nur ein Leistungstaschengeld bekommen, etwa wenn sie gute Noten nach Hause bringen, oder Hausarbeiten erfüllt haben. Oder solchen Kindern, die gelegentlich unberechenbar und kleckerweise kleinere oder größere Geldsummen zugesteckt bekommen. Beide Situationen erschweren einem Kind das beginnende übersichtsweise Planen mit Geld. Die Art, wie Eltern ihren Kindern Taschengeld geben, läßt immer die tiefsten Rückschlüsse zu auf die affektive Einstellung. Wer Gelegenheit hatte, viele Kinder mit neurotischen Entwicklungsläufen zu untersuchen, ist immer wieder überrascht von der Fülle von Abartigkeiten, die die Eltern gerade im Hinblick auf das Taschengeld zustande bringen. Wir schließen hier aus, daß es sich um Eltern handelt, die aus wirtschaftlicher Not nicht in der Lage sind, das Taschengeld zu geben. Die wirtschaftlichen Möglichkeiten sind selbstverständlich Voraussetzung. Auch gut situierte Eltern liegen mit ihren Kindern oft in dauerndem Ambivalenzkonflikt um Geld. Taschengeld wird versprochen, aber nicht gegeben. Es wird gegeben, aber kein Verfügungsrecht darüber gestattet. Es wird gegeben, aber die Kinder werden nicht veranlaßt, für eigene Bedürfnisse etwas zu besorgen, sondern man legt ihnen nahe, wie schön es wäre, für Geschenke zu sparen. Taschengeld oder Sparsummen werden vom Kind wieder ausgeliehen und gar nicht, oder nur unregelmäßig zurückgezahlt.

Die Vielfältigkeit der hier möglichen Vorkommnisse kann kaum aufgezeigt werden. Es sei nur darauf hingewiesen, daß ohne die Beurteilung der Besitzfragen im Rahmen einer Familie im allgemeinen und im Hinblick auf das Taschengeld im speziellen kein vollständiger Überblick über die Lebenssituation eines Kindes vorliegt.

Daß die gesamte Besitzlage einer Familie sich auf die Kinder mit auswirkt, ist sowieso eine Selbstverständlichkeit. Man wird sich daher also immer auch darum zu kümmern haben, wie und auf welche Weise die Eltern ihren Lebensunterhalt gewinnen und wieviel davon für die Kinder zur Verfügung steht. Eltern, die mit ihren Kindern in starken Ambivalenzkonflikten leben, können z. B. Berufsausbildung oder höhere Schulbildung mit Hinweis auf bestehende Geldknappheit verhindern, während in Wirklichkeit ausreichende Mittel zur Verfügung ständen. Gerade bei Jugendlichen ist dieses Problem mit besonderer Sorgfalt zu beachten. Genau so, wie beurteilt werden muß, in welchem Ausmaß ein Jugendlicher mit herangezogen wird, seine eigenen Lebenskosten zu decken. Besteht ein großes Mißverhältnis zwischen dem vom Jugendlichen geforderten Geld und dem vorhandenen Einkommen der Eltern, dann darf man dieses Moment nicht unbeachtet lassen. Man kann auch erleben, daß Eltern von ihrem Lieblingskind keinerlei Geldabgaben verlangen, während das weniger geliebte Geschwisterkind unter irgendeinem Vorwand gezwungen wird, zum Unterhalt der Familie mit beizutragen.

Nicht seltene Konflikte bestehen auch darin, daß die Eltern selbst verwahrloste oder gar kriminelle Geschäftspraktiken benutzen, von ihren Kindern aber mit Übergenauigkeit eine korrekte und wahrhafte Lebensführung verlangen.

Es ist sicher aussichtslos, in einem wirklich systematischen und vollständigen Überblick alle hier möglichen Vorkommnisse zu beschreiben. Wir schließen also mit diesen Hinweisen das Kapitel der allgemeinen Neurosenlehre ab. Soweit angängig, wird in den später aufgeführten kasuistischen Beispielen der speziellen Neurosenlehre der Vielfältigkeit aller Einzelschicksale Rechnung getragen werden.

III.

SPEZIELLE NEUROSENLEHRE

A. Zur Einführung

a) *Die Diagnose in der Psychotherapie*

Die jetzt folgende Erörterung spezieller neurotischer Fehlentwicklungen und Krankheitszustände führt uns als erstes zu einer Reihe von Vorfragen. Zunächst — was sollen wir überhaupt unter einer speziellen Neurosenlehre verstehen? Wenn wir annehmen, daß es sich um die Diskussion der verschiedenen Symptomvarianten handeln soll, die im Gefolge von seelischen Fehlentwicklungen auftreten können, so ist es klug, sich vorweg einmal zu überlegen, was wir von einer so ausgerichteten Erörterung der Symptombilder überhaupt zu erwarten haben.

Hervorgehoben wichtig wären z. B. folgende beiden Fragen:

1. Können wir erwarten, daß neurotische Krankheitszeichen *ausschließlich* von der Psychogenese bestimmt werden?

2. Können wir erwarten, daß man aus der Art des Symptoms bereits auf die Psychogenese einer Erkrankung schließen darf?

Zur ersten Frage wollen wir gleich im Beginn betonen, daß eine solche Erwartung verfehlt wäre. Ganz besonders verfehlt, wenn man das Problem so allgemein und generell umreißt. Es soll unterstrichen werden, daß von Symptombild zu Symptombild die Situation verschieden liegt und daß der psychische Faktor das eine Mal mehr, das andere Mal weniger beteiligt sein kann. In einer großen Zahl der Fälle werden wir feststellen müssen, daß zusätzlich zu den Vorgängen der psychischen Fehlentwicklung noch eine Fülle weiterer Faktoren das Symptombild bestimmen.

Aber auch unsere zweite Frage kann auf keinen Fall glatt bejaht werden. Auch hier wäre eine entsprechende Erwartung übereilt. Das gleiche Symptombild kann sehr verschiedene Entstehungsbedingungen haben. So wie vom Symptombild „Gelbsucht" allein nicht auf die eigentliche Aetiologie der Erkrankung geschlossen werden kann, so ist auch bei Erkrankungen, deren Psychogenese man vermutet, vom Symptom her keine Sicherheit über die Entstehungsgeschichte zu gewinnen. Kopfschmerzen z. B. haben sehr verschiedene Ursachen. Nur unter bestimmten Bedingungen überwiegt der psychische Faktor. Schlafstörungen, Konzentrationsschwierigkeiten oder Leistungsminderungen können auf die verschiedenste Weise entstehen, unter anderem — vielleicht sogar oft — auch die Folge einer neurotischen Fehlentwicklung sein.

Auf keinen Fall dürfen wir diese beiden soeben umrissenen Überlegungen aus den Augen verlieren, wenn wir uns im folgenden an die Beurteilung neurotischer Zustandsbilder machen. Was uns im Rahmen einer speziellen Neurosenlehre beschäftigen wird, ist die Frage, in welcher Weise die in den vorigen Kapiteln geschilderten Vorgänge der neurotischen Fehlentwicklung das einzelne Krankheitsgeschehen bestimmen und formen. Insbesondere inwieweit *spezielle Impulsbereitschaften* regelhaft hinter *speziellen Symptombildern* zu stehen pflegen. Weiter wird uns beschäftigen, ob verwandte Biographien auch verwandte Symptombilder hervorzubringen pflegen. Ebenfalls eine Frage, die keineswegs glatt bejaht werden kann. Die Beurteilung von Biographien und ihre Zuordnung zu Krankheitsbildern setzt auf jeden Fall große Erfahrung voraus, damit die gemeinsamen Momente auch richtig erfaßt werden. Vorwegnehmend soll betont werden, daß es bei gleichen Symptombildern auf keinen Fall angeht, einem *isolierten* biographischen Moment eine allzu große Bedeutung zuzuschreiben.

Die Einschränkungen, die wir soeben unternommen haben, um den Gewichtsanteil des psychischen Faktors in einem Gesamtkrankheitsbild zu bestimmen, sollte allerdings nicht dazu führen, daß wir den Wert, den psychotherapeutische Bemühungen haben, unterschätzen. Müssen wir doch bedenken, daß wir mit der so zentrierten Beurteilung auf jeden Fall jene Faktoren betrachten, die dem therapeutischen Zugriff noch zugänglich sind bzw. sein können. Den konstitutionellen Anteil — sofern er eine gewichtsmäßig große Bedeutung hat — können wir ja mit den derzeitig zur Verfügung stehenden Mitteln der Wissenschaft nicht verändern. Wenn wir also überhaupt etwas im Interesse unserer Patienten unternehmen wollen, müssen wir uns an die modifizierbaren Vorgänge halten.

Eine nächste bedeutungsvolle Überlegung im Rahmen einer speziellen Neurosenlehre muß dann der Frage gelten, wie häufig neurotische Störungszeichen bei Kindern insgesamt wohl sein mögen. Im augenblicklichen Stand der Forschung ist diese Frage allerdings noch nicht ausreichend geklärt. Es liegt auf der Hand, daß man statistisch einigermaßen brauchbare Zahlen nicht dadurch gewinnen kann, daß man die Krankheitsfälle in Kinderkliniken, psychiatrischen Kliniken oder Abteilungen für psychogene Erkrankungen zur Beurteilung heranzieht. Der sich hier ergebende prozentuale Anteil an psychogenen Krankheitsfällen wird je nach Eigenart der Klinik außerordentlich schwanken, und man wird sich unbedingt auf die Untersuchung einer unausgelesenen Bevölkerungsgruppe, etwa einer größeren Zahl von Schulklassen berufen müssen, um zu verwertbarem Material zu kommen. In diesem Zusammenhang sind uns neuerdings zwei umfassendere Arbeiten zur Kenntnis gelangt, die sich mit der Beurteilung von Schulkindern befaßt haben. Aus der Kant.-Bernischen Psychiatrischen Kinderbeobachtungsstation Neuhaus stammt von Weber die psychiatrische Durchmusterung von 50 Schulen mit insgesamt 4100 beurteilten Schülern. Der Verfasser kam zu dem Ergebnis, daß etwa 21% der untersuchten Kinder seelisch erkrankt seien. Er teilt seine Untersuchungsergebnisse mit einer großen Zahl kritischer und sorgfältiger Vorbehalte mit. Insbesondere hat er psychogene Organerkrankungen von der statistischen Erhebung *ausgeschlossen*.

Für Deutschland stammt aus der Hamburger Universitäts-Kinderklinik die Arbeit von von Harnack „Soziale Herkunft und neurotische Störung", in deren Verlauf der Verfasser aus einer unausgelesenen Bevölkerungsgruppe 2400 Schulanfänger untersuchte. Von Harnack fand nach eingehender Befragung der Mütter über die bisherige körperlich-seelische Entwicklung ihrer Kinder, daß etwa drei Fünftel, das sind 60% aller Sechs- bis Siebenjährigen an milieuabhängigen Verhaltensstörungen litten. Der Verfasser schränkt allerdings die Bedeutung der von ihm erhobenen Befunde insofern ein, als er meint, daß es sich bei den gefundenen Auffälligkeiten nicht immer um „echte" Neurosen handele. Der Verfasser möchte zum Begriff der Neurose im engeren Sinn die Existenz einer vorbereitenden seelischen Fehlentwicklung zählen. Bei einer großen Zahl der untersuchten Fälle habe es sich jedoch lediglich um Fehlreaktionen gehandelt, die häufig „nach Ausschluß der Störungsquelle reversibel seien". Man mag einer solchen Einschränkung zustimmen, wenn man die angebotene Definition einer sogenannten „echten" Neurose berücksichtigt. Natürlich wäre über den Inhalt dieser Definition zu diskutieren. Als Hinweis bleibt immerhin übrig, daß Kinder offenbar mit größter Leichtigkeit auf schädigende Umwelteinflüsse mit Verdrängungsvorgängen und neurotischen Reaktionen antworten.

Im übrigen ist hinzuzufügen, daß die durchgeführten Auszählungen von neurotischen Krankheitszeichen bei Kindern im allgemeinen vor der Schwierigkeit stehen, daß der überwiegende Teil dieser Kinder gleichzeitig mehrfache und verschiedenartige Störungszeichen zu bieten pflegt. Es gehört tatsächlich zu den ausgesprochenen Seltenheiten, daß ein Kind lediglich ein einziges Symptom aufweist. Oft entsteht dieser Eindruck nur dadurch, daß das führende Symptom subjektiv besonders beeinträchtigend empfunden wird, evtl. die Eltern besonders stört und daß dadurch die Beachtung der übrigen Auffälligkeiten zurückgedrängt wird.

In diesem Zusammenhang ist es nun notwendig, eine Erörterung über das Problem der „Diagnose" im Arbeitsbereich der Psychotherapie einzuschieben. Ist es doch immer noch Gegenstand wissenschaftlicher Diskussionen, daß man nach einem „Diagnosenschema" für psychogene Erkrankungen sucht.

Hierzu wäre folgendes zu bemerken: Sofern wir nach einer „Diagnose" suchen, sollten wir ein ganz bestimmtes Ziel im Auge haben. Wir sollten versuchen, mit Hilfe einer Namensgebung die bei der Erkrankung ursächlich wirkenden Faktoren mit den ihnen gesetzmäßig zugehörigen biologischen Abartigkeiten zu umschreiben. Mit dem Bemühen um eine Diagnose sollten wir Herkunft und Ursache der krankhaften Störung suchen, und dann der Quintessenz unserer Feststellungen ein bestimmtes Etikett verleihen, das nun die allgemeine Verständigung erleichtert. Methodisch gesehen wäre jedenfalls dieses Vorgehen das richtige. Gelegentlich kommt es allerdings vor, daß man krankhafte Zustandsbilder und typische Verläufe empirisch recht gut kennt, ohne daß man aber die *Herkunft*, die Aetiologie des Krankheitszustandes also, genauer angeben kann. Auch bei der Benennung solcher in ihrer Aetiologie noch ungeklärten Krankheitseinheiten spricht man gelegentlich von einer Diagnose. Unter strengen methodischen Gesichtspunkten ist das ohne Zweifel sehr mißlich, denn es führt uns zwangsläufig zu einer mehrgleisigen und verworrenen Etikettierung. Besonders leicht muß dieses verfehlte methodische Vorgehen natürlich dazu führen, daß man das Problem der *Diagnose* verwechselt mit dem Problem der *Erscheinungsform* einer Krankheit.

Halten wir uns an das methodisch zweckmäßigere Vorgehen, indem wir uns nach der Aetiologie einer Krankheit richten, dann liegt die Situation im Rahmen neurotischer Krankheitszustände verhältnismäßig einfach. Es liegt auf der Hand, daß wir im Bereich der Neurosenpsychologie die „Diagnose" in dem Augenblick gestellt haben, in dem wir *sichere* Kriterien dafür finden konnten, daß es sich um eine Erkrankung handelt, die im Gefolge von erworbenen Verdrängungsreaktionen und zugehörigen seelischen Fehlentwicklungen auftrat. Freilich gehört hierher eine methodisch besonders wichtige Forderung: Die Diagnose „psychogene Erkrankung" darf auf gar keinen Fall per exclusionem gestellt werden, d. h. es dürfte auf gar keinen Fall genügen, daß man lediglich das Fehlen faßbarer Organveränderungen konstatiert, um sich zur Diagnose einer psychogenen Erkrankung führen zu lassen. Solange nicht *positive* Kriterien dafür vorliegen, daß im Rahmen einer komplizierten Biographie Verdrängungsvorgänge und Gehemmtheiten erworben wurden, die ihrerseits die Entstehung neurotischer Krankheitszeichen hervorbrachten, so lange ist es nicht erlaubt, nur mangels besserer Kenntnisse von psychogener Reaktion zu sprechen. Umgekehrt ist es selbstverständlich, daß die sorgfältigste körperliche Untersuchung und der Ausschluß primär organischer Erkrankungen immer *vor* jedwede Beurteilung der psychischen Konstellation gestellt werden muß.

Wir halten also für unsere Zwecke jetzt erst einmal fest, daß wir die gesuchte Diagnose in dem Augenblick in weiten Grenzen festgelegt haben, in dem wir nach Ausschluß primär organischer Erkrankungen konstatieren konnten, daß Antriebsverdrängung und zugehörige Gehemmtheit ursächlich und *entscheidend* am vorliegenden Krankheitsgeschehen beteiligt sind. Mit dem Begriff „psychogene Erkrankung" sollte das übergeordnete aetiologische Moment auf jeden Fall soviel Gewicht haben, daß wir uns mit dieser Diagnose vorerst einmal begnügen. Die Hinzufügung von Symptombildern, um die spezielle Reaktionsform zu bezeichnen, hat zunächst überwiegend beschreibenden Wert.

Ein Vergleich aus der Organmedizin mag die hier vorliegende Situation kurz verdeutlichen: Wenn wir z. B. feststellen, daß ein Patient tuberkulös erkrankt ist, so wird heutzutage der Krankheitserreger als wesentlich bedingende Ursache für die Gesamtcharakteristik des Krankheitsbildes hervorgehoben. Da sich die Tuberkulose jedoch an verschiedenen Organsystemen abspielen kann, verfeinern wir unsere Beschreibung mit dem Hinweis auf das befallene Organ. Wir verfeinern unsere Kenntnisse hinsichtlich der Krankheitsverläufe durch die genaue und sorgfältige Beobachtung der jeweiligen Regeln, nach der sich die Tuberkulose an der Lunge, den Knochen, der Haut oder anderweitig abspielt. Außerdem haben wir Unterscheidungen in bezug auf die häufigsten Verlaufsformen des Krankheitsbefalls, und wir benutzen auch diese Kenntnis zur verfeinerten Beschreibung der Krankheitsbilder, ohne daß damit etwa die Bedeutung des Krankheitserregers eingeschränkt würde. Eine komplette Erörterung aller tuberkulöser Erkrankungsformen könnte nach sehr verschiedenen Ordnungsgesichtspunkten aufgezogen werden. Natürlich handelt es sich bei der Tuberkulose keineswegs allein um das Problem des Tuberkelbazillus, sondern tatsächlich um das Gesamtproblem des tuberkulös erkrankten Menschen. Immerhin richten sich die jeweils gewählten Ordnungsprinzipien im allgemeinen nach formalen äußeren Gesichtspunkten, insbesondere nach der Gliederung in bestimmte Organsysteme.

Ganz außerordentlich ähnlich liegt es bei der Beschreibung psychogener Erkrankungen. Wir haben es mit verschiedenartigen Manifestationsformen einer speziellen Grundstörung zu tun. Diese Grundstörung sollte unser diagnostisches Etikett als erstes entscheidend bestimmen. Die Beurteilung der erworbenen neurotischen „Grundstruktur" wird außerdem erheblich zur Verfeinerung des Gesamturteils beitragen. Schließlich wird man sich — wie wir schon hervorgehoben haben — um die Frage bemühen müssen, ob bestimmte Antriebsverdrängungen und Gehemmtheitsreaktionen bestimmten Symptomarten in besonderer regelmäßiger Weise zugeordnet sind. Es wird sich im Verlauf der folgenden Überlegungen zeigen, daß das in gewissen Grenzen geht. Nochmals sei jedoch betont, daß die Manifestation neurotischer Krankheitszeichen von außerordentlich vielfältigen Faktoren bestimmt wird. Zu einem Teil von Faktoren, die *außerhalb* jener Vorgänge liegen, die in den Bereich psychischer Fehlreaktionen fallen. In der überwiegenden Zahl der Fälle wird uns ein außerordentlich verwickeltes Zusammenspiel zwischen angeborenen Reaktionsformen und bestimmenden Umweltfaktoren zu beschäftigen haben.

Insgesamt wird die nun folgende Darstellung der speziellen Neurosenlehre nach Möglichkeit an kasuistischen Beispielen orientiert sein. Es soll erstrebt werden, daß vorher oder im Anschluß an eine kurz skizzierte Falldarstellung die neurosenpsychologischen Gesichtspunkte, die für das jeweilige Krankheitsbild von Bedeutung sind, knapp und übersichtlich herausgehoben werden. Diese so vorgenommene Abstraktion soll dazu dienen, daß das anschauliche Material in die psychologischen Tatbestände richtig eingeordnet werden kann und daß außerdem einige Hinweise auf den empfehlenswerten therapeutischen Umgang mit Kindern möglich sind.

Der beschränkte Raum wird es dabei leider mit sich bringen, daß die an sich wünschenswerte sehr ausgedehnte und sorgfältige Einzelschilderung der besprochenen Fälle doch begrenzt werden muß.

b) *Neurotische Manifestationsformen und ihr Krankheitswert*

Im weiteren Verlauf unserer Überlegungen ist es jetzt notwendig, daß wir uns eine Übersicht verschaffen über die Eigenart auftretender neurotischer Störungszeichen. Bei der Durchsicht der hierher gehörigen Literatur fällt eines auf: Autoren, die sich bisher für diese Fragestellung interessiert haben, beschreiben unter allen aufgeführten Störungszeichen immer auch eine Reihe von charakterologischen Auffälligkeiten mit. Es wird dann unterstellt, daß diese charakterologischen Auffälligkeiten ebenfalls das Ergebnis einer neurotischen Fehlentwicklung seien. Für unsere im Folgenden zu beginnende Diskussion der neurotischen Manifestationsformen erwächst aus diesem Sachverhalt das Problem, in welcher Weise wir eine gliedernde Übersicht über die vielgestaltige Fülle der vorkommenden Auffälligkeiten finden könnten. Bei der Diskussion der Einzelsymptomatik können wir uns auf keinen Fall mit der bisher dargestellten Aufteilung in entwicklungsabhängige Strukturbilder zufrieden geben. Zu viele weitere Faktoren bestimmen das endgültige Krankheitsbild. Im Zusammenhang mit praktischen Bedürfnissen ist es auch erstrebenswert, Symptomarten gesondert und einigermaßen übersichtlich abzuhandeln. So ist es nicht ganz leicht, für diese Zielsetzung die passendsten Gesichtspunkte zu finden.

In diesem Zusammenhang sehen wir uns gezwungen, noch ein weiteres Problem vorweg zu besprechen und eine gesonderte Zwischenüberlegung einzuschieben. An Hand dieser Zwischenüberlegung werden wir dann gleichzeitig erläutern, welchen Weg der gliedernden Ordnung wir für zweckmäßig gehalten haben.

Dem einen oder anderen Leser ist vielleicht bei der bisherigen Lektüre bereits aufgefallen, daß wir häufiger den Begriff „neurotische *Manifestations*formen" verwandt haben, anstatt daß wir von neurotischen *Krankheits*formen sprachen. Diese Wortwahl war Absicht. Bei der Beurteilung neurotischer Störungszeichen drängt sich uns immer wieder das bedeutungsvolle Problem auf, unter welchen Bedingungen man bei einer neurotischen Auffälligkeit von einer *Krankheit* sprechen kann oder sprechen will und wann nicht.

Dieser Spezialfrage nach dem Krankheitswert einer neurotischen Störung hat nun die jetzt folgende Zwischenüberlegung zu gelten.

Zweifelsohne ist ein beträchtlicher Teil der gesamten Medizin-Theorie von Versuchen ausgefüllt, den Begriff der Krankheit definitorisch einzugrenzen. Um die hier vorliegende Situation klar ins Auge zu fassen, sollte man sich einen Augenblick folgendes überlegen:

Die beiden Begriffe gesund und krank werden seit Jahrhunderten gebraucht, um auffällige Vorgänge des lebendigen Lebens zu umschreiben. Beide Begriffe sind zunächst nichts anderes als *vorwissenschaftliche* Namensgebungen. Allgemein glaubt jedermann zu wissen, was krank oder gesund sein soll, ebenso wie jedermann eine Vorstellung davon hat, was ein Tier oder eine Pflanze ist. Im Verlauf einer wissenschaftlichen Entwicklung wird es dann aber sehr bald notwendig, solche vorwissenschaftlichen Meinungen über das Wesen bestimmter Vorgänge genauer zu untersuchen. Es gehört dann zu den wichtigsten Aufgaben aller Forscher, daß man eine Verständigung darüber findet, auf Grund welcher Merkmale man ein hervorgehobenes Wort als wissenschaftliche Namensgebung im Sinne einer Definition verwenden will. Solche Zielsetzungen sind wesentlich schwieriger zu erreichen als der Unbefangene bei oberflächlichem Hinsehen im allgemeinen vermutet. Die Bedeutung hierhergehöriger Bemühungen kann jedoch nicht hoch genug veranschlagt werden. Wir hätten es bald mit einer babylonischen Verwirrung unter allen Wissenschaftlern zu tun, wenn eine solche Einigung nicht versucht und auch erreicht würde, sondern wenn statt dessen verschiedene Menschen unter dem gleichen Begriff etwas Verschiedenes verstünden.

Wir sagten schon, daß solche Zielsetzungen keineswegs leicht zu erreichen sind. Schon etwa der Versuch, die beiden Begriffe Tier und Pflanze nach ihren Wesensmerkmalen zu unterscheiden, hat die größte Mühe bereitet. Pflegt doch die Natur keine Sprünge zu machen und uns immer eine Vielzahl fließender Übergangsformen anzubieten, die der definitorischen Grenzziehung fast unüberwindliche Hindernisse entgegensetzen. So etwa auch Lebewesen, die sowohl Merkmale des tierischen, wie des pflanzlichen Lebens aufweisen und die nur nach einer willkürlichen Verabredung so oder so eingeordnet werden können.

Es liegt auf der Hand, daß definitorische Bemühungen dieser Art, so hoch ihre Bedeutung für die wissenschaftliche Entwicklung auch angesehen werden muß, doch immer einen Akt willkürlicher Grenzsetzung enthalten.

Diese Tatsache haben wir zu beachten, wenn wir uns um das Problem des Krankheitsbegriffes bemühen. Keineswegs liegt hier eine allgemeingültig gewordene konventionelle Verabredung vor. Zahlreiche Versuche, die sich im Rahmen einer allgemeinen Anthropologie darum bemühen, eine möglichst geschickte Umschreibung zu finden für das, was wir Krankheit nennen, liegen miteinander in Konkurrenz. Im wesentlichen umkreisen sie alle den Hilfsbegriff der „Norm" oder den der „Anpassungs- oder Lebensfähigkeit", der „Suffizienz" oder ähnliches, um zu einem brauchbaren Ergebnis zu kommen. Fast alle Medizintheoretiker sind selbst von den Ergebnissen, die sie finden oder anzubieten haben, unbefriedigt. Zum Teil geht die methodische Unzufriedenheit sogar so weit, daß dafür plädiert wird, den Begriff der Krankheit völlig wegfallen zu lassen (Bleuler). Lange-Eichbaum empfiehlt, nur noch von „bionegativ" zu sprechen, um den Gehalt an magisch-anthropomorphisierenden Vorstellungen, die dem Begriff der Krankheit innewohnen, zu entfernen.

Für unsere Gesamtüberlegung ist zunächst jedoch nur die Feststellung entscheidend wichtig, daß es sich um ein weitgehend quantitatives Problem handelt, und zwar um die Festsetzung einer Grenze, von der ab wir einen Funktionsablauf nicht mehr als „Spielart" oder als „schwankend innerhalb der Norm" oder ähnlich bezeichnen wollen, sondern ihn krankhaft nennen.

Es geht hier im Grunde um das alte Problem des sogenannten Umschlags von Quantität in Qualität, d. h. um die Grenze, von der ab wir zu der Messung von Quantitäten die Beschreibung von Qualitäten hinzufügen. Ob nämlich der Gallenstein in einer Gallenblase noch nicht oder doch schon als Krankheit angesehen werden soll, ist die Frage einer allgemeinen Verabredung. Der beschwerdefreie Gallensteinträger erscheint uns nicht als krank, wenngleich man sich einig darüber ist, daß ein Stein nicht in die Gallenblase gehört, daß seine Existenz bereits Anzeichen einer nicht voll intakten Funktion ist und daß jeden Tag in grundsätzlich fließendem Übergang aus dem „Steinträger" ein „Steinkranker" werden kann.

In solchen und tausend anderen Fällen abstrahieren wir zwar mit Überlegung und nicht völlig sinnlos, aber doch bis zu einem gewissen Grade willkürlich eine bestimmte Grenze, um das zu markieren, was man, wie erwähnt, den „Umschlag" der Quantität in die Qualität nennt. Das heißt, wenn der ordnende menschliche Geist die fruchtbare Möglichkeit entdeckt, auch dann Qualitäten gesondert zu beschreiben, wenn diese sich grundsätzlich in quantitative Unterschiede auflösen ließen. In unserem Fall also einmal von krank und dann wieder von gesund zu sprechen, wenn man Ausmaß und Eigentümlichkeiten bestimmter Funktionsveränderungen zusätzlich charakterisieren will.

Wie liegt es nun im Hinblick auf diese Überlegungen bei den Folgeerscheinungen neurotischer Fehlentwicklungen? Ganz offenkundig sind wir hier noch mehr als irgendwo anders weit davon entfernt, eine konventionell gültige Übereinkunft aller Fachvertreter vorzufinden. Tatsache ist, daß sich hier ein besonderes Problem, bemerkt oder unbemerkt, in alle theoretischen Überlegungen hineinzuschieben pflegt. Unter anderem hat Oswald Schwarz in seiner Medizinischen Anthropologie bereits diese Sachverhalte hervorgehoben. Wir beobachten nämlich, daß in das krankhafte psychische wie organische Geschehen in gewissen Grenzen die Befähigung zu *willkürlicher Einflußnahme* eingreifen kann. Es gibt eine ganze Reihe von auffälligen Reaktionsformen körperlicher und seelischer Art, die — mindestens befristet — mit Hilfe von Selbstbeherrschung und Willensanstrengung beeinflußt werden können. Diese Tatsache ist sehr eindrucksvoll, und sie hat, wie gesagt, bemerkt oder unbemerkt in der vorwissenschaftlichen wie auch in der wissenschaftlichen Begriffsbildung sehr weitgehend bestimmend gewirkt.

Grob gesehen pflegt sich daher als Konsequenz dieser Vorgänge heute im allgemeinen folgende Urteilsbildung anzubieten: Weist ein Kind oder ein Erwachsener eine erheblich beeinträchtigende Fehlfunktion irgendeines Organsystems auf und ist diese Fehlfunktion dem Zugriff *willkürlicher Einflußnahme* weitgehend *entzogen*, dann zeigt man sich geneigt, vom Vorliegen einer Krankheit zu sprechen. Im psychischen Bereich gilt ein Gleiches. Treten also bei einem Menschen plötzlich seelische Reaktionsweisen auf, von denen sich der Betroffene — ähnlich wie beim krankhaften Organgeschehen — überfallen fühlt, an denen er leidet und denen er ausgeliefert erscheint, so ist man bereit, ihn krank zu nennen. Sei es zum Beispiel, daß ein Kind von plötzlich auftauchenden Angstzuständen überfallen wird, oder alarmierende Zwangserscheinungen bietet, oder ähnliches.

Tatsächlich ist die Möglichkeit, per Willensanstrengung und mit dem subjektiven Gefühl der Freiheit in einen Funktionsablauf einzugreifen, immer ein höchst bedeutungsvolles Kriterium für die Beurteilung eines Krankheitsvorganges gewesen. Wie schon gesagt, ist man bei sinnfälliger und eindeutiger Beeinträchtigung der willkürlichen Einflußnahme, die die Funktionsstörung beherrschen könnte, im allgemeinen geneigt, diese Störung eine krankhafte zu nennen. Scheint es jedoch möglich, einen Funktionsablauf in gewissen Grenzen willkürlich zu beeinflussen, so wehrt sich die unbefangene Urteilsbildung dagegen, hier eine Krankheit zu vermuten. Es soll allerdings hervorgehoben werden, daß diese Form der Urteilsbildung weitgehend naiv und ohne ausreichende Sachkenntnisse vollzogen wurde. Eine Reihe von nicht unerheblichen Fehlurteilen liegt in ihr verborgen.

Im Verlauf ärztlicher Beobachtungen konnte es nämlich nicht übersehen werden, daß eine Reihe von scheinbar frei gesteuerten Verhaltensweisen sowohl bei Kindern, wie auch bei Erwachsenen in hohem Maße von neurotischen Erregungszuständen getrieben werden, obgleich sie für eine bestimmte Frist dem Zugriff willkürlicher Einflußnahme unterliegen.

Nehmen wir als einfachstes Beispiel das neurotische Nägelknabbern oder das Haarausreißen der Kinder. Beide Male liegt eine aktive Handlung vor, die bei bestimmter Willensanstrengung zeitweise auch unterdrückt werden kann. Trotzdem und ohne Rücksicht auf zahlreiche Vorsätze, Strafen oder Belohnungen wird sie immer wieder vollzogen.

Ähnlich, fast noch komplizierter, steht es mit den Vorläufern zwangsneurotischer Krankheitszeichen. Wer den früheren Kapiteln über den Ursprung der Zwangsneurose aufmerksam gefolgt ist, wird das selbst sogleich bemerken. Aus einer scheinbar normalen Ordnungsliebe, die zunächst nichts anderes ist, als ein charakterologisches Merkmal, ist eines Tages ein Ordnungszwang geworden. Nur dem Kenner konnten diese Merkmale als erstes Wetterleuchten neurotischer Erkrankung auffallen. Scheinbar frei gesteuerte Verhaltensweisen gehen plötzlich in ein alarmierendes Krankheitssymptom über.

Fassen wir die hier angedeuteten Vorgänge sorgfältig ins Auge und berücksichtigen wir die konventionell übliche Urteilsbildung, die sich im allgemeinen durchsetzt, so tut sich vor uns ein weitläufiges Grenzgebiet zwischen gesund und krank auf. Tatsache ist, daß heutzutage sowohl die landläufige Meinung, wie auch die Rechtsprechung den Krankheitsbegriff bei psychogenen Reaktionen sehr stark eingrenzt und auf eine große Anzahl neurotischer Zustandsbilder und Verhaltensweisen nicht angewendet wissen will. Nur einem bestimmten Sektor im neurotischen Gesamtgeschehen wird im allgemeinen eigentlicher Krankheitswert zuerkannt.

Die praktische Bedeutung dieses Faktums ist groß. Es fängt damit an, daß man dem Menschen, den man für krank erklärt, leicht und bereitwillig pflegliche Schonung, Fürsorge und Hilfestellung zuteil werden läßt. Der vermeintlich Nichtkranke, sondern nur unbeherrscht Willensschwache wird dagegen mit Forderungen auf bessere Selbstbeherrschung belastet.

Für Kinder liegt diese Situation meist noch ganz wesentlich schwieriger als für Erwachsene. Alle unsere Erfahrungen lehren uns, daß man in der Praxis in diesen Punkten bei Erwachsenen und Kindern große Unterschiede macht. Leidet ein Erwachsener an einem Tic, einem Zwangssymptom oder einer Enuresis, so wird man ihn weder schlagen, noch ihm das Essen entziehen oder ihn in eine dunkles Zimmer sperren, sondern man schickt ihn baldmöglichst zum Arzt. Bei Kindern sieht das ganz anders aus. Ein Kind mit einer Enuresis hat fast immer ein monate- oder jahrelanges Martyrium hinter sich und ist lange Zeit mit Strafen, Schlägen, Liebesentzug und Scheltworten bedacht worden. Man hat mit den Eltern so erkrankter Kinder oft genug die langwierigsten Gespräche zu führen, nur um ihnen den Krankheitswert neurotischer Organstörungen klarzumachen. Noch größere Schwierigkeiten aber gibt es im allgemeinen, wenn man erreichen will, daß mit psychogen getriebenen Verhaltensweisen vernünftig und sachgerecht umgegangen wird.

Es erhebt sich hier natürlich sofort die Sonderfrage, ob es zweckmäßig und richtig wäre, im folgenden für die Einführung neuer Konventionen und Richtlinien zu plädieren. Also etwa, ob man empfehlen soll, daß nicht nur eine bestehende Enuresis krankhaft genannt wird, sondern auch neurotische Verhaltensweisen wie etwa das Nägelknabbern.

Es handelt sich hier um ein recht schwieriges Problem. Wie wir schon sagten, ist der Übergang von Krankheit zu Gesundheit ein fließender und die Grenzziehung letztlich nur die Frage einer Verabredung. Auch der Übergang von frei gesteuerten Willensvollzügen zu gefühlsgetriebenen Affekthandlungen ist ohne scharfe Demarkationslinie und wir können die Grenze zwischen affektiv getriebenen Verhaltensweisen und unbeeinflußbaren Funktionsstörungen nicht eindeutig bestimmen.

Nun glauben wir allerdings, daß es im Rahmen dieses Buches nicht unsere Aufgabe ist, für die Einführung einer neuen Konvention in bezug auf den Krankheitswert einer neurotischen Störung zu plädieren. Erfreulicherweise setzen sich allenthalben Tendenzen durch, die eine Neuüberprüfung der hier angeschnittenen Probleme anregen. Insbesondere drängen die neu gewonnenen psychiatrischen Einsichten dazu, daß es als schwerwiegendes ärztliches Versäumnis gelten muß, wenn man den Kindern, deren neurotische Entwicklungsstörungen sich überwiegend im charakterologischen Bereich manifestieren, die entsprechende Hilfestellung verweigert. Sicher wird man je nach Ausmaß der Persönlichkeitsveränderung Einzelabschätzungen durchführen müssen, um zu überlegen, ob man einem vorliegenden Zustandsbild Krankheitswert zuerkennen will oder nicht. Doch sei hier mit Nachdruck hervorgehoben, daß die fehlerhafte bagatellisierende Beurteilung neurotischer Persönlichkeitsveränderungen die folgenschwersten Konsequenzen haben kann. Das Fehlurteil über den Krankheitswert einer Störung kann den rechtzeitigen therapeutischen Zugriff verhindern und damit zu weiterem Einschleifen der neurotischen Schwierigkeiten führen. Eine anfänglich vielleicht noch harmlose und leicht korrigierbare Situation kann sich auf diesem Weg lawinenartig auswachsen.

Unter allen Umständen wird man in Zukunft außerdem eine Umänderung in der affektiven Beurteilung neurotischer Störungszeichen vollziehen müssen. Es wird nicht mehr erlaubt sein, autoritativ moralisierend gegen die sich darbietenden Auffälligkeiten vorzugehen, sondern man wird sachlich richtige Assistenz zu gesunderer Selbstentfaltung leisten müssen.

Die Schwierigkeit, das Wesen einer neurotischen Störung unter die Begriffe krank oder nicht krank zu rubrizieren, ist angesichts der vorliegenden Problematik groß. Um ihr zu entgehen, wählen wir für unsere folgende Gliederung ein allgemeineres Wort und sprechen zunächst nur von neurotischen *Manifestationsformen*. Wir unterstellen dabei, daß bei psychischen Fehlentwicklungen genau wie bei jeder Organfunktionsstörung gradweise fließende Übergänge bestehen und daß die Festsetzung einer Demarkationslinie zwischen gesund und krank im Grunde einen Willkürakt darstellt. Die im folgenden von uns gewählte Gliederung und Unterteilung in drei verschiedene Gruppen tut nichts anderes, als daß sie einer allgemeinen konventionellen Urteilsbildung Rechnung trägt. Wir wollen folgendermaßen unterscheiden:

1. Manifestationen im charakterologischen Bereich,
2. Spezielle neurotische Verhaltensweisen,
3. Neurotische Krankheitszustände.

Dem aufmerksamen Leser wird es dabei keinen Augenblick entgehen, daß die Übergänge zwischen den drei gewählten Ordnungsgruppen ausgesprochen fließend sind. Sie unterscheiden sich untereinander im wesentlichen dadurch, daß das subjektive Gefühl freiheitlicher Einflußnahme auf die sich vollziehenden köperlichen oder seelischen Vorgänge quantitativ verschieden intensiv ist. Nochmals betonen wir, daß in jeder so aufgestellten Gliederung ein Moment willkürlicher Grenzziehung enthalten ist. Wir glauben aber, diese ordnende Grenzziehung nicht entbehren zu können, wenn wir dem Lernenden eine einigermaßen übersichtliche Situation anbieten wollen, in der er sich zurechtfinden kann. Auch für den Lernenden ist es leichter, die Lücken, Fehler und Irrtümer in einer Ordnung, die ihm angeboten wird, herauszufinden, als diese Ordnung in einem vollständig ungegliederten Gesamtgebilde selbst zu schaffen.

Wir wiederholen, daß die von uns gewählten Gruppen keinen Rückschluß auf den Krankheitswert der vorliegenden Störung gestatten. Neurotische Störungen im charakterologischen Bereich und neurotische Verhaltensweisen haben nach unserer Auffassung immer dann Krankheitswert, wenn das Ausmaß der Störung eine gewisse Grenze überschreitet. Hier werden Einzelabschätzungen für jeden neuen Fall dazu führen müssen, daß eine gerechte und vernünftige Klassifikation erfolgt.

Die sozialpolitischen Probleme, die sich unweigerlich an die hier vorliegenden Schwierigkeiten knüpfen, wollen wir im Augenblick unbesprochen lassen. Wir glauben, der Sache selbst damit genug zu dienen, daß wir die innere Verfassung der Kinder mit neurotischen Charakterschwierigkeiten sorgfältig beschreiben. Diese Beschreibung wird auf jeden Fall behilflich sein, daß die Ansatzpunkte zur entsprechenden Hilfestellung für das Kind gefunden werden.

B. Manifestationen im charakterologischen Bereich

Vorbemerkung

Unter dem „Charakter" eines Menschen verstehen wir im allgemeinen die Gesamtsumme seiner Neigungen, Tätigkeiten und Verhaltensweisen. Die Beschreibung einer neurotischen Charakterfehlentwicklung wird also ihre besondere Aufmerksamkeit darauf zu richten haben, welche Konsequenzen der Erwerb von neurotischen Gehemmtheiten für dieses gesamte Charakterbild mit sich bringt.

Zu einem Teil haben wir bereits im Rahmen der allgemeinen Neurosenlehre wesentliche, hierher gehörige Sachverhalte abgehandelt. Die „Grundformen neurotischer Entwicklungsstörungen" sagen zweifelsohne das Wesentlichste darüber aus, was als entwicklungsbedingtes neurotisches Strukturelement an der Prägung des gesamten Charakterbildes beteiligt ist. Wir verweisen also zunächst auf die einschlägigen früheren Kapitel und brauchen damit die hierhergehörigen Sachverhalte nicht noch einmal zu wiederholen. Wir können uns statt dessen unmittelbar den Vorgängen zuwenden, die bisher bei der Darstellung phasenbedingter Strukturentwicklungen noch keinen Raum gefunden haben und die zusätzlich erörtert werden müssen.

Es gehört an diese Stelle für unsere Leser nochmals eine bereits mehrfach ausgesprochene Warnung. Wir beschreiben im folgenden nicht etwa „den" Charakter eines Kindes, genau so wenig, wie wir in den früheren Kapiteln „die" Entwicklung dieses Charakters darzustellen vermochten. Wir bemühen uns in diesem Zusammenhang lediglich, die neurosenpsychologisch bedeutungsvollen Elemente hervorzuheben und zu beschreiben, soweit sie in den früheren Kapiteln noch nicht Beachtung gefunden haben.

Um in unseren Erörterungen nun nicht völlig planlos vorzugehen, werden wir uns bemühen, einigermaßen brauchbare Gesichtspunkte zu finden, die die noch weiter zu besprechenden Schwierigkeiten in besonderer Weise gruppieren. Dazu ist natürlich zu sagen, daß die von uns im folgenden vorgenommenen Abstraktionen in gewissen Grenzen ein *Kunstprodukt* sind. Wer bei den später aufgeführten Beispielen genau hinsieht, wird bald bemerken, daß die Merkmale, die wir jetzt ins Auge fassen, nur hervorgehoben akzentuiert sind, aber nicht etwa die einzigen, die existieren. Solange wir dieses Faktum nicht vergessen und aus den Augen verlieren, steht der von uns gewählten didaktischen Methode — um mehr handelt es sich nicht — freilich nichts im Wege.

Wir wollen also für das folgende Kapitel zunächst drei Gruppen unterscheiden:

Wir beachten in der ersten Gruppe die Folgen primärer Gehemmtheiten, die sich in *Spielhemmungen*, *Arbeitshemmungen* und *Leistungsminderungen* dokumentieren. Ein Kind, dessen Impulse zum Zugreifen, Erobern, Planen, Wünschen und Handeln gehemmt wurden, zeigt regelmäßig eine neurotisch bedingte Minderung seiner Betätigungsmöglichkeiten und seiner Kontaktfähigkeit. Diese primäre Minderung, soweit sie sich überhaupt abstrahieren läßt, beschreiben wir zuerst.

Es ist aber ein allgemeines Gesetz, daß bereits das sehr kleine Kind, das seine primären Schwierigkeiten und Gehemmtheiten instinktiv bemerkt, zahlreiche Versuche macht, diese primären Schwierigkeiten zu kompensieren, und zwar mit Hilfe von aktiver Betätigung zu kompensieren. Dieses zweite Kapitel trägt daher die Überschrift „*Kompensationsversuche*". Es handelt sich hier z. B. darum, daß ein Kind, das in seinem Zärtlichkeits- und Liebesbedürfnis Einschränkungen erfuhr oder das im aggressiv-expansiven Erleben gehemmt wurde, versucht, diese Mangelerlebnisse auszugleichen, indem es per Leistung und Ehrgeiz das Leben zu bewältigen trachtet. Besondere Bedingungen der Anlage und des Milieus tragen dazu bei, die jeweils gewählte Entwicklungslinie in bezug auf ehrgeizige Leistung zu prägen. Wie gesagt, wird das zweite Kapitel diesem Problemkreis Rechnung tragen.

Ein drittes Kapitel wird sich mit dem Thema der sogenannten neurotischen *Ersatzbefriedigungen* befassen. Hier handelt es sich darum, daß ein Kind angenehme und lustvolle Betätigungen entdeckt, mit deren Hilfe es den vorliegenden inneren Spannungs- und Mangelzustand beschwichtigen kann. Der Akzent des inneren Erlebens und Verhaltens liegt bei solchen Kindern dann nicht in der aktiven Leistung, die gestaltet wird, und die natürlich ebenfalls Befriedigungserlebnisse vermittelt, sondern der Akzent liegt auf dem *Ersatzgenießen*, also der Befriedigung mit Hilfe von bequem erreichbarem Genuß. In der Praxis kann es sich z. B. um süchtige Tagträumereien handeln oder um passive Bequemlichkeitshaltungen, die — obwohl die Folge von neurotisch gehemmter Aktivität — doch auch das Erlebnis des „Dolce far niente", des bequemen Behagens, mit sich bringen.

Allerdings müssen wir für diese Kapitel eine ganz besondere Einschränkung machen: Es gibt eine Fülle von neurotischen Verhaltensweisen, die als eine Art Ersatzbefriedigung verstanden werden können. Trotzdem wollen wir bei der Aufzählung und Abhandlung vorkommender Ersatzbefriedigungen den Bogen nicht allzu weit spannen. Das Bedingungsgefüge für die meisten neurotischen Auffälligkeiten ist außerordentlich verwickelt. Manche neurotische Reaktionsform stellt zwar unter anderem auch eine Ersatzbefriedigung dar, besitzt aber außerdem eine Reihe von Eigenschaften, die gesondert beurteilt werden müssen. Es schien uns daher nicht zweckmäßig, den Begriff der Ersatzbefriedigung mit einem allzu hervorgehobenen Übergewicht auszustatten. Natürlich ergeben sich aus diesen Überschneidungen und der Vielfältigkeit möglicher Ordnungsgesichtspunkte eine Reihe von methodischen Komplikationen und methodischen Mängeln. Wir sehen diese Schwierigkeit selbst, glauben aber doch, daß die Unzulänglichkeit im Aufbau nicht allzu erheblich wird, wenn wir zwar ein übergeordnetes Kapitel „Ersatzbefriedigungen" aufstellen, jedoch eine Reihe von neurotischen Reaktionsformen, die nur zu einem Teil als Ersatzbefriedigung verstanden werden können, unter anderen Kapiteln abhandeln. Der Sinn unserer gliedernden Einteilung liegt darin, daß wir zwei typische und charakteristische psychologische Verfassungen beschreiben wollen, die sich in ihren Grundzügen wesentlich voneinander unterscheiden. Ein Kind, das aktive Leistung als Hilfsmittel sucht, neurotische Schwierigkeiten zu bewältigen, ist in einer ganz anderen Verfassung als ein Kind, dessen Verhalten bevorzugt in bequemes Genießen einmündet.

Diesem unbestreitbar bestehenden psychologischen Unterschied wollen wir mit der aufgeführten Gliederung Rechnung tragen, ohne die Schwierigkeiten methodisch eindeutiger Klassifikation zu übersehen.

Einen vierten Abschnitt führen wir dann auf unter der Überschrift „*Verwahrlosungsreaktionen*". Auch hier ergibt sich eine methodische Schwierigkeit. Hervorzuheben ist hier als erstes, daß keineswegs alle Verwahrlosungserscheinungen, die etwa dem Jugendrichter vor Augen kommen, Folgen einer neurotischen Fehlentwicklung sind. Der Begriff der Verwahrlosung ist an sich ein sozialer Begriff und kein psychologischer. Bleiben wir im Geltungsbereich psychologischer Tatbestände, dann sollten wir ganz besonders hinsichtlich der Verwahrlosung nie das Attribut „neurotisch" vergessen. Doch auch wenn wir das im Auge behalten, hat die Gruppe der neurotischen Verwahrlosungserscheinungen immer noch eine ganz hervorgehobene praktische Bedeutung. Diese praktische Bedeutung ist, wie wir glauben, sogar so groß, daß es sich empfiehlt, den gesamten Fragenkomplex unter einem gesonderten Kapitel abzuhandeln. Wir müssen dabei nur bedenken, daß wir mit dem Einführen eines Sonderkapitels die Reihe der psychologischen Gesichtspunkte verlassen, die uns bisher bei der Aufstellung unserer Gliederung geleitet haben. Zum Beispiel haben neurotische Verhaltensweisen, die man unter bestimmten Gesichtspunkten als „verwahrlost" bezeichnet, oft alle Anzeichen einer Ersatzbefriedigung im psychologischen Sinn. Oder es entsteht neurotisch verwahrlostes Verhalten im Zuge einer ehrgeizigen Überkompensation, so daß wir bei einer strikten Beachtung unserer früheren ordnenden

Gesichtspunkte dementsprechend diese neurotischen Zustandsbilder unter einer anderen Rubrik aufführen müßten.

Aus sehr gewichtigen praktischen Gesichtspunkten scheint es uns aber tatsächlich richtiger, daß wir die Momente, die von der psychologischen Ordnung her eine Gliederung schaffen, verlassen und daß wir diese große Gruppe auffälliger Verhaltensweisen gemeinsam abhandeln. Unser Ziel ist dabei im wesentlichen, daß jene Leser, deren praktische Arbeit ganz bevorzugt von der Betreuung verwahrloster Kinder und Jugendlicher ausgefüllt ist, in einem zusammengefaßten Kapitel das für sie Wissenswerte über neurotische Verwahrlosung finden können.

1. Neurotische Leistungsminderungen, Spiel- und Arbeitshemmungen

Neurotische Leistungsminderungen, Spiel- und Arbeitshemmungen sind also zunächst Gegenstand unserer Aufmerksamkeit. Es leuchtet ein, daß Leistungsstörungen mit Spielhemmungen aufs engste verschwistert sind. Vor der Darstellung eines zugehörigen kasuistischen Beispiels, das das Ausgangsmaterial theoretischer Überlegungen sein wird, schicken wir eine wesentliche Feststellung vorweg:

Neurotische Leistungsstörungen, die zu dem Zustandsbild führen, das mit sehr laxer Ausdrucksweise eine „Pseudodebilität" genannt wird, pflegen sich wohl in der überwiegenden Zahl der Fälle an mittelmäßig angelegte Begabungen anzuknüpfen. Was mäßig angelegt war, wird durch den Erwerb von neurotischen Gehemmtheiten noch mäßiger. Ist ein Kind von Natur schlecht mit Talenten ausgestattet und ist es zusätzlich noch gehemmt in seinen aktiven Möglichkeiten des Handelns und Gestaltens, dann tritt verhältnismäßig leicht ein bedrohlicher Leistungsabfall ein. Hat dagegen ein Kind eine positive Begabung und erwirbt es nebenher eine Neurosenstruktur, so verläuft die Entwicklung meist ganz anders. Diese Begabung wird dann oft betont gepflegt und als Hilfsmittel und Rettungsanker in den neurotischen Lebensgang eingebaut. Das heißt im Praktischen gesprochen z.B., daß ein Kind sich auf sein Talent zurückzieht, dieses extrem pflegt und im übrigen weitere Kontaktsuche vermeidet. Tatsächlich glauben wir nach unseren Erfahrungen sagen zu können, daß eine neurotische Leistungsminderung, die zu einer an sich von der Begabung her nicht berechtigten Hilfsschulsituation führt, etwas verhältnismäßig Seltenes ist und jedenfalls, wenn sie vorkommt, überwiegend solche Kinder trifft, deren intellektuelle Mittel sowieso nur Durchschnitt bzw. knapper Durchschnitt gewesen sind.

Andererseits ist es richtig, daß auch Hochbegabungen hinter ihrer angelegten und angeborenen Leistungsmöglichkeit zurückbleiben müssen, weil ihnen aus neurotischen Gründen die vollkommene Verwaltung der vorhandenen Befähigungen nicht glückte. In solchen Fällen sollte man zweckmäßigerweise nicht den Begriff Pseudodebilität verwenden. Wir erwähnten schon oben, daß dieser Begriff überhaupt einen sehr nachlässigen Sprachgebrauch darstellt. Der Begriff der Debilität bezieht sich auf eine bestimmte intellektuelle Leistungsminderung, die zahlenmäßig hinsichtlich des Intelligenzquotienten im allgemeinen festgelegt zu werden pflegt. Nach unseren

Erfahrungen kann aber bei einer einigermaßen geschickt angelegten Intelligenzprüfung auf jeden Fall doch der Intelligenzquotient erarbeitet werden, der der Leistungsmöglichkeit des Kindes tatsächlich entspricht, während diese Leistungsmöglichkeit lediglich in affektiv belasteten Situationen nicht verwirklicht wird.

Um die verschiedenen Momente, die an einem neurotisch bedingten Leistungsversagen beteiligt sind, gut illustrieren zu können, bringen wir zur Einführung ein kasuistisches Beispiel, an Hand dessen wir die verschiedenen neurosenpsychologisch bedeutungsvollen Momente diskutieren wollen.

Wir skizzieren zuerst kurz die Biographie der Mutter:

Als junges Mädchen läuft sie achtzehnjährig vor Beendigung ihres Abiturs aus dem Elternhaus davon, um einen Mann zu heiraten, der der kleinbürgerlichen Atmosphäre ihres Zuhause in keiner Weise entspricht. Es handelt sich um einen zwanzigjährigen, beschäftigungslosen Seemann, den die Siebzehnjährige kennenlernt und in den sie sich in lebhafter Gefühlsaufwallung leidenschaftlich verliebt. Er verkörpert für sie die romantische Sehnsucht nach großer Welt, die ihr um so verlockender erscheint, als das eigene häusliche Milieu alle Anzeichen von kleinbürgerlich korrektem, aber sehr engem Horizont aufweist. Unbedacht verabredet sie mit ihrem Freund eine Schwangerschaft, um bei den Eltern die Erlaubnis zur Ehe zu erzwingen. Äußerst ungehalten, aber schließlich doch zum Nachgeben gezwungen, willigen die Eltern in eine Ehe. Die Achtzehnjährige geht von der Schule ab, heiratet und bekommt einen Sohn, den sie Hagen tauft. Ihr Mann, der als Seemann keine Stellung findet und den sie auch nicht fortlassen will, wird Omnibusschaffner und bleibt das, ohne daß sich in den späteren Jahren eine Aufstiegsmöglichkeit bietet. Bereits in den ersten Wochen der Ehe stellt die junge Frau fest, daß sie blind und töricht in ihr Schicksal gelaufen ist. Ihr Ehemann, der sie ursprünglich mit seiner Leidenschaft und seinem Temperament gewann, erweist sich im alltäglichen Miteinander als rücksichtslos, brutal und geistig völlig uninteressiert. Er steht intellektuell und bildungsmäßig weit unter ihr. Heute, nach 10 Jahren, muß die Achtundzwanzigjährige ihren Mann folgendermaßen charakterisieren: „Wenn er nach Hause kommt, legt er sich hin und schläft. Wenn er nicht schläft, schimpft er." Die Achtzehnjährige hat, wie sie selbst berichtet, fast vom Tage der Entbindung an nur geweint. Nach Hause wollte und konnte sie nicht zurück, da sie in bitterem Streit von den Eltern fortgegangen war. Die Existenz des Kindes machte ihr eine berufliche Verselbständigung unmöglich, da zudem die wirtschaftlichen Mittel äußerst begrenzt waren. Der kleine Hagen hatte also eine ständig weinende, schwer depressiv bedrückte Mutter. Daß er Hagen getauft wurde, war selbstverständlich kein Zufall. Resigniert lächelnd gibt die Mutter zu, daß sie sich ihren Sohn als einen „Recken" und deutschen Helden erträumt hat. Ein kindliches Vorstellungsideal in bezug auf germanische Treue und heldenhaftes Wikingertum hat die Mutter offenbar beseelt. Heute sagt sie betrübt über ihren Sohn: „Nun ist er das ganze Gegenteil geworden. Er traut sich nichts, er unternimmt nichts, und in der Schule leistet er auch nichts. Es langweilt ihn alles, er kann nicht spielen, er steht immer nur herum und bestenfalls läßt er sich von anderen Kindern zu irgendwelchen Ungezogenheiten verführen."

Die Klagen, die die Mutter über ihren jetzt 10jährigen Jungen vorbringt und derentwegen sie ärztlichen Rat suchte, sind in diesen Mitteilungen bereits enthalten: „Er leistet nichts, er traut sich nichts, er unternimmt nichts." In der Klasse ist der Junge fast der schlechteste Schüler, und es droht jetzt für ihn das zweite Sitzenbleiben. Dem aufmerksamen Lehrer war nicht entgangen, daß das Schulversagen des Jungen und seine hochgradige Unfähigkeit, Wissensstoff aufzunehmen, nicht einfach auf die unterdurchschnittliche Begabung zurückzuführen war, und er hatte in diesem Sinne mit der Mutter gesprochen.

Wie sah nun der Umgang der Mutter mit diesem Jungen aus und welche Entwicklungshilfen hatte sie ihrem Kind geben können bzw. welche Behinderungen hatte sie evtl. gesetzt?

Eine Frage an den Jungen über das Wesen seiner Mutter bringt folgende Antwort: „Mutti ist gut, aber sie hat immer Angst." Geht der Junge über den Damm und in die Schule, lauert die Mutter hinter dem Fenster und ruft ihm zu, er solle aufpassen. Wünscht er sich Rollschuhe oder leiht er sich gar welche, hält sie das für zu gefährlich. An ein Rad darf überhaupt nicht gedacht werden. Will der Junge mit seinen Klassenkameraden eine Fahrt mitmachen, verhindert die Mutter das, weil sie meint, er lernte unter den vielen Kindern doch nur Schlechtes. Daß dieses Kind nicht trotzdem wie ein junger Siegfried unter seinen Schulkameraden die Führerrolle übernimmt, erstaunt und betrübt die Mutter täglich aufs neue. Sie macht entsprechende spitze Bemerkungen. Sie steht dann nicht an, in Gegenwart des Jungen seine „Feigheit" zu unterstreichen. Abgesehen von vielen anderen Momenten überträgt sich ihr Ressentiment gegen den ungeliebten Mann auf den Jungen, der äußerlich ihm ähnlich wird, psychisch aber offenbar die etwas sensiblere Art der Mutter mitbekommen hat.

Die Mutter — auf diesen Umgang mit dem Jungen angesprochen — meint teils schuldbewußt, teils etwas naiv: „Aber das ist doch jetzt schon viel besser. Als der Junge klein war, bin ich doch noch viel ängstlicher gewesen."

Ohne uns im weiteren auf die biographische Gesamtentwicklung mit den zugehörigen strukturellen Detailüberlegungen einzulassen, halten wir folgende Charakteristika der Mutter und ihres Umgangs mit dem Sohn fest:

Bei der Geburt ihres Kindes ist sie selbst in sehr verzweifelter Schicksalslage depressiv und unglücklich. Als sehr junger Mensch allein gelassen in ihrer Ratlosigkeit reagiert sie mit allgemeiner Angst und Unruhe. Ein verborgenes Ressentiment gegen das Kind, das sie in einer verfahrenen Lebenslage festhält, bricht immer wieder durch. Dieses Ressentiment ist der Hintergrund für äußerst schwankende Verhaltensweisen. Ehrgeizige Impulse, die die Mutter in das Kind hineinprojiziert, werden immer wieder abgelöst von ängstlichen Behinderungen. Wir können uns also ein recht gutes Bild davon machen, wie ihr Umgang mit dem Säugling und auch dem sehr kleinen Kind ausgesehen haben muß. In diesem Zusammenhang greifen wir jetzt auf frühere Kapitel zurück und fragen uns — frühere Erörterungen wiederholend — unter welchen Bedingungen ein Kind so ungehindert und gut spielen lernt, daß sich aus dieser Spielfähigkeit auch gute Leistungsfähigkeit bei der Arbeit entwickelt.

Zunächst besinnen wir uns darauf zurück, daß in früheren Kapiteln vom „Aufforderungscharakter" der Welt gesprochen wurde. Daß die Welt sich einem Kind interessant und anziehend darbietet, ist die erste Voraussetzung für gute Spiel- und Leistungsbereitschaft. Wir haben gehört, daß die primäre Kontaktnahme, die jedes gesund angelegte Kind mit der Welt erstrebt, nicht eine zu große Fülle negativer Erfahrungen mit sich bringen darf. Wir hatten weiterhin gehört, daß dieses Interesse an der Welt, das jedes kleine Kind nimmt, durch die belebende Anteilnahme, die die Pflegepersonen dem Kind zuteil werden lassen, gepflegt und gefördert werden muß. Fehlt dieser Entwicklungsanreiz und werden statt dessen sogar störende Verhaltensweisen gegen die kindlichen Impulse gestellt, dann kann sich diese erste Kontaktnahme nicht mehr unbekümmert entwickeln, das Kind erwirbt, wie wir sagten, *intentionale Lücken*.

Unter Umständen kann eine sich darbietende neurotische Leistungsminderung die ersten Wurzeln bereits in dieser frühesten kindlichen Entwicklungsphase haben. Liegt es doch auf der Hand, daß ein Kind nur dann wirklich gut spielen und arbeiten kann, wenn die Dinge und Gegenstände, mit denen es zu tun hat, sein Interesse wecken, wenn die Welt also ihren „Aufforderungscharakter" behalten hat.

Neben den Behinderungen der Spiel- und Arbeitsfähigkeit, die sich aus den erworbenen intentionalen Lücken herleiten, pflegen aber bereits in frühester Lebensepoche weitere Fehlreaktionen zu entstehen, die ebenfalls ein planvolles Arbeiten außerordentlich stören können. Wir erinnern noch einmal an die früher beschriebene Tatsache, daß ein Kind in seiner körperlichen und seelischen Entwicklung auf einem ausreichenden Maß von Befriedigungserlebnissen aufbauen muß, damit es ungestört die verschiedenen Entwicklungsetappen bewältigen kann. Werden einem Kind bereits sehr früh Befriedigungserlebnisse, z. B. oraler Art vorenthalten, dann entwickelt sich eine typische neurotische Fehlreaktion. Kinder, die niemals sicher sind, daß ihre intensiven Bedürfnisse wirklich gestillt und befriedigt werden, beantworten diese Tatsache außerordentlich häufig so, daß sie versuchen, mit Hast und Ungeduld vom jeweiligen Augenblick das zu erreichen, was sie in der späteren Zukunft nicht mehr erhoffen können. Man sagt, daß solche Kinder einen zu geringen Spannungsbogen haben. Die so entstehenden *neurotischen Ungeduldshaltungen* können im späteren Leben das Spiel- und Arbeitsverhalten eines Kindes ganz außerordentlich weitgehend beeinflussen. Wenn nicht sofort ein Erfolg eintritt, wird aufgegeben. Je nach speziellem Temperament wird mit erregter oder resignierter Tönung der Plan schon im Ansatz fallen gelassen ohne die Fähigkeit, in die Zukunft vorauszuphantasieren und Erfolgsmöglichkeiten abzuwarten.

Ermahnungen pflegen bei diesen früh erworbenen neurotischen Ungeduldshaltungen nicht das Geringste zu nützen. Ist doch der Hintergrund solcher Reaktionsweisen vielschichtig und spannungsreich. Das Kind baut eben auf zu wenig Vorerfahrungen auf, die ihm das Gefühl vermitteln, „das, was ich erhofft habe, kommt schließlich doch". Diese Kinder können im Hinblick auf ihre Vorgeschichte nicht warten, daher auch nicht vorausschauend planen und noch weniger mit einiger Stetigkeit bei einer begonnenen Arbeit ausharren. Die Notwendigkeit, Mißerfolge zu ertragen, die ja bei Lernleistungen immer gegeben ist, stellt für solche Kinder bereits eine nicht mehr tragbare Überforderung dar.

Nun darf man sich natürlich nicht vorstellen, daß die Impulswelt eines Kindes leicht und ohne weiteres total abgedrosselt werden kann. Tatsächlich sind die vitalen Lebensenergien eines Kindes meist nur partiell zu behindern. Die Kontaktnahme des Kindes zur Welt wird also nur durchlöchert, aber nicht völlig lahmgelegt. Freilich ist mit diesen frühen, in der ersten Entwicklungsphase erworbenen Störungszeichen der Eintritt in die nächste Entwicklungsphase erheblich erschwert.

Kehren wir jetzt zu dem Beispiel des 10jährigen Hagen zurück, so dürfen wir uns auch hier nicht vorstellen, daß die erste Kontaktnahme mit der Welt völlig abgeschnitten wurde. Sie wurde andererseits aber auf keinen Fall glatt durchlaufen. Orale Ungeduldshaltungen einerseits und intentionale Lücken andererseits wurden ohne Zweifel erworben. So vorbereitet trat der Junge in die Epoche der motorischen Reifung und handelnden Entwicklung ein. Nach dem Selbstbericht, den die Mutter von ihrem Verhalten gab, ist gar kein Zweifel, daß sie mit ihrer Ängstlichkeit die Fähigkeit zu planendem konstruierendem Verhalten noch weitergehend eingeschränkt hat. Die aggressive Gehemmtheit des Kindes im Sinne des „Nichtherangehenkönnens" hat zweifelsohne zu einem weiteren Teil seinen Ursprung darin, daß immer dann, wenn es versuchen wollte, sich spielend zu betätigen, die Mutter mit ihrer erregten Ängstlichkeit dazwischen fuhr. Besonders in der normalen Phase zerstörerischen Untersuchungsdranges hat die Mutter diesen normalen destruktiven Tendenzen des kleinen Kindes schwerste Behinderungen entgegengesetzt.

Die Mutter berichtete übrigens, daß Hagen in dieser Zeit eine Entwicklungsepoche hatte, in der er oft und scheinbar grundlos in heftige Erregung geriet, schreiend und weinend mit lauten Trotzattacken reagierte und nur durch heftigste Strenge zu friedlicherem Verhalten zu bewegen war. Es ist kaum ein Zweifel, daß das Kind damals, von der Mutter erregt und beunruhigt, durch laufende Beeinträchtigungen zunächst mit überschießender Erregung und sicher voll berechtigter Wut reagierte, bis diese Wut und diese Erregung von den Strafmaßnahmen der Mutter lahmgelegt wurden. Die Mutter berichtete zunächst nicht ohne Stolz, daß es ihr damals gelungen sei, „den Trotz zu brechen", und es brauchte geraume Zeit, um ihr klar zu machen, daß gerade dieses „Brechen" des Trotzes einen recht entscheidenden Fehler dargestellt hatte. Hagen war jetzt — zunächst zur Zufriedenheit der Mutter — ein stilles Kind geworden. Bald bekam die Mutter jedoch die negativen Seiten der von ihr zunächst sehr begrüßten Gefügigkeit zu spüren. Bei Schulbeginn war der Junge von Anfang an für den angebotenen Lernstoff nur mit größter Mühe zu interessieren. Scheinbar lahm und unbeteiligt, faßte er nicht entfernt genügend auf, um sich die altersgemäßen Kenntnisse zu erwerben. Ängstlich und schüchtern vermied er es außerdem, sich im Rahmen der Klassengemeinschaft zu beteiligen, wenn er nicht unbedingt sicher war, daß er etwas richtig wußte. Die verdrängten Impulse schufen unterirdische Spannungen, mit denen sich das Kind zweifelsohne dauernd auseinanderzusetzen hatte, sie schufen zusätzlich einen allgemeinen amorphen Unruhezustand, der die konzentrierte Zuwendung zu einem sachlichen Vorgang enorm erschwerte. Neurotische Konzentrationsstörungen, wie sie oft von Eltern oder Lehrern beschrieben werden, haben ja immer tatsächlich die gleichen Vorgänge zum Hintergrund: Sie entstehen aus nicht voll bewußt werdenden übermächtigen Bedürfnisspannungen, denen jedes Kind erliegt, dessen Impulsreifung in neurotische Fehlentwicklung einmündet.

Bei Hagen stellten sich nun bald im Circulus vitiosus die immer auftretenden Konsequenzen primärer Lern- und Arbeitsstörungen ein: Er blieb mit seinen Kenntnissen hinter dem Klassendurchschnitt zurück, die auftretenden Bildungslücken schufen ein verstärktes Unsicherheitsgefühl und angesichts der immer wachsenden Masse nicht bewältigten Wissensstoffes resignierte das Kind bald total, gab innerlich und äußerlich das Rennen auf und wurde, nachdem es im zweiten Schuljahr einmal repetieren mußte, das nächste Mal gnadenweise mitgenommen, um schließlich doch wieder so weit hinter dem Durchschnitt zurückzubleiben, daß eine Versetzung nicht mehr gerechtfertigt war.

Hagens Gesamtsituation wäre nun noch nicht so besonders schwierig geworden, wenn seine Mutter nicht den gleichen typischen Fehler gemacht hätte, den die meisten Eltern mit eigener Ehrgeiz- und Ungeduldsproblematik bei ihren Kindern zu machen pflegen. Sie fing nämlich an, das Arbeitspensum ihres Jungen in unangemessenster Weise zu überdehnen. Bei genauer Nachfrage ergab sich, daß das Kind vom Schuleintritt ab einen acht- bis zehnstündigen, später noch längeren Arbeitstag gehabt hatte. Die Mutter in ihrer eigenen Erregtheit und Ungeduld fand dabei nicht die Möglichkeit, ermutigend und belebend die Entwicklungsversuche des Jungen zu fördern, sondern bei der kleinsten Unrichtigkeit brach sie in Tränen und Vorwürfe aus, erklärte dem Jungen, daß er wie sein Vater werde, der auch nichts leiste und nichts im Leben erreiche und daß sie gehofft habe, wenigstens in ihm einmal eine Stütze für ihr späteres Leben zu finden.

Es liegt auf der Hand, daß ein kindliches Gehirn, dessen Leistungsfähigkeit quantitativ weit überanstrengt wird, sich schließlich überhaupt nicht mehr richtig erholt, so daß von Tag zu Tag schon aus diesen Gründen — zusätzlich zur vorliegenden Neurosenentwicklung — Erschöpfungszustände eintreten.

Selbst noch sehr jung, vertrat die Mutter den naiv-kindlichen Standpunkt, daß sie ihren Jungen rechtzeitig an den Ernst des Lebens gewöhnen müsse, und sie hielt moralisierende Hinweise, Vorwürfe und Ermahnungen für das geeignete Mittel, ganz abgesehen davon, daß sie in ihrer eigenen affektiven Verfassung kaum eine andere Äußerungsform als kummervolle Klagen zur Verfügung hatte. Ein weiterer fundamentaler und ebenfalls weit verbreiteter Irrtum hatte sich in der Mutter festgesetzt. Hartnäckig teilte sie mit, „der Junge kann, wenn er will". Dieses Urteil basierte auf der Feststellung, daß gelegentlich und unter bestimmten Bedingungen Leistungen, die dem Jungen sonst außerordentlich schwer fielen, leicht und beinahe flott vollzogen wurden. Kurzschlußhaft folgerte die Mutter, daß es bei ihrem Jungen also nur am guten oder schlechten Willen läge. Es war notwendig, der Mutter klarzumachen, daß neurotische Leistungsunlust und guter oder schlechter Wille auf keinen Fall auf eine Stufe gestellt werden dürften. Es sei zwar jedenfalls richtig, daß jedes Kind, wie jeder Erwachsene in gewissen Grenzen die Unbequemlichkeiten stetiger Arbeit scheuten und mit einem Stück Selbstbeherrschung sich trotzdem zur Pflichterfüllung aufzuraffen pflegten. Es sei aber zweifelsohne außerdem so, daß ein depressiv herabgestimmtes, neurotisch verändertes Kind, das zudem eine übergroße Fülle von Entmutigungserlebnissen zu verarbeiten habe, nicht mehr mit dem Appell an Selbstbeherrschung und guten Willen angetrieben werden könne. Eine Besserung der Leistungsschwierigkeiten werde sich erst dann erzielen lassen, wenn der Junge ein Mindestmaß an Mut und Selbstvertrauen wiederbekommen habe und wenn er auf ausreichenden Erlebnissen aufbauen könne, die die Erfahrung brächten, daß Impulse, die man in die Tat umsetzen möchte, nicht sofort an Ängstlichkeit und Verbotsschranken der Mutter scheiterten.

Entwicklungsbedingungen, wie Hagen sie geboten hat, sind keine Seltenheit. An diesem Kind haben wir zunächst erfahren, wie eine allgemeine Leistungsbehinderung auf neurotischer Basis aussehen kann.

Wir müssen jetzt noch auf eine Sonderform von neurotischen Leistungsstörungen eingehen, die sich im Rahmen allgemeiner Schulschwierigkeiten besonders herausheben. Wir meinen hier die neurotisch bedingten *Rechenstörungen*. Wir setzen zunächst voraus, daß es selbstverständlich angeborene Plus- und Minusvarianten rechnerischer Begabung gibt. Wir wollen hier naturgemäß nur von solchen Kindern sprechen, deren rechnerische Begabung für ein wesentlich besseres Leistungsmaß als das tatsächlich erreichte genügen würde. Unter diesen neurosenpsychologischen Gesichtspunkten ist folgendes zu beachten: Es ist kein Zweifel, daß der Umgang mit Mengen und Zahlen schon für ein sehr kleines Kind einen besonderen affektiven Wert dadurch bekommt, daß mit Hilfe von Zahlen Besitzfragen geregelt werden können. Es ist also eine alte neurosenpsychologische Erfahrung, daß neurotische Rechenstörungen bevorzugt dann auftreten, wenn ein Kind in bezug auf Besitzproblematik sehr verwirrt ist. Auch hier gehen wir zur Illustration von einem Beispiel aus:

Der zwölfjährige Gerhard hat, abgesehen von den Verwahrlosungszügen, die Anlaß zu seiner ärztlichen Untersuchung gaben, in der Schule ein erstaunliches Maß von Rechenschwierigkeiten. Beim spielenden Umgang mit dem Kind ließ sich am Spiel selbst leicht ablesen, welche Faktoren seiner inneren Verfassung den Anlaß zu den fehlerhaften Rechenleistungen gaben. Mit dem Jungen wurde das bekannte Mikadostäbchenspiel gespielt, bei dem die durch Geschicklichkeit erworbenen Stäbchen jeweils einen verschiedenen Zahlenwert besitzen und Punktsieger bleibt der, der mit den wertvollsten Stäbchen die höchste Punktzahl erreicht hatte. Gegen Ende des Spiels mußte jeder Spieler den Punktwert der gewonnenen Stäbchen selbst zusammenaddieren.

Gerhard zeigte nun bei diesen Additionsleistungen eine ungewöhnliche Erregung. Ganz offenbar war er von zwei verschiedenen Impulsen beseelt: Erstens hatte er die Tendenz, seinen Mitspieler zu beschummeln und durch falsche Addition einen überschüssigen Zahlenwert zu erzielen. Die Möglichkeit, bei gemeinsamem Spiel zu schummeln, hatte er in der Familie von einem Schwager gelernt, der beim Kartenspiel oft voller Stolz die Meinung vertrat, daß er ja schön dumm wäre, wenn er als einziger ehrlich spielen würde. Denn zweifelsohne versuche jeder in der Welt zu schummeln.

Diese halbbewußt andrängenden Betrugsimpulse bei dem Kind verwirrten nun einerseits die geforderte Rechenleistung. Es kam aber hinzu, daß Gerhard, der dauernd von hochgradigen neurotischen Ungeduldshaltungen erfüllt war, die einzelnen Rechenschritte nicht geduldig nacheinander vollziehen konnte. Er versuchte immer wieder, drei und vier Stäbchen mit einem Blick gemeinsam zu addieren, um Zeit zu sparen, verheddderte sich dabei in seiner Hast, mußte von vorn anfangen, machte es dann doch wieder falsch und es passierte ihm nicht selten, daß er trotz der erstrebten Schummeleien durch sein hastiges Hin und Her zu niedrigeren Zahlenwerten kam, als ihm tatsächlich zugestanden hätte.

Das Verhältnis zu Besitzfragen, das die Mutter diesem Jungen vermittelt hatte, war durch folgendes äußerst eindrucksvolles Verhalten charakterisiert: Die Mutter hatte dem Jungen ein Taschengeld von 2,50 DM im Monat zugesagt, er erhielt aber Wochenraten von je —,50 DM und bekam dadurch natürlich wegen der Wocheneinteilung eines Monats bestenfalls 2,25 DM. Machte der Junge die Mutter auf diese Unstimmigkeit aufmerksam, wurde sie wütend, erklärte, er sei unverschämt und undankbar und entzog ihm für die nächste Woche das Taschengeld ganz. Die Empfehlung unsererseits, sie möge mit dem Jungen doch einfach eine andere Verabredung treffen und ihm sagen, sie könne ihm nur —,50 DM in der Woche geben, beantwortete sie mit großer Wut. Dem Jungen könne es doch egal sein, ob man sage 2,50 DM im Monat oder —,50 DM in der Woche. Der tiefere Grund für den Ärger der Mutter stellte sich erst per Zufall und nach einem ausgedehnten Gespräch heraus. Es ergab sich nämlich, daß das Taschengeld des Jungen nicht von der Mutter stammte, sondern von dem geschiedenen Vater, der ausdrücklich 2,50 DM im Monat angesetzt hatte. Die Mutter belog nun den Jungen nicht nur darüber, daß sein Taschengeld vom Vater kam, sondern sie betrog ihn auch um —,25 DM. Dieser „Betrug" um einen so minimalen Betrag entsprang keineswegs der häuslichen wirtschaftlichen Not, sondern lediglich dem Affekt der Mutter, die gegen ihren geschiedenen Mann ein manifestes, gegen ihren Jungen ein sehr verborgenes Ressentiment hatte. Die Ehe, die kurz nach der Geburt des Jungen geschieden war, hatte insofern einen unglücklichen Verlauf genommen, als die Mutter einen früheren Jugendfreund im Verlauf der Schwangerschaft wiedergetroffen hatte. Dieser, der sehr viel wohlhabender war als der Ehemann, versprach ihr die Ehe, ohne dieses Versprechen nach erfolgter Scheidung wirklich einzuhalten. Als Vorwand benutzte er den Hinweis auf die Existenz des Kindes, das ihn angeblich bei einer neuen Ehe doch mehr stören würde, als er zu Anfang vermutet hatte. Die Mutter hatte sich, wie sie selbst später sagte, zwischen zwei Stühle gesetzt und nach ihrer Meinung hatte ihr der Junge die wirtschaftliche Karriere verdorben. Konsequenz dieser affektiven Einstellung waren die oben an einem Beispiel geschilderten Verhaltensweisen, die sich mit einem weiteren Beispiel aus der Kleinkindzeit noch weiter illustrieren lassen: Die Mutter erzählte nämlich, sie habe den Jungen schon rechtzeitig ans Abgeben gewöhnen wollen und deswegen habe sie nie erlaubt, daß er sein Essen zu sich nähme, ohne ihr, der Mutter, nach jedem Bissen einen Löffel abzugeben. Leider sei das Kind sehr geizig, und es habe bei dieser Erziehungsmethode viel Tränen gegeben. Habe er nicht freiwillig abgegeben, habe sie sich entweder mit Gewalt oder gelegentlich heimlich von seinem Teller den Löffel genommen.

Es liegt auf der Hand, daß der Ärger der Mutter über die eigene verdorbene wirtschaftliche Karriere der geheime Motor für ihr Verhalten war. Wir sehen jedoch bei diesem Beispiel einmal davon ab, welche neurotischen Reaktionsweisen sonst noch ein so törichtes Verhalten der Mutter bei dem Kind allgemein hervorgebracht haben. Wir halten im Zusammenhang mit dem hier besprochenen Thema als bedeutungsvoll nur fest, daß das Kind in Verwirrung geraten war über das, was Eigentum ist, über das, was in Ruhe gegeben und genommen wird und daß sich als Konsequenz dieser Verwirrung die zugehörigen Leistungsstörungen bei abstraktiven Rechenleistungen gezeigt haben.

Noch ein weiteres Beispiel kann diese Zusammenhänge verdeutlichen:

Eine zehnjährige Patientin wurde wegen totalen Leistungsversagens im Rechnen vorgestellt. Diese Leistungsstörung war ein akuter Einbruch bei sonst durchschnittlichem Arbeitsresultat. Der aktuelle Konflikt, aus dem sich die Rechenstörung ableitete, war folgender: Heidrun hatte von ihrer Mutter Taschengeld zugesagt bekommen, als sie einmal heimlich und unbedacht etwas Geld für eine Näscherei entwendet hatte. Es war verabredet worden, daß Heidrun, sollte sie gelegentlich noch einmal heimlich Geld nehmen, den entwendeten Betrag von ihrem Taschengeld zurückzuzahlen hätte. Kurz vor Beginn der Rechenstörungen war folgendes passiert: Heidrun hatte bei einem Einkauf für die Mutter 20 Pfennig zurückbehalten, um sich selbst etwas zu kaufen. Die Mutter bemerkte das, stellte das Kind zur Rede und sperrte ihr mit Hinweis auf die Verabredung das Taschengeld. Heidrun bekam ihre wöchentlichen 20 Pfennige nicht mehr. Auffällig war, daß die Mutter das Taschengeld ein ganzes Vierteljahr lang strich, obgleich das Kind mehrfach drängelte und bettelte, man möchte ihr das Geld doch wieder geben. Immer mit Hinweis darauf, daß Geld zurückzuzahlen sei, wurde das Kind abgewiesen. Die Mutter bemerkte nicht, daß sie in Wirklichkeit den zehnfachen Betrag einbehielt und damit natürlich eine große Ungerechtigkeit beging. Es braucht hier kaum erläutert zu werden, daß diese eine Verhaltensweise der Mutter eingebettet war in einen ausgedehnten Ambivalenzkonflikt um Geld und Besitz, in dem sie sich mit all ihren Angehörigen befand. Es handelte sich hier nur um ein Merkmal, das viele weitere Schwierigkeiten signalisierte. Immerhin war hier der Ansatzpunkt für die auftretende Verwirrung des Kindes, das die in der Schule geforderten Rechenschritte nicht mehr bewältigte.

Für eine therapeutische Einflußnahme ist selbstverständlich in beiden Fällen nötig, daß man den Müttern die Konsequenzen und die Bedeutung ihres eigenen Verhaltens klarmacht und versucht, sie zu einem veränderten Verhalten zu bestimmen. Bei Heidrun gelang dies verhältnismäßig leicht. Die Mutter erklärte sich bereit, den überzählig einbehaltenen Betrag dem Kind zur Verfügung zu stellen, und die Rechenstörung war damit schlagartig beseitigt.

Wir wollen übrigens im Hinblick auf unsere kasuistischen Mitteilungen eine unbedingt notwendige Bemerkung einflechten. Die von uns erfragten Daten werden selbstverständlich von den Müttern nicht spontan mitgeteilt und auch dann nicht, wenn man sich mit der etwas primitiven Frage begnügt, ob in ihrem Leben Konflikte vorlägen oder vorgelegen hätten. Es gehört aus verständlichen Gründen durchaus zu den Seltenheiten, daß eine Mutter primär bereit und in der Lage ist, das, was sich im alltäglichen Umgang mit dem Kind wirklich abspielt, sachlich richtig darzustellen. Fragt man nicht sehr genau und sehr zielstrebig, so erhält man nur Teilergebnisse mit halbem Erkenntniswert. In dem aufgeführten Beispiel von Gerhards Taschengeld war die erste Antwort von Mutter und Kind auf eine diesbezügliche Frage subjektiv ganz ehrlich: „Es gibt 2,50 DM im Monat." Nur die nächste Frage, die man in Anbetracht zahlreicher hierher gehöriger Erfahrungen dann weiter stellt, nämlich, wann und wie bekommt er denn das Geld, förderte den wahren Sachverhalt zu Tage. Und auch hier mußte noch eine Rückfrage eingeschoben werden, ob und wann denn die restlichen —,25 DM ausgezahlt würden. Es mag hier allerdings eingeflochten werden, daß es ein großer taktischer Fehler wäre, wollte man, anstatt die Mutter zu befragen, zuerst versuchen, aus dem Kind Mitteilungen herauszulocken, die das Verhalten der Mutter negativ beleuchten würden. Die überwiegende Mehrzahl aller Kinder ist außerordentlich empfindsam, wenn es darum geht, die eigenen Eltern anzuschuldigen. Man muß immer bedenken, daß auch bei bestehenden gefühlsmäßigen Schwierigkeiten die affektive Verbundenheit der Kinder zu ihren Eltern so groß ist, daß sie ihre bestehende Kritik nicht aus der Familie heraustragen wollen. Dieses Bedürfnis der Kinder sollte man primär ganz unbedingt respektieren, denn man mutet ihnen kaum tragbare innere Schwierigkeiten zu, wenn man sie in jungen Jahren und bei bestehender großer innerer Abhängigkeit dazu bringt, den Konflikt, den man ja beilegen will, einem Fremden gegenüber scharf zu formulieren.

Zusammenfassung

Wir fassen nun abschließend noch einmal die bedeutungsvollsten Faktoren zusammen, die an den erworbenen neurotischen Leistungsminderungen beteiligt sind, bzw. die in oft recht unterschiedlichem Mischungsverhältnis am jeweiligen Einzelfall beteiligt sein können. Wir machen dabei unsere Leser darauf aufmerksam, daß jeder Einzelfall eine individuelle Variante des hier abstrahierten Schemas darstellt und daß die Gewichtsverteilung in bezug auf das eine oder andere psychologische Moment sehr unterschiedlich aussehen kann.

Aus der frühesten Entwicklungsphase eines Kindes stammen die neurotischen *intentionalen Lücken*, die dem Kind die volle und unbekümmerte affektive Zuwendung zur Welt geraubt haben, so daß der sogenannte „Aufforderungscharakter", den die Welt für den normalen Menschen besitzt, verlorenging. Die Folge solcher intentionaler Lücken ist eine Minderung des Interesses, Minderung der Anteilnahme und apathisch-gleichgültiges Verhalten.

Aus etwa der gleichen Phase stammen *neurotische Ungeduldsreaktionen*, die das Kind verhindern, mit ausreichendem Spannungsbogen den Erfolg einer Leistung abzuwarten. Vorerfahrungen über eine immer nur mangelhafte Befriedigung der elementarsten Bedürfnisse, insbesondere der oralen Bedürfnisse, sind der Hintergrund.

Aus der Phase handelnder Weltbewältigung und der hier erworbenen *aggressiven Gehemmtheit* stammen weitere Unfähigkeiten zu prüfen, zu forschen und zu gestalten. Die Behinderungen, die in der normalen destruktiven Phase gesetzt wurden, beeinträchtigen den Mut, unbekümmert gestaltend an Gegenstände heranzugehen. Die unterirdische Dynamik der gehemmten und nicht in normalen Bahnen abfließenden Impulse schafft einen allgemeinen inneren Spannungszustand, der sich u.a. in sogenannter neurotischer *Konzentrationsunfähigkeit* dokumentieren kann. Wissensstoff wird schlecht assimiliert und besonders leicht wieder abgespalten.

Eine spezielle Variante neurotischer Leistungsminderungen sind *neurotische Rechenstörungen*. Sofern die Rechenfähigkeit, also der Umgang mit Zahlen und Mengen, speziell aus neurotischen Gründen gestört ist, handelt es sich immer um eine Verwirrung und Beeinträchtigung der Kinder im oralen Bereich, also um die Frage, wieviel man nehmen und geben kann, wieviel gerechterweise einem selbst gehört und als Eigentum verteidigt werden kann und wieviel einem unter Umständen unerwartet, ungerecht und gewaltsam wieder weggenommen wird.

Sekundäre Folgen der oben genannten primären neurotischen Gehemmtheiten sind im Circulus vitiosus immer Kenntnislücken und zusätzliche Entmutigungsreaktionen. Das instinktive Bewußtsein der vorhandenen Kenntnislücken kann unter Umständen jede weitere Anstrengung zu stetiger Arbeit lahmlegen, weil der Berg des zusätzlich zu Erarbeitenden fast unüberwindlich erscheint.

Sekundäre Erziehungsfehler, die von den Eltern der neurotischen Schulversager ganz besonders leicht gemacht werden, sind die Überdehnung des Arbeitspensums, die eine normale Kräfteökonomie nicht mehr gestattet und das Antreiben in Form von abwartendem Ermahnen an Stelle von lobender Ermutigung.

In der Betreuung solcher neurotischer Schulversager wird man darauf zu achten haben, daß die Beratung der Eltern eine Korrektur der letztgenannten Fehler erreicht, d. h. das Arbeitspensum des Kindes muß in angemessenen Grenzen bleiben und die erzielten Leistungen müssen lobend anerkannt werden. Hat das Kind zu sich selbst wieder einigermaßen Vertrauen gefaßt, so muß daran gedacht werden, daß bei der Auffüllung der Kenntnislücken verständnisvolle Assistenz geleistet wird. Die primären neurotischen Gehemmtheiten können nur in der Therapie in Spiel und Gespräch gelockert werden, so daß entwickelt wird, was einmal verschüttet wurde. Die hierhergehörigen Einzelheiten sind allerdings nicht mehr im Rahmen des vorliegenden Buches unterzubringen.

2. Kompensationsversuche

Wir sagten schon einmal bei unseren einleitenden Überlegungen, daß ein Kind mit erworbenen neurotischen Gehemmtheiten instinktiv bemerken kann, wie sein allgemeines Unsicherheitsgefühl in Grenzen zu beruhigen ist, wenn in einem bestimmten Bereich des Lebens hervorgehobene Leistungen vollbracht werden. Ein Kind kann also die Minderung seiner expansiven Möglichkeiten durch betonte Leistungswilligkeit zu kompensieren suchen. Wir wollen dabei festhalten, daß es im menschlichen Erleben ohne Zweifel ein normales angeborenes Bedürfnis danach gibt, daß Betätigung und Handlung zu einer gelungenen Leistung führen und daß solche gelungenen Leistungen von der Umwelt gelobt und anerkannt werden. Kinder, die besondere Talente von der Natur mitbekommen haben, neigen immer spontan dazu, die Dinge, die ihnen leicht fallen, zu üben und zu wiederholen, da das Befriedigungserlebnis bei einer gelungenen Leistung ein ungemein belebender Motor für weiteres Handeln darstellt. Jeder Pädagoge wird z. B. wissen, daß Kinder, die ein besonderes Zeichentalent besitzen, große Lust haben, dieses Talent zu betätigen und weitere Vollkommenheit zu erreichen. Kinder mit mittlerem Zeichentalent verhalten sich entsprechend sehr oft so, daß sie einen Gegenstand, den sie einmal gut zeichnen gelernt hatten, immer dann spontan wieder zeichnen, wenn ihnen die Wahl des Themas freigestellt wird. Es werden also ein Haus, ein Gartenzaun, ein Baum oder ähnliches immer wieder gezeichnet, weil das Gefühl „das kann ich" ein ganz außerordentlich positives Erlebnis darstellt.

Wenn wir im folgenden von neurotischer Leistungswilligkeit sprechen, im Gegensatz zu diesen sehr ursprünglichen und durchaus den Menschen normalerweise charakterisierenden Reaktionsweisen, dann müssen wir auch angeben, inwieweit es sich hier um Verschiedenartiges handelt. Wir wollen dabei den Hinweis nicht versäumen, daß naturgegebene anlagemäßige Eigentümlichkeiten unbedingt daran beteiligt sind, wenn ein Mensch sich in die Richtung der neurotischen Leistungswilligkeit und Ehrgeizlinie entwickelt. Wir möchten glauben, daß ein gewisses Maß von angeborenem Antriebsüberschuß und lebhafter Aktionsbereitschaft dazu gehören muß, damit jemand ehrgeizige Bedürfnisse in Handlung und Planung umsetzt. Andererseits glauben wir nicht, daß ein psychologisch so komplexer Vorgang, wie das, was wir den Ehrgeiz nennen, ein angeborenes Erbradikal ist und in dieser komplexen Form erbmässig weitergegeben wird. Wir werden also im folgenden jene Bedingungen und Umweltkonstellationen beschreiben, die Anlaß geben zu einer neurotischen Ehrgeizentwicklung, d. h. zur Entwicklung von Verhaltensweisen und Bedürfnissen, deren Befriedigung das Mißbehagen, das die erworbenen neurotischen Gehemmtheiten mit sich bringen, beschwichtigen soll.

Wir gehen wiederum von einem kasuistischen Beispiel aus:

In einer Familie leben zwei Schwestern, die kurz hintereinander geboren wurden. Sie sind zwölf und elf Jahre alt. Als Nachkömmlinge in der Familie haben diese Schwestern noch Zwillingsbrüder, die gerade schulfähig sind, also sechsjährig. Die Eltern dieser vier Kinder gehören in einen Familienkreis sehr wohlhabender Großindustrieller. Sie haben beide sehr jung geheiratet, die Mutter ist etwas älter als der Vater, und sie leben noch immer im Haushalt der sehr dominierenden Großeltern, der Eltern des Vaters. Die väterliche Familie ist die besitzende. Sehr gegen den Willen der eigenen Eltern hatte der Vater 21jährig seine junge Frau geheiratet, und zwar hatte er sie als Sekretärin im Betrieb des eigenen Vaters kennengelernt. Die junge Frau war ungewöhnlich reizvoll, beide waren sehr verliebt, und die Ehe wurde Hals über Kopf geschlossen in einem Augenblick, in dem die Mutter des jungen Mannes sich auf einer ausgedehnten Vergnügungsreise durch Europa und Kleinasien befand. Mit dem Schwiegervater hatte die junge Frau verstanden, sich sehr gut zu stellen, so daß dieser der Aufnahme der hübschen Schwiegertochter in die Familie keinen entschlossenen Widerstand entgegensetzte, sondern im Gegenteil die Meinung vertrat, daß eine junge, gesunde und sehr reizvolle Frau schon die richtigen Erben für das großindustrielle Familienunternehmen zur Welt bringen werde. Die Erwartung und Hoffnung, daß das erste Kind aus dieser eilig geschlossenen Ehe ein Junge sein werde, war groß, und zwar besonders bei der jungen Frau, weil diese bald den Widerstand der äußerst eifersüchtigen Schwiegermutter zu spüren bekam und die sich eine Verfestigung ihrer Rolle in der Familie dadurch erhoffte, daß sie ihrem Mann den ersehnten Stammhalter schenken würde.

Das älteste Kind war aber ein Mädchen, und die Mutter fand sich sehr rasch in Anbetracht ihrer komplizierten Familienlage zu einer zweiten Schwangerschaft bereit. Fünfviertel Jahr nach der Geburt der ältesten wurde eine zweite Tochter geboren. Die Mutter erkrankte danach an einem hartnäckigen Unterleibsleiden und erst fünf Jahre später war eine neue Schwangerschaft möglich, die dann zu der Geburt der beiden Zwillingsjungen führte.

Inzwischen hatte sich die Entwicklung der beiden älteren Mädchen folgendermaßen gestaltet: Die Älteste wuchs zu einem ungewöhlich reizvollen kleinen Geschöpf heran. Der Vater, der seinerseits nicht unbedingt auf den Jungen gehofft hatte, sondern in Anbetracht seiner Jugend unbekümmert damit rechnete, daß eines der nächsten Kinder wohl ein Junge sein werde, vergötterte dieses kleine Wesen ganz besonders. Er verwöhnte sie, achtete darauf, daß seine Frau jedes nur erdenkliche Maß an Aufmerksamkeit aufbrachte und fand auch zu seiner eigenen Mutter in der Zuneigung zu diesem kleinen Mädchen eine neue Verbindung. Ihm wäre an einer baldigen zweiten Schwangerschaft seiner Frau nicht so besonders viel gelegen gewesen, wenn nicht sein älterer Bruder inzwischen auch geheiratet hätte, dessen Frau ebenfalls ein Kind erwartete und ein männlicher Nachfolger in dieser Familie eine gewisse Konkurrenz für ihn selbst und seine eigenen Kinder bedeutet hätte. Der ältere Bruder hatte zwar das elterliche Industrieunternehmen verlassen und eine wissenschaftliche Laufbahn eingeschlagen, doch spielte im Rahmen der „Familiendynastie" das ungeschriebene Gesetz der Erbnachfolge eine außerordentlich große Rolle. Daß das zweite Kind ebenfalls kein Junge wurde, enttäuschte den Vater, die Mutter und die Großeltern in gleicher Weise. Immerhin waren die Familienverhältnisse insgesamt doch von so viel Gutartigkeit erfüllt, daß schließlich auch das zweite Kind mit einem gewissen Ausmaß von Herzlichkeit und Freundlichkeit empfangen wurde, wenngleich der Mangel an affektiver Zuwendung, den die zweite verglichen mit der älteren erhielt, immer deutlich spürbar blieb. Die zweite war auch nicht entfernt so hübsch wie die ältere Schwester. Dafür verfügte sie über wesentlich vitalere Lebensenergien und über einen besonders klar und gut funktionierenden Verstand. Familiengespräche, die über die mutmaßliche Zukunft der beiden Schwestern geführt wurden, wanderten im allgemeinen in die gleiche Richtung, nämlich, daß die ältere wohl heiraten werde und einen reichen Mann bekäme, während die zweite wohl geeignet sein könnte, sich in das väterliche Geschäft einzuarbeiten und dort die Rolle des nicht geborenen Sohnes übernehmen würde. Es war kein Zufall, daß die jüngere Schwester, obgleich fünfviertel Jahr jünger als die ältere, mit dieser gemeinsam eingeschult wurde und in die gleiche Klasse ging. Das kleine Mädchen, an sich noch zu jung für die an sie herangetragenen Aufgaben, war immerhin lange daran gewöhnt, daß man von ihr die gleichen intellektuellen Leistungen erwartete wie von der älteren Schwester. Die ersten Vorschuljahre besuchten sie sogar die gleiche Klasse, bis die auftauchenden Konflikte dazu Anlaß gaben, daß die Eltern die beiden Mädchen in getrennten Schulen unterrichten ließen. Die Schulentwicklung in der gleichen Klasse ergab nämlich für die Mädchen bald tiefgreifende Probleme. Die ältere Schwester Ursula war als liebenswürdiges und sehr hübsches Kind bald die dominierende in der Klasse, wurde immer zur Klassenersten gewählt, war Klassensprecherin und Anführerin bei gemeinsamen Ausflügen. Die jüngere Schwester Gerda war äußerlich unansehnlich. Im Ressentiment gegen die hübsche ältere Schwester, die ohne die geringste Anstrengung Zuneigung, Liebe, Freundschaft und Bewunderung erntete, wurde Gerda unverträglich, leicht beleidigt, empfindlich und immer von der Vorstellung besessen, sie käme zu kurz. Dieses Empfinden war objektiv nicht falsch. Verglichen mit der älteren war ihr bereits in den ersten Vorschuljahren ein wesentlich geringeres spontanes Interesse der verschiedenen Familienangehörigen zugewendet worden. Sie wurde wesentlich mehr als die ältere einem Kinderfräulein überlassen, sie saß daneben, wenn Vater und Großmutter in der Verwöhnung der ältesten wetteiferten, und sie erlebte Aufmerksamkeit und Interesse überwiegend, wenn sie mit frühen intellektuellen Leistungen die Familie überraschte. Fünfjährig, noch bevor sie wirklich eingeschult wurde, konnte sie bereits etwas lesen und rechnen und war damit ihrer älteren Schwester voraus. Das Kindermädchen, das für sie bestellt war, hatte bald bemerkt, daß der Familie an den intellektuellen Leistungen des zweiten Kindes gelegen war und hatte es ganz instinktiv übernommen, im Verlauf spielerischer Zuwendung dem Kind die ersten Lese- und Rechenleistungen beizubringen. Die Freude und Bewunderung, die das kleine Mädchen mit solchen Leistungen erzielte und die sie für Augenblicke der älteren Schwester gleichstellten, war zweifelsohne ein sehr bewegender Motor für das Kind, diese Leistungsfähigkeit zu pflegen und dies um so mehr, als das angeborene Talent diesen Leistungsanforderungen entgegenkam. Unabgesättigt und gehemmt blieben bei dem kleinen Mädchen ganz ohne Zweifel eine Fülle von Bedürfnissen nach spontaner liebevoll vertrauender Zuwendung, nach einer Zuwendung, die geboten wurde auch unabhängig von leistender Anstrengung und aktiver Bemühung. Ganz allmählich verankerte sich im Erleben des kleinen Kindes die Vorstellung: „Ich werde nur geliebt, wenn ich fleißig bin und etwas leiste." Und diese Vorstellung bekam dadurch noch einen besonderen Stachel, daß vor den Augen dieses Mädchens das Leben der älteren Schwester abrollte, die Liebe, Zuneigung und Bewunderung erhielt, ohne daß sie die geringste Anstrengung zu machen brauchte, nur weil sie liebenswürdig und reizvoll aussah und mit einem freundlichen Lächeln ihre Umgebung zu bezaubern verstand. Schwere Aggressionen gegen diese ältere Schwester haben ohne Frage schon sehr früh im Erleben der kleinen Gerda eine Rolle gespielt. Die Eltern berichteten, daß das Kind angeblich eine „Anlage zur Heimtücke" habe, denn es sei ab und zu vorgekommen, daß sie aus harmlosem Spiel heraus plötzlich die ältere Schwester angefallen sei und sie um ein Haar ernstlich verletzt habe. So habe Ursel z.B. einmal versehentlich und im Spiel einen Spiegel der Mutter zerschlagen, und Gerda habe eine Spiegelscherbe genommen und Ursel einen heftigen Schnitt in den Oberarm beigebracht. Die Kinder waren damals viereinhalb und fünfeinhalb Jahre alt. Einen Anlaß für diese unvermutete und heftige Verletzung der älteren Schwester konnten die Eltern nicht finden, und Gerda wurde nicht selten für ihre unverträgliche Art und ihr unausgeglichenes Wesen ermahnt und gescholten.

Als im sechsten Jahr des Mädchens die beiden Zwillingsbrüder geboren wurden, hat das zweifelsohne einen weiteren schweren Eingriff im Lebensgefühl der zweiten Tochter bedeutet. Da ihre eigene Entwicklung bereits in sehr frühen Jahren dadurch ihr charakteristisches Vorzeichen erhalten hatte, daß sie die jungenhafte Rolle in der Familie übernehmen sollte, bedeutete für sie die Geburt dieser beiden Brüder eine wesentlich schwerere Belastung als für die ältere Schwester. Eifersucht und Abwehr gegen diese beiden Konkurrenten waren enorm. Die ersten schüchternen Versuche, diese Haßreaktionen naiv zu zeigen, hatten allerdings ganz außerordentlich negative Konsequenzen. Beide Eltern aufs äußerste beglückt durch die Geburt der beiden kräftigen und gesunden Jungen, die Mutter besonders dankbar, daß nun ihre Position in der Familie unantastbar war, konnten sich nicht einfühlen, welchen schweren Schock diese veränderte Lebenssituation für Gerda bedeuten mußte. Sie konnten dies um so weniger, als die ältere Schwester mit der ihr eigenen weichen, liebenswürdigen und sonnigen Art die beiden kleinen Brüder sehr zu lieben schien und nicht entfernt die gleichen Konkurrenzgefühle erlebte oder zeigte.

Gerdas Lebensentwicklung war bereits in den ersten Vorschuljahren von einer ganzen Fülle sehr erheblicher Versagungen geprägt, was spontane Bewunderung, spontane Zuneigung, spontane Liebe und Freundlichkeit anging. Der Sektor, der ihr offenstand, und der ihr Zuwendung und Anerkennung einbrachte, war ganz wesentlich der Leistungsbereich. Sie wurde fleißig, wesentlich fleißiger als die ältere Schwester, und brachte, obgleich ein Jahr jünger als diese und in der gleichen Klasse, wesentlich bessere Noten nach Hause. Da sie wirklich intelligenter war als die ältere Schwester, hörten die Eltern bald von den Lehrern ermunternde Worte, die etwa den Inhalt hatten, diese guten Zensuren seien keine Fleiß-, sondern wirkliche Intelligenzleistungen. Da die Intelligenzleistungen das Kind eindeutig aus dem

Klassendurchschnitt heraushoben, waren beide Eltern bald sehr stolz, daß sie zwei Mädchen hatten, die beide in einem bestimmten Bereich so sehr aus dem Durchschnitt herausfielen. War die eine in der Klasse die hübscheste und beliebteste, so war die andere die klügste. Es hieß zu Hause bald: „Unsere kluge Tochter" und dieses Attribut war ganz zweifelsohne von wirklich freundlichen und warmen Gefühlen bei den Eltern begleitet. Von außen gesehen konnte ein unerfahrener Beobachter kaum bemerken, wie sehr verschiedenartig die innere Gefühlsbilanz bei beiden Schwestern aussah. Die Unruhe und Erregtheit, die die zweite Tochter zeigte, wenn sie einmal nicht die beste Note nach Hause gebracht hatte oder alle Schularbeiten fix und fertig präpariert waren, fiel den Eltern eigentlich nur angenehm auf. Das Kind selbst erzählte einmal im Verlauf eines längeren Gesprächs, wie sie abends vor ihrem Bett kniete und den lieben Gott flehentlich darum gebeten hatte, daß er ihr doch bei dem Klassendiktat eine Eins bescheren möchte. Von Klassenarbeit zu Klassenarbeit zitterte sie, ob sie auch wohl keine Fehler habe. Ihr Bedürfnis, von den Lehrern anerkannt und bewundert zu werden, war immens. Es schien, als ob dieses Kind einen großen Teil seiner inneren Erlebniswelt aus der Familie weg in die Schule verlagerte. Es ergab sich, daß beide Mädchen eine Klassenlehrerin bekamen, die affektiv die hübsche und offensichtlich auch verwöhnte ältere Schwester mit kritischeren Augen sah. Sie sah die Gefahren und die negativen Konsequenzen, die Verwöhnung und Bewunderung der älteren Schwester einbringen würden und sie bejahte die leistungswillige, immer aufmerksame und immer am Unterricht anteilnehmende jüngere Schwester. Sie bevorzugte und lobte daher das jüngere Kind, beschämte die ältere mit Hinweisen auf die wesentlich besseren Leistungen der „Kleinen" und hob die kleinere noch dadurch aus dem Klassendurchschnitt heraus, daß sie sie damit beauftragte, schwierigere Aufgaben, die den schlechter begabten Kindern schwerfielen, diesen Kindern beizubringen. Mit Eifer stürzte sich das kleinere Mädchen auf diese Pflicht. Wiederum erlebte sie, daß die Klassenkameradinnen, die sich sonst bewundernd um die ältere Schwester scharten, nun zu ihr kamen und sich an sie um Hilfe und Unterstützung wandten. Zwei der schlechter begabten Kinder zeigten der damals zehnjährigen Gerda ihre unverhohlene Dankbarkeit und Anhänglichkeit. Gerda machte ihnen die Schularbeiten und ließ sie abschreiben. Freundschaftlicher Kontakt knüpfte sich auch hier über Arbeit und schulische Leistung.

Die Zeit, in der das Mädchen zur ärztlichen Untersuchung vorgestellt wurde, war dadurch besonders belastet, daß die Lehrerin, die weniger ihrer Schwester, sondern mehr ihr selbst Lob und Anerkennung geschenkt hatte, die Klasse verließ und ein neuer Klassenlehrer den Unterricht fortführte. Dieser Klassenlehrer hatte andere Auffassungen von erstrebenswerter Persönlichkeitsentwicklung. Er wollte keine „Streber", legte keinen besonderen Wert auf sorgfältige Schularbeiten und gute Klassenarbeiten. Er hatte ein besonderes Ideal von „Frische", mit der die Kinder sich am Unterricht beteiligen sollten und ehrgeizige Kinder, besonders ehrgeizige Mädchen, waren in seinen Augen auf dem Wege, Blaustrümpfe zu werden und eine sehr unerfreuliche Entwicklung zu nehmen. Diese veränderte Schulsituation bedeutete für Gerda nach allem, was wir bisher geschildert haben, eine schwere Versagung. Der Sektor, auf dem ihr positive Befriedigungserlebnisse ermöglicht waren, war sehr schmal. In der Familie war sie unter allen vier Geschwistern diejenige, die am wenigsten spontane Zuneigung erhielt und die zwar nicht ungeliebt, aber doch weniger geliebt war als die anderen. Sie war diejenige, die im Circulus vitiosus für ihre sicher normalen und berechtigten Eifersuchtsreaktionen moralisierende Abwehr und Liebesentzug erfuhr und deren Bereich, in dem sie Anerkennung ernten konnte, ganz wesentlich der Bereich intellektueller Leistungen war. Die Verlagerung ihres Gefühlszentrums in die Schulsituation war die notwendige Konsequenz, als eine Lehrerin ihr in der Konkurrenzauseinandersetzung mit der Schwester den Vorzug gab. Die Weiterentwicklung hier vertiefte und verschärfte die Schwierigkeiten, die sich in dem Kind angebahnt hatten. Vertrauende Zuwendung war verdrängt und wurde immer weiter in den Hintergrund geschoben. Freundschaft im Gefolge von Dienstleistungen und Pflichterfüllung wurde erlebt. Der jähe Einbruch, als der erfolgte Lehrerwechsel das Mädchen vor eine völlig veränderte affektive Situation stellte, hat dann die Tragfähigkeit des Kindes weit überschritten. Sie reagierte mit einem erheblichen Leistungsabfall und ganz unangemessenen Verzweiflungsreaktionen über das jetzt eintretende Leistungsversagen. Nach einer kurzen Übergangszeit intensiver Verzweiflung trug dann allerdings doch die bisher geübte Form der Lebensbewältigung den Sieg davon. Auch der Lehrer überzeugte sich von dem guten Verstand des Mädchens, ließ sie in der Klassengemeinschaft gelten, bemerkte sogar den Ambivalenzkonflikt zwischen den beiden Schwestern und beriet die Eltern vernünftigerweise dahingehend, daß sie doch die Situation in der gemeinsamen Klasse für die beiden Mädchen ändern möchten. Die jüngere kam demzufolge in eine Schule, in der humanistische Bildung gepflegt wurde und fand in dieser Bildungsentwicklung wiederum einen besonderen Bereich des Kontaktes zu ihrem Vater, der seinerseits humanistisch gebildet war, seinerseits einen ehrgeizigen Ambivalenzkonflikt mit dem etwas älteren begabteren Bruder erlebt hatte und der nun noch weiterhin mit Lob und ehrgeiziger Förderung die Entwicklung seiner Tochter in die einmal begonnene Bahn lenkte.

Aus der vorangegangenen Schilderung über die neurotische Ehrgeizentwicklung eines kleinen Mädchens sollten wir einen besonderen Punkt ganz bevorzugt beachten. Es gibt zweifelsohne sehr viele sehr ehrgeizige Eltern, denen es trotzdem nicht gelingt, ihren Kindern die gleiche Ehrgeizhaltung einzuimpfen. Im Gegenteil, überschaut man sich die Klagen, die ehrgeizige Eltern über die Leistungsfähigkeit ihrer Kinder vorbringen, so überwiegt sehr oft der unruhige Tadel, den diese Eltern aussprechen mit dem Hinweis, daß diese Kinder leider gar nichts vom Fleiß und Ehrgeiz ihrer Eltern geerbt hätten. Soweit zu sehen ist, gehört zur neurotischen Ehrgeizentwicklung in dem Sinn, wie wir sie soeben schilderten, bevorzugt ein besonderes Moment hinzu. Es genügt nicht, daß ein oder beide Elternteile selbst ehrgeizig sind und diesen Ehrgeiz ihren Kindern durch Ermahnungen, Vorwürfe und Antreibereien beizubringen suchen. Man muß hier ganz bestimmt sehr sorgfältig differenzieren. Kalter Ehrgeiz, der mehr Vorwurf und Tadel benutzt, um schlechte Leistungen zu bemängeln und der der guten Leistung nur den Rang des Selbstverständlichen zuerkennt, ist keineswegs besonders geeignet, die Kinder dazu zu bringen, daß sie sich ihrerseits mit einem ehrgeizigen Ideal identifizieren. Die Entmutigungsreaktionen und das Gefühl, daß doch niemals eine Arbeit vollendet wird, die die Augen der Eltern warm aufleuchten läßt und für die Zuneigung und Zärtlichkeit gespendet wird, werden so übermächtig, daß eher im Sinne der Resignation ein Leistungsversagen eintritt. Bei den Kindern, die eine neurotische Ehrgeizentwicklung nehmen, liegt es fast immer so, daß eine wirklich positive und auch gefühlswarme Bindung geboten und erlebt wird, aber nicht allgemein und immer, sondern über den Leistungsbereich hinweg. Faßt man diesen Unterschied im Verhalten der Eltern nicht ins Auge, so entgehen einem ganz wesentliche Momente, die die Entwicklung eines Kindes in der einen oder der anderen Richtung lenken. Solche Eltern pflegen sich ganz wesentlich dadurch zu unterscheiden, wie sie affektiv zur Leistung Stellung nehmen. Es ist ein großer Unterschied, ob die Eltern mit sichtbarem Stolz, mit Lob und Bewunderung reagieren, oder ob sie die positive Leistung mehr oder weniger gleichgültig empfangen und sich nur bei Leistungsmängeln affektiv bewegt zeigen. Ein vermeintliches Lob, das etwa in der Form gespendet wird, daß die Eltern bei einer guten Leistung sagen: „Warum nicht immer so" oder gar: „Das nächste Mal muß es noch besser sein", schafft bei den Kindern im allgemeinen eine Verfassung, in der der Mangel an Selbstvertrauen ganz erheblich das Befriedigungsgefühl über die gelungene Leistung überwiegt. Die angstgetönte Pflichterfüllung, die es ja auch gibt, und der sich hieraus entwickelnde Strebertyp unterscheidet sich psychologisch durchaus von den Naturen, deren ehrgeizige Leistungsentwicklung überwiegend von positiven Befriedigungserlebnissen getragen ist.

Allerdings sind die Kinder, die man als neurotisch ehrgeizig bezeichnen kann, nicht unbedingt identisch mit den Kindern, die man oft als „geltungssüchtig" beurteilt. Die Entwicklung zu einem geltungssüchtigen Charakter, so wie wir im allgemeinen dieses Charakterbild aufzufassen pflegen, unterscheidet sich durch wesentliche Momente von einem ehrgeizig Leistungswilligen und Leistungsfähigen. Von „Geltungssucht" oder von der nah verwandten „Angeberei" sprechen wir im allgemeinen unter anderen Bedingungen. Bei solchen Kindern pflegt die Qualität der Leistung und das Aufmerksamkeit suchende Gebaren nicht miteinander in wirklich geglücktem Einklang zu stehen. Meist ist es so, daß beim „Geltungssüchtigen", beim „Angeber" nicht eigentlich Pflichten und Arbeiten mit einem ausreichenden Maß an Sorgfalt erledigt werden, sondern es werden Augenblickseffekte erzielt durch Großsprecherei, durch auffälliges clownhaftes Verhalten, evtl. sogar durch besondere Aggressivität und sogenannte Frechheit den Erwachsenen gegenüber. So nah verwandt bei kurzem äußeren Hinsehen Ehrgeiz und Angebertum zu sein scheinen und so fließend auch die Übergänge zwischen beiden Entwicklungsformen sein mögen, so wird man doch bei der Beurteilung der inneren Verfassung eines Kindes nie außer acht lassen dürfen, wie gut oder wie schlecht die affektive Bezogenheit zur Leistung und die Fähigkeit zu stetiger Arbeit entwickelt wurde. Auch der sogenannte Geltungssüchtige hat als tiefsten Motor seines auffälligen Verhaltens eine weitreichende Kontaktverarmung. Auch er befindet sich auf einer dauernden Suche nach Möglichkeiten der Kontaktnahme und nach Bewältigungsformen, die wenigstens einen Rest von Zuneigung und Bewunderung in der Welt vermitteln. Ist aber die Beziehung eines Kindes zu stetiger Arbeit und zu stetigem Leistungsvollzug in frühen Entwicklungsphasen im Sinne intentionaler Lücken gestört worden, dann pflegt eine Entwicklung einzusetzen, die in prognostischer Hinsicht ganz wesentlich gefährdeter ist als die Entwicklung eines Kindes, das früh auf solider Leistung und Pflichterfüllung aufbaut.

Sowohl im folgenden Kapitel über die neurotischen Bequemlichkeitshaltungen, wie in dem Kapitel über Verwahrlosungsreaktionen werden wir weitere Daten erfahren über die Bedingungen, die die Arbeitswilligkeit eines Kindes beeinträchtigen. Wir werden dann sehen, daß nicht nur die im vorigen

Kapitel beschriebenen Gehemmtheiten handelnder Aktivität die Leistungsfähigkeit stören, sondern daß unter Umständen die Bereitwilligkeit der Eltern, ihre Kinder so zu verwöhnen, daß sie ihnen jede Arbeit und jede Pflicht abnehmen, zusätzliche folgenschwere Konsequenzen zeitigt.

Zusammenfassend in bezug auf das bisherige Kapitel wollen wir folgendes festhalten: Neurotischer Ehrgeiz, neurotische Leistungswilligkeit und neurotische Selbstüberforderung haben als Entwicklungsbedingung unter vielen anderen Faktoren die Tatsache, daß den Kindern *Bestätigung* und *Zuneigung* für *Leistung* zuteil geworden ist. Dabei kann sich die Umwelt verschieden verhalten in bezug auf die direkten Anforderungen, die gestellt werden. Es kann, und das ist häufig, der Ehrgeiz der Eltern direkt mit großen Ansprüchen an das Kind herantreten. Es kann aber auch so sein, daß die direkten Anforderungen gering sind, allerdings die leistende arbeitswillige Entwicklungslinie, wenn sie eingeschlagen wird, ein ganz besonderes Maß an Lob und Anerkennung erhält. Wir halten fest, daß die Beurteilung einer Biographie unterscheiden sollte, ob die Leistungsanforderungen so an ein Kind herangetragen werden, daß wirkliche Liebe und Zuneigung dafür geboten wird, oder ob die Leistungsanforderung so geartet ist, daß nur das Versagen bemängelt und getadelt wird, während die gute Leistung eine Selbstverständlichkeit darstellt, die kaum beachtet wird. Die Selbstunsicherheit, die durch dieses letzt beschriebene Verhalten gezüchtet wird, ist wesentlich tiefer und später einmal wesentlich schwerer zu beseitigen als jene Schwierigkeiten, die aus der zwar einseitig übertriebenen, aber doch positiven Identifikation mit Leistungsanforderungen entstehen. Wir heben noch einmal hervor, daß ein ausreichendes Maß an Aktivität und Bezogenheit zur Welt vorhanden und erhalten geblieben sein muß, um die Entwicklung einer Leistungslinie überhaupt zu gestatten, und wir betonen abschließend und ebenfalls wiederholend, daß zwischen neurotischer Leistungswilligkeit, neurotischem Ehrgeiz und neurotischer Geltungssucht zwar fließende Übergänge, aber doch auch deutlich zu beobachtende Unterschiede bestehen.

Einen Moment der Überlegung widmen wir noch den Gefahrenquellen, die sich für ein Kind aus der neurotischen Ehrgeizentwicklung ergeben. Mehreres ist hier zu beachten:

Einmal pflegen sich bei solchen Entwicklungsläufen die früh entstandenen Gefühlslücken immer weiter zu vertiefen. Je mehr auf Ehrgeiz und Leistung abgestellt wird, um so mehr wird die Isolierung und die Kontaktarmut verstärkt. Im allgemeinen leidet auch die Fähigkeit zu ruhigem Genießen Not und die Möglichkeit, in der Erfüllung der Gegenwart Befriedigung zu finden. Diese Mängel in der Persönlichkeitsreifung verschieben das Gleichgewicht der Lebensplanung zu stark nach einer bestimmten Seite. Auf ein heranwachsendes Kind, dem Leistung und Leistungserfolg übermäßig viel bedeutet, wartet die entscheidende Lebenskrisis natürlich auch in diesem Bereich. Leistungserschütterung und Leistungsversagen, Mißerfolge in der Arbeitsplanung, Ergebnislosigkeit bemühter Arbeit, mangelnde Anerkennung guter Leistungen sind Verzichtssituationen, die jedem Kind und jedem Erwachsenen einmal begegnen. Bei der Lebensentwicklung, die von neurotischem Ehrgeiz getrieben ist, werden die hierher gehörigen Enttäuschungen natürlich ganz bevorzugt zu Krisen und Grenzsituationen führen und zu dem, was in der Neurosenpsychologie eine Versagungssituation genannt wird.

Wir können allerdings bereits an dieser Stelle darauf hinweisen, daß psychotherapeutische Bemühungen doch immer noch dort bessere Erfolgschancen besitzen, wo mit betonter Leistungswilligkeit gelebt und geplant wird, als da, wo mit Bequemlichkeits- und Willkürhaltungen stetiges Leisten und Arbeiten verweigert wird.

3. Ersatzbefriedigungen

Wir hatten im vergangenen Kapitel davon gesprochen, daß Kinder, deren affektive Beziehung zu anderen Menschen Lücken und Schwierigkeiten aufweist, unter bestimmten Bedingungen die Möglichkeit entdecken, diese Schwierigkeiten über den Leistungssektor hinweg zu kompensieren. Neben dieser einen Form der Lebensbewältigung stehen noch andere. Leistungsfähigkeit und Leistungswilligkeit setzt auf jeden Fall voraus, daß ein gewisses Mindestmaß in der Beziehung zur gegenständlichen Welt erhalten geblieben ist, sofern die Entwicklung über den Ehrgeiz hinweg von Erfolg gekrönt sein soll. Es muß genügend Aktivität freigeblieben sein, damit überhaupt gearbeitet werden kann. Um zu schildern, wie ganz anders eine Lebensentwicklung sich vollziehen kann, in der ebenfalls eine Reihe von neurotischen Schwierigkeiten überbrückt werden sollen, kehren wir noch einmal zu der gleichen Familie zurück, von der im vorigen Kapitel die Rede war. Wir tun dies um so eher, als die Schilderung von zwei verschiedenartigen neurotischen Entwicklungen bei Schwestern einer gleichen Familie Gelegenheit geben wird, einige Streiflichter zu werfen auf die große Verschiedenartigkeit der affektiven Stellung in einer Familie, die zwei Kinder „aus dem gleichen Nest" treffen kann.

Wir sprechen jetzt von der älteren Schwester Ursula, die von der jüngeren in lebhafter Konkurrenzauseinandersetzung teils beneidet, teils bewundert, teils gehaßt wurde. In den Augen der jüngeren Schwester war die ältere im Besitz all jener begehrenswerten Eigenschaften, die das Leben leicht und lebenswert machen. Wenn sie ins Zimmer kam, wandte man sich ihr zu. Schon das sehr kleine Mädchen war der Star der Familie, war diejenige, die heiraten und einen reichen Mann bekommen sollte, war diejenige, die von Vater und Großmutter bevorzugt wurde, war diejenige, die in der Schule spielend die führende Rolle in der Klassengemeinschaft übernahm. Sie war diejenige, von der die Jüngere klagte, daß sie ihr alle Freundinnen wegnähme. Unbezweifelbar waren diese Fakten, die die Jüngere erst instinktiv, später mit zunehmender Wachheit und Bewußtheit registrierte, richtig. Die Krisenpunkte im Erleben der älteren Schwester konnte die kleinere natürlich nicht überblicken. Es fing damit an, daß Ursel, als sie zweieinhalb Jahre alt war, die ersten mißglückten Erziehungsversuche ihrer eigenen Mutter zu spüren bekam. Die damals noch sehr junge 23jährige Frau, die das kleinere Mädchen, also Gerda, ganz wesentlich einer Kinderfrau überließ, kam auf den Gedanken, daß die älteste Tochter zu sehr verwöhnt würde. Diese Feststellung war zwar richtig, aber sie entsprang bei der Mutter im wesentlichen aus dem Ressentiment gegen die Schwiegermutter, die ihrerseits ihr Ressentiment gegen die hübsche und junge Schwiegertochter darin unterbrachte, daß sie ihr die Zuneigung des kleinen Mädchens instinktiv entziehen wollte. Beide wetteiferten also zunächst in der Werbung um die Gunst der Kleinen. Die junge Mutter streute allerdings dann in ihre insgesamt sehr verwöhnende Haltung heftige aggressive Durchbrüche ein. Mit plötzlicher unvermuteter Strenge prügelte sie das Kind für kleinere Verfehlungen, etwa für die Beschädigung eines Gegenstandes in der Wohnung oder ähnliches. Das kleine Mädchen entdeckte bald, daß sie bei der Großmutter Zuflucht hatte, wenn sie von der Mutter geschlagen werden sollte. Der Vater berichtete von gelegentlichen Szenen, die sich zwischen den beiden Frauen abgespielt hatten, wenn das Mädchen auf der Flucht vor dem Ausklopfer der Mutter zur Großmutter rannte, diese das Kind bei sich im Zimmer einschloß und die Mutter in plötzlichen rasenden Wutausbrüchen mit Fäusten und Füßen gegen die verschlossene Tür trommelte. Die Möglichkeit für das älteste Kind bei kleineren und größeren Verfehlungen Schutz bei der Großmutter zu suchen und die nicht selten spannungsgeladene Atmosphäre, wenn sie ausschließlich der Mutter überlassen blieb, schufen bei dem Kind bald einen Mischzustand von geängstigter Unsicherheit und tief verankerter Erwartungshaltung, daß letzten Endes doch nichts passieren werde. Die Spielfähigkeit dieses Kindes zeigte früh feinere Störungen. In Gegenwart der Mutter schien sie unruhig und unstet, zeigte die Tendenzen, in die Zimmer der Großmutter hinüberzugehen und wurde von dieser Großmutter oft zu Schaufensterbummeln, ausgedehnten Spielzeugkäufen und langen Nachmittagen in irgendeiner Konditorei mitgenommen.

Arbeiten und Leistungen wurden von diesem Mädchen kaum verlangt. Wollte die Mutter gelegentlich auf der Erfüllung von kleinen Pflichten oder auf der Einschränkung bestimmter Erwartungen bestehen, so tat sie es ungeschickt, übertrieben heftig, ängstigte das Kind und gab der übrigen Familie genügend Anlaß zur Kritik an der unvernünftigen Erziehungsmethode. So präformiert, fingen beide Mädchen gleichzeitig in der gleichen Klasse ihre Schulsituation an. So wie für die Jüngere im Circulus vitiosus Ehrgeiz und Leistungswünsche immer mehr intensiviert wurden, so entwickelte sich für die Ältere ein gleicher Circulus vitiosus in entgegengesetzter Richtung. Ihre schlechteren Schulleistungen wurden bagatellisiert. Der Vater sagte nicht selten, daß ein Kind mit soviel Charme diesen Charme nicht verderben solle dadurch, daß es hinter Büchern büffele. Bereits die Neunjährige, die als frühreifes und schon weitentwickeltes Kind unbestrittene Anführerin ihrer Mitschülerinnen war, entwickelte das Ideal oder sogar die Ideologie eines pseudosouveränen Lebensgefühls, das seinen Wert daraus ableitete, daß kleinliches Strebertum und kriecherischer Fleiß zu verabscheuen seien. In dieser Haltung des älteren Mädchens war ganz ohne Zweifel eine Eifersuchtsreaktion gegen die begabtere jüngere Schwester verborgen. Die dauernde Notwendigkeit, sich in der Schulsituation durch kleinere Schummeleien weiterzuhelfen oder mit einem entwaffnenden Lächeln bekennen zu müssen, daß nicht gearbeitet worden war, schuf im Erleben dieses Kindes einen Unsicherheitsfaktor, der zwar sehr verborgen lag, der aber ganz ohne Zweifel eine immer vorhandene hintergründige Beunruhigung hervorbrachte. Die Verführung durch das Verhalten der Umwelt und der nicht abreißende Strom von Liebeszuwendung und Bewunderung, die das kleine Mädchen erfuhr, verhinderten, daß die sich anbahnenden Gefahren rechtzeitig bemerkt wurden. Als die beiden Schwestern dann noch aus der Klassengemeinschaft getrennt wurden, lief für die ältere das Leben scheinbar in noch glatteren Bahnen als bisher. Frühzeitig in die Pubertät eingetreten, steigerte sich das Maß des Interesses, daß nun auch Männer an ihr nahmen, ganz ungemein. In der Schule wurde sie mit sehr mittelmäßigen, ja schlechten Leistungen doch immer weiter mitgenommen. Mitschülerinnen ließen sie abschreiben, andere machten ihr die Schulaufgaben, die Lehrer drückten ein Auge zu, und eine offene Krise wurde vermieden. Die Entwicklung dieses Kindes, die ich fast über drei Jahre hinweg verfolgen konnte, ohne daß ich es selbst in Behandlung hatte, ergab etwa mit fünfzehn Jahren einen ganz ungewöhnlichen Schicksalseinbruch, der die hohe Gefährdung offenkundig werden ließ.

Die Schwierigkeiten, die das Mädchen zu verarbeiten hatte, entsprangen zu einem erheblichen Teil der Rolle, die die Mutter inzwischen im Rahmen der Familie erlebte. Es muß hier dazu gesagt werden, daß der Vater ein sexuell offenbar sehr lebhaft ansprechbarer Mann war, der nie einen Hehl daraus machte, daß für ihn die körperliche Anziehungskraft einer Frau mindestens ebenso bedeutungsvoll sei, wie ihre gemütsmäßigen Eigenschaften. Dem äußeren Charme seiner älteren Tochter widmete er eine betonte Bewunderung. Er unterließ es nicht, sie gelegentlich mit der reizvollen Mutter zu vergleichen, der die Tochter ähnlich wurde, und er unterließ es auch nicht, darauf hinzuweisen, daß die Mutter durch drei Schwangerschaften und langes Stillen der Kinder in ihren körperlichen Reizen eingebüßt habe. Das Mädchen erzählte selbst einmal, wie sie zwölfjährig mit dem Vater gemeinsam ein Buch betrachtete, in dem griechische Statuen und nackte Frauen abgebildet waren und wie der Vater darauf hinwies, daß die wohlgebildete Brust dieser Frauen etwas besonders Anziehendes sei und daß die Mutter der vier Geschwister in diesem Punkt im Gegensatz zu früher sehr verloren habe. Schließlich ergab es sich, daß der erst 36jährige Mann, verheiratet mit einer 38jährigen Frau, eine wesentlich jüngere Freundin fand und diese Freundin in den Kreis der Familie einführte. Er machte die 15jährige Tochter zu seiner Vertrauten, ohne zu bemerken, welche ungeheure Erschütterung er dem Mädchen zumutete. Im Instinktbereich hatte dieses Kind nun folgende Erlebniskonstellation zu verarbeiten: Eine Frau, die schön ist, verliert im Alter, in der Ehe und durch Schwangerschaften ihre Schönheit. Wenn sie nicht mehr schön ist, wird sie, die bisher von allen gesucht, bewundert und geliebt wurde, plötzlich verlassen und muß einer jüngeren, schöneren weichen. Nichts ist trügerischer als die Zuneigung der Menschen, die sich der äußeren Schönheit zuwendet.

Die Erfahrung, die das Kind angesichts der Entwicklung zwischen ihren Eltern machte, war insofern von so besonderer Bedeutung, als im Gefolge der erworbenen neurotischen Gehemmtheiten und den zugehörigen Bequemlichkeitshaltungen außerordentliche Schwierigkeiten bestanden, eine positive Lebensplanung zu entwickeln. Die Zukunftsphantasie, die dieses Mädchen zur Verfügung hatte, war in dem Sinn vorgeprägt, daß eine Frau, die schön ist, liebenswürdig und charmant, nicht zu arbeiten braucht, nichts zu leisten braucht und trotzdem eine Lebensbasis behält. Angesichts des Schicksals der eigenen Mutter mußte der 15jährigen mindestens instinktiv deutlich werden, wie verfehlt ihre eigenen Lebensphantasien waren. Die Mutter wäre nicht in der Lage gewesen, mit der eigenen Arbeit den gewohnten Lebensstil aufrechtzuerhalten. Bei den häuslichen Auseinandersetzungen war das ein häufiges Thema des Gesprächs. Die älteste Tochter schätzte instinktiv bald genug bei sich ab, daß sie noch weniger als die Mutter in der Lage sein würde, zu arbeiten und Pflichten zu übernehmen. Weder schulische Pflichten, noch hausfrauliche Arbeiten waren ihr bisher zugemutet worden. Gerade eben mußte sie von der Schule abgehen, damit die sich deutlich offenbarenden Leistungslücken nicht schließlich doch zu einem Sitzenbleiben führten. Damit sie nicht voll untätig zu Hause herumsäße, wurde schließlich der Besuch einer hauswirtschaftlichen Schule verabredet. Jetzt fing die Patientin an, die hier aufgetragenen Pflichten in grober verwahrloster Form zu vernachlässigen. Sie schwänzte die Schule, setzte sich statt dessen in einen nahegelegenen Park und überließ sich ausgedehnten Tagträumereien. In diesen Tagträumereien phantasierte sie sich ungezählte Erfolge auf Schönheitskonkurrenzen, wurde in den Phantasien zur Miß Universum gewählt, und zwar variierte sie die Wahl der Miß Universum dahingehend, daß nicht nur die schönste Frau durch ein kompliziertes Punktsystem gesucht und gefunden wurde, sondern daß es sich um die schönste, charmanteste und zugleich klügste und durch Erfindungen berühmteste Frau handeln sollte. Diese so gewählte Miß Universum sollte für ihre ungewöhnlichen Vorzüge des Geistes und des Körpers von den Millionen Verehrern, die ihr zujubelten, eine lebenslängliche Rente beziehen und nie wieder zu etwas anderem verpflichtet sein, als mit Hilfe von ungezählter Dienerschaft einen großen gesellschaftlichen Salon zu führen, in dem alle berühmten Wissenschaftler und Politiker um die Ehre stritten, zugelassen zu sein.

Der süchtige Charakter dieser Tagphantasien lag auf der Hand. Das Mädchen berichtete über solche Phantasien naturgemäß keinem seiner Angehörigen etwas. Ihre stundenlangen Spaziergänge, ihr ebenso stundenlanges Dahinbrüten auf der Couch, ihre Unwilligkeit, an den geringsten Verpflichtungen, die die Familie an sie herantrug, teilzunehmen, machten erst auf das Bedrohliche des Gesamtzustandes aufmerksam. Eine weitere Auffälligkeit gesellte sich dazu. Das Mädchen, obgleich noch sehr jung, entwickelte sich zur Kettenraucherin. 15, 20, 40 Zigaretten am Tag wurden geraucht, offenbar als Begleitung zu den, in immer neuen Variationen heraufgeholten Wachphantasien.

Im Gesamtentwicklungsplan dieses Mädchens ist es sicher fast ein Glück gewesen, daß eine so früh eintretende Krise die ersten alarmierenden Signale provozierte. Wir können auf den weiteren Verlauf dieses Lebensschicksals hier nicht eingehen. Wir wollen immerhin so viel festhalten, daß wir im Vergleich des Schicksals dieser beiden Schwestern, die in der gleichen Familie groß geworden sind und doch so verschiedene Entwicklungsläufe genommen haben, ein eindrucksvolles Beispiel dafür finden, wie verschieden erworbene neurotische Fehlhaltungen in prognostischer Hinsicht beurteilt werden müssen.

Außerdem fügen wir jetzt noch folgendes hinzu: Die von uns bisher geschilderten Bequemlichkeitshaltungen des Mädchens und seine fast süchtigen

Tagträumereien hatten ohne Zweifel den Charakter einer *Ersatzbefriedigung*. Das Mädchen hatte entdeckt, daß ihre Mißbehagens- und Spannungszustände beschwichtigt werden konnten und sich für eine Weile milderten, wenn diese Wachphantasien heraufgerufen wurden. Wachphantasien bei Kindern und Erwachsenen zum Trost und zur Beschwichtigung von Kummer und Mißbehagen sind sicher häufiger, als man im allgemeinen annimmt. Ihre Inhalte variieren außerordentlich. Von Kindern werden sie im allgemeinen nur mit Schwierigkeiten mitgeteilt. Übrigens kann es durchaus so liegen, daß ein Kind sowohl neurotisch überkompensierend leistungswillig ist, zugleich aber auch mit Tagträumereien auftauchende Unruhezustände zu beschwichtigen sucht.

So erzählt die neunjährige Johanna, daß sie vor dem Einschlafen lange Geschichten phantasiert, die fast alle den gleichen Inhalt haben: Reiche Königskinder haben ein fröhliches Spiel vor. Es passiert ein unvorhergesehenes Unglück, und Hanna, die selbst ein armes Bettelkind ist, kommt, weiß Hilfe und wird für ihre Geschicklichkeit reich belohnt.

Hannas Schicksal in ihrer Familie war dadurch ausgezeichnet, daß sie das Aschenputtel zwischen zwei sehr viel glänzenderen und begabteren Geschwistern war. Zu einem Teil hatte sie versucht, mit einem Spezialtalent, über das sie verfügte, den Vorsprung aufzuholen, den die beiden anderen vor ihr besaßen. In die Wachphantasien, in die sie offenbar manche Stunde des Tages versank, waren ehrgeizige Zielvorstellungen mit eingegangen. Süchtige Bequemlichkeit und ehrgeizige Überkompensation obgleich scheinbar von größter Gegensätzlichkeit, können sich tatsächlich durchaus in dem gleichen Menschen zusammenfinden.

Abschließend wollen wir noch einmal kurz folgendes wiederholen: Mit dem bisher Beschriebenen sind auf keinen Fall alle jene Vorkommnisse erschöpft, die bei Kindern und Jugendlichen als neurotische Ersatzbefriedigung verstanden werden können. Wir hatten auf diese Schwierigkeit bereits aufmerksam gemacht, als wir von den Gesichtspunkten sprachen, die für unsere gliedernde Einteilung bestimmend geworden sind. Um Mißverständnisse zu vermeiden, weisen wir auch hier noch einmal darauf hin, daß noch manches andere an neurotischen Verhaltensweisen im Sinne der Ersatzbefriedigung psychologisch zu verstehen ist. Die Hintergründe und Zusammenhänge sonstiger neurotischer Ersatzbefriedigungen sind jedoch so vielschichtig und differenziert, daß es töricht wäre, fortlaufend einen einzigen Bedeutungsakzent im Gesamtgeschehen zu überwerten.

Die besondere Stellung, die der Ersatzbefriedigung im neurotischen Gesamtgeschehen zukommt, verstehen wir am besten, wenn wir uns nochmals mit prognostischen Überlegungen befassen. Wir sagten früher über die neurotische Leistungsentwicklung, daß diese bessere therapeutische Chancen besitzt, als die neurotische Bequemlichkeitshaltung. Die Gründe dafür sind leicht zu sehen: Leistungswilligkeit, selbst wenn sie neurotisch überbetont ist und selbst wenn sie den Menschen in seinen zwischenmenschlichen Beziehungen unerträglich vereinsamt, vermittelt doch immer eine Fülle von Kenntnissen und Fähigkeiten. Der Grundbestand an Erfahrungen, an Überblick, an Allgemeinbildung und Spezialwissen wird laufend vermehrt. Nun kann kein Mensch sein Leben vernünftig planen, ohne daß er über einen solchen Bestand von Kenntnissen und Fähigkeiten verfügt. Wenn ein Kind in seiner frühen Entwicklung bereits vermeiden lernte, diese Form von Kenntniserwerb zu pflegen und zu üben, dann ist es sehr bald gleichaltrigen Kameraden gegenüber im Hintertreffen. Im allgemeinen macht man sich nicht recht klar, welch hohes Maß an Bildung und Kenntnissen, an Fähigkeiten handwerklicher und abstrakter Art der Mensch unbemerkt und auch unabhängig von seiner Spezialausbildung miterlernt. Von einem bestimmten Alter ab bekommen die offen gebliebenen Kenntnislücken für die Lebensplanung eines Menschen ein entscheidendes Gewicht. Mit mangelnden Kenntnissen kann keine Selbständigkeit aufgebaut werden. Eine neurotische Bequemlichkeitshaltung wird sowieso immer nur sehr schwer aufgegeben. Selbst wenn es jedoch gelingt, diese speziellen neurotischen Schwierigkeiten aufzuarbeiten, so ist damit immer noch nicht der Mangel an Wissen und Kenntnissen aufgefüllt, der durch die neurotische Bequemlichkeitshaltung entstanden ist. Der innere Einsatz, den ein Kind nachholend zu leisten hat, wenn es auch nur fünf oder sechs Schuljahre vertrödelte, ist immer ganz enorm und darf bei der prognostischen Beurteilung auf keinen Fall unterschätzt werden. Unter Umständen muß auch der therapeutische Zugriff mit einkalkulieren, daß ohne kluge Assistenz hinsichtlich reiner Lernleistungen ein Heilerfolg nicht erreicht werden kann. Ganz besonders für diese Fälle gilt der Satz, daß die Auflockerung einer neurotischen Gehemmtheit nicht immer genügt, um die bestehende Symptomatik zu beseitigen. S c h u l t z - H e n c k e hat ganz besonders darauf hingewiesen, daß die *sekundären Folgen* primärer neurotischer Gehemmtheiten mit genau der gleichen Sorgfalt beachtet und therapeutisch gepflegt werden müssen, wie die primären Anfangsschwierigkeiten neurotischer Gehemmtheit.

4. Neurotische Verwahrlosung
a) *Weglaufen, Eigentumsdelikte, Lügen, Hochstapelei, aggressive und sexuelle Verwahrlosung*

Wie wir schon in unserer einleitenden Bemerkung feststellen mußten, ist der Begriff der Verwahrlosung ein sozialer Begriff. Mit ihm werden bestimmte Verhaltensweisen bezeichnet, die auf außerordentlich verschiedene Weise entstanden sein können. Der Übergriff in fremde Lebensbereiche entgegen herrschenden Wertordnungen und Gesetzesmaßstäben, der mit dem Wort „Verwahrlosung" beschrieben wird, kann die verschiedensten Hintergründe haben. Wir betonen noch einmal die an sich selbstverständliche Tatsache, daß im folgenden nur von neurotischen Verwahrlosungsreaktionen gesprochen werden soll, also von Verhaltensweisen, die im Zusammenhang mit neurotischen Fehlentwicklungen entstanden sind.

Es wird sich demnach nicht darum handeln, daß wir von Verhaltensweisen sprechen, die z. B. unter dem Druck wirtschaftlicher Not, Hunger und Armut entstanden sind oder die sich in einem allgemein aufgelockerten sozialen Gefüge zeigen, so wie wir es etwa nach 1945 in Deutschland erlebt haben. Wir werden auch nicht von Verwahrlosungsreaktionen sprechen, die auf dem Boden allgemeiner Urteilslosigkeit bei schwach begabten oder schwachsinnigen Kindern entstehen, auch nicht von Kindern, bei denen spezielle Anlagedefekte zu vermuten sind; wir werden statt dessen, wie gesagt, die Entstehungsbedingungen bei der neurotischen Verwahrlosung beschreiben. Es ist heutzutage zwar noch kaum möglich, statistisch abzuschätzen, wie häufig neurotische Fehlentwicklungen an der Entstehung von Verwahrlosungsreaktionen beteiligt sind. Die internationalen Untersuchungsergebnisse gehen jedoch offenbar dahin, daß der Anteil erworbener seelischer Fehlhaltungen bei auftretenden Verwahrlosungserscheinungen nicht gering ist.

Rein formal verzeichnen wir bei der neurotischen Verwahrlosung die gleichen Auffälligkeiten wie auch sonst. Wir finden neurotische Eigentumsdelikte, neurotische Wegläufer, Lügner und Hochstapler, wir finden auch aggressive und sexuelle Verwahrlosung als Konsequenz neurotischer Fehlentwicklungen.

Die Entwicklungsbedingungen, die neurotische Verwahrlosungsreaktionen mit sich bringen, sind bei den verschiedenen Formen der Verwahrlosung immer recht weitgehend verwandt. Um dem vorliegenden Problem auf die Spur zu kommen, müssen wir vorwegnehmend folgendes bedenken: Die Bereitschaft des Menschen, soziale Ordnungen aufzustellen und zu respektieren, stammt zu einem sehr erheblichen Teil aus naturgegebenen Bedürfnissen. Der Mensch hat ein primäres Bedürfnis nach zwischenmenschlicher Gemeinschaft und zwischenmenschlichem Kontakt auch über die einzelne Partnerwahl hinaus. Diese Tatsache ist nicht grundsätzlich selbstverständlich. In der Tierreihe gibt es eine Fülle von sehr nah verwandten Arten, die sich bei sonstiger Ähnlichkeit des Verhaltens ganz besonders dadurch unterscheiden, daß sie einerseits sozial leben, andererseits betont und bevorzugt einzelgängerisch. Es gibt sozial lebende Wespen und im Gegensatz dazu einzellebende Raubwespen. Unter den Anthropoiden sind Orang-Utang und Gorilla bevorzugt Einzelgänger, während der Schimpanse gern in Gruppen lebt.

Dieses angeborene weitreichende Kontaktbedürfnis des Menschen ist sicher eine der fundamentalen Vorbedingungen für die Existenz größerer menschlicher Gemeinschaften. Wäre der Mensch seinen primären Bedürfnissen nach grundsätzlich und überwiegend ein Einzelgänger, dann gäbe es keine sozialen Gruppen, es gäbe keine soziale Ordnung und selbstverständlich auch nicht die Negation dieser sozialen Ordnung, nämlich die Verwahrlosung.

Es liegt also auf der Hand, daß Menschen, bei denen angeborenerweise, bestimmte Gemütsbedürfnisse hinsichtlich des sozialen Kontaktes abgeändert sind, besonders leicht aus der sozialen Gemeinschaft herausfallen werden. In der Psychiatrie hat man dazu geneigt, solche Menschen als die angeboren gemütlosen zu bezeichnen, evtl. auch die schizoiden Einzelgänger.

Nun hatten wir in einem früheren Kapitel ausgeführt, wie außerordentlich schwer es ist, herauszufinden und sicherzustellen, daß es sich bei dem Erscheinungsbild der „Gemütsarmut" um eine wirklich angeborene Qualität handelt. Wir hatten zugleich beschrieben, wie die wissenschaftliche Forschung inzwischen zu dem Ergebnis gekommen ist, daß bestimmte Umweltschäden in den ersten Entwicklungsjahren geeignet sind, die Kontaktfähigkeit eines kleinen Kindes so zu stören, daß sein späteres Persönlichkeitsbild durch scheinbare Gemütsarmut auffällt. Eine recht umfassende Untersuchung über jugendliche Kriminelle stammt von Bowlby, der z.B. feststellen konnte, daß ein außerordentlich hoher Prozentsatz dieser kriminell gewordenen Jugendlichen eine abnorme familiäre Entwicklung hinter sich hatte. Besonderes Gewicht hat Bowlby der Tatsache zugeschrieben, daß die von ihm untersuchten Kinder und Jugendlichen zu einem hohen Prozentsatz in den ersten zwei bis drei Lebensjahren von ihrer Mutter hatten getrennt werden müssen und damit die inzwischen reichlich bekannten Hospital- und Heimschäden mitbekommen hatten. Der auf diesem Weg erworbenen Kontaktschwierigkeit und Gefühlsarmut mißt Bowlby erhebliche Bedeutung für die Entstehung neurotischer Verwahrlosung zu.

Nun ist es allerdings wichtig, daß man eine Feststellung, wie die soeben herausgestellte, nicht umkehren kann. Zwar finden wir unter den verwahrlosten Kindern zweifellos einen hohen Prozentsatz, bei dem affektive Kontaktschwierigkeiten auf dem Boden sehr früh erworbener intentionaler Lücken entstanden sind. Andererseits wäre es durchaus nicht richtig zu sagen, daß alle Kinder, die frühzeitig in ihrer affektiven Kontaktfähigkeit verarmen, später auch verwahrlosen. Es müssen noch eine Reihe weiterer Momente hinzukommen, um endgültig die neurotische Verwahrlosung zu provozieren.

Zunächst heben wir folgendes hervor: Zu der früh erworbenen affektiven Kontaktschwierigkeit gesellt sich bei den Kindern fast regelmäßig noch die Beziehungsarmut zur gegenständlichen Welt. Die gleichen Gründe, die die verminderte Beziehung zum Menschen mit sich bringen, stören auch die Zuwendung zum Ding, verderben den „Aufforderungscharakter" der Welt ganz allgemein. Es handelt sich hier um den gleichen Vorgang, den wir bereits bei der Entstehung von Arbeitsstörungen und Leistungsminderungen besprochen und beschrieben hatten. Bei genauer Untersuchung neurotisch verwahrloster Kinder und Jugendlicher läßt sich immer feststellen, daß ihnen eine Fülle von Befriedigungserlebnissen entgeht, die dem normal entwickelten jungen Menschen aus konstruktivem Spiel und konstruktiver Beschäftigung erwachsen. Hierher gehört auch, daß in der Frühentwicklung jugendlicher Verwahrloster regelmäßig der spätere handelnde Umgang mit den Gegenständen und die eigentliche motorische Ausreifung stark behindert wurde, es gehört dazu, daß das Fordern, Bitten und Zugreifen übertriebenen Einschränkungen unterlag.

Mit diesen Hinweisen wäre allerdings nur die eine Seite der vorbereitenden neurotischen Entwicklungsstörungen beschrieben, die spätere Verwahrlosungsreaktionen zu provozieren pflegen. Wir müssen bedenken, daß auch die soeben hinzugefügten Entwicklungsschwierigkeiten sehr viele Kinder treffen, die keineswegs später alle einen verwahrlosten Entwicklungslauf nehmen. Zur Entstehung der neurotischen Verwahrlosung gehört unabdingbar folgendes weitere dazu:

Es ist eine ganz allgemeine Regel, daß Kinder, die aus neurotischen Gründen verwahrlosen nach einer frühen Phase affektiver Kontaktverarmung und Verarmung der allgemeinen Interessiertheit später sehr ausgedehnte *Verwöhnungen* in dem insgesamt kargen und armseligen Lebensgang erleben. Diese Verwöhnungserlebnisse, die den neurotisch verwahrlosten Kindern zuteil werden, haben im Rahmen der Gesamtentwicklung eine ganz besondere Bedeutung. Außerdem haften ihnen eigentümliche Wesensmerkmale an. Es handelt sich in der überwiegenden Zahl der Fälle neurotischer Verwahrlosung nicht darum, daß den Kindern im Übermaß warmherzige Zuwendung und liebevolles Beschenken zuteil wird, sondern fast immer wurden Verwöhnungshaltungen und Nachgiebigkeit aus Schuldgefühl oder aus allgemein gleichgültiger Grundstimmung heraus geboten. Jugendliche Wegläufer oder jugendliche Diebe haben in ihren frühen Entwicklungsstadien immer die sehr verwandten Vorerfahrungen, daß in die allgemeine Kargheit der Lebenssituation Einzelerlebnisse überreicher Fülle eingesprengt wurden. Von Fuchs-Kamp wurden mehrere Entwicklungsläufe neurotisch verwahrloster Wegläufer und Diebe mit eindringlichen Belegen für diese Vorkommnisse geschildert.

Die eingesprengten Verwöhnungen sind es, die bei den Kindern und Jugendlichen den Weg dafür bahnen, daß bei auftretender neurotischer Affektstauung Übergriffe in fremde Lebensbereiche unternommen werden.

Wurde einem Kind früher einmal viel erlaubt, in Augenblicken, in denen eigentlich eine vernünftige Grenze hätte gezogen werden müssen, dann wird diese Vorerfahrung in auftretenden Krisensituationen leicht und gern benutzt, um Ersatzgenuß und Ersatzbefriedigung zu beschaffen.

Zusammenfassend halten wir also fest, daß verminderter emotionaler Kontakt, verminderte intentionale Zuwendung zur Welt, Gehemmtheiten im oralen und aggressiven Antriebsbereich einen wichtigen Kernbestand der neurotischen Verwahrlosung ausmachen. Primäre Gehemmtheiten im Handeln, Bitten und Fordern werden nie vermißt, wenn man einen neurotisch Verwahrlosten zu beurteilen hat. Wichtig ist dabei natürlich, daß das äußere Verhalten der Verwahrlosten dem unbefangenen Beobachter alles andere eher als eine naiv verstandene Gehemmtheit bietet. Tatsächlich wirken ja die Verwahrlosten im äußeren Erscheinungsbild gerade enthemmt, übergreifend und ungezügelt. Die durch Verwöhnung vorgebahnte Entwicklung, die dicht neben der entstandenen Gehemmtheit einher läuft, muß daher ebenso sorgfältig eingeschätzt werden. Es bedarf immer einer äußerst genauen Untersuchung und Beobachtung solcher Kinder und Jugendlicher, wenn man das dichte Nebeneinander neurotischer Gehemmtheit und verwilderter Zügellosigkeit richtig bemerken will.

Außerdem sollte man zweckmäßigerweise bei der Betrachtung und Beurteilung neurotischer Verwahrlosungsreaktionen in psychologischer Hinsicht zweierlei unterscheiden: Man sollte auseinanderhalten: Verwahrlosung als „*Durchbruch*" und Verwahrlosung als *gewohnheitsmäßige Ersatzbefriedigung*. Beide Wortbildungen zielen mit einem bildhaften Vergleich auf einen bestimmten psychologischen Tatbestand ab. Es ist damit gemeint, daß bei bestimmten innerseelischen Verfassungen die sich unter dem Druck der erworbenen neurotischen Gehemmtheiten aufstauende Erregung so groß geworden ist, daß sie die normalerweise vorhandenen steuernden oder hemmenden Gegenimpulse überflutet. Es handelt sich hier bei solchen Kindern und Jugendlichen also um kein gewohnheitsmäßiges Übergreifen in fremde Lebensbereiche. Natürlich ist der Übergang von so gearteten Durchbruchsreaktionen zu den gewohnheitsmäßigen Ersatzbefriedigungen ein sehr fließender und eine scharfe Grenze ist überhaupt nicht festzustellen. Wir sollten uns aber doch um eine so differenzierte Kenntnis des psychologischen Tatbestandes bemühen, weil je nach gegebener Situation das prognostische Urteil sehr verschiedenartig ausfällt. Es leuchtet ein, daß ein gewohnheitsmäßiges Verhalten, das auf alten vorgebahnten Wegen abläuft, wesentlich schwerer korrigierend beeinflußt werden kann, als die gelegentlich einmal auftretende akute Durchbruchsreaktion. Bei der später noch aufzunehmenden kurzen Erörterung psychotherapeutischer Möglichkeiten bei neurotischer Verwahrlosung werden wir uns diesem Fragenkomplex noch genauer zuwenden.

Im Folgenden schildern wir erst einmal eine solche typische Entwicklung neurotischer Verwahrlosung für einen kleinen neunjährigen *Wegläufer*, der es zu einem recht ausgeprägten Geschick im Herumstreunen gebracht hatte:

Der neunjährige Fritz war das Kind verhältnismäßig alter Eltern. Er wurde 1943 in Berlin geboren, kurz bevor die schweren Bombenangriffe auf die Stadt begannen. Beide Eltern besaßen ein Altwarengeschäft, in dem sie tagsüber tätig waren. Beiden kam die Geburt ungelegen, wenngleich die Tatsache, daß schließlich ein Junge und damit ein Erbe für das Geschäft geboren wurde, die ersten Abwehrgefühle gegen die Schwangerschaft übertönte. Die Mutter konnte sich das ganze erste Lebensjahr hindurch nur sehr wenig um den Jungen kümmern. Nach acht Tagen stillte sie ihn bereits ab, weil das Stillgeschäft sie in ihrer Tagesarbeit zu sehr behinderte, und sie fand den Ausweg, daß der Junge tagsüber abwechselnd von vier oder sogar fünf verschiedenen Personen gefüttert wurde. Die erste Mahlzeit übernahm sie selbst, zur zweiten Mahlzeit schickte sie die Aushilfe aus dem Geschäft. Zur dritten Mahlzeit die Nachbarin von nebenan, zur vierten ihren eigenen Mann und zur fünften jeweils einen der verschiedenen bisher Beteiligten, wie es gerade kam. Abgesehen von diesen Mahlzeiten, die im großen und ganzen wenig pünktlich und meist auch eilig verabfolgt wurden, blieb das Kind den ganzen Tag allein. Das erste Vierteljahr soll der Junge viel geschrien haben, insbesondere nachts. Strikt hielt sich die Mutter an die Regel, daß Kinder nachts nicht aufgenommen werden sollten, weil man sie sonst angeblich verwöhne. Später soll der Junge dann ruhiger gewesen sein, hat allerdings, wie die Mutter berichtet, verhältnismäßig spät gesessen und sich aufgerichtet, war still und nicht sehr anteilnehmend. Gegen Ende des ersten Jahres wurde den Eltern die Bedrohung durch den Bombenkrieg für das kleine Kind zu gefährlich, und sie gaben den Jungen zu den Großeltern, Eltern der Mutter. Hier blieb er, bis er siebeneinhalb Jahre alt war. Die Großeltern waren Bauersleute in Westdeutschland, die selbst noch immer schwere Feldarbeit zu leisten hatten. Soweit angängig, nahmen sie den kleinen Jungen zur Feldarbeit nach draußen mit. Den Winter über mußte er allerdings mit den alten Leuten in der Stube bleiben und durfte sich nur wenig muksen. Der alte Großvater war streng, wollte seine Ruhe haben und sich nicht durch Kindergeschwätz stören lassen. Gegen Ende des dritten Lebensjahres erfanden die Großeltern einen bequemen Ausweg, um den Jungen unterzubringen, so daß das motorisch lebhafte Kind sich in seiner Eroberungslust nicht selber schädigte. Ein hausierender Händler, der mit einem Pferdewagen von Ortschaft zu Ortschaft zog und der im Dorf der Großeltern wohnte, nahm den Jungen in seinem Fuhrwerk mit. Dem Jungen machte das offenkundig einen Riesenspaß. Es gab kaum einen Bauernhof, wo das niedliche Kind nicht trotz der schwierigen Zeit etwas zugesteckt bekam. Ständiger Wechsel der Gegend und der Eindrücke machten die Rundfahrten bei dem Jungen sehr beliebt. Die Großeltern konnten es bald unterlassen, dem Jungen etwas an regelmäßigen Mahlzeiten mitzugeben. Er bekam, was er brauchte, regellos und unterwegs. Wann er abends zurückkehrte, war völlig offen. Manchmal schon am frühen Nachmittag. Dann saß das Kind allein auf dem verlassenen Hof, manchmal erst spät in der Nacht, wenn die Großeltern bereits zu Bett gegangen waren. Spielzeug hatte der Junge nicht. Zu stetigem Spiel war kein Anreiz und eine konstruktive Beschäftigung mit Dingen und Gegenständen blieb völlig ungeübt. In den Augen der Eltern und Großeltern hatte es der Junge hervorragend gut. Er bekam mehr als manches andere Kind zu essen, hatte immer einen Becher Milch, hatte immer seine volle Freiheit und immer große Abwechslung. Trotzdem kann man kaum behaupten, daß es sich wirklich um günstige Entwicklungsbedingungen für ein Kind gehandelt hat. Auf jeden Fall fehlte dem Jungen die feste affektive Bindung an einen bestimmten Ort und an bestimmte Personen. Das Erleben des Kindes mußte von der Vorstellung durchsetzt sein, daß da, wo es wohnte und schlief, Gleichgültigkeit herrschte, und daß freundliche Menschen, die zu Geschenken und Herzlichkeiten bereit waren, nur in der Ferne zu finden waren und man diese auf langen Wanderfahrten aufsuchen mußte.

Wir können uns hier einmal darauf zurückbesinnen, daß ein sehr bekanntes Kinderlied in wenigen Zeilen schildert, unter welchen Bedingungen ein kleiner Wegläufer das Weglaufen schließlich doch wieder aufgibt. „Hänschen klein", das einmal in die Welt hinauswandert, ist wohl jedes Kind in einer bestimmten Entwicklungsetappe. Es kehrt nach Hause zurück, weil die Mutter so sehr weint und um ihr verlorenes Hänschen trauert. Ein Kind, das zu Hause keine Mutter weiß, der es etwas bedeutet, ob es zu Hause ist oder nicht, die sein Fehlen bemerkt, die unruhig wird und die nach ihm sucht, ein solches Kind wird dorthin laufen, wo ihm ein Ersatzkontakt geboten wird.

In der Vorgeschichte von Wegläufern finden wir dieses Faktum in zahllosen auffälligen oder feiner zu merkenden Varianten. Gelegentlich lautet die Schilderung von erwachsenen Wegläufern über ihre Kindheit etwa so: „Wir hatten es besonders gut und sehr viel Freiheit." Diese viele Freiheit erweist sich dann aber immer als eine Freiheit aus Gleichgültigkeit und Bequemlichkeit der Eltern, nicht als anteilnehmend freundliches Gewährenlassen. Es ist der Mutter verhältnismäßig egal, wo die Kinder sind, ja es ist ihr evtl. sogar bequem, wenn sie sie nicht unter den Augen hat.

Fritz, von dem wir oben gesprochen haben, lebte in der geschilderten Weise bis zum Schuleintritt. Er besuchte zunächst die Schule seines Dorfes, ohne daß gröbere Schwierigkeiten gemeldet wurden. Tatsächlich zeigte sich da bereits das erste naive Weglaufen des Kindes. Schien die Sonne und hatte er keine Lust, so gesellte er sich zu seinem alten Freund, dem Händler, und fuhr mit ihm die vertraute Runde. Die Klasse des Kindes war ungewöhnlich überfüllt. Unter der Vielzahl der Schüler fiel es dem Lehrer kaum auf, wenn einer einmal fehlte, die Großeltern gaben nicht Obacht. Nach Vollendung des ersten Schuljahres, als Fritz sieben Jahre alt geworden war, hatten sich die Lebensbedingungen der Eltern verbessert. Währungsreform und Blockadeschwierigkeiten waren leidlich überwunden, die Lebensmittel waren ausreichend vorhanden, Fritz sollte zu den Eltern zurück. Die Umstellung für den Jungen war ganz enorm. Von dem bisher gewohnten Landleben in die Stadt verpflanzt, mußte er jetzt in der kleinen dunklen Stube wohnen, die an das Geschäft der Eltern angeschlossen war und den einzigen gemeinsamen Wohnraum darstellte. Die Eltern hatten keine rechte Vorstellung davon, wie das Kind bisher gelebt hatte, sie waren zufrieden, daß durch die bisherige Lösung der Bombenkrieg, der Endkampf um Berlin und die späteren Nahrungssorgen dem Kind erspart geblieben waren, und sie meinten, daß sie nun die Zügel recht fest anlegen müßten, damit der Junge etwas Ordentliches werde. Fritz war ein intelligenter Junge. Bald hatte er heraus, wie man sich im Berliner Verkehrsleben zurechtfindet, und sein erstes Weglaufen fing damit an, daß er anstatt in die Schule zu gehen, in den Grunewald fuhr.

Es würde auch hier zu weit führen, die lange Kette der kleineren oder größeren Weglaufereien des Jungen zu schildern. Tatsache war, daß das Kind ein außerordentliches Geschick entwickelte, in der ferneren Umwelt von Berlin Bauersleute aufzusuchen, dort eine lange Geschichte zu erzählen über den Verlust seiner Eltern, seine Einsamkeit und Armut und in Anbetracht dieser rührseligen Geschichte von gutmütigen Bauersfrauen etwas Geld und Lebensmittel geschenkt zu bekommen. Sein Rekord war ein dreiwöchentliches Herumbummeln in der Ostzone, aus der er schließlich den Eltern wieder zugeführt wurde.

Eine solche Entwicklung, wie Fritz sie geboten hat, ist in ihren typischen Eigentümlichkeiten keine Seltenheit. Wir finden alle jene Momente wieder, von denen wir eingangs sagten, daß sie bei der neurotischen Verwahrlosung eine Rolle spielen. Wir finden die mangelhafte affektive Pflege in den ersten Lebensmonaten. Wir finden in den späteren Entwicklungsjahren der frühen Kindheit den dauernden Wechsel zwischen rauher Einengung und extrem lockerem Gewähren und Laufenlassen. Die Haltung, die die Großeltern von Fritz an den Tag legten, ist ein außerordentlich charakteristisches Beispiel dafür, wie ein Gewährenlassen auf Gleichgültigkeit aufbaut und nicht auf duldsamer Zuwendung.

Für die große Mehrzahl jugendlicher Verwahrloster gilt allerdings der Satz, daß die Atmosphäre, in der sie aufgewachsen waren, noch sehr viel mehr aktive Feindseligkeit von seiten der Umgebung enthält, als wir es in dem vorliegenden Fall schilderten. Das folgende kasuistische Beispiel wird die Entwicklungsgeschichte eines Jungen schildern, der nicht nur weglief, sondern der auch mit *Eigentumsdelikten* straffällig wurde. Es wird zu sehen sein, wie die Erlebniseindrücke, die dieser Junge zu verarbeiten hatte, äußerst einschneidende Haltungen von Aggressivität enthielten. Wir wollen dabei zugleich betonen, daß die größere Zahl der neurotisch Verwahrlosten Extremvarianten eines komplizierten Schicksals hinter sich haben.

Heinz-Dieter war 14 Jahre alt, als seine 31 jährige Mutter ihn brachte. Er war ihr erstes uneheliches Kind, das sie sehr früh als 15 jährige empfangen hatte und das sie, als sie 16½ war, zur Welt brachte. Die Geburt des Jungen hatte seinerzeit geradezu ein Familiendrama heraufbeschworen. Der Vater war ein äußerst kleinbürgerlicher Mann, Steuerrevisor, der diese „Schande" in seiner Familie als eine unerträgliche Schmach empfand. Er verprügelte die schwangere Tochter mit dem Teppichklopfer und warf sie aus dem Haus, ohne sich um ihr weiteres Wohlergehen zu kümmern. Das beratende Jugendamt sorgte dafür, daß das Mädchen als Hausschwangere in einem Entbindungsheim unterkam und dort auch noch eine Weile nach der Entbindung bleiben konnte. Die Eltern des Mädchens verlangten, daß Heinz-Dieter in ein Heim gegeben werde, da sie den Jungen auf keinen Fall bei sich im Hause dulden wollten. Unter dieser Voraussetzung durfte dann die junge Mutter ins Elternhaus zurückkehren, wobei die Hauptbedingung war, daß keiner der Nachbarn etwas von der Existenz des Jungen erfahren sollte. Dem Mädchen wurde im Hinblick auf die Schwangerschaft und Entbindung von den Eltern die ursprünglich verabredete Berufsausbildung versagt, statt dessen wurde verlangt, daß das Mädchen, um sich am Unterhalt des Kindes zu beteiligen, schnellstens als Fabrikarbeiterin

Geld verdiente. Heinz-Dieter blieb ein Jahr in einem Waisenhaus und kam dann in eine Privatpflegestelle. Über diese Entwicklungszeit war wenig Biographisches zu erfahren. Als der Junge 2½ Jahre alt war und die Mutter gerade 19 geworden, setzte sie es durch, daß sie das Kind zu sich nehmen konnte. Sie erreichte das in Hinblick auf die von ihr geplante Ehe, da sich der damalige Verlobte bereiterklärte, den kleinen Jungen als sein eigenes uneheliches Kind auszugeben, so daß der Nachbarschaft mitgeteilt wurde, daß die junge Frau aus Liebe zu ihrem Verlobten das große Opfer brächte, sich schon vor der Ehe dieses Kindes anzunehmen. Unter diesem Gesichtspunkt waren die Großeltern bereit, den Jungen aufzunehmen. In der 2½-Zimmerwohnung lebten jetzt die Großeltern, die Mutter, der Verlobte der Mutter und Untermieter der Familie und der 2½-jährige Junge. Im gleichen Haus, eine Etage höher, lebten die Eltern des Verlobten, die in Anbetracht der eigenen Wohnraumbeschränkung ihren Sohn ausquartiert hatten. Diese 5 Erwachsenen trafen oft zusammen, und sie waren der einzige Umgang für das kleine Kind. Der Junge durfte nicht auf die Straße, nicht auf den Hof oder gar in den Kindergarten. In der einzigen geheizten Wohnstube verlangte man von ihm, daß er in einem Winkel still und unauffällig sitzen bliebe. Abgesehen von diesen Anforderungen wurde das Kind mit Bonbons und sonstigen Süßigkeiten, aber auch mit kleinen Geldbeträgen und Spielzeug enorm verwöhnt. Jeder der Erwachsenen steckte ihm etwas zu, sei es eine Scheibe Wurst, ein Stück Schokolade oder ein paar Pfennige Geld. Schon für den 5 jährigen existierte eine Sparbüchse, die eine nicht unbeträchtliche Geldsumme enthielt, und das Kind selbst war nie ohne Geldsummen zwischen einer und zwei Mark in der Tasche. Es stellte sich nämlich heraus, daß der Junge, sobald er Ansprüche an die Anteilnahme seiner Umgebung stellte, mit irgendeinem Geschenk abgespeist wurde. Als er 5 Jahre alt war und in seinem Bewegungsdrang so lebhaft, daß man ihn nicht mehr ohne weiteres still in eine Ecke setzen konnte, schickte man ihn mit einem Geldgeschenk auf die Straße. Er solle sich dieses oder jenes kaufen und sich die Zeit vertreiben. Die Mutter hatte inzwischen geheiratet, es war die Namensgebung des Kindes erfolgt und der Schuleintritt stand bevor.

Durch die Schulentwicklung des Jungen zog sich wie ein roter Faden immer wieder ein bestimmter Vorgang: Das einsam großgewordene Kind kam schwer in Kontakt mit seinen Mitschülern. Er wußte nicht, wie man sich einem fremden Spiel anschließt und wie man sich in Spielregeln einfügt. Er merkte aber bald, daß er mehr Geld zur Verfügung hatte als andere. Er merkte, daß er mit seinen Mitschülern das gleiche tun konnte, was Eltern und Großeltern mit ihm getan hatten: Er konnte durch Geschenke Aufmerksamkeit und Zuneigung gewinnen. Die Kontaktfähigkeit über gemeinsames Interesse und über Gefühlsverwandtschaft hinweg, die das gesund entwickelte Kind auszeichnet, war bei ihm in der frühen Entwicklung bereits lahmgelegt. Der Ersatzkontakt, den er fand, entspann sich über das Geldgeschenk als Werbung. Bis zu seinem 14. Lebensjahr ging alles einigermaßen gut. Die wirtschaftlichen Verhältnisse der Eltern waren sehr befriedigend. Auch die Großeltern fuhren fort in der Verwöhnung und der Junge, der immer Geld zur Verfügung hatte, fußte auf dieser Basis in ganz überbetonter Weise.

Dann traten, als der Junge etwa 14 Jahre alt war, Schwierigkeiten auf. Der Stiefvater, der von Beruf Elektrotechniker war, erlitt einen Unfall, bei dem die rechte Hand so schwer verletzt wurde, daß der alte Beruf nicht mehr ausgeübt werden konnte. Der Unfall passierte zu einer Zeit, in der die Mutter schwanger war, und mit der Geburt des kleinen Bruders fiel die sehr verminderte Arbeitsfähigkeit des Vaters zusammen. Das Geld wurde zu Hause sehr knapp, die Wohnraumsituation war verändert. Der Stiefvater, sehr gereizt und sehr erregt, war tagsüber zu Hause. Er fühlte sich durch das Geschrei des kleinen Sohnes gestört, nahm aber überwiegend den älteren Stiefsohn zum Blitzableiter.

In diese Zeit der veränderten Lebenssituation fielen die ersten Eigentumsdelikte des Jungen. Die ersten Auffälligkeiten zeigte er nach dem Bericht der Mutter dadurch, daß er heimlich, obgleich soeben satt vom Mittagessen, dem kleinen Bruder den Brei wegnaschte. Dann fehlten kleinere Beträge vom Wirtschaftsgeld der Mutter, dann klagten Mitschüler über entwendete Geldbeträge. Der Junge wurde mehrfach erwischt und schließlich wurde eine Heimunterbringung arrangiert, da Mutter und Stiefvater mit der fortgeschrittenen Verwahrlosung nicht mehr fertig wurden.

Überblickt man die Lebenssituation und die innere Verfassung dieses Jungen, so ist das hervorgehobene Merkmal darin zu sehen, daß diesem Kind, wie allen Verwahrlosten überhaupt, die Möglichkeit fehlt, in anderen Lebensbereichen Befriedigung zu finden, wenn in dem einen besondere Verzichte vom Schicksal gefordert wurden. Heinz-Dieter war in bezug auf Besitzdinge streckenweise sehr verwöhnt worden. Seine Vorstellungswelt war davon erfüllt, daß das Leben nur dann befriedigend zu arrangieren sei, wenn ein ausreichender materieller Hintergrund die Mittel lieferte. Die frühen intentionalen Lücken, die das Kind erworben hatte, hatten die Kontaktfähigkeit, ebenso wie die Spiel- und Arbeitsfähigkeit stark beeinträchtigt. Der emotionale Kontakt, der den Jungen an seine Umgebung band, war sehr viel dürftiger, als er es hätte sein können und sein müssen, damit der Junge bereit gewesen wäre, im Interesse der gemeinschaftlichen sozialen Ordnung seine Diebereien aufzugeben. Ganz im Gegenteil war für Heinz-Dieter der Diebstahl primär ein Versuch, den mangelhaften emotionalen Kontakt zu erweitern und zu bereichern. Die unabgesättigten Bedürfnisspannungen, die bei dem Jungen auftraten, als er einerseits die veränderte häusliche wirtschaftliche Situation zu ertragen hatte und andererseits die Konkurrenzsituation mit dem Halbbruder erlebte, waren von dem Jungen mit keinem Mittel zu verarbeiten. Die vorgebahnte Erfahrung, daß reichliches Eigentum selbstverständlich zum Leben dazugehöre, schuf die Wege für jene Ausweichreaktionen, die die Eigentumsdelikte darstellten.

Nochmals wollen wir hervorheben, daß bei der neurotischen Verwahrlosung immer zweierlei dicht nebeneinander zu liegen pflegt: Nämlich die neurotische Gehemmtheit auf der einen Seite und der ausweichend heimliche Übergriff, eine „Enthemmtheit" auf der anderen Seite. Dieses dichte Nebeneinander von widerspruchsvollen, ja entgegengesetzten Verhaltensweisen macht es ja, wie wir sagten, dem unerfahrenen Betrachter so schwer, die richtige Einordnung zu vollziehen. Zwei illustrierende Beispiele sollen den erstrebten Überblick noch etwas bereichern:

Anita, zwölf Jahre alt, wird von ihrer Stiefmutter vorgestellt. Anita stiehlt zu Hause. Die Stiefmutter ist eine sehr verständige Frau, die Rücksicht darauf nimmt, daß das Kind nach dem frühen Verlust der eigenen Mutter erst im Waisenhaus, dann bei Verwandten, dann in wechselnden Heimen und schließlich bei den Großeltern großgezogen wurde. Die Einzelbiographie soll nicht genauer ausgeführt werden, statt dessen Typisches aus dem Verhalten des Kindes geschildert. Die Stiefmutter berichtet, daß Anita nicht wagt, um Selbstverständliches zu bitten. Sie besucht zur Zeit, da beide Eltern berufstätig sind, den Kinderhort. Im Kinderhort wurde verlangt, daß die Kinder Seife, Kamm und ein Handtuch mitbrächten. Anita wagte nicht, die Mutter um diese Gegenstände zu bitten, obgleich sie sie ohne Schwierigkeiten erhalten hätte. Sie wagt auch nicht, um Geld zu bitten, wenn in der Schule gemeinsame Ausflüge gemacht werden. Die Stiefmutter meint, man müsse immer erraten, was das Kind brauchte und wünschte. Andererseits seien die Gegenstände, die heimlich gestohlen würden, im allgemeinen ohne besonderen Wert und würden von dem Mädchen in eine Ecke verstaut und gelegentlich zur Betrachtung hervorgeholt. Wir sehen also an einem weiteren Beispiel, wie Gehemmtheit im gradlinigen Bitten und durchbrechende Ausweichsreaktion im heimlichen Nehmen beim neurotischen Diebstahl auf das engste zusammengehören.

Bei dem 16 jährigen Ralph liegt die Situation ähnlich. Als Laborantenlehrling fängt er in seiner Lehrstelle an, mit folgenden Schwierigkeiten auffällig zu werden: Lebhaft interessiert für seine Arbeit will er zu Hause weitere Versuche machen. Er wagt nicht, den Laborleiter darum zu bitten, daß man ihm einige Reagenzgläser und Chemikalien überlassen möge. Er ist nicht in der Lage, einzukalkulieren, daß man im Labor über seinen Lerneifer nur erfreut wäre und ihm sicher jeden diesbezüglichen Wunsch erfüllen würde. Statt dessen nimmt er die von ihm benötigten Gegenstände heimlich und erregt damit das tiefe Befremden seiner Vorgesetzten. Hervorgerufen war dieses widerspruchsvolle Verhalten durch folgenden Wesenszug der Mutter: Die Mutter war, wie sie von sich selbst sagte, eine an sich gutmütige Frau, aber lebensängstlich und auf Sicherungen bedacht. Jede Bitte, mit der das Kind zu ihr kam, wurde zuerst abgeschlagen. Auf das enttäuschte Gesicht reagierte die Mutter dann jeweils mit großem Bedauern und erfüllte dann zwei oder drei Stunden später den angemeldeten und abgeschlagenen Wunsch doppelt und dreifach. Primäres Neinsagen und sekundäres Verwöhnen hatten den Jungen unfähig gemacht, an gradlinige Wunscherfüllung zu glauben, andererseits eine Anspruchshaltung gezüchtet, die ihrerseits verderblich war.

Die von uns bisher besprochenen Wegläuferreaktionen und die Eigentumsdelikte stellen wohl das überwiegende Kontingent der zu beobachtenden neurotischen Verwahrlosungsreaktionen. *Aggressive Verwahrlosung* im Sinne besonderer Gewalttätigkeit, *Hochstapelei* im Sinne zweckbedingter Lügenhaftigkeit und *sexuelle Verwahrlosung* schließen sich dann der Reihe nach an. Wir sind heute sicher noch weit davon entfernt, abschätzen zu können, in welchem Häufigkeitsverhältnis etwa bei Kindern und Jugendlichen Hochstapelei oder sexuelle Verwahrlosung bestehen. Es ist auch sicher so, daß nicht die Umweltfaktoren allein entscheiden, welche Form von Verwahrlosung ein neurotischer Entwicklungsgang nehmen wird. Es scheint fast selbstverständlich, daß zur aggressiven Verwahrlosung und zu besonderer Gewalttätigkeit aus neurotischen Gründen das subjektive Gefühl der Kraft unbedingt mit dazu gehört. Ein asthenischer Schwächling wird kein notorischer Raufbold werden. Von der Seite der Umweltsituation her muß beachtet werden, wieviel in bezug auf gewalttätige Feindseligkeit geduldet und erlaubt wurde.

Ein besonderes Problem scheint allerdings vorzuliegen, wenn Mütter oder Großmütter, die pubertierende Jungen zu betreuen haben, während der Vater in der Familie fehlt, mitteilen, daß die Jungen ihnen gegenüber aggressiv feindselig reagierten und heftige Wutanfälle mit groben Tätlichkeiten zeigten. Sie bringen solche Kinder dann unter dem Motto „schwer erziehbar" und aggressiv verwahrlost. Bei genauerer Untersuchung so geschilderter Fälle ergibt sich dann oft, daß die Mütter dieser Jungen von einem ganz besonderen Typ sind. Es handelt sich meist um erregbare, leicht gereizte und lamentable Menschen, die selten in der Lage sind, eine ruhige und feste Anordnung zu geben, sondern die ihre eigene Hilflosigkeit dadurch preisgeben, daß sie mit Vorwürfen, nörgelnden Ermahnungen und erregten Scheltworten das Kind überhäufen, ohne daß sie dem Kind durch innere Festigkeit Respekt abverlangen können. Es gibt zwar durchaus Mütter dieser Art, die trotzdem mit ihren Kindern eine gefühlsmäßig herzliche Verbindung haben und wo die Kinder dann sehr frühzeitig eine gutmütig humorvolle Überlegenheit bekunden. Fehlt diese affektive Bindung, dann reagieren diese Kinder ihrerseits gereizt, erregt, wütend über die Sinnlosigkeit vieler Anordnungen und schließlich kommt es von seiten der Kinder zu Tätlichkeiten, sofern das eigene innere Kräftereservoir den Motor dafür hergibt. Solche Kinder verändern ihre Haltung sofort, sowie man sie in ein Milieu verpflanzt, in dem die Beziehungspersonen ihrerseits innere Ordnung, Festigkeit und Geschlossenheit ausstrahlen. Man sollte aber nicht eigentlich von neurotischer aggressiver Verwahrlosung sprechen, wenn Kinder in den oben geschilderten Situationen aggressiv und heftig reagieren. Wie wir glauben, charakterisiert es auch den erwachsenen Menschen normalerweise, daß er in dem dauernden Kräftespiel zwischen seinen eigenen und den Wünschen anderer die Grenze zu erproben sucht, bis zu der die Verwirklichung eigener Impulse vorgetrieben werden kann. Je geringer und je unsicherer der gebotene Widerstand, um so eher werden Übergriffe probiert. Man kann von einem 14- oder 15jährigen pubertierenden Jungen nicht verlangen, daß er sich aus reiner Vernunft einem Erziehungsberechtigten unterordnet, sofern dieser nicht wirklich aus inneren Gründen Autorität besitzt.

Das Problem der eigentlichen neurotischen aggressiven Verwahrlosung liegt anders. Hier pflegen — wie bei allen Formen neurotischer Verwahrlosung recht verwickelte psychologische Reaktionsweisen vorzuliegen. Das gleiche Kind, das scheinbar aggressiv enthemmt weit über die Grenzen des üblichen Verhaltens hinausgreift, pflegt genau wie die neurotischen Diebe bei genauerer Betrachtung eine Fülle von Gehemmtheitsreaktionen gerade im Bereich der Aggressivität zu haben. Bei diesen Kindern läuft die Situation genau wie bei vielen Erwachsenen nach folgendem Muster: Die Fähigkeit, sich rechtzeitig und gelassen selbst gegen Angriffe zu verteidigen und gegen Übergriffe zu schützen, ist behindert und gehemmt. So kann z. B. ein solcher Junge, wenn er ungerecht von einem anderen beim Lehrer angeschwärzt wurde, kein rechtes Wort zu seiner Verteidigung finden. Bei gemeinsamen Besprechungen, z. B. über eine Wanderfahrt, kommt er nicht mit seiner Meinung heraus, weil er sich nicht traut. Gegen Hänseleien ist er wehrlos, und er läßt sich lange Zeit sehr viel gefallen. Eines Tages ist der innerlich aufgestaute Affekt so intensiv geworden, daß bei einem scheinbar geringfügigen Anlaß eine leidenschaftliche Explosivreaktion erfolgt, die alle üblicherweise gesetzten Grenzen überspült und die nicht entfernt in angemessenem

Verhältnis zu dem äußeren Anlaß steht. Solche Durchbruchsreaktionen im aggressiven Bereich, die formal und äußerlich ebenfalls den Eindruck des Verwahrlosten machen, sollte man, wie wir schon früher vorbereitend ausführten, in psychologischer Hinsicht auf jeden Fall von dem gewohnheitsmäßig ungehemmten, zu sozialen Übergriffen neigenden Verhalten unterscheiden. Hier, wie immer gilt der Satz, daß Verwahrlosungsreaktion als Durchbruch und Verwahrlosungsreaktion als Konsequenz lange vorgebahnter häufig wiederholter Verhaltensweisen unterschieden werden sollte, weil die prognostische Situation jeweils sehr anders zu bewerten ist.

Oben erwähnten wir schon, daß wir sowohl den neurotischen Diebstahl wie die neurotische Gewalttätigkeit als sogenannten „Durchbruch" kennen. Wir kennen dies auch bei den etwas später zu besprechenden neurotischen Sexualdelikten. Wesentlich seltener finden wir Durchbruchsreaktionen in jenen Entwicklungsläufen, die durch *neurotische Hochstapelei* ausgezeichnet sind.

Der neurotische Hochstapler baut seinen gesamten Lebensplan auf feineren oder gröberen Hochstapeleien auf. Hochstapelei als „Durchbruch" ist fast ein Widerspruch in sich selbst, da es sich bei plötzlichen Augenblicksreaktionen im allgemeinen mehr um Notlügen oder Aufschneidereien handelt, als um einen wirklich hochstaplerischen Lebensweg.

Hochstapelei bei einem Kind fängt im allgemeinen nach dem gleichen Muster an, nach dem neurotische Verwahrlosung überhaupt beginnt: Neurotische Kontaktverarmung, neurotische Arbeitsstörung, die Suche nach Ersatzkontakt und Ersatzbefriedigung und die Versuche, wenigstens auf Umwegen ein gewisses Gleichgewicht in das schwankende Lebensgebäude hineinzubringen. Wir möchten glauben, daß eine hochstaplerische Entwicklung in der überwiegenden Zahl der Fälle gutes Gedächtnis und rasche Auffassungsgabe sowie lebhafte Phantasie zur Voraussetzung hat. Der plumpe Schwindler und ungeschickte Lügner pflegen sich im allgemeinen so früh und so ausgiebig in die bösen Folgen der versuchten Schwindeleien zu verwickeln, daß ein längerer Lebensweg nicht darauf aufgebaut werden kann. Ein gewisses Maß an Einfallsreichtum, Kombinationsfähigkeit und Gedächtnisbegabung gehört im allgemeinen dazu, damit der versuchte Bluff mindestens Anfangserfolge zustande bringt.

Der 17jährige Jugendliche Peter S. ist offenkundig im Begriff, einen solchen hochstaplerischen Lebensweg zu gehen. Das Auffälligste an ihm sind sein lebhafter Ehrgeiz und seine recht erheblich tiefgehende Arbeitsstörung. Ein ruhiges, stetes Sichzuwenden, Aufnehmen und Erfassen scheint er kaum zu kennen. Er hat eine merkwürdige Form des Lernens: Er versammelt eine Reihe von Kameraden um sich unter dem Motto, daß er einen Arbeitszirkel ins Leben rufen wolle. Die Lebhaftigkeit und Intensität seiner Impulse bringen es mit sich, daß tatsächlich immer drei oder vier seiner Kameraden bereit sind, zu ihm zu kommen und an einem solchen Arbeitszirkel teilzunehmen. Dort läßt er die verschiedenen Kameraden vortragen, was sie an Gedanken, Ideen und Erarbeitetem in sich haben. Mit Blitzgeschwindigkeit greift er dann dieses fremde, herangetragene Gedankengut auf, münzt es ein wenig um und präsentiert es am nächsten Tag in der Schule als sein eigenes Produkt. Außerdem hat er eine besondere Technik herausgefunden, mit der man Lehrer bluffen kann. Er hat bemerkt, daß eine bestimmte Art aufmerksamer Anteilnahme und beharrlicher Bereitschaft, dem Lehrer genau fixiert ins Gesicht zu sehen, in diesem die Vorstellung erweckt, daß die geforderte Aufgabe von ihm beherrscht würde. Peter berichtet ein wenig hämisch: „Wenn ich mich so hinsetze und so gucke, dann denkt der immer, ich kann alles und nimmt mich gar nicht dran. Manchmal habe ich es so gemacht, daß ich von einem Gedicht nur die erste Strophe gelernt habe, weil ich darauf rechnen konnte, daß der Lehrer nach der ersten Strophe sich zufrieden geben würde."

Diesem Patienten wurde außerdem ein spezielles Talent eigentlich zum Verhängnis. Das sehr leicht funktionierende gute Gedächtnis verführte ihn zu raschem, aber sehr oberflächlichem Lernen, das den Wissensstoff jeweils nur für eine einzige Stunde präparierte, um ihn dann wieder total zu vergessen. Da das mühseligere und sorgfältigere Arbeiten dem Patienten nicht vertraut war und mit den oberflächlichen Lernleistungen ausreichende Augenblickserfolge erzielt wurden, entwickelte sich die Schul- und Lernsituation des Jungen immer mehr in die Richtung der hochstaplerischen Augenblickserfolge, ohne daß ein eigentliches Fundament als Basis geschaffen wurde.

Die Eltern, die diesen Lebensweg ihres Jungen verfolgten, stellten ihn vor, mit der Bitte, mit Hilfe psychotherapeutischer Mittel hier korrigierend einzugreifen. Für einen solchen Fall gilt aber in besonders extremer Weise, was für Verwahrlosungsfälle ganz allgemein und immer gilt: Das subjektive Leidensgefühl so fehlentwickelter Kinder oder junger Menschen ist sehr gering. Die Mühseligkeit einer inneren Neuorientierung ist groß. Hat man es mit einem pubertierenden Jugendlichen zu tun, so ist die Abwehr und Scheu, sich einem Erwachsenen gegenüber zu eröffnen, ganz besonders groß. Da die Verwahrlosungsreaktionen Ausweichmittel sind, um Unfähigkeiten in anderen Bereichen zu kompensieren, so nimmt man den Jugendlichen ein Verhalten, das sie selbst zunächst als Stütze empfinden, und ohne das sie sich subjektiv fast lebensunfähig fühlen. Der Anteil der neurotischen Schwierigkeiten im Gesamtbild einer Verwahrlosungsstruktur ist — wie wir später noch genauer erläutern werden — leider keineswegs eine Garantie dafür, daß auch mit psychotherapeutischen Mitteln ausreichend gebessert und geholfen werden kann.

Wir streiften soeben mit einem kurzen Hinweis das neurotische *Lügen*, als wir von der neurotischen Hochstapelei gesprochen hatten. Es wäre aber ein Fehler, wenn wir bei der Meinung stehenblieben, daß das neurotische Lügen immer das Ausmaß von Zweckbestimmtheit hat, wie es sich bei den Hochstaplern findet. Das Lügen der Kinder ist eine von Eltern ganz außerordentlich oft geklagte Auffälligkeit. In der Regel wird zur Lügenhaftigkeit des Kindes eine moralisierende Stellung eingenommen. Erstaunlich ist dabei oft, wieviel die Eltern von ihren Kindern an Aufrichtigkeit verlangen und wie wenig sie selbst zu bieten geneigt sind. Lügenhaftigkeit eines Kindes kann aus sehr verschiedenen Wurzeln stammen. Das primitivste Mißverständnis bei Eltern findet sich in einer Fehlbeurteilung der normalen lebhaften Phantasietätigkeit eines noch recht kleinen Kindes, dessen Unterscheidungsfähigkeit über wirklich Erlebtes und nur Vorgestelltes noch gering ist. Bei diesen Sachverhalten handelt es sich aber nicht um eigentlich neurosenpsychologische Probleme, sondern um einfache sachliche Irrtümer auf Seiten der Eltern.

Neurosenpsychologische Probleme liegen auch dann *nicht* vor, wenn ein Kind aus berechtigter und normaler Angst heraus lügt, also etwa, weil es weiß, daß die Strenge und Härte der Strafe oder das Ausmaß an abwertendem Liebesentzug für eine begangene Verfehlung belastender ist, als es ertragen kann. Auch hier liegen bei Eltern oft Irrtümer vor über das, was ein Kind fürchtet oder fürchten sollte. Sie glauben z. B., daß das Kind, sofern es von ihnen nicht verprügelt wird, keinen Anlaß habe, sich zu fürchten. Sie sind zu unachtsam, um zu bemerken, daß Liebesentzug unter Umständen eine viel grausamere und viel mehr gefürchtete Strafe darstellt, als evtl. ein paar Schläge.

Bei solchen Mißverständnissen handelt es sich allerdings um verhältnismäßig oberflächliche Vorgänge. Komplizierter und neurosenpsychologisch bedeutungsvoller wird die Situation, wenn ein Kind aus *neurotischen* Ängsten heraus lügt, also wenn es auf der Basis früherer trüber Vorerfahrungen in der Gegenwart noch immer etwas fürchtet, was in Wirklichkeit nicht mehr fürchtenswert ist. Sei es, daß ein solches Kind in einer früheren Pflegestelle oder auch von den eigenen Eltern in vergangenen Epochen wesentlich härter behandelt wurde als zur Zeit und daß seine heutigen Reaktionsweisen sich auf diese Früherfahrungen beziehen und im Hinblick auf die Gegenwart tatsächlich nicht mehr realitätsgerecht sind.

Besonders kompliziert liegt aber die Situation, wenn außerdem noch die Eltern selbst dem Kind gegenüber in grober Weise lügenhaftig sind und dann von den Kindern trotzdem ein hohes Maß von Aufrichtigkeit verlangen. Eindrucksvoll kann man das immer wieder bei den Fragen der Sexualaufklärung erleben. In welchem Ausmaß Eltern ihre Kinder hier naiv belügen, ist oft außerordentlich erstaunlich. Ebenso steht es bei Adoptivkindern, Pflegekindern oder unehelichen Kindern, denen die Mütter keine wahre Auskunft über ihre Herkunft geben wollen.

Besonders beliebt ist außerdem der von uns mehrfach erwähnte Fehler der Erwachsenen, unbekümmert in Gegenwart der Kinder über andere Erwachsene zu klatschen, Kritisches oder sogar Feindseliges zu bemerken, um dann in der üblichen Form konventioneller Lügen zu dem kritisierten Erwachsenen persönlich besonders freundlich zu sein. Für das neurotische Lügen bzw. für das Lügen der Kinder überhaupt muß es als ganz besondere Verpflichtung gelten, daß man nach den Gründen forscht, die die Lügenhaftigkeit mit sich bringen.

Menschen, die Freundschaft und Kameradschaft miteinander halten wollen, belügen sich nicht, weil sie wissen, daß Lügenhaftigkeit die von ihnen bejahten Werte einer zwischenmenschlichen Beziehung zerstört. Die Bereitwilligkeit, innerhalb einer engeren Gemeinschaft im Interesse dieser Gemeinsamkeit nicht zu lügen, schwächt sich allerdings ab, je lockerer und distanzierter die Gefühlsbeziehung zu ferner stehenden Personenkreisen ist. Die konventionelle Lüge der Gesellschaft, die als „Diplomatie" bezeichnete Umgangsform, die mit halben Wahrheiten operiert ohne direkte Lügen auszusprechen und die den Partner zu täuschen sucht, jedoch das „Gesicht" wahren möchte, sind die allerhäufigsten Varianten, in der die Unaufrichtigkeit zwischen Menschen Platz greift. Soweit man die Natur des Menschen beurteilen kann, sind konventionelle Lügen und sogenanntes diplomatisches Geschick unneurotische Bewältigungsformen, die die Menschen im Umgang miteinander praktizieren. Kinder haben im allgemeinen einen verhältnismäßig guten Instinkt, wenn es abzuschätzen gilt, wie weitgehend konventionell üblich gelogen wird und wo man im Interesse übergeordneter Werte diese Lügenhaftigkeit aufgeben sollte. Zum neurotischen Lügen kommen immer nur solche Kinder, die in ihrer emotionalen Kontaktfähigkeit geschädigt sind. Diesen Kindern fehlt der richtungweisende Maßstab, wenn es abzuschätzen gilt, wo man Vertrauen üben und Vertrauen pflegen kann. Sie sind in einem sehr tiefen Sinn vertrauenslos, wenngleich von den Beziehungspersonen oft nicht richtig überblickt wird, woher diese Vertrauenslosigkeit kommt. Wir sagten schon mehrfach, daß eine abgeänderte und gegenwärtig durchaus freundliche und wohlwollende Umgebung einem Kind dann neurotische Ängste einflößt, wenn die Vorerfahrungen ein Übermaß an Furchterlebnissen enthalten haben. Vertrauenslosigkeit vor der Welt und Vertrauenslosigkeit in die eigenen Möglichkeiten pflegen sich dabei sowohl beim neurotischen Lügner, wie beim Hochstapler außerordentlich eng zu verbinden. Ein tieferer Instinkt sagt den Kindern, daß die ihnen zur Verfügung stehenden Mittel der Selbstbehauptung und Lebensbewältigung nicht voll ausreichen, um einen geglückten Existenzaufbau zu garantieren. Die Ausweichreaktionen in kurzschlußhafte Unaufrichtigkeiten haben immer zugleich eine aggressive Gehemmtheit im Hintergrund. Die Existenz solcher Gehemmtheiten wird von den Kindern und Jugendlichen instinktiv bemerkt und das allgemein schon vertrauenslose und erschütterte Lebensgefühl wird noch stärker aus dem Gleichgewicht gebracht.

Mit der *sexuellen Verwahrlosung* hat es eine sehr ähnliche Bewandtnis. Bevor wir eine solche Entwicklungsstörung an Hand eines kasuistischen Beispiels genauer betrachten, wollen wir noch folgendes überlegen: Unter dem Begriff der sexuellen Verwahrlosung werden häufig sehr verschiedenartige Verhaltensweisen zusammengefaßt. Verhaltensweisen, die unter psychologischen Gesichtspunkten doch voneinander unterschieden werden sollten. Auf keinen Fall wollen wir im folgenden von allen Sexualdelikten sprechen, die im juristischen Sinn einen Rechtsbruch darstellen. So ist z. B. der Exhibitionismus ein neurotisches Verhalten besonderer Art, er stellt zweifellos einen Rechtsbruch dar, *kann* auch in einer Persönlichkeitsstruktur mit ausgeprägteren Verwahrlosungszügen vorkommen, ist aber psychologisch doch wohl etwas anders zu verstehen. Ein Sexualdelikt ist nicht immer oder überwiegend als Verwahrlosungsreaktion aufzufassen. Was z. B. für den eben erwähnten Exhibitionismus gilt, gilt genau so für die verschiedenen Formen der Perversion inklusive der Homosexualität. Nicht ohne Absicht haben wir ein gesondertes Kapitel der Entstehungsgeschichte von Perversionen gewidmet. Lediglich die Strichjungenthematik, also das Thema der männlichen Prostitution, pflegt auf das engste mit Verwahrlosungsreaktionen zusammenzuhängen. Bezeichnet man doch bei Mädchen überwiegend die Entwicklung zur Prostitution und Dirne als eine Verwahrlosungsreaktion. Da jedoch die männliche Prostitution so eng mit der homosexuellen Fehlentwicklung zusammenhängt, werden wir ein zugehöriges kasuistisches Beispiel erst in dem späteren Abschnitt über

Perversionen bringen. Wir schalten hier ein, daß bei manchen Formen exzessiver Onanie ebenfalls ein Zuschuß von Verwahrlosungsreaktionen enthalten ist. Auch hier werden wir ein einschlägiges Beispiel erst unter dem entsprechend zugehörigen späteren Abschnitt bringen.

Als wichtigste Form sexueller Verwahrlosung wollen wir, wie gesagt, die Prostitution bei jungen Mädchen untersuchen. Das junge Mädchen, das frühzeitig Sexualität für Geld verkauft, pflegt in einer ganz bestimmten affektiven Verfassung zu sein. Das folgende kasuistische Beispiel mag den Lebenslauf eines Kindes schildern, das in den Jahren der Pubertät in die genannte Fehlentwicklung hineinglitt.

Jutta S., zur Zeit der Untersuchung 16 Jahre alt, wird vorgestellt, weil sie mehrfach von der Polizei in zweifelhaften Lokalen aufgegriffen wurde und weil sie nach ihrer eigenen Mitteilung in diesen Lokalen darauf aus war, Männer kennenzulernen, die ihr als Entgelt für ein sexuelles Abenteuer Geld oder Geldäquivalent schenkten. Jutta stammte aus einem sogenannten geordneten bürgerlichen Milieu. Sie war einzige Tochter eines Verwaltungsbeamten, äußerlich ein besonders hübsches und ansprechendes Mädchen. Nach den Angaben der Eltern war die Erziehung des Kindes außerordentlich streng gehalten worden. Jutta hatte in ihren Kinderjahren nie auf die Straße gedurft, hatte nie eine Freundin mit nach oben bringen können, hatte ihre Schulaufgaben, sofern sie nicht richtig und ordentlich abgefertigt wurden, zehn- und zwölfmal wieder abschreiben müssen. Jutta war nicht besonders intelligent. Das Lernen machte ihr Mühe, und die Härte der Eltern schienen das Kind in ganz unangemessener Weise zu überfordern. Die Mutter nannte sich selbst eine unzärtliche und eher kühle Natur. Ihr gesamtes Bemühen ging darauf, wie sie selbst erklärte, das Mädchen zu einem ordentlichen, leistungsfähigen Menschen zu erziehen, der in der Lage sein sollte, einmal sein Leben selbst auf der eigenen beruflichen Leistung aufzubauen. Es blieb in der Konsultation mit den Eltern sehr lange Zeit weitgehend undurchsichtig, welche Faktoren die Entwicklung des Mädchens, so wie sie sich jetzt anbot, mit sich gebracht hatte. Erst sehr spät, nach mehrstündigen Gesprächen, ergab sich das entscheidende Moment: Juttas Eltern pflegten einen freundschaftlichen Verkehr mit dem Vorgesetzten von Juttas Vater. Dieser Vorgesetzte fand an dem sehr hübschen kleinen Mädchen außerordentlich lebhaften Gefallen. Er bat sich das Kind von den Eltern aus, nahm es zu Spaziergängen und Stadtrundfahrten mit, erbat sich eine Art Patenschaft über das Kind und nahm die Kleine auch schon einmal auf eine längere Reise mit. Dieser Vorgesetzte war Junggeselle, und Juttas Mutter erzählte schließlich nach langem Stocken und Zögern, daß es sich ohne Zweifel um einen Mann gehandelt hatte, der an einer sexuellen Perversion litt. Seine besondere Vorliebe für sehr kleine, noch unentwickelte Mädchen hatte zweifelsohne perversen Charakter. Jutta hat etwa achtjährig der Mutter gelegentlich einmal von Spielereien berichtet, die der „Onkel" an ihr vorgenommen hat. Beide Eltern haben damals den Berichten des Kindes keinen Glauben geschenkt, ja sie haben das Mädchen unmißverständlich so behandelt, daß dieses keine weiteren Berichte mehr zu erstatten wagte. Die Mutter gab schließlich unter Tränen zu, daß sie und ihr Mann nicht gewagt hätten, den Vorgesetzten, von dem die Existenz der Familie abhängig war, zur Rede zu stellen oder gar ihm das Kind zu entziehen. Jutta wurde weiter in sehr intimem Umgang mit diesem „Onkel" belassen, sie erlebte von dieser Seite her fortlaufende ausgedehnte Verwöhnungen, gekoppelt mit laufenden sexuellen Erlebnissen. Die Eltern zu Hause als Folge ihrer instinktiven leisen oder lauten Schuldgefühle, verschärften Strenge und Arbeitsanforderungen an das Mädchen noch mehr.

Als Jutta in das Pubertätsalter eintrat und 14- bis 15 jährig voll entwickelte weibliche Formen bekam, verlor ihr bisheriger Gönner das Interesse an ihr. Er suchte und fand ein anderes kleines Mädchen, wurde hier jedoch durch die Angabe des Kindes entdeckt. Die Eltern dieses Mädchens stellten Strafantrag, und der Mann nahm sich das Leben. Jutta erfuhr von diesen Vorfällen in halben Andeutungen und durch mehr oder weniger deutliche Pressenotizen. Die Eltern veranlaßten, daß das Kind mit zur Beerdigung ging, und zwar angeblich zum Dank für die hinterlassene „Erbschaft", die Jutta immerhin von diesem Onkel zugesprochen bekommen hatte.

Die häusliche Atmosphäre mit ihrer Unaufrichtigkeit und Gefühlskargheit, insbesondere mit ihrer verlogenen kleinbürgerlichen Oberflächenmoral konnten dem Mädchen sicher keinerlei affektiven Halt oder affektive Bindung vermitteln. Jutta — inzwischen herangewachsen — sagte über ihre Eltern mit fast nihilistischer Gleichgültigkeit: „Die haben mich ja zuerst verkauft. Warum soll ich mich jetzt nicht auch verkaufen?" Juttas Erlebniskonstellation war dabei sehr verwickelt. Ohne Frage hatte sie an dem früheren „Onkel" innerlich sehr gehangen. Was für sie überhaupt an Gefühlszuwendung in dieser Welt existierte, kam von diesem Menschen. Die erste wirklich leidenschaftliche Enttäuschung machte das Mädchen durch, als dieser Mann ein anderes Kind an ihrer Stelle suchte und fand. Sie fühlte sich von dem einzigen Menschen, den sie wirklich gern gehabt hatte, verraten und kam bald zu der Überzeugung, daß ihre Eltern hätten sehen und voraussehen können, wie die Dinge sich entwickeln würden und daß sie im Interesse der eigenen wirtschaftlichen Lage die Tochter geopfert hätten.

Daß mit weiterem Übergang in die Pubertät das hübsche und ansprechende Mädchen den einmal vorgebahnten Weg weiter beschritt, erscheint kaum ein Wunder. Der nihilistische Verzicht auf jede Form von Gefühlskontakt war bei dem Mädchen total. Da die Eltern jeden weiteren Umgang mit sonstigen Beziehungspersonen unterbunden hatten, waren für Jutta auch kaum Wege offen, die erste schmerzliche Erfahrung trauernd zu verarbeiten und auf einer neuen Lebensbasis aufzubauen. Ihre sehr schwerfällige Arbeitsfähigkeit stand der beruflichen Entwicklung weiter hindernd entgegen, und der billigste Ausweg war der, den Jutta schließlich ging und der im Grunde nichts anderes war, als die konsequente Fortsetzung einer in früher Kindheit begonnenen Entwicklungslinie.

Was wir soeben schilderten, war die Entwicklung eines jungen Mädchens aus sogenanntem „guten Hause", das trotz scheinbar bürgerlicher und geordneter Erziehung entgleiste und verwahrloste. Natürlich liegen die Entwicklungsläufe von jungen Mädchen, die zur Prostitution kommen, nicht immer so dramatisch. Unter Umständen kann die Kombination von schwacher Begabung, reizvollem Äußeren und gestörtem Gefühlskontakt bereits ausreichen, um eine solche Entwicklung zu provozieren. Wichtig ist allerdings, daß wir noch folgendes beachten: Nicht jede Form sexueller Verwahrlosung mündet in die Prostitution. Die Prostitution — sofern sie sich auf neurotischer Basis entwickelt — ist die Extremvariante eines fehlgesteuerten Lebensweges. Nicht immer ist sexuelles Vagabundieren auf Geldeswert abgestellt. Es kann auch anders liegen. Es gibt junge Mädchen, die sich subjektiv in der Verfassung befinden, daß sie dauernd ein Übermaß an Verlassenheitsgefühl zu verarbeiten haben. Ihre Kontaktschwierigkeit erlaubt ihnen nicht, ein ausreichendes Maß freundschaftlicher Beziehungen zu pflegen. Die Selbstunsicherheit und die Unruhegefühle, von denen sie erfüllt sind, produzieren eine überbetonte Sehnsucht nach Bestätigung, Zuwendung und Anerkennung. Neurotische Gehemmtheiten bringen es unter Umständen außerdem mit sich, daß die Fähigkeit zu gelassener Selbstverteidigung unentwickelt blieb. Ein junges Mädchen, das in diesem Sinn vorbereitet ist, steht in einer ganz besonderen Gefahr: Es wird ihr besonders leicht passieren, daß sie die Werbung eines Mannes, die ihrer Person gilt, nicht richtig einschätzen und beurteilen kann. Hilflos und auf Bestätigungssuche wie sie ist, wird jedes Stück Zuwendung mit besonderer Erregung aufgenommen, der Verlust von Zuwendung jedoch mit besonderer Angst beantwortet. Die Vorstellung, daß die Abwehr gegen die sexuelle Werbung eines Mannes den Verlust von Zuwendung überhaupt mit sich bringen würde, beherrscht ein solches Mädchen in übertriebener Weise. Es erlebt daher sexuelle Werbung als Zuwendung überhaupt und gibt dieser Werbung allzu rasch nach, nur um diesen Minimalkontakt nicht zu verlieren. Daß solche Bindungen nur flüchtig sein können, liegt auf der Hand. Da ein tieferer Kontakt fehlt, dauern die Beziehungen meist nicht lange und im Circulus vitiosus verstärken sich Enttäuschungsreaktionen, Vertrauenslosigkeit und intensive Sehnsucht nach Bestätigung immer von neuem. Es kann unter diesen Bedingungen passieren, daß ein junges Mädchen eine ganz ungewöhnlich große Zahl von Sexualpartnern gehabt hat, ohne jemals selbst zu einem wirklichen Sexualerleben zu gelangen. In eine solche Entwicklung kann dann natürlich auch einklinken, daß das gleiche junge Mädchen neben zahlreichen Enttäuschungserlebnissen auch die Erfahrung macht, daß sie für ihre körperliche Bereitwilligkeit Geschenke erhält, und vom Annehmen des Geschenks bis zur eigentlichen Prostitution ist der Weg dann nicht mehr allzu weit.

Besonders gefährdend wirkt sich in einem solchen Lebensweg das allgemeine Selbstmißverständnis der Menschen aus, das die Bedeutung ästhetischer Erlebnisse und die Dauerhaftigkeit ästhetischer Anziehungskraft stark überschätzt. Ein junges Mädchen, das durch körperlichen Reiz aus dem Durchschnitt herausgehoben ist, erlebt unweigerlich, daß ihre körperlichen Vorzüge von hoher Anziehungskraft auf Männer sind. In einem sowieso erschütterten neurotischen Lebensplan kann dann das Moment körperlicher Schönheit das letzte Glied in einer Kette sein, das eine absolute Schicksalskatastrophe vorbereitet.

Natürlich sieht die sexuelle Verwahrlosung bei männlichen Jugendlichen ganz anders aus als bei jungen Mädchen. Wir erwähnten schon, daß wir das der weiblichen Prostitution analoge Problem des Strichjungen etwas später im Zusammenhang mit den Perversionen besprechen wollen. Bei männlichen Jugendlichen, die in einer Weise, die ihrem Alter nicht angemessen ist, Sexualbetätigung suchen und üben, liegt das Problem übrigens fast immer so, wie bei fast allen strafrechtlich verfolgten Sexualhandlungen überhaupt. Es handelt sich durchaus nur in der *Minderzahl* um solche jungen Menschen, die in sexueller Hinsicht besonders bedürftig und besonders ansprechbar sind. Sondern es handelt sich ganz überwiegend um solche, die ausgeprägtere Gehemmtheiten im Bereich der Kontaktfähigkeit überhaupt haben und die in diesem Sinn Sexualität als Ersatzbefriedigung oder als Durchbruchsreaktion erleben.

Im übrigen weichen solche Entwicklungsläufe in praxi kaum von dem ab, was sich bei neurotisch verwahrlosten Entwicklungen immer findet und was wir im Verlauf dieses Kapitels in verschiedenartigen Varianten bereits geschildert haben. In den vorbereitenden Abschnitten hatten wir die hier wichtigen Momente bereits abstrahiert. Wir wenden unser Augenmerk jetzt den Möglichkeiten *psychotherapeutischer Beeinflussung* zu und widmen dann anschließend noch einen weiteren Abschnitt dem Problem der *Rechtsprechung* bei neurotischer Verwahrlosung.

Mehrfach hatten wir angedeutet, daß die psychotherapeutischen Möglichkeiten bei Verwahrlosungsreaktionen begrenzter sind als man sich im ersten Überschwang eines hoffnungsvollen Optimismus vielleicht eingestehen wollte. Warum das so ist, läßt sich aus unseren bisherigen Ausführungen freilich ohne besondere Schwierigkeiten entnehmen.

Die enge Durchmischung von Gehemmtheit auf der einen Seite und Verwilderung auf der anderen macht es sehr schwierig, im Rahmen psychotherapeutischen Vorgehens eine mindestens vorübergehende zusätzliche Enthemmtheit und Verwilderung zu vermeiden. Das wäre aber noch nicht das Hauptproblem. Schwieriger ist, daß die neurotischen Verwahrlosungsreaktionen in der überwiegenden Zahl der Fälle eine *Ersatzbefriedigung*, ein Ersatzgenuß oder eine Ausweichreaktion darstellen, die helfen soll, die aufgestauten neurotischen Spannungszustände zu beschwichtigen. Bemüht man sich darum, an jenen Stellen, wo ungehemmte Verwilderung im Verhalten eingerissen ist, dem Kind oder dem jungen Menschen eine normale Grenze nahezubringen, dann mutet man ihm im allgemeinen den Verlust einer wohlvertrauten Abhilfehandlung zu. Man mutet ihm also zu — mindestens für eine bestimmte Frist — noch mehr zu ertragen, als an sich vorher schon ertragen werden mußte. Und auch sehr sorgfältiges Geschick kann nur in den leichter gelagerten Fällen die neurotischen Gehemmtheiten so rasch lockern und kompensieren, daß der Verlust der früher geübten Ausweichreaktionen nicht mit besonderem Mißbehagen registriert wird.

Im großen und ganzen wird man sagen müssen, daß ambulante Psychotherapie, möglichst noch in dem Milieu, das die Verwahrlosung provozierte, bei der gewohnheitsmäßigen Verwahrlosung nur äußerst geringe Erfolgschancen besitzt. Die Notwendigkeit, daß dem jungen Menschen durch feste unverrückbare äußere Grenzen dort Halt geboten wird, wo seine eigene innere Verfassung die übliche Einordnung und Selbstbeherrschung nicht mehr ermöglicht, muß sorgfältig beachtet werden. Es ist allerdings eine Tatsache, daß wir heutzutage nur sehr bedingt über Heime und öffentliche Institutionen verfügen, die den Ansprüchen gerecht werden, die die Situation der neurotischen Verwahrlosung nun einmal stellt. Es handelt sich hier im wesentlichen um eine Kostenfrage. Ein solches Heim müßte eine straffe Aufsicht vermitteln, aber zugleich einen gewissen familiären Charakter haben. Es müßte zugleich ganz unbedingt die Möglichkeit besitzen, daß im Rahmen des Heims gearbeitet, evtl. eine Ausbildung erarbeitet wird. Für bestimmte Formen der Verwahrlosung ist der Arbeitsplatz außer Hause eine nicht tragbare Versuchungssituation. Das untätige Herumlungern in festen Häusern oder die unproduktive Beschäftigung, nur damit überhaupt etwas getan wird, legt in gleicher Weise die weitere Entwicklung lahm und macht psychotherapeutische Einflußnahme, die bestenfalls nebenher laufen kann, unfruchtbar.

Dies sei überhaupt und grundsätzlich festgehalten: Bei neurotischer Verwahrlosung ist Psychotherapie auf keinen Fall geeignet, allein und ohne weitere Maßnahmen Korrektur zu schaffen. Besonders unzweckmäßig wollen uns solche Bestrebungen scheinen, die die Verpflichtung zu einer psychotherapeutischen Behandlung zur Voraussetzung machen dafür, daß evtl. Strafmilderung oder gar Straferlaß erteilt wird.

Die Gründe hierfür liegen auf der Hand: Eine psychotherapeutische Behandlung erfordert den freiwilligen subjektiv völlig uneingeschränkten Einsatz der betreffenden Person. Sie ist nichts, was ein Patient passiv über sich ergehen lassen kann, wie eine große Zahl anderer ärztlicher Maßnahmen. Sie erfordert also nicht nur innere Beteiligung und innere Bereitwilligkeit, sondern sie erfordert auch in gewissen Grenzen die subjektive Einsicht, daß ein krankhafter Zustand vorliegt, und sie erfordert auf jeden Fall ein subjektives Leidensgefühl.

All diese Momente pflegen aber bei der neurotischen Verwahrlosung im allgemeinen zu *fehlen*. Der jugendliche neurotische Dieb oder Wegläufer findet ja gerade in der Handlung, die bestraft wird und die er aufgeben soll, eine Augenblicks*befriedigung*. Im Vordergrund des Erlebens steht aktuell auf jeden Fall das Befriedigungsgefühl und nicht die Einsicht in die bösen Konsequenzen, die das sozial so schlecht eingeordnete Verhalten mit sich bringt. Legt man einem Jugendlichen die Pflicht auf, sich psychotherapeutisch behandeln zu lassen, so erreicht man im allgemeinen nichts anderes, als eine formal ausgesprochene Zusage nach Art eines Lippenbekenntnisses, die eine formale Phrase ohne zugehörigen Inhalt ist.

Daß man den Versuch gemacht hat, der neurotischen Verwahrlosung mit Hilfe einer anbefohlenen psychotherapeutischen Behandlung richterlich gerecht zu werden, ist allerdings nur zu gut verständlich. Die neurotischen Verwahrlosungsreaktionen stellen den Richter oder den zugezogenen psychiatrischen Sachverständigen vor eine mehr als schwierige, ja fast unlösbare Aufgabe. Auch diese hier auftauchenden Probleme wollen wir zusammengefaßt kurz beleuchten:

b) *Neurotische Verwahrlosung und ihre Beurteilung in der Rechtsprechung*

Es liegt auf der Hand, daß der Rechtsbruch als Folge einer neurotischen Fehlentwicklung nur dann juristisch vollständig und richtig beurteilt werden kann, wenn vorher die Frage nach der Verantwortlichkeit des jungen Menschen erwogen und beantwortet wurde.

Das deutsche Recht hält nach ausgedehnten Debatten über philosophische Grundpositionen unverändert an dem Grundsatz fest, „keine Strafe ohne Schuld". Die Schuldfähigkeit (Zurechnungsfähigkeit) eines Täters zur Zeit der Tat ist also die Voraussetzung für ein schuldhaftes Verhalten und damit Voraussetzung für eine anzuwendende Strafe. Wer zur Zeit der Tat nicht schuldfähig (zurechnungsfähig) war, ist nicht strafbar. Für das Alter zwischen dem 14. und 18. Lebensjahr besteht nach dem deutschen Recht nur eine verminderte Strafmündigkeit. Die Verantwortlichkeit des Jugendlichen in diesem Lebenszeitraum wird durch den § 3 des JGG geregelt, und zwar handelt es sich hier um den korrespondierenden Paragraphen zum § 51 des Strafgesetzbuches. Der Wortlaut des § 3 ist, soweit er für unsere Überlegungen von Belang ist, folgender:

„Ein Jugendlicher ist strafrechtlich verantwortlich, wenn er zur Zeit der Tat nach seiner sittlichen und geistigen Entwicklung reif genug ist, das Unrecht der Tat einzusehen und nach dieser Einsicht zu handeln. Zur Erziehung eines Jugendlichen, der mangels Reife strafrechtlich nicht verantwortlich ist, kann der Richter dieselben Maßnahmen anordnen, wie der Vormundschaftsrichter."

Wie wir sehen, wird im Wortlaut dieses Paragraphen dreierlei gefordert:
1. soll der Jugendliche reif genug sein,
2. soll er in Anbetracht dieser Reife in der Lage sein, das Unrechtmäßige seiner Tat „einzusehen" und
3. soll er befähigt sein, seinen Willen entsprechend dieser Einsicht zu bestimmen.

Es ist selbstverständlich, daß unabhängig von diesem Wortlaut des § 3 JGG auch die korrespondierenden Begriffe des § 51 StGB Anwendung finden können, und zwar jene Begriffe, die im Jugendstrafrecht durch das Wort „Reife" ersetzt wurden. Hier handelt es sich um die sogenannte „Bewußtseinsstörung", die „krankhafte Störung der Geistestätigkeit" und die „Geistesschwäche". Es muß jedoch bei den Beurteilungen und Überlegungen, die sich auf den Wortlaut des genannten Paragraphen beziehen, unbedingt beachtet werden, daß es sich bei dieser Begriffsbildung um juristische Formulierungen handelt, die nicht mit einer psychiatrischen Diagnose verwechselt werden dürfen. Wir haben uns hier mit der schwierigen Tatsache auseinanderzusetzen, daß die Rechtswissenschaft auf eine wesentlich ältere Tradition und Geschichte zurückblicken kann als die Psychiatrie und daß es daher auch der Psychiatrie nicht immer möglich gewesen ist, der Rechtsprechung die sachlich ausreichend präzise gefaßten Instrumente an die Hand zu geben.

Der Begriff der Reife, der die Formulierungen des § 3 entscheidend bestimmt, muß jedenfalls zuerst Ausgangspunkt unserer Überlegungen werden. Nun ist leicht zu sehen, daß die von uns bisher beschriebenen neurotischen Entwicklungsstörungen bei Jugendlichen auf keinen Fall mit dem Problem der Reife erschöpft sind. Von einem „Reifungsprozeß" erwartet man, daß er sich unter naturgegebenen Entwicklungsantrieben entfaltet und mit dem Durchlaufen gesetzmäßiger Entwicklungsphasen schließlich seine endgültige Form und Prägung erlangt. Einen so gearteten Reifungsprozeß kann man aber bei den Kindern und Jugendlichen, die neurotische Gehemmtheiten erworben und neurotische Entwicklungsstörungen davongetragen haben, nicht mehr erwarten. In den frühesten Entwicklungsmonaten und -jahren haben jene Entwicklungsanreize gefehlt, die den affektiven Kontakt zur Umwelt belebt und gefördert hätten. Im psychischen Gesamtgeschehen sind ausgedehnte Lücken und Narben entstanden. Keineswegs kann man von einem fortschreitenden Reifungsprozeß erhoffen, daß hier eine Spontankorrektur eintritt. Der verminderte Aufforderungscharakter der Welt stellt sich nicht von allein wieder her. Die erworbenen intentionalen Lücken werden nicht von allein wieder aufgefüllt. Ebensowenig ist es möglich, daß ein Kind, dem der Erwerb von Maßstäben in einer schwankenden und verwirrenden Umgebung erschwert wurde, diese Maßstäbe von alleine aufbaut, lediglich, weil es allmählich „reifer" wird. Schon gar nicht ist zu erhoffen, daß eine Spontankorrektur erfolgt, was die vorgebahnten Verwilderungszüge angeht, die sich im allgemeinen als Ausweichreaktion und Ersatzbefriedigung einstellen, wenn die neurotische Affektstauung einen unerträglichen inneren Spannungszustand schafft.

Wir sehen also, daß in diesem Zusammenhang besonders stark fühlbar wird, daß die psychiatrische Entwicklung hinter der Rechtsprechung einherhinkt. Die hier besprochene psychiatrische Situation ist neu und gehört erst zum jüngsten Kenntnisbestand der Wissenschaft. Sie schafft für die Rechtsprechung eine völlig veränderte Situation. Da man sich bislang in der Psychiatrie im wesentlichen an den Psychopathen-Begriff gehalten hatte und unterstellte, daß solche Persönlichkeitstypen nichts anderes seien als abartige Spielarten angeborener Naturkonstanten, so lag die medizinische wie die juristische Situation verhältnismäßig einfach. Man konnte sich das Recht nehmen, humane Einzelabschätzungen durchzuführen, brauchte aber im Interesse des Einzelnen wie im Interesse der Gemeinschaft keinen allzu weichen Maßstab anzulegen, wenn es um die Festsetzung der Schuldfähigkeit ging.

Es liegt auf der Hand, daß die Situation in dem Augenblick auf das schwerste kompliziert wird, indem man feststellt, daß es sich z. B. nicht um eine anlagemäßige „Gemütsarmut" handelt, sondern unter gegebenen Bedingungen um eine erworbene. Besonders kompliziert ist der Vorgang dann, wenn dieser Erwerb einer seelischen Fehlentwicklung offensichtlich „Schuld" der Umgebung, der Gesellschaft, ist und nicht etwa Schuld des Rechtsbrechers. Dem menschlichen Empfinden muß es in einer so gegebenen Situation ganz besonders lebhaft widerstreben, zu bestrafen. Die spontane Reaktion wird demnach sein, sich nach einem gerechten und humanen Lösungsversuch umzusehen. Zeitweilig hat man geglaubt, daß die juristischen Komplikationen erspart würden, wenn man eine bestimmte Form der Beschreibung für die psychischen Sachverhalte wählte. Man sagte also, daß zwar die tiefenpsychologischen Einsichten Besseres und Genaueres über die Motivation einer Straftat aussagten, daß aber das Problem der Motivation nicht das Problem der Schuldfähigkeit oder Zurechnungsfähigkeit berühre.

Wenn diese Formulierung ausreichend vollständig wäre, so hätte man damit zweifelsohne das Problem weitgehend gelöst. Bei genauerer Überprüfung und bei Berücksichtigung aller bisher dargestellten psychischen Vorgänge liegt es jedoch auf der Hand, daß mit dieser Beschreibung die wahren Sachverhalte nicht erschöpfend dargestellt werden. Es geht bei der neurotischen Verwahrlosung nicht allein um das Problem der Motivation. Wir haben es mit wesentlich verwickelteren und komplizierteren Vorgängen zu tun. Es geht, wie wir gesehen hatten, um das Problem des verhinderten emotionalen Kontaktes und des verminderten Aufforderungscharakters der Welt. Es geht darum, daß in Anbetracht der gestörten und verdorbenen emotionalen Beziehung eine wirksame Barriere gegen den Rechtsbruch nicht mehr aufgebaut werden kann. Es geht darum, daß trotz der erworbenen neurotischen Gehemmtheiten von einer verwirrenden und maßstablosen Welt Durchbruchsreaktionen erleichtert wurden, die den späteren kriminellen Übergriff vorbereiteten. Von dieser Seite — also lediglich mit Hinweis auf die besser überblickbare Motivation der Straftat — können wir uns daher eine befriedigende Lösung der schwierigen Rechtslage nicht erhoffen.

Es bleibt zunächst die andere Möglichkeit, daß man in Erwägung zieht, die straffälligen Jugendlichen unter den Schutz des § 3 zu stellen. Dem naiven Untersucher wird unter Umständen diese Lösung als die wahrhaft humane und richtige erscheinen. Bei näherem Zusehen kann allerdings nicht verborgen bleiben, daß auch dieser Lösungsversuch erhebliche Gefahren in sich birgt und nicht ohne ernsteste Bedenken in Erwägung gezogen werden kann. Wir müssen folgendes überlegen:

Bereits früher hatten wir darauf hingewiesen, daß die Grenzziehung zwischen gesund und krank letzten Endes die Folge einer zwar überlegten, aber im Endeffekt doch willkürlichen Verabredung ist. Alle psychiatrischen Sachverständigen wissen, daß es sich bei der Grenzziehung zwischen schuldfähig und nicht schuldfähig um das gleiche Problem handelt. Nun haben sich die erfahrensten Sachverständigen im Bereich der gerichtlichen Psychiatrie nicht ohne Grund mit Nachdruck dagegen gewehrt, daß die Paragraphen, die die Zurechnungsfähigkeit des Menschen in der Rechtsprechung behandeln, bedenkenlos angewandt werden, um den Rechtsbruch zu entschuldigen. Nicht ohne Grund verlangt auch der § 51 Absatz 2 des StGB eine *erhebliche* Verminderung der Fähigkeit nach der Einsicht in das Unerlaubte der Tat zu handeln.

Wie kompliziert die Situation liegt, wird uns klar, wenn wir genauer ins Auge fassen, welche Konsequenzen sich ergeben würden, wenn man tatsächlich generell den § 3 des JGG heranziehen wollte, um neurotische Straftaten zu entschuldigen.

Daß sehr erhebliche Gefahren für die Gemeinschaft erwachsen würden, liegt auf der Hand. Das wäre aber nicht das Wichtigste. Sicherheitsverwahrung oder Ähnliches könnten dem begegnen. Die schwerwiegendsten Bedenken erwachsen aus der Tatsache, daß das wohlverstandene Interesse des Jugendlichen selbst geschädigt würde, wenn man ihm den zweifelhaften Schutz des § 3 zuerkennte. Haben wir doch folgendes zu beachten: Wie wir gesehen hatten, liegt die psychologische Situation für den jugendlichen Menschen so, daß sein emotionaler Kontakt zur Welt gestört und geschädigt wurde, und daß er aus diesen Gründen mit Hilfe eigener innerer Verantwortung eine ordnende Wertwelt nicht aufbauen kann. Er hat also von dieser Seite her keinerlei Gegenregulation gegen die andrängenden, heftigen Impulsbereitschaften, die den Rechtsbruch und den Übergriff in fremde Lebensbereiche mit sich bringen. Billigt man einem solchen Jugendlichen den Schutz des § 3 zu, so stellt man ihn unweigerlich noch ein Stück weiter aus der Gemeinschaft und der allgemeinen Rechtsordnung heraus. Hinzu kommt als besonders wichtiges Moment, daß sich der Jugendliche seiner eigenen psychischen Fehlentwicklung nicht bewußt ist, so daß ihm der Schutz durch den § 3 kaum etwas bedeuten kann. Im Gegenteil, die naive Reaktion eines jungen Menschen, der sich selbst und seine eigene Entwicklung nicht ausreichend überblickt, muß dahingehen, daß er — bewußt oder unbewußt — aus dem Schutz des § 3 die Berechtigung zu weiteren Rechtsbrüchen ableitet. Da der Jugendliche, wie wir sagten, in Anbetracht der abgelaufenen seelischen Entwicklung die ordnende Wertwelt von innen her nicht aufbauen kann, würde man ihm nur noch die letzte äußere Stütze rauben, wenn man sich entschließen wollte, den § 3 heranzuziehen. Da der Jugendliche sich selbst nicht als krank empfindet und nicht empfinden kann, muß er sich zwangsläufig noch ein Stück mehr von der sozialen Ordnung entfernt fühlen, wenn man die herrschenden Maßstäbe auf ihn nicht anwendet. Tatsächlich würde man mit einer solchen Rechtsprechung nichts anderes erreichen, als daß sich die Kluft zwischen dem Jugendlichen und seiner Umgebung vertieft, und daß in der Praxis nur ein verschärfter Anreiz zum weiteren Rechtsbruch gesetzt würde.

Es ist also kein Zweifel, daß wir uns bei sorgfältiger Überlegung vor eine komplizierte, im Grunde wahrhaft tragische Situation geführt sehen. Notgedrungen müssen wir zu dem Ergebnis kommen, daß wir das entstandene Unheil nur vergrößern würden, wenn wir dem Sachverständigen empfehlen wollten, die Grenze zwischen verantwortlich und nicht verantwortlich zugunsten des jugendlichen Rechtsbrechers zu verschieben. Notgedrungen kommen wir zu dem Schluß, daß unser Bedürfnis nach Gerechtigkeit bei den vorliegenden Gegebenheiten weder auf die eine, noch auf die andere Weise wirklich befriedigt werden kann. Es zeigt sich, daß in den heutzutage vorliegenden Formulierungen der Rechtsprechung eine Lücke enthalten ist, die geschlossen werden müßte. Zum Glück sind bereits lebhafte Bestrebungen erfolgreich gewesen, um bei einer Neuüberprüfung des Jugendstrafrechtes Formulierungen zu finden, die der Gesamtpersönlichkeit des jugendlichen Rechtsbrechers besser gerecht werden.

Vielleicht ist es gut, hier einen kurzen Hinweis einzuschieben, der helfen soll, Mißverständnisse zu verhüten:

Nach unserer Meinung wäre es völlig überflüssig, *grundlegende* Positionen unserer Rechtsprechung erneut zu diskutieren. Insbesondere wäre es überflüssig, die sehr alte Diskussion über die philosophischen Positionen des sogenannten Determinismus wieder zu beleben. Sowieso wird nach unserer Meinung jede Form des „Determinismus" angesichts der Unendlichkeit der Welt stark relativiert. Die von uns bisher aufgezeigten Probleme sollten nicht benutzt werden, um erneut für eine Abänderung und Neuorientierung der philosophischen Grundpositionen unserer Rechtsprechung zu plädieren.

Statt dessen wird und muß man sich überlegen, mit welchen konstruktiven Vorschlägen Abhilfe für die derzeitige komplizierte Situation zu finden ist. Muß doch jeder verantwortungsbewußte Richter, dessen Ziel es ist, das Recht zu finden, die gegebene Sachlage mit schwerer Bedrückung registrieren.

Was hierzu von seiten der Psychotherapie gesagt werden kann, ist oben schon kurz erörtert worden. Es kann jedoch nicht eindringlich genug wiederholt werden, daß großzügigste Planung im Rahmen der Präventivmedizin allemal wichtiger und wirksamer sein wird, als alles, was geschehen kann, um das schließlich eingetretene Unglück wieder zu reparieren.

C. Spezielle neurotische Verhaltensweisen

Vorbemerkung

Mit dem folgenden Kapitel wenden wir uns einer Reihe von auffälligen Verhaltensweisen zu, bei denen langjährige sorgfältige Beobachtung gezeigt hat, daß ihr Auftreten mit der Entstehung neurotischer Gehemmtheiten eng zusammenhängt. Wir hatten in einem früheren Abschnitt schon darauf hingewiesen, daß es sich bei den jetzt besprochenen Verhaltensweisen um Betätigungen handelt, die mit einem verhältnismäßig großen Zuschuß an freiheitlicher Aktivität ausgestattet sind. Jede der im folgenden aufgeführten Auffälligkeiten kann von den Kindern mindestens vorübergehend und für eine Weile auch gelassen werden. In Anbetracht dieser Tatsache sind Verbote, Drohungen, Strafen, evtl. auch Prämien und Belohnungen häufig versuchte Mittel, um die auffälligen Vorkommnisse zu unterbinden. Inzwischen weiß man allerdings, daß sich die Kinder in einer außerordentlich komplizierten Situation in bezug auf die Möglichkeiten zur Selbstbeherrschung befinden. Sie tun etwas, was man ihnen verbietet und was sie aus vielen Gründen ganz offenkundig selbst auch gern lassen möchten. Trotzdem werden sie immer wieder von sehr intensiven Bedürfnisspannungen überwältigt, denen gegenüber die Macht der Selbstbeherrschung versagt. Jedenfalls scheint diese Situation bei allen von uns aufgeführten Störungszeichen bis auf den Mutismus vorzuliegen. Der Mutismus, die Sprachscheu der Kinder, hat psychologisch einen etwas anderen Hintergrund, wird aber von der Außenwelt so oft als Trotzreaktion aufgefaßt, daß auch hier das Vorgehen mit Drohungen und Strafen ein sehr häufiges ist. im Hinblick auf unsere Überlegungen aus der allgemeinen Neurosenlehre wird es im folgenden unser besonderes Anliegen sein zu untersuchen, inwieweit die besprochenen Verhaltensweisen als Folge von Antriebsverdrängungen verstanden werden können.

Natürlich werden wir uns im gleichen Zusammenhang auch bemühen müssen, jene Faktoren zu erörtern, die als mitgegebene Naturkonstanten die Eigenart der auftretenden Störung mit bestimmen. Wie wir sehen werden, wird sich hier wie immer ein verwickeltes Zusammenspiel zwischen angeborenen psychischen Reaktionsformen und bestimmenden Umweltfaktoren vor unseren Augen ausbreiten.

1. Daumenlutschen, Nägelknabbern, Haarausreißen

Nicht ohne Grund führen wir im jetzt folgenden Abschnitt diese drei verschiedenen Verhaltensweisen gemeinsam auf. Erfahrungsgemäß sind diese Symptombilder oft miteinander verschwistert. Die Trichotillomanie, das Haarausreißen der Kinder, ist zwar etwas verhältnismäßig Seltenes, wenn es aber beobachtet wird, ist es besonders bei kleineren Kindern ganz bevorzugt mit Daumenlutschen und Nägelknabbern gekoppelt. So können wir bereits vorweg sowohl Gemeinsamkeiten wie Unterscheidendes im ursächlichen Bedingungsgefüge vermuten.

Zunächst lassen wir uns von einigen allgemeineren Überlegungen leiten: Wir vermerken als erstes, daß das Daumenlutschen im Gegensatz zum Nägelknabbern und zum Haarausraufen als ein weitgehend normales Vorkommnis für eine bestimmte Altersstufe angesehen werden muß. Die beruhigenden Erlebnisse und das subjektive Befriedigungsgefühl, das dem kleinen Kind durch das Daumenlutschen vermittelt wird, ist sogar dem Erwachsenen noch in gewissen Grenzen einfühlbar. Wir konstatieren also als erstes, daß in Anbetracht einer angeborenen und den Menschen allgemein charakterisierenden Eigentümlichkeit in einer bestimmten Altersstufe jene Erlebnisse, die die Mundwelt vermittelt einen ganz besonders angenehmen und — was nicht unbedingt damit identisch ist — auch beruhigenden Charakter haben. Diese Tatsache, die wir früher schon mehrfach erwähnten, ist zunächst unabhängig von Einzelbiographie und bestimmender Umweltkonstellation. Bereits in der Tierwelt ist Nuckeln oder Lutschen an den Pfoten verhältnismäßig häufig zu beobachten, und es scheint, als ob auch den Tieren ebenfalls durch dieses Verhalten Befriedigungserlebnisse vermittelt werden. Für die vergleichende Psychologie haben im Hinblick auf die Beurteilung angeborenen menschlichen Verhaltens natürlich die Beobachtungen am Anthropoiden einen ganz besonderen Wert. In einer neueren Arbeit wurden von W. Fischel und R. Haerdtle vorliegende Beobachtungen an Schimpansenjungen aus der weitverstreuten Literatur vergleichend zusammengestellt. Eine der dort erwähnten Beobachtungen zeigte folgendes: Ein Schimpansenjunges, dem bald nach der Geburt die Mutter gestorben war, und das von einer menschlichen Pflegeperson großgezogen wurde, fing kurz nach dem Tode der Mutter spontan an, am Daumen zu lutschen. Bei einem anderen Schimpansenjungen, dem die Mutter erhalten blieb, wurde ein solches Verhalten nicht beobachtet. Die Spekulationen über eine solche interessante Beobachtung sollen nicht zu weit getrieben werden. Immerhin ist es wohl erlaubt, zu vermuten, daß das mutterlos groß werdende Schimpansenjunge eine Reihe von auftauchenden Mangelerlebnissen und Unruhezuständen mit Hilfe des Daumenlutschens zu beschwichtigen suchte. Von den Tierpsychologen wird das Daumenlutschen als angeborene Verhaltensweise gedeutet, das durch einen auftretenden Mangelzustand provoziert wird. Der Mangelzustand bezieht sich in diesem Fall offenbar auf das Fehlen der Mutter. Zu beachten wäre hier, daß dem mutterlos groß werdenden Tier ganz besonders die Hautwärme und der körperliche Kontakt fehlen mußte, verglichen mit der sonst üblichen biologischen Situation.

Für das Menschenkind lehren uns unsere Beobachtungen tatsächlich gleichsinnig, daß ein übertrieben langes und ausgedehntes Daumenlutschen häufig mit Mangelerlebnissen im Bereich der Zärtlichkeitsbedürfnisse zusammenhängt. Das Fehlen der Mutter, sofern sie berufstätig ist, fehlende Zärtlichkeit bei der an sich anwesenden Mutter und ähnliches können hier eine Rolle spielen. Wie verwickelt die Situation bereits bei einem so einfachen Vorkommnis wie dem Daumenlutschen liegen kann, wird uns in dem Moment deutlich, in dem wir bedenken, daß der Hypothese nach durchaus Kinder zu denken sind, die angeborenerweise mit ganz besonders intensiven Bedürfnissen nach oraler Beruhigung oder auch nach Hautwärme und Zärtlichkeit ausgestattet sind. Es ist durchaus denkbar, daß die Bedürfnisspannungen solcher Kinder so intensiv sind, daß sie im Rahmen des sozial üblichen und sozial Tragbaren praktisch nicht mehr befriedigt werden können.

Ganz allgemein gilt wohl der Satz, daß unsere derzeitigen sozialen Lebensgewohnheiten und Lebensnotwendigkeiten eine Reihe von Bedürfnissen der Kleinkinder und Säuglinge nicht voll befriedigen können, obgleich an der gegebenen Situation nicht leicht etwas zu ändern ist. Auf jeden Fall müssen wir bedenken, daß das Daumenlutschen in diesem Rahmen einzuordnen wäre.

Auch hinsichtlich des Nägelknabberns sollten wir uns daran erinnern, daß ähnliche Verhaltensweisen bei Tieren beobachtet werden können. Überwiegend finden sich diese Beobachtungen bei solchen Tieren, die man in ihrem Bewegungsdrang längere Zeit sehr stark behindert hat. Die Auffälligkeiten pflegen in dem Augenblick zu verschwinden, in dem man den Tieren wieder die ihnen angemessene Lebenssituation bietet. Hierher würde z.B. das sogenannte Krippensetzen der Pferde gehören. Die gefangengehaltenen und zu lange im Stall untergebrachten Tiere fangen an, stereotyp und automatisch auf den Rändern der Krippe herumzubeißen. Offenbar reagieren sie damit aufgestaute Erregungen und überschüssigen Bewegungsdrang ab. Mit dieser Beobachtung werden wir an ein besonders wichtiges Problem der Tierpsychologie herangeführt, das auch für die Humanpsychologie von besonderer Bedeutung werden kann. Es handelt sich um einen Vorgang, den man unter dem Begriff der sogenannten „Übersprungbewegung" zusammenzufassen pflegt. Unter Übersprungbewegungen versteht man folgenden Vorgang: Ist ein Tier zu irgendeinem Zeitpunkt von einem sehr intensiven Affekt besessen und hindert eine von außen kommende Gewalt die motorische Entladung, so zieht sich dieses Tier plötzlich und ersatzweise auf die Befriedigung anderer urtümlicher Bedürfnisse zurück. Ist z.B. ein Hahn in Kampfesstimmung und hindert man ihn daran, seine Artgenossen kämpfend anzugehen, dann fängt das Tier plötzlich an zu picken, häufig, ohne daß überhaupt Futter in der Umgebung vorhanden ist.

Solche Verhaltensweisen sind für viele Tiere typisch und charakteristisch. Es besteht ein hoher Grad von Wahrscheinlichkeit, daß die biologische Existenz von Übersprungbewegungen nahe verwandt ist mit den soeben besprochenen Verhaltensweisen der Kinder. Wir möchten glauben, daß sehr wohl nahe Verbindungen bestehen könnten zwischen Übersprungbewegungen in der Tierreihe und etwa dem auffälligen Nägelknabbern eingeengter Kinder. Natürlich darf man nicht erwarten, daß motorische Einengung allein der bestimmende Umweltfaktor für das Nägelknabbern ist. Vorwegnehmend wollen wir bereits darauf hinweisen, daß nach allen vorliegenden Beobachtungen und Erfahrungen die gekoppelte Verdrängung von oralen und aggressiven Impulsen bei der Entstehung des Nägelknabberns weitgehend beteiligt ist. Die Behinderung dieser urtümlichen Impulse bringt hohe Affektstauungen mit sich, und wir haben anzunehmen, daß das Nägelknabbern für die Kinder eine Möglichkeit der Erregungsabfuhr bringt.

Wenn nun dem Erwachsenen noch einigermaßen leicht verständlich erscheint, daß Daumenlutschen und Nägelknabbern eine Erregungsabfuhr vermitteln können, evtl. sogar lustvoll erlebt werden, so ist diese Tatsache für das Haarausreißen ganz besonders schwer einfühlbar. Das gesunde Kind und der gesunde Erwachsene empfinden in der Regel Schmerzen, wenn ihnen die

Haare ausgerissen werden. Unmittelbar einzufühlen, was jene Kinder erleben, die sich die Haare ausreißen, ist nicht möglich. Wir werden es daher erst in dem zugehörigen späteren Abschnitt unternehmen, an Hand einiger Selbstschilderungen untersuchter Kinder zu erläutern, wie die innere Verfassung und das Erleben in solchen Fällen auszusehen pflegen.

Insgesamt halten wir fest, daß wir bei der Beurteilung der jetzt besprochenen Auffälligkeiten Grund haben zu folgender Annahme: Angeborene Erlebniskonstanten, zum Teil auch angeborene Verhaltensweisen, bestimmen zu einem Teil die Eigentümlichkeit der Vorkommnisse. Bedürfnisse und Antriebe oraler, aggressiver und zärtlicher Art sind mit ihnen eng verknüpft. Unter bestimmten, im Einzelfall zu schildernden Bedingungen, kommt es zur Impulsverdrängung, Affektstauung und damit zur Manifestation der auffälligen Verhaltensweisen. Genau betrachtet handelt es sich um die rudimentäre Befriedigung durchbrechender Antriebe und Bedürfnisse. In der überwiegenden Zahl der Fälle wird mit der Abänderung der Biographie und der Auflockerung der inneren Spannungszustände auch das abwegige Verhalten verschwinden. Es mag aber gleich eingangs darauf hingewiesen werden, daß gegebenenfalls die genannten Verhaltensweisen durch häufige Wiederholung so weitgehend automatisiert werden können, daß sie gewissermaßen im Eigenautomatismus eine Sonderexistenz zu führen beginnen. Je tiefer ein solcher Automatismus eingeschliffen ist, um so schwerer wird er gegebenenfalls zu beseitigen sein, unter Umständen wird er sogar dann noch erhalten bleiben, wenn später einmal die ursprüngliche affektive Mangelsituation befriedigt und beruhigt ist.

Zur Illustration und differenzierteren Beschreibung der bisher erörterten Vorgänge schildern wir im folgenden zuerst die Entwicklungssituationen von zwei Kindern, bei denen unter einer Reihe von sonstigen neurotischen Auffälligkeiten auch *Daumenlutschen* bestand und bei denen dieses Daumenlutschen das am längsten persistierende Symptom darstellte. Die Tatsache, daß das Daumenlutschen von allen neurotischen Symptomen erst als letztes verschwand, ermöglicht uns in gewissen Grenzen Rückschlüsse auf die speziellen vorliegenden Schwierigkeiten, die noch übriggeblieben waren, da die zugehörige psychologische Situation gut überblickbar war.

Jörg P., acht Jahre alt und Klaus S., neun Jahre alt, leiden beide an Einnässen, Nägelknabbern und Daumenlutschen, als sie vorgestellt werden. Die Entwicklungsgeschichte, die sie beide bieten, zeigt eine ganze Reihe von sehr verwandten Momenten. Beide sind Kinder sehr junger Eltern.

Die Eltern von Klaus mußten bis zur Mündigkeit warten, bis sie heiraten konnten. Beide erklärten, daß sie, als der Junge geboren wurde, den Wunsch hatten, man solle ihnen auf keinen Fall nachsagen, sie seien selbst noch halbe Kinder und nicht in der Lage, selbst schon Kinder zu erziehen. Sie hatten die Vorstellung, daß daher ihre Erziehungsmethoden „mit etwas Druck" vor sich gehen müßten. Es wurde also verhältnismäßig sehr viel gescholten und auch sehr viel geschlagen. Insbesondere wurde die Sauberkeitserziehung von Anfang an mit Klapsen oder auch heftigeren Schlägen schon bei dem sehr kleinen Kind mit einem $^3/_4$ Jahr begonnen. Wenn das Kind zwischendurch einmal weinte oder gar nachts unruhig wurde, wurde konsequent und strikt darauf geachtet, daß dem Kind keinerlei Zuspruch oder Anteilnahme zuteil wurde, und zwar auch dann nicht, wenn das Kind offenkundig kränkelte.

Die Mutter meinte zudem, daß sie selber Zärtlichkeitsbedürfnisse selten verspüre und daß sie daher das „Schmusen" des Jungen nicht besonders angenehm empfinde und daß sie ihn meist abweise, wenn er ähnliche Bedürfnisse anmelde.

Jörg war der Sohn einer 29 jährigen jungen Frau, die ihn unehelich zur Welt brachte und die das Kind ganz überwiegend der Betreuung des eigenen Vaters überlassen mußte. Dieser Großvater war nicht nur ein sehr schrulliger, sondern auch sehr harter Mann. Voller Ressentiment gegen die Tatsache, daß seine Tochter ein uneheliches Kind bekommen hatte, ließ er dieses Ressentiment an dem Jungen aus. Die häusliche Situation war dadurch erschwert, daß die Großmutter kurz vor der Geburt des Jungen einen Schlaganfall bekommen hatte und den Haushalt nicht mehr führen konnte. Die junge Mutter mußte arbeiten gehen, um Geld zu verdienen, nebenher noch die bettlägerige eigene Mutter versorgen und tagsüber den kleinen Jungen, wie gesagt, dem Großvater überlassen. Bei den Erziehungsmethoden, die der Großvater bei dem Kind anwandte, mißlang die Sauberkeitserziehung. Das Kind wurde ungewöhnlich viel geschlagen, wurde sehr still, sehr scheu, kränkelte viel und gedieh nicht. Mit etwa fünf Jahren konnte die Mutter ihn zu sich nehmen und selbst betreuen, da sie heiratete. Sie hatte sehr deutlich empfunden, was das Kind eigentlich durchmachte, ohne daß sie helfend und ändernd eingreifen konnte. Unter den veränderten Bedingungen wurde der Junge bald sauber, auch das Nägelknabbern ließ nach und übrigblieb allein das Daumenlutschen, das das Kind nicht aufgeben wollte.

Auch Klaus hatte das Daumenlutschen am längsten beibehalten. Aus der Gesamtkonstellation seiner Entwicklung ließ sich deutlich entnehmen, daß das kühle und unzärtliche Verhalten seiner Mutter hier die wesentlichste Ursache war. Die Mutter hatte sich zwar beraten lassen, daß Strenge, Härte und dauerndes Ermahnen für den empfindsamen Jungen nicht die angemessensten Erziehungsmethoden waren, sie hatte sich umgestellt und Enuresis und Nägelknabbern waren allmählich verschwunden. Was sie sich nicht abringen konnte, war ein ausreichendes Maß an Zärtlichkeiten und warmherziges Eingehen auf die Anlehnungsbedürfnisse des Jungen.

Jörgs Mutter war in dieser Hinsicht zwar anders, aber schon ein Jahr, nachdem sie den Jungen hatte zu sich nehmen können, bekam sie ein zweites Kind, ein kleines Mädchen, und mit diesem Kind pflegte sie einen sehr viel weitreichenderen Zärtlichkeitskontakt, als mit dem inzwischen zum Schulkind herangewachsenen Älteren. Jörg entbehrte ebenso wie Klaus an dieser Stelle also immer noch mehr, als er es im Hinblick auf die existierenden Bedürfnisspannungen vertrug.

Für Jörg ließ sich erreichen, daß auch das Daumenlutschen fortblieb, indem die Mutter gebeten wurde, für den Jungen hinsichtlich der Zärtlichkeitsbedürfnisse und der oralen Bedürfnisse etwas mehr anzubieten, als vielleicht sonst bei einem 6- oder 7jährigen das Normale wäre. Die Entbehrungen der früheren Lebensepoche mußten durch eine längere Zeit zusätzlich eingestreuter Verwöhnungen wieder ausgeglichen werden.

In der analytischen Literatur findet sich bei Besprechungen über das Daumenlutschen immer wieder die Bemerkung, daß es sich um eine sogenannte *Regression* handele. Damit ist gemeint, daß die Kinder sich offenbar mit einer Bedürfnisbefriedigung helfen, die in jüngeren Altersstufen weitgehend normal ist, die aber im Verlauf des allgemeinen Reifungsprozesses zu verschwinden pflegt. Man mag dabei bedenken, daß im Verlauf der biologischen Reifung die weiche Anlehnungsbedürftigkeit der Kleinkinder dem selbstbewußteren Schwung der Älteren Platz zu machen pflegt. Außerdem pflegen die anfänglich vorherrschenden oralen Impulse und Bedürfnisse konstruktiven Handlungswünschen zu weichen. So erklärt sich vermutlich, daß die beruhigenden Befriedigungserlebnisse, die das Daumenlutschen vermittelt, später nicht mehr so intensiv gesucht werden. Die Intensität der hierher gehörigen Antriebe scheint allmählich zu verblassen.

Wir hatten schon gesagt, daß die orale Bedürfnisbefriedigung, die hinter dem Daumenlutschen steht, auch dem Erwachsenen noch verhältnismäßig leicht einfühlbar ist. Die Beurteilung des neurotischen *Nägelknabberns*, die sich jetzt anschließen muß, verlangt in der Überlegung einen kurzen Umweg. Beim Nägelknabbern tritt eindeutig ein rudimentärer Beißimpuls zu den oralen Bedürfnissen hinzu. Zwischen Lutschen und Beißen besteht ein deutlicher Unterschied sowohl in bezug auf das Verhalten, als auch in bezug auf das zugehörige Erleben. Die Vermutung liegt nahe, daß hinter dem Nägelknabbern eine Antriebskoppelung steht, in der sich orale und aggressive Impulse miteinander verbinden. Während beim Daumenlutschen neben der Oralität ganz bevorzugt das Zärtlichkeitsbedürfnis steht, schiebt sich beim Nägelknabbern die Aggression in den Vordergrund. Jede Therapie lehrt, daß man ein Nägelknabbern nicht beseitigen kann, ohne daß man einerseits bestimmte Härtefaktoren in der Umwelt beseitigt und andererseits aggressive Möglichkeiten im Kind mobilisiert. Verdrängte aggressive Regungen müssen so lange gelockert werden, wie es die konstruktive Verarbeitung dieser Aggressionen notwendig macht.

Typisch ist folgende Entwicklungssituation für einen Jungen, der laufend Nägel knabberte:

Peter K. ist 12 Jahre alt, als er untersucht wird. Die Mutter bringt ihn ausschließlich wegen des bestehenden Nägelknabberns. Sie ist eine ehrgeizige und kühle Frau. Der Junge, der jetzt in einen höheren Schulzweig umgeschult werden soll, fällt nach ihrer Meinung durch die angeknabberten Fingernägel sehr unangenehm auf. Sie möchte mit ihm Ehre einlegen und wünscht schnellste Beseitigung des Symptoms. Schläge hat der Junge seines Nägelknabberns wegen schon mehr als reichlich bekommen. Die Mutter behauptet, daß sie es jetzt aufgegeben habe, zu schlagen. Der Junge sei zwar im ganzen sehr gehorsam, er reagiere auf jeden strengen Blick, aber es sei keineswegs leicht gewesen, dieses Ziel zu erreichen. Als der Junge kleiner war, lag der Siebensträhnige immer griffbereit. Die Mutter hat den Jungen gerade in der Trotzphase in eigene Betreuung bekommen. Bis dahin hatte ihn die Großmutter, Mutter des Vaters, die nach Aussagen von Frau K. eine viel zu gutmütige Frau gewesen sei. Über die Erziehungsmethoden, die bei dem Kind richtig wären, haben sich die beiden Frauen sehr gestritten. Als die Mutter den 2½-jährigen Jungen so oft und so hart strafte, soll die Großmutter gesagt haben, „schlag ihn lieber gleich tot, dann ist es ein Abmachen". Die Mutter gibt heute zu, daß sie seinerzeit vielleicht etwas hart mit dem Jungen umgegangen sei, denn sie habe ihn auch geschlagen, als er einmal mit Durchfällen erkrankt war und mehrfach einkotete. Auch damals setzte es Hiebe mit dem Siebensträhnigen, und die Großmutter tat den oben erwähnten Ausspruch.

Der Junge stellt im Verlauf einer frei gewählten Zeichnung außerordentlich plastisch dar, welche Antriebsverdrängungen bei ihm vorliegen. Er zeichnet eine Schneeballschlacht, in der fünf Jungen gegenseitig im Krieg liegen. Sehr auffällig ist, wie die Hände dieser Jungen gezeichnet sind. Die Arme laufen nämlich in zwei offene Striche aus. Die Hände fehlen, sind gewissermaßen abgeschnitten und es ist nicht einmal ein zeichnerisch plumper Abschluß gefunden. Weder wurde eine geballte Faust gezeichnet, noch die Finger einzeln, so wie es schon sehr viel kleinere

Kinder zu tun pflegen. Die Jungen, die in einer spielerisch aggressiven Auseinandersetzung miteinander waren, wurden verstümmelt dargestellt, und zwar fehlte gerade der Körperteil, der das Hauptinstrument abgibt, um die Aggression zu betätigen, ja, der im Grunde für den Menschen den überwiegenden Teil jeder geformten Handlung gestaltet, nämlich die Hand. Der extrem auf Gehorsam erzogene Junge war zu einer eigenständigen Verarbeitung aktiver Impulse eigentlich nie gekommen. Gerade in der Phase der aggressiven Auseinandersetzung mit der Welt hatte er einen extremen Härteeinbruch erlebt, während die Entwicklung bis dahin unter dem fürsorglichen Einfluß der Großmutter weitgehend störungsfrei verlaufen war.

Wir können hier außerdem mitteilen, daß nach unseren Erfahrungen und Beobachtungen das Symptom des Nägelknabberns, sofern es bei Erwachsenen persistiert, außerordentlich häufig, wenn auch nicht immer, mit einer im *zwangsneurotischen* Sinn veränderten Struktur verschwistert ist. Nägelknabbern als Symptomatik aus der Kinderzeit ist auch sonst bei Erwachsenen oft zu erfragen, wenn im späteren Zustandsbild die zwangsneurotischen Elemente überwiegen. Wenn wir festhalten, daß beim Nägelknabbern tatsächlich *orale* und *aggressive* Impulse eng vergesellschaftet sind und daß Verdrängungsreaktionen gerade in die Zeit handelnder aggressiver Selbstentfaltung fallen, so ist uns diese Tatsache gut verständlich. Wie beim Krippensetzen der Pferde handelt es sich um eine Entlastung bietende Durchbruchsreaktion, bei der die orale Aggression im Beißimpuls rudimentär betätigt wird, der Biß sich aber nicht gegen die fremde Welt, sondern gegen den eigenen Körper richtet und dadurch gewissermaßen gehindert wird, Schaden in der Umgebung zu stiften. So wie Peter seine Jungen aus der Schneeballschlacht mit völlig „abgebissenen" Händen darstellt, so verhindert das Kind, das seine Nägel abknabbert, seine eigene manuelle Aggression, indem es nur ein Stückchen orale Aggression rudimentär betätigt. Ein Kind, das Nägel knabbert, braucht natürlich keineswegs immer deutlich sichtbare Gefügigkeitshaltungen und Bescheidenheitsreaktionen zu zeigen. Von außen gesehen, können solche Kinder für den naiven Betrachter durchaus frisch und unbekümmert wirken, unter Umständen sogar überschießend ungezügelt. Die vorliegenden Gehemmtheitsreaktionen können außerordentlich fein und verborgen liegen. Wahrhaft selbstsicher sind solche Kinder allerdings nie.

Betrachten wir jetzt anschließend an die Erörterung des Nägelknabberns das *Haarausreißen* der Kinder, so scheint es, als ob das Kind ähnlich wie beim Nägelknabbern gegen den eigenen Körper ein aggressives Verhalten richtet, das an sich nur gelegentlich in Zuständen höchster Wut und in der feindseligen Auseinandersetzung mit anderen betätigt wird. Wir sagten schon, daß gerade dieses Symptom vom naiven Betrachter ganz besonders schwer eingefühlt werden kann. Wenn man einem anderen Menschen die Haare ausreißt, so gehört dazu schon ein erhebliches Maß leidenschaftlicher Erregung. Man verstümmelt den Gegner und fügt ihm zugleich Schmerzen zu. Die Erregung, die ein Kind treibt, das sich selber die Haare ausreißt, ist sicher nicht geringer. Freilich liegt sie verborgener und ist auf einen Dauerstrom von Aufgeregtheit verteilt. Das Schmerzerleben ist allerdings im allgemeinen ganz erheblich abgeändert. Wie angekündigt, gehen wir zum besseren Verständnis des Symptombildes zunächst von einer Selbstschilderung eines jungen Mädchens aus. Christa W., die 14jährig wegen ihres Haarausreißens kommt, ist alt genug, um in Worte zu fassen, was sie erlebt, wenn sie sich selber strichweise die Haare rupft. Christa meint folgendes: „Eigentlich fühle ich mich mit meinem Körper immer so gläsern, so als wäre ich tot. Wenn ich zupfe, bin ich mehr da. Ich merke dann, daß ich lebe."

Die 4jährige Erika, die ebenfalls die Haare rupft, kann sich natürlich nicht so differenziert ausdrücken. Sie sagt lediglich auf eine entsprechende Frage: „Det is scheene!"

Wir beachten also zunächst, daß beide Kinder nicht nur ein Schmerzerleben verneinen, sondern daß sie im Gegenteil positive Gefühlssensationen angeben. Die Gründe hierfür lassen sich im allgemeinen unschwer finden. Christa hat sicher eine geradezu klassische Formulierung gefunden, um zu beschreiben, was sie beim Ausrupfen der Haare empfindet. An sich ist ihr Tageserleben dauernd von einem mißbehaglichen Körpergefühl gestört. Sie hat das Gefühl, sie sei nicht da, die Beziehung zum eigenen Ich, zum eigenen Körper ist dumpf, nebelhaft, „gläsern", wie sie sich ausdrückt. Dieses dumpfquälende Körpergefühl wird aufgelockert und verliert seinen bedrängenden Charakter ein wenig, wenn Christa sich beim Haareausreißen einen kleinen Schmerz zufügt. Sie intensiviert damit das abgeänderte oder verlorengegangene Körpergefühl.

Christa hat folgende Vorgeschichte: Die Mutter hatte 28jährig geheiratet, und zwar einen Mann, der vierzehn Jahre älter war, bei der Eheschließung also bereits 42 Jahre. Dieser Mann war ursprünglich Berufssoldat, ein „Zwölfender", wurde im Anschluß an seine Dienstzeit Verwaltungssekretär und verdiente bei Christas Geburt knapp über 200 Mark. Christa war die Letzte von drei Geschwistern. Die Mutter wurde in jeweils jährlichen Abständen hintereinander schwanger, und zwar auf ausdrücklichen Wunsch ihres Mannes hin, der — seiner damaligen festgefügten Ideologie entsprechend — seinem „Führer" möglichst viele Kinder schenken wollte. Er nahm weder auf das Angestrengtsein seiner Frau Rücksicht, noch bedachte er die äußerst knappe wirtschaftliche Lage. Er berücksichtigte auch nicht, daß seine Frau nicht nur ihn und die drei kleinen Kinder, sondern auch seinen halbwüchsigen Sohn aus erster Ehe mit zu versorgen hatte. Monatlich gab er seine 200 Mark ab und erwartete, daß die sechsköpfige Familie davon zufriedenstellend versorgt würde. Er erklärte seiner Frau immer wieder, daß sie nicht die Einzige sei, die sich einteilen müßte. Frau W. selbst hatte eine harte Kindheit hinter sich mit einem trinkenden Vater. Sie hatte sich früh daran gewöhnen müssen, zu dienen und hatte sich in ihrer Ehe resigniert und ergeben in die Ansprüche ihres wenig geliebten Mannes gefügt. Christa war — wie gesagt — das dritte von der Mutter selbst nicht gewünschte, von ihrem Mann aufgezwungene Kind, das versorgt werden mußte, während zugleich Mann, Stiefsohn und zwei ältere Geschwister von ein und zwei Jahren betreut werden wollten. Nebenher mußte die Mutter noch schneidern, um wenigstens eine kleine Wirtschaftsbeihilfe zu erhalten.

Christa wurde nur kurz gestillt. Sie hatte im ersten Vierteljahr sehr viel geweint. Die Erziehungsmethode war: Nach draußen schieben und schreien lassen. Ein Arzt hatte das geraten und die Mutter befolgte diesen Rat bereitwillig in Anbetracht ihrer überanstrengten Situation, zum Teil auch, um den Mann zu schonen, der das Gebrüll des von ihm gewollten Kindes nicht ertragen konnte. Die Erziehungsmethode des Vaters bestand darin, daß seine Kinder lernen mußten, aufs Wort zu parieren. Der Stock lag immer in Sichtweite, und wenn der Vater schlug, „vergaß er sich völlig",

d. h. er prügelte die Kinder so, daß, wie die Mutter sagte, die kleinen Körper blutunterlaufen waren. Christa hat u. a. von dieser harten Erziehungsmethode ebenfalls ein Nägelknabbern beibehalten. Das Haarausreißen trat erst im elften Lebensjahr auf. Christa erzählt, daß sie in diesem Alter etwa angefangen habe, bewußter über ihr Leben nachzudenken. Christa lebt auch heute ungern. Sie denkt oft, daß sie sich das Leben nehmen möchte und mit zehn Jahren hat sie — nach ihrer Erinnerung wenigstens — das erste Mal bewußt einen solchen Gedanken gehabt.

Die *auslösende Schicksalssituation*, in der Selbstmordgedanken und das Haareausraufen eintraten, war eine einschneidende Veränderung im Leben der drei Geschwister: Christa wurde in diesem Alter mit ihren beiden älteren Brüdern zur Großmutter aufs Land gegeben. Dort auf dem Land waren die drei Kinder den sehr harten Erziehungsprinzipien des Vaters entzogen. Die beiden Brüder kamen jedoch in eine besonders bevorzugte Rolle, in der ihnen sehr viele Freiheiten erlaubt wurden, während Christa in dem bäuerlichen Haushalt sehr viel mithelfen mußte und dem Einfluß einer besonders herben, prüden und strengen Tante ausgesetzt war. Christa hatte von seiten der Mutter wenigstens später, als sie größer wurde, ein gewisses Maß an Zärtlichkeit gespendet bekommen. Diese Zärtlichkeit wurde heimlich gegeben, nur wenn der Vater es nicht merkte, aber dann immerhin gab es hier eine kleine Insel von Herzlichkeit. Als das Mädchen zehnjährig die Mutter entbehren mußte und dafür die harte Tante eintauschte, außerdem noch erlebte, wie die beiden Brüder auflebten und ins Freie durften, setzte die Symptomatik ein.

Vergleichen wir jetzt abschließend noch einmal die Antriebsbereitschaften, die das Haarausreißen treiben, verglichen mit den Impulsen, die hinter dem Nägelknabbern und dem Daumenlutschen stehen, dann können wir folgendes feststellen: Hinter dem Haarausreißen steht eine auffällige Koppelung von verdrängten Wutimpulsen oder Aggressionsbereitschaften einerseits und sehr intensiven Zärtlichkeits- und Anlehnungsbedürfnissen andererseits. Mit dem Körperempfinden, das das Kind sich beim Haarausreißen selber zufügt, schafft es sich einen kurzen Augenblick der Bestätigung seiner eigenen Existenz. Es kann wohl nicht bestritten werden, daß ein kleines Kind die Vorstellungswelt über den eigenen Körper, seine Existenz, die Existenz des „Körpergefühls" zu einem großen Teil dadurch erwirbt, daß es sich gestreichelt und zärtlich behandelt fühlt. Hier liegen, wie wir früher schon schilderten, sehr elementare Bedürfnisse rein körperlicher Art vor. Die Lücken im Erleben, die entstehen, wenn ein Kind aktive Zärtlichkeitsbeweise von seiten seiner Umgebung entbehren muß, beziehen sich u. a. auch auf das positive Erleben seines eigenen Körpers. Diese Erlebnisstörungen hatten wir früher auch intentionale Lücken genannt. Das in diesem Sinn gestörte und veränderte Erleben des eigenen Körpers schafft sehr erhebliche Mißbehagenszustände; Christa nennt das „ich fühle mich so gläsern". Vor Ausbruch der Krankheit hatte sie wenigstens zu einem Teil Zärtlichkeiten durch ihre Mutter bekommen. Dann fiel das völlig fort. Der „gläserne" Zustand verstärkte sich, intensive Bedürfnisse nach Zärtlichkeit, nach Kontaktnahme über die Haut hinweg, klangen an. Sie koppelten sich mit Wut und Ärger auf die befehlende Tante. Sie koppelten sich mit Neid auf die beiden älteren Brüder, denen erlaubt wird, was sie selber nicht tun darf. Der Wutanfall, der zunächst einem anderen galt und der verdrängt wurde, blieb übrig in einem Rudiment der Aggression, in dem zupackenden Impuls, der nun aber das eigene Haar ergreift und bei dem — gewissermaßen zufällig — entdeckt wird, daß mit diesem Zupacken und mit diesem Reißen kurzfristig das unangenehme „gläserne" Gefühl beseitigt wird.

Verglichen damit, sieht die Erlebniskoppelung für das Nägelknabbern anders aus. Hier treten die Zärtlichkeitsbedürfnisse stark zurück, das Körpererleben insgesamt ist sehr weitgehend ungestört. Die Verbindung der oralaggressiven Impulse bestimmt das Erleben. Wiederum anders ist die Situation beim Daumenlutschen. Hier treten die Zärtlichkeitsimpulse an Stelle der aggressiven Bereitschaft in den Vordergrund, und die gesamte Bedürfnisbefriedigung hat einen sehr weitgehend friedlich freundlichen Charakter.

2. Mutismus

Unter dem Mutismus der Kinder verstehen wir das psychogene Schweigen, die ausgedehnte Sprachscheu, die die Kinder hindert, in einen Gesprächskontakt mit anderen zu treten. Das psychogene Schweigen ist nur selten total. Nur in der Ausnahme wird allen Menschen gegenüber geschwiegen. In der überwiegenden Zahl der Fälle tritt die Sprachscheu im wesentlichen bestimmten Personenkreisen gegenüber auf, während allgemein im Rahmen der Familie wenigstens ein gewisser Sprachkontakt aufrechterhalten bleibt.

Die Unterteilungen, die man in der Literatur den verschiedenen Formen des psychogenen Schweigens gegeben hat, wurden langjährig unter den verschiedensten Gesichtspunkten aufgestellt. Teils wurden ursächliche Faktoren, teils rein beschreibende Momente für die Klassifikation benutzt. Tramer verdanken wir den Begriff „elektiver Mutismus" im Gegensatz zum „totalen Mutismus", eine Beschreibungsform, die darauf hinweisen soll, daß gradweise verschieden und verschiedenen Personen gegenüber geschwiegen wird.

In Laienkreisen weit verbreitet ist die Vorstellung, daß das mutistische Verhalten der Kinder eine einfache Trotzreaktion sei. In Fachkreisen hat diese Vorstellung allmählich differenzierteren Überlegungen Platz gemacht. Weber hat unseres Wissens als erster darauf hingewiesen, daß bei mutistisch reagierenden Kindern eine depressive Grundstimmung mit oralen Gehemmtheiten die seelische Situation kennzeichnet. Er hat außerdem darauf aufmerksam gemacht, daß diese Kinder offenbar verwandte *angeborene* Eigenschaften besitzen. Die Beobachtungen von Weber gehen dahin, daß Kinder mit psychogenem Schweigen im allgemeinen sehr gemütreich, weich und sensibel sind, also solche Kinder, die sich von Natur aus bei heftigen Beeinträchtigungen und Bedrohungen eher still zurückziehen und resignieren, als daß sie mit heftigem draufgängerischem Protest antworten. Wir können nach unseren Beobachtungen diese Meinung von Weber weitgehend bestätigen. Natürlich handelt es sich bei dem Kräftespiel zwischen Anlage und Umwelt um eine Ergänzungsreihe. Aber wir möchten doch annehmen, daß die überwiegende Zahl der sprachscheuen Kinder die oben aufgezählten angeborenen Eigentümlichkeiten bietet.

Mutistische Reaktionen variieren nicht nur in ihrer Ausdehnung, sondern — wie alle neurotischen Reaktionen — können sie teils akut und dramatisch, teils allmählich und sehr schleichend auftreten. Für diese Varianten des Erscheinungsbildes spielen die Umweltfaktoren unbezweifelbar die Hauptrolle. Wir schildern im folgenden die Entwicklungsbedingungen, die sich bei einem Kind mit totalem Mutismus gefunden haben. Es ist selbstverständlich, daß wir jene Momente herauskristallisieren werden, die wir an zahlreichen anderen kasuistischen Beispielen ebenfalls vorgefunden haben und die wir im Hinblick auf den entstandenen Mutismus für typisch halten.

Reinhild K. ist elf Jahre alt als die Eltern sie vorstellen, weil sie sowohl in der Schule wie zu Hause jeglichen Sprachkontakt mit ihrer Umgebung abgebrochen hat. Reinhild beantwortet keine Frage, äußert von sich aus keinen Wunsch, sitzt still und stumm neben den Eltern und der jüngeren Schwester und bleibt auch in der Schule jede Antwort schuldig. Wie oft, ist dieses Verhalten des Kindes zunächst als Trotzreaktion aufgefaßt worden. Der Vater, ein nervöser und erregbarer Mann, sparte nicht mit Drohungen, schlug auch gelegentlich zu und meinte, daß die „Verstocktheit" des Mädchens nur mit Strenge ausgetrieben werden könnte. Die Mutter, die gefühlswärmer reagierte und auch der Klassenlehrer bemerkten bald, daß von einer naiv verstandenen Trotzreaktion keinesfalls die Rede sein könnte und in Anbetracht der sich einstellenden erheblichen Schulnot wurde das Kind der psychotherapeutischen Behandlung und Beratung zugeführt.

Reinhilds mutistische Reaktion, die jetzt so akut und dramatisch aufgetreten war, war allerdings keineswegs vollständig neu. Schon in früheren Jahren hatte das Mädchen viel und ausgedehnt geschwiegen. In einer bestimmten Epoche, von der gleich zu sprechen sein wird, hatte sogar ebenfalls ein total mutistisches Verhalten bestanden.

Reinhilds frühkindliche Entwicklung war recht kompliziert verlaufen. Als sie $^1/_4$ Jahr alt war, erkrankte die Mutter an Tuberkulose. Das Kind durfte nicht mehr zu ihr gebracht werden. Eine fremde Pflegeperson kam tagsüber zum Füttern und Windeln, nahm jedoch sonst keinen persönlichen Kontakt mit dem Säugling auf. Die Mutter berichtet, daß Reinhild den ganzen Tag über draußen im Garten gestanden hätte, um eine „Freiluft-Liegekur" zu machen. Wenn das Kind weinte, ließ man es schreien — auch tagsüber —, sofern nicht der Termin für das Füttern herangekommen war. Zwischendurch wurde grundsätzlich nicht zum Wagen gegangen. Auch nachts, wenn das Kind unruhig wurde, wurde dem keine Aufmerksamkeit geschenkt. Es hieß, daß das Kind nur unnötig verwöhnt würde, wenn man dem nächtlichen Weinen nachgäbe. Diese Situation blieb bis Ende des ersten Lebensjahres bei Reinhild unverändert. Dann mußte sie selbst in eine Klinik, weil auch bei ihr Verdacht auf einen tuberkulösen Prozeß bestand. Zur gleichen Zeit wurde die Mutter in ein Lungensanatorium verschickt. Als Reinhild aus dem Krankenhaus entlassen werden konnte, war sie $1^1/_4$ Jahr alt, die Mutter lebte noch im Sanatorium, der Vater war als Wirtschaftskaufmann unterwegs, und das Kind mußte zu Bekannten gegeben werden. Reinhild kam in die Familie eines 50jährigen Studienrats, der mit seiner 45 jährigen Frau drei Söhne zwischen 13 und 16 Jahren hatte. Die Eltern betonen, daß das kleine Mädchen bei diesen Bekannten außerordentlich gut, sauber und hygienisch versorgt worden sei. Auf Sauberkeit und Ordnung sei besonders geachtet worden, und die Pflegetante habe es an nichts fehlen lassen. Die Mutter bekam das Kind 2½jährig zurück, nachdem Reinhild fast $^5/_4$ Jahr in dieser Familie gelebt hatte. Über den Zustand, in dem Frau K. ihr Kind wieder bekam, berichtet sie allerdings wörtlich folgendes: „Ich habe das Kind nicht wiedererkannt. Sie war wie eine kleine Pagode oder Marionette. Wo man sie hinsetzte, blieb sie sitzen. Einen Wunsch äußerte sie von sich aus überhaupt nicht. Wenn man mit ihr sprach oder ihr gut zuredete, legte sie die Händchen auf den Rücken und senkte den Kopf." Die einzige, grotesk wirkende Redensart, die sie als Antwort aufbrachte, war: „Ach du grüne Neune." Sonst blieb sie stumm, meldete sich übrigens auch nicht, wenn sie aufs Töpfchen mußte und näßte und kotete gelegentlich ein. Die Mutter wollte zunächst vermeiden, daß auf die Bekannten, die die Betreuung des Kindes übernommen hatten, ein schlechtes Licht fiel. Erst allmählich rückte sie mit dem Bericht heraus, der die Vorgänge in Reinhilds Entwicklung richtig beschrieb. Reinhild war in dem fremden Haushalt, was die äußeren Lebensbedürfnisse anging, sicher sauber, pünktlich und korrekt versorgt worden. Trotzdem hatte sie in der Familie, die ganz auf das Leben der halbwüchsigen Jungen abgestellt war, keinen rechten Lebensraum. So fanden z.B. die Sprechversuche, die das Kind machte, eine höchst sonderbare Resonanz: Reinhild wurde — wie die Mutter schilderte — zur Spielpuppe der drei halbwüchsigen Jungen, die sich ein Vergnügen daraus machten, dem Kind absurde und auffällig klingende Sätze beizubringen. Daher auch die übriggebliebene Phrase, die das Mädchen später häufiger wiederholte „Ach du grüne Neune". Dieser Satz, von dem sehr kleinen Mädchen ausgesprochen, hatte offenbar in der betreuenden Familie große Heiterkeitserfolge erzielt.

Versuchen wir eine Beurteilung der soeben skizzierten Lebenssituation, in der das Kind seinen ersten sprachlichen Kontakt aufnahm, so ist zu bedenken, daß Reinhild schon in einer frühesten Lebensepoche erhebliche Mangelerlebnisse verarbeiten mußte. Wir wiesen schon in unseren einleitenden Kapiteln aus der allgemeinen Neurosenlehre darauf hin, daß der freundliche Zuspruch und die affektive lautliche Kommunikation zwischen Mutter und Kind zu den normalen und notwendig zu fordernden Lebensbedingungen in der Frühentwicklung eines Kindes gehören. Wir berichteten auch von der alten Sage, die mitteilt, daß alle Kinder ums Leben kamen, die dem sonderbaren Experiment unterzogen wurden, daß ihre Ammen nicht mit ihnen sprechen durften. Es ist ein Normalverhalten, daß eine Mutter nach ihrem Kind sieht, wenn es weint oder schreit. Wenn ein Kind trotz Rufen und trotz Weinen allein und einsam bleibt, wird die vertrauensvolle Gefühlszuwendung zur Welt gestört und die ersten und frühesten Impulse zum sprachlichen Kontakt werden lahmgelegt. Die Vorläufer der beschreibenden Sprache, die dem Partner gedankliche Inhalte vermitteln kann, sind ja beim kleinen Kind Ruf und Schrei und das affektiv freundlich behagliche Entgegenlallen. Die Lücken und Gehemmtheiten, die unter ungünstigen Bedingungen hier entstehen, machen sich unweigerlich bemerkbar bei der späteren Möglichkeit, gedankliche Inhalte mitzuteilen, denn jede Form der Mitteilung setzt ein Minimum an Gefühlsbeziehung und Vertrauenshaltung zum anderen Menschen voraus.

Reinhilds Lebenssituation war nun dadurch ausgezeichnet, daß die Frühentbehrungen der ersten Lebensepoche nicht sogleich von der wieder gesundeten Mutter ausgeglichen werden konnten, sondern es traten zu der anfänglichen Vereinsamung grobe weitere Umweltschäden hinzu. Die Zeit, in der das Kind lernte, einen Wortschatz zu sammeln, um selber zu formulieren, war nicht nur karg an ermunternder und belebender Freundlichkeit und Zuwendung, sondern sie enthielt weitere Erlebnisse von ganz besonders abwegiger Art. Niemand wird bezweifeln, daß einem kleinen Kind die ersten Spracherwerbungen nicht in der Weise nahegebracht werden sollten, wie es bei Reinhild geschah. Der „Ulk", der mit dem Kind getrieben wurde, die unverständige Grobheit, die die halbwüchsigen Jungen vermutlich in ihrer Naivität dem kleinen Kind gegenüber an den Tag legten, waren sicher von äußerst fragwürdigem Charakter. Reinhild erlebte nicht, daß man die Sprache dazu benutzt, Gegenstände zu beschreiben oder Wünsche und Vorstellungen auszudrücken, sondern ihr wurden sinnlose Sätze vorgesprochen, die einen ihr unverständlichen Heiterkeitserfolg erzielten. Kein Wunder, daß das empfindsame Kind die meisten Antriebe zur sprachlichen Kommunikation allmählich abdrosselte. Zur Mutter zurückgekehrt, war sie das stille, apathische und pagodenhafte Mädchen, von dem die Mutter selbst sagte, sie habe sie nicht wiedererkannt.

Wir fahren jetzt mit der Schilderung der weiteren Lebensentwicklung fort. Nach Angaben der Mutter hat Reinhild unter ihrer Pflege fast ein Jahr gebraucht, bis sie sich etwas erholte und aufgeschlossener und zutraulicher wurde. Es war aber nicht zu verkennen, daß das Mädchen vor fremden, nicht zur Familie gehörigen Menschen immer noch eine ungewöhnliche Scheu an den Tag legte, auch zum Vater nur einen verhältnismäßig geringen Kontakt fand und sich nur der Mutter gegenüber wirklich zutraulich zeigte. Der Vater, der sich ein aktiveres und strahlenderes Kind gewünscht hätte, bemängelte das empfindsame und schüchterne Wesen der kleinen Tochter oft und versuchte ab und zu, durch aufgezwungene Mutproben die Schüchternheit zu „brechen".

Als Reinhild 4½ Jahre alt war, bekam sie eine Schwester. Diese Schwester war, wie die Mutter etwas burschikos erklärte, bald „das beste Pferd im Stall". Kräftig, vital und lebhaft, war sie ein gut gedeihender Säugling. Die Mutter, inzwischen selbst gesundet, widmete dem Kind ihre volle Aufmerksamkeit, um nicht die gleichen Fehler, die sie bei Reinhild selbst schmerzlich empfunden hatte, bei dem kleineren zu wiederholen. Wie häufig in solchen Fällen, zeigte Reinhild zuerst leise Ansätze von Eifersucht, sagte einmal, daß man das Baby wieder verkaufen möge, es sei überflüssig; sie gab aber solche Bemerkungen unter den moralisierenden Vorhaltungen der Eltern bald wieder auf. Die jüngere Tochter war bald Vaters erklärter Liebling „Zwischen den beiden Mädchen ist ein Unterschied wie zwischen Tag und Nacht. Alle Enttäuschungen, die uns die Große bereitet, gleicht die Kleine wieder aus."

Reinhild blieb ein zartes empfindsames Kind, wurde von der Schule ein Jahr zurückgestellt, bewältigte dann aber mit Schuleintritt das Klassenpensum ausreichend. Die nächsten vier Schuljahre verliefen ohne neu auftauchende Komplikationen. Die jüngere Schwester wurde ebenfalls eingeschult, lernte wesentlich leichter als die ältere, und hierher gehörige häusliche Bemerkungen, besonders von seiten des Vaters, waren keine Seltenheit.

Als Reinhild elf Jahre alt war, ergab sich für die Familie eine große Umstellung. Sie hatten bis dahin in ihrem alten Evakuierungsort gelebt, die Kinder waren auch dort zur Schule gegangen, und nun machte die Berufssituation des Vaters es notwendig, daß die Familie wieder in die Stadt zog. Mit einem Schlage verschlechterten sich Wohnungssituation und Lebensmittelversorgung ganz außerordentlich. Die vierköpfige Familie, die bis dahin zweieinhalb Zimmer zur Verfügung gehabt hatte, lebte jetzt in einem Raum. Die Lebensmittel waren knapp. Reinhild und ihre Schwester mußten die Schule wechseln. Reinhild kam auf einen anderen Schulzweig, und sie hatte das Pech, in eine Klasse zu kommen, die in der einzigen Fremdsprache, die sie hatte, in Englisch, bereits wesentlich weiter voran war, als die bisherige Klasse, in der sie gelernt hatte. Die jüngere Schwester dagegen, flink und aufnahmefähig wie sie war, konnte durch die Schulverhältnisse eine ganze Klasse gewinnen, war damit für ihre Klassensituation ein Jahr zu jung, Reinhild sowieso ein Jahr zu alt und sollte noch einmal sitzenbleiben, blieb auch sitzen, und so kam es, daß die beiden Schwestern, obgleich vier Jahre auseinander, nur noch eine Klassenstufe voneinander getrennt waren.

In dieser Situation: nach dem Wohnungswechsel ein Jahr sitzengeblieben, innerlich und äußerlich außerordentlich bedrängt, trat bei Reinhild zum zweiten Mal die totale mutistische Reaktion auf. In der neuen Klasse machte sie den Mund nicht auf und auch zu Hause schwieg sie sogar der Mutter gegenüber.

Zusammenfassend kann man sagen, daß die vorbereitenden Faktoren, die die sprachliche Kontaktnahme des Kindes behinderten, bereits ein ganz abnormes Gewicht hatten. Das Lebensgleichgewicht des Mädchens war eigentlich nie vollkommen ausbalanciert. Zusätzliche Anforderungen, insbesondere zusätzliche Anforderungen bei der Bewältigung einer neuen Sprache, konnten nicht mehr verarbeitet werden.

Es war nun die Frage, was das Kind eigentlich erlebte, wenn es den Versuchen seiner Umwelt, mit ihm Kontakt aufzunehmen, schweigend gegenüberstand. Daß der Vater dieses Verhalten als eine reine Trotzreaktion auffaßte, hatten wir schon gesagt. Reinhild selbst in einer späteren Entwicklung, als sie bereit war, einiges von sich zu erzählen, konnte ihre innere Verfassung recht gut selbst beschreiben. Sie sagte: „Ich weiß dann immer gar nicht, was ich sagen soll. Mir fällt einfach nichts ein." Reinhild schildert damit sehr genau, was eigentlich in ihr vor sich geht. Sie hat nicht etwa eine Mitteilung oder Antwort parat und hält sie aus Wut oder Ärger über ihren Gesprächspartner zurück, sondern sie hat tatsächlich in dem Augenblick innerlich keine Gedanken. Es handelt sich hier ganz ohne Frage um das Ergebnis ausgedehnter Verdrängungsreaktionen, Kontaktabrisse, die als Produkt sehr beängstigender Früherfahrungen in auftauchenden Krisensituationen mobilisiert werden. Schon die ersten Versuche des weinenden und rufenden Säuglings, sich mit seiner Umwelt in Kontakt zu setzen, waren mit einer Fülle von Enttäuschungserlebnissen behaftet. Der spätere Erwerb beschreibender Worte hatte gleichsinnige Erfahrungen mit sich gebracht. Nur in sehr geschützter und ermutigender Umwelt war es dem Kind möglich, seine Sprachimpulse zu betätigen. Bei auftretenden Bedrohungen fielen die sprachlich zu formulierenden Gedanken sofort der Verdrängung zum Opfer, und das Kind verharrte schweigend, nicht weil es die Antwort verweigern wollte, sondern weil ihm die Verdrängungsreaktionen und die zugehörige Kontaktscheu die Gedanken selbst, die es aussprechen könnte, rauben.

Der Versuch, ein Kind mit einer so komplizierten Vorentwicklung therapeutisch zu beeinflussen, bereitet selbstverständlich außerordentliche Schwierigkeiten. In dem oben geschilderten Fall war aus begreiflichen Gründen stationäre Psychotherapie für den Anfang notwendig. Die häuslichen Verhältnisse waren zu ungünstig und zugespitzt, als daß mit ambulanten Einzelstunden ein Erfolg hätte gezeigt werden können.

Die allgemeine Zielsetzung der Behandlung ist aus dem bisher Geschilderten leicht zu entnehmen. Ohne die Auflockerung der tiefen Vertrauenslosigkeit und Kontaktarmut des Kindes war kein bleibender Erfolg zu erhoffen. Um das zu erreichen, war jedoch als Erstes eine absolute Entlastung von Leistungsanforderungen notwendig. Die auslösende Situation, die dem neu auftretenden Mutismus voranlief, war ja dadurch gekennzeichnet, daß die Konkurrenzauseinandersetzung mit der Schwester und die Leistungsschwierigkeiten bei erhöhten Anforderungen das Kind erschüttert hatten. Es ist leicht einzusehen, daß hier die ersten äußeren Ansatzpunkte für therapeutische Hilfestellung gegeben waren. Besonders wichtig war, daß dem Kind Verständnis für die Konkurrenzauseinandersetzung mit der jüngeren Schwester bekundet wurde. Das Mädchen hatte sicher seit Jahren Neid- und Ärgerreaktionen gegen die Schwester verdrängen müssen, da ihr unaufhörlich moralisierende Hinweise über die „Schlechtigkeit" solcher Neidreaktionen zugemutet wurden. Der Druck, unter dem das Mädchen lebte, weil ihm die sicher ganz berechtigte und normale Eifersucht moralisierend abgewertet wurde, war enorm. Zugang zum Erleben des Mädchens zu finden, ohne daß es sich in diesen Bereichen verstanden fühlte, war sicher ausgeschlossen. Auch in der neuen Kindergemeinschaft, in der das Mädchen sich während der stationären Therapie einzufinden hatte, waren inadäquate Neid- und Ärgerreaktionen zu erwarten. Auch hier wäre es verfehlt gewesen, bei dem ersten Aufkommen solcher Regungen kritisch abwertend Stellung zu nehmen. Eine Neuverarbeitung der Konkurrenzproblematik konnte sicher nur auf dem Boden einsichtiger bewußter Stellungnahme gewonnen werden.

Die Therapie im einzelnen kann hier natürlich nicht geschildert werden. Wir halten fest, daß dieses eine von uns geschilderte Beispiel repräsentativ für viele steht. Um so ein dramatisches Vorkommnis, wie den totalen Mutismus zustande zu bringen, müssen sehr belastende Umweltfaktoren vorhanden sein, sofern es sich nicht bei einem solchen Kind um eine ganz ungewöhnliche Extremvariante angeborener Empfindsamkeit handelt. Auch in den zahlreichen Fällen von elektivem Mutismus, die uns bekannt geworden sind, kristallisieren sich immer wieder die gleichen Faktoren in der bestimmenden Umweltsituation heraus.

Zusammenfassend heben wir noch einmal hervor, daß der Mutismus der Kinder nur entsteht, wenn die ersten Umweltschäden das Kind in früher Zeit treffen. Der erste Ansatzpunkt liegt in jener Epoche, in der der affektiv bedeutungsvolle Laut, und nicht das beschreibende Wort die Verbindung zwischen dem Säugling und seiner Umwelt herstellt. Die nahe Beziehung zu der von Weber angegebenen depressiven Grundstimmung mutistischer Kinder leuchtet uns sofort ein, wenn wir an die ersten Kapitel aus der allgemeinen Neurosenlehre denken, in denen über den früh erworbenen Hospitalschaden gesprochen wurde. Die Schwierigkeit eines Kindes, den Gefühlskontakt mit der Welt durch Ruf und Schrei aufzunehmen, ist eine schlechte Vorbereitung für den späteren Erwerb der beschreibenden Sprache. Wir wollen auf diese sehr früh erworbenen intentionalen Lücken ein ganz besonderes Gewicht legen, da sie den entstehenden Mutismus wesentlich vom entstehenden Stottern unterscheiden. Das stotternde Kind hat auf jeden Fall primär ein gewisses Maß an Sprechbereitschaft bewahren können, bis es von hemmenden Einflüssen getroffen wurde.

3. Onanie

Das jetzt folgende Kapitel befaßt sich mit einem Problemkreis, der seit langem den widerspruchsvollsten Beurteilungen unterliegt. Der weit verbreitete Irrtum über das Fehlen frühkindlicher und kindlicher Sexualität und ideologisch fixierte, übertriebene Abwehrhaltung gegen sexuelle Vorkommnisse überhaupt, haben hier den Boden für eine ganze Reihe von Fehlurteilen bereitet. In unserer entwicklungspsychologischen Einführung hatten wir bereits mitgeteilt, daß ganz offenkundig sexuelle Erlebnisse auch dem kleinen Kind zukommen. Das Kind, das den eigenen Körper entdeckt und dabei zugleich sexuelle Regungen verspürt, kommt in der Regel und normalerweise zur sexuellen Betätigung. Die sogenannte „Spielonanie" bei Kindern aller Altersstufen ist eine Normalerscheinung und kein Anlaß zu besonderer Besorgnis oder zu ärztlichem Eingreifen. Mit dem Hinweis auf die vorkommende physiologische Spielonanie ist natürlich das Problem des neurotischen Onanierens nicht erschöpft. Nur in einem Teil der Fälle wird man die besorgten Eltern über die Harmlosigkeit der Vorkommnisse beruhigen können. Bei einem anderen Teil wird man sich doch Gedanken machen müssen, ob das Kind nicht tatsächlich in übertrieben abartiger Weise an die onanistische Betätigung fixiert ist.

Rein äußerlich gesehen, fallen solche gefährdeten Kinder schon durch das Ausmaß ihres sexuellen Betätigungsdranges auf. Normalerweise ist der Tag eines Kindes ausgefüllt von vielfältigen abwechslungsreichen Betätigungen. Die sexuelle Betätigung hat im allgemeinen nur sporadisch gelegentlichen Charakter. Fällt ein Kind dadurch auf, daß es an Stelle einer normalen Spielbetätigung ganz extrem an die Sexualität des eigenen Körpers fixiert ist, fällt es vielleicht weiter dadurch auf, daß es ungeniert und enthemmt in Gegenwart anderer onaniert, dann hat man dem vorliegenden Zustand sicher sorgfältige Beachtung zu schenken.

Ganz allgemein kann die Feststellung gelten, daß Kinder, die aus neurotischen Gründen extrem viel onanieren, eine *Spielhemmung* und *Kontaktstörungen* haben. Kinder, die zu keiner befriedigenden Betätigung kommen und bei denen Unlust und Langeweile einen Zustand allgemeiner Spannung und unbefriedigter Erregung schaffen, entdecken unter Umständen, daß in der sexuellen Betätigung eine momentane Abfuhr der aufgestauten Erregungen zu finden ist. Wir wissen heutzutage noch sehr wenig über die durchschnittliche Streuungskurve sexueller Ansprechbarkeit in der Gesamtbevölkerung. Noch weniger als bei Erwachsenen wissen wir darüber bei Kindern. Zu vermuten ist, daß Kinder, die die Sexualität als Ausweichreaktion entdecken, überwiegend zu den sexuell lebhaft Ansprechbaren gehören. Aber mehr als Vermutungen haben wir in dieser Richtung nicht, und die Notwendigkeit, sich um ein Kind zu bemühen, das aus neurotischen Gründen isoliert an den sexuellen Sektor fixiert ist, bleibt von der Existenz anlagemäßiger Faktoren unberührt.

Von Kindern, die aus Waisenhäusern kommen und die dort in ihrem affektiven Kontakt ebenso wie in der Spielpflege sehr karg behandelt werden mußten, wird von späteren Pflegeeltern sehr häufig das auffällig extreme Onanieren geklagt. Das gleiche passiert natürlich, wenn in einem Haushalt „Waisenhausatmosphäre" herrscht. Wir schildern im folgenden einen Fall, wo das genannte Symptom im Rahmen einer Familienentwicklung aufgetreten ist.

Hannelore Z. wird mit sechs Jahren vorgestellt. Sie soll ein stilles, liebes, anhängliches Kind sein, bisher nie Schwierigkeiten gemacht haben und auch jetzt nur deshalb Anlaß zu Besorgnissen geben, weil die Mutter das häufige Reiben des Kindes am Genitale bemerkt und weil das heftige Entsetzen und die zugehörigen Verbote der Mutter nicht erreichen konnten, daß das Kind von seiner Angewohnheit ließ. Hannelores aktuelle Lebenssituation ist mit wenig Worten zu schildern: Beide Eltern sind berufstätig. Die Mutter, jetzt 31 Jahre alt, arbeitet als Verkäuferin bei einer befreundeten Familie in einem Lebensmittelgeschäft. Diese Beschäftigung hat die Mutter seit drei Jahren, also seit Hannelores drittem Lebensjahr. Seit dieser Zeit nimmt sie das Kind in das Geschäft mit, setzt es dort in eine Ecke, gibt ihm eine Puppe oder ein paar Bauklötzchen zum Spielen und läßt es dort den eigenen achtstündigen Arbeitstag über sitzen. Hannelore war wohl an sich ein ruhiges Kind, jedenfalls fiel sie durch besondere motorische Übergriffe nicht auf, sondern ließ sich immer ohne allzu große Schwierigkeiten in ihre Spielecke zurückführen. Die Mutter war freilich von ihrer Arbeit voll in Anspruch genommen und nicht in der Lage, tagsüber mit dem Kind zu plaudern oder an seinem Spiel Anteil zu nehmen. Die Möglichkeit eines Kindergartens hatte die Mutter erwogen, aber wieder verworfen, weil sie meinte, daß ihr Kind da „nur schlechte Sachen" lernte. Ihr eigenes Erziehungsideal formulierte die Mutter so: „Ein wohlerzogenes kleines Mädchen, das immer höflich ist und mit dem man sich sehen lassen kann." Daß das Kind in seiner Kleidung unkindlich herausgeputzt wurde und Sachen trug, die viel zu schonungsbedürftig waren, gehört in den Gesamtrahmen. Ein plissiertes Faltenröckchen, eine rein weiße Bluse und zwei große weiße Atlasschleifen waren der Tagesanzug des Kindes. Mit Recht fürchtete die Mutter, daß dieser „Staat", über den sie im Laden mit Argusaugen wachte, im Kindergarten bald von seiner Blütenweiße einbüßen würde.

Hannelore verbrachte fast drei Jahre neben der Mutter im Laden. Ihre einzige Abwechslung bestand in gelegentlichen Gesprächen mit den Kunden. Außer einem etwas ausgedehnteren abendlichen Spaziergang kam sie selten an die frische Luft. Die Straße, an der das Geschäft lag, war zu belebt, als daß das Kind dort hätte spielen können und auch im Hof des Hauses war keine geeignete Möglichkeit.

Hannelore fiel beim Scenospiel durch die scheinbar einfallslose Szenerie auf, die sie aufbaute. Die Figuren wurden von ihr überhaupt nicht verwendet, auch keine Tiere und das einzige, was sie in häufiger Wiederholung baute, war ein kleines, allseitig fest verschlossenes Haus.

Nun wäre es völlig verfehlt, wenn man glauben wollte, daß bei einem Kind in der soeben geschilderten Verfassung Verbote und Strafen in irgendeiner Form sinnvoll sein könnten. Verfehlt ist auch die Annahme, daß ein abgeändertes Verhalten aus Angst vor drakonischen Verboten als Erfolg gewertet werden könnte. Die Tatsache, daß das Onanieren unterbleibt, besagt noch nicht das Geringste darüber, ob wirklich eine gesunde Selbstentfaltung angebahnt werden konnte. Das Gegenteil pflegt der Fall zu sein, wenn ein Kind unter dem Druck noch verstärkter Angst ein Verhalten aufgibt, das ursprünglich ein Abflußventil für aufgestaute Erregung gewesen ist. Es ist ein Selbstbetrug der Erwachsenen, wenn sie glauben oder glauben möchten, daß mit Verstärkung der Angstreaktion eine Besserung erzielt sei, während im Grunde nichts anderes passiert ist, als daß ein äußeres Verhalten abgestellt wurde, obwohl die neurotische Fehlentwicklung in noch vertieferten Bahnen weiterläuft.

Für Hannelores weitere Betreuung war eine energische Umstellung des gesamten Tagesablaufs erste und unerläßliche Voraussetzung. Der einfachste Rat, den man in diesem Fall geben konnte, war die Empfehlung, das Kind in einen Kindergarten zu geben. Außerdem die Anregung, daß die Mutter die unkindliche und prinzessinnenhafte Aufmachung der Kleinen mit strapazierfähiger Spielkleidung vertauschen möge. Selbstverständlicher Rat war außerdem, daß die sexuelle Betätigung völlig harmlos zu behandeln und nicht etwa mit Verboten zu belegen sei. Damit war dann schon Wesentliches erreicht, und die Beseitigung der Symptomatik ermöglicht.

Freilich liegt die Situation bei neurotischer extremer Sexualbefriedigung kleiner Kinder nicht immer so einfach wie hier. Hannelore hatte bis zu ihrem dritten Lebensjahr eine leidlich störungsfreie Entwicklung genommen und war erst dann in den Druck großer Engigkeit gekommen. Die Ersatzbefriedigung, die sie entdeckte, konnte von ihr aufgegeben werden in dem Augenblick, in dem die äußeren Schranken fielen. Sehr häufig liegt die Situation aber viel komplizierter, und früh erworbene ausgedehnte intentionale Lücken riegeln das Kind vom Erleben der Welt ab. Solche Kinder können dann mit der einfachen Erlaubnis zum Spielen nichts mehr anfangen, sondern ihre Spielfähigkeit, ihr Umgang mit Gegenständen und Dingen muß erst allmählich unter der therapeutischen Führung wieder geweckt und gefördert werden. Diese Kinder fangen unter Umständen in der kindlichen Gemeinschaft, in die man sie verpflanzt, an, ungehindert und in der Öffentlichkeit zu onanieren. Sie beharren bei diesem Verhalten auch dann, wenn sie durch zahlreiche Verbote, Strafen und Drohungen bemerken, daß ihr Tun und Treiben von der Umwelt sehr wenig gern gesehen wird.

Hier handelt es sich noch um ein besonderes Problem, das nicht einfach als Folge einer primären Spielhemmung zu verstehen ist. Ganz offensichtlich handelt es sich bei solchen Kindern zusätzlich um ein provokatorisches Verhalten. Diese Provokation, die die Kinder instinktiv ihrer Umwelt anbieten, pflegt dann mehrere Wurzeln zu haben, und zwar im allgemeinen zwei sehr entgegengesetzte: Auf der einen Seite ist es eine naive Werbung um Aufmerksamkeit. Eine Werbung, die ein Ersatzmittel darstellt für den im Grunde gesuchten zärtlich-persönlichen Kontakt, den das Kind in Anbetracht neurotischer Gehemmtheiten nicht aufbauen kann. Auf der anderen Seite fließen verborgene aggressive Impulse in das provokatorische Verhalten mit ein. Ein Kind, das Wut, Ärger und Haß gegen seine Umwelt verdrängt, befriedigt unter Umständen wenigstens einen Teil dieser aggressiven Bereitschaften durch den Ärger, den es seiner Umwelt bereitet. Gelegentlich steht auch das Bedürfnis, eine sachlich richtige Auskunft über die Vorgänge des eigenen Körpers zu erreichen, mit im Hintergrund. In der überwiegenden Zahl der Fälle, in der Eltern ihre Kinder mit der jetzt besprochenen Auffälligkeit vorstellten, hatten die Kinder eine sachliche Information über die Vorgänge von Schwangerschaft und Zeugung entbehren müssen. Oft behaupteten die Eltern recht naiv, ihr Kind sei von ihnen „aufgeklärt" und bei genauer Befragung stellte sich heraus, daß die gesamte „Aufklärung", die die Kinder erhalten hatten, darin bestand, daß man ihnen mitteilte, geschlechtliche Empfindungen seien schädlich, machten krank und würden den Körper ruinieren. Folgendes Beispiel ist für eine solche Entwicklung typisch:

Gerhard ist neun Jahre alt, als der Klassenlehrer auf ärztliche Untersuchung dringt, weil der Junge sich in der Klassengemeinschaft ganz ungezügelt benimmt. Er nähert sich den gleichaltrigen Mädchen der Klasse, will ihnen den Rock hochheben und sie am Genitale berühren. Er macht ihnen Liebeserklärungen, spricht davon, daß er sie heiraten will, versucht sie zu küssen und wenn die Mädchen sich wehren, küßt er Federhalter, Schultasche oder die Bank, auf der das Mädchen sitzt. Auf der Straße soll er allen möglichen Schmutz aufheben und an den Mund führen. Die gleichaltrigen Jungen macht er beim Urinieren auf der Toilette darauf aufmerksam, daß er eine Erektion hat. Im Kindergarten, wo der Junge untergebracht war, ist er aus den gleichen Gründen seit längerem nicht mehr tragbar.

Gerhard, der wie gesagt, neun Jahre alt ist, macht einen älteren Eindruck. Im Gesichtsausdruck und Gesprächskontakt wirkt er gelegentlich wie ein fast Zwölfjähriger, um dann andererseits doch wieder ganz kindlich zu erscheinen. Im übrigen ist er offenbar ein sehr weicher, anschmiegsamer Junge. Trotz der nicht zu übersehenden überstürzten körperlichen Reifung hatte der Schularzt doch Zweifel gehabt, ob die geklagten Auffälligkeiten bei dem Jungen allein auf die beschleunigte Reifung zurückzuführen seien. Bei genauer Exploration des Vaters ergab sich sehr bald, welche Umweltfaktoren an der Entwicklung des jetzigen Zustandsbildes beteiligt waren.

Gerhard stammte aus der zweiten Ehe des Vaters. Seine Mutter war kurz nach seiner Geburt verstorben, und zwar an den Folgen eines artefiziellen Abortes, der in Anbetracht der rasch erfolgten unerwünschten nächsten Schwangerschaft eingeleitet worden war. Gerhard wechselte in den ersten vier Lebensjahren mindestens fünfmal die Pflegestelle. Mit fünf Jahren kam er zum Vater zurück und wurde von jetzt ab von der damals sechzehnjährigen Halbschwester, Tochter des Vaters aus erster Ehe, betreut. Diese Halbschwester hatte bald einen Freund, der häufig in die Wohnung kam. Sie heiratete überfrüh, weil der Vater wechselnde Frauenbeziehungen aufnahm, diese Frauen immer über längere Zeit im eigenen Haushalt leben ließ, um sich dann wieder von ihnen zu trennen. Gerhards Vater war Kellner von Beruf, schwerkriegsbeschädigt und daher nicht arbeitsfähig. In der Zeit, in der Gerhard durch sein enthemmtes Sexualverhalten auffällig wurde, lebte der Vater mit einer 46jährigen, außerordentlich robust und vierschrötig wirkenden Frau zusammen. Sie teilte in der Einzimmerwohnung den Schlafraum mit dem Vater, geheiratet wurde jedoch nicht, da die Frau eine Kriegerwitwenrente bekam. In Gerhards Phantasie spielten eine ganze Reihe von verschiedenen „Muttis" eine Rolle. Jetzige Mutti, eine frühere Mutti und davor noch mehrere andere Muttis. Die jetzige Freundin des Vaters bezeichnete sich selbst als sehr herbe. Eine Zärtlichkeit dem achtjährigen Jungen gegenüber erschien ihr etwas völlig Abwegiges. Gewissermaßen erläuternd meinte sie auf eine entsprechende Frage, daß der Junge hier kaum etwas entbehren könne, denn er habe es ja noch nie anders gekannt. Auch die Halbschwester, die ihn großgezogen habe, sei ein zurückhaltender Mensch und nicht geneigt, ihre Gefühle zu zeigen. Übereinstimmend meinten der Vater und seine Freundin, daß es ihnen völlig unverständlich sei, wie der Junge zu einem so „charakterlosen" Verhalten käme, da sie selbst für „Schmusen und Gefühlsduseleien" nicht zu haben seien.

Die Überlegung, daß der Junge immerhin in einem reichlich verwilderten Milieu lebte, schien ihnen nicht ganz einzuleuchten. Schon gar nicht, daß es zweckmäßig gewesen wäre, den Jungen über den Wechsel der verschiedenen Muttis zu informieren. Auf lebhafteste Abwehr stieß auch die Empfehlung, daß dem Kind ein wenig an warmer Zärtlichkeit gespendet werden möge.

Nach den so erhobenen und in der Kürze skizzierten anamnestischen Daten war das Gesamturteil über den Jungen nicht mehr schwierig: Eine verfrühte körperliche Reifung bei besonderer sexueller Ansprechbarkeit kam in einem äußerst auffälligen Milieu zur Entwicklung. Extreme Gefühlskargheit und Zärtlichkeitsarmut bei verwilderten sozialen Lebensbedingungen wurden dem Kind zugemutet. Die Symptomatik selbst trug die zugehörigen Charakteristika: Sexuelle Befriedigung als Ersatzbefriedigung, aggressive Zudringlichkeit zur Herstellung eines Ersatzkontaktes, provokatorisches Verhalten, um ein Minimum an Aufmerksamkeit zu erzielen, verwilderte Enthemmtheit als Resultat ungeordneter Milieuverhältnisse.

Es bedarf kaum einer Überlegung, daß bei dem soeben geschilderten Fall ambulante Psychotherapie aussichtslos bleiben würde, da eine Abänderung der Umwelt kaum erhofft werden konnte. Auch stationäre Psychotherapie würde wenig sinnvoll sein, da die Rückkehr in das frühere Milieu bald wieder einen Rückfall provoziert hätte. Die besten Chancen für Gerhard hätten sicher in einer länger dauernden Heimunterbringung gelegen, sofern in diesem Heim eine entsprechende sachgerechte Betreuung zusätzlich gewährleistet wäre.

Abschließend wollen wir darauf hinweisen, daß sich an der Schilderung der beiden soeben besprochenen Fälle besonders leicht und gut ablesen läßt, wie verschieden unter Umständen die gleiche Symptomatik in bezug auf Prognose und Therapiefähigkeit beurteilt werden muß.

4. Perversionen

Es mag verwundern, wenn in einem Buch über psychogene Erkrankungen im Kindes- und Jugendalter bereits von Perversionen die Rede ist. Stammt doch der Begriff der Perversion an sich aus dem Erlebnisbereich der Erwachsenen. Es ist keine unbedingte Selbstverständlichkeit, daß auch Kinder und Jugendliche in ihrem Sexualleben sogenannte perverse Neigungen haben sollen. Bei einiger Überlegung leuchtet aber ein, daß Perversionen des Erwachsenenalters sich allerspätestens in der Pubertät vorbereiten. Aus Einzelschilderungen der Erwachsenen ließ sich das bereits seit langem entnehmen. Der Kinsey-Report, der an einem sehr umfassenden Material von 3000 Probanden das Sexualerleben männlicher amerikanischer Individuen erforschte, hat hier unwiderlegliche Beweise geschaffen. Störungen im Jugendalter, die das Sexualleben betreffen, sind keine Seltenheit und bei genauer Beobachtung stellt sich regelmäßig heraus, daß sich die vorbereitenden Ereignisse bereits im Kindesalter evtl. sogar im frühen Kindesalter abgespielt haben. Wie gesagt, handelt es sich hier um Einsichten, die aus einem außerordentlich umfangreichen und sorgfältig durchgesehenen Material stammen. Es ist dabei für unsere Überlegungen im Augenblick belanglos, ob die in Amerika gefundenen Verhältnisse auf Deutschland oder auf Europa übertragen werden können. Bedeutungsvoll für unsere Zwecke ist lediglich, daß die Beobachtungen als solche, die repräsentativ für einen ganzen Kontinent sind, gewertet werden müssen, gleichgültig ob sich für Einzelvorkommnisse quantitative Verschiebungen hinsichtlich der Häufigkeit ergeben. Die Notwendigkeit, den hierhergehörigen Problemkreis genau ins Auge zu fassen, ergibt sich insbesondere daraus, daß nur mit Hilfe eines klaren Überblicks über die gegebene Situation wirklich *vorbeugend* und schützend eingegriffen werden kann.

Fassen wir also den Begriff der Perversion ins Auge, so sollte man vorweg dafür sorgen, daß er nicht zu weit ausgedehnt wird. Man sollte ihn nicht verwenden, wenn im Sexualerleben flüchtig, gelegentlich und vorübergehend sexuelle Erregung von Vorgängen oder Situationen ausgelöst wird, denen im allgemeinen sonst kein sexueller Erregungswert zukommt. Also etwa gelegentlich auftretende oder gesteigerte sexuelle Erregung bei Schlagephantasien. Von Perversionen sollte man nur sprechen, wenn es sich im Sexualverhalten um eine *Fixierung* der sexuellen Erregtheit an spezielle abwegige Gegenstände oder Vorkommnisse handelt. Perversionen in diesem Sinn sind bei Kindern und Jugendlichen selbstverständlich äußerst selten. Angesichts der allgemeinen Sexualentwicklung eines Kindes kann das nicht anders sein. Wir überblicken die Situation sicher am besten, wenn wir jetzt vorbereitend die Eigentümlichkeiten der menschlichen Sexualentwicklung jenseits der ersten frühen Kindheitsphase beachten, und wenn wir uns überlegen, wie diese „normale" Sexualentwicklung und das sogenannte „normale" Sexualerleben des Erwachsenen aussehen.

Kurz gesagt, verstehen wir unter dem normalen Sexualerleben des Erwachsenen das Auftreten sexueller Erregungen durch die Bezogenheit auf den gegengeschlechtlichen Partner. Die sexuelle Bedürftigkeit schwankt bei den einzelnen Individuen in sehr weiten Grenzen, so daß es schwer ist, hier eine bestimmte Norm aufzustellen. Die momentane sexuelle Ansprechbarkeit ist außerdem sehr weitgehend von der gegebenen Ausgangslage sexueller Bedürftigkeit abhängig. Nach längerer sexueller Abstinenz pflegen bereits geringe Reize die Erregung auszulösen. Kurz im Anschluß an den Sexualverkehr schwindet die erregende Valenz des Partners auf ein Minimum.

Der Hinweis auf die gegengeschlechtliche sexuelle Bezogenheit, die die sogenannte normale Reaktionsform darstellt, darf allerdings nicht zu der Annahme verführen, daß die sexuelle Erregung *allein* durch die Gegenwart eines gegengeschlechtlichen Partners ausgelöst wird. Bei entsprechender Bedürfnisspannung gibt es auch spontan auftretende sexuelle Erregung sowie eine besonders leichte Ansprechbarkeit und Erregungssteigerung bei direkten Körperberührungen.

Diese Feststellungen sind insofern besonders wichtig, als sie zugleich geeignet sind, wesentliche Hinweise für die Entwicklungsschritte beim Kind und Jugendlichen zu geben. Zahlreiche Erfahrungen sprechen dafür, daß beim Kleinkind sowie beim Schulkind bis etwa zum 7.—10. Lebensjahr die sexuelle Erregung überwiegend durch direkten Kontakt, direkte Berührung ausgelöst wird oder spontan auftritt. Sexuelle Erregung, die durch psychische und nicht mehr durch körperliche Reize ausgelöst wird, scheint in der Kindheitsentwicklung erst später aufzutreten, und zwar etwa um die Zeit der Pubertät herum. Den Berichten des Kinsey-Reports zufolge pflegen es zu Anfang allgemeine und weitgehend unspezifische psychische Reize zu sein, bzw. der unspezifische Reiz überwiegt vor dem spezifischen. Im wesentlichen wurden von den Probanden sexuelle Erregungssteigerung bei allgemeiner seelischer Erregung angegeben. Zum Beispiel tritt in der Vorpubertät sexuelle Erregung leicht unter Druck von Klassenarbeiten auf oder in sonstigen bedrängenden Situationen, im Zusammenhang mit Lehrern oder Eltern, bei Phantasien über Räuberromane usw.

Im allgemeinen pflegt erst nach diesem Zwischenstadium, in dem unspezifische psychische Reize die sexuelle Erregung mit mobilisieren, jene

Entwicklungsphase zu kommen, in der in bevorzugter Weise der gegengeschlechtliche Partner sexuelle Erregung hervorruft. Erst in dieser dritten Entwicklungsetappe bekommt der gegengeschlechtliche Partner die charakteristische „Valenz", den charakteristischen „Anmutungsgehalt", das heißt, bei entsprechender biologischer Ausgangslage wird durch den speziellen Erlebniseindruck eine sexuelle Erregung mobilisiert.

Eine Beurteilung auftretender Perversionen setzt auf jeden Fall voraus, daß wir die soeben skizzierten Entwicklungsregeln beachten. Eine wirklich eindeutige Klärung des Problems hängt jedoch an der Beantwortung folgender Zusatzfrage: Wir haben zu überlegen, ob die Tatsache, daß der gegengeschlechtliche Partner von einer bestimmten Altersstufe ab sexuell erregende Valenzen bekommt, ein *angeborenes* Faktum darstellt, oder ob es sich hier um eine *erworbene* Erlebnisreaktion handelt.

Wie wir in früheren Kapiteln über den Erfahrungserwerb des Menschen gesehen hatten, haften einer Reihe von Erlebniseindrücken Gefühlsvalenzen an, die ganz offenbar als angeborene biologische Konstanten aufgefaßt werden müssen. Wir hatten beschrieben, wie Geschmacksqualitäten, Hautsensationen, optische Wahrnehmungen allgemeinverbindlich für das Lebewesen Mensch charakteristische Anmutungen mit sich bringen können. Wir hatten aber auch gesehen, daß diese angeborenen Valenzen in hohem Grade abzuändern sind und sich durch erworbene Erfahrungen stark modifizieren lassen. Wir hatten außerdem gesehen, daß ursprünglich gleichgültigen Gegenständen im Verlauf bestimmter Erfahrungen ein entsprechender Gefühlscharakter, ein entsprechender *neuer* Anmutungsgehalt angeheftet wird.

Wie gesagt, besteht für das Problem des Sexualerlebens die Frage, ob im Verlauf des biologischen Reifungsvorganges von einer bestimmten Altersstufe ab angeborenerweise dem gegengeschlechtlichen Partner sexuell erregende Valenzen zukommen. Es leuchtet ein, daß hinsichtlich der entstehenden und zu beobachtenden Perversionen mindestens zwei Arbeitshypothesen sehr entgegengesetzter Art denkmöglich sind. Der Arbeitshypothese nach ist es denkbar, daß grundsätzlich biologisch festgelegte angeborene Valenzerlebnisse die sexuelle Entwicklung richtunggebend bestimmen. Sexuelle Perversionen wären dann die Folge hypothetisch anzunehmender mutativer Varianten bei Menschen, die damit ein verändertes „Auslöseschema" auf den Lebensweg mitbekommen hätten. Die andere Arbeitshypothese würde lauten, daß die menschliche Sexualität grundsätzlich ungerichtet und unabhängig von angeborenen Valenzerlebnissen ist und daß erst die später erworbenen Assoziationen den Ausschlag geben, in welche Entwicklung das Sexualverhalten einmündet.

Bekanntlich hat Freud die Meinung vertreten, daß die frühkindliche und kindliche Sexualität amorph sei und daß die Richtung auf den gegengeschlechtlichen Partner überwiegend eine erworbene Erlebniskoppelung darstelle. Auch Schultz-Hencke war der Ansicht, daß der Anlage nach das Sexualerleben des Menschen weitgehend ungerichtet sei und daß es erst durch den Erwerb von weiteren Erlebniskoppelungen seine fest fixierten Objekte bekäme.

Welche der beiden oben genannten Arbeitshypothesen die richtige ist, läßt sich natürlich nur außerordentlich schwer entscheiden. Wenn wir bedenken, daß der Mensch in allen seinen Erlebnisbezügen mit einem gewissen Grundbestand primärer Anmutungserlebnisse ausgestattet ist und daß diese primären Anmutungen durch sekundäre erworbene Abänderungen überdeckt und geformt werden können, so liegt die Vermutung nahe, daß auch in Beziehung auf die Sexualität eine Zwischensituation vorliegt. Vermutlich ist weder die eine noch die andere Arbeitshypothese allein geeignet, die Gesamtproblematik zu klären. Hier, wie so oft, wird die Wahrheit in der Mitte liegen und für jeden Einzelfall werden gesonderte Beurteilungen notwendig sein.

Vorwegnehmend und bevor wir in die eigentliche Diskussion jener neurotischen Fehlentwicklungen eintreten, die eine sexuelle Perversion mit sich bringen, wollen wir noch eine weitere Hypothese erörtern, die in letzter Zeit viel zur Erklärung der Perversionen herangezogen wird. Es handelt sich darum, daß man glaubt, bei der sexuellen Perversion des Menschen Vergleiche ziehen zu können zu sehr eindrucksvollen Vorgängen in der Tierwelt, die man seit Lorenz mit dem Wort „Instinktprägung" umschreibt. Mit dem Vorgang der Instinktprägung hat es folgendes auf sich: Man hat beobachtet, daß man Tiere, insbesondere sehr junge Tiere, in bestimmten Zeitpunkten ihrer Entwicklung so beeinflussen kann, daß ein ursprünglich angeborenes Auslöseschema abgeändert wird. Man kann also z.B. einen Wellensittich in einem bestimmten Zeitpunkt seiner Entwicklung sexuell pervers auf einen Menschen „prägen", wenn man ihn in diesem Entwicklungszeitpunkt nicht mit einem Weibchen seiner Art zusammenbringt, sondern nur in der Nähe eines Menschen leben läßt. Für eine solche „Prägung" genügt es, daß der Erlebniseindruck ganz kurzfristig angeboten wird. Eine kleine Graugans, die auf den Menschen als „Muttertier" geprägt wurde, braucht diesen Menschen nach dem Ausschlüpfen aus dem Ei nur einen Augenblick gesehen zu haben, um unwiderruflich dieses Schema eingeprägt bekommen zu haben. Mit der Prägung dieses Auslöseschemas werden das weitere Leben hindurch jene Instinkthandlungen gekoppelt, die man in der Fachsprache der Tierpsychologie als die zum Auslöseschema zugehörige „Erbkoordination" zu bezeichnen pflegt.

„Schematenprägung" in dem soeben beschriebenen Sinn ist ein außerordentlich eindrucksvoller Vorgang. In vielen Varianten wurde er beschrieben. Wie schon erwähnt, kann das Vogeljunge durch Prägung an einen Menschen als Mutterfigur fixiert werden. Verhaltensweisen der Brutpflege können abgeändert werden, auch das Jagdverhalten und vieles andere mehr. Da man beobachtet hatte, daß das Sexualverhalten eines Tieres künstlich auf ein sonst nicht passendes Objekt gelenkt werden kann, lag natürlich die Vermutung nahe, daß ein gleicher Vorgang bei der sexuellen Perversion des Menschen im Spiele sein könnte. Trotzdem möchten wir hier ganz besonders eindringlich davor warnen, daß man sich in unbedachte Spekulationen versteigt. Folgende Überlegungen sollten uns daran hindern, den Begriff der Instinktprägung oder der Schematenprägung unkontrolliert auf den Menschen anzuwenden:

Einmal ist hervorzuheben, daß die Tierpsychologie bisher noch kein einziges gesichertes Beispiel für eine Schematenprägung beim *Säugetier* beschrieben hat. Instinktprägung findet sich besonders häufig bei Vögeln und solchen Tieren, die in der Stammesgeschichte älter sind als der Mensch und das Säugetier. Diese Tatsache sollte uns zu denken geben. Es wäre ein außerordentlich sonderbares Spiel der Natur, wenn ein Vorgang, der bis zu Fischen und Vögeln reicht und der bei keinem Säugetier wieder beobachtet wurde, nun ausgerechnet beim Menschen erneut auftreten sollte. Natürlich ist es ein sehr interessantes Problem, warum der Prägungsvorgang bei Säugetieren nicht mehr beobachtet wird. Eine Hilfsüberlegung gibt uns möglicherweise den Schlüssel der Erklärung in die Hand.

Wir müssen folgendes bedenken: Der Vorgang der Prägung unterscheidet sich von dem, was man beim Menschen oder auch beim Säugetier eine Assoziation nennt, nur in zwei Dingen: Einmal in der vergleichsweise sehr kurzen Dauer der Einwirkung, die für den Prägungsvorgang benötigt wird und dann in bezug auf die Unwiderruflichkeit des erzielten Ergebnisses. Wir hatten oben geschildert, daß eine junge Graugans, die auf den Menschen als Muttertier geprägt wurde, diesen Menschen nach dem Ausschlüpfen nur einen Augenblick zu sehen braucht, um unwiderruflich ein abgeändertes Schema erworben zu haben. Statt dessen müssen beim höher entwickelten Tier Erlebniskoppelungen wesentlich häufiger angeboten werden, um wirksam in den Gedächtnisbesitz einzugehen. Dieser so erworbene Assoziationsbesitz ist dann keineswegs unwiderruflich festgelegt, sondern er kann später wieder abgespalten werden. Normalerweise geht er sogar auf dem Weg einfachen Vergessens wieder verloren, wenn nicht laufende Neuübungen erfolgen.

Beachten wir also gemeinsame und unterscheidende Merkmale von Assoziationen und Prägungsvorgängen genau, so zeigt sich, daß zweifelsohne nahe Verwandtschaft, aber doch auch wesentliche Unterschiede bestehen. An sich liegt die Vermutung nahe, daß es sich bei den Vorgängen der Prägung um die urtümlichen Vorläufer späterer höherer Gedächtnisleistungen handelt. Der Erwerb von Assoziationen, der es gestattet, Erfahrungen zu sammeln, hat im Gegensatz zur erworbenen Prägung einen ganz wesentlichen Vorzug. Eine Assoziation kann wieder abgespalten werden, eine falsche Erfahrung kann demnach korrigiert und überprüft werden. Eine Prägung ist, wie die Beobachtung lehrt, ein fast unwiderrufliches Faktum und bindet das Tier in schwerwiegender Weise an die Folgen des einmal vollzogenen Vorganges.

Es leuchtet ein, daß diese Tatsache u. a. auch für die Behandlung von Perversionen Konsequenzen haben muß. Sofern wir unterstellen, daß wir vor dem unwiderruflichen Ergebnis einer „*Prägung*" stehen, sind therapeutische Bemühungen natürlich fruchtlos. Haben wir dagegen Grund zu der Annahme, daß das Auftreten einer Perversion die Konsequenz erworbener *Assoziationen* ist, so besteht immerhin die Möglichkeit, korrigierend einzugreifen.

Wir haben oben gesagt, daß für die Erklärung einer entstehenden oder entstandenen Perversion zwei Arbeitshypothesen möglich sind. Wir haben hinzugefügt, daß vermutlich beiden gemeinsam ein gewisser Erkenntniswert zukommt. Wir hatten gesagt, daß erworbene Erlebniseindrücke die Entwicklungsrichtung der Sexualität mindestens stark beeinflussen können und daß eine neurotische Perversion das Ergebnis solcher erworbenen Assoziationen sein kann. Mit diesem Hinweis wäre jedoch das Problem einer neurotischen Fehlentwicklung, die zu einer Perversion führt, nicht voll erschöpft. Die Situation liegt komplizierter, und wir wollen im folgenden kurz beschreiben, nach welchem Muster im allgemeinen eine überwiegend entwicklungsbedingte Perversion aufzutreten pflegt:

Wir haben als erstes zu bedenken, daß der gegengeschlechtliche Partner erst vom Stadium der Pubertät ab die wirklich lebhaft sexuell erregenden Valenzen bekommt. Es leuchtet ein, daß die spätere Sexualbeziehung vorbereitend erschwert wird, wenn in der voranlaufenden Kindheitsentwicklung die allgemein menschliche Zuwendung zum gegengeschlechtlichen Partner in Anbetracht negativer Erfahrungen Lücken bekommt. Wenn also z. B. ein kleiner Junge in Anbetracht seiner Erfahrungen mit einer harten und überfordernden Mutter oder in der Auseinandersetzung mit einer eigensinnigen verwöhnten Schwester das weibliche Geschlecht fürchten lernte, dann wird seine Bereitwilligkeit, sich ihm kontaktnehmend zuzuwenden, stark erschwert sein. Passiert es nun einem solchen Jungen außerdem, daß auch die ersten sexuellen Impulse starker Bedrohung unterliegen oder daß die ersten Sexualhandlungen mit dem gegengeschlechtlichen Partner hart bestraft werden, dann können auch diese Erlebnisbereitschaften primär verdrängt werden.

Hemmung und Verdrängung der allgemeinen Gefühlsbezogenheiten zum anderen Geschlecht ist also immer der erste vorbereitende Schritt für das Auftreten einer neurotischen Perversion. Hemmung und Verdrängung der gegengeschlechtlich gerichteten Sexualimpulse der nächste.

Eine so gekennzeichnete, vorbereitende Entwicklung pflegt niemals zu fehlen, wenn die Entwicklung einer neurotischen Perversion in Gang kommt. Die weiteren Vorgänge bestehen darin, daß in das sich entfaltende und biologisch weiterreifende Sexualleben, das bereits im Verlauf von Verdrängungen vom gegengeschlechtlichen Partner abgespalten wurde, neuartige andere Erlebniskoppelungen eingreifen. Die häufigste Form sexueller Abwegigkeit, die sich unter solchen Bedingungen zu entwickeln pflegt, ist die *homosexuelle* Entwicklung.

Wenn für einen Knaben oder für ein Mädchen der fremdgeschlechtliche Partner beängstigend ist und sehr bedrohliche Eigenschaften hat, während der gleichgeschlechtliche als der vertrautere und liebenswertere erscheint, so können sich die auftretenden sexuellen Impulse allmählich dauerhaft an die Zuneigung zum gleichgeschlechtlichen Partner knüpfen. Die fast physiologischen, gemeinsamen sexuellen Spielereien der Knaben werden immer dann einen richtunggebenden Akzent bekommen, wenn vorher die Zuwendung zum anderen Geschlecht verdrängt und abgespalten wurde. Spezielle Vorerlebnisse sexueller Verführung können hier außerdem eine nicht unerhebliche Rolle spielen. Besonders bei Knaben, die im Bereich aggressiver Selbstbehauptung stark geschädigt wurden, wird es bevorzugt passieren, daß das Angebot eines älteren Homosexuellen, der Schutz und Geborgenheit bieten will, mit besonderer Dankbarkeit aufgenommen wird, und daß die allgemeine Geborgenheitssehnsucht den Preis der sexuellen Betätigung mit in Kauf nehmen läßt.

An dieser Stelle klinkt natürlich das Problem angeborener abartiger Gefühlsbezogenheiten mit ein. Schultz-Hencke hat darauf hingewiesen, daß für die homosexuelle Fehlentwicklung eine allgemeine angeborene Gefühlsweichheit gefährdend werden kann. Ein Knabe, der von Natur besonders weich, evtl.

sogar besonders anlehnungsbedürftig reagiert, wird in der aggressiven Auseinandersetzung mit der Welt überhaupt Schwierigkeiten haben und wird von daher besonders leicht in die Rolle des passiv Sexuellen gleiten können. Natürlich wäre dieser Faktor nur einer unter vielen, außerdem wäre er unspezifisch und würde die hypothetischen angeborenen Valenzerlebnisse im sexuellen Bereich nicht betreffen. Es scheint, daß dieses Problem im Augenblick mit Hilfe der bisher vorliegenden Erfahrungen nicht komplett gelöst werden kann. Vieles spricht dafür, daß bei der überwiegenden Zahl der Homosexuellen die Faktoren, die eine *erworbene* neurotische Fehlentwicklung provozierten, eine sehr gewichtige Rolle spielen. Auf jeden Fall hat man die Bedeutung dieser Entwicklungsmomente lange sehr erheblich unterschätzt und der angeborenen Veränderung des Gefühlslebens eine überwertete Stellung erteilt.

Wenn man sich überhaupt Gedanken macht, nach welcher Richtung hin die angeborenen Gefühlsbezogenheiten verändert sein könnten, dann käme der Hypothese nach auf jeden Fall mehreres in Frage. Einmal ist es durchaus denkbar, daß bereits eine Abschwächung der angeborenen heterosexuellen Gefühlsbezogenheit genügt, um den Boden für eine abwegige erworbene homosexuelle Fehlentwicklung zu bereiten. Es ist selbstverständlich, daß erworbene Assoziationen eher in der Lage sein können, schwache primäre Valenzen zu verdrängen als starke. Erst in zweiter Linie käme in Frage, daß die angeborene Gefühlsbezogenheit des Menschen mutativ so verändert wäre, daß sexuelle Erregtheit in Gegenwart des gleichgeschlechtlichen Partners auftritt. Ein solcher Faktor wäre natürlich sehr viel spezifischer als die von Schultz-Hencke angenommene allgemeine „Weichheit". Allerdings sollte man bei allen so gearteten Überlegungen keinen Augenblick vergessen, daß es sich um nichts anderes handeln kann als um die Präzisierung von Arbeitshypothesen und Denkmöglichkeiten, ohne daß die bisher vorliegenden Erfahrungen mit ausreichender Sicherheit einen Entscheid in der einen oder der anderen Richtung erlauben.

Abgesehen von der soeben skizzierten homosexuellen Fehlentwicklung gibt es nun noch eine ganze Reihe von weiteren individuellen Sexualabartigkeiten. Die Fülle der hier vorkommenden Varianten legt ganz besonders die Vermutung nahe, daß es sich um erworbene assoziative Erlebnisse auf dem Boden zufälliger Koppelungen von sexueller Erregung und speziellem Erlebniseindruck handelt. Sexuelle Erregungen bei bestimmten Kleidungsstücken (fetischistische Neigungen), sexuelle Erregung bei abwegigen Wachphantasien pflegen sich in der Pubertät als die Vorläufer späterer fixierter Perversion zu zeigen. An Hand eines kasuistischen Beispiels erörtern wir im folgenden noch eine der häufigsten Perversionen, die zu beobachten ist, nämlich das *sadomasochistische* Verhalten.

Ein fünfjähriges Mädchen kommt wegen psychogener Schlaf- und Eßstörung zur psychotherapeutischen Behandlung. Sie wächst vaterlos auf als Kind aus einer geschiedenen Ehe. Sie lebt im Augenblick zwischen Mutter und Großmutter, die beide überaus vitale, aber auch sehr kühle, um nicht zu sagen kaltherzige Naturen sind. Beide sind exquisit unzärtlich. Die Vorentwicklung des Mädchens hatte schwere Kontaktstörungen mit sich gebracht und eine allgemeine Minderung der Spielfähigkeit. Im Verlauf der Therapie war bald zu beobachten, daß das Kind an aufkommendes eigenes sexuelles Erleben fixiert war und es als eine Art Ersatzbefriedigung suchte und provozierte. Gelegentlich war zu beobachten, wie das Mädchen sichtlich mit dem Bedürfnis, seine sexuelle Erregung zu steigern, auf dem Bauch auf dem Boden herumrutschte. Es konnte vorkommen, daß sie in solchen Situationen auffordernd, hartnäckig und fast zudringlich zur Therapeutin sagte: „Jetzt mußt Du mich schlagen." Befragt, warum sie denn jetzt ausgerechnet und überhaupt gehauen werden wollte, meinte das Kind sichtlich bewegt und lustbetont „weil das schön ist".

Es ergab sich bei noch genauerer Überprüfung der äußeren Lebenskonstellation dieses Kindes, daß tatsächlich die einzige Form der Kontaktnahme, die dem Mädchen zuteil wurde, Prügel und Scheltworte waren. Die Assoziation zwischen der provozierten sexuellen Erregung mit den von der Umwelt verabfolgten Prügeln war offenkundig leicht und häufig hergestellt. Die Aufforderung des Mädchens an die Therapeutin war ganz unzweifelhaft ein Signal dafür, daß hier in sehr frühem Alter die Entstehungsgeschichte einer beginnenden masochistischen Perversion zu verzeichnen war. Eine Weiterentwicklung des Mädchens ohne therapeutische Hilfestellung, ohne Erweiterung der Kontaktfähigkeit und ohne Erweiterung der Bezogenheit zur dinglichen Umwelt hätte ganz unbezweifelbar bei der späteren erwachsenen Frau eine manifeste und vielleicht eine unkorrigierbare masochistische Perversion mit sich gebracht.

Abschließend mag noch einen Augenblick überlegt werden, warum nach den bisher vorliegenden Erfahrungen sexuelle Perversionen besonders häufig in Form einer sadomasochistischen Abartigkeit auftreten. Wir glauben, daß die hierher gehörige Erklärung nicht allzu kompliziert ist. Kinder, die in ihrer allgemeinen Kontaktnahme durch Härte der Umwelt geschädigt werden, pflegen im allgemeinen auch verhältnismäßig viel Schläge zu erhalten. Die Chance, daß das frei flottierende Sexualleben besonders häufig in Erlebnissituationen hineintritt, in denen die Umwelt „Kontakt" in Form von Schlägen anbietet oder zumutet, ist verhältnismäßig groß. Damit ist auch die Chance erhöht, daß eine regelhafte assoziative Verknüpfung hergestellt wird, die sich in der späteren Entwicklung in das subjektive Erleben schiebt. Mit Rücksicht auf diese Tatsache verstehen wir dann auch, daß die sadomasochistische Entwicklung verglichen mit sonstigen biographischen Einzelvarianten das häufigste Vorkommnis ist und damit eben auch die häufigste Perversion nach der Homosexualität.

Daß so geartete beginnende Perversionen bei Jugendlichen zu einer Therapie gelangen, ist übrigens eine extreme Seltenheit. Im allgemeinen handelt es sich um Zufallsbefunde, die erhoben werden können, wenn wegen andersartiger neurotischer Störungen der Arzt aufgesucht wurde. Unter Umständen macht eine sexuelle Perversion auch den Inhalt einer Straftat aus und kommt nun als Kriminalbefund zur Beurteilung.

Was die therapeutische Beeinflußbarkeit neurotischer Perversionen angeht, so sind die Chancen äußerst problematisch. Handelt es sich doch im subjektiven Erleben um die Befriedigung sehr erregender Bedürfnisse. Eine solche sehr erregende Bedürfnisbefriedigung wird im allgemeinen nur unter den größten Schwierigkeiten aufgegeben. Ein Jugendlicher, der mit einer sexuellen Perversion straffällig wird, wird einer Therapie fast noch mehr Widerstand entgegensetzen als ein Jugendlicher, der mit besonderen Formen der Verwahrlosung zum Rechtsbruch kam.

Koppeln sich Verwahrlosungszüge mit einer sexuellen Fehlentwicklung, so liegt die Situation im allgemeinen ganz besonders ungünstig. Mit folgendem kasuistischen Beispiel wollen wir schildern, auf welche Weise einerseits eine homosexuelle Fehlentwicklung zustande kam, andererseits ausgeprägte Verwahrlosungszüge die Entwicklung bestimmten, so daß das Endergebnis das ganz besonders unglückliche Resultat der homosexuellen Prostitution war:

Der siebzehnjährige Horst R. wurde von der Polizei aufgegriffen, weil er mehrfach in homosexuellen Lokalen anzutreffen war und ganz offensichtlich als Prostituierter den Lokalbesitzern zur Verfügung stand. Es handelte sich um einen hellblonden blauäugigen Jungen, der Typ des sogenannten hübschen Jungen, mit sehr weißen regelmäßigen Zähnen. Im Gehaben und Gebaren fiel bei ihm das gezierte süßliche Verhalten auf, die affektierte Unterstreichung der femininen Note, ein Verhalten, das dem Jungen in Anbetracht der außerdem vorliegenden Begabungsschwäche einen ganz besonders dürftigen Anstrich gab. Immerhin drückte das Gesamtauftreten eine Vorstellung aus, die der Patient bald selbstbewußt in Worte faßte. Er erklärte mit einer gewissen Unverfrorenheit des Gemüts: „Wenn ich die Straße entlang gehe, kann ich mir alle zehn Minuten einen Freund anheuern." Das war vermutlich richtig, denn der Junge bot tatsächlich den Typ, der insbesondere auf den alternden Homosexuellen große Anziehungskraft auszuüben pflegt.

Die Vorgeschichte des Jungen bot folgende charakteristische Einzelheiten: Er war erst stark verwöhnter einziger Junge, der bei den Großeltern aufwuchs, da der Vater eingezogen war und die Mutter arbeiten ging. Alle früheren Bilder aus der Kleinkindzeit zeigten, wie stark damals bereits das ansprechende Äußere des Jungen zu verwöhnendem Verhalten von seiten der Beziehungspersonen Anlaß gegeben hatte. Blondlockig und blauäugig wurde der Junge herausgeputzt wie ein Mädchen. Bis in die Schulzeit hinein trug er einen vollen Lockenkopf. Großmutter und Mutter — beides recht kühle Frauen — hätten ihn gern als Mädchen gesehen. Sie förderten die weiche Art des Jungen und behinderten ihn bei expansiveren Jungenspielen sehr erheblich. Als Horst fünf Jahre alt war, nahmen die Eltern eine wenig jüngere Cousine in den Haushalt auf. Horst fühlte sich als Kronprinz sehr bald entthront. Leidenschaftliche Eifersuchtsregungen waren der Anfang. In der sich anbahnenden aggressiven Auseinandersetzung zog Horst jedoch zunehmend den kürzeren. Die Cousine hatte bald heraus, daß sie den Jungen nur anzuschwärzen brauchte, um Schutz und Protektion zu erhalten. Das Schicksal wollte es, daß in der gleichen Epoche der Großvater des Jungen starb, außerdem der Vater fiel, so daß Horst nun als einziger Junge in einem Haushalt aufwuchs, in dem das weibliche Element stark das Übergewicht bekam. Wie schon gesagt, waren Großmutter und Mutter keineswegs besonders männerfreundlich und hätten auch in Horst sehr viel lieber ein Mädchen gesehen. „Wir tauschen dich aus gegen ein Mädchen, wenn du nicht artig bist", war nach dem Bericht der Großmutter der Drohsatz, mit dem im allgemeinen Gehorsam erzwungen werden sollte.

Horst war nicht besonders begabt. In früher Entwicklungsperiode stark verwöhnt, hatte er die Neigung, in Bequemlichkeitshaltungen auszuweichen, wenn größere Anforderungen an ihn herantraten. Im übrigen gewöhnte er sich in der Schule an, mit besonderer Dienstwilligkeit die Lehrer freundlich zu stimmen und sie dadurch von seinen mangelhaften Leistungen nach Möglichkeit abzulenken. Er hatte das Unglück, einen Klassenlehrer zu bekommen, der sich seinerseits stark mit homosexuellen

Neigungen auseinandersetzte. Der Klassenlehrer nahm den Jungen mit zu sich nach Hause, gab ihm Nachhilfeunterricht, war zu ihm freundlich, gelegentlich auch zärtlich, offenbar ohne daß es zunächst zu homosexuellen Handlungen kam. Immerhin gewöhnte sich der Junge an diese Form der Protektion. Sie war ihm um so angenehmer, als er nach einmaligem Sitzenbleiben nun in der gemischten Klasse mit seiner Cousine gemeinsam die Schule besuchte und von dieser bald überflügelt und viel gehänselt wurde. In dieses Schuljahr, als der Junge das vierzehnte Jahr erreicht hatte, fielen die ersten sexuellen Spielereien mit den Klassenkameraden. Es traten außerdem an den Jungen die nächsten Erlebnisse sexueller Verführung heran. Selbst geneigt, sich feminin zu geben, stark von seinem eigenen Spiegelbild abhängig, trug der Junge nicht wenig zur Provokation homosexueller Erlebnisse bei. Er ließ sich mehrfach auf der Straße ansprechen, mitnehmen und mit Geld belohnen und tat das Gleiche weiter, als er mit seiner ersten Lehrstelle begann. Hier stellte sich ein fachliches Versagen ein, das im wesentlichen auf die vorliegenden Bequemlichkeitshaltungen zurückzuführen war, und der Junge wurde aus der Lehre entlassen. Nun war der Zeitpunkt gekommen, daß die vorgebahnten Reaktionsformen in den Dienst einer als bequem empfundenen Lebensplanung gestellt wurden und Verwahrlosungsreaktionen mit homosexueller Fehlentwicklung gekoppelt den homosexuellen Prostituierten schufen.

Mit der bisherigen Darstellung haben wir die typischen Entwicklungslinien, die zur homosexuellen Prostitution führen, etwas schematisierend herausgestellt. Wir fassen im folgenden die wichtigsten Momente noch einmal zusammen:

Das beherrschende Moment in der Familienatmosphäre war eine allgemeine emotionale Kühle, die den ersten gefühlshaften Kontakt des kleinen Kindes kaum beleben konnte. Die Protektion des weich-femininen Verhaltens durch Mutter und Großmutter verhinderte eine volle Entfaltung aggressiver Selbstbehauptungstendenzen und konkurrierende Auseinandersetzung mit gleichaltrigen Kindern. Die Gefahrenquellen, die aus diesen ersten Entwicklungsansätzen erwuchsen, wurden dadurch vermehrt, daß der Junge ein totales Mißglücken seiner Konkurrenzauseinandersetzung mit der Cousine erleben mußte. Der Verlust der männlichen Beziehungspersonen verschärfte die konflikthafte Situation noch mehr. Das hübsche Äußere, die eingeübten Bequemlichkeitshaltungen, eingestreute Verwöhnungserlebnisse und mangelnde Begabung kamen als weitere Faktoren hinzu, um die Fehlentwicklung des jungen Menschen in immer gefährlichere Bahnen zu leiten. Es bedurfte bei einer solchen Vorbereitung kaum eines sehr einschneidenden Anlasses, damit Verführung und angebotene Ausweichsreaktionen in materiellen Genuß das ihrige taten. Ohne allzu große Spekulation kann man sagen, daß in dem komplizierten Gesamtgefüge ursächlich beteiligter Faktoren kaum ein einziger hätte fehlen dürfen, um die endgültig geprägte Verhaltensform herbeizuführen. So wäre z. B. denkbar, daß bei etwas verbesserter Lernfähigkeit und etwas geringerer formaler Hübschheit die Weiterentwicklung auch bei ähnlicher Umweltkonstellation doch recht anders gelaufen wäre. Zumindest anders, was die Verwahrlosungszüge anging. Hier, wie immer, hat man sich im einzelnen die Entstehungsbedingungen mosaikartig zusammenzusetzen. Jedes Einzelschicksal wird seine individuelle Variante des grundlegenden Entwicklungsschemas bieten.

D. Psychische und psycho-somatische Krankheitserscheinungen

Vorbemerkung

Es entspricht jetzt unserer früher erörterten und angekündigten Gliederung, wenn wir an die soeben abgeschlossene Besprechung auffälliger neurotischer Verhaltensweisen die Diskussion von psychischen und psycho-somatischen Krankheitszuständen im engeren Sinn anschließen. Wir erinnern noch einmal an das frühere Kapitel über den Krankheitswert neurotischer Manifestationsformen und bitten unsere Leser, daran zu denken, daß unsere gewählte Gliederung überwiegend formalen Gesichtspunkten und einer allgemeinen Konvention Rechnung trägt. Das eigentliche „Wesen" oder der Krankheitswert der neurotischen Störung und Fehlentwicklung wird durch die Unterteilung in „Verhaltensweisen" und „Krankheitserscheinungen" nicht abgeändert.

Allerdings müssen wir zum besseren Verständnis der jetzt folgenden Erörterungen noch eine Reihe von Überlegungen vorwegschicken. Bevor wir an die Beschreibung einzelner Krankheitserscheinungen und Symptomarten gehen, müssen wir mindestens zweierlei geklärt haben:

Einmal müssen wir kurz erläutert haben, in welcher Weise wir die vielgestaltige Fülle neurotischer Krankheitszeichen gliedernd anordnen wollen. Zum zweiten müssen wir vorbesprechen, von welchen methodischen Voraussetzungen die Diskussion sogenannter psychosomatischer Fehlreaktionen auszugehen hat. Ohne eine methodische Vorüberlegung über leib-seelische Funktionszusammenhänge wird man bei neurotischen Organerkrankungen führungs- und richtungslos bleiben.

Unsere allgemeine Neurosenlehre war darauf abgestellt, Störungszeichen und Fehlreaktionen zu beschreiben, die die Folge von behindertem expansivem Antriebserleben sind. Der bisherige Teil unserer speziellen Neurosenlehre bezog sich immer wieder auf die anfänglich dargestellten Grundpositionen. Immer wieder haben wir uns bemüht klarzulegen, wie behindertes und verdrängtes Wünschen, Planen und Handeln zu aufgestauten Erregungen führt und abartige Verhaltensweisen bestimmend formt.

So kompliziert die bisher dargestellten seelischen Erlebnisvollzüge auch gewesen sein mögen, so muß man doch sagen, daß für die besprochenen neurotischen Verhaltensweisen immer noch relativ leicht einzusehen war, inwiefern Impulsbereitschaften und verdrängtes Antriebserleben an der Entstehungsgeschichte beteiligt gewesen sind. War auch das Erlebnisgefüge im einzelnen recht verwickelt, so mündete es schließlich doch in ein „Handeln" und für den unbefangenen und naiven Betrachter war die methodische Schwierigkeit nicht unüberwindbar, wenn er eine Linie zwischen verdrängtem Impuls und neurotischem Verhalten ziehen sollte.

Ganz anders liegt die Situation jedoch bei den jetzt zu besprechenden neurotischen Krankheitszeichen. Bei der Diskussion der von uns gewählten Gliederung einer speziellen Neurosenlehre im Kapitel über den Krankheitswert neurotischer Manifestationsformen hatten wir das hier Wesentliche bereits ausgeführt. Wir hatten beschrieben, daß seelische oder körperliche

Fehlfunktionen jeweils mehr oder weniger stark mit dem Gefühl subjektiv freiheitlicher Willensanspannung beeinflußt werden können. Wir hatten zugleich darauf hingewiesen, daß diese Möglichkeit zur willkürlichen Einflußnahme allermindestens dem naiven Betrachter als ein besonderes Merkmal „echter" Krankheit erscheint. Je mehr ein Patient sich subjektiv der auftretenden Fehlfunktion ausgeliefert fühlt, von ihr hilflos überfallen wird, um so eher billigt man ihm zu, daß er an einer Krankheit leide, daß man ihn vorbehaltlos krank nennen könne.

Dieses formal beschreibende Merkmal hatten wir aufgegriffen, um in unsere spezielle Neurosenlehre eine gewisse gliedernde Übersicht zu bringen. Wir bedenken also, daß bei den jetzt folgenden neurotischen Manifestationsformen die Möglichkeit handelnder willkürlicher Beeinflussung für den Betroffenen sehr viel weiter zurückgedrängt ist als bei den bisher besprochenen neurotischen Auffälligkeiten. Methodisch ist es natürlich ganz besonders schwierig, bei Symptomen, die in diesem Sinn charakterisiert sind, den Zusammenhang zwischen verdrängter Impulswelt und Manifestwerden der Symptomatik zu finden. Diese methodische Schwierigkeit wächst zunehmend, wenn wir uns nach den in Frage kommenden *seelischen* Symptomarten den *körperlichen* Krankheitserscheinungen zuwenden. Zur Manifestation von Organerkrankungen trägt immer das weit verwickelte Zusammenspiel biologisch konstanter Funktionsabläufe bestimmend bei. Ohne eine vorauslaufende Klärung regelhafter Zuordnungen zwischen seelischen und körperlichen Reaktionsformen können wir nicht auskommen. Es leuchtet ein, daß wir nach dem bisherigen Stand der Wissenschaft hier erst an einem ersten Anfang genaueren Wissens stehen.

Die Besprechung *seelischer* Krankheitszeichen, wie wir sie im Angstanfall, der Zwangssymptomatik oder bei depressiven Verstimmungen finden, bereitet nicht die gleichen komplizierten methodischen Schwierigkeiten. Ohne Umwege können wir uns auf frühere Kapitel aus der allgemeinen Neurosenlehre beziehen. Der Abschnitt „Grundformen neurotischer Entwicklungsstörungen" ist hier die wesentlichste und weitgehend ausreichende Vorbereitung gewesen. Die „Grundstrukturen" charakterologischer Auffälligkeiten enthalten die wesentlichsten Hinweise, die uns erlauben, ohne erhebliche methodische Schwierigkeiten den Übergang zwischen charakterologischem Merkmal und sogenannter echter Krankheit zu verstehen. Im Kapitel über die zwangsneurotische Strukturentwicklung hatten wir sogar bereits auf hierher gehörige Vorkommnisse hingewiesen. Weitere umständliche Zwischenüberlegungen erübrigen sich also für diesen Bereich unserer Erörterungen.

Wie schon gesagt, liegt die Situation wesentlich komplizierter bei der Diskussion psychogener *Organ*erkrankungen. Daß vom Symptom her nicht ohne weiteres auf eine psychische Entstehungsgeschichte geschlossen werden darf, hatten wir bereits früher hervorgehoben. Sorgsamkeit und Bedachtsamkeit körperlicher Voruntersuchung darf niemals fehlen, wenn eine psychogene Erkrankung beurteilt werden soll. An sich ist diese Feststellung eine Selbstverständlichkeit. Sie führt uns auch in den methodischen Überlegungen, die jetzt auf uns warten, nicht wesentlich weiter. Die Fragen, die uns im folgenden beschäftigen müssen, liegen auf einer anderen Ebene. In etwa lassen sie sich folgendermaßen umreißen:

Wir haben uns zu überlegen, ob körperliche Krankheitserscheinungen, soweit wir ihre Entstehungsgeschichte bisher überblicken, in irgendeiner Form regelhaft bezogen werden können auf jene Grundvorgänge, die uns im Rahmen einer allgemeinen Neurosenlehre beschäftigt haben. Wir müssen uns überlegen, ob bestimmte Körperfunktionen bzw. bestimmte Funktionsstörungen in einem spezifischen Zusammenhang mit menschlichen Antrieben und Bedürfnissen stehen. Wenn wir diese Frage bejahen können, dann gilt unsere nächste Frage dem Problem, wie diese Zuordnung von seelischer Reaktion, seelischem Antriebserleben und körperlicher Fehlfunktion im einzelnen aussehen könne.

Was nach dem heutigen Stand wissenschaftlicher Erkenntnis annäherungsweise über diese Problemstellung ausgesagt werden kann, soll im folgenden Kapitel besprochen werden:

1. Grundsätzliches über die verschiedenen Möglichkeiten psychogener Verursachung bei Organerkrankungen

Vorweg sei einiges zu den Zusammenhängen leiblicher und seelischer Funktionsabläufe überhaupt gesagt:

Soweit unsere heutigen Erfahrungen reichen, drängen uns zahlreiche klinische Beobachtungen zu der Annahme, daß das, was wir unser Erleben nennen, geknüpft ist an die Funktionsabläufe der zentral-nervösen Substanz. Zwischen dem biologischen Geschehen des Zentralnervensystems und unserem seelischen Erleben scheint eine Gleichzeitigkeitszuordnung zu bestehen, die wir beobachten, die wir hinzunehmen haben, wie das Leben überhaupt, und die wir nicht ohne weiteres noch tiefergehend erklärend auflösen können. Seit sich dem beobachtenden menschlichen Geist die hier vorliegenden Tatbestände aufdrängen, spricht man von einem sogenannten *psychophysischen Parallelismus*. Die methodischen Schwierigkeiten, die entstehen, wenn man einen solchen bildhaften Vergleich benutzt, sind seit langem bekannt. Bereits Wundt hat Ende des vergangenen Jahrhunderts darauf hingewiesen, daß der Begriff des Parallelismus zwar ein recht handlicher bildhafter Vergleich sei, daß man sich jedoch streng davor hüten müsse, dieses Bild zu wörtlich zu nehmen. Man habe zu bedenken, daß zwei Parallelen, die nebeneinander herlaufen, gleichgeartete Größen seien, während die einander zugeordneten körperlichen und seelischen Vorgänge grundsätzlich *nicht* vergleichbar, nicht kommensurabel sind. Diese Zuordnung von grundsätzlich nicht vergleichbaren Vorgängen im körperlichen und im seelischen Bereich können wir — wie gesagt — zwar beobachten, wir sind jedoch kaum in der Lage, in diesem Bereich noch weiter erklärend vorzudringen.

Der Hinweis auf vorliegende Gleichzeitigkeitszuordnungen fand — wie gesagt — seinen terminologischen Niederschlag in der Theorie des sogenannten psychophysischen Parallelismus. Daß das Wort ungeschickt ist, war dabei allen, die sich methodisch genauer mit dem Problem befaßten, wohl bekannt. Sehr früh hat man dann versucht, dieser Theorie der Gleichzeitigkeitszuordnung eine Theorie der sogenannten *Wechselwirkung* gegenüberzustellen. Bei dieser alternativen Gegenüberstellung zweier vermeintlich verschiedenartiger Theorien handelt es sich nun allerdings um einen recht erheblichen methodischen Mißgriff. Eine Theorie der „Gleichzeitigkeitszuordnung" kann keinesfalls die Beobachtung von „Wechselwirkungen" aufheben. Ist es doch eine Selbstverständlichkeit, daß jene Substanz, die Träger unserer seelischen Funktionsabläufe ist, ununterbrochen Impulse an den übrigen Organismus weiterleitet und ebenso selbst Reizempfänger für die Impulse aus der Peripherie ist. Man wird sich also bei jeder methodischen Überlegung hinsichtlich der auftretenden Organfunktionsstörung darüber klar sein müssen, daß man sowohl mit Gleichzeitigkeitszuordnungen wie mit wechselseitigen Beeinflussungen zu rechnen hat. Es gibt praktisch keine psychogene Organerkrankung, bei der wir es nicht sowohl mit Gleichzeitigkeitszuordnungen wie mit wechselseitigen Beeinflussungen zu tun haben. Die Schwierigkeit für eine beobachtende Klärung und Differenzierung von registrierten Einzelvorkommnissen liegt in den sehr kurzen Zeiträumen, in denen sich das Organgeschehen abspielt. Wie verwickelt die Dinge hier vermutlich liegen, kann uns eine sehr früh entstandene und von James und Lange vertretene Theorie über das Wesen der Gefühle verdeutlichen. Die „James-Langesche Gefühlstheorie" vertrat die Meinung, daß das, was wir als Gefühl erlebten, im Grunde die Empfindung körperlicher Zustände sei. Es handele sich um Organsensationen, die durch Zustandsänderungen des Körpers hervorgerufen würden. Diese Körperreaktionen entstünden ihrerseits durch die Wirkung wahrgenommener Reize auf das vegetative Nervensystem. Praktisch gesprochen kann ein solcher Vorgang etwa folgendermaßen verdeutlicht werden: Die „erregende" Wirkung oder der erregende Anmutungsgehalt der Farbe Rot ist der Farbpsychologie seit langem bekannt, ebenso wie die beruhigende Wirkung von Grün oder Braun. Folgendes soll sich nun abspielen: Dem Wahrnehmungseindruck Rot sind mit überwiegender Wahrscheinlichkeit Funktionsabläufe im Zentralnervensystem „parallel" zugeordnet. Der *gefühlsmäßige* Erregungsanteil, der der Wahrnehmung Rot zugeordnet ist, wäre jedoch erst eine Folge von Impulsen, die durch den Erlebniseindruck Rot an das vegetative Nervensystem weitergegeben wurden und dadurch nun die entsprechenden Veränderungen am Herzschlag, Blutdruck, Muskelspannung, Drüsensystem mit sich brachte. Erst diese hervorgerufenen Veränderungen würden ihrerseits wiederum zurückgeleitet und als Organempfindungen oder Gefühlszustände von „erregendem" Charakter erlebt. Die große Geschwindigkeit, mit der sich Impulsleitung und rückläufige Empfindung im Organgeschehen abspielen, macht es möglich, daß unser subjektives Erleben, das in groben Zeiträumen rechnet, der Farbe Rot das erregende Gefühl *praktisch* gleichzeitig zuordnet.

Wie verwickelt jeder einzelne Vorgang, den wir zu betrachten und zu beurteilen haben, im einzelnen liegt, wird uns an dieser Arbeitshypothese, die wir soeben referierten, deutlich. Mit Absicht wollen wir hervorheben, daß auch die soeben besprochene Theorie durchaus im Bereich der Arbeitshypothese bleibt, wenn sie auch, sofern man sie mit entsprechenden Vorbehalten betrachtet, manches für sich hat.

Wir halten also für unsre Zwecke als methodische Voraussetzung zunächst nur folgendes fest: Wir rechnen bei diesem Zusammenspiel seelischer und körperlicher Funktionsabläufe auf jeden Fall sowohl mit der Existenz von Gleichzeitigkeitszuordnungen, wie mit der Existenz von wechselseitigen Beeinflussungen. Die Neurophysiologie wird allmählich und tastend die hier dunkel zu ahnenden komplizierten Vorgänge durchleuchten. Was wir im folgenden tun können, ist eine Zusammenstellung regelhafter Häufigkeitszuordnungen, die sich der Beobachtung aufdrängten. Voreilige Hypothesenbildung sollte sorgfältig vermieden werden. Für die Beurteilung einer psychogenen Erkrankung muß folgende zentrale Überlegung angestellt werden: Man hat sich jeweils im Einzelfall zu fragen, ob das Primäre im Zusammenspiel verschiedener Funktionsabläufe im Seelischen oder im Körperlichen zu suchen sei. Nur wenn das Primat bei den seelischen Erlebniseindrücken liegt, kann von einer psychogenen Erkrankung im engeren Sinn gesprochen werden.

Erst wenn man grundsätzlich festgestellt hat, daß die primären Funktionsabläufe im seelischen Erleben lagen, dann folgt die weitere Frage, auf welchen Bahnen und in welchen Formen die Organstörung hervorgerufen wurde. Mit diesem Problem haben wir uns im folgenden zu befassen.

Soweit wir heute wissen, haben wir auf jeden Fall mit recht unterschiedlichen Varianten des Geschehens zu rechnen. Nochmals wiederholen wir, daß nach unserer Meinung keineswegs jede psychogene Organerkrankung einen speziellen, gewissermaßen „symbolhaften" „psychologischen" Sinn hat. Wir heben zur Einführung die wichtige Feststellung hervor, daß nach biologisch festgelegten Regeln affektstarke Gemütsbewegungen Einfluß auf bestimmte Organfunktionen nehmen. Wir haben es hier mit biologischen Naturkonstanten zu tun, die unabhängig von seelischer Reifung und seelischer Entwicklung existieren. Es charakterisiert nicht nur den Menschen, sondern den Säugetierorganismus überhaupt, daß Herzschlag, Blutdruck, Atemfrequenz und anderes bei intensiven Gefühlsbewegungen verändert werden. „Gefühlsbewegungen" sind hier in einem sehr weiten Sinn zu verstehen. Wut, Angst, Freude, sexuelle Erregung können außerordentlich ähnliche Effekte haben, obgleich der Inhalt des Erlebens sehr verschieden ist. Worauf es ankommt, ist im wesentlichen die Intensität des Erlebens und nicht seine Qualität. Wenn wir uns also vorstellen, daß jemand von einem allgemeinen, aber aus dem Bewußtsein verdrängten Affektsturm nichts anderes zurückbehält als ein plötzlich und scheinbar unmotiviert auftretendes Herzklopfen, so wird man aus der auftretenden Herzsymptomatik nicht sehr viel psychologisch Spezielles schließen können, es sei denn, daß man an die Existenz eines der affektstärksten aller verdrängten Impulse, an die Wut, denkt. Schon gar nicht wird man in der Lage sein, Unterschiede in der Herzsymptomatik, also verschiedene Formen der Arrhythmik oder der Angina pectoris, vom Psychologischen her zu erklären. Mindestens ist das nach dem heutigen Stand des Wissens nicht möglich.

Wir betonen diese Existenz *biologisch gegebener Funktionskonstanten* deshalb so besonders, weil die ältere analytische Literatur lange von dem Bestreben beherrscht war, den sogenannten „Symbolgehalt" einer Organerkrankung zu finden. Ohne Frage haben diese Versuche ihre wissenschaftliche Berechtigung und auch eine negative Antwort ist eine wissenschaftliche Antwort. Wie wir glauben, ist an den soeben aufgezeigten Punkten dem psychologisierenden Verständnis von Organerkrankungen eine Grenze gesetzt.

Sehr unzweckmäßig wäre es allerdings, wenn wir mit dem Hinweis auf biologische Naturkonstanten in Bausch und Bogen die sorgfältig psychologisierende Untersuchung von psychogenen Organerkrankungen verwerfen wollten. Keineswegs dürfen wir uns damit begnügen, daß *alle* Organfunktionsabläufe *unspezifisch* den psychologischen Vorgängen zugeordnet seien. Im Gegenteil! Allen Erfahrungen zufolge gibt es außerordentlich beachtenswerte Korrespondenzen zwischen sehr spezifischen seelischen Vorgängen und ebenso spezifischen Körperfunktionen. Eine der wichtigsten hierher gehörigen Beobachtungen ist bereits recht alt und stammt von Wundt. Unter den verschiedenen Gefühlsregungen, die Wundt abstrahierend zu beschreiben suchte, benannte er auch das Gefühlspaar der „Spannung" und der „Lösung". Er verwandte dabei, um bestimmte Innenzustände zu beschreiben, zwei bildhafte Worte, die eigentlich aus der Mechanik stammen. Gespannt oder gelöst kann z. B. eine Stahlfeder sein. Die Einprägsamkeit dieser Wortwahl kommt daher, daß ohne Zweifel elementare Körperzustände, insbesondere Körperzustände unserer Muskulatur uns das Gefühl des Gespanntoder Gelöstseins vermitteln. Im Zustand des Gelöstseins ist die seelische Verfassung ebenso eine andere wie die körperliche. Es scheint kein Zweifel zu bestehen, daß die quergestreifte Muskulatur einen unterschwelligen Dauerstrom von Impulsen empfängt, die von der seelischen Verfassung herzuleiten sind. Soweit wir bisher beobachten können, gibt es solche Korrespondenzen aber nicht nur für die quergestreifte sogenannte willkürliche Muskulatur, sondern auch für die glatte Muskulatur des Gefäßsystems, der Bronchien oder des Magendarmtraktus.

Suchen wir uns nun anstatt des Begriffspaares Spannung und Lösung die korrespondierenden Begriffe oder Vorgänge aus der Antriebswelt des Menschen, so wird deutlich, daß eine nahe Verwandtschaft — wenn auch keine Identität — besteht zwischen den früher beschriebenen *retentiven* Impulsen und der sogenannten „Gespanntheit". Ebenso wie die engen Beziehungen zwischen Anlehnungsbedürfnis oder Hingabebereitschaft mit dem Zustand der Lösung auf der Hand liegen. Wenn wir uns also bei der Überprüfung vorkommender Organfunktionsstörungen mit neurotischer Entstehungsgeschichte danach fragen, ob wohl bei einigen von ihnen *spezielle* Zuordnungen zwischen Impuls und Organfunktion zu verzeichnen sind, so können wir diese Frage für bestimmte Organsysteme bejahen. Nach unseren soeben ausgeführten Überlegungen werden wir z. B. vermuten dürfen, daß bei auftretenden Spasmen der unwillkürlichen Muskulatur, sei es also im Asthma, bei der Obstipation oder auch bei Gefäßspasmen, *retentive* Impulse an der Entstehung der Symptomatik beteiligt sind. Daß diese hier hypothetisch formulierte Vermutung von der Erfahrung bestätigt wird, kann den Gang unserer Überlegungen befriedigend abrunden. Dabei muß unterstrichen werden, daß wir sagten, bestimmte Impulse sind an der Entstehung einer Symptomatik *beteiligt*. So kann die Existenz retentiver Bereitschaften niemals allein das jeweils auftretende eine oder andere Symptom hinreichend er-

klären. Bereits im rein psychologischen Bereich müssen wir, wie uns unsere
früheren Erörterungen schon gelehrt haben, damit rechnen, daß es im allgemeinen die charakteristische Koppelung verschiedener Antriebsbereitschaften und Erlebnisformen ist, die der Symptomwahl ihr besonderes
Gesicht verleihen.

Verfolgen wir unser oben aufgeführtes Beispiel über die Gefühlszustände
von Spannung und Lösung noch ein wenig weiter, so können wir folgendes
feststellen: Wenn mit dem retentiven Impuls offenbar der Spasmus der Muskulatur korrespondiert, so haben auch die Entspannungszustände der willkürlichen und unwillkürlichen Muskulatur bestimmte seelische Korrespondenzen. „Gelöst" fühlt sich ein Mensch, der in weicher, evtl. anlehnungsbedürftiger oder hingebungsvoller Gemütsverfassung ist. Wie die neurosenpsychologische Erfahrung lehrt, finden verdrängte Bereitschaften zur Hingabe, zur Anlehnung, zu vertrauender Zuwendung besonders leicht ihren
Niederschlag in Errötungszuständen oder auch einer sogenannten Astasie-Abasie, einer psychogenen Gang- und Haltungsstörung.

Nochmals wiederholend heben wir also folgendes hervor: Wir haben bisher
zwei verschiedene Varianten psychogener Verursachung bei Organerkrankungen kennengelernt. Einmal die allgemeine Zuordnung affektstarker seelischer
Erlebnisse zu Organfunktionen *ohne* spezifische Korrespondenzen, lediglich
als Ausdruck *biologischer Naturkonstanten*. Zum zweiten haben wir beschrieben,
daß, ebenfalls als Folge unserer biologischen Existenz, eine Zuordnung
spezieller Impulse zu speziellen Organsystemen existiert.

Bei einer jetzt zu besprechenden *dritten* Gruppe von auftretenden Organfunktionsstörungen wird das Ausmaß, in dem spezielle seelische Erlebnisabläufe die Organfunktionsstörung bestimmen, noch größer. Bei dieser
dritten Gruppe psychisch bedingter Organfunktionsstörungen haben sehr
individuelle Vorerlebnisse des betreffenden Kindes das entscheidende Übergewicht. Wir meinen jetzt die große Gruppe von Krankheitserscheinungen,
die durch erworbene bedingte Reflexe hervorgerufen wird. Der Bedeutung
der Pawlowschen Untersuchungen für die Entstehung psychischer Fehlreaktionen hatten wir in früheren Kapiteln schon mehrfach Rechnung getragen. Noch einmal sei kurz das Wichtigste wiederholt, das uns hier zu
interessieren hat. Wie wir aus den Versuchen der Pawlowschen Schule wissen,
können bestimmte Körperfunktionen, die normalerweise als Reaktion auf
einen spezifischen Reiz hin auftreten, auch dadurch ausgelöst werden, daß
der ursprüngliche Reizauslöser häufig mit einem zweiten Erlebnis gekoppelt
wurde. Wie bei dem berühmten Pawlowschen Hund der Speichelfluß auf
Fütterung, dann auf Fütterung mit Klingelgeräusch und schließlich bei der
Klingel allein auftrat, so können solche Assoziationen in zahlreichen Varianten
auch an anderen Organsystemen eingeübt werden. *„Bedingte Reflexe"* am
Magen-Darmkanal oder am Urogenitalsystem werden in großer Zahl im Verlauf der frühen Kindheit eingeschliffen. Sehr individuelle Vorerfahrungen
können hier später sehr individuelle Krankheitszeichen mit sich bringen.
So reagiert zum Beispiel ein zwölfjähriger Junge seit Jahren auf den Anblick
von Perlmuttknöpfen mit heftiger Übelkeit und Brechreiz. Die Vorgeschichte
fördert Situationen zu Tage, in denen das verhältnismäßig kleine Kind von

einer strengen, zugleich sehr unappetitlichen Frau beim Essen betreut wurde und häufig gezwungen, sinnlos und über den Appetit hinaus ein festes Quantum aufzuessen. Diese Frau war durch eine besondere Vorliebe für unzählige Perlmuttknöpfe an Blusen und Kleidern ausgezeichnet. Die Assoziation zwischen Ekel und Abwehr gegen Nahrungsaufnahme und die charakteristischen Perlmuttknöpfe hatte sich bei dem Kind im Sinne eines bedingten Reflexes eingeschliffen.

Bei der Beurteilung erworbener bedingter Reflexe müssen wir allerdings beachten, daß es nicht immer so individuelle Vorerfahrungen gibt, wie wir soeben schilderten. Die sozialen Lebensgewohnheiten eines Volkes bringen es mit sich, daß bestimmte Erziehungspraktiken einen gewissen allgemeinverbindlichen Charakter haben. Daran liegt es, daß für kleine Kinder in gewissem Ausmaß der Erwerb von bestimmten bedingten Reflexen zu einem sozial üblichen Vorkommnis wird. Die Ähnlichkeit sozialer Verhaltensweisen und Erziehungspraktiken bringt eine gewisse Uniformität im Erwerb von bedingten Reflexen mit sich. An dieser Stelle kann man dann feststellen, daß verwandte Biographien auch einen verwandten Effekt in bezug auf die seelische Fehlentwicklung besitzen.

Eine weitere *vierte* Variante in der Entstehungsgeschichte von Organfunktionsstörungen finden wir bei der Entstehung von Krankheitszeichen im Bereich unseres willkürlichen motorischen Apparates. Hier ist der individuelle psychologische Hintergrund der auftretenden Funktionsstörung fast noch umschriebener als bei der Gruppe erworbener bedingter Reflexe. Wir verstehen das leicht, wenn wir uns überlegen, daß der motorische Apparat der Träger von Ausdrucksbewegungen und Handlungsimpulsen ist. Psychogene Fehlfunktionen des motorischen Apparates pflegen dadurch zustande zu kommen, daß der eigentlich zugrunde liegende Affekt oder Handlungsimpuls aus dem bewußten Erleben verdrängt wird und nur noch das motorische Rudiment vom kompletten Antrieb in Erscheinung tritt. Es handelt sich also immer jeweils um sehr individuelle Impulsbereitschaften, die hinter dem motorischen Rudiment zu stehen pflegen. Die genaueren hierher gehörigen Einzelheiten werden wir in den späteren entsprechenden Kapiteln zu beschreiben haben.

Mit einer jetzt anschließenden *fünften* Gruppe werden wir hinsichtlich der sehr individuell bestimmten psychologischen Vorgeschichte noch einen Schritt weitergeführt. Allerdings sind diese Funktionsstörungen bei Kindern und überhaupt auch bei Erwachsenen etwas verhältnismäßig Selteneres. Sie pflegen im allgemeinen frühestens in der Pubertät aufzutreten. Trotzdem sollen sie ihrer allgemeinen theoretischen Bedeutung wegen nicht unbesprochen bleiben.

Wir meinen hier die Vorgänge der oft diskutierten *hysterischen Stigmatisation* im Verlauf sogenannter identifikatorischer Vorgänge. So bekommt z. B. ein Kind eine Brandblase auf dem rechten Unterarm, ohne daß es sich in Wirklichkeit verbrannt hat, und es berichtet von magischer Verbundenheit mit einer schwärmerisch verehrten Lehrerin, die sich drei Tage zuvor während einer Chemiestunde eine Brandverletzung zugezogen hat.

Daß solche Vorgänge existieren und daß sie über den Weg seelischer Vorstellungsabläufe hinweg zustande kommen, ist unbestritten. Die hierhergehörigen biologischen Vorgänge sind allerdings noch keineswegs voll aufgeklärt. Am besten werden wir uns einer Erklärung über die hier vorliegenden Sachverhalte nähern, wenn wir uns jene Vorgänge vergegenwärtigen, die bei der Hypnose oder im autogenen Training nach I. H. Schultz eine entscheidende Rolle spielen. Es handelt sich hier um die Tatsache, daß nach unserer bisherigen Kenntnis psychophysischer Zusammenhänge folgendes vor sich gehen kann: Allein von der Vorstellung her „mein Arm ist schwer und warm" läßt sich bei einiger Übung tatsächlich die vorgestellte Zustandsänderung des Körpers erzielen. In Hypnose lassen sich unter Umständen per Suggestion Brandblasen erzeugen. Allerdings lautet die Suggestion niemals „Sie bekommen eine Brandblase", sondern die Suggestion beschwört immer das Erlebnis einer Verbrühung oder Verbrennung herauf, um auf diesem Umweg den genannten Effekt zu erzielen.

Wie gesagt, sind die hierher gehörigen biologischen Vorgänge noch sehr weitgehend in Dunkel gehüllt. An ihrer Existenz kann kein Zweifel sein. Welche biologischen Funktionsänderungen einzelne Menschen besonders dazu prädestinieren, solche Funktionsstörungen zu zeigen, wissen wir bisher so gut wie überhaupt nicht. Wir wissen zwar, daß diese Persönlichkeitstypen im allgemeinen sehr stark hysterische Strukturveränderungen aufweisen. Mit dieser Feststellung haben wir allerdings zunächst nichts anderes als eine empirische Häufigkeitszuordnung gefunden und noch keine wirkliche Erklärung im engeren Sinn.

Die bisher geschilderten verschiedenen Varianten psychogener Verursachung sind ohne Zweifel nur ein Teil in dem uns bisher überschaubar gewordenen Fragenkomplex. Reiche Arbeit wird noch zu leisten sein, um hier zu komplettieren. Möglicherweise ist auch vieles von dem, was soeben vorgetragen wurde, eines Tages überholt. Für zukünftige wissenschaftliche Arbeit breitet sich hier noch ein weites Feld vor uns aus. Wir streifen im folgenden nur kurz eine Reihe von weiteren Möglichkeiten, die zu den bisher erörterten Varianten hinzutreten.

Hierher gehören zunächst alle jene Krankheitserscheinungen, bei denen man feststellen muß, daß zwar das einmal auslösende Moment ursprünglich rein psychischer Art war, daß aber die sich später zeigenden Konsequenzen ganz entscheidend durch den *körperlichen Eigenautomatismus* bestimmt waren. Im Bild gesprochen, kommt dem psychischen Erleben die Rolle einer Anlasserfunktion zu, während die auftretende Funktionsstörung nur aus der Konstruktion des Motors selbst heraus zu verstehen ist.

In diesem Zusammenhang interessieren besonders zwei Arbeitshypothesen, die bestimmte Vorgänge organneurotischen Geschehens erläutern wollen. Es gehört hierher die These von der *Irradiation* aufgestauter Erregungen, d. h. man vermutet das Übergreifen bestimmter Erregungsabläufe auf die im Zentralnervensystem benachbart oder örtlich nahegelegenen Funktionszentren. Es würde sich hier also z. B. darum handeln, daß die einem Wutaffekt zugeordneten Funktionsabläufe im Zwischenhirn bei heftiger Erregung rein topisch so ausstrahlen können, daß sie etwa das Schlaf-Wachzentrum mit irritieren und auf diesem Wege eine Schlafstörung zustande bringen. Es würde sich bei diesen Vorgängen um ein Analogon etwa zur Reflexausbreitung bei allgemeiner Erregungssteigerung im Rückenmark handeln.

Diese Arbeitshypothese ist nicht von der Hand zu weisen. Ergänzt wird sie durch eine weitere Hypothese, die sich auf die Existenz der schon einmal erwähnten sogenannten *Übersprungbewegungen* in der Verhaltenspsychologie der Tiere bezieht. Es muß hier an die Möglichkeit gedacht werden, daß im Funktionsplan des Zentralnervensystems selbst Faktoren enthalten sind, die die Ausbreitung der aufgestauten Erregung in bestimmten charakteristischen Bahnen vorbereitet oder prägt. Daß also nicht einfach nur die örtliche Nachbarschaft die Ausbreitung des Erregungsablaufes bestimmt, sondern auch die Beziehung zwischen urtümlichen Affektregungen überhaupt. Wir erinnern hier noch einmal an das bereits früher erwähnte Beispiel des in Kampfstimmung befindlichen Hahnes, der an der kämpferischen Aktion gehindert wird und nun in urtümliche Freßimpulse ausweicht.

Alle diese Überlegungen bleiben freilich im Bereich wissenschaftlicher Arbeitshypothesen, ohne daß wir sie im Augenblick wirklich verifizieren können. Ebenfalls eine Arbeitshypothese ist es, wenn wir mit dem Begriff der „Organdisposition" arbeiten. Es versteht sich von selbst, daß man einen solchen Hilfsbegriff nicht gern verwendet, weil es sich bei ihm um eine verhältnismäßig undifferenzierte Formel handelt. Mit dem Begriff der Organdisposition ist immer dann sehr wenig ausgesagt, wenn wir über die einzelnen disponierenden Faktoren noch zu wenig wissen. Freilich wird man auf diesen Hilfsbegriff vorerst noch kaum verzichten können. Man wird bei seiner Verwendung aber immer gut daran tun, zu bedenken, wie begrenzt die Aussage eigentlich ist, die er vermittelt.

Mit einer letzten Überlegung wollen wir, bevor wir das soeben besprochene Problem abschließen, noch darauf hinweisen, daß es eine Reihe von primär körperlichen Erkrankungen gibt, die in der Schwere ihres Verlaufs oder in der Heftigkeit, mit der die Symptomatik auftritt, von vorliegenden neurotischen Affektstauungen sehr weitgehend beeinflußt werden können. Hierher gehören z.B. Beobachtungen über die Frequenz der auftretenden epileptischen Anfälle. Ein primär in der Organfunktion verankertes Leiden, der epileptische Anfall, kann unter dem Druck neurotischer Erlebnisstauungen zu einer so dramatischen Häufigkeit gesteigert werden, daß lebensbedrohliche Zustände eintreten. Mit affektiver Beruhigung tritt auch eine Symptomminderung ein, wenngleich man das Grundleiden nicht entscheidend verändern kann. Wir wollen hier jedoch hinzufügen, daß wir uns diesen Vorgängen, die vielleicht für jedes Organgeschehen gelten, im vorliegenden Buch nur ganz am Rande zuwenden wollen und daß wir bevorzugt bei jenen Funktionsstörungen verbleiben werden, bei denen die psychischen Faktoren in der Entstehungsgeschichte das eindeutige und entscheidende Übergewicht haben.

2. *Krankheitssymptomatik, neurotische Grundstruktur und Antriebsqualität*

Eine kurze vorbereitende Überlegung wollen wir noch der Frage widmen, wie sich Organsymptomatik mit den Grundstrukturen neurotischer Entwicklungsstörungen in Beziehung setzen lassen und ob wir die Möglichkeit haben, aus den früher besprochenen Sachverhalten der Antriebsreifung eine gewisse Führungslinie für die Gliederung der Organsymptomatik zu erhalten.

Es ist die Konsequenz aller früheren Überlegungen, daß hier die Frage auftaucht, ob gesetzmäßige Zuordnungen bestehen und wenn ja, wie diese Zuordnungen aussehen.

Weiter oben hatten wir schon erwähnt, daß die vorkommenden psychischen Krankheitserscheinungen wie Depression, Zwangssymptomatik und Angstzustände recht gut den früher besprochenen „Grundstrukturen" zugeordnet werden können. Die hierher gehörige Symptomatik leitet sich tatsächlich ganz entscheidend davon ab, in welchem Reifezustand frühkindlicher Entwicklung die Hauptschäden gesetzt worden sind.

Wesentlich komplizierter muß es natürlich bei den beobachteten Organfunktionsstörungen sein. Hier ist das Zusammenspiel der Faktoren ungemein verwickelt und eine eindeutige Zuordnung zu einer bestimmten Entwicklungsetappe kann nur schwer festgelegt werden. Die Kenntnisse, die wir bisher über diesen Fragenkomplex haben, sind nichts anderes als empirische Häufigkeitszuordnungen. Sie stammen aus den Beobachtungen, die wir darüber machen können, wie psychisches Erleben und Verhalten gekoppelt sind mit den sich jeweils anbietenden Organerkrankungen. Zwar sind wir in diesem schwierigen Untersuchungsfeld hinsichtlich des vorliegenden Erfahrungsmaterials nicht mehr ganz führungslos. Doch sei betont, daß wir noch weit davon entfernt sind, eine einigermaßen befriedigende Arbeitshypothese zur Erklärung zu besitzen.

Soweit unsere persönlichen Ermittlungen bis heute reichen, kann folgendes gesagt werden:

Ohnmachtsartige Zustände, psychogene Gangstörungen, Erröten, Herzsymptomatik und Erbrechen stehen der hysterischen Strukturentwicklung nahe. Ulcus, Obstipation, Asthma und spezielle Formen motorischer Koordinationsstörungen wie Tic, Schreibkrampf und Stottern rücken in die Nähe einer zwangsneurotischen Strukturveränderung. Freilich dürfen diese Häufigkeitszuordnungen nicht allzu strikt aufgefaßt werden. Mit Absicht haben wir sehr allgemein gehaltene Worte zur Beschreibung des Vorliegenden gewählt. Wir sagten „rücken in die Nähe" oder „gehören in den Bereich". Es scheint nicht zweckmäßig, sich hier in allzu ausgedehnte Spekulationen einzulassen. Bei dem heutigen Stand unseres Wissens sollten wir uns mit dem Hinweis auf solche empirischen Zuordnungen begnügen, um der kommenden Forschung eine genauere Präzision zu überlassen. Sowieso haben wir immer zu bedenken, daß sogenannte „Mischstrukturen" den weitaus größten Anteil an den vorkommenden Fehlentwicklungen haben. Abstraktionen in diesem Bereich sollten nicht über eine gewisse Grenze hinaus getrieben werden. Sicher ist, daß es eine Reihe von Organfunktionsstörungen gibt, wie z. B. die Enuresis, die überhaupt nicht mit besonderer Betonung der einen oder anderen Grundstruktur zugeordnet werden können.

Auf jeden Fall hindern uns die soeben skizzierten Sachverhalte daran, eine Gliederung der psychosomatischen Manifestationen so aufzustellen, daß das psychische Strukturbild den übergeordneten Gesichtspunkt liefert.

Die Gliederung, die wir für die Organfunktionsstörungen gewählt haben, ist sehr weitgehend additiv. Sie richtet sich zunächst nach der in der Klinik üblichen Einteilung in bestimmte *Organsysteme*. Die ärztliche Gewohnheit,

Krankheitsbilder im Zusammenhang mit Funktionseinheiten unseres Körpers zu sehen, ist groß und hat so gute Gründe, daß man sie nicht ohne Not aufgeben sollte. Die Anordnung der besprochenen Organsysteme hat allerdings eine Führungslinie erhalten, die sich von psychologischen Vorgängen ableitet. Es wird sich bald ergeben, daß bei einzelnen Organsystemen jeweils bestimmte Impulse, Bedürfnisse oder Antriebe *bevorzugt* beteiligt sind. Zwar ist es selbstverständlich, daß wir in jeder Neurosenstruktur Teilverdrängungen *jedes* der früher besprochenen Antriebe vorfinden werden. Die Unterschiede von Symptomart zu Symptomart, sofern sie psychologisch umschrieben werden können, bestehen in charakteristischen Akzentsetzungen, typischen Antriebskoppelungen und einer sehr subtilen Differenzierung jener Vorgänge, die wir im Verlauf einer allgemeinen Abstraktion als das Antriebserleben des Menschen bezeichnet haben. Natürlich gilt hier mehr denn je der Satz, daß *jedes* Organsymptom von dem wir im folgenden sprechen werden, grundsätzlich sowohl primär seelisch, wie primär körperlich ausgelöst sein kann. Die Vorstellung, daß die von uns genannten Symptomarten immer Folgeerscheinung einer psychischen Fehlentwicklung seien, wäre ein großer Irrtum. Gerade bei den hierher gehörigen Überlegungen wird ganz besonders deutlich, wieviel Unheil eine falsch formulierte Frage bringen kann. Man sollte sich niemals die Frage vorlegen, ob z. B. „das" Ulcus psychogen sei. Diese Frage wäre von vornherein zu verneinen, z. B. wenn man an ein tabisches Ulcus denkt. Die Fragestellung muß anders lauten und faßt im wesentlichen ein statistisches Problem ins Auge. Die wirklich bedeutungsvolle Untersuchung muß so angesetzt werden, daß man zu klären trachtet, ob unter 1000 oder mehr unausgelesenen Ulcuserkrankungen bei einem überwiegenden Teil die Entstehungsgeschichte bevorzugt von den psychischen Faktoren bestimmt wird. Die zukünftige Forschung wird hier zweifellos Akzentsetzungen und Gewichtsverteilungen regelhafter Art feststellen können. Bereits jetzt weist eine allgemeine breite Erfahrung darauf hin, daß bei bestimmten funktionellen Erkrankungen der Prozentsatz der überwiegend psychogen entstandenen Störungen relativ hoch ist. Unter Umständen so hoch, daß man das Zustandsbild grundsätzlich psychogen nennen möchte.

Die Einschränkung, die wir soeben gemacht haben, wollen wir für unsere Leser ganz besonders unterstreichen. Wir werden in den folgenden Kapiteln nicht jedesmal in ermüdender und gleichförmiger Wiederholung darauf hinweisen, welche Vorbehalte die Beurteilung psychogener Organfunktionsstörungen erfordert. Auch wird sich unsere Darstellung nicht in ausgedehnte organologische Arbeitshypothesen einlassen. Da wir häufig von der Klinik her das Wesen der körperlichen Fehlfunktion noch nicht voll durchschauen, wäre es sicher übereilt, über spezifische psychologische Zusammenhänge zu spekulieren. Unsere Darstellung wird statt dessen darauf abzielen, die in Frage kommenden psychischen Faktoren an Hand von möglichst zahlreichen kasuistischen Beispielen zu beschreiben. Überwiegend hat eine solche Darstellung den Wert, daß sie empirisch erfaßte Häufigkeitszuordnungen fixiert. Sofern das bisher vorhandene Erfahrungsmaterial eine einigermaßen fundierte Arbeitshypothese zuläßt, wird diese mitgeteilt werden. Der Übersichtlichkeit halber hatten wir im vorigen Kapitel die hierhergehörigen wesentlichsten

Momente bereits zusammenfassend dargestellt. Selbstverständlich ist, daß die kasuistischen Beispiele in ihrer Bedeutung nur dann voll verstanden werden können, wenn die Kenntnisse aus der allgemeinen Neurosenlehre zur Verfügung stehen.

Die Art der Darstellung wird auch nicht immer vermeiden können, daß leicht schematisierte Vereinfachungen zustande kommen. Zum Teil erfordert es die didaktische Zielsetzung, daß unser verwirrend vielgestaltiges Beobachtungsfeld einige akzentuierte Führungslinien erhält, die — wenigstens für den Anfang — die Orientierung erleichtern.

3. Depressive Verstimmungen und intentionale Gehemmtheiten

Depressive Stimmungsschwankungen bei Kindern sind sicher gar nicht so selten. Daß solche Kinder sehr viel weniger dem Arzt vorgestellt werden als andere, die mit erregbarer Unruhe auffallen, kommt wohl ganz überwiegend daher, daß Kinder nicht aus eigenem Antrieb zum Arzt gehen können, sondern von ihren Eltern gebracht werden. Es gehört außerdem schon ein erheblicher Grad von Bewußtheit dazu, bis ein Kind in der Lage ist, zu registrieren, daß sich seine Stimmungslage von der Stimmungslage seiner Kameraden irgendwie unterscheidet. Oft ist es so, daß dem Beobachter schon lange das bedrückte, stille und traurige Verhalten eines Kindes auffällt, obgleich man das Kind noch nicht ohne weiteres auf die vorliegende Stimmungslage ansprechen kann. Kinder haben im allgemeinen eine sehr erhebliche Tragfähigkeit und zeigen sich noch unter schwierigsten Bedingungen geduldig. Die Mitteilung, daß sie sich unglücklich fühlen, geben sie nur schwer von sich. Erst etwa vom 12. bis 13. Lebensjahr ab kann man ein Kind fragen, ob es wohl meine, daß es sich innerlich ähnlich wohl fühle wie etwa Mitschüler und Kameraden, und erst von diesem Alter ab kann man dann gleichzeitig fragen, seit wann wohl der Zustand bestehe, daß gedrückte Stimmungslage und inneres Mißbehagen vorherrschen. Sehr oft sagen Kinder dann zur Antwort: „Ach, eigentlich war es nie anders." Manchmal können Kinder den veränderten Zustand direkt mit veränderten Lebensbedingungen in Beziehung setzen. Man wird aber bei der Verwertung solcher Antworten immer die sehr naheliegende Möglichkeit subjektiver Erinnerungstäuschungen mitberücksichtigen müssen.

An sich können wir bei der jetzt geplanten Besprechung depressiver Persönlichkeitsentwicklungen gut auf frühere Kapitel zurückgreifen. Das erste Kapitel aus dem Abschnitt „Grundformen seelischer Entwicklungsstörungen" war der Enstehung der depressiven bzw. der schizoiden Persönlichkeitsstruktur gewidmet. Es ist kaum erforderlich, hier noch einmal ausgedehnt zu wiederholen. Wir fassen nur kurz die wichtigsten Gesichtspunkte zusammen:

Kinder in der Säuglingsphase, also in der Periode der ersten sechs bis zwölf Lebensmonate benötigen für ihre Betreuung, abgesehen von der hygienisch einwandfreien Versorgung, den zugewandten Gefühlskontakt ihrer Pflegepersonen. Sie brauchen diesen Gefühlskontakt sowohl als persönliche Zärtlichkeit, wie als belebende Anteilnahme an dem ersten Interesse, das das

Kind seiner gegenständlichen Umwelt entgegenbringt. Fehlt dieser Gefühlskontakt und wird außerdem in der sonstigen Versorgung des Säuglings nur Unzureichendes geleistet, werden evtl. sogar ausgesprochene Härten gesetzt, dann pflegt die Kontaktnahme des Kindes zur personalen, wie zur dinglichen Umwelt Schaden zu erleiden. Für den gut gepflegten und gut entwickelten Säugling hat die umgebende Welt das, was die Normalpsychologie mit Lewin den „Aufforderungscharakter" nennt. Das früh allein gelassene, mangelhaft gepflegte Kind verliert diese Beziehung zur Welt, oder umgekehrt formuliert, für ein solches Kind hat die Welt einen verminderten, stark herabgesetzten „Aufforderungscharakter". Die aktive Zuwendung dieser Kinder, ihre Intentionen, werden auf diesem Weg frühzeitig lahmgelegt. Es entstehen die „gemütlosen", die im schizoiden Sinn scheinbar uneinfühlbar kontaktschwierigen Kinder, und es entstehen die in ihrer Gesamtstimmungslage immer herabgedrückten, beeinträchtigten, unter Umständen in schwereren Fällen zu schwer depressiv verstimmter Antriebslahmheit gedrosselten Kinder.

Wir führten früher schon aus, daß in der Psychiatrie der Erwachsenen der sogenannte depressive und der schizoide Typ, so wie er von Kretschmer auf das eindrucksvollste geschildert wurde, aufgefaßt wird als die Spielart eines bestimmten Konstitutionstypus. Wir hatten dabei ausgeführt, daß nach den heutigen Erfahrungen die Umweltkonstellation an der Ausprägung dieser Charakterbilder mindestens beteiligt sein kann, und daß vom Erscheinungstyp her nicht ohne weiteres auf das Überwiegen der Anlagefaktoren geschlossen werden darf. Unter Umständen ist die Situation die, daß leise Begünstigungen vom Anlagetyp her durch die Umweltkonstellation tief ausgeprägt wurden.

Als bedeutungsvoll heben wir folgendes hervor: Das depressive Kind unterscheidet sich vom schizoiden Kind wesentlich durch seine Fähigkeit, gemüthaften Kontakt aufzunehmen. Es handelt sich im allgemeinen um weiche, gefühlsreiche Kinder, die oft eine große Bereitwilligkeit und auch Befähigung haben, sich Anteil nehmend der Gefühlswelt anderer zuzuwenden. Das schizoide Kind dagegen ist durch plötzliche, unter Umständen lang anhaltende Kontaktabrisse gekennzeichnet und eine sperrige Abwehr, sich den Gefühlsbedürfnissen seiner Umwelt anzupassen. Nach unserer Meinung bestehen hier oft begünstigende Faktoren von seiten der Anlage. Es ist aber immer zu berücksichtigen, daß die Umweltkonstellation bereits in früher Kindheit große Unterschiede aufgewiesen haben *kann* in dem, was an gefühlsmäßigem Kontakt dem Kind angeboten wurde, und daß das Übergewicht der ursächlich wirkenden Faktoren dann auf der Seite der Umweltschäden liegt. Hier muß in jedem Einzelfall sorgfältig differenziert werden. Erst eine zukünftige Forschung wird an großem Zahlenmaterial klären können, wie sich das Problem unter statistischen Gesichtspunkten darbietet.

Zur Illustration der bisher diskutierten Vorkommnisse halten wir einmal zwei verschiedene Frühbiographien von zwei neunjährigen Mädchen nebeneinander, die uns beide nach durchgeführter Behandlung etwa das gleiche Maß an Gefühlswärme und Gemütreichtum aufzuweisen schienen und die sich vor Aufnahme der Behandlung in diesem Punkt wesentlich unterschieden.

Bei dem einen Kind handelte es sich um ein sehr stilles, depressiv herabgestimmtes Kind, das von der Mutter im Auftrag seiner Lehrerin vorgestellt wurde. Das weiche, sehr empfindsame Mädchen fiel in der Klassengemeinschaft durch die dauernd herabgestimmte Gefühlslage auf. Im Gespräch hatte es immer ein weiches, rührend erscheinendes aber sehr trauriges Lächeln. Mit den Augen nahm Karola guten Kontakt auf, blickte z.B. den Untersucher freundlich-traurig an. Mit dem gleichen Blick stand sie daneben, wenn die Kindergemeinschaft ihrer Straße sich zum Spielen zusammenfand. Sie fragte nie, ob sie mitspielen dürfe, sondern wartete immer ab, bis man sie aufforderte. Wurden Konkurrenzspiele gespielt, trat sie rasch von selbst zurück. Handelte es sich um Geschicklichkeitsspiele, bei denen Besitzprämien den Besitzer wechseln (Murmeln, Mikado und ähnliches), dann gab sie rasch vorzeitig auf, ließ sich z.B. einmal einen ganz neuen Murmelbeutel abschwatzen und stand dann bekümmert und still neben den anderen Spielenden.

Ihre Frühgeschichte enthielt folgende charakteristische Daten: Kurz vor ihrer Geburt erblindete der Vater durch einen Betriebsunfall. Lange Wochen lag er im Krankenhaus, und die verzweifelte Mutter war bei der Entbindung allein. Nach der Entbindung verbrachte sie, sobald sie sich erholt hatte, lange Stunden am Krankenbett ihres Mannes. Die Mutter war selbst ein weicher und gemütvoller Mensch. Sie weinte viel und sagte selbst, daß sie manchmal beim Stillen angefangen habe, fassungslos zu schluchzen. Fröhlich mit dem Kind zu spielen, war ihr eine Unmöglichkeit. Trotzdem hat sie dem Kind nicht jeden Gemütskontakt verweigert. Nach ihrer Schilderung nahm sie die Kleine, wenn sie konnte, öfter auf den Arm, trug sie herum, streichelte und küßte sie auch, erzählte ihr dabei aber von ihrem eigenen Kummer und flüsterte gelegentlich, wie sie selbst erzählt, dem kleinen Säugling von „unserem Kummer" zu.

Die weitere Entwicklung des Kindes in seiner Familie erhielt dadurch seine besondere Prägung, daß der Vater sein Augenlicht zwar zu einem Teil wiedererhielt, aber nicht wieder vollständig sehkräftig wurde und immer gefährdet blieb. Die affektive Beziehung zwischen Eltern und Kind war an sich wirklich warm. Aktive Härte hat Karola kaum kennengelernt. Was sie statt dessen kennenlernte, war eine laufend gedrückte, fast verzweifelte Stimmungslage bei der Mutter, die sich wie ein Schatten auf die frischeren Lebensimpulse des Kindes legte.

In diesem Fall handelte es sich um den Vorgang, den wir früher schon beschrieben haben: Wenn das Kind in seiner Umgebung Menschen hat, bei denen die positiven und aktiven Lebensimpulse stark herabgedrosselt sind, dann hat es auch niemanden, mit dem es sich positiv identifizieren kann und dessen Lebensform zur Nachahmung anreizt. Kinder, die wie Karola in eine an sich warme, aber betrübte Gefühlsbeziehung hineingezogen werden, übernehmen instinktiv Affektlage und Lebensbereitschaft ihrer Beziehungspersonen.

Es ist selbstverständlich, daß auch andere Schicksalskonstellationen ein ähnliches Ergebnis haben können. Was uns im Augenblick beschäftigt, ist die Extremausprägung eines bestimmten Persönlichkeitsbildes.

Die neunjährige Ruth, das andere Kind, von dem wir zum Vergleich sprechen wollen, bot bei der Erstuntersuchung ein völlig anderes Bild. Zunächst fiel sie auf durch ihre völlig andere Art, ihr Gegenüber anzusehen. Sie fixierte nicht, glitt oberflächlich mit dem Blick immer wieder ab und zeigte in ihrem sonstigen Ausdrucksverhalten, auch insbesondere der Mimik, wie weit sie davon abgesperrt war, eine Verbindung mit der Gefühlswelt anderer Menschen aufzunehmen. Dieses Kind war ebenfalls in der Schule aufgefallen, und zwar durch Abwesenheit und Träumen, Einzelgängertum und häufig gereizte Reaktionslage. Diese gereizte Reaktionslage ist übrigens ebenfalls ein nicht unwesentlicher Unterschied, der das depressive von dem schizoiden Kind trennt, übrigens auch den depressiven und den schizoiden Erwachsenen.

Daß Mischformen des Depressiven und Schizoiden beide Charakterzüge aufweisen können, ist natürlich eine Selbstverständlichkeit.

Ruths Vorgeschichte und Lebenssituation in den ersten Säuglingsmonaten sah anders aus. Auch sie hatte eine verzweifelte Mutter, die einen schweren Schicksalsschlag zu überwinden hatte. Hier war es der kurz aufeinander folgende Tod von ältester Tochter und eigener Mutter, also der Schwester und Großmutter der Patientin, der in die Zeit der Schwangerschaft fiel und der auf der Stimmung der Mutter lastete, als sie den Säugling versorgte. Diese Mutter war ebenfalls kein harter Mensch. Sie versuchte zunächst, ihren Kummer nicht zu zeigen, erkrankte dann aber nach der Entbindung hartnäckig mit einem ungeklärten sogenannten „Nervenfieber" und überließ den Säugling einer Freundin. Diese Freundin spielte auch später noch in der Familie eine Rolle, so daß sie zur Konsultation gebeten werden konnte. Sie hatte in ihrem Wesen wesentlich kühlere und herbere Züge als Ruths Mutter sie aufwies. Befragt, wie sie das Kind in den ersten Lebenswochen gepflegt habe, erklärte sie wörtlich: „Pünktlich und genau. Aber wenn ein Kind alles hat, was es braucht, darf man es natürlich nicht verwöhnen." Unter „alles" verstand diese Frau die regelmäßig verabfolgte Flasche, regelmäßiges Trockenlegen, ein durchwärmtes Zimmer und auf keinen Fall Herumtragen. Ebenso auf keinen Fall nachts aufheben, wenn es weinte. Daß diese Prinzipien richtig gewesen seien, will die Pflegetante dadurch bewiesen sehen, daß die anfangs viel weinende Ruth allmählich das Weinen aufgegeben habe und nachts still und ruhig geworden sei. Sie sei überhaupt immer ein stilles und wenig Ansprüche stellendes Kind geblieben und habe insofern wenig Mühe gemacht.

Ruths Mutter übernahm die volle Pflege erst, als Ruth ein Jahr alt war. Ihr fiel an dem Kind nichts auf. In ihrer verhaltenen Art war sie an aktiver Zuwendung nicht besonders reich und bemerkte zunächst auch nicht, daß das Kind die ihr erst später wirklich auffallende Form von erschwerter Kontaktnahme schon recht früh gezeigt hat.

Diese beiden biographischen Skizzen haben wir mit gutem Grund einander gegenübergestellt. Die Duplizität der Fälle hatte uns zwei Kinder im gleichen Alter zugeführt, die verhältnismäßig charakteristische Persönlichkeitsausprägungen verschiedener Art zeigten. Die vergleichende Beobachtung nach der durchgeführten Behandlung schien den Rückschluß zu erlauben, daß hier von der Anlageseite her keine entscheidend prägenden Faktoren vorlagen. Auch die von uns hier nicht im Detail aufgeführte Familienanamnese ergab keinen stichhaltigen Hinweis für die Annahme einer erbkonstitutionellen Persönlichkeitskonstante. Dagegen fanden sich, wie wir sehen konnten, in der Umweltkonstellation der frühen Entwicklungsphase bemerkenswerte Unterschiede. Dem oberflächlichen Betrachter wäre allerdings vielleicht nur das Gemeinsame dieser Biographien aufgefallen. Springt doch zunächst die Tatsache ins Auge, daß die Stimmung beider Mütter durch grobe Schicksalsschläge während der Schwangerschaft stark herabgedrückt war, so daß dadurch die freundliche und belebende Pflege des Kindes Not litt. Die Unterschiede in der Frühbiographie waren nur einer sorgfältigen Erfragung zugänglich. Wir stellen sie zusammenfassend noch einmal heraus: Beide Kinder wurden zwar von depressiv herabgestimmten Müttern geboren, jedoch wurde ihnen in den ersten Monaten der Pflege die gefühlsmäßige Zuwendung in sehr verschiedenem Ausmaß und sehr verschiedener Form geboten. Karolas Mutter hatte eine innig warme, aber von viel Traueraffekten durchmischte

Gefühlsstimmung an das Kind herangetragen. Sie ließ ihre Tochter also innerlich nicht völlig vereinsamen, war aber trotzdem nicht in der Lage, eine belebte, frische lebenszugewandte Stimmung zu verbreiten. Ruths Pflegetante dagegen hatte nicht einmal diese Form gemütvoll-zärtlicher Zuwendung für das Kind übrig. Eine sehr herbe Gefühlslage wurde mit Theorien rationalisiert und verteidigt. Dieser pflegerische Mangel legte die ersten Anfänge für die später bei dem Kind immer wieder zu beobachtenden Kontaktabrisse und einzelgängerischen Verhaltensweisen.

Zusammenfassend soll also folgendes wiederholt werden: Finden wir bei einem Kind sehr ausgedehnte Abdrosselung aktiver Lebenszuwendung und emotionaler Kontaktnahme, so sind wir immer zu der Überlegung und Untersuchung verpflichtet, ob die ersten Lebensmonate dieses Kindes unter sehr schlechten Vorzeichen gestanden haben. Es muß geklärt werden, ob früh erworbene Schäden der seelischen Entfaltung das bestehende Zustandsbild vorbereitet haben. Wegen seiner großen Bedeutung sei an dieser Stelle nochmals erwähnt, was in früheren Kapiteln schon geschildert wurde: Persönlichkeitsveränderungen im eben beschriebenen Sinn sind immer eine ganz besondere Gefahrenquelle für eine sich bildende neurotische Verwahrlosung, sofern die weitere Lebensentwicklung die zusätzlichen Störungsfaktoren aufweist.

4. Zwangssymptomatik

Auch beim Besprechen der Zwangssymptomatik können wir auf ausführliche Erörterungen früherer Kapitel zurückgreifen. Wir wiederholen zusammenfassend folgendes: Alle empirischen Erfahrungen haben uns bisher gelehrt, daß die wesentlichsten Beeinträchtigungen, die Kinder oder Erwachsene mit späterer Zwangssymptomatik in der frühen Kindheit erlitten haben, in die Periode des zweiten und dritten Lebensjahres fallen. Wir hatten herausgestellt, daß es sich hier um die Entwicklungsphase handelt, in der die Fähigkeit aufkeimt und reift, mit deren Hilfe wir unseren innerseelischen Gedankenstrom *aktiv in Führung nehmen*. Trotzphase und aufkeimendes bewußtes Wollen hängen eng damit zusammen, daß diese Befähigung in Erscheinung tritt. Wir wiederholen also noch einmal, daß nach allen bisherigen Erfahrungen einem später zwanghaft erkrankten Kind die ungehinderte aktive Belebung und Führung seiner Gedankengänge und Handlungen nicht ausreichend erlaubt gewesen ist. Der einsetzende biologische Reifungsprozeß hat durch die Umwelt unaufhörlich Störungen erlitten und ist damit brüchig geblieben. Ein solcher Mensch ist in der Folge immer gefährdet, daß der eigenständige, aktiv geführte Gedankenstrom von plötzlich auftauchenden persönlichkeitsfremd erlebten Inhalten durchkreuzt und durchbrochen wird und daß diesen Inhalten gegenüber die Vorherrschaft der eigenen Gedankenaktivität versagt. Verdrängungsvorgänge, die die eigene Phantasietätigkeit behinderten, haben es mit sich gebracht, daß dem Menschen zu bestimmten Inhalten, insbesondere zu aggressiven Inhalten der Zugang versperrt wurde.

Neben der Behinderung und Durchlöcherung aktiv freiheitlichen Handelns und Denkens, die den aufkeimenden Impuls mit einem Verbot oder sonstigen irritierenden Verhaltensweisen unterdrückte, ist aber bei der Vorbereitung zur Zwangsneurose im allgemeinen noch mehr passiert. Abgesehen von zahlreichen *Ver*boten sind dem Kind immer auch eine Fülle von *Ge*boten und Anordnungen nahegebracht worden, teils unter dem Druck aktiver Strenge, teils nur mit zahllosen moralisierend liebevollen Ermahnungen. Auf diesem Wege ist für das kleine Kind assoziativ die gesamte Umwelt mit einem übertriebenen und weit über das mittlere Maß hinausreichenden „Aufforderungscharakter" behaftet. Bringen Störungen in der voraufgegangenen Entwicklungsphase einen verminderten Aufforderungscharakter mit, so pflegen die Leistungsanforderungen der jetzigen Epoche diese Erlebniskonstellation zu *verstärken*. Das braucht natürlich im Erleben nicht durchgängig so zu sein. Die umweltbedingte Vermehrung solcher „Aufforderungserlebnisse" heftet sich selbstverständlich besonders an jene Gegenstände und Vorgänge, die von der Erwachsenenwelt mit besonderem affektiven Aufwand beachtet werden. Selbstverständlich kann in einer Persönlichkeitsentwicklung inselhaft nebeneinander ein scheinbarer Interessemangel für bestimmte Dinge oder auch für Personen bestehen — das Ergebnis der voraufgegangenen Epoche — während gleichzeitig und selektiv ausgespart andere Vorgänge eine erheblich überbetonte affektive Bedeutung besitzen.

Formen und Inhalte der häufigsten Zwangserscheinungen verstehen wir am leichtesten, wenn wir uns noch einmal vergegenwärtigen, wie die Entwicklungsphase gekennzeichnet war, von der wir jetzt sprechen. In dieser Zeit geschieht mehrerlei, das uns besonders zu interessieren hat:

1. Die ersten Anforderungen an Selbstbeherrschung, Verzicht auf Handlungsimpulse und evtl. Anforderungen in bezug auf Ordnung.

2. Die ersten Anforderungen der Sauberkeitserziehung, also die Beherrschung von Darm und Blase.

3. Gegen Ende dieser Epoche die ersten Vorstellungen von Mengenverhältnissen, die sich allerdings zunächst im Bereich von „eins", „zwei" und „viele" bewegen, ohne daß der abstraktere Zahlenbegriff schon erworben ist.

4. Das Welterleben eines solchen Kindes ist überwiegend *magisch*, und die Allmacht des Gedankens wird noch als ein ursächlich wirkender Faktor unterstellt.

Mit Hinblick auf diese Faktoren verstehen wir bald die Zwangssymptomatik, die am häufigsten vorkommt. Bevor wir sie aufzählen, gliedern wir erst einmal formal.

Man unterscheidet:

a) Zwangsvorstellungen einschl. Zwangsbefürchtungen,

b Zwangshandlungen,

c) die früher schon ausführlich beschriebenen zwangsneurotischen Charakterveränderungen.

Natürlich sind die verschiedenen Erscheinungsformen der Zwangssymptomatik in der überwiegenden Zahl der Fälle eng miteinander vermischt. Es ist das seltenere Vorkommnis, daß das eine oder andere Zwangssymptom isoliert auftritt. Große Unterschiede bestehen allerdings in dem Ausmaß, in dem der

„zwingende" Charakter des auftauchenden Erlebnisinhaltes registriert wird. Von flüchtig sich meldenden, eben anklingenden Zwangsvorstellungen, die doch noch rasch abgedrängt werden können, bis zu überwältigend zwingenden Erlebnisformen gibt es alle Varianten des fließenden Überganges. Physiologisches Zwangserlebnis, das fast allen gesunden Menschen vertraut ist, ist die immer wieder einfallende, nicht zu vertreibende Melodie. Das extrem quälend empfundene überwältigende Zwangserlebnis ist dagegen immer stark angstgetönt. Diese Tatsache ist insofern besonders wichtig, als die vielen fließenden Übergänge zwischen angstgetönten Reaktionen, zwanghaften Befürchtungen und Zwangsvorstellungen zu einer gewissen Verwirrung in der psychiatrischen Nomenklatur geführt haben. Man spricht z.B. von Phobien, etwa von einer Käferphobie, wenn in Wirklichkeit eine Zwangsbefürchtung vorliegt. Beim Erwachsenen ist die Syphilidophobie das entsprechende Beispiel. Ein Kind formuliert z.B. seine Zwangsbefürchtung folgendermaßen: „Ich denke immer, da könnten kleine Käfer kommen. Ich weiß, daß da keine Käfer sind. Ich hab' eben so'ne komische kranke Vorstellung. Und wenn ich die Vorstellung habe, fürchte ich mich." Dieses Kind reagiert also nicht etwa angstvoll phobisch auf den Anblick von Käfern — eine Symptomatik, die durchaus vorkommt —, sondern es hat eine echte Zwangsbefürchtung bei guter Einsicht für die Abwegigkeit der Besorgnis. Nur am Rande wollen wir erwähnen, daß in der psychiatrischen Nomenklatur unter Umständen sogar ein echter Wahn, der sich auf die Existenz von Ungeziefer bezieht, manchmal ebenfalls mit dem Wort Phobie belegt wird (Pediculophobie bei Wahnkranken).

Das Mißliche einer solchen unscharfen Begriffsbildung liegt auf der Hand. Der Ursprung dieser Schwierigkeit wurzelt zweifellos in der Tatsache, daß das Krankheitsgeschehen, das sich dem Beobachter anbietet, so zahlreiche fließende Übergänge besitzt. Für die Beurteilung eines Krankheitsbildes wird natürlich die möglichst sorgfältige beschreibende Differenzierung dessen, was ein Kind wirklich erlebt, eine besonders notwendige Voraussetzung sein.

Die Inhalte der sonst vorkommenden Zwangsvorstellungen haben in einer großen Zahl der Fälle stark aggressiven Inhalt. Eine literarisch sehr berühmte kindliche Zwangsneurose finden wir in Gottfried Kellers autobiographischer Darstellung „Der grüne Heinrich". Der siebenjährige Junge ist dadurch gequält, daß er — obgleich subjektiv voller Frömmigkeit und stark mit den kirchlichen Idealen seiner Mutter identifiziert — in der Kirche von dem Zwangsimpuls überfallen wird, blasphemische Sätze und Worte unanständigen Inhalts gegen den Altar zu schleudern. Es ist selbstverständlich, daß wir als Ärzte Mitteilungen dieser Art von Kindern so gut wie nie erhalten werden. Die Einsicht, daß es sich hier um krankhafte Zustände handelt, ist einem Kind ja immer verborgen. Anders als mit Angst oder Schrecken und strenger Geheimhaltung wird es im allgemeinen nicht reagieren, und wenn es sich einem anderen anvertraut, so steht kaum zu erwarten, daß diese Personen über die Bedeutung solcher Vorgänge im Bilde sind.

Hier wird von besonderer Bedeutung, daß nach allen empirischen Beobachtungen die Zwangsneurose dadurch entsteht, daß in der Phase *magischen Welterlebens* besonders tiefgreifende Störungen gesetzt werden. Das Erleben des zwangskranken Kindes ist ebenso wie das Erleben des zwangskranken

Erwachsenen wesentlich mehr als beim Durchschnitt von magischer Weltvorstellung durchsetzt. Häufig genug haben Zwangsgedanken selbst eine magische Bedeutung. Weit bekannt, fast physiologisch, ist die magische Zwangsvorstellung: Wenn dieser oder jener Vorgang eintritt, passiert das und das. Zum Beispiel — krankhaft — bei einem 17jährigen: „Wenn nicht alle Bleistifte rechtwinklig zueinander gelegt werden, stirbt meine Mutter." Die magische Weltinterpretation hat sich in einer solchen magischen Zwangsbefürchtung erhalten, wenngleich die ungeformten verdrängten aggressiven Hintergründe, die dem Inhalt der Befürchtung den eigentlichen Sinn geben, vom bewußten Erleben nicht mehr durchschaut werden können. Auch diese magischen Zwangsbefürchtungen werden nur äußerst ungern preisgegeben.

Zwangs*vorstellungen* oder Zwangsimpulse mit direkt aggressiv mörderischem Inhalt werden von Kindern, insbesondere wenn sie etwas größer sind, eher mitgeteilt. So erlebte z. B. ein 12jähriger Junge akut die nicht abzuschüttelnde Phantasie, daß er seine Mutter mit einem Messer in die Brust stechen möchte, oder daß er vorübergehenden Personen den Tod wünscht. Unter Umständen kann der aggressive Inhalt der Zwangsvorstellung ausgeprägten Befürchtungscharakter haben. Er enthält dann Befürchtungen in bezug auf Bedrohungen der eigenen Person. Zum Beispiel hat ein 16jähriger Junge die Zwangsbefürchtung, ein Rabe, den er vor einem Jahr in einem Jugendlager beobachtete, könne angeflogen kommen und ihm die Augen aushacken.

Die Durchlöcherung des eigenen Gedankenstromes durch das Auftauchen verdrängter aggressiver Phantasien ist hier besonders deutlich. Der Inhalt der Phantasien kann dabei unter Umständen einen sehr individuellen Charakter tragen und durch eine sehr persönliche Vorgeschichte bestimmt sein. Bei den aggressiven Phantasien gegen die Umwelt taucht der aggressive Impuls direkt auf, bei den Zwangsbefürchtungen erscheint unter Umständen mehr der Inhalt schuldgefühlshafter Selbstvernichtungstendenzen oder getarnter sogenannter „masochistischer" Bedürfnisse.

Die genannten Zwangs*handlungen* bestehen in der überwiegenden Zahl der Fälle in Wasch- und Ordnungszwängen, sowie in Zählzwängen. Die Beziehung zwischen den oben geschilderten Vorgängen der Sauberkeits- und Ordnungserziehung sowie dem ersten Erleben von Mengenbegriffen und dieser Symptomatik liegt auf der Hand. Hinzugefügt seien noch die sehr häufigen „Rückversicherungszwänge", d. h. die zwanghaft wiederholte Versicherung, daß eine bestimmte notwendige Handlung auch ausgeführt sei. Hierher gehört zwanghaftes Nachsehen des Schulranzens, zwanghaftes Beachten des abgedrehten Gashahnes (Symptom bei größeren Mädchen) oder der abgeschlossenen Zimmertür. Der Sinn dieser „Rückversicherungszwänge" ist allemal der, daß Willkürimpulse unbewußter Art andrängen und eigentlich gegen die anerzogene Pflichterfüllung gerichtet sind. Die immer wiederholte Versicherung, daß etwas auch wirklich geschehen sei, ist das Resultat der bewußten Identifikation mit den existierenden Pflichten.

Übrigens ist der Sinn von Zähl-, Wasch- und Ordnungszwängen außerordentlich nahe miteinander verwandt. Verdrängt sind aggressive Willkürhaltungen, deren Tendenz darauf geht, die andressierte Ordnung der Oberfläche zu durchbrechen und ein Chaos allgemeinen Durcheinanders zu schaffen.

Wasch- und Ordnungszwänge sind hier immer als reaktive Abwehrhaltung zu verstehen.

Die Vielfalt individuell möglicher Zwangserscheinungen können wir hier nicht aufzählen. In der Beschreibung möglicher Vorkommnisse soll nur nochmals erwähnt werden, daß es auch hinsichtlich auftretender Zwangssymptomatik alle Übergänge gibt von tiefgreifender Persönlichkeitsänderung bei stark „zwingendem" Charakter der Symptomatik bis zu weitgehender Auflockerung der Gesamtstruktur, in der auch der auftauchende Zwangsimpuls oder die auftauchende Zwangsvorstellung einen nur flüchtigen Charakter hat. Eine Statistik über Häufigkeit zwangsneurotischer Erscheinungen bei Kindern besitzen wir selbstverständlich noch nicht, und wir werden auch größte Schwierigkeiten haben, den tatsächlichen Wert richtig abzuschätzen, da die Fähigkeit und Bereitwilligkeit, solche Erlebnisse mitzuteilen, immer stark eingeschränkt ist. Die schweren Formen der sogenannten klassischen Zwangsneurose scheinen nicht sehr häufig zu sein. Andererseits sprechen sonstige Erfahrungen dafür, daß die leichteren Varianten flüchtig auftauchender Zwangsimpulse gar nicht so selten sind. Was wir im folgenden an kasuistischen Beispielen besprechen wollen, wird sich aus gutem Grund mit den ausgeprägteren Erscheinungsformen befassen.

Um die biographische Situation zwangskranker Kinder genauer zu beleuchten, knüpfen wir einmal an den Typus der Mutter an, wie ihn Gottfried Keller geschildert hat, als er seine eigene Jugend und seine eigene Mutter im „Grünen Heinrich" beschrieb. Nach der Darstellung handelte es sich um eine Frau, deren Lebenseinteilung auf extreme Genauigkeit, Sparsamkeit, Ordnung und Sauberkeit bedacht war. Die Kleider des Kindes wurden extrem geschont, mußten von dem kleinen Jungen auf das sorgfältigste behandelt werden und hielten endlos. In der Wirtschaftsführung wurde jeder Pfennig umgedreht. Die Sparsamkeit der Mutter reichte so weit, daß der Junge nicht einmal Spielzeug, auch nicht das primitivste, zur Verfügung bekam. Die Frömmigkeit der Mutter war groß und ihre Bereitschaft zu dienender Pflichterfüllung fast nicht zu übertreffen. „Streng und aufrecht, wie ein Tännlein", so wird diese Frau geschildert. Die Entbehrungen, die der Junge erlitt, beschreibt Gottfried Keller recht genau. Wie es zu den auftretenden aggressiven Impulsen gegen Kirche und Gottesdienst gekommen sein mag, versteht der erfahrene Beobachter, wenn er die in den „Grünen Heinrich" eingefügte Geschichte über das Meretlein verfolgt, eine Erzählung über eine äußerst grausame und unverständige Erziehung des zarten Kindes zu kirchlicher Frömmigkeit. Auf keinen Fall ist es ein Zufall, daß diese Geschichte in engem Zusammenhang mit der Mitteilung über blasphemische Phantasien des siebenjährigen grünen Heinrich auftaucht. Wieweit sie biographische Eigenerlebnisse nur in taktvoll verhüllter Form darstellen sollen, wissen wir natürlich nicht. Es ist auch überflüssig, hier allzu viele Hypothesen zu bilden und aktive Grausamkeit bei Gottfried Kellers Mutter anzunehmen. Überhaupt wollen wir nicht versuchen, über eine nur sehr ungenügend vorhandene Biographie allzu ausgedehnt zu spekulieren.

Eine gegenwärtige und genau zu verfolgende Krankheitsgeschichte wird sicher nützlicher sein.

Der fünfzehnjährige Klaus leidet seit einem halben Jahr an einem Waschzwang. Die Waschzeremonien haben sich allmählich eingeschlichen. Immer war der Junge penibel, sauber und adrett und wusch sich lange und sorgfältig. Jetzt betragen die Waschzeremonien halbe Stunden bis Stunden. Die Verschlechterung setzte akut und heftig ein mit einem speziellen Inhalt des Zwangsimpulses: Der Patient mußte sich immer überzeugen, daß er seine Füße besser gewaschen hatte als der Klassenprimus. Die Gelegenheit das zu beobachten, war natürlich nur selten gegeben, nur ab und an nach der gemeinsamen Turnstunde. Nebenher bestanden leichtere Rückversicherungszwänge, die darauf gerichtet waren, ob auch die Bleistifte richtig gespitzt wären. Schließlich tauchten Zwangsbefürchtungen auf über ein Unheil, daß dem fünfzehn Jahre älteren Bruder zustoßen könne, und zwar waren diese Unheilphantasien magischen Ursprungs und hatten etwa den Inhalt: „Wenn ich mit dem Ellbogen versehentlich die Türfüllung berühre, dann stirbt der Bruder." „Wenn ich auf meinem Jackett einen Fleck habe, dann verunglückt der Bruder" usw.

Wenn wir von einem Patienten solche oder ähnliche Zwangsimpulse oder Zwangshandlungen berichtet bekommen, so wird unsere Überlegung natürlich der Frage gelten müssen, inwiefern der genannte Bruder und inwiefern der genannte Klassenprimus im Erleben des Patienten eine hervorgehobene Rolle spielen und welche akuten Probleme und Belastungen die auftretende Zwangssymptomatik bzw. ihre Verschlechterung hervorgerufen haben. Für diesen Patienten ergab sich kurzgefaßt folgende *auslösende Situation:*

Kurz bevor die genannte Symptomatik auftrat, hatte die verwitwete Mutter des Patienten einen von ihr gehegten Plan, eine neue Ehe einzugehen, wieder aufgegeben. Mit diesem Freund der Mutter hatte sich der Patient an sich nie besonders gut verstanden. Ihn als Stiefvater zu bekommen, hatte er immer mit sehr gemischten Gefühlen erwartet. Immerhin hatte die Existenz dieses Mannes, der längere Zeit als Untermieter in der Familie mitgelebt hatte, das Schwergewicht der Familie etwas verlagert, die Mutter in ihrer Zuwendung absorbiert und den dreißigjährigen Bruder des Patienten aus der Rolle des Familienoberhauptes etwas verdrängt. Dieser Bruder hatte an sich die Führung in der Familie gehabt, bis der Freund der Mutter auftauchte. Er war Junggeselle, Finanzbeamter, außerordentlich pedantisch und genau und unterhielt Mutter wie Patienten so gut wie vollständig. Das heißt, diese Version wurde in der Familie gepflegt. Tatsächlich bekam die Mutter für sich selbst und den halbwüchsigen Sohn eine gar nicht ganz kleine Hinterbliebenenpension, die ihr mindestens ein gewisses Maß an Unabhängigkeit sicherte. Der Bruder sorgte lediglich für das Bestreiten zusätzlicher Ausgaben. Es charakterisierte die Familienkonstellation, daß die Mutter, befragt nach ihrer wirtschaftlichen Lage, antwortete, daß sie und der Patient vom älteren Bruder erhalten würden. Diese tendenziöse Verschiebung der realen Situation ging auf Kosten der Tatsache, daß vor dem Patienten die Erziehungsberechtigung seines Bruders immer von der Tatsache her erklärt wurde, daß er von diesem ja ernährt und erhalten werde. Unter dem Druck dieser Sachlage war der Bruder für den Patienten eine mit zahlreichen Konflikten belastete Beziehungsperson. Er war dies, wenn der Patient auch selbst subjektiv zunächst nur Anerkennung, Dankbarkeit und Verpflichtungsgefühle erlebte. Wie gesagt, brachte der Fortgang des Freundes der Mutter wieder eine Verschiebung und Verstärkung der brüderlichen Autorität mit sich.

Weitere Komplikationen kamen hinzu: Der Patient war außerordentlich ehrgeizig und lebte seit Jahren in leidenschaftlicher Konkurrenz mit zwei anderen Schülern aus seiner Klasse, die beide bessere Leistungen aufwiesen als er. In dem Schuljahr, in dem die Erkrankung auftrat, hatte der Patient den Entschluß gefaßt, den Klassenprimus endgültig zu schlagen. Kurz vor Auftreten der Symptomatik hatte er erleben müssen, daß dieser Versuch unwiderruflich gescheitert war und daß die Zeugnisse zugunsten der beiden Konkurrenten ausgefallen waren. Der Patient war von beiden Eltern sehr stark auf Ehrgeiz und Leistung hin erzogen worden und hatte sich durchaus mit diesem Leistungsideal identifiziert. Er war, verglichen mit seinem Bruder, wohl objektiv der Begabtere, hatte das auch von den Eltern gelegentlich gesagt bekommen, und für ihn war in der Familienplanung akademisches Studium vorgesehen, was ihm — verglichen mit dem Bruder — einen sozialen Vorrang gegeben hätte. In Gedanken hatte der Patient sich selbst immer als den „hochintelligenten Musterjungen" bezeichnet. Er gefiel sich darin, daß seine Eltern mit der Begabung ihres zweiten Jungen in der Nachbarschaft hausieren gingen und viele Eitelkeitsbefriedigungen daraus zogen. Der Mutter machte es besonderes Vergnügen, wenn der Junge auf entsprechende Fragen ihrer Bekannten mitteilte, er ginge lieber in die Schule, als daß er Ferien mache. Der Patient gewöhnte sich daran, solche Äußerungen in Gegenwart anderer zu produzieren. Sein Schulehrgeiz war so hochgezüchtet, daß kleinere Niederlagen ihn in die allertiefste Verzweiflung stürzten. Daß er nicht der Klassenprimus war und es auch nicht wurde, obgleich er bereit war, Nächte hindurch zu arbeiten, bedeutete eine ungeheure Belastung, und das letzte gestartete Konkurrenzrennen mit den beiden besseren Schülern gewann auf diesem Hintergrund besondere Schärfe. Sie gewann außerdem einen besonderen Symbolgehalt dadurch, daß der Sieg über diese Konkurrenten zugleich magisch als ein Sieg über den älteren Bruder empfunden werden mußte.

Dabei war die Klassensituation des Patienten an sich dadurch erschwert, daß er der Jüngste der ganzen Klasse war, ein Jahr hinter dem Durchschnitt zurück. Die ehrgeizigen Eltern hatten erst versucht, schon den Fünfjährigen verfrüht einzuschulen und hatten später, als ihnen das nicht gestattet wurde, bei einem Schulwechsel die Gelegenheit wahrgenommen, den Jungen eine Klasse überspringen zu lassen.

Zusätzlich zu der Auseinandersetzung mit dem Bruder und den Klassenkonkurrenten kam die sexuelle Problematik für den Patienten. Seit einiger Zeit in die geschlechtliche Reife eingetreten, hatte er gleichzeitig begonnen, sich für Mädchen zu interessieren. Er ging in eine gemischte Klasse. An die fixeren Mädchen dieser Klasse wagte er sich mit seinem unsicheren Selbstwertgefühl nicht heran. Er interessierte sich für eine etwas stillere, ganz nett aussehende Mitschülerin, die bereits siebzehnjährig, einmal in der Schullaufbahn sitzengeblieben war. Dieses Mädchen schien zunächst nicht abgeneigt, sich seine Annäherungsversuche gefallen zu lassen. Auf jeden Fall wies sie ihn zunächst nicht ab. Es gefiel ihr wohl, daß einer der besten Schüler der Klasse sich um sie bekümmerte. Dann passierte folgendes: Sie hatte sich von dem Patienten ein Buch geliehen. Ganz gegen seine sonstige Gewohnheit hatte der Patient dieses Buch aus der Hand gegeben und seine sonst immer wachen Besorgnisse, daß an seinem Besitz etwas ruiniert werden könnte, im Interesse dieser Beziehung unterdrückt. Das Mädchen gab das Buch lange nicht zurück. Erst nach langem Drängen und dann recht beschädigt und voller Fettflecke. Der Patient war viel zu gehemmt, um darüber ein Wort zu verlieren. Er ließ sich sogar ein zweites Buch abschwatzen, war nicht in der Lage, nein zu sagen, obgleich sein Ärger in ihm außerordentlich stark lebendig war. Tatsächlich war das befleckte Buch im Erleben des Patienten fast eine Katastrophe. Es war völlig wertlos, ja angeblich wurden sogar sämtliche Schulbücher, die säuberlich aufgereiht auf einem Regal standen, dadurch entwertet, daß zwischen ihnen das „Jauchebuch", wie der Patient es nannte, stand. Diese Buchaffäre hatte sich etwa einen Monat vor Auftreten des verstärkten Waschzwanges abgespielt.

Der jetzt zu schildernde sehr akute Anlaß für den Ausbruch des Symptoms war ohne Kenntnis dieser gesamten Vorgeschichte überhaupt nicht zu verstehen und blieb deshalb auch in der Befragung vorerst längere Zeit verborgen. Am Tag vor der manifest auftretenden Erkrankung war nämlich das genannte Mädchen offiziell, und zwar auf Vorschlag des Klassenprimus, zur „Klassendofen" erklärt worden. Dieser Beschluß wurde in der Klasse gefaßt, weil das Mädchen durch besonderes Ungeschick einen gemeinsamen Streich der Halbwüchsigen verraten hatte, wodurch eine gemeinsame Wanderfahrt der Schule für diese Klasse verboten wurde. Für den Patienten bedeutete die Tatsache, daß das von ihm umworbene Mädchen von dem Klassenprimus, dem er soeben selber unterlegen war, zur Klassendofen erklärt wurde, ein ungeheurer Schock.

Es ist aus dem bisher Geschilderten leicht zu entnehmen, daß die *Versagungen*, die der Patient in der Periode vor Ausbruch der Erkrankung zu verarbeiten hatte, sehr vielfältig waren und daß vieles zusammenkommen mußte, um sein Gleichgewicht so grundsätzlich zu erschüttern. Wir fassen noch einmal zusammen: Die Verschiebung des Kräftespiels innerhalb der Familie zugunsten des älteren, sich als Erziehungsberechtigten aufführenden Bruders mit zunehmender materieller Abhängigkeit von diesem. Niederlage in einem auch symbolisch bedeutsamen Konkurrenzkampf mit Klassenkameraden, große Enttäuschung nach der ersten Werbung um ein Mädchen, die sein Eigentum ruiniert und die sich damit als habgierig und anspruchsvoll erweist, ohne daß der Patient sich in der Lage sieht, hier realitätsgerecht zu reagieren. Die Herabsetzung dieses Mädchens in der allgemeinen Wertschätzung der Klasse bedeutete sowohl eine Kränkung des persönlichen Ehrgeizes, wie eine besondere Mahnung, daß die Auseinandersetzung oder Werbung um begehrenswertere Mädchen auf jeden Fall scheitern werde, wenn schon die Werbung um die „Klassendofe" zu keinem besseren Erfolg geführt hatte.

Jetzt muß natürlich die Frage nach der vorbereitenden Entwicklung folgen. Einiges hatten wir bereits kurz angedeutet: Leistungsdressur und Ehrgeizplanung hatten die Schulentwicklung beherrscht, aber auch schon die Vorschulzeit geprägt. Beide Eltern hatten Züge, wie sie von der Mutter des „Grünen Heinrich" geschildert wurden: Pedantisch, genau, übertrieben sorgfältig mit Kleidung und Möbeln. Die Mutter wurde nervös, wenn sie nur einen Fussel auf dem Fußboden sah. Die Unordnung, die ein spielendes Kind verbreitete, war ihr immer unerträglich. „Man muß die Stube doch schließlich vorzeigen können", war ihre Meinung. Überfrüh, bereits mit vier Monaten, hatte sie die Sauberkeitserziehung begonnen und das Kind stundenlang auf dem Topf festgebunden. Für eine besonders geeignete Methode hielt sie es, das kleine Kind wie einen jungen Hund mit der Nase in die nassen oder eingekoteten Windeln zu stupsen und dann vorwurfsvoll mit ihm zu reden. Dieses Sauberkeitsdressat hatte anfänglich funktioniert. Der Junge wurde überpenibel und überordentlich. Die große Erregung über befleckte Kleider, in die der Junge ausbrach, zeugte aber schon davon, daß diese Dinge eine ganz übertriebene Valenz für das Kind bekommen hatten. Die laufende Verdrängung von Haß und Aggression und von normalen Bedürfnissen, hinsichtlich der geforderten Pflege und Ordnung etwas lockerer vorzugehen, hatte schließlich einen Dauerzustand unbewußter Erregung und Gespanntheit geschaffen, die es völlig unmöglich machte, daß der Junge für zusätzliche Krisen, Schwierigkeiten und Belastungen tragfähig blieb.

Die hierhergehörige Therapie zu schildern ist sicher — wie in den meisten von uns nur kurz skizzierten Fällen — nicht möglich. Die Zielsetzung muß natürlich die Entfaltung und Auflockerung der verdrängten Antriebe sein und ihre Einordnung in die übrige Lebensführung. Daß das nicht dadurch geschehen kann, daß man einen beginnenden Zwangsimpuls „nicht beachtet" oder bagatellisiert oder gar als geltungssüchtiges Verhalten abwertet, liegt auf der Hand. Bedauerlicherweise werden von sachunkundigen Beurteilern solche Verhaltensweisen der Umgebung immer wieder nahegelegt, obgleich es sich hier um einen besonders folgenschweren sachlichen Irrtum handelt, der sich übrigens nur dadurch am Leben erhält, daß auch bei Zwangsneurosen wie überall unter bestimmten Bedingungen Spontanheilungen vorkommen, die dann eine ursächliche Einflußnahme der empfohlenen Erziehungsmethode vortäuschen.

In der Skizze geschildert, hatte der therapeutische Plan an folgenden Punkten anzusetzen: Die starke Verschiebung in der Lebens- und Gefühlsbilanz des Jungen nach der Seite ehrgeiziger Leistungsentwicklung hin auf Kosten zarterer Gefühlszuwendungen mußte in ein besseres Gleichgewicht gebracht werden. Zu erreichen wäre dieses Ziel nur auf dem Umweg über eine einsichtige Bearbeitung der verdrängten Aggressionen und der übertrieben starken Dressur auf Sauberkeit und Ordnung. In solchen Situationen müssen die Beziehungspersonen von Kindern und Jugendlichen immer darauf aufmerksam gemacht werden, daß eine Übergangsphase ungezügelter und ungesteuerter Durchbruchsreaktionen zu erwarten steht und daß ohne einen solchen Übergang wahre Gesundheit nicht erreicht werden könnte. Die Lockerung aller Bedürfnisse nach unbekümmertem Verhalten in bezug auf Sauberkeit und Ordnung gehörte ebenfalls in die therapeutische Arbeit. Daß bei einem 15 jährigen im therapeutischen Umgang das analytische Gespräch einen größeren Raum einnehmen muß als das agierende Spiel, kann hier vorbereitend schon einmal erwähnt werden.

Ein befriedigtes Lebensgefühl für einen so erkrankten Jungen mit Hilfe einer analytischen Therapie zu erzielen, kann sicher nur gelingen, wenn eine warme Gefühlszuwendung entfaltet wird und diese vertrauend warme Gefühlszuwendung wiederum kann nur auf dem Boden einer klaren Auseinandersetzung mit verdrängten Konkurrenzerlebnissen und aggressiven Reaktionen erfolgen.

Zusammenfassend können wir an Hand dieses kasuistischen Beispiels nochmals die wichtigsten Formen der vorkommenden Zwangskrankheit aufzählen: Ordnungszwänge, Waschzwänge, Rückversicherungszwänge, magische Zwangsbefürchtungen, sowie sehr diffus im Charakterologischen verankerte zwangsneurotische Reaktionen. Ihre Entstehungsgeschichte wird uns durchsichtig, wenn wir die Entwicklungsphase beachten, in der die Zwangskrankheit beginnt. Die Phase magischer Weltbewältigung, die Phase, in der erstes selbständig geführtes Denken behindert und gelähmt wird, die Phase, in der die ersten Anforderungen an Selbstbeherrschung, Ordnung und Sauberkeit an das Kind herangetragen werden. Die mißglückte Auseinandersetzung mit den Reifungsschritten und Leistungsanforderungen dieser Epoche findet jeweils ihren Niederschlag in der später auftretenden individuellen Symptomatik.

5. *Angstsymptomatik*
(Allgemeine Ängstlichkeit, Angstanfälle, phobische Zustände, Pavor nocturnus)

Wir sagten schon, daß es zwischen den auftretenden Zwangsimpulsen und Zwangsbefürchtungen, phobischen Reaktionen und reinen Angstneurosen selbstverständlich alle nur denkbaren Übergänge geben kann. Zum Beispiel kann eine Zwangsbefürchtung, wie sie der oben geschilderte Patient aufwies, nämlich daß ein Rabe ihm die Augen aushacken könne, begleitet sein oder abgelöst werden von phobischer Erregung, also von einem Angstzustand beim Anblick des Raben, ohne daß die zugehörige Angstbefürchtung auftritt. Wir haben es dann mit einer reinen Tierphobie zu tun. Unter Tierphobie versteht man den Vorgang, daß ein Kind beim Anblick bestimmter Tiere lebhafteste Angst bekundet, obgleich diese Tiere gegenwärtig keinen ängstigenden Charakter haben. Hundephobien sind hier das Häufigste, Pferdephobien, Katzenphobien, Käferphobien, Vogelphobien und viele andere kommen vor. Der einfache psychologische Hintergrund solcher ängstlicher Affektassoziationen ist immer der, daß das gefürchtete Tier einmal entweder selbst außerordentlich stark ängstigenden Charakter hatte, oder zufällig in einer aus anderen Gründen ängstigenden Situation anwesend war (Kaninchenversuch von Watson), oder aber, daß die Eigenart des Tieres selbst einen sehr repräsentativen Charakter hat für Vorgänge, die vom Kind aus anderen Gründen gefürchtet werden und die es nun magisch mit diesem Tier identifiziert. Das ist der häufigste Hintergrund der Hundephobien. Der Hund als bellendes, beißendes und vom Kind als sehr groß erlebtes Tier ist besonders geeignet, eine beißende, scheltende, gewalttätige Macht zu repräsentieren und wird immer dann besonders gefürchtet werden, wenn ein Kind Grund zu hierhergehörigen Ängsten hat.

Phobische Reaktionen zeigen im allgemeinen Kinder, die immer und auch sonst zu Ängstlichkeitsreaktionen neigen. Der umschriebene Angstanfall, der aus scheinbar ausgeglichener Gefühlslage heraus auftritt, ist im Schulkindalter etwas ganz ungemein Seltenes und tritt frühestens in der Pubertät etwas häufiger auf. Erwachsene Patienten, die an Angstanfällen leiden, können in der überwiegenden Zahl der Fälle angeben, daß sie von früh an ängstliche, leicht zu beunruhigende Kinder waren. Seltener wird das ausgesprochene Gegenteil berichtet, kommt immerhin doch ab und zu vor. In solchen Fällen hat sich eine überkompensierende, besonders stramme, besonders angstfreie Haltung entwickelt, die evtl. sogar als besonderes Ideal empfunden wird. Sie ist meist das Resultat sehr ausgedehnter Verdrängungsvorgänge und wird nur bei entsprechenden Belastungen vom hochschießenden Angstanfall durchbrochen.

Wichtig ist für uns jetzt nochmals die Frage, unter welchen Bedingungen eine Zwangskrankheit und wann eine reine Angstsymptomatik zustande kommt. Interessieren wir uns zur Klärung dieser Frage für die Biographien solcher Kinder, die an Stelle von ausgeprägten Zwangserscheinungen vorwiegend an diffuser Ängstlichkeit leiden, ohne daß sich diese Angstreaktionen mit Zwangsbefürchtungen oder Zwangshandlungen koppeln, so ergeben sich wichtige Hinweise.

Grob gesehen kann man feststellen, daß die reine Angstneurose, wie wir sie schon beim größeren Kind im Gegensatz zur Zwangsneurose feststellen, um so eher auftritt, je mehr sich das Verhalten der Eltern in bezug auf pedantische Strenge auflockert. Je mehr sich das Gleichgewicht in dem Sinn verschiebt, daß die Erziehung nicht mehr so aktiv auf Gebote und Pflichten abgestellt wird, sondern das Maß des Erlaubten zunimmt, um so mehr wird an Stelle einer Zwangssymptomatik die reine Angstneurose auftreten. Unter

Umständen hat man es in der Frühgeschichte solcher Kinder mit nichts anderem zu tun als mit einer diffusen, von der Mutter ausstrahlenden Ängstlichkeit, die das Kind verwirrt. So wurde z. B. ein vierjähriger Junge gebracht, der wegen großer Ängstlichkeit auffiel. Er wies eine Vogelphobie auf, die er erworben hatte, als einmal ein Spatz von der Straße ins Zimmer geflogen war und aufgeregt flatternd den Ausgang suchte. Das Kind geriet seither bei dem Anblick jedes Vogels in verzweifelte Erregung. Außerdem wollte es nicht mehr allein im Zimmer bleiben und ging nicht allein auf die Toilette. Die Mutter sagte von sich selbst, daß sie ein äußerst schreckhafter und ängstlicher Mensch sei, der beim leisesten Geräusch zusammenfahre und an Einbrecher glaube. Ihr Junge war an sich ein vitales, stämmiges Kind. Er schlug nach dem Vater, der ebenfalls ein kräftiger, dabei ruhig sthenischer Mann war. Es lag kein Anlaß vor, an eine besondere angeborene Ängstlichkeit des Jungen zu glauben, obgleich es ja grundsätzlich so liegen könnte und wohl auch recht häufig so liegt. Der Vater gab folgenden von der Mutter bestätigten Bericht: Die Mutter war einmal wegen ihres labilen Gesundheitszustandes verschickt. Der Vater nahm sich Urlaub und versorgte den Jungen drei Wochen lang selbst. In diesen drei Wochen und auch noch die ersten acht Tage nach der Rückkehr der Mutter war der Junge ruhig, unbekümmert, blieb im Dunkeln allein und zeigte auch keine Erregung beim Anblick der gefürchteten Vögel. Hier war es zweifellos die allgemeine Unruhehaltung der Mutter, die sich auf das Kind übertrug, da ja die ihn pflegende und beschützende Beziehungsperson die Mutter war.

Ein weiteres biographisches Moment, das die Entstehung von Angstneurosen leicht vorbereitet, ist jähzorniges Verhalten der Beziehungspersonen, sofern sie sich sonst über längere Strecken hinweg eher gutmütig und weich verhalten. Es muß aber hier bedacht werden, daß Jähzorn als Einzelfaktor nicht bewertet werden kann und eine ganz andere Bedeutung hat, je nachdem, ob die Grundhaltung des jähzornigen Elternteils gutmütig oder ob sie kalt, streng oder gar grausam ist.

Eine besondere Variante der Angstsymptomatik ist die *Straßenangst*. Nach allem, was wir bisher von der Neurosenpsychologie berichtet haben, leuchtet es ein, daß wir bei Kindern mit Straßenangst überlegen müssen, welche speziellen Vorgänge der Straße gefürchtet werden, obgleich diese fürchtenswerten Objekte aus dem Erleben verdrängt sind.

Ganz allgemein gesprochen ist die Straße für Kinder der Ort, wo die aggressive Auseinandersetzung mit der Welt beginnt, ohne daß eine straffer geführte Ordnung eingreift, wie es z. B. in der Schule der Fall ist. Ein achtjähriger Junge mit Straßenangst erzählte z. B. folgenden Traum, aus dem er mit lebhaften Angstgefühlen erwacht. Er träumt von einem bestimmten Obststand und dessen Besitzer. Er träumt zugleich, daß er, als er an diesem Obststand vorbeigeht, von einem fremden Mann angesprochen wird und in die Ruinen gelockt. Der Mann will ihn ermorden. Der Junge erwacht mit Angst. Befragt, ob er den Obsthändler aus dem Traum kenne, bejaht der Junge und erzählt, daß der Mann in Wirklichkeit aber einen Zeitungsstand habe. Er selbst habe diesem Mann mehrfach mit Steinen die ausgehängten Zeitungen kaputt geworfen. Einmal habe der Mann ihn bemerkt und sehr bedroht.

Der Einfall des Jungen zu seinem eigenen Traum führt uns recht gut auf die Problematik des Kindes. Seine eigene Angriffslust und seine feindseligen aggressiven Verhaltensweisen bringen ihn offenbar in mehr Konflikte mit der Umwelt, als er es verträgt und verarbeiten kann. Der Widerstreit zwischen eigener Aggressivität und der Angst vor den zugehörigen bösen Folgen macht im Erlebniskonflikt dieses Kindes ganz gewiß ein tragendes Moment aus. Dabei liegen, wie man bei diesem Jungen sehen kann, die aggressiven Regungen verhältnismäßig dicht und locker unter der Oberfläche und können ohne allzu große Mühe mobilisiert werden.

Werden die Kinder etwas älter, so kann das Straßenerlebnis für sie ähnliche Bedeutungsakzente bekommen, wie es das für das Erleben der Erwachsenen haben kann. B a u m e y e r hat in einer Arbeit über Straßenangst bei erwachsenen Kranken aufgewiesen, daß es sich in einer großen Zahl der Fälle um die Auseinandersetzung mit unbewußten Wegläufertendenzen handelt und daß die Versuchungen der Straße, die leichtsinnige Bekanntschaften vermitteln können, einen unbewußten Ambivalenzkonflikt heraufbeschwören.

Gelegentlich findet man eine solche Konstellation bei älteren pubertierenden Mädchen.

So wird z.B. die fünfzehnjährige Anita mit Straßenangst vorgestellt. Sie traut sich seit einigen Wochen nicht mehr ohne Begleitung auf die Straße, da sie mit lebhaften Angstanfällen reagiert, wenn sie alleine gehen soll. Anita ist erst vor einem halben Jahr nach Berlin zugezogen. Bis dahin lebte sie in einem kleinen Dorf in Westdeutschland in einer außerordentlich behüteten, um nicht zu sagen prüden Atmosphäre. Sie ist Einzelkind, die Eltern von einer grundsätzlich wohlwollenden Einstellung ihrer Tochter gegenüber, aber von einer etwas übertriebenen Ängstlichkeit, selbst der Großstadtsituation nicht recht gewachsen. Die ersten Monate hat Anita sich in dem Großstadtverkehr, der ihr bis dahin fremd war, recht gut zurechtgefunden. Die Straßenangst setzte erst später ein und ohne eine äußere ersichtliche Ursache. Der verhältnismäßig oberflächlich liegende auslösende Konflikt schien sich folgendermaßen zu präsentieren:

Anita's Eltern hatten es für nötig gehalten, das Mädchen mit ganz ungewöhnlichen Ängsten über „die Gefahren der Straße" zu belasten. Sie warnten sie unaufhörlich vor den katastrophalen Folgen, die es mit sich bringen würde, wenn sie sich von Männern ansprechen lasse. Sie erweckten in dem Mädchen außerdem unklare, aber sehr erhebliche Ängste in bezug auf die Sexualvorgänge. Es erwies sich, daß Anita die Vorstellung hatte, man könne vom Küssen ein Kind bekommen. Zu allem Unglück hatten Anitas Eltern ihr Quartier in einer Straße gefunden, in der bereits vormittags Prostituierte zu flanieren pflegten. Anita war bald von ihren Klassenkameradinnen darauf aufmerksam gemacht worden, daß diese Frauen „solche" Frauen seien. Die Patientin verband selbstverständlich nicht die geringste Vorstellung damit, was es damit auf sich haben könnte, wenn Frauen sich auf der Straße ansprechen ließen und sich für Geld verkauften. Ihre Anfrage an die Eltern war von diesen lediglich mit entsetzter Abwehr aber ohne entsprechende Information beantwortet worden.

Es schien deutlich, daß die abrupte Konfrontation eines sehr behütet herangewachsenen jungen Mädchens mit den Großstadtproblemen an der Entstehung der Straßenangst beteiligt war. Die therapeutische Konsequenz, die sich daraus ergab, war einfach. Im Einverständnis mit den Eltern wurde mit der Patientin ein Gespräch darüber angefangen, was es mit der Sexualität und den Beziehungen zwischen Mann und Frau auf sich habe. So wurde mit ihr darüber gesprochen, an welchen Merkmalen ein junges Mädchen erkennen könne, ob ein ihr bisher fremder Mensch vertrauenswürdig sei oder nicht. Es wurde mit ihr besprochen, wie lange eine Fünfzehnjährige wohl braucht, bis sie im Urteil einigermaßen treffsicher ist und wie sie die Mitte halten könne zwischen prüfend beobachtendem Entgegenkommen und abwartender Skepsis. Es wurde weiterhin in altersgemäßer Sprache darüber gesprochen, unter welchen Bedingungen Frauen, wie die Prostituierten, wohl dazu kämen, ihre zarteren Gefühlsregungen zu verdrängen, um aus der körperlichen Bereitwilligkeit einen Profit zu machen.

Ein solches offen geführtes Gespräch schien unerläßlich, um dem an sich geweckten und intelligenten jungen Mädchen die richtigen Mittel zur Lebensbewältigung in die Hand zu geben, ohne sie mit dauernder übertriebener Besorgnis zu belasten. Eine genaue Information über die Vorgänge bei Zeugung und Schwangerschaft gehörten selbstverständlich dazu.

Das Resultat stellte sich rasch und befriedigend ein. Die Straßenangst hörte schlagartig auf und blieb, wie längere Kontrolle zeigte, beseitigt.

Natürlich muß hinzugefügt werden, daß eine so rasche Beseitigung der Symptomatik wie in diesem Fall nur dann gelingen kann, wenn die gesamte Persönlichkeitsveränderung kein besonders schweres Ausmaß besitzt. Die Chance, daß eine Angstsymptomatik leicht zu beseitigen ist, wächst natürlich mit der Jugend eines Kindes. Tagesangst, Ängstlichkeit unter fremden Menschen bei sehr jungen Kindern können unter Umständen mit sehr geringem Zeitaufwand beseitigt werden.

Folgendes Beispiel soll eine Verbindungslinie knüpfen zwischen der vorkommenden Angstsymptomatik der Kinder und dem besonders häufigen *Pavor nocturnus*, der als Krankheitserscheinung unter den übrigen neurotischen Störungen einen verhältnismäßig großen Raum beansprucht.

Thomas ist drei Jahre alt, als seine Mutter ihn vorstellt. Die Pflege und Betreuung des Kindes wird dadurch zunehmend kompliziert, daß der Junge auf fremde Menschen, fremde Umgebung, fremde Räume mit extremer Angst reagiert, sich an die Mutter anklammert und nicht von ihrem Schoß herunter will. Nachts wacht der Junge regelmäßig schreiend auf, weint, ruft nach der Mutter. Einmal hat er gesagt, nachdem er schreiend aus dem Schlaf erwacht ist: „Mutti, warum willst Du mich denn in den dunklen Keller sperren?"

Beide Eltern von Thomas sind im Kern gutartige, weiche und recht sensible Menschen. Bei der Mutter fällt eine allgemeine Lebensunsicherheit auf. Sie sagt von sich selbst, daß sie ungewöhnlich stark vom Urteil anderer Menschen abhängig sei. Eine kritische Bemerkung, ein hartes Wort, ein abfälliges Urteil, selbst von ganz Fremden können sie völlig aus der Fassung bringen. Ihr Mann ist selbstsicherer. Er nennt sich „hundertprozentig weich, vom Leben mit harter Schale bekleidet". Er ist Betriebsingenieur und sehr tüchtig. Thomas ist Wunschkind. Beide Eltern hängen an dem Jungen sehr. Der Umgang zu Hause hat zweifellos sehr weiche, sehr duldsame Seiten. Der Junge hat seine Spielecke, vernünftige Spielkleidung, darf in den Buddelkasten, der zum gemeinsamen Hof der Siedlungsgemeinschaft gehört. Hier hat die Mutter keine Züge von Pedanterie. In auffälligem Gegensatz zu diesem sehr duldsamen Verhalten zu Hause stehen allerdings die Anforderungen, die die Eltern dem Kind nahebringen, wenn es sich um den Umgang mit Fremden handelt. Ein beunruhigtes, dauernd angstgetöntes Ermahnen der Mutter wird an den Jungen gerichtet: „Gib das Händchen, mach einen Diener, sag schön guten Tag, sag schön auf Wiedersehen, sei zu der Tante nicht unhöflich" usw. Thomas ist offenbar in der Trotzphase. Die erste Begegnung mit ihm verläuft folgendermaßen: Die Mutter führt ihn an der Hand aus dem Wartezimmer heraus, schiebt ihn ein wenig vor sich her und sagt mit deutlichem Ton von Besorgnis: „Mach wenigstens hier einen schönen Diener." Thomas preßt zur Antwort die Lippen aufeinander, hält die Hand auf den Rücken und sagt „Nein". Sichtlich ist er ein sehr empfindsames, sensibles Kind, und das soeben riskierte Nein ruft in ihm selbst doch große Beunruhigung hervor. Jedenfalls wendet er sich sofort im Anschluß daran mit Tränen in den Augen und ängstlicher Schippe zur Mutter und will unbedingt auf den Arm genommen werden. Die Mutter reagiert mit großer Verlegenheit und will den Jungen von sich wegschieben. Nun fängt das Kind an zu jammern und zu schreien: „Mutti, Arm."

Die gesamte weitere Konsultation verläuft im Beginn ähnlich. Wird dem Jungen etwas gezeigt und gefragt, ob er es sich wohl betrachten möchte, sagt er „Nein", bekommt er ein Stückchen Schokolade hingelegt, sagt er „Nein". Die Mutter zeigt sich jedesmal tief beunruhigt und verlegen. Dann reagiert der Junge mit Angst und will auf den Schoß der Mutter.

Die Therapiestunde war entsprechend auszurichten: Zunächst wurde jedes Nein des Jungen ernst genommen und ihm zugestanden, daß er nicht verpflichtet sei, etwas anzugucken, was er nicht angucken wolle oder etwas zu essen, was er ablehnte. Er durfte auch auf dem Schoß der Mutter bleiben. In seiner Gegenwart wurde der Mutter erklärt, daß der Junge offenbar das schwankende Verhalten zwischen großer Duldsamkeit zu Hause und übertriebenen Anforderungen fremden Menschen gegenüber schlecht bewältigte. Es wurde der Mutter weiter erläutert, daß es für ein dreijähriges Kind eine Normalreaktion sei, wenn es nicht jeden beliebigen Menschen begrüßen wolle. Höflichkeitserziehung gehöre erst in eine wesentlich spätere Lebensetappe und bedeute in diesem Zeitpunkt durchaus eine Überforderung. Thomas saß mit gespitzten Ohren bei dem Gespräch. Die Mutter bemerkte ängstlich, daß der Junge sicher schon sehr viel auffasse, was da gesprochen werde. Ihr wurde bedeutet, daß es unbedingt zweckmäßig sei, wenn das Kind erlebe, daß man seine eigenen Wünsche und Impulse ernst nähme und respektierte. Der Erfolg dieser therapeutischen Haltung stellte sich bereits nach einer Viertelstunde ein. Der Junge ging spontan vom Schoß der Mutter herunter und wandte sich nacheinander ganz von allein all jenen Dingen zu, deren Betrachtung und Verwendung er vorher abgelehnt hatte. Derweil wurde in Einzelheiten mit der Mutter durchgesprochen, wie unzweckmäßig es wäre, die fremde Welt für den Jungen mit unaufhörlichen Verpflichtungserlebnissen zu koppeln. Das Kind könne nicht anders reagieren als mit primärem Trotz, mit primärer Abwehr. Wenn dieser Trotz und diese Abwehr und Ermahnungen erstickt würden, wäre das Resultat die Tagesangst und der Pavor nocturnus.

Die Mutter, die recht verständig auf die Beratung einging, berichtete von gleichsinnigen Verhaltensweisen ihres Mannes. Der verlangte Überbravheit in bezug auf Essensgewohnheiten. Das kleine Kind bekam keine eigentliche Mittagsmahlzeit, sondern sollte „mit der Familie" essen, wenn der Vater um 6 Uhr nach Hause kam. Natürlich war der Junge dann gereizt, müde und nervös. Der Vater verlangte besonders gesittete Essensmanieren und vor allem, daß der aufgefüllte Teller leer gegessen wurde. Daß in so jungem Alter die Essensmenge vom Kind bestimmt wird, mußte der Mutter eindringlich klargemacht werden.

Es wurde ihr empfohlen, zur nächsten Konsultation in vier Tagen ihren Ehemann mitzubringen, mit ihm den Inhalt der heutigen Beratung durchzusprechen und den Jungen einmal vier Tage lang völlig unbehelligt zu lassen in bezug auf alle Höflichkeitsanforderungen fremden Erwachsenen gegenüber.

Nach vier Tagen kam ein völlig veränderter Junge zur Konsultation. Mit ausgesprochenem Schalk und ohne jede Spur von Ängstlichkeit begann er ein gemeinsames Spiel. Die Mutter berichtete, daß er sie bereits zweimal allein hätte einkaufen gehen lassen und bei einer fremden Nachbarin geblieben wäre und daß der Pavor nocturnus in den beiden letzten Nächten nicht aufgetreten sei. Ihr selbst war der Zusammenhang zwischen der Reaktionsweise des Kindes und dem eigenen Verhalten deutlich geworden. Das Gespräch mit dem heute begleitenden Vater gestaltete sich etwas schwieriger. Der Vater war von einer Reihe vorgefaßter Meinungen und Ideen beherrscht, insbesondere von der Ansicht, daß frühe Verwöhnung vom später harten Leben sehr gerächt würde. Hier kam es auf einen Vergleich der Maßstäbe an. Es war dem Vater deutlich zu machen, daß von Verwöhnung keine Rede sein könne, wenn man bei einem Kind eine berechtigte Scheu und Skepsis vor Fremden erst einmal respektiere. Es war dem Vater ebenfalls deutlich zu machen, daß der Pavor nocturnus die in den Schlaf mit hineingenommene konflikthafte Auseinandersetzungen zwischen eigener Trotzhaltung und Gefügigkeitserziehung darstellte.

Dieser theoretische Hinweis auf die Entstehungsgeschichte des Pavor nocturnus wurde übrigens in einer größeren Serienuntersuchung an Kindern mit Pavor nocturnus von Schwidder erhärtet. Es fand sich, daß ein hoher Prozentsatz so erkrankter Kinder einen übermäßig gefügig-braven Eindruck machte und daß besonders bei den jüngeren Kindern der Konflikt zwischen verdrängten motorisch aggressiven Impulsen und dem Bemühen um Folgsamkeit und gefügige Anpassung deutlich zu beobachten war.

Wir haben in dem bisherigen Kapitel die verschiedenen Formen der Angstsymptomatik und den Pavor nocturnus gemeinsam abgehandelt. Dieses Vorgehen schien in Anbetracht der Verwandtschaft der Symptombilder zweckmäßig. Wenn wir jetzt einmal vom Pavor nocturnus absehen, so ist für den umschriebenen Angstanfall noch eine weitere Erörterung wichtig. Alle bisherigen Beobachtungen, sowohl bei Kindern wie bei Erwachsenen lehren, daß isolierte Angstsymptomatik häufig mit einer *hysterischen Strukturentwicklung* zusammengeht. Wir finden also bei solchen Kindern sehr oft die übrigen Zeichen, die wir in einem früheren Kapitel als charakteristisch für eine hysterische Struktur hervorgehoben hatten. Wir finden Kinder — besonders leicht pubertierende Mädchen —, die an der Realitätsprüfung gescheitert sind. Wir finden Kinder, die in einer verwirrenden Welt erregt, propulsiv, planlos zurechtzukommen suchen und die in gelegentlich dramatisch wilden Aktionen die aufgestaute Erregung zum Abfluß bringen wollen.

Was wir bereits mehrfach über die Frühbiographien solcher Kinder gesagt hatten, gibt uns die Möglichkeit eines erklärenden Hinweises. Es handelt sich immer um aufgelockertes Verhalten im Umgang der Eltern mit ihren Kindern und um eine Verschiebung der eigentlich schädigenden Faktoren in eine etwas ausgereiftere Entwicklungsetappe. Wir erinnern uns an die früher bereits geschilderten Konsequenzen, die sich aus den Frühschäden ableiten lassen, wenn die Phase der Realitätsprüfung getroffen wird. Unsicherheit über die eigene Rolle in der Welt, gegebenenfalls theatralisch unechtes Verhalten, planloser Unternehmungsdrang und besondere Unfähigkeit, sich mit den Problemen der ersten aufkeimenden Sexualität auseinanderzusetzen. Das kurz skizzierte Beispiel, das wir oben über die junge Patientin mit der Straßenangst brachten, hat in diesem Zusammenhang bereits einen Hinweis gegeben, wie sich besonders bei pubertierenden jungen Mädchen die sexuelle Problematik zu einer besonderen Schwierigkeit auswachsen kann.

6. Schlafstörungen

Der oben besprochene Pavor nocturnus leitet uns über zum Problem der Schlafstörungen im allgemeinen. Die Schlaffähigkeit der Kinder kann in verschiedenem Grad und Ausmaß beeinträchtigt sein. Angefangen von nur etwas erschwertem Einschlafen bis zur tiefgreifenden Schlafunfähigkeit gibt es alle Varianten und Übergänge. Die einfache Schlafstörung kann verändert oder kompliziert werden durch das Auftreten von Schlafhandlungen, die vollzogen werden, obgleich das Wachbewußtsein noch nicht erreicht ist.

Die krankhafte Veränderung der Schlaffähigkeit kann außerordentlich verschiedene Gründe haben. Soweit wir heute wissen, existiert ein zentral regulierendes Schlaf„zentrum" und alle vorliegenden Befunde sprechen dafür, daß die pathologische Veränderung dieser zentralen Regulationsstelle Störungen im Schlaf-Wachrhythmus mit sich bringt. Wir haben sogar Grund zu der Annahme, daß ein bestimmter Teil dieses „Zentrums" bei pathologischen Veränderungen Dauerschlaf und abnorme Schlaftiefe hervorruft, ein anderer Teil einen Zustand von Überwachheit und Schlafunfähigkeit schafft. An sich verläuft der Schlaf-Wachrhythmus beim Menschen relativ unabhängig von Ermüdungsstoffen, kann jedoch durch Pharmaka verändert werden. Kinder haben im Gegensatz zum Erwachsenen in der Nacht zwei Maxima der Schlaftiefe.

Es leuchtet ein, daß eine Fülle von primär organischen Funktionsanomalien, die das Schlaf-Wachzentrum in Mitleidenschaft ziehen, Schlafstörungen hervorbringen können. Für die *psychogene* Schlafstörung gilt zunächst der sehr allgemeine Satz, daß ein Dauerstrom unterschwelliger Erregungen die Schlaffähigkeit beeinträchtigt. Soweit wir sehen können, ist es kaum möglich, die vorkommenden Schlafstörungen speziell auf ein bestimmtes der besprochenen Antriebsgebiete zu beziehen. In den Krankengeschichten schlafgestörter Kinder finden sich allerdings in überraschend gleichförmiger Wiederholung existentielle Dauerbeunruhigungen, die dem Kind zugemutet werden. Bei den schwereren und schwersten Formen der Schlafstörung erweist sich sogar, daß die Kinder äußerst dramatischen Bedrohungen ausgesetzt sind.

Bei jüngeren Kindern, die eine Schlafstörung zeigen, läßt sich sehr oft feststellen, daß die Beunruhigungen, die sie ertragen müssen, die Folge einer sehr speziellen inneren Verfassung der Mutter sind. Und zwar handelt es sich darum, daß die Mütter ihrem Kind gegenüber nicht eigentlich hart oder feindlich eingestellt sind, daß sie aber aus eigenen inneren Gründen auf das lebhafteste mit Wegläufertendenzen zu kämpfen haben. Solche Wegläufertendenzen bei einer Mutter pflegen sich regelmäßig im Verhalten und Umgang mit dem Kind zu signalisieren, sei es durch plötzliche Kontaktabrisse, durch ein zu langes oder zu häufiges Alleinlassen des Kindes, durch eine tendenziöse Überbetonung anderer Pflichten, die objektiv keineswegs zwingend sind (Flucht in den Beruf) und ähnliches. Für ein kleines Kind sind solche inneren Wegläuferhaltungen der Mutter eine schwer erschütternde Bedrohung. Bei der subjektiven Abhängigkeit, die das Kind von seiner Mutter erlebt, muß die Besorgnis, eines Tages allein gelassen zu sein, außerordentlich tief gehen. Auf jeden Fall findet man bei leichteren Schlafstörungen entsprechende Haltungen der Mütter oft.

Bei schweren, hartnäckigen und unkorrigierbar dauerhaften Schlafstörungen pflegen sich auch die Vorerlebnisse der Kinder in dramatisch zugespitzter Form anzubieten. In überraschender Häufigkeit haben wir bei der vergleichenden Durchsicht verschiedener Krankengeschichten die Feststellung machen müssen, daß die Kinder sich mit manifesten Mordimpulsen oder mit Haßimpulsen mörderischer Art auseinandersetzen mußten.

Wir geben im folgenden einige Details aus Krankengeschichten, die dieses schwerwiegende Moment enthalten:

Ein elfjähriger Junge hat eine hartnäckige Einschlaf- und Durchschlafstörung seit gut 1½ Jahren. Er ist Einzelkind, wenigstens zur Zeit, da sein vier Jahre älterer Bruder vor jetzt drei Jahren gestorben ist. Die Todesursache dieses Kindes blieb zunächst undurchsichtig. Es ergab sich, daß dieser Bruder dadurch ums Leben gekommen war, daß die die beiden Kinder betreuende Stief-Großmutter einen erweiterten Selbstmordversuch unternommen hatte, bei dem sie den älteren Bruder tötete, selbst aber gerettet wurde. Der Patient war in dieser Zeit zufällig für drei Tage bei Bekannten zu Gast und entging dem gleichen Schicksal. Die psychisch kranke Frau wurde freigesprochen, kam dann zunächst in eine Anstalt, dann in ein Altersheim, schließlich aber wieder in die Wohngemeinschaft zurück. Die Mutter hatte diese Tatsachen bis in die vierte Konsultation hinein verschwiegen und gab erst ganz zum Schluß dieses Geheimnis preis, als ihr immer wiederholt mitgeteilt wurde, daß die von ihr bisher vorgetragenen Daten nicht ausreichen, um die bestehende Schlafstörung zu erklären.

Von einem achtjährigen Mädchen, das ebenfalls eine hartnäckige Schlafstörung hat, ließ sich erfahren, daß die Mutter mit ihr lange verzweiflungsvolle Gespräche darüber führte, daß sie sich doch beide das Leben nehmen wollten. Die Mutter, eine im hysterischen Sinn veränderte Persönlichkeit, lebte damals mit ihrer Tochter und einem Freund zusammen, und dieser Freund war im Begriff, sich wieder von ihr zu trennen. Da dieser Mann zu dem achtjährigen Mädchen offenbar große Zuneigung gefaßt hatte, erpreßte ihn die Mutter mit der Angst des Kindes und mit den an sich nicht ernst gemeinten Selbstmorddrohungen.

Über einen 13jährigen Jungen ergab sich folgender Bericht:

Er wird im wesentlichen von seiner zehn Jahre älteren, jetzt 23jährigen Schwester betreut, da er nach der Scheidung der Mutter unehelich geboren wurde und die Mutter für beide Kinder Geld verdienen mußte. Die ältere Halbschwester hatte also von ihrem zehnten Lebensjahr ab durch diesen Bruder ein sehr beeinträchtigtes Leben. Kam sie nach Hause aus der Schule, kannte sie nur weitere Pflichten und Anstrengungen. Verständlicherweise reagierte sie mit Wut und Haß und heimlicher leidenschaftlicher Aggression. Ihr Affekt dem Jungen gegenüber war kalt und böse. Folgender Ausspruch charakterisiert die ganze Familiensituation: Der Junge äußert einmal depressiv verzweifelt, er würde sich das Leben nehmen. Darauf empfiehlt ihm die Schwester böse und sehr kalt: „Vergiß nur nicht, dir Steine um den Hals zu hängen, wenn du ins Wasser gehst. Sonst tauchst du doch wieder auf."

Von einem weiteren siebenjährigen Mädchen, das bei der betreuenden Großmutter aufwächst, weil die verwitwete Mutter arbeiten muß, spielt sich folgendes ab: Neben der sehr weichen und gutmütigen Großmutter lebt im gleichen Haushalt der 72jährige kränklich alternde Großvater. Die Großmutter nennt ihren Mann einen „Seelensadisten" und schildert, wie der nörgelnde und bösartige Alte zu Hause in seinem Lehnstuhl sitzt und darauf lauert, wie er das kleine Kind kränken und ärgern kann. Heimtückische Schläge, verächtliche Bemerkungen und heimliches Zerstören des kindlichen Spielzeuges seien an der Tagesordnung. Da die Großmutter das Kind nicht zu allen Einkäufen mitnehmen kann und auch nicht immer in der Lage ist, es in der Wohnung gegen den Großvater abzuschirmen, ist das Mädchen tatsächlich laufend ganz ungewöhnlich feindseligen Haltungen und Aggressionen ausgesetzt.

Noch ein fünftes Beispiel: Ein vierjähriges Mädchen wird wegen einer hartnäckigen Einschlaf- und Durchschlafstörung vorgestellt. Die Pflegemutter ist eine sehr verständige, freundliche und zugewandte Frau, 52 Jahre alt. Wenn man sie gemeinsam mit dem Kind beobachtet, so weist sie eine sehr angenehme Mischung von duldsamem Gewährenlassen und vorsichtiger Führung auf. Zunächst ist nicht ersichtlich, daß im Verhalten dieser Frau etwas liegen könnte, was die seit zwei Jahren bestehende hartnäckige und sehr schwere Schlafstörung mit sich gebracht hat, bzw. jetzt unterhält. Die Frühgeschichte des Kindes ist allerdings ein Drama. Unehelich geboren, wurde es von seiner einigermaßen leichtsinnigen Mutter die ersten Lebenswochen hindurch sehr schlecht versorgt. Mit $5/4$ Jahren ging die Mutter mit ihrem Freund, der nicht der Vater des Kindes war, auf die Flucht. In Berlin angekommen, wohnten sie zunächst zu dritt. Dann gab es zwischen der Mutter und dem Freund Zerwürfnisse, und die Mutter wollte sich von diesem Mann trennen. In heftigster affektiver Erregung ergriff der Mann nach einer solchen Auseinandersetzung das Kind und warf es in hohem Bogen aus dem Fenster. Das Mädchen fiel auf Sand und verletzte sich, soweit vorausgegangene kinderärztliche und neurologische Untersuchungen feststellen konnten, nicht. Es wurde eine Weile im Krankenhaus beobachtet und schließlich in die jetzige Pflegestelle gegeben. Das entwicklungsrückständige Kind wurde nun zweifelsohne sehr sorgfältig gepflegt. Es wurde sauber, lernte laufen und sprechen, verlor die massive Eßstörung. Was übrigblieb war eine gewisse Spielunfähigkeit, auffallende motorische Unruhe und die genannte hartnäckige Schlafstörung.

Wie gesagt, war aus dem unmittelbaren Verhalten der Pflegemutter nichts Wesentliches abzulesen, was als Fehlverhaltensweise das Kind hätte beeinträchtigen können. Dann ergab sich, daß die Pflegemutter sich in einem Faktor ganz erheblich verschätzte. Wie viele Erwachsene hegte sie die Vorstellung, daß ein vierjähriges Kind von dem, was man in seiner Gegenwart spricht, nichts oder nur wenig auffasse, sofern man nur in etwas leiserem Tonfall spricht oder zu dem Kind sagt: „Geh in die Ecke spielen." Bei der Konsultation berichtete sie die oben geschilderten Vorgänge in Gegenwart des Kindes in nur halbgedämpftem Ton, und es war auch ersichtlich, daß das sensationelle Vorkommnis ein viel besprochenes Ereignis in der Nachbarschaft der Frau darstellte. Noch wesentlich unbekümmerter war die Pflegemutter in Mitteilungen darüber, daß sie zwar vom Jugendamt einen bestimmten Unkostensatz erstattet bekäme, daß sie aber sonst für das Kind voll aufkomme, insbesondere es vollständig kleide. Im gleichen Atemzug, in Gegenwart des Kindes, vertrat sie die Meinung, daß das Mädchen sie auf jeden Fall für die richtige Mutter halte. Die Pflegemutter war hier recht schwer belehrbar und sehr empfindsam in bezug auf die Vorstellung, sie könne etwas falsch gemacht haben. Daß das Kind keineswegs über seine derzeitige Lebenslage wirklich vertrauensvoll beruhigt war, kündigte sich auch aus dem Spiel an. Die Kleine nahm eine Spielpuppe, legte sie in den Arm und erklärte: „Die weint." Warum weint sie? „Weil sie keine Mutti mehr hat." Eine Viertelstunde lang spielte die Kleine mit zwei verschiedenen Figuren, einer Männer- und einer Kinderfigur, daß beide untröstlich weinten, immer wieder unter dem Hinweis, daß die Mutti weg sei. Die Wahrscheinlichkeit, daß das Mädchen verwirrte und unklare Vorstellungen erworben hatte über existenzbedrohende Unsicherheit und gegen sie selbst gerichtete dramatische Feindschaft, war groß.

Wir verzichten hier mit Absicht auf die eingehendere Darstellung eines Einzelfalles. Die Häufung der oben geschilderten Faktoren gleichsinniger Art in verschiedenen Biographien scheint so eindrucksvoll, daß wir sie lieber insgesamt notiert haben. Wir fügen hinzu, daß wir bei der Durchsicht einer großen Zahl von Krankengeschichten, die anderen Symptomarten galten, eine gleichsinnige Häufung so dramatisch feindseliger Verhaltensweisen nicht wieder finden konnten. Allerdings soll nochmals betont sein, daß es sich bei den soeben skizzierten Krankengeschichten um Kinder gehandelt hat, die an den schwersten Formen einer Schlafstörung litten. Es wäre verfehlt, bei den leichteren Varianten von Schlafstörungen sofort an ähnlich dramatische Zustände zu denken. Existentielle Lebensangst eines Kindes kann leichtere oder schwerere Grade haben und in den leichteren Fällen natürlich auch einen harmloseren biographischen Hintergrund, evtl. nichts anderes, als vom Kind dunkel gespürte Wegläufertendenzen der Mutter.

7. *Eßstörungen (Anorexia nervosa, Erbrechen, psychogene Magersucht)*

Wir sagten schon mehrfach in früheren Kapiteln, daß es sicher nicht möglich ist, die verschiedenen Varianten der vorkommenden Organfunktionsstörungen ausschließlich durch ihre psychologischen Determinanten zu erklären. Insbesondere ist es schwierig, die verschiedenartigen Funktionsanomalien ein- und desselben Organsystems auf zugehörige psychologische Entsprechungen zurückzuführen. Immer müssen wir uns vor Augen halten, daß im körperlichen Eigenautomatismus außerordentlich viel für die Symptomwahl Bestimmendes liegt. Jeder Überschwang in den Bemühungen, Organfunktionsstörungen zu psychologisieren, birgt die Gefahr, daß wir Genauigkeit und Präzision des Überblicks verlieren. Umgekehrt sollte man jedoch auch die Kriterien, die wir vom Psychologischen her haben, nicht übersehen und vorzeitig mit Hinweis auf körperliche Eigengesetzlichkeiten unsere beobachtenden Bemühungen aufgeben.

Zwischen der Anorexia nervosa, der psychogenen Eßstörung also und dem häufig zugeordneten Erbrechen sowie dem sensationell alarmierenden Zustandsbild der psychogenen Magersucht bestehen fließende Übergänge und vielfältige psychologische wie körperliche Beziehungen.

Zum Thema der *psychogenen Appetitstörung* stellen wir zunächst einmal folgendes heraus: Es ist eine biologische Konstante, daß der Mensch weitgehend den Hunger verdrängen kann, aber kaum den Durst. Obgleich sowohl die Zufuhr von Kalorien, wie die Zufuhr von Flüssigkeit unabdingbar zum Erhalt des Lebens dazugehören, ist es möglich, daß trotz vorliegenden biologischen Bedarfs Widerwille und Abwehrreaktionen gegen die Nahrungsaufnahme auftreten, die zum Tode führen. Diese Eigentümlichkeit teilt der Mensch mit dem Tier. Auch das Tier, das sich körperlich oder psychisch nicht wohl fühlt, frißt nicht. Der Hund, der die Nahrungsaufnahme verweigert, wenn die ihm lang vertraute Beziehungsperson plötzlich seinem Blickkreis entschwindet, ist ein wohlbekanntes Beispiel. Jeder Tierzüchter ist sorgfältig darauf bedacht, dem ihm anvertrauten Tier Lebensbedingungen zu vermitteln, unter denen es frißt und gut gedeiht.

Tritt also bei einem Kind eine Eßstörung auf, so wäre es übereilt, wenn wir vorzeitig in den Mittelpunkt unserer Überlegungen die Tatsache rücken würden, daß es sich bei der Eßstörung um ein sogenanntes „orales" Symptom handelt, und wenn wir allzu rasch folgern würden, daß diese orale Thematik im Sinne der Besitzproblematik das Erleben des so erkrankten Kindes bevorzugt erfüllt. Auch wenn wir gewohnt sind, die vielfältigen Assoziationen und Beziehungen zwischen der Oralität und der Besitzthematik immer genau zu beachten, so wäre es doch gekünstelt, die Anorexia nervosa nur dort zu vermuten, wo die Besitzproblematik eine Rolle spielt. Auf Liebesentzug, fehlende Zärtlichkeit, motorische Einengung reagiert ein kleines Kind genau wie ein Tier mit Appetitstörung und Nahrungsverweigerung. Unrast und Heftigkeit in der Umgebung können die gleichen Konsequenzen haben.

Wie theoretische Überlegungen und empirische Beobachtungen uns zeigen, wäre es also verfehlt, die psychogene Eßstörung, so wie sie sich als ein häufiges Krankheitszeichen im Kindesalter darstellt, zu sehr auf Oralität im Sinne der Besitzthematik einzuengen. Aber auch die völlig undifferenzierte Verallgemeinerung wäre nicht richtig. Hier, wie oft, liegt die Wahrheit in der Mitte zwischen zwei extremen Möglichkeiten der Interpretation. Jeder Kinderarzt weiß, daß die Schlechtesser in einem sehr hohen Prozentsatz bei Familien zu finden sind, in denen eine ganz spezielle und hervorgehobene Betonung der Aufmerksamkeit für Essensdinge vorherrscht. Die Überbesorgnis und Angst, wenn ein Kind nicht ißt und Gewaltmaßnahmen, die angewandt werden, um das Kind zum Essen zu zwingen, finden sich in einem hohen Prozentsatz der Fälle bei einem Muttertyp von bestimmter Eigenart:

Bei vordergründiger Beobachtung sind es die liebevoll bemühten, überbesorgten und überängstlichen Mütter, die von einer Aufregung in die andere fallen, wenn ihr Kind nicht den Appetit zeigt, den sie selbst für richtig und notwendig halten. Sehr auffällig ist dabei oft die Härte und Grausamkeit, mit der diese so liebevollen Mütter dafür sorgen, daß ihre ängstlich umhegten Kinder auch richtig essen. Die Mitteilung „der Stock lag immer neben dem Mittagessen" ist eine ganz außerordentlich häufig wiederholte Phrase. Es würde zwar kein Mensch auf den Gedanken kommen, ein in Pflege befindliches

Tier zu prügeln, weil es nicht frißt. Aber mit kleinen Kindern scheint dieser Umgang der angebrachte und wird oft mit dem Hinweis auf die notwendige Erziehung und den notwendig zu fordernden Gehorsam begründet.

Daß die drängende Überbetulichkeit der Mütter ihren Kindern gegenüber in Essensdingen ein wesentliches Moment bei auftretenden Eßstörungen ist, wird auch durch die wohlbekannte Tatsache beleuchtet, daß in den Hungerjahren der Kriegs- und Nachkriegszeit die Schlechtesserkinder deutlich abgenommen haben. Umgekehrt sagen Mütter oft: „In den Kriegsjahren habe ich ihn nicht sattkriegen können, jetzt wo es alles gibt, ißt er nicht mehr."

Unter tiefpsychologischen Gesichtspunkten muß nun gefragt werden, welche Motive hinter der oft unkorrigierbaren Überängstlichkeit der Mütter stehen. Bei genauerer Betrachtung findet sich dann fast immer folgendes: Die orale Überbesorgnis der Eltern hat einen im Grunde sehr weitgehend schuldgefühlshaften Charakter. Diese Mütter pflegen ihren Kindern in vielen Bereichen eine kindgemäße Entfaltung nicht zu gestatten. Insbesondere wird die aggressiv handelnde Expansion außerordentlich oft ganz ungebührlich eingeengt. Die Gewalttätigkeit, mit der gegebenenfalls versucht wird, das Kind zum Essen zu bringen, ist die gleiche, die auch sonst hinter den Verboten zu kindgemäßem Spielen steht.

Das folgende Beispiel mag hier einiges zur Verdeutlichung beitragen:

Die fünfjährige Heidemarie wird von ihrer Mutter vorgestellt, weil das Kind eigentlich von Geburt an nicht richtig äße. Der Zustand sei jetzt geradezu alarmierend. Jede Mahlzeit dauere Stunden. Die Mutter müsse unaufhörlich daneben sitzen, antreiben und ermahnen, ohne den obligaten Stock auf dem Tisch ginge es überhaupt nicht. Frühmorgens würge Heidemarie unter Tränen ein halbes Brötchen herunter, und im Hinblick auf die stundenlangen Mahlzeiten käme die Mutter nicht zum Haushalt und Heidemarie nicht zum Spielen.

Heidemarie ist ein fünfjähriges Mädchen, das in einem ganz unkindlichen Aufzug erscheint. Sie hat ein spitzes, altklug wirkendes Gesichtchen, trägt in der Hand ein überelegantes Lacktäschchen, macht einen übertrieben artigen Knix und spricht in Redewendungen wie: „Ja bitte", „Nein danke", „Wenn ich darf" usw.

Heidemaries Mutter ist eine 27jährige junge Frau, die einen bereits 45jährigen Mann geheiratet hat. Ganz offenbar ist ihr Mann für sie eine Art Vaterfigur. In ihren Erzählungen spricht sie auch nur von „unserem Vati" oder verspricht sich sogar und sagt „mein Vati". Heidemaries Mutter hat ihr Kind mit 22 Jahren bekommen mit einer gewissen theoretischen Vorstellung, daß in eine Ehe doch Kinder gehörten. Sie fügt hinzu, daß sie selbst außerordentlich kinderlieb sei, denn sie habe schon von ihrem zehnten Lebensjahr ab Babys zu betreuen gehabt. Es ergibt sich, daß Heidemaries Großmutter, also Mutter der Mutter, viele Jahre hindurch Säuglinge in Pflege genommen hat, gelegentlich sechs bis acht auf einmal und daß Heidemaries Mutter bei der Betreuung dieser Säuglinge sehr viel mithelfen mußte. Die vordergründige Bemerkung, daß sie das sehr gern getan hat, wird bald von der Mutter abgeändert, und sie gibt halb zögernd, halb erleichtert zu, daß der „ewige Säuglingsstall" zu Hause ihr außerordentlich auf die Nerven gefallen sei. Sie ist selbst streng erzogen worden, sehr auf gute Sitten und guten Anstand bedacht, hat nicht gewagt, von ihren Eltern eine Berufsausbildung zu erbitten, sondern wurde ganz mit in die Pflege dieser Säuglinge eingespannt.

Es unterlag keinem Zweifel, daß diese junge Frau von ihrer Ehe eine mindestens vorübergehende Befreiung von ihren zahlreichen pflegerischen Pflichten erhofft hatte. Die Existenz des eigenen Kindes fesselte sie dann aber doch in ganz unerwarteter Weise ans Haus und raubte ihr die Möglichkeit, all das nachzuholen, was sie in ihrer Kindheit versäumt hatte. Unfähig, sich die eigenen Bedürfnisse einzugestehen, reagierte Heidemaries Mutter mit einer überbetont sorgfältigen und überbetont ängstlichen Erziehung. Heidemarie durfte nie auf die Straße und mit anderen Kindern spielen, damit sie dort nichts Schlechtes lerne. Sie wurde wie ein Püppchen gehalten und zu einer automatenhaften Höflichkeit erzogen. Befragt, warum die Mutter denn ein solches Erziehungsideal verfolge, antwortet die Mutter, sie sei der Meinung, daß das Kind dann überall mehr Anklang habe. Das „Anklanghaben" bei Anderen war überhaupt die beherrschende Vorstellung bei der überängstlichen und sehr empfindlichen jungen Frau. Einige locker gegebene Erziehungsratschläge beantwortete sie zunächst mit einem schuldbewußten, „das sagt unser Vati ja auch immer". Die Bereitwilligkeit, die gegebenen Empfehlungen durchzuhalten, war ehrlich, aber nur von kurzer Dauer. Nach vierzehn Tagen kam die Mutter wieder und erklärte, sie sei einem Nervenzusammenbruch nahe, und sie könne es nicht mehr ertragen, wenn sie gezwungen sei, das Kind die Menge seiner Nahrungsaufnahme selbst bestimmen zu lassen. Diese Mitteilung war deswegen so besonders auffällig, weil Frau S. im gleichen Zusammenhang zugeben mußte, daß Heidemarie wesentlich besser äße als zuvor und auch in den vergangenen Tagen etwas zugenommen hätte.

Charakteristisch war hier, daß die Mutter den erzielten Erfolg nicht etwa als Anreiz erlebte, sich weiter nach den gegebenen Ratschlägen zu verhalten, sondern daß sie ganz beherrscht war von der quälenden, ihr selbst sicher unbewußten Problematik ihrer eigenen höchst propulsiven Abwehrimpulse gegen das Kind, das sie in der eigenen Freiheit behinderte.

Etwa ähnlich lag es bei dem 3½ jährigen Lutz B. Auch seine Mutter war eine im Kern freundliche und zugewandte junge Frau, die enorm unsicher und ängstlich wirkte. Sie erzählte sofort, daß sie den ihr von einem Kinderarzt gegebenen Ratschlag, das Kind nur das essen zu lassen, was es möchte, nur einen Tag wirklich habe voll durchführen können. Sie habe dabei, wie sie selbst berichtet, die heftigsten Seelenqualen ausgestanden und dann versucht, mit gequirltem Ei und Schokoladenpudding das gefürchtete Gewichtsdefizit, das der Junge erlitten haben müßte, wieder wettzumachen. Frau B. lebte mit ihrem kleinen Jungen zusammen mit eigener Mutter und Großmutter in einem Haushalt. Der Vater war viel unterwegs auf Reisen, das Kind den drei sehr ängstlichen Frauen ausgeliefert, die unaufhörlich beobachteten, wieviel es äße, die aber alle miteinander nicht dafür Sorge trugen, daß das Kind eine ihm zugehörige eigene Spielecke bekam.

Der Junge am Sceno-Kasten bekommt bald lebhaftes Interesse am Krokodil. Er läßt es zubeißen und als dieses Spiel mitagierend sehr bestätigt wird, fängt der Junge bald an vorzuspielen, wie er das Verhalten seiner Mutter erlebt. Lutz will seiner Mutter eine von den im Kasten befindlichen Holzbananen zu essen geben. Die Mutter will nicht und wehrt sich etwas und Lutz rennt nun durch das ganze Zimmer hinter ihr her, um ihr mit Gewalt die Holzbanane in den Mund zu stecken. Etwas verlegen lachend gibt die Mutter zu, daß das genau die gleiche Situation sei, die sie selbst umgekehrt täglich mit dem Jungen exerziere und daß sie jeweils, wenn der Junge am Spielen sei, angeschlichen käme, um ihm plötzlich und unvermutet ein Stück Brot in den Mund zu stecken. Sie ist dann sehr verwundert, wenn das in seinem Spiel gestörte Kind ungebärdig und wütend wird und sich breitbeinig vor ihr aufpflanzt und ihr zuruft: „Ich esse nie, nie, nie wieder etwas."

Die Vorkommnisse, die wir soeben geschildert haben, sind jedem gut beobachtenden Kinderarzt geläufig. Auch der vernünftige Erziehungsratschlag an die Mutter: „Die Essensmenge bestimmt das Kind", ist bekannt. Zusammenfassend wiederholen wir noch einmal, daß unter tiefenpsychologischen Gesichtspunkten zweierlei wichtig wird: Erstes Problem gilt der Frage, warum die Mütter gegebenenfalls nicht in der Lage sind, den von ihnen erbetenen ärztlichen Rat zu befolgen. Wir haben darauf hingewiesen, daß es sich bei solchen Müttern fast immer um einen unbewußten Ambivalenzkonflikt handelt, in dem die Mutter durch übertriebene eigene Opferhaltung ein ihr selbst unbewußtes Ressentiment dem Kind gegenüber produzieren muß. Die psychotherapeutischen Ratschläge, die man einer solchen Mutter geben kann, dürfen dann nicht Halt machen bei der oben genannten Empfehlung, die Appetitregungen des Kindes zu respektieren. Im allgemeinen wird man solchen Müttern nur helfen können, wenn man sie in bezug auf ihre eigene Opferhaltung berät und sie zu selbständigerer eigener Expansion ermuntert. Nur so kann das Kind vor den Schäden einer erdrückenden Liebe bewahrt bleiben.

Das zweite Problem ergibt sich, wenn man feststellen muß, daß Mütter ihren Kindern auf den entsprechenden Rat hin zwar die Essensmenge freistellen und nicht mehr quälen und drängeln, die Kinder dann aber doch in ihrer Appetitstörung verharren und nicht essen wollen. Hier muß man sich unter den Gesichtspunkten der allgemeinen Neurosenlehre auf das sorgfältigste bemühen, die sonstigen einengenden Faktoren, die das Kind behindern, klarzulegen. In fließendem Übergang kann die einfache Appetitstörung in sehr ernste Formen einmünden und sich unter Umständen zuspitzen zu dem dramatischen Krankheitsbild der sogenannten psychogenen Magersucht.

Eine ernstere Appetitstörung koppelt sich leicht mit aufkommenden Ekelgefühlen, *Brechreiz* und *Erbrechen* nach erzwungener Nahrungsaufnahme.

Die physiologischen Vorgänge, die den Brechreflex hervorrufen, sind außerordentlich verwickelt. Er kann von den verschiedensten Ansatzpunkten her ausgelöst werden. Soweit wir wissen, liegt das Zentrum für den Brechreflex im verlängerten Mark, und zwar im sensiblen Vaguskern. Chemische oder mechanische Reize der zentripetal leitenden Schleimhautnerven von Gaumen, Rachen, Zungenwurzel und Magen können wirksam werden. Eine unmittelbare Reizung bei Gehirnerschütterung, erhöhtem Liquordruck, Stoffwechselstörungen, Reizung des Vestibularis kann ebenfalls Erbrechen auslösen. Ein zentral angreifendes Brechmittel ist das Apomorphin, reflektorisch von Magen und Darm aus das Cuprum sulfuricum. Vom Großhirn her können widrige Vorstellungen den Brechreflex in Gang setzen. In diesem Zusammenhang haben wir hinzunehmen und zu konstatieren, daß der Mensch auf den Anblick, besonders leicht aber auch auf den Geruch bestimmter Speisen oder sonstiger Gegenstände mit ausgesprochenem Ekel reagiert und lebhaftes Mißbehagen zeigt. Wir haben es hier wieder einmal mit der Existenz der angeborenen Valenzen, in diesem Fall mit der Existenz unlustbetonter Valenzen zu tun.

Sprechen wir von *psychogenem Erbrechen*, so kann die Situation vermutlich in biologischer wie psychologischer Hinsicht verschiedenartig liegen: Es kann sich einmal um eine erworbene Abänderung dessen handeln, was sonst üblicherweise als angeborene „Anmutung" im Menschen Ekelgefühle hervorruft. Einfache Assoziationen im Sinne eines erworbenen bedingten Reflexes können hier eine Rolle spielen und wären in einer Einzelbiographie unter Umständen nur sehr schwer aufzufinden. So reagierte z. B. ein elfjähriger Junge beim Anblick einer bestimmten grünen Farbe mit allerlebhaftestem Ekel und Erbrechen, und ein anderes Kind konnte es nicht anhören und ertragen, wenn jemand mit rauhen Fingern über glatten Seidenstoff strich, ohne mit heftigem Brechreiz zu antworten. Bei beiden Kindern lagen spezielle Erlebniskoppelungen zwischen dem Sinnesreiz und anderen, biologischerweise ekelerregenden Vorgängen vor. Eine spezielle biographische Vorgeschichte bestimmte das Auftreten des Symptoms. Ähnlich auch der früher erwähnte Junge mit den Perlmuttknöpfen.

Wir möchten aber vermuten, daß diese Abänderung bzw. dieser Neuerwerb einer ekelerregenden Valenz der vergleichsweise seltenere Vorgang ist.

Das Häufigere wird sein, daß der in Anbetracht einer allgemein herabgestimmten affektiven Verfassung nicht auf Nahrungsaufnahme eingestellte Magen-Darmtrakt so reagiert, wie es sonst physiologischerweise nur bei Überangebot von Speisen passiert.

Eine möglicherweise vorhandene angeborene und erbliche spastische Bereitschaft wie beim Pylorospasmus, nur in verschobener und abgemilderter Form, müßte selbstverständlich mitbedacht werden, obgleich hierüber bisher nur wenig Genaues bekannt ist.

In Anbetracht der engen Verbindung der soeben besprochenen Symptomatik mit allen leichteren Formen der Eßstörung überhaupt, wie auch mit dem alarmierenden Endzustand der psychogenen Magersucht, bringen wir kein gesondertes kasuistisches Beispiel, sondern handeln die Magersuchtsthematik und das psychogene Erbrechen hinsichtlich der Kasuistik gemeinsam ab.

Der Begriff der *psychogenen Magersucht* hat sich in den letzten Jahrzehnten im allgemeinen klinischen Sprachjargon weitgehend eingebürgert. Sachlich gesehen ist diese Namensgebung keineswegs besonders glücklich. Sie legte die Vorstellung von biologischen Vorgängen nahe, die sich im allgemeinen objektiv nicht finden lassen. Analog zum Krankheitsbild der hypophysären Magersucht vermutet man, daß es sich bei so erkrankten Patienten um Abmagerungsvorgänge trotz ausreichender oder gar reichlicher Nahrungszufuhr handele. Wer sich im Hinblick auf die gewählte Namensgebung eine solche Vorstellung vom Wesen der psychogenen Magersucht macht, irrt aber im allgemeinen sehr erheblich. Die Ursache für die vorhandene oft katastrophale und hochgradige Abnahme ist primär fast immer eine tiefgreifende Appetitstörung mit Abwehr und Widerwillen gegen Speisen, wenn diese gewaltsam angeboten werden und mit Erbrechen, wenn das minimale Quantum, das der Magen aufzunehmen bereit ist, überschritten wird. Selten werden bei einer sogenannten psychogenen Magersucht noch weitere Organfunktionsstörungen vermißt. So die fast immer zugehörige Obstipation und — sofern es sich um pubertierende junge Mädchen handelt — Menstruationsstörungen.

Den biologischen Mechanismus, der in uns das Erlebnis „Appetit" oder gar „Hunger" oder auch „Sättigung" hervorruft, kennen wir bestenfalls bruchstückhaft. Wir vermuten, daß es sich um Regulationsmechanismen handelt, die eng mit dem Endokrinium verbunden sind und die möglicherweise im Diencephalon eine zentrale Schaltstelle haben. Die Beziehungen zwischen den affektiven Bewegtheiten des Menschen und ihren körperlichen

Zuordnungen im Thalamus, Hypothalamus, Diencephalon und Großhirn sind uns noch weitgehend dunkel. Es wird uns also nicht verwundern, wenn wir bei sehr tiefgehenden seelischen Erregungen auch sehr tiefgehende körperliche Veränderungen finden, und es wird nicht immer leicht sein, bei der vorkommenden Organfunktionsstörung festzustellen, wie der Entstehungsmechanismus im einzelnen gewesen ist. Für die Darstellung dessen, was man die psychogene Magersucht nennt, halten wir uns ohne voreilige Spekulationen an die empirischen Tatbestände, die offensichtlich sind.

Da pubertierende junge Mädchen das überwiegende Kontingent der beobachteten Magersuchtskranken ausmachen, halten wir uns auch in unserer folgenden theoretischen Erörterung und der kasuistischen Darstellung an das Problem der Pubertätsmagersucht bei den Mädchen.

Zunächst stellen wir im Gegensatz zur einfachen Anorexia nervosa heraus, daß die *orale* Thematik in ihren Beziehungen zur *Besitzproblematik* wesentlich betonter in den Vordergrund tritt. Die bestehenden familiären Konflikte kreisen hervorgehoben und in sehr charakteristischer Form um die Fragen von Eigentum und Mein und Dein. Außerdem aber bekommt im Erleben der jungen Mädchen die Tendenz zum Nichtessen einen bewußtseinsnäheren und präziser umschriebenen Inhalt. Das „Nicht-dick-werden-wollen" wird von den erkrankten jungen Patientinnen außerordentlich oft bereits spontan oder bei nur oberflächlicher Befragung als Zielvorstellung geäußert. Diese Tatsache trägt dazu bei, daß man sehr häufig das Nichtessen der Patientinnen als eine rein vom Willen her bestimmte Protest- und Trotzreaktion auffaßt und ihr mit Gewalt beizukommen sucht. Man übersieht dabei, daß die Eßstörung selbst meist sehr alten Datums ist und aus einer Zeit stammt, in der solche Zielvorstellungen noch nicht existierten. Man übersieht, daß es sich bei so veränderten Kindern meist um sehr alte und sehr weitreichende Herabminderung positiver Lebensimpulse handelt. Hinter einer ausgebildeten Magersucht steht immer eine tiefgehende depressive Verstimmung, und diese Veränderung der Stimmungslage ist schon früh bei einschlägigen Publikationen hervorgehoben worden (Zutt, v. Bergmann, Ruegg, H. Binswanger). Diese depressive Verstimmung ist dabei keineswegs jedesmal sofort und eindeutig zu registrieren. Magersuchtskranke Kinder und junge Mädchen haben in einem hohen Prozentsatz der Fälle eine Technik erworben, mit pseudoaufgelockertem Verhalten, eine Fassade von mobilem und munterem Scheinkontakt herzustellen, eine etwas exaltierte Lustigkeit und Betriebsamkeit an den Tag zu legen, die den naiven Beobachter darüber täuschen, wie tief die allgemeine Herabstimmung des Lebensgefühls geht. Oft täuschen sich übrigens die Patienten selbst darüber. Das subjektive Leid und die vorliegende depressive Verstimmung werden nicht bis zur Schwelle des Bewußtseins vorgelassen, sondern mit Betriebsamkeit und Pseudomunterkeit überspielt.

Fragen wir uns nach den Gründen, warum ein solches junges Mädchen noch über die allgemeine Appetitstörung hinaus eine bewußte Zielvorstellung bekommt, die leidenschaftlich darauf ausgerichtet ist, das Dickwerden zu vermeiden, dann finden wir die Motive mehrfach determiniert. Ganz bevorzugt hat dieses Bestreben damit zu tun, daß eine tiefe und existentielle Lebensangst dazu treibt, die Entwicklung zur weiblichen Reife, die Entwicklung zur Frau abzulehnen. Nicht selten wird das von den jungen Mädchen ganz direkt so formuliert. „Ich will nicht groß werden, ich will nicht erwachsen werden." Oder auch, positiver ausgedrückt: „Ich will Kind sein, ich will immer Kind bleiben." Nicht selten ist zu beobachten, daß ein betontes kleinkindhaftes Spielen fast demonstrativ betätigt wird. Bevorzugt wird mit Puppen gespielt, und die infantilen Beschäftigungen einer früheren Altersstufe rücken in nicht mehr angemessener Weise wieder in den Vordergrund.

Die Entwicklung bis zu dieser Krise enthält im allgemeinen mehrere Etappen, die wir z. T. oben bereits angedeutet haben.

Ganz ursprünglich sind solche Kinder in ihrer allgemeinen Existenz nicht erwünscht und nicht bestätigt. Ganz besonders stark gedrosselt wird dabei der oral kaptative Bereich, und zwar in verschiedener Hinsicht. Einmal werden in elementarer Weise hierhergehörige Wünsche nicht ausreichend befriedigt, während nebenher und zugleich eine ausgeprägte überbetonte Fürsorge und ein überbetonter Kult in Essensdingen getrieben werden. Die Ambivalenz und Zwiespältigkeit, mit der die Eltern von magersuchtskranken Kindern die Besitzthematik erleben, ist ganz außerordentlich.

Ein ganz hervorgehoben wichtiges Moment, das sich an diese beiden erstgenannten Faktoren angliedert, ist dann die Tatsache, daß die Rolle der Mutter im Leben der Familie eine nicht erfreuliche ist. Sie bietet kein Vorbild zu positiver Identifikation. Das kleine Mädchen lernt an der Mutter ein negativ zu bewertendes Frauenschicksal kennen und hat sehr erschwerte Möglichkeiten, von hier aus gesehen positive Zukunftsphantasien in bezug auf ihre eigene weibliche Rolle zu erwerben. Insbesondere pflegt die Lebenssituation der Mütter von magersuchtskranken Kindern in bezug auf die Besitzthematik eine sehr gedrückte zu sein. Sie ist oft ausgezeichnet durch die Notwendigkeit extremer Selbstaufopferung, dienender Haltung und oraler Wehrlosigkeit.

Nur in seltenen Fällen liegt diese Tatsache dem außenstehenden Beobachter leicht zugänglich auf der Hand. Hier noch mehr als sonst pflegt die Fassade in der Familie den wahrhaft dramatischen Konfliktstoff zu überdecken, der sich unter der Oberfläche abspielt. In einem Fall war die Mutter einer Magersuchtskranken an einen zwar gut verdienenden, aber trinkenden Handwerker verheiratet. Sie war gezwungen, in der Haushaltsführung jeden Pfennig einzeln umzudrehen, während der Ehemann das Geld im Wirtshaus zwanzigmarkweise vertrank. In einem anderen Fall war die Mutter die ursprünglich wohlhabende gewesen, die ihrem Mann die darniederliegende Bäckerei mit ihrem Geld wieder in Betrieb brachte. Sie mußte selbst Tag und Nacht in der Bäckerei arbeiten, konnte sich nicht recht um die Kinder kümmern und war trotzdem wehrlos der Tatsache ausgeliefert, daß das von ihr eingebrachte und erarbeitete Geld in der Familie des Mannes aufgebraucht wurde. Und zwar wurde damit für die sehr gehässige Schwiegermutter ein großzügiger Haushalt finanziert und für einen verwahrlosten Schwager der Lebensunterhalt bestritten.

In einem dritten Fall hatte eine 35 jährige Frau einen sechs Jahre jüngeren Mann geheiratet, dem sie geistig nicht unerheblich überlegen war. Dieser Mann hatte gehofft, in ihr eine laufend berufstätige Ernährerin zu finden, mit der gemeinsam er es sich erlauben könnte, ein industrielles Projekt zu starten.

Als die Frau bald nach der Eheschließung schwanger wurde und ihren Beruf aufgeben wollte, um sich um die Kinder zu kümmern, protestierte der Mann auf das energischste und erklärte, er habe keine Amme, sondern eine verdienende Frau geheiratet. Überanstrengt von zwei späteren Schwangerschaften und der auf Drängen des Mannes weitergeführten Berufstätigkeit mußte die Frau 38jährig aus Gesundheitsgründen schließlich doch ihre Arbeit aufgeben, erlebte von da an aber ein jahrelanges Martyrium, weil ihr Mann ihr und ihren Kindern vorhielt, daß er sie, ohne es je gewünscht und gewollt zu haben, ernähren müsse.

Die Mutter-Tochterbeziehung zwischen den magersuchtskranken Patientinnen und ihren Müttern ist fast immer auffallend eng und dadurch charakterisiert, daß die am Leben und am Mann enttäuschten Mütter sich mit großer Vehemenz und erdrückender Ausschließlichkeit ihren Kindern zuwenden. Liebevolles Moralisieren, bevormundendes Gängeln und Einengen haben fast alle späteren Magersuchtskranken in ihrer Kindheit erlebt.

Nebenher haben sie aber noch etwas anderes erlebt. Sie haben eine besondere Form der Verwöhnung geboten bekommen und sind von ihren Müttern nicht selten wie die Prinzessin auf der Erbse zwar unter einem Glaskasten gehalten worden, aber doch immerhin als Prinzessin. Die „Prinzessinnenhaltung" und die zugehörigen Verwöhnungsansprüche, die nicht selten eine Note von Arroganz haben, werden bei magersuchtskranken jungen Mädchen oft beobachtet. Die Unfähigkeit, sich fordernd und aktiv im Leben durchzusetzen, die die Kinder unter dem mütterlichen Glaskasten erworben haben, wird begleitet von außerordentlich großen Erwartungshaltungen, was die Welt an Verwöhnung und Bewunderung pflichtgemäß zu bieten habe. Die überstarke Bindung dieser Patientinnen an ihre Mütter wird begünstigt durch die sehr belastende Tatsache, daß im allgemeinen die Beziehung zum Vater dadurch kompliziert ist, daß dieser die Patientinnen in ihrer Existenz als Mädchen abgelehnt hat. In der Vorgeschichte von magersuchtskranken Mädchen ist es ein besonders häufiger Faktor, daß die Väter in dieser Familie äußerst heftige, gewalttätige Jähzornsdurchbrüche zeigen und im besten Fall die Patientinnen in eine jungenhafte Rolle hineindrängen und in dieser bestätigen.

Es ist leicht zu sehen, daß eine solche Fehlentwicklung eine besonders schlechte Vorbereitung auf das spätere Leben als Frau abgeben muß. Es ist auch leicht einzusehen, daß ein so entwickeltes Kind in ganz besonderer Weise auf die übliche auftretende Geschwisterproblematik mit Affekt und Erregung, leidenschaftlichem Neid, Haß und Wut reagieren muß. Lebt neben einem solchen Kind eine konkurrierende Schwester, der vermeintlich oder wahrhaftig bessere Lebenschancen geboten werden, so bedeutet das für so entwickelte Kinder ein sehr viel höheres Maß an Schwierigkeit, als es die übliche Geschwisterproblematik sowieso darstellt. Es ist daher sicher kein Zufall, wenn wir in den Krankengeschichten der magersuchtskranken jungen Mädchen, sofern sie Schwestern hatten, die leidenschaftlichsten Konkurrenzauseinandersetzungen mit einer jüngeren oder älteren, aber als bevorzugt erlebten Schwester berichtet bekommen. Allerdings erhalten wir einen solchen Bericht immer erst, wenn die Fassade von überbetonter Herzlichkeit und Scheinliebe zwischen diesen Schwestern aufgearbeitet worden ist.

Trotzdem genügen die bisher genannten Daten noch immer nicht, um das Entstehen eines so alarmierenden Krankheitsbildes erschöpfend zu erklären. Ein junges Mädchen, das sowohl durch die Verhaltensweisen seines Vaters wie im Hinblick auf die bei der Mutter erlebten weiblichen Rolle allen Grund hat, das Frausein zu fürchten, hat als mögliche Bewältigungsform immer noch das Ausweichen in Ehrgeiz, Arbeit und Leistung und die Entwicklung einer positiv empfundenen Berufsplanung. Ansätze zu Ehrgeiz und zu fast pedantischem Fleiß finden wir tatsächlich auch sehr oft in den Vorgeschichten magersuchtskranker Mädchen. Fleißige, ehrgeizige Schülerinnen, die bei fehlerhaften Leistungen und Schulversagen in größte Erregung geraten, sind nicht selten. Vielfach wurde in der Literatur auf dieses Faktum hingewiesen (v. Bergmann, Fanconi, Zutt). Es gibt eine ganze Fülle von blande verlaufenden und — wenn man so will — larvierten Magersuchtsentwicklungen, wo diese Bewältigungsform tatsächlich in gewissen Grenzen glückt. Dann wird die Rolle als Frau stark auf die Ehrgeizthematik abgestellt, die depressive Verstimmung wird damit überspielt. Es wird unter Umständen sogar ein Partner gewählt und unter Ehrgeizgesichtspunkten geheiratet, und das Leben bleibt leidlich im Gleichgewicht. Die immer vorhandene mehr oder weniger ausgeprägte Eßstörung nimmt dann keine katastrophalen Formen an.

Die wirklich dramatischen Zuspitzungen ergeben sich in der Pubertät im allgemeinen nur dann, wenn ein so präpariertes junges Mädchen einerseits an der sich anmeldenden Partnerschaftsproblematik scheitert und gleichzeitig an der zukünftigen oder gegenwärtigen Berufsentwicklung.

Wie das im Einzelfall liegt, wird nicht immer leicht zu erfragen sein und sich im allgemeinen nur der sorgfältigsten tiefenpsychologischen Untersuchung enthüllen.

So wird z.B. von den Eltern die Berufsausbildung überhaupt verhindert, möglicherweise mit Hinweis auf bestehenden Reichtum, oder sie wird nur in sehr dürftigem Rahmen gestattet und bietet keine Zukunftsbasis. Oder die Patientin hat selbst mit Hinblick auf ein Stück Bequemlichkeit eine nur kurzfristige und wenig gründliche Ausbildung erstrebt und bemerkt, daß damit im Leben kein Weiterkommen ist.

Unter Umständen ist das Scheitern an der Berufsplanung auch rein subjektiv und wird von außen her gar nicht bemerkt. Zum Beispiel, wenn ein Mädchen mit Fleiß und Pedanterie und größter Kraftanstrengung eine knapp mittlere Begabung ausgleichen mußte, um hinter dem eigenen Ehrgeiz herzukommen und allmählich bemerkt, daß das Begabungsniveau auch bei Anstrengung nur für mittlere, aber nicht für sensationelle Leistungen reicht.

Im allgemeinen pflegt es sich bei den seltenen dramatischen Krankheitsbildern der Pubertätsmagersucht um eine ausweglose Zuspitzung in allen Lebensbereichen zu handeln, in der akut und gleichzeitig vielfache Versuchungen und Versagungen mit Hinblick auf freiere und expansivere Lebensbewältigung an die heranreifenden jungen Mädchen herangetragen werden. Außerstande, sich in lebenswichtigen Fragen zu behaupten und im erforderlichen Rahmen erobernd und gestaltend der Welt zuzuwenden, wird mit allen Anzeichen existentieller Lebensangst die fortschreitende Lebensentwicklung abgewehrt.

Das folgende kasuistische Beispiel ist ausgewählt als eines unter mehreren gleichsinnigen Fällen, die in immer wieder erneuerter Abwandlung das gleiche Thema darbieten.

Die 17jährige Ingrid K. wird wegen einer dramatischen Nahrungsverweigerung seit ca. $^1/_4$ Jahr vorgestellt. Nach Angaben aus der Vorgeschichte war die Patientin schon immer ein schlechter Esser. Ein empfindsames, leicht gekränktes Mädchen, das besonders mit der drei Jahre älteren Schwester in ständigem Hader lag. Ingrid kam aus einer Flüchtlingsfamilie, die seit Wochen in Berlin lebte. Der Vater Werkzeugmacher, ehemaliger Schlesier, dann in die Ostzone geflüchtet, jetzt von dort angeblich aus politischen Gründen nach Westberlin gezogen. Die Familie hatte zum zweitenmal ihren gesamten Besitz zurücklassen müssen und lebte auf das notdürftigste in einem Flüchtlingslager. Ingrid berichtete, daß alle Familienmitglieder einen gewissen Anteil ihrer Habe herüberzutragen versucht hätten. Sie selbst hätte für sich allerdings nur verhältnismäßig wenig mitnehmen können, denn ihre Schwester habe sie genötigt, den neuen Pelzmantel, den diese sich gerade angeschafft hatte, zu tragen mit dem Hinweis, daß das kostbare Stück evtl. verkauft werden könnte, auf jeden Fall in der kalten Zeit einen guten Wärmeschutz abgeben werde und auch von Ingrid benutzt werden dürfe. Ingrid kam beim Bericht über diesen Pelzmantel rasch in heftige Erregung. Die Schwester habe dieses Versprechen nicht gehalten, sondern empfände es jetzt als Zumutung, wenn Ingrid sich gelegentlich diesen Pelzmantel ausleihen wollte. Zweifelsohne war in der Existenz der Schwester für Ingrid außerordentlich viel Konfliktstoff verborgen. Es fand sich die typische Haß-Liebe-Einstellung, die magersuchtskranke Mädchen ihren Schwestern gegenüber zu zeigen pflegen. Tatsächlich war im Erleben von Ingrid die ältere Schwester in vieler Hinsicht bevorzugt. Die ältere Hanna war Lieblingskind der Großeltern gewesen und von diesen Großeltern, Eltern des Vaters, stark bevorzugt worden. Hanna hatte bei der Geburt von den Großeltern ein Sparkassenbuch angelegt bekommen, Ingrid nicht. Zu jedem Geburtstag, zu jedem Feiertag wurde dieses Sparkassenbuch um ein Geldgeschenk bereichert, Ingrid ging die ersten sechs Jahre leer aus. Dann versuchte die Mutter, der diese Ungerechtigkeit weh tat, einen kleinen Ausgleich. Da sie aber selbst materiell sehr zu kämpfen hatte, konnte sie es den wohlhabenden Schwiegereltern nicht gleichtun. Die Schwiegereltern hatten die Geburt des zweiten Mädchens sehr übel genommen. Die Eltern der Kinder befanden sich nämlich in wirtschaftlichen Schwierigkeiten, und zwar weil der Vater der beiden Mädchen trank. Die Großeltern mußten oft mit Geld aushelfen, und im Hinblick darauf empfanden sie die zweite Schwangerschaft als einen großen Leichtsinn der jungen Leute. Ingrid bekam von den Großeltern, die in der Nähe der Eltern ein Einfamilienhaus mit Garten besaßen, die Ablehnung oft zu spüren. Die Großeltern hatten die Angewohnheit, wechselweise ihre Enkelkinder zu Festlichkeiten mitzunehmen. Öfter wurde Ingrid übergangen und hinter einem Vetter und einer Cousine zurückgestellt. Ingrid erinnert sich an eine ganze Fülle von kränkenden und enttäuschenden Erlebnissen gleichsinniger Art. Die Bindung der Mutter gegenüber wurde dabei immer enger. Die Mutter selbst war in ihrem schwierigen Schicksal an der Seite dieses Trinkers schwer enttäuscht. Mit minimalen Geldbeträgen mußte sie auf das äußerste sparen. Sie hatte Grund froh zu sein, wenn die ältere Tochter von den Großeltern versorgt, gekleidet und mit Geld beschenkt wurde. An die offensichtlich vernachlässigte jüngere Tochter schloß sie sich selbst gefühlsmäßig sehr an. Die Richtlinien, die sie ihr auf den Weg mitgab, sahen so aus: „Heirate nie, Du hast davon nur Unglück. Männer sind grob und roh und plündern die Frauen aus. Wenn Du sparsam bist und genügsam, wirst Du immer ein bescheidenes Leben fristen können. Versuche fleißig und selbständig zu werden."

Der Vater der Patientin machte der Zweitgeborenen den Vorwurf, daß sie kein Junge geworden war. Auch er entwickelte durch Bemerkungen und entsprechende Haltung bei der Patientin die Bereitwilligkeit, auf ehrgeizige Leistung hin zu arbeiten. Einen Bestätigungsblick für sie als Mädchen hatte er nie. Da die Patientin sowieso die abgelegten Kleider der älteren tragen mußte, litt auch hier die Pflege und Entwicklung der positiven Identifikation mit der weiblichen Rolle Not. Andererseits lebte die Patientin mit ihrer Mutter auf einer schmalen Insel wechselseitiger Bestätigung und wechselseitiger Identifikation. In diesem schmalen Sektor war sie Königin und die einzige, die etwas galt. Die Fixierung an die Mutter prägte sich mit den Jahren immer deutlicher aus.

Die Patientin entwickelte nun einen heimlichen Wunsch: Sie wollte das Abitur machen, die höhere Schule besuchen und dann Lehrerin werden. Begabter als ihre Schwester hätten diese Pläne auch durchaus verwirklicht werden können. Vater und Großmutter machten einen Strich durch die Rechnung. Im Familienrat wurde beschlossen, daß höhere Schulbildung viel zu kostspielig sein würde und daß es zweckmäßig wäre, mit dem 15. Lebensjahr die Schule abzuschließen und eine Lehre als Lebensmittelverkäuferin zu beginnen.

Die Patientin fügte sich ohne besonderen Protest und begann eine harte und anstrengende Lehre als Verkäuferin. Mit noch halb abgeschlossener Berufsausbildung mußte sie dann nach Berlin flüchten, blieb arbeitslos, machte längere Zeit das Lagerleben durch und wurde hier erstmalig mit sexuellen Problemen konfrontiert.

Das stark aufgelockerte Lagerleben, in dem im Schlafraum der Frauen ungeniert und offen über sexuelle Themen gesprochen wurde, vermittelte der Pat. einen rüden und rücksichtslosen Einblick in die Probleme der Sexualität, und zwar von einer ganz ungewöhnlich primitiven Seite. Zahlreiche Attacken teils jüngerer, teils älterer verheirateter Männer auf das reizvolle junge Mädchen begleiteten die Erfahrungen aus dem Frauenschlafsaal. Die Patientin, fleißig und ehrgeizig wie sie war, bemühte sich intensiv um Arbeit, fand auch welche und erlebte, daß, während sie ein hohes Maß von Arbeitseinsatz leistete, ihre Schwester nichtstuend und drohnenhaft im Lager blieb. Es schien selbstverständlich, daß die Patientin das von ihr erarbeitete Geld vorbehaltlos der Familie zur Verfügung stellte und nicht einmal versuchte, den Nachteil auszugleichen, den sie dadurch erlitten hatte, daß sie anstatt der eigenen Sachen den Pelzmantel der Schwester getragen hatte. Es kam hinzu, daß die Patientin auf der Arbeitsstelle, die sie gefunden hatte, in ganz ungebührlicher Weise ausgenutzt wurde und außerdem betrogen worden war. Es war ihr verheimlicht worden, daß sie auf ihrem Arbeitsplatz ihre Lehre nicht vollgültig beenden konnte, so daß die dort verbrachte Zeit in bezug auf Zukunftsplanung völlig nutzlos war. Die Gehemmtheiten der Patientin dokumentierten sich in prägnanter Weise darin, daß sie nicht imstande war, diesen Betrug ihrer Arbeitgeber zum Gegenstand eines Gesprächs zu machen oder auch nur zu Hause in der Familie darüber ein Wort zu verlieren. Sie meinte, froh sein zu müssen, daß man sie überhaupt behielt, daß man sie äußerst schlecht bezahlte und kräftemäßig ausnutzte. Sie hielt es auch für eine Selbstverständlichkeit, daß die Schwester ein bequemes Leben führte und ihr Geld mitverbrauchte.

Die ersten Anzeichen des später sich katastrophal auswachsenden Krankheitsbildes wurden sowohl von der Familie, wie von der Pat. selbst kaum beachtet. Erst als zu der sich immer mehr verschärfenden Appetitstörung schließlich ein lebhaftes und unstillbares Erbrechen hinzu kam, wurde ärztlicher Rat eingeholt. Vielfältige organtherapeutische Maßnahmen und monatelanger Krankenhausaufenthalt konnten allerdings an dem Zustand nichts ändern. Dies naturgemäß um so weniger, als von außen her zunächst nicht zu überblicken war, mit welchen affektiven Belastungen sich das Mädchen auseinanderzusetzen hatte.

Einen Augenblick widmen wir unsere Aufmerksamkeit noch der Tatsache, daß bei dieser Patientin ebenso wie bei fast allen klassisch ausgeprägten Krankheitsbildern der Magersucht Menstruationsstörungen und Obstipation bestanden haben. Das dramatische Ausmaß der einschneidend veränderten Körperverfassung hat immer wieder zu der Überlegung Anlaß gegeben, ob die erkrankten Patientinnen nicht primär durch eine verminderte Leistungsfähigkeit des diencephalen Systems ausgezeichnet seien. Die selten vermißte Menstruationsstörung und die ebenfalls meist vorhandene Obstipation wurden in diese Arbeitshypothese mit eingefügt. Methodisch ist es allerdings kaum erlaubt, die Existenz dieser zweifellos häufig vorliegenden Organbefunde zum Beweis für eine primär organische Erkrankung heranzuziehen. Sowohl Menstruationsstörungen wie eine Obstipation können unbestreitbar primär psychisch bedingt sein. Die Untersuchungen von Stieve haben das Vorkommen einschneidender Menstruationsstörungen und ovarieller Atrophien im Anschluß an tiefe seelische Erschütterungen und Ängstigungen bewiesen.

Bei der Patientin, von der wir soeben gesprochen haben, erhärtete der therapeutische Verlauf die Hypothese, daß auch die Menstruationsstörung die Folge von Verdrängungsvorgängen war. Stellte sich doch die Periode in einer bestimmten Etappe der Therapie wieder ein, in der die Probleme der Sexualität, der biologischen Reifung und der Partnerschaftsbeziehung ausreichend durchgearbeitet waren.

Eine ausführliche Darstellung der therapeutischen Bemühungen und der einzelnen Reifungsschritte, die die Patientin vollzog, würde recht erheblich zu weit führen. Nur soviel sei über die Kristallisationspunkte, um die sich die Therapie zentrierte, gesagt: Als erstes mußte die Konkurrenzauseinandersetzung mit der Schwester und der überfordernden Familie bereinigt werden. Die Patientin mußte in die Lage kommen, sich fordernd in der Umwelt durchzusetzen. Insbesondere mußte ihr Assistenz geleistet werden bei der Entfaltung ihrer verdrängten und verschütteten oralen Wunschwelt. Der Zugang zu eigenen Besitzwünschen und die Möglichkeit, berechtigte Wünsche auch anzumelden, mußte geschaffen werden. Auf dieser Basis allein konnte die Patientin dauernde Substanzverlustängste aufgeben und sich allmählich ein besseres Selbstvertrauen erarbeiten. Nur mit einem so gewonnenen besseren Selbstvertrauen konnte es der Patientin gelingen, ihre Berufsentwicklung besser zu fundamentieren. Es gelang, die Patientin in ihrer eigenen Aktivität so weit zu mobilisieren, daß sie bald Mittel und Wege fand, die Berufsplanung selbständig umzustellen. Sie erreichte es, daß sie in einem zahntechnischen Labor angestellt wurde und sie arbeitete sich dort bald so günstig ein, daß man ihr die Wege zu einer geordneten Ausbildung ebnete.

Erst mit diesem neu gewonnenen Fundament zuversichtlicher Lebensplanung konnte es gelingen, die Patientin so an das Problem der eigenen weiblichen Reifung heranzuführen, daß nicht mehr elementare Ängste und Abwehrhaltungen auftauchten. Nur auf der Basis ausreichenden Selbstvertrauens war die Möglichkeit zu liebevoller Zuwendung und liebevoller Hingabebereitschaft einem Partner gegenüber gegeben.

Wir sagten schon, daß die Menstruationsstörung in jener Etappe der Therapie verschwand, in der diese Problematik ausreichend durchgearbeitet war. Über die spezielleren Bedingungen der bestehenden Obstipation wollen wir nicht hier, sondern in dem entsprechenden späteren Kapitel sprechen.

8. Ulcus ventriculi et duodeni, Gastritis

Wer Gelegenheit gehabt hat, magersuchtskranke Patientinnen psychotherapeutisch zu behandeln, dem wird nicht entgangen sein, daß es im Verlauf des therapeutischen Prozesses nicht selten zu gastritischen Beschwerden kommt. Diese Beobachtung mag uns zum Problem psychisch bedingter Magensymptomatik überleiten.

Ulcus ventriculi und Ulcus duodeni bei Kindern und Jugendlichen galten bis vor kurzem als eine extreme Seltenheit. Die verfeinerte Röntgendiagnostik, die im vergangenen Dezennium ausgebildet wurde, konnte zeigen, daß ulceröse Prozesse im Magen und Duodenum beim Kind und Jugendlichen doch etwas häufiger sind, als man früher annahm. Immerhin steht die Erkrankungsziffer von Kindern und Jugendlichen auch bei genauer Überprüfung in keinem Verhältnis zur Häufigkeit, mit der Erwachsene an Ulcus erkranken.

Die oben erwähnte Beobachtung, daß gastritische Beschwerden evtl. sogar ulceröse Vorgänge bei ursprünglich magersuchtskranken Patientinnen auftreten, mag uns einen Hinweis geben, welche psychischen Vorgänge hier im Spiele sind. Oft können wir folgendes beobachten: Der totale Verzicht auf orale Impulse, der von magersuchtskranken Patienten geleistet wird, muß ja im Verlauf der Therapie aufgelockert werden. Mit den ersten Appetitregungen pflegt auch eine lebhafte Wunschwelt dem Bewußtsein nahezurücken. Diese Wunschwelt und die Bereitwilligkeit, sich erobernd und fordernd mit der Welt auseinanderzusetzen, muß aber in Anbetracht der Vorgeschichte mit äußerst zwiespältigen Skrupeln belastet sein. Aufkommender Impuls und unbemerkt hochschießende Abwehrhaltung liegen in Konkurrenz. Wenn man im Bilde sprechen will, so ist beim Ulcuskranken die Verdrängungsdecke, die den oralen Wunsch vom Erleben abschaltet, dünner und wesentlich aufgelockerter als beim depressiv resignierten Magersuchtskranken. Der Ambivalenzkonflikt ist lebhafter, weil das fast reflexhafte Für und Wider von durchbrechendem Impuls und blitzartiger Abwehrhaltung dem Bewußtsein nähersteht. Unmittelbar drängt sich uns der Vergleich mit den Experimenten an Hunden auf, die nach häufig wiederholter Scheinfütterung ein Magenulcus bekamen. Orale Impulse mit den zugehörigen bedingten Reflexen am Magen-Darmtrakt müssen immer dann einen Zustand pathologischer Dauererregung der beteiligten Organfunktionen hervorrufen, wenn es bei einer „Scheinfütterung" bleibt und der anklingende orale Impuls wieder abgeschaltet wird, bevor seine Befriedigung gestattet wurde.

Es gibt eine umfassende analytisch-psychotherapeutische Untersuchung von Schwidder am erwachsenen Ulcuskranken, die sich mit den vorkommenden psychischen Befunden befaßt hat. Schwidder hat im Verlauf seiner Untersuchungen festgestellt, daß die Vielfalt der Befunde zwar hindere, daß man von einer einheitlichen „Ulcuspersönlichkeit" sprechen könne, wie z.B. Glatzel es versucht, folgende übereinstimmende Beobachtungen könne man jedoch an allen Ulcuskranken machen: Ulcuspatienten seien „nicht in der Lage, innere Konflikte ihres Besitz- und Geltungsstrebens mit Vernunft und innerer Abstandnahme zu bewältigen. Keiner der Patienten hatte in der Kindheit gelernt, seine Besitzwünsche adaequat durchzusetzen oder auf sie zu verzichten. Meist kam es nur zu einem oberflächlichen, durch Ideologien verbrämten Verzicht, während Sprengstücke habgieriger Wünsche zu einer ständigen Beunruhigung werden, zu einem Spannungszustand führen, der nicht gelöst werden kann, da die Herkunft der Sprengstücke nach lange eingeübter Verdrängung nicht mehr bewußt wird".

Schwidder schreibt weiter, daß es für den späteren Magenkranken charakteristisch zu sein scheine, daß er sich mit seiner Situation nicht abgefunden habe, wie der Depressive, sondern daß die psychische Konstellation ambivalent bleibt, daß eine Totalverdrängung der Eß- und Besitzwünsche nicht gelingt und daß durch die Existenz dieser halbverdrängten Wünsche ein ständiger Spannungs- und Beunruhigungszustand einträte.

Charakteristisch ist übrigens, daß der magenkranke Ulcuspatient in ähnlicher Weise wie der Magersuchtskranke die Ehrgeiz- und Leistungslinie ganz besonders häufig betont entwickelt.

Nun sind Ulcuserkrankungen bei Kindern oder Jugendlichen, wie wir sagten, eine rechte Seltenheit. Woran das liegt, wissen wir kaum. An den von uns beobachteten ulcuskranken Jugendlichen, die aus psychischen Gründen ihr ulcus bekommen hatten, zeigte sich verhältnismäßig konsequent die Tatsache, daß die Lebensbelastungen, denen diese jungen Menschen ausgesetzt waren, im allgemeinen einen höchst dramatischen Charakter hatten. Wir schicken vorweg, daß nach unseren Beobachtungen ulcuskranke Jugendliche nicht selten die Konfrontation mit kriminellen Problemen im Hinblick auf Besitzfragen verarbeiten mußten. Es leuchtet ein, daß die ins Kriminelle verlagerten Versuchungssituationen bei jungen Menschen, die in ihrer oralen Antriebsreifung Schaden genommen haben, eine ganz besondere Bedrohung darstellen müssen.

Folgendes kasuistische Beispiel nimmt mit seiner sehr dramatisch zugespitzten Hintergründigkeit doch kaum eine hervorgehobene Rolle ein unter den Anamnesen anderer ulcuskranker Jugendlicher.

Die 17jährige Marianne G. wird wegen röntgenologisch gesicherten Ulcus ventriculi überwiesen. Die Magenanamnese reicht bis ins 14. Lebensjahr zurück. Damals fingen die ersten subjektiven Beschwerden an und wurden auf das bereits seinerzeit erstmalig beobachtete floride Ulcus bezogen. Vielfältige Behandlungsmaßnahmen sind in diesen drei Jahren vergeblich geblieben und ehe als Ultima ratio eine Operation versucht werden sollte, wurde die Frage ventiliert, ob psychische Faktoren in der Aetiologie eine prägnantere Rolle spielen könnten.

Die biographische Anamnese war bei dem jungen Mädchen, das sich sehr verschlossen gab, nicht leicht zu erheben. Sehr allmählich kristallisierten sich folgende Begebenheiten heraus: Vor drei Jahren — also zu dem Zeitpunkt, in dem die Magenbeschwerden begonnen hatten, — war der Vater aus München zu seiner Familie zurückgekehrt. Die erste Angabe, daß der Vater bis dahin in München gearbeitet habe, wurde im Verlauf des Gesprächs von der Patientin revidiert. Sie teilte mit, daß der Vater wegen ausgedehnter Lebensmittelschiebungen bis dahin im Gefängnis gesessen hatte und nun aus dem Gefängnis zu Mutter und Familie zurückkehrte. 1945 war der Vater von Berlin nach München gegangen, weil er sich von der Mutter der Pat. hatte scheiden lassen wollen. Er ging mit einer Freundin, die er heiraten wollte. Während der vier Jahre, die der Vater im Gefängnis blieb, heiratete diese Freundin allerdings einen anderen Mann, und der Vater besann sich auf seine Familie zurück. Die Mutter der Pat. war eine äußerst weiche und nachgiebige Frau. Als ihr Mann ihr aus dem Gefängnis schrieb, er werde entlassen und wüßte nicht wohin, war sie sofort bereit, ihn wieder bei sich aufzunehmen. Sie selbst hatte zwar in diesen Jahren einen Freund gefunden, mit dem sie sich wesentlich besser stand, als mit ihrem Ehemann, aber sie trennte sich von diesem Freund sofort, weil sie meinte, sie könne den jetzt im Unglück sitzenden Mann nicht allein lassen.

Als der Vater in die Familie zurückkehrte, spielte sich zu Hause folgendes ab: Weit entfernt davon, dankbar zu sein, daß seine Frau ihn wieder aufnahm, empörte der Vater sich darüber, daß die Mutter in der Zwischenzeit einen Freund gehabt hatte. Auch in der ärztlichen Konsultation erregte er sich darüber, daß er bei der Rückkehr „das Haus nicht sauber" vorgefunden habe. Empörend sei auch gewesen, daß die Ehefrau angeblich sein Eigentum veräußert habe, um sich selbst einen guten Tag zu machen. Die Naivität des Vaters bei diesen Vorwürfen war erstaunlich. Es schien ihm nicht in den Sinn zu kommen, daß er derjenige gewesen war, der die Ehe hatte auflösen wollen und der den Unterhalt der Familie auch in den Jahren, in denen er durch seine Lebensmittelschiebungen Großverdiener war, völlig versäumt hatte Das, was er der Familie zurückgelassen hatte an persönlichem Eigentum war ihm damals wertloser Besitz gewesen, den er nicht über die grüne Grenze transportieren konnte und wollte und den er sich in wesentlich besserer Qualität im Westen neu besorgte.

Zurückgekehrt, machte er seiner Frau täglich die leidenschaftlichsten und heftigsten Vorwürfe. Marianne wurde tief in diesen elterlichen Konflikt mit hineingezogen. Sie wußte, daß der Vater als Betrüger im Gefängnis gesessen hatte, sie wußte, daß er sich von der Mutter hatte scheiden lassen wollen, und sie erlebte nun die groben Unstimmigkeiten in den Anforderungen und Ansprüchen des Vaters. Die besondere Schwierigkeit lag darin, daß der Vater, der sich sofort als Haustyrann aufspielte, vor und mit seiner Tochter eine ungewöhnliche Komödie begann. Er hielt ihr lange Moralpredigten über bürgerliche Anständigkeit, hielt sie äußerst streng in bezug auf abendliches Weggehen, Spazierengehen mit Freundinnen usw. und strafte sie für die kleinsten Ausreden und Schwindeleien, bei denen er sie ertappte, auf das härteste. Erschwerend war noch folgendes: Der Vater war früherer Beamter und hatte im Hinblick auf den Art 131 GG Anspruch auf Weiterbeschäftigung. Das heißt, er hatte mit einem Trick verstanden, seine Gefängnisstrafe aus Westdeutschland hier in Berlin zu verschweigen, und es war ihm auch gelungen, ein Wartegeld bis zur erhofften Wiedereinstellung zu beziehen. Das Wartegeld war unberechtigt, da der Vater wegen Unterschlagungen im Amt entlassen worden war. In dem Augenblick, wo ihm eine neue Stellung nachgewiesen werden würde, würde der Vater vor der Wahl stehen, entweder erneut eine Fragebogenfälschung zu begehen oder wegen des unberechtigten Bezuges von Wartegeld erneut unter Anklage zu kommen.

Die Patientin hatte also tägliche Gespräche der Eltern über diese kriminellen Dinge mit anzuhören und wurde natürlich unter dem Druck dieser Erlebnisse völlig isoliert. Mit Recht mußte sie es innerlich ihrer Mutter verübeln, daß diese sich gegen den Mann nicht besser hatte durchsetzen können, sondern daß sie eine Fülle von demütigenden und kränkenden Verhaltensweisen des Vaters hinnahm und auch gestattete, daß die Tochter demütigend und kränkend behandelt wurde.

Daß die Besitzproblematik in der Familie einen ganz zentralen Faktor darstellte, liegt nach dem bisher Geschilderten auf der Hand. Es bleibt noch zu ergänzen, welche Erlebnis- und Verhaltensweisen die psychische Konstellation des jungen Mädchens kennzeichnete, und wie ihre Entwicklung vorbereitet war, um die jetzige Erkrankung zu determinieren.

Wir halten dabei fest, daß die Lebenslage eines solchen Kindes insofern ganz besonders belastet ist, als es ja von seinen Eltern in absehbarer Zeit noch abhängig ist und bleiben wird. Und daß diese Abhängigkeitssituation die eigentliche Schärfe in das Problem hineinbringt. Es ist objektiv schwer vorstellbar, wie sich eine 15jährige gegen ihren Vater schützen soll, der sich so verhält, wie der soeben geschilderte Mann, und es ist ebenfalls schwer vorstellbar, wie die Beziehung eines solchen Mädchens zu seiner Mutter aussehen soll, wenn deren psychische Struktur ein derart hohes Maß an Nachgiebigkeit und Gefügigkeit enthält.

Allerdings wäre das Wesen der Mutter auf keinen Fall erschöpfend mit dem Hinweis auf ihre Nachgiebigkeit und Gefügigkeit beschrieben. Im Gegenteil. Die Gefügigkeitshaltungen dem Vater gegenüber waren durchsetzt von sehr starren bis harten Verhaltensweisen, an denen die Entwicklung des Kindes unweigerlich Schaden nehmen mußte. Der Mutter selbst war behagliches Genießen gegenwärtiger Lebensfreude fremd, sie verhinderte auch bei ihrer Tochter eine Entfaltung in dieser Richtung. Die Opferhaltung wurde ideologisierend als eine Art höherer Lebensform dargestellt und unter Umständen mit großer Härte praktiziert. Sparsam sein, Pflichten erfüllen, Leistungen produzieren waren die Idealvorstellungen, die die Mutter beherrschten und die sie der Patientin weitergab.

Diese entwickelte Leitlinie wäre immerhin noch tragbar gewesen oder hätte mindestens eine Weile einen einigermaßen stabilen Lebensrahmen abgegeben, wenn nicht die Mutter ebenfalls — wenn auch in verschleierter Form — an den verwahrlosten Lebenspraktiken des Vaters teilgehabt hätte. Sie wußte um den kriminellen Hintergrund der vom Vater vereinnahmten Gelder. Sie opponierte nicht, weder der Haltung nach, noch in offener Kritik, sondern nahm die Vorzüge des verbesserten Lebensstandards mit.

Es leuchtet ein, daß der Patientin auf diese Weise der einzige Weg, der ihr in der Auseinandersetzung mit dem Vater offengestanden hätte, vermauert wurde. Ein gesund entwickeltes Kind hätte in ähnlicher Situation immerhin die Möglichkeit gehabt, sich in schweigender, aber eindeutiger Kritik innerlich vom Vater abzusetzen und mit allen inneren gefühlsmäßigen Vorbehalten zu ertragen, was ertragen werden mußte. Unter den gegebenen Bedingungen stand der Patientin jedoch nicht einmal dieser Weg der inneren Opposition und Revolte offen, schon gar nicht die Partnerschaft mit der Mutter gemeinsam gegen den Vater. Die Mutter hatte aus ihrer neurotischen Gefügigkeit ein tugendhaftes Idealbild gemacht. Sie erlaubte sich und ihrer Tochter Kritik zwar in gelegentlichen Durchbrüchen, um dann aber doch in kurzem Wechsel wiederum die Notwendigkeit einer dienenden Ergebenheit als Ideal hinzustellen. Daß die Mutter außerdem ihr Verhalten von einer gewissen Existenzangst steuern ließ und die Täuschungsmanöver ihres Mannes stillschweigend billigte, verschärfte den zwiespältigen Konflikt für die Patientin. Sie erlebte diese Billigung von eindeutig kriminellen Verhaltensweisen zugleich mit der Zumutung, eine extrem starre Ideologie von bürgerlicher Moral zu akzeptieren.

Es liegt auf der Hand, daß die Therapie bei einer solchen Patientin vor den allergrößten Schwierigkeiten stehen muß. Der kriminelle Hintergrund der

Familiensituation machte eine Zusammenarbeit mit den Eltern natürlich aussichtslos. Diese würden niemals ihre eigenen Verfehlungen zugeben, und im Interesse der Patientin wäre es auch völlig unmöglich, die von ihr preisgegebenen Tatsachen bei den Eltern zu verwerten. Es kann gar nichts anderes versucht werden, als dem Mädchen innere Kritik und inneres Abstandnehmen zu ermöglichen, um dann auf dem schnellsten Wege eine berufliche Verselbständigung anzubahnen. Die Mitarbeit der Eltern für diese Entwicklungslinie zu gewinnen, wäre sicher weniger schwierig, als sie zu einer offenen Klärung der Gesamtlage zu bewegen.

Natürlich muß bei auftretenden Ulcuserkrankungen der Konfliktstoff nicht immer so dramatisch innerhalb der Familie zu suchen sein. Es ist durchaus möglich, daß eine häusliche Erziehung ein Kind oder einen Jugendlichen in einen Dauerzwiespalt zwischen Bescheidenheitsideologie und habgierigen Durchbruchsreaktionen führte und daß die eigentlich auslösende Situation dann außerhalb der Familie zu suchen ist. Zum Beispiel, daß ein Jugendlicher im Verlauf der Berufsentwicklung oder im kameradschaftlichen Zusammensein mit anderen vor Augen geführt bekommt, welche expansiven Möglichkeiten gleichaltrigen jungen Menschen zur Verfügung stehen und wie stark die eigene Wunschwelt in Fesseln gelegt wurde.

Im Zusammenhang mit der Besprechung ulcerierender Prozesse am Magen-Darmtraktus mag es erlaubt sein, einen kurzen Abschnitt dem Problem der sogenannten *Nabelkoliken* der Kinder zu widmen. Der Begriff der rezidivierenden Nabelkoliken wurde Anfang dieses Jahrhunderts von Moro geprägt. Er wollte hierunter rein funktionell entstandene Vorgänge am Magen-Darmkanal verstanden wissen, deren Schmerzauswirkung die Kinder bevorzugt in die Nabelgegend lokalisieren. Das klinische Erscheinungsbild wurde so gekennzeichnet, daß die Kinder aus scheinbar völligem Wohlbefinden heraus plötzlich erblassen, sich vor Leibweh krümmen und oft gleichzeitig erbrechen. Meist treten die Leibschmerzen in mehreren Attacken auf, zwischen den Anfällen herrscht meist Beschwerdefreiheit. Oft findet sich die Kombination mit hartnäckiger Obstipation. Für die Entstehung der so beschriebenen Nabelkoliken stellte Moro ganz besonders die sogenannte neuropathische Konstitution in den Mittelpunkt. Er meinte, daß die Empfindsamkeit dieser Kinder außerordentlich hohe Grade annehmen könne, so daß bereits geringe Schmerzreize mit abnormen Reaktionen beantwortet würden. Immer wieder hat man sich in den vergangenen Jahrzehnten darum bemüht, die Aetiologie dieses zunächst rein empirisch festgehaltenen Krankheitssyndroms genauer zu klären. Eine neuere Arbeit haben Schaefer und Lassrich diesem Problem gewidmet. Sie kommen zu dem Ergebnis, daß die sogenannten rezidivierenden Nabelkoliken keine Krankheitseinheit seien, sondern ein Syndrom mit verschiedenartigster Aetiologie. Zahlenmäßig besonders häufig sollen sich bei den Kindern rezidivierende entzündliche Veränderungen im Bereich der letzten Ileumschlinge und der Ileocoecalklappe finden.

Wenn wir uns der Meinung der Kinderärzte anschließen und hinnehmen, daß ein Symptombild nicht ohne weiteres als Krankheitseinheit gewertet werden kann, dann ist es auch kaum zweckmäßig, zu weitgehend spekulativ die Frage einer reinen Psychogenese zu diskutieren. Sofern bei einem Kind mit Nabelkoliken der Verdacht entsteht, daß das konstitutionelle Moment in der Aetiologie ebenso stark in den Hintergrund tritt wie die Wahrscheinlichkeit eines primär organischen Befundes, wird man sich unter den Gesichtspunkten der allgemeinen Neurosenlehre prüfend um die biographische Entwicklung des Kindes bemühen. Im gegenwärtigen Stand der Forschung liegen ausgedehnte Untersuchungen über Kinder mit Nabelkoliken unter tiefenpsychologischen Gesichtspunkten noch kaum vor.

9. Obstipation

Wie wir schon erwähnten, war bei Magersuchtskranken die Obstipation ein fast regelmäßiges Begleitsymptom. Auch bei Ulcuspatienten ist die Obstipation keine Seltenheit. Obstipation als Monosymptomatik bei jungen Mädchen tritt immerhin nicht ganz selten auf. Wir abstrahieren für unsere folgenden Überlegungen die in Frage kommenden Faktoren selbstverständlich aus jenen Krankengeschichten, in denen die Obstipation das führende Krankheitszeichen war.

Folgende physiologische Hinweise schicken wir einführend vorweg:

Normalerweise ist der Verdauungsvorgang begleitet von Darmbewegungen, die ein Wechselspiel von Peristaltik und Antiperistaltik bieten. Nach genügender Durcharbeitung des Darminhaltes befördert schließlich eine normale peristaltische Welle den Darminhalt in tiefer gelegene Abschnitte. Die Innervation, die dieses Bewegungsspiel auslöst, geht von zwei Stellen aus: Einmal existiert ein automatisches Bewegungszentrum in der Darmwandung selbst, zum zweiten besteht eine Verbindung mit dem Zentralnervensystem durch periphere Nerven des vegetativen Systems. Cerebrale Einflüsse auf die Darmperistaltik sind sogar im Tierexperiment sichergestellt. Beim Hund kann durch künstliche Reizung der zentralen Urwindung und des Thalamus sowohl Zusammenziehung wie Erschlaffung am Darm erzielt werden. Beim Menschen ist vermehrte Darmperistaltik im Gefolge von Schreck und Angst eine geläufige Beobachtung. Die spastische Obstipation entsteht durch Störungen der Darmperistaltik, die sowohl abnorm spastische, wie abnorm dilatorische Anomalien aufweisen.

Für die psychogene Obstipation lassen sich erfahrungsgemäß Zuordnungen zu bestimmten seelischen Verfassungen registrieren. Um das hier vorliegende Zentralproblem zu beleuchten, greifen wir den früher erläuterten Fachausdruck des „Retentiven" auf:

Es liegt auf der Hand, daß ein Mensch, der im Zupacken und Erobern gehemmt ist, Verlustängste wesentlich intensiver empfindet als ein anderer, dessen Lebensgefühl die Sicherheit enthält, daß er begehrenswerte Güter im Laufe der Zeit schon erobern werde. Für den oral Gehemmten bekommt die retentive Haltung immer eine besondere Bedeutung. Wer sich nicht in der Fülle weiß, versucht auf jeden Fall das, was er besitzt, zurückzuhalten. Die Angst vor einer Verausgabung der Kräfte muß immer dann größer sein, wenn die Chancen gemindert sind, den vorhandenen Besitz erobernd wieder aufzufüllen.

Neurotisch veränderte Menschen, die hervorgehoben durch retentive Probleme ausgezeichnet sind, pflegen allerdings in bezug auf retentive

Haltungen den gleichen Ambivalenzkonflikt zu bieten wie jene, bei denen das Widerspiel zwischen oralem Antrieb und oraler Hemmung im Mittelpunkt steht. Extreme Geizhaltung einerseits und überbereites Verschenken andererseits können sich bei Menschen, die im retentiven Bereich gestört sind, dicht nebeneinander finden. Besonders typisch ist auch die Unfähigkeit, Hilfestellung oder gar Geschenke von Außenstehenden anzunehmen. Die Unfähigkeit, ein freiwillig angebotenes Geschenk anzunehmen, hat beim Neurotiker einen recht verwickelten Hintergrund. Die Haupttendenz geht dahin, sich nur auf die eigene Leistung zu verlassen und angebotene Geschenke voller Stolz abzulehnen. Hinter diesem Stolz pflegen aber tiefsitzende Verlustängste zu stehen. Und zwar speisen sich diese Verlustängste aus der unbewußten Erwartung, daß man das, was man soeben als Geschenk erhielt, doppelt und dreifach zurückzahlen müsse. Vorerfahrungen typischer Art haben solchen Kindern im allgemeinen das Vertrauen genommen, daß ein Geschenk Ausdruck liebevoller Zuneigung sei und nicht die Verpflichtung zu Gegenleistungen enthält. So erlebte z. B. die zehnjährige Anita, daß sie von der Mutter immer nur dann mit einem kleinen Geschenk bedacht wurde, wenn sie sich gleichzeitig bereitfand, ihre jüngeren vierjährigen Zwillingsgeschwister unter Verzicht auf eigenes Spiel zu behüten. Anita erlebte außerdem, daß die Geschenke, die sie bekam oder die Gegenstände, die sie sich selbst gesammelt hatte, diesen kleineren Geschwistern zur Verfügung gestellt werden mußten. Einmal hatte sie sich über Wochen hinweg für den Werkunterricht in der Schule gebrauchte Streichhölzer gesammelt, als es eines Tages den kleinen Geschwistern einfiel, diese Streichhölzer zum Spiel zu benutzen. Anita hatte nicht das Recht, ihre Streichhölzer gegen die Geschwister zu verteidigen. In den Augen der Eltern ging der Wunsch der beiden Zwillinge und der häusliche Frieden vor. Anitas Tränen wurden halb ironisch belächelt und der häufig gebrauchte Hinweis auf die notwendige Vernunft der Älteren ins Spiel gezogen. Anita wies später ein Wechselspiel von Geizhaltung und übertriebener Gebebereitschaft auf. Die Organsymptomatik, die sie zum Arzt führte, war eine hartnäckige Obstipation.

Folgende biographische Situation kennzeichnet das Auftreten einer spastischen Obstipation bei der 15jährigen Hanna:

Hanna ist ursprünglich sehr verwöhntes Einzelkind und hat einen sehr weichen und ebenso jähzornigen Vater. Er war und ist der Abgott seiner eigenen Mutter, die mit im gemeinsamen Haushalt lebt und die in der Familie eine außerordentlich verhängnisvolle Rolle spielt. Sie hat sich bei ihrem Sohn eingemietet und lebt auf dessen Kosten, läßt sich von der Schwiegertochter bedienen und hat für diese Hilfeleistung der Familie keinen anderen Dank, als dauernde Hinweise, daß der Sohn für diese Schlampe von Frau viel zu schade sei und daß die ganze Familie noch einmal in der Gosse landen werde, weil der Sohn eine solche Mißheirat eingegangen sei.

Zwei Monate vor dem Auftreten der Obstipation wurde der Vater der Patientin arbeitslos. Damit verschlechterten sich die Geldverhältnisse in der Familie ganz enorm und besonders verschlechterten sich die Beziehungen zwischen der Mutter und der Schwiegermutter. Die Patientin nahm eindeutig die Partei ihrer Mutter, konnte sich aber den dramatischen Szenen des häuslichen Milieus, in denen Mutter und Vater sich in heftige Schlägereien verwickelten, nicht immer entziehen. Die Patientin versuchte, die häusliche Tragödie mit burschikoser Forschheit zu kompensieren. Sowieso hatte sie bis dahin von ihren Eltern fast nie Bestätigung in ihren Gefühlsregungen erhalten, und wenn sie jetzt gelegentlich einmal versuchte, sich der Mutter mit ihren Pubertätsproblemen anzuvertrauen, erntete sie nur Spott und Gelächter.

Die Patientin zog sich in der Zeit, in der der Vater arbeitslos wurde und die häuslichen Versagungen sich häuften, in eine Liebesbeziehung zurück, die einen reichlich problematischen Charakter hatte. Ein 38 jähriger Mieter des gleichen Hauses, Malermeister von Beruf, näherte sich der Patientin und verführte sie zu sexuellen Handlungen. Jedenfalls teilte die Patientin das in halben Andeutungen mit. Daß sie dafür von ihm sehr verwöhnt wurde, gelegentlich Strümpfe geschenkt bekam, ins Kino gehen konnte usw. erzählte die Pat. ebenfalls. Sie selbst war ehrlich verliebt, hatte aber doch einen gewissen Instinkt dafür, daß die Zuneigung des sehr viel älteren Mannes mehr ihrer Jugend und weniger ihrer Person galten, als ihr das eigentlich lieb gewesen wäre. Eine spezielle Verdrängung von Gemütsbedürfnissen setzte bei der Pat. ein, und der Druck steigerte sich, da die Notwendigkeit, dieses Erleben geheim zu halten, in besonderer Weise bestand. Da der Mann sich immerhin strafbar machte, mußte die Pat. sich das altersgemäße Besprechen ihrer Probleme mit gleichaltrigen Freundinnen versagen. Vertrautes Geplauder gab es für sie nicht und die Notwendigkeit, auch hier überkompensierend Haltung anzunehmen, stellte eine erhebliche Anforderung dar.

Die Unfähigkeit der Patientin, sich gegen die sexuellen Ansprüche dieses Mannes zur Wehr zu setzen und sich selbst zu bewahren, hatte mehrere Quellen. Einmal die allgemeine Gefühlsverarmung in der Familie. Im Grunde machte die Patientin eine Art Vaterübertragung diesem Liebhaber gegenüber, suchte und ersehnte väterlichen Kontakt, merkte, daß sie ihn auch hier nicht umsonst, sondern nur um den Preis sexueller Willfährigkeit erhalten würde, erlebte zugleich, daß ihre sexuelle Bereitwilligkeit hoch belohnt erschien, nämlich mit Verwöhnung in Besitzdingen und lustvollem sexuellem Erleben. Die Brüchigkeit in dieser Lebensplanung spürte die Patientin mit ihrem tieferen Instinkt. Sie ahnte, daß es sich hier um keine vollgültige gefühlsmäßige Kontaktnahme handelte, sondern um ein oberflächliches Nehmen und Geben und daß im Endeffekt sie diejenige sein würde, die den höheren Preis zu zahlen hatte. Unter dem Druck dieser inneren Erkenntnis, die allerdings nie zu einer bewußten Verarbeitung geführt wurde, setzten die spastischen Darmstörungen ein.

Abstrahieren wir aus der soeben dargestellten Krankengeschichte nochmals zusammenfassend die neurosenpsychologisch wichtigen Momente, so läßt sich folgendes sagen: In der Vorgeschichte war die Patientin stark überfordert in bezug auf Hergeben und Verschenken. Reflexhaft koppelte sich bei ihr die Vorstellung, daß Selbsthingabe gleich Hergabe sei und daß vom „Sichhergeben" nur noch ein Schritt zur vollständigen Selbstaufgabe wäre. Hypothetisch kann angenommen werden, daß bei der Patientin starke Belastungen und Anforderungen in diesem Erlebnisbereich reflexhaft zu retentiven Abwehrhaltungen führten. Zu einem unverarbeiteten und unbewußten inneren Protest ohne Möglichkeiten zu wirksamem Selbstschutz. Die orale Gehemmtheit und die Ängste vor intim emotionalem Kontakt mußten die Besorgnis noch verstärken, daß vertrauende Hingabe mit Selbstvernichtung gleichzusetzen wäre. Früherfahrungen, die die zugehörigen bedingten Reflexe bei der Defäkation gesetzt hatten und spastische Reaktionen korrespondierend zur retentiven Affektlage dürfen in der Entstehungsgeschichte der Obstipation vermutet werden.

Wir halten als Unterschied in der Persönlichkeitsstruktur bei Kranken mit psychogener Obstipation im Gegensatz zum Ulcuskranken fest: Obgleich bei beiden Besitzthematik hervorgehoben akzentuiert ist, pflegt bei den ulcuskranken Patienten die Entwicklung mehr auf ehrgeiziges Leisten abgestellt zu sein, während die Obstipation diese Charakterzüge nicht ganz so regelhaft hervorbringt.

Das Volumen der retentiven Impulse verglichen mit den oral-kaptativen ist dabei ein erheblich größeres.

10. Asthma bronchiale

Sehr nahe verwandt hinsichtlich des Anteils der retentiven Haltungen ist der Obstipation das Asthma bronchiale. Seit langem häufen sich in der Literatur die Hinweise darauf, daß in der Aetiologie des Asthma bronchiale der psychische Faktor eine nicht zu unterschätzende Beachtung verdient. Unzweckmäßig wäre es allerdings noch mehr als sonst, die Einsichten, die man hier gewonnen hat, zu überwerten und nun die *ausschließliche* Psychogenese des Asthma bronchiale anzunehmen.

Es ist unbestreitbar, daß das Asthma bronchiale in einem hohen Prozentsatz der Erkrankungen im Anschluß an Erkältungen und Infekte auftritt. Es ist ebenfalls unbestreitbar, daß dem Allergieproblem beim Asthma bronchiale eine hervorgehobene Rolle zukommt. Wird uns allerdings auch in den vergangenen Jahren über das Allergieproblem immer wiederholt die Mitteilung gemacht, daß auch hier ein psychischer Faktor im Spiele sein könnte, so wollen wir doch im Hinblick auf die insgesamt noch sehr weitgehend ungeklärte Situation auf diese Momente nicht weiter eingehen.

So unbestreitbar es nun ist, daß konstitutionelle Momente und die Veränderung der körperlichen Reaktionslage durch Infekte an der Entstehung des Asthma bronchiale entscheidend mitbeteiligt sind, so unbestreitbar erscheint es inzwischen aber auch, daß es beim Asthma Erkrankungsbilder gibt, bei denen die psychischen Faktoren entscheidend zur Manifestation der Erkrankung beigetragen haben. Sofern die psychischen Faktoren in der Aetiologie der Erkrankung überwiegen, finden wir in den Umweltbedingungen und in den Erlebnisweisen der erkrankten Patienten eine Reihe von Gemeinsamkeiten.

Schwidder hat in einem Referat über die Aetiologie der Asthma-Erkrankungen darauf hingewiesen, daß retentive Haltungen, gekoppelt mit erheblicher Aggressionsverdrängung den Asthmakranken bevorzugt charakterisieren. Schwöbel sprach, in dem Bemühen, die Persönlichkeit des Asthma-Kranken zu umschreiben, von einer „Tendenz zur Selbstbewahrung". Schwidder wies darauf hin, daß in der Persönlichkeitsstruktur der Ulcuskranken und der Asthma-Kranken vieles Gemeinsame zu finden sei. So die Aggressionsgehemmtheit und die Entwicklung auf Ehrgeiz und Leistung. Verglichen mit dem Ulcuskranken nimmt aber beim Asthmakranken die Retentivität den größeren Raum ein.

Wir verstehen, was hier gemeint ist, wenn wir uns die Entwicklungsbedingungen asthmakranker Kinder unter diesem Gesichtspunkt betrachten:

Auf eine Kurzformel gebracht, könnte man sagen, daß der spätere Ulcuskranke erzogen wird zu Pflichterfüllung, Arbeit und Leistung, um *sich selbst* zu erhalten und daß ihm zugleich Selbstgenügsamkeit und Bedürfnislosigkeit als Ideale auferlegt werden.

Das asthmakranke Kind hingegen soll leisten und Pflichten erfüllen, um die affektive oder die materielle Leere der *Familie* aufzufüllen. Die Leistung steht also hier nicht mehr im Dienst eigener Selbsterhaltung, sondern im Dienst fremder Ansprüche. Die Wunschwelt bei asthmakranken Kindern ist noch wesentlich blasser als bei den Ulcuskranken. Ein asthmakrankes Kind verfehlt oft die Antwort, wenn man es fragt, was es sich wünschen würde, wenn es drei Wünsche offen hätte.

Der Ambivalenzkonflikt um Geld ist in den Familien asthmakranker Kinder ebenfalls immer sehr erheblich. Dabei ist nicht immer Armut oder übertriebene Sparsamkeit die bestimmende Leitlinie für die Wirtschaftsplanung der Familie. Allerdings ist dies das häufigste Verhalten. Aber es kommen auch ganz entgegengesetzte Situationen vor, die dem naiven und oberflächlichen Beobachter ihre eigentliche Konflikthaftigkeit nicht enthüllen.

Wir geben ein Beispiel: Der elfjährige Jörg leidet seit fünf Jahren, also seit seinem sechsten Lebensjahr, an Asthma bronchiale. Er lebt seit dieser Zeit nach der Scheidung seiner Eltern zwischen drei Frauen: Großmutter, Mutter und ältere Freundin der Mutter. Diese Freundin, eine 50jährige Frau, hatte durch wirtschaftliche Unterstützung der Mutter es ermöglicht, ihren Wohnsitz nach der Scheidung von Westdeutschland nach Berlin zu verlegen und hatte Mutter und Jörg bei sich aufgenommen. Die Großmutter war einige Zeit später hinzugekommen.

Jörgs Besitzsituation schien bei oberflächlichem Hinsehen alles andere eher als Einengung und Beeinträchtigung zu enthalten. Der elfjährige Junge hatte monatlich ein Taschengeld von zehn bis fünfzehn Mark zur Verfügung. Sowohl Mutter wie Großmutter, wie Tante, wie der in Westdeutschland lebende Vater gaben wechselnde Summen, die als Taschengeld verbraucht werden durften. Bei genauerem Zusehen ergab sich, daß die vier Beziehungspersonen mit ihren überreichlichen Geldgeschenken die Zuneigung des Jungen zu erkaufen suchten und sich gegenseitig in einem sonderbaren Konkurrenzkampf gegeneinander ausspielten. Die 50jährige Freundin der Mutter hatte, wie die Großmutter berichtete, eine quälende und drückende Art, den Jungen mit hitzigen Zärtlichkeitsanwandlungen zu überfallen. Wenn dem Jungen das, seiner Altersstufe entsprechend, außerordentlich unangenehm war, machte sie ihm ein Geldgeschenk, um ihn freundlich zu stimmen. Im Wartezimmer bot sich dem Beobachter eine geradezu groteske Situation: Der Junge saß zwischen Mutter und Großmutter, jede hatte einen Arm von ihm untergehakt und die gegenübersitzende Tante nahm die Beine des Elfjährigen auf den Schoß und sagte: „Nun hat jeder was von ihm." Die Formel „wir haben etwas von ihm" signalisiert in klassischer Weise die Besitzansprüche, die die drei Frauen an die Existenz des Jungen stellten. Dabei war die Haltung von ihnen allen dem Jungen gegenüber äußerst ambivalent. Er war ihnen nämlich als Junge keineswegs recht. Mindestens einmal in der Woche bekam er zu hören, daß man ihn verkaufen und gegen ein Mädchen eintauschen werde. Und zwar dies immer dann, wenn der Patient zu jungenhafter Expansion und Lebhaftigkeit drängte. Als die Großmutter einmal gefragt wurde, ob der Junge in seinem Leben schon einmal eine Bestätigung dafür gehört habe, daß man sich freue, daß ein Stammhalter und Junge in der Familie sei, antwortete sie im Brustton der Überzeugung: „Das hat er ganz bestimmt noch nie."

Andere Varianten von scheinbarer Verwöhnung, die aber im Grunde nur einen Anspruch darstellen, können so aussehen: Die Mutter teilt mit, daß ihr Kind zweimal in der Woche Geld erhalte, um ins Kino zu gehen. Er habe es besser als andere. Peter, der zwölf Jahre alt ist, illustriert die Mitteilung seiner Mutter dahingehend, daß es zwar richtig sei, daß er zweimal in der Woche ins Kino ginge, aber es seien keine Kinder- und Jugendfilme, sondern er solle immer nur die Mutter begleiten in Filme, die diese gern sehen wolle. Die Mutter, die sonst keinen Partner hatte, mit dem sie ihre Abende verbringen konnte, nahm den Jungen zu ihrer eigenen Gesellschaft mit, täuschte sich aber selbst radikal darüber hinweg, daß es sich hier im Grunde um ihr eigenes, aber nicht um des Jungen Vergnügen handele. Eine andere Mutter erzählte von dem großen Geldgeschenk, das sie kürzlich ihrem asthmakranken 15 jährigen Jungen zum Geburtstag gemacht habe. Es stellt sich heraus, daß die an sich wirklich nicht kleine Summe nichts anderes war, als das beiseitegelegte Lehrlingsgeld, das die Mutter ihrem Sohn abverlangte, um es für ihn zu sparen. Die ein Jahr ältere Schwester durfte ihr Geld aber selbst verwalten und bekam zu ihren Geburtstagen regelmäßig zusätzliche Geschenke. Der Patient selbst kannte es nicht anders, als daß ihm sein selbstverdientes Geld anläßlich der Feiertage als Geschenk präsentiert wurde.

Wie wir schon sagten, spielen sich diese Verwicklungen um Geld und Besitz im allgemeinen auf dem Hintergrund ausgedehnter Aggressionsverdrängungen ab. Bei asthmakranken Kindern überwiegt die Zahl der Eltern, die zwangsneurotische pedantische Charakterzüge haben, die in ganz übertriebener Weise auf Ordnung und Sauberkeit bedacht sind und die ihre Kinder zu ausgeprägt dienender Gehorsamkeit erziehen.

Fritz, fünfzehn Jahre alt, hat folgende Vorgeschichte:

Als er geboren wird, nennt man ihn in der ganzen Familie „der Erbprinz". Insbesondere der Vater, Apotheker von Beruf, ist überaus stolz auf den gesunden und kräftigen Jungen und legt bald ungewöhnliche Pedanterien an den Tag, die der hygienischen Pflege und Erziehung des Jungen dienen sollen. Bis zum fünften Lebensjahr bekommt der Junge seine Mahlzeiten auf Wunsch des Vaters in getrennten Gefäßen gekocht, die eigens sterilisiert und gereinigt werden müssen. Die Mutter darf sich dem Jungen nur mit einem Mundtuch nähern. Kein Fremder darf in den Raum, weil das Kind angesteckt werden könnte. Hat der Junge seine Klapper oder sein Gummipüppchen einmal aus dem Wagen geworfen, muß alles sofort ausgekocht werden. Nach Möglichkeit soll die Mutter ihn nicht küssen und nicht streicheln. Die Mutter ihrerseits findet diese Ansprüche ihres Mannes zwar etwas übertrieben, aber im Grunde ist auch sie der Ansicht, daß Hygiene nur gut sei und daß zuviel Sorgfalt nicht so viel schaden könne wie zu wenig. Auch sie hat einen gewissen Ordnungsfimmel. „Meine Wohnung ist ein Schmuckkasten." Sehr früh wird der Junge zur Sauberkeit erzogen und schon mit einem halben Jahr mit der Windel auf dem Topf am Bettpfosten festgebunden. An sich sei der Junge motorisch etwas lebhaft gewesen. Aus Angst, daß das Kind sich etwas tun könne, wurde es mit Armen und Beinen am Gitterbett festgebunden. Wörtlich sagt die Mutter: „Er war dann sehr brav und hob schon freiwillig zu Fesselung die Hände, wenn es ans Festbinden ging." Die Dressurakte, die beide Eltern mit vereinten Bemühungen ihrem Kind aufdrängten, blieben nicht ohne Konsequenzen, und zwar zeitigten sie zunächst Ergebnisse, die den Eltern angenehm erschienen. Der Junge übersprang die Phase der Destruktion und wurde ein Kind, das äußerst sorgfältig mit allen Gegenständen umging, und er zeigte ebenso ein äußerst penibles Bedürfnis, gepflegt und sauber auszusehen. Er selbst striegelte sich die Haare wie geleckt, als er später größer wurde, und um nichts in der Welt hätte er ein Hemd mit einem kleinen Flecken getragen. Unter Fremden und im Bekanntenkreis der Eltern gab er sich bescheiden und äußerst wohlerzogen. Alle bewunderten die Eltern wegen des gut geratenen Jungen. Daß der Junge nebenher kränkelte, anfällig erschien und größeren körperlichen Anforderungen nicht gewachsen war, bekümmerte die Eltern zwar, ließ sie aber nur verdoppelten Eifer aufwenden im Wetteifer ängstlicher Besorgnisse um sein Wohlergehen. Im Circulus vitiosus wurde der Junge „krank geschont". Er war schon durch seine Frühentwicklung übertrieben pedantisch, gefügig und nachgiebig geworden, nun isolierte ihn die auftretende körperliche Anfälligkeit immer mehr.

Mit sechs Jahren im Anschluß an einen Keuchhusten zeigten sich die ersten asthmatischen Erscheinungen. Eine Verschickung an die Nordsee und Trennung von den Eltern brachte zunächst Besserung. Die Mutter meinte jedoch mißbilligend: „Als der Junge wiederkam, habe ich in ihm gar nicht mehr meinen lieben Jungen wiedererkannt. Unter den vielen anderen Kindern hat er nur Rüpeleien gelernt." Bald war der Erbprinz aber wieder der Prinz, den sich die Eltern wünschten. Er blieb das einzige Kind. Die Zukunftsplanung, die die Eltern mit ihm im Sinn hatten, war eindeutig. Der Junge sollte die väterliche Apotheke übernehmen und den Eltern einen sorgenfreien Lebensabend ermöglichen. Der Vater sagte nicht selten, daß er sich auf den Tag freue, wo der Junge groß sei, die Apotheke übernehmen könne und er selbst nicht mehr zu arbeiten brauche. Für den Jungen war diese vorgebahnte Entwicklung natürlich eine äußerst zwiespältige Situation. Einmal bot der väterliche Besitz Geborgenheit und materielle Rückendeckung. Die Trennung vom Elternhaus hätte also auf jeden Fall auch den Verlust dieses unbestreitbar gewichtigen Rückhaltes bedeutet. Daß dem Jungen aber seine eigene zukünftige Entwicklung nie anders vorausphantasiert wurde, als daß er selbst für die Eltern werde zu arbeiten haben, gab der Zukunftsphantasie ein recht zwiespältiges Gepräge. Da der aggressionsgehemmte, viel zu nachgiebige und gefügige Junge im Hinblick auf diese Gehemmtheiten die expansive Auseinandersetzung mit der Welt fürchten mußte, blieb ihm faktisch kein anderer Ausweg als das Verbleiben in der Familie, die Identifikation mit deren Wünschen und Plänen und die laufende Abschaltung eigenständigerer expansiver Impulse.

In typischer Weise vereinen sich bei diesem Patienten jene Faktoren, die wir bei dem überwiegend psychogenen Asthma bevorzugt finden und die wir bereits oben nacheinander besprochen haben: Aggressionsgehemmtheit, ein Übergewicht retentiver Haltungen als Antwort auf die Anforderungen der Umgebung und ausgedehnte anale Verdrängungen. Was in diesem Zusammenhang unter analen Verdrängungen zu verstehen ist, leitet sich ab aus den Vorgängen, die wir in den früheren Kapiteln der allgemeinen Neurosenlehre beschrieben haben. Bei der analytischen Betreuung eines solchen Jungen muß bedacht werden, daß nicht nur eine unbekümmertere Haltung in bezug auf Sauberkeit und Ordnung zu erstreben ist. Die Darmfunktion als Repräsentant für die ersten Anforderungen in bezug auf Sauberkeit, die an das Kind herangetragen werden, war uns zwar sehr geläufig, doch ist das Problem der Analität damit nicht erschöpft. Auch aggressive Impulse koppeln sich mit den Vorgängen der Ausscheidungsfunktionen, und in der Analyse eines solchen Patienten wird immer eine Phase auftauchen, in der aggressive Willkürhaltung als tendenziöse Unsauberkeit auftritt. Eine geschickte Therapie wird immer achtgeben müssen, daß die auftauchenden Überschußreaktionen sich selbständig und nicht unter moralisierendem Druck auf ein normales Maß zurückpendeln. Es muß außerdem bedacht werden, daß weitere Assoziationen zwischen „Analität" und Körperlichkeit überhaupt bestehen. Wie wir früher schon schilderten, können für das kleine Kind gerade die intimsten Körperfunktionen repräsentativ erlebt werden für das Ausmaß, in dem privater und persönlicher Kontakt erlaubt wird.

Wir haben auf dieses wichtige Moment bereits in früheren Kapiteln hingewiesen. An dieser Stelle wollen wir zur Erläuterung noch folgendes einfügen: Tatsächlich sind die Ausscheidungsfunktionen des Darmes ein Vorgang, den der Mensch — mindestens der abendländische Mensch — in ganz hervorgehobener Weise für sich allein abzumachen wünscht. Eine kurze Überlegung zeigt uns, daß die Befriedigung oder die Betätigung körperlicher Bedürfnisse eine Stufenleiter — eine Rangordnung — zeigt in bezug auf das Ausmaß, in dem dabei Partnerschaft zugelassen wird. Gemeinsames Essen und Trinken gehört nicht nur zu den Selbstverständlichkeiten, sondern zu den lebhaftesten Vergnügen, die der Mensch kennt. Gemeinsame „Oralität" erfüllt unser ganzes Leben. Für das sexuelle Erleben gibt es allerwenigstens einen Partner, und die Gemeinsamkeit in der Sexualität ist Grundlage voller gefühlsmäßiger Befriedigung überhaupt. Der Vollzug der Ausscheidungsfunktionen erfährt wiederum eine Unterscheidung. In bezug auf das gemeinsame Urinieren sind Menschen, insbesondere Männer, nicht so überaus empfindlich. Gemeinsames Defäzieren wird von einer viel größeren Zahl auch robusterer Naturen abgelehnt.

Daß dem kleinen Kind diese Rangordnung in bezug auf gemeinsame Betätigungen noch nicht verständlich ist, hatten wir mehrfach beschrieben. Daß wir diesen Vorgang überhaupt beachten müssen, hat seinen Grund in den oben genannten Erlebnisassoziationen. Wenn es richtig ist, daß ein kleines Kind zu allererst ferngehalten wird vom Defäkationsvollzug der Erwachsenen, dann ist damit bevorzugt der Boden bereitet für die Vorstellung, daß der höchste Grad der Intimität durch gemeinsames Defäzieren erreicht werde.

Ohne Berücksichtigung der soeben nochmals wiederholten Sachverhalte wird ein Therapeut nur allzu leicht in die Gefahr kommen, auftauchende Phantasien oder Verhaltensweisen eines Kindes falsch oder unzulänglich zu interpretieren. Immer, wenn auffällige Reaktionsformen in bezug auf Sauberkeitsverhalten und anale Körperfunktion vorkommen, muß diese Seite der Vorkommnisse mit in den Kreis der Überlegungen einbezogen werden.

Im übrigen stehen in bezug auf das Asthma heutzutage zweifellos noch eine große Zahl von Fragen offen. Weder wissen wir, wie groß unter einer unausgelesenen Gruppe von Asthmakranken die Zahl der psychogenen Asthmatiker sein mag. Ebensowenig können wir mit Sicherheit sagen, daß die psychische Konstellation, die wir mit einer gewissen Regelmäßigkeit beobachten, ausschließlich bestimmend gewesen ist, daß gerade diese Symptomwahl und keine andere erfolgte. Ob sich hier noch genauere Präzisionen ermöglichen lassen, werden nur statistisch großzahlige Untersuchungen unter tiefenpsychologischen Gesichtspunkten ermöglichen.

11. Hautaffektionen

Es ist eine klinisch allgemeine Erfahrung, daß asthmatische Erkrankungen und Hautaffektionen oft zu einem klinischen Syndrom zusammengehören. Eine veränderte allergische Reaktionslage des Organismus ist hier offenbar mit im Spiel. Seit langem lehrt die ärztliche Erfahrung, daß zwischen Hautreaktion und affektiver Verfassung die innigsten Beziehungen bestehen. Die normale Physiologie weist bei ihren Untersuchungen immer darauf hin, daß Haut und Nervensystem aus dem gleichen Keimblatt (Ektoderm) hervorgehen und daß sich nicht zuletzt aus diesem Grunde viele psychische Vorgänge im Verhalten der Haut offenbaren. Zum Beispiel pflegt eine Entwicklungshemmung der Hautkapillaren mit jugendlichem Schwachsinn einherzugehen. Eindrucksvoll ist auch das veränderte elektrische Verhalten der Haut bei seelischen Erregungen. Der sogenannte galvanische Hautreflex zeigt meßbar, wie sich die Leitfähigkeit der Haut schon bei leichten seelischen Erregungen ändert.

Über den psychischen Anteil bei Hauterkrankungen ist außerordentlich viel geschrieben worden. Zahlreich sind die Beobachtungen darüber, daß unter Hypnose und suggestiven Einflüssen sichtbare Hautveränderungen auftreten. Das „Besprechen" der Warzen, das ohne Zweifel zum Erfolg führen kann, gehört zum gleichen Beobachtungsfeld.

Bei unseren folgenden Erörterungen sollten wir uns allerdings überlegen, daß es wissenschaftlich kaum erlaubt ist, von „der Haut" zu sprechen. In der Haut vereinigen sich auf engem Raum eine solche Fülle verschiedenartiger Organsysteme, daß man bei genauerer Überlegung leicht versucht ist, zu sagen, ihnen wäre nichts anderes als die örtliche Lagerung gemeinsam. Gefäßsystem, Nervensystem, Drüsenvorgänge, rudimentäre muskuläre Elemente treffen hier auf das engste zusammen und beeinflussen sich in ihrem funktionellen Wechselspiel. Es wird wohl noch geraume Zeit vergehen, bis wir in der Lage sind, vom Organgeschehen her Wesen und Aetiologie der verschiedenartigen Hauterkrankungen zu verstehen. Auf keinen Fall lassen sich so verschiedenartige Hautstörungen, wie z.B. ein Ekzem oder eine hysterische Sensibilitätsstörung ohne weiteres auf den gleichen Nenner bringen.

Die folgenden Überlegungen werden daher auch nur mit den größten Vorbehalten und aller gebotenen Reserve angestellt. Sie gelten der Frage, ob das Erleben der Haut in psychischer Hinsicht vielleicht einen besonderen und hervorgehobenen Stellenwert hat. Nun liegt es auf der Hand, daß der Mensch über die Tasterlebnisse der Haut hinweg besonders einprägsame Gefühle körperlicher Kontaktnahme empfindet. Zärtlichkeitserleben, Kontakterleben und Hautempfindungen hängen auf das engste zusammen. In der Vorgeschichte von Kindern, bei denen Hautaffektionen zu beobachten sind, die psychogen erscheinen, ist es tatsächlich keine Seltenheit, daß wir das häusliche Milieu von einer bestimmten Atmosphäre erfüllt finden. Durch die Familien so erkrankter Kinder weht — wenn man so sagen darf — ein kühler Wind. Hygiene und Sauberkeit werden groß geschrieben, ähnlich wie in den Familien der Asthmatiker. Affektiver Kontakt ist unüblich. Das Bekunden von Zärtlichkeitsgefühlen fällt außerordentlich aus dem Rahmen. Die Mütter und Väter solcher Kinder können nicht zärtlich sein, wollen nicht streicheln und finden einen Kuß unhygienisch. Das ist aber nur die eine Seite in der Art persönlicher Kontaktnahme. Soweit wir sehen konnten, verarmten Kinder mit psychogener Hautaffektion nicht nur in bezug auf das Maß an Zärtlichkeit, das sie *erhalten*, sondern man verwehrte ihnen auch, selbst Zärtlichkeit zu *spenden*. Wir halten hier als wichtig fest, daß es in der Entwicklung eines jeden Kindes einen sorgfältig zu differenzierenden Unterschied ausmacht, ob die Eltern nur ihrerseits karg sind mit Zärtlichkeiten, oder ob sie auch das Bedürfnis des Kindes, Zärtlichkeit zu *geben*, unterbinden.

Die Zahl der Erkrankungsfälle, die wir überblicken und bei denen wir den Eindruck hatten, hier sei der psychische Anteil im Gesamtkrankheitsgeschehen der überwiegende, ist recht klein. Ein achtjähriges Mädchen, das wegen rasch auftretender und ebenso rasch wieder verschwindender Hautefflorescenzen vorgestellt wurde, zeigte in der Biographie eine außerordentlich typische und auffällige Konstellation:

Die Eltern dieses Mädchens hatten sich dreißigjährig geheiratet, weil sie beide aus einem ihnen unerträglich erscheinenden häuslichen Milieu entweichen wollten. Beide Eltern hatten eine harte Kindheit hinter sich mit strengen Vätern und kühlen, wenig liebevollen Müttern. Die Spuren dieser Kindheit trugen beide Eltern mit sich. Beide waren reservierte Naturen mit einem düsteren Lebensbild und strengen Erziehungsprinzipien. Die älteste Tochter, also unsere Patientin, wurde karg, kühl in einer finsteren Atmosphäre großgezogen. Besondere Härte der Erziehungsmaßnahmen lehnten die Eltern allerdings ab, da sie selbst das Unglück grausamer Prügelstrafen kennengelernt hatten. Lediglich der Vater zeigte gelegentliche außerordentlich heftige Jähzornsausbrüche, bei denen er einmal sogar mit einer Gabel nach der kleinen vierjährigen Tochter warf.

In der gemeinsamen Häuslichkeit hatten sich allerdings beide Eltern allmählich zu einem befriedigteren Lebensgefühl entwickeln können. Der nachgeborene, vier Jahre jüngere Bruder hatte Eltern, die wirtschaftlich und materiell besser dastanden, als sie es zu Beginn der Ehe gewesen waren und die diesem Kind gegenüber mehr Weichheit und freundliches Entgegenkommen zeigten als der älteren Tochter. Über die Situation der Ältesten sagt die Mutter, daß sie früher so „schwierig" gewesen sei. Die Mutter will damit andeuten, daß das Kind zärtlichkeits- und anlehnungsbedürftig war. Beide Eltern hätten das nicht geschätzt, sondern sie hätten sich ein „stolzes" Kind gewünscht und sie bei allen Annäherungsversuchen weggeschickt. Einmal sei das kleine Mädchen z. B. mit einem eben erblühten Gänseblümchen zum Vater angelaufen gekommen, um es ihm zu zeigen und zu schenken. Der Vater — gerade mit einer Reparatur seines Rades beschäftigt — herrschte das Mädchen unsanft an, riß ihr das Blümchen weg und zertrat es. Solche Ausbrüche seien zwar sehr selten gewesen, aber sie hätten doch die häusliche Atmosphäre gekennzeichnet. Das Mädchen wurde ein scheues und gedrücktes Kind, das seine große Liebe der Angorakatze einer Nachbarin zuwandte. Bei dieser Nachbarin hat das Kind offenbar eine Zeitlang manches von dem unterbringen können, was ihm zu Hause verwehrt wurde. Als die Patientin acht Jahre alt war, zog diese Nachbarin mit ihrer Angorakatze weg. Sie schenkte der Kleinen zum Abschied einen Goldhamster zur Pflege. Der Goldhamster wurde von dem Kind abgöttisch geliebt. Beide Eltern duldeten ihn allerdings nur mit Widerwillen. In dem Zeitpunkt, in dem die Hauterkrankung des Mädchens auftrat, war gerade die Nachbarin weggezogen, der Goldhamster geschenkt worden und, wie die Mutter berichtete, wurde vom Vater täglich gedroht, daß er dem Hamster den Kopf abschneiden werde.

Es schien kein Zweifel, daß das Mädchen dem geschenkten Tier gegenüber, das von der einzigen Person stammte, die seinen Zärtlichkeitsbedürfnissen gelegentlich entsprochen hatte, eine besondere Haltung haben mußte. War es doch inzwischen das einzige Wesen, das sich gefühlsmäßige Zuneigung gefallen ließ und das mit seinem weichen Fell auch den Impulsen, etwas zu streicheln und sanft zu behandeln, entgegenkam. Die Morddrohungen des Vaters gegen das Tier mußten von dem Kind als Drohung gegen sich selbst empfunden werden, auf jeden Fall aber erneut als Drosselung aller Möglichkeiten zärtlich-liebevoller Kontaktnahme.

Wie gesagt, nehmen wir diese oben aufgeführten Daten nur mit großen Vorbehalten zur Kenntnis. Der konstitutionelle Faktor wird niemals übersehen werden dürfen.

Es wird aber vermutlich auch zu bedenken sein, daß nicht nur Zärtlichkeitsimpulse, wenn sie stark verdrängt werden müssen, zu Störungen an der Haut führen können. Zum Beispiel weisen Untersuchungen an urticariellen Hautaffektionen noch in andere Richtung: Experimentell will man festgestellt haben, daß eine künstlich gesetzte Hautquaddel meßbar an Exsudat zunimmt, wenn die Versuchspersonen in Hypnose in einen traurigen Affekt versetzt werden, aber am Weinen gehindert. Hier lautet die Arbeitshypothese, daß jene biologischen Vorgänge, die eine Anregung der Tränendrüsen mit sich bringen, korrespondierend in der Lage sind, das Exsudat unter der Haut zu vermehren. Man wird bei solchen Überlegungen wohl sehr vorsichtig sein müssen. Ganz besonders vorsichtig aber mit Arbeitshypothesen über einen finalen oder symbolhaften „Sinn" der beobachteten Hautquaddel. Es muß sehr offen bleiben, ob es erlaubt sein mag, bei einer psychisch verstärkten Hautquaddel die Formel zu verwenden, ein solcher Mensch „weine mit der Haut". Die Wahrscheinlichkeit ist größer, daß jene Vorgänge, die an den Drüsenvorgängen beim Weinen beteiligt sind, gleichsinnige andere Wirksamkeiten haben, und zwar sowieso und immer haben, und daß diese Wirksamkeiten bei entsprechender Organdisposition hervorgehoben auftreten.

Immerhin ist es wohl nicht unerlaubt zu folgern, daß man bei Störungen an der Haut sein Augenmerk auf emotionale Verdrängungen im Sinne einer mißglückten zärtlich-liebevollen Kontaktnahme zu lenken hat und daß bei entsprechend gelagerten Fällen eine besser geglückte Selbstverwirklichung dieser Bedürfnisse auch die Minderung des Hautsymptoms mit sich bringt.

12. Kopfschmerzen

Kopfschmerzen sind eine Symptomatik, die durch eine Vielzahl sehr verschiedenartiger organischer Prozesse hervorgerufen werden kann. Sofern es sich um psychogenen Kopfschmerz handelt, haben wir manchen Anlaß zu der Annahme, daß vasomotorische Veränderungen im Spiele sind, Veränderungen also, die sich aus den nahen Beziehungen zwischen Gefäßapparat und seelischer Verfassung herleiten. In der Klinik nimmt man an, daß vasomotorischer Kopfschmerz durch spastische Verengungen der Gefäße auftreten. Allerdings besteht noch keineswegs Einigkeit darüber, welche physiologischen Vorgänge dann im einzelnen das eigentliche Schmerzerlebnis hervorrufen. Die konstitutionelle familiäre Disposition zu Gefäßkrisen ist bekannt. Die

Migräne ist ein Leiden, das gehäuft familiär vorkommt. Doch wollen wir auf jeden Fall festhalten, daß wir auch in bezug auf das Spezialproblem der vasomotorischen Kopfschmerzen noch keineswegs am Ende der physiologisch-klinischen Fragestellungen sind. Es leuchtet ein, daß man bei einer so verwickelten Lage nur mit größter Vorsicht an das Problem der Psychogenese herangehen kann. Aus gutem Grund bleiben wir also zunächst im Bereich empirischer Häufigkeitszuordnungen. Überblicken wir eine größere Zahl von Krankheitsfällen — Kindern, Jugendlichen und Erwachsenen —, bei denen Kopfschmerz mit psychischer Fehlentwicklung einhergeht, so fällt auf, daß in ihrer Erlebniskonstellation oft ein gemeinsamer Faktor zu finden ist: Es handelt sich in einer großen Zahl der Fälle um leistungsüberforderte Kinder. Der bekannte Schulkopfschmerz findet sich fast immer bei Patienten, bei denen — absolut oder relativ gesehen — Anstrengungen gefordert und auch geleistet werden, die das vorhandene Kräftereservoir überschreiten. Sehr oft handelt es sich um konstitutionell zarte, evtl. gefäßlabile Kinder, die „drahtige" Eltern haben, Eltern — besonders oft Väter — die von sich selbst sehr viel verlangen und die keine Vorstellung haben, welches Arbeitsquantum ein Kind störungsfrei leisten kann.

Wenn man sich in den Innenzustand eines Menschen hineinversetzt, der dauernd seine Kräfte anspannt, unter Umständen mühselig anspannt, um einer geforderten Aufgabe gerecht zu werden, so wird rasch deutlich, daß die Begriffsbildung „Kräfteanspannen" daher rührt, daß der gesamte motorische Apparat auf Dauerarbeit eingestellt ist, nicht zur Lösung und damit nicht zur Erholung kommt. Wir haben — wie wir schon früher sagten — Grund zu der Annahme, daß es zu diesen Vorgängen auch Korrespondenzen im Gefäßsystem gibt, natürlich besonders leicht Korrespondenzen, sofern der Gefäßapparat breits auf leichtere Reize anspricht.

Vom Neurosenpsychologischen her ist dabei wichtig, daß in einer großen Zahl der Fälle die über Kopfschmerz klagenden, leistungsüberforderten Kinder sich mit der Leistungsideologie ihrer Eltern identifizieren. In Anbetracht der elterlichen Erziehungsprinzipien mußten sie aggressiven Protest den Überforderungen gegenüber weitgehend verdrängen. Mit dieser Aggressionsgehemmtheit waren sie doppelt und dreifach ausgeliefert an jeden Leistungsanspruch, den man an sie herantrug. Wie wir schon in einem früheren Kapitel erwähnten, pflegt die Leistungsüberforderung von Seiten der Eltern immer dann zu positiver Identifikation mit den geforderten Idealen zu führen, wenn diese Eltern ihre Kinder ihrerseits positiv mit der Familiengruppe identifizieren, also etwa Stolz und Anerkennung bekunden, wenn das Aufgabenpensum geschafft war. Kinder dieser Art zeigen schon sehr früh eine neurotische Unfähigkeit, locker zu spielen und behaglich zu genießen.

Ein elfjähriger Junge, der an sich wegen schulischen Leistungsversagens vorgestellt wird, klagt im Gespräch, daß er so viel Kopfschmerzen habe und daß es ihm insbesondere in der vierten und fünften Stunde des Vormittags „immer so im Kopf summe". Zutraulich bittet er nach diesem Bericht, man möge davon doch nichts den Eltern sagen. Seine Begründung ist: „Dann muß ich so viel in der Schule fehlen und dann bekomme ich später keine Lehrstelle." Der Junge ist immerhin erst elf Jahre alt, als er diesen sorgenvollen Ausspruch tut, und die Mutter bestätigt, daß sowohl von ihr, wie von ihrem Mann der gleiche Satz immer benutzt werde, um das Kind zu langen Schularbeiten anzuhalten.

Das überdehnte Leistungspensum bei Kindern mit Kopfschmerzen ist immer ein Moment, dem man seine Aufmerksamkeit zu widmen hat. Nicht immer erfährt man sofort, was sich zu Hause abspielt.

Die zwölfjährige Dörte, die viel über Kopfschmerzen klagt, ist an sich eine gute Schülerin und ist bisher immer glatt versetzt worden. Sie macht nie länger als eine bis eineinhalb Stunden Schularbeiten. Dann darf sie — so behauptet die Mutter — auf die Straße und spielen oder sonst unternehmen, was sie möchte. Die Tante des Mädchens, die die Patientin und die Familie kennt, berichtet etwas anderes: Dörte wird von der Mutter angehalten, zu einem sehr erheblichen Teil die Haushaltslasten mit zu tragen. Die Mutter legt sich derweil aufs Sofa und raucht. Gelegentlich hat Dörte geäußert, sie möchte lieber spielen. Einmal hat sie tatsächlich im Protest einige von ihren Puppen hervorgeholt. Daraufhin ist die Mutter aufgesprungen und hat sämtlichen Puppen mit dem Hammer den Kopf zertrümmert.

In diesem Zusammenhang können wir darauf hinweisen, daß die Verhaltensweisen der Eltern, die zu Leistungsüberforderungen bei aggressiver Gehemmtheit führen, die verschiedensten Motive haben können, sehr verschieden bewertet werden müssen und auch entsprechend verschieden leicht oder schwer abänderbar sind. Vom einfachen Erziehungsirrtum, der auf Aufklärung hin sofort abgestellt wird, bis zur Anspruchshaltung aus einem verdrängten Ambivalenzkonflikt heraus, wie bei Dörtes Mutter, gibt es alle Varianten. Es ist leicht zu sehen, daß eine Frau, die sich verhält wie Dörtes Mutter, nur mit Mühe zu einer Korrektur ihrer Affektdurchbrüche zu bringen sein wird.

Nun wäre es sicher eine unerlaubte und übereilte Einengung, wenn wir den psychogenen Kopfschmerz nur auf den Zustand neurotischer Leistungsüberforderung beziehen wollten. Die Wahrscheinlichkeit ist groß, daß für das Gefäßsystem jene von uns früher erwähnte sehr allgemeine Beziehung zu affektstarken Innenerlebnissen besteht. Leidenschaftliche aggressive Erregung, besonders wenn sie sich aufstaut und verdrängt wird, kann bei einem entsprechend reagiblen Gefäßsystem sicher die gleichen Folgen haben wie eine Daueranstrengung und Daueranspannung der vorhandenen Kräfte. Ebenso kann es passieren, daß ein Mensch, für den die Besitzthematik in den Mittelpunkt des Erlebens gerückt ist, hier auch seine leidenschaftlichsten Erregungen durchmachen muß und mit dieser Erregung sein Gefäßsystem in Beunruhigung bringt. Die Frage nach dem psychologischen Hintergrund bei psychogenem Kopfschmerz wird also ihre Antwort immer mit Hilfe der allgemeinen Neurosenlehre suchen und sich ganz besonders wenig festlegen dürfen, was die Akzentuierung bestimmter Erlebnis- und Antriebsqualitäten angeht.

13. Erröten

Ebenfalls eng mit dem Vasomotorium verknüpft, ja — besser gesagt — mit der Gefäßerweiterung identisch — ist der Vorgang des Errötens. Die Gesichtshaut besitzt die besondere Eigenschaft, daß sie seelische Gefühlsänderungen ganz besonders leicht mit Gefäßreaktionen beantwortet. Errötungsfurcht oder faktisches heftiges Erröten in, nach außen gesehen, harmlosen Situationen kann ein außerordentlich quälendes psychogenes Symptom sein. Bei jüngeren Kindern beobachten wir es seltener, und zu einem eigentlichen Problem wird es im allgemeinen erst in der Pubertät.

Vom Psychologischen her sollte man dabei von vornherein zwei verschiedenartige Reaktionsweisen unterscheiden: Auch der gesunde, nicht neurotisch veränderte Mensch pflegt in gewissen affektiven Situationen zu erröten. Das Erröten aus Wut gehört zu den konstanten Eigentümlichkeiten des Menschen und das Erröten aus Verlegenheit ebenfalls. Die Verknüpfung des Vasomotorismus mit unseren affektiven Zuständen ist weitläufig bekannt und wurde von uns bereits mehrfach erwähnt. Das Erröten im Jugendalter, das uns hier beschäftigt, ist in der überwiegenden Zahl der Fälle von aufkommenden Gefühlen der Verlegenheit bestimmt. Wir wollen kurz untersuchen, wie es mit solchen Verlegenheitsreaktionen im einzelnen aussieht. Zunächst müssen wir dabei hervorheben, daß bei der neurotischen Reaktionslage, die das Erröten mit sich bringt, das bewußte Erlebnis „Verlegenheit" meist gar nicht registriert wird. Auch die auslösenden Situationsbedingungen werden keineswegs immer so erlebt, als hätte man ihretwegen verlegen zu sein. Junge Mädchen — um solche handelt es sich meistens —, die z. B. bei größeren Gesellschaften leicht erröten, sagen dazu etwa: „Es ist doch gar nichts Aufregendes dabei. Die jungen Männer sind mir schnuppe und die alten Leute gehen mich nichts an."

Wir gehen vorbereitend einmal kurz auf die psychologische Verfassung ein, die einen Menschen charakterisiert, der nach unserem Sprachgebrauch verlegen ist. Wir müssen damit anfangen, daß jeder Mensch ganz ursprünglich dadurch gekennzeichnet ist, daß ihm die Wertschätzung, das Urteil, die Kritik, die Anerkennung oder die Zuneigung seiner Umgebung etwas bedeuten. Bemerkt der Mensch, daß er etwas tut, denkt oder erlebt, was andere abfällig beurteilen und fühlt er sich in seinen seelischen Vorgängen durchschaut, gewissermaßen ertappt, so wird er verlegen. Zwar wird er nicht über jede Kritik verlegen, aber er wird es immer dann, wenn er ursprünglich in einer Verfassung vertrauender Zuwendung ist, mit der anklingenden Bereitwilligkeit positiven Kontakt aufzunehmen. Die Kritik eines Menschen, den wir selber geringschätzen, macht uns nicht verlegen. Nur das vermutete oder tatsächliche Werturteil derer, an denen uns etwas liegt, hat diesen Bedeutungsakzent.

Bei psychogenem Erröten haben wir also immer Grund zu der Annahme, daß Mehreres in der unbewußten Dynamik dieser Menschen eine Rolle spielt: Einmal die Bereitwilligkeit, sich vertrauensvoll zuzuwenden und zum anderen das Gefühl, daß die eigene innere Verfassung, wenn sie von anderen durchschaut wird, deren Kritik, Spott oder Mißachtung hervorrufen würde. Sehr oft ist es überhaupt die Bereitwilligkeit zur Hingabe selbst, die in dem jungen Menschen ein großes Gefühl der Selbstunsicherheit mit sich bringt und Gefühle der Beschämung über die eigene Bereitwilligkeit, sich so preiszugeben. Die Neigung zu burschikos überkompensierendem „schnodderigem" Verhalten ist daher beim Erröten keine Seltenheit. Wir müssen hier allerdings hinzufügen, daß diese neurotischen Hingabeängste, wie man sie abgekürzt nennen kann, nie anders zustande kommen, als daß nebenher die Fähigkeit zur Selbstbehauptung und Selbstbewahrung ebenfalls geschädigt wurde. Nur ein Mensch, der seiner selbst sicher ist und der weiß, wie er sich im Notfall gegen Übergriffe verteidigt, ist auch in der Lage, sich liebevoll-vertrauend einem anderen anzuschließen. Hingabeängste und gehemmte Aggressionen sind also immer auf das engste verschwistert. Speziell das Erröten junger Menschen hat in psychologischer Hinsicht dieses innere Wechselspiel zum Hintergrund, indem eine eben anklingende Bereitwilligkeit zur weichen liebevollen Kontaktnahme abgedrosselt werden muß im Hinblick auf Selbstunsicherheit und Ratlosigkeit.

Eine sechzehnjährige Patientin wird vorgestellt, weil sie in der letzten Zeit in der Schule mit ihren Leistungen sehr nachgelassen hat und dies nur deshalb, weil sie auf Fragen des Lehrers rot wird und keine Antwort geben kann. Die Mutter schildert ihre Tochter als verschlossen und zurückhaltend. Sie fühle sich leicht gedrückt, hinter allen Geschwistern zurückgesetzt. Sie habe immer nur sehr wenig Freundinnen gehabt. Es sei aber ihr Glück gewesen, daß ihre einzige, beste und jahrelange Freundin den letzten Schulwechsel der Patientin mitgemacht habe und mit ihr weiter in der gleichen Klasse geblieben sei. Hier ergibt sich, daß Christel bei diesem letzten Schulwechsel von einer reinen Mädchenschule umgeschult wurde in eine neue, jetzt gemischte Klasse. Christel als sehr verschlossenes, zurückhaltendes Mädchen, noch dazu mitten in der Pubertät, war auf die plötzliche Konfrontation mit Jungen in einer gemeinsamen Klasse überhaupt nicht vorbereitet. Ihre Zukunfts- und Lebensphantasien waren zwar recht lebenshungrig. Sie wollte Luftstewardeß werden und viele Menschen kennenlernen. In der Realität jedoch wußte sie nicht, wie sie mit jungen Leuten Gesprächskontakt herstellen sollte, ohne sich etwas zu vergeben. Die Mädchen ihrer Klasse flirteten mit den gleichaltrigen Jungen durchaus lebhaft. Christel selbst war immer der Meinung, wenn sie sich ähnlich verhielte, könne man sich für so ein „leichtes Mädchen" halten. Die Begriffe „Ich vergebe mir etwas" oder „Leichtes Mädchen" stammten aus Christels Wortschatz. Christel, die ein hübsches Mädchen war, klagte zugleich darüber, daß sie häufiger auf der Straße angesprochen werde, daß ihre Mutter ihr deswegen Vorwürfe mache und daß sie darüber sehr empört sei, denn an ihr läge es auf gar keinen Fall, daß sich die Männer so zudringlich benähmen.

Es war kein Zweifel, daß das fast sechzehnjährige Mädchen in ihrer Fähigkeit, bestimmte eigene Verhaltensweisen oder auch Merkmale in fremdem Verhalten richtig aufzufassen und zu registrieren, beeinträchtigt war. Eine gesund entwickelte Sechzehnjährige weiß allermindestens halbbewußt um die eigene Koketterie, weiß auch um die Konsequenzen solchen Verhaltens und kennt weiterhin die Signale, wenn ein junger Mann sich ihr nähern möchte. Christel hatte hier außerordentlich viel verdrängt, insbesondere auch die Kenntnis um ihre eigenen Wünsche nach Kontaktnahme, Freundschaft, zum Teil auch Abenteuer. Obgleich sicher ohne bewußte Aufforderungshaltung war es doch wohl kein Zufall, daß sie mehrfach auf der Straße angesprochen wurde. Leiseste Nuancen im Blick, im Gang, im Tonfall bekundeten bei dem Mädchen Erwartungs- und Sehnsuchtshaltungen, die sie subjektiv sehr weitgehend verdrängt hatte.

Christel war auf die vorliegende Problematik ganz gut ansprechbar. Sie zog daraus die Konsequenz, daß sie sich gemeinsam mit ihrer Freundin in die frühere Schule zurückversetzen ließ. Mit der Trennung von den sie dauernd beunruhigenden gleichaltrigen Jungen verschwand zunächst auch das Symptom. Nach der üblichen

Reaktionslage Jugendlicher neigte Christel natürlich nicht zur Aufnahme ausgedehnterer Gespräche über ihre innere Verfassung. Die Beseitigung der Versuchungssituation garantierte zunächst eine weitere Strecke beschwerdefreier Entwicklung. Hier zu einer ausgedehnteren Therapie zu drängen, wäre sicher verfehlt gewesen. Man hat in solchen Fällen sicher immer die Abwehrhaltungen der jungen Menschen zu respektieren und kann nichts anderes tun, als ihnen evtl. für später die Möglichkeit einer psychischen Behandlung und Beratung zu eröffnen.

14. Ohnmachten

Ohnmachtsartige Anfälle sind, soweit wir von der Organmedizin her wissen, ebenfalls wesentlich mit der Reaktionslage des Vasomotoriums verknüpft. Spricht man doch geradezu von „vasomotorischen Anfällen" und meint damit im wesentlichen plötzlich einsetzenden Bewußtseinsverlust mit zugehörigem Verlust des körperlichen Haltes. Beides ist ja nicht unbedingt miteinander gekoppelt. Es gibt tiefgreifende Bewußtseinsstörungen plötzlicher Art, die mit erhaltenem Muskeltonus einhergehen und umgekehrt den sogenannten affektiven Tonusverlust, der bei erhaltenem Bewußtsein zu motorischer Erschlaffung und Steuerungslosigkeit führt.

Psychogene Ohnmachten bei jüngeren Kindern sind äußerst selten. Sie häufen sich, je mehr sich die Entwicklung der Pubertät nähert. Die Problematik ist mit dem psychischen Geschehen beim Erröten außerordentlich nahe verwandt. Doch pflegt, so weit wir sehen können, die Konfrontation mit der sexuellen Thematik und der Hingabethematik im erweiterten Sinn wesentlich intensiver auszusehen.

Folgende biographische Situation ist charakteristisch:

Die sechzehnjährige Gerda hat seit einem halben Jahr gehäufte Ohnmachtsanfälle. Die auslösende Schicksalssituation sieht folgendermaßen aus: Gerda hat eine einzige Freundin, der sie sehr vertraut hat. Außerdem hat sie einen Freund, der jetzt neunzehn Jahre alt ist und der ihr kameradschaftlich in allem beisteht. Er allein tröstet sie, wenn sie über ihre erregbaren und wechselvollen Eltern unglücklich ist. Diese Freundschaft besteht seit etwa zwei Jahren. Im Zeitpunkt, in dem die Ohnmachten auftraten, hatte die Freundin der Patientin unmißverständlich die Tendenz, ihr den Freund auszuspannen und machte ihm nicht übersehbare Angebote. Der Freund erzählte das der Patientin, und es ergab sich für das Mädchen ein tiefgreifender Konflikt. Die Enttäuschung an der Freundin war groß. Die Alternative erschien, daß sie entweder die Freundin oder den Freund, oder beide verlieren werde. Die vorbereitende Entwicklung der Patientin hatte so ausgesehen, daß sie eine offene Aussprache über Gefühle und Wünsche nicht gelernt hatte. Im Hinblick auf ihre aggressiven Gehemmtheiten war sie nicht imstande, ihre Freundin zu stellen und sie zu fragen, was sie sich bei einem solchen Verhalten wohl dächte. Sie war aber auch nicht in der Lage, zu ihrem Freund davon zu sprechen, daß sie über seinen Verlust sehr unglücklich wäre. Es beherrschte sie ganz die Vorstellung, daß sie „stolz" sein müsse und auf keinem Fall hinter einem Mann herlaufen dürfe.

Als sich der Freund spontan und ohne ihr Dazutun für sie entschied, schwand die Symptomatik. Einer jener Fälle von sogenannter Spontanheilung, die auftreten können, wenn die belastenden Lebensumstände sich von selbst bereinigen. Natürlich kann bei einer solchen „Heilung" kein Zweifel darüber sein, daß dieses Mädchen sich von einer viel zu schmalen Lebensbasis aus entwickelte. Das Rückfallsrisiko würde immer enorm bleiben, wenn sie es nicht lernte, ihre zwischenmenschlichen

Beziehungen auszuweiten, anstatt sich auf eine einzige Beziehungsperson zurückzuziehen.

Von Bedeutung war bei Gerda zweifelsohne noch, daß sie in geradezu unglaublicher Weise über die biologischen Zusammenhänge von Schwangerschaft und Zeugung unaufgeklärt war. Sie wußte kaum, daß die Kinder im Leib der Frau wachsen, war selbstverständlich völlig ahnungslos, welche Rolle der Mann dabei spielt, und es ergab sich, daß ihre Mutter an Stelle einer sachgerechten Information nur ungeheure Ängste und angstvolle Befürchtungen gesetzt hatte.

Auch bei der Betreuung eines solchen Mädchens, dessen Symptome vorübergehend geschwunden sind, kann man gewiß zunächst nichts anderes tun, als eine sachgerechte Aufklärung nachholen und ein Gespräch darüber führen, woran ein junges Mädchen etwa erkennen kann, ob ein Mann, dem sie sich zuneigen möchte, auch vertrauenswürdig und zuverlässig ist. Eine analytische Therapie wird man nur beginnen, wenn das Mädchen selbst nach entsprechender Information darum bitten sollte.

Eine andere Krankengeschichte von einer elfjährigen Patientin, die mit Ohnmachten und gehäuften absenceähnlichen Zuständen vorgestellt wird, weist sehr verwandte Momente auf.

Rita, die ein großes, kräftiges, frühentwickeltes Mädchen ist, berichtet von sich selbst folgende typische Ohnmachtssituation: Sie will ihren von der ganzen Klasse angeschwärmten Musiklehrer etwas fragen, geht auf ihn zu und „fällt ihm ohnmächtig zu Füßen". Das ist Ritas eigene Formulierung. Nach dem Wesen dieses Musiklehrers gefragt, antwortet sie: „der ist noch sehr jung." Dabei macht sie blanke, glänzende Augen und assoziiert gleich weiter von den Jungen in der Laubenkolonie, die sie als Verehrer hat. Rita läßt sich allmählich auf ein Gespräch über die Vorgänge in dieser Laubenkolonie ein. In dem Umkreis dieser an sich bürgerlich-kleinbürgerlichen Kolonie hat sich offenbar eine Rotte frühentwickelter Kinder zusammengefunden. Rita sagt: „Das Wort Ficken wird bei uns groß geschrieben." Rita hat selbstverständlich nur eine ganz verworrene, dabei gruselig und schaudergetönte Vorstellung davon, was dieses Wort bedeuten soll. Seit einiger Zeit sind ihr sexuelle Erregungen vom Onanieren her bekannt. Die Mutter, die sich gern als „große Schwester" ihrer elfjährigen Tochter bezeichnet, hat ein heftiges Verbot gesetzt mit grausenerregenden Schilderungen über die möglichen Folgen. Ein erklärendes Wort selbstverständlich nicht. Rita erzählt schließlich, daß ein dreizehnjähriger Junge ihr Hauptverehrer sei, der offenbar auch versucht, das Mädchen zu gemeinsamen sexuellen Spielereien zu verführen. Rita hat die entsprechenden von der Mutter gesetzten Ängste dunkel unklarer Art kombiniert mit Neugierhaltung und anklingender Bereitwilligkeit.

Zur Frage der Betreuung eines Kindes, das sich mit den hier geschilderten Problemen auseinanderzusetzen hat, muß eine vorbereitende Bemerkung eingeschoben werden. Die sexuellen Vulgärausdrücke pflegen den Kindern einer Großstadt schätzungsweise in 70 bis 80% der Fälle bekannt zu sein. Die Vorstellungen, die damit verbunden werden, sind im allgemeinen eine Mischung von aufgeregter Neugier über etwas Verbotenes und unruheerfüllter Angst in bezug auf ungeahnt Bedrohliches. Es ist immer wieder erschütternd, die Naivität der Eltern zu hören, mit der sie meinen, daß gerade ihre Kinder auf gar keinen Fall mit solchen Problemen in Berührung gekommen wären. Sie verschätzen sich absolut in dem Kenntnis- und Erfahrungsgut, das den Kindern auf der Straße und in der Schulgemeinschaft nahegebracht wird. Durch ihre eigene Abwehrhaltung haben sie sich im allgemeinen das naive Vertrauen ihrer Kinder verscherzt, und die Unbefangenheit, die sie bei ihnen vermuten, ist scheinbar.

Man wird sich also für die Betreuung der Kinder, bei denen diese Probleme eine Rolle spielen, auf jeden Fall von den Eltern die Erlaubnis erbitten müssen, die fehlende sachgerechte Information nachholen zu dürfen. Den entlastenden Wert einer solchen sachlichen Information wird man allerdings nicht überschätzen. Rita, die von sich selber sagt, daß sie ihrem Lehrer „zu Füßen" fiel, hat zwar vordergründig mit dem Problem der Sexualität zu kämpfen, leidet an dieser Problematik aber nur deshalb so intensiv, weil Anlehnungsbedürfnisse und allgemeine vertrauende Zuwendung Schaden genommen haben. Mit einem kurzen Wort hatten wir bereits signalisiert, an welchen Stellen der Zwiespalt in der Mutter-Kind-Beziehung lag und inwiefern die Mutter nicht voll in der Lage war, schützende Geborgenheit zu vermitteln. Ritas Mutter, selbst 33jährig, bezeichnete sich als die „große Schwester" ihrer elfjährigen Tochter. Die betonte Kameradschaftlichkeit, die von der Mutter subjektiv sicher ehrlich erlebt wurde, hatte ihre großen Schattenseiten. Sie wurzelte nämlich einerseits in einer betont jugendlichen, aber offensichtlich infantilen Haltung der Mutter, die sich selbst gern noch als Backfisch erlebt hätte, zum anderen in einer Überforderung des Kindes, das über seine Altersstufe hinaus bereits als Gesprächspartner herangezogen wurde. Rita befand sich im Grunde in folgendem Dauerkonflikt: Einerseits sollte sie der Mutter schwesterliche Partnerin sein, halb erwachsen tun und hinnehmen, daß die Mutter sich ihrerseits in einer Backfischhaltung gefiel. Andererseits sollte das Kind aber mit sachlich unrichtigen, ganz und gar kleinkindhaft gehaltenen Informationen vorlieb nehmen, ohne daß sie sich mit den von ihr vorgebrachten Fragestellungen wirklich ernst genommen fühlen konnte.

Abstrahieren wir einmal zusammenfassend in der Skizze, um welche Gefühlsbereitschaften und emotionalen Bedürfnisse es sich bevorzugt handelt, wenn psychogene Ohnmachten eintreten, so kann man folgendes sagen: Verdrängte Anlehnungsbedürfnisse nehmen im Erleben so erkrankter Kinder einen verhältnismäßig breiten Raum ein. Wir sagten schon, daß die Situation ähnlich liegen kann wie beim Erröten, nur daß die Koppelung mit sexueller Problematik akzentuierter erscheint. Genau wie beim Vorgang des Errötens gehört allerdings zur vorbereitenden Fehlentwicklung der psychogenen Ohnmacht eine allgemeine Aggressionsgehemmtheit dazu. Man wird das übrigens in der Behandlung und Beurteilung jeder Neurosenvariante finden, in der unabgesättigte Hingabe- und Anlehnungswünsche eine Rolle spielen: Bevor nicht Stabilität erreicht ist in bezug auf die Möglichkeiten der Selbstbehauptung und Selbstverteidigung, wird es auch nicht gelingen, die weicheren Formen der Kontaktnahme zu entfalten.

Mit einem kurzen Seitenblick wollen wir noch eine Erkrankungsform betrachten, die sehr oft nahe mit ohnmachtsartigen Zuständen in Verbindung gebracht wird. Die Frage, inwieweit psychische Faktoren am Auftreten von *Absencen* und den nahverwandten *epileptischen Anfällen* beteiligt sind, ist recht umstritten. Über das Organgeschehen bei Absencen und epileptischen Anfällen wissen wir außerordentlich wenig. Immer mehr entschließt man sich in der Organmedizin zu der Annahme, daß es nicht eine epileptische Erkrankung gäbe, sondern daß der epileptische Anfall nur ein Symptom sei bei Krankheiten von äußerst unterschiedlicher Aetiologie. Wir wissen, daß das kindliche Gehirn eine wesentlich erhöhte Krampfbereitschaft hat, verglichen mit dem Gehirn der Erwachsenen, und wir wissen weiter, daß Kinder, die frühzeitig mit Krämpfen erkranken, eine stark herabgeminderte Lebenserwartung haben. Für bestimmte Krankheitsformen mit epileptischen Anfällen vermutet man eine hervorgehobene Bedeutung des Erblichkeitsfaktors. Diese Arbeitshypothese hat schon insofern ein besonderes Gewicht, als es Tierstämme gibt, z.B. unter den Kaninchen die sogenannten „Weißen Wiener", die erblich krampfen.

Es verlangt also wichtige Vorbehalte, wenn wir hier das Problem der Absencen und der epileptischen Anfälle kurz streifen. Folgendes ist sicher richtig: Starke neurotische Affektstauungen können unter Umständen dazu führen, daß das bestehende organische Grundleiden erheblich verschlechtert wird. Unter Umständen kann auch eine latente Erkrankung durch einen neurotischen verdrängten Erregungssturm zur Manifestation gebracht werden. Diese Situation kommt unbestreitbar vor. Wie häufig sie im Rahmen der epileptischen Erkrankungen überhaupt sein mag, ist ganz und gar ein offenes Problem. Es ist auch noch nicht sichergestellt, ob sehr spezifische neurotische Konstellationen speziell zum Krampfanfall führen. Soweit wir bisher sehen konnten, handelt es sich bei den verdrängten Impulsen im allgemeinen um Erlebnisse aus den verschiedensten Bereichen, also sowohl um orale Ansprüche, wie um Aggressionen, wie um Hingabebereitschaft. In Anbetracht fehlender statistisch ausreichender Reihenuntersuchungen kann hier sicher nur mit größter Vorsicht geurteilt werden. Dies um so mehr, als das Krankengut, das in eine Poliklinik für psychogene Erkrankungen kommt, ein ausgewähltes Material darstellt, bei dem bereits die überweisenden Ärzte eine entsprechende Aussiebung vorgenommen haben.

15. Herzsymptomatik

Die Erörterung der psychogenen Funktionsänderungen am Gefäßsystem sollte man nicht abschließen, ohne kurz das Vorkommen psychogener Herzsymptomatik erwähnt zu haben. Natürlich ist psychogene Herzsymptomatik bei Kindern und Jugendlichen etwas vergleichsweise recht Seltenes. Wenn überhaupt, findet sie sich bei größeren Kindern und unterscheidet sich wesentlich von den Erscheinungen, die das Erwachsenenalter zu charakterisieren pflegen. Angina-pectoris-Beschwerden, paroxysmale Tachycardien, Arrhythmien sind bei Kindern eine ausgesprochene Seltenheit und als Folge psychogener Komplikationen fast nie zu verzeichnen.

Wenn ein Kind oder ein Jugendlicher über Herzsymptomatik klagt, dann handelt es sich meistens um schmerzhafte Sensationen oder — in der häufigsten Zahl der Fälle — um ängstliche Beklemmungsgefühle, die in die Herzgegend lokalisiert werden. Wir sagten schon früher, daß die Herzsymptomatik ein allgemeiner Indikator für affektstarke, leidenschaftliche Gemütsbewegung überhaupt ist, daß aber engere Beziehungen zu speziellen Affekten im allgemeinen vermißt werden. Wir werden also in den Biographien von Kindern, bei denen sich psychogene Herzsymptomatik findet, auf intensive Affekte vorbereitet sein müssen, ohne daß wir von der Symptomatik her eine Akzentuierung der Erlebniskonstellation nach der einen oder der anderen Richtung vermuten dürften. Als weitere Annahme ist lediglich berechtigt, daß man mit Affektstürmen rechnet, die verhältnismäßig locker unter der Oberfläche liegen und die zwar aus dem bewußten Erleben abgedrängt wurden, die aber doch mit nicht allzu großem Aufwand der Einsicht zugänglich sind.

Die biographische Konstellation von Angelika P. ist für die soeben skizzierte Sachlage charakteristisch:

Angelika ist vierzehn Jahre alt, als sie vom Kinderarzt wegen der von ihr vielfach geklagten Herzbeschwerden überwiesen wird. Sie ist ein kräftiges, fast robustes Mädchen, kein Anhalt für organische Funktionsänderungen irgendwelcher Art. Sie hat zwei verhältnismäßig alte Eltern, beide Mitte der 50 und eine drei Jahre jüngere Schwester. Auch die jüngere Schwester ist von robuster Konstitution. Beide Mädchen haben sich angeblich bisher immer störungsfrei und glatt entwickelt. Die wirtschaftlichen Verhältnisse der Familie sind geordnet bis wohlhabend, der Vater ist Wirtschaftsjurist und verfügt über ein gutes Einkommen.

Im Verlauf der Konsultation bleibt eine ganze Weile reichlich undurchsichtig, an welcher Ecke für Angelika eine Problematik auftauchen könnte, und was ihre Situation von der der drei Jahre jüngeren Schwester unterscheidet. Da beide Eltern gemeinsam zur Konsultation erschienen sind, bewegte sich das Gespräch eine Weile etwas unergiebig im Kreise, bis der Eindruck entstand, daß offensichtlich ein schwerwiegender Sachverhalt von den Eltern verschwiegen wurde. Unter einem Vorwand wurde die Mutter allein zu einem Gespräch gebeten. Auch sie zögerte lange, bis sie mit der Sprache herausrückte. Schließlich ergab sich folgender Bericht: Sowohl Angelika wie ihre Schwester sind nicht in der jetzigen Ehe geboren. Frau P. war zwar mit ihrem jetzigen Mann bereits lange Jahre während ihrer ersten Ehe befreundet, hat aber die Kinder noch in dieser ersten Ehe geboren. Als Erzeuger der Mädchen gibt Frau P. allerdings ihren jetzigen Ehemann, Herrn P., an. Sie habe seinerzeit angeblich oft versucht, aus ihrer ersten Ehe auszubrechen und eine Trennung herbeizuführen. Der Ehemann wollte damals um keinen Preis einwilligen, es muß sich um einen verschrobenen und sehr abartigen Charakter gehandelt haben. In vielen langwierigen, kräfteraubenden Debatten hätte er seiner Frau schließlich zugestanden, daß er sich ohne Schwierigkeiten von ihr trennen würde, wenn sie von ihrem Freund ein Kind bekäme. Die erste Ehe von Frau P. war kinderlos geblieben und ihr damaliger Ehemann hatte die Empfängnisfähigkeit seiner Frau angezweifelt. Frau P. verabredete mit ihrem damaligen Freund und jetzigen Ehemann die Schwangerschaft, und Angelika wurde geboren. Der Name, der ihr gegeben wurde, kündigte schon an, wieviel die Mutter sich von diesem Kind erhoffte. Wie zu erwarten war, machte der erste Ehemann trotz der gegebenen Zusicherung größte Schwierigkeiten bei der Scheidung. Aus dem Bericht von Frau P. ließ sich entnehmen, daß zu einem nicht kleinen Teil ihre eigene verwirrte Verfassung und unklare Zielsetzung die Herstellung geordneter Verhältnisse verhindert hatte. So abwegig ihr damaliger Mann sich auch verhalten haben mochte, ein entsprechend begünstigendes Reagieren bei Frau P. kann kaum gefehlt haben. Jedenfalls gab es tumultuöse Auseinandersetzungen um Besitz, und die Scheidung zog sich so lange hin, daß auch eine zweite Schwangerschaft noch ausgetragen wurde, die Ehe erst kurz nach dieser Entbindung endgültig getrennt wurde und Frau P. ihren zweiten Mann heiraten konnte. Das zweite Kind wurde vom ersten Ehemann unbeanstandet der Mutter überlassen.

In bezug auf Angelika gab es jedoch Schwierigkeiten. Wie die juristischen Verhältnisse objektiv lagen und was sich im einzelnen abgespielt hatte, ließ sich nicht mehr nachträglich voll klären. Auf jeden Fall behauptete der erste Ehemann, Angelika sei seine Tochter, und durch immer wieder auftauchende entsprechende Bemerkungen vergiftete er die zweite Ehe seiner Frau, vermutlich nicht, ohne daß auf seiten von Frau P. und ihrem jetzigen Mann ebenfalls eine Fülle von verworrenen Ungeschicklichkeiten begangen wurden. Es würde zu weit führen, die psychische Verfassung von Frau P. hier soweit zu beschreiben, daß die Vielzahl verwirrter Fehlverhaltensweisen, die sie in diesem langjährigen Drama beging, voll deutlich würden. Es würde auch zu weit führen, den zweifellos sehr konflikthaften Charakter der zweiten Ehe genauer zu schildern. Für die Situation des Kindes war gegenwärtig von Bedeutung, daß das ungeklärte Problem, wem die Vaterschaft zuerkannt werden sollte, immer wieder den vorgeschobenen Grund abgab, um die tieferliegenden wirklichen affektiven Schwierigkeiten zwischen den Eheleuten zum Austrag zu bringen.

Aus der Frühbiographie von Angelika müssen allerdings folgende wichtige Faktoren noch nachgetragen werden: Ihre Betreuung lag in den ersten Lebensjahren bis zur Scheidung der Eltern ganz in der Hand einer sehr stabilen, pyknischen und offenbar warmherzigen Ostpreußin, die als Kinderfrau angestellt worden war. Noch nach der Scheidung ist Angelika öfter zu dieser Kinderfrau, die im Haushalt des ersten Ehemannes verblieb, zu Besuch gegangen. Diese Besuche wurden ca. zwei Jahre lang geduldet, bis das Kind in die Schule kam und erst dann, insbesondere, als schließlich nicht mehr verborgen bleiben konnte, wieviel Verwirrung die ungeklärte Situation auch bei dem Kind stiftete, wurden diese Besuche untersagt. Für die jüngere Schwester Herta war im neuen Haushalt der Mutter ebenfalls eine Kinderfrau angestellt. Es entsprach dem gutmütigen Grundaffekt von Frau P., daß sie sich wiederum einen Menschen ins Haus holte, der warme Gemütsseiten und ein verhältnismäßig stabiles Temperament besaß. Herta wuchs also ganz überwiegend in der Obhut dieser zweiten Kinderfrau auf, während Angelika im vierten Lebensjahr einen sehr tiefen Einschnitt der gesamten Lebenskonstellation verarbeiten mußte. Der Unsicherheitsfaktor, der in Angelikas Leben eine zunehmend beunruhigende Rolle spielte, war enorm und mit nichts in der Lebenslage der jüngeren Schwester zu vergleichen. Es ergab sich, daß Angelika seit langem ihre Besorgnisse und ihre innere Unruhe, zu wem sie denn nun eigentlich gehöre, verdrängt hatte, niemals eine klare Frage wagte und natürlich auch von den Eltern niemals eine wirkliche Auskunft erhielt.

Der auslösende Konflikt für Angelika ergab sich in folgender Situation: Der Vater nahm eine neue Sekretärin ins Haus und überließ dieser zunehmend eine Reihe von Arbeiten, bei denen ihm sonst seine Frau geholfen hatte. Die Mutter wurde enorm eifersüchtig. Sie verdächtigte ihren Mann — mit einiger Wahrscheinlichkeit zu Unrecht — der ehelichen Untreue, es gab heftige Auseinandersetzungen, und die vierzehnjährige Angelika wurde von der Mutter zu ihrer Vertrauten gemacht. Angelika war zwischen den streitenden Parteien hin- und hergezogen und in begreifliche Aufregung gestürzt. Hielt sie zur Mutter, so lief sie Gefahr, daß ihr Vater mit einem Hinweis auf die angeblich zweifelhafte Vaterschaft für sie den geordneten Familienhintergrund total zerstören würde. Hielt sie zum Vater, so entzog die Mutter ihr ihre Zuneigung. Leidenschaftliche Wut gegen den Vater, aber ebenso leidenschaftlicher Zorn auf die Mutter, die sie in diese Konflikte stürzte, mußten das Kind beherrschen. Die Angst, daß Durchbruchsreaktionen, die diese Wut an die Oberfläche ließen, völlige Einsamkeit und Verlassenheit mit sich bringen würde, lag natürlich mit den aufkommenden Affekten im Widerstreit. Angelika, in dem dauernden ausweglosen Abwehrkampf gegen Zorn, Angst und Erregung, erkrankte mit der Herzsymptomatik, für die auch sorgfältigste körperliche Untersuchung keine ausreichende Erklärung hatte bieten können.

Das Gelingen einer therapeutischen Bemühung hing in einer solchen Situation natürlich davon ab, wie weit die Eltern zu einer einigermaßen klaren Stellungnahme dem Mädchen gegenüber bewogen werden konnten, und wieweit die Mutter daran zu hindern war, Angelika in ihre Ambivalenzauseinandersetzung mit dem Vater einzubeziehen. Ohne eine solche Entspannung der häuslichen Situation wäre es natürlich fruchtlos, mit Angelika die vorliegende Problematik zu besprechen, da sie noch zu jung war, um auf spätere Verselbständigung hingeführt zu werden, andererseits aber auf keinen Fall die stark beunruhigende Oppositionshaltung gegen die Eltern verschärft werden durfte.

Bei dem an sich wirklich gutmütigen Grundaffekt beider Eltern war es trotz der herrschenden Verwirrung möglich, hier mit einigen klärenden Gesprächen einzugreifen und eine mindestens oberflächliche Entspannung der Verhältnisse zu erzielen, die dann auch eine Minderung der Krankheitszeichen bei Angelika mit sich brachte.

16. Störungen des motorischen Apparates

Im Verlauf unserer bisherigen Ausführungen hatten wir uns im wesentlichen mit den sogenannten vegetativen oder funktionellen Organerkrankungen befaßt. Bei diesen „Organneurosen" im engeren Sinn hat uns immer die Frage beschäftigt, welche Korrespondenzen zwischen affektiver Konstellation und Organgeschehen bestehen könnten. Dabei ist der Begriff der „Korrespondenzen" ein verhältnismäßig allgemeiner, und wir mußten uns unaufhörlich mit der Frage auseinandersetzen, welche biologisch konstanten Gegebenheiten die affektive Verfassung und die Organfunktion miteinander in Beziehung bringen.

Für den motorischen Apparat liegen die Dinge anders. In einem früheren einführenden Kapitel hatten wir bereits hervorgehoben, daß die willkürliche Muskulatur der Vollzugsapparat ist, mit dessen Hilfe wir unsere Impulse in die Tat umsetzen. Haben wir es also mit einem neurotischen Symptom zu tun, das die willkürliche Muskulatur betrifft, so haben wir allen Grund zu der Frage, welche „Handlung" von dem erkrankten Patienten eigentlich geplant wurde, obgleich der Impuls selbst unterschwellig bleibt und nur sein motorisches Rudiment evtl. auch nur eine allgemeine Koordinationsstörung zu bemerken ist.

Wir müssen hier auf frühere Kapitel über die Entwicklung der Motorik zurückgreifen. Allerdings ist es notwendig, für unsere jetzigen Zwecke die früheren Beschreibungen etwas zu erweitern. Wenn wir von der Motorik gesprochen hatten als dem Träger aktiv gestaltender Handlungsimpulse mit zuerst destruktivem, dann mehr konstruktivem Charakter, so haben wir damit sicher eine wesentliche Seite des Gesamtgeschehens genannt. Zu wenig beachtet blieb dabei allerdings noch, daß die Motorik gleichzeitig sehr wesentlichen Anteil am *Ausdrucksgeschehen* des Menschen hat. Und zwar hat sie das um so mehr, je kleiner ein Kind noch ist. Ein Kind von zwei bis drei Jahren erzählt und spielt gewissermaßen mit dem ganzen Körper. Erzählt ein zweieinhalbjähriges Kind von einer Eisenbahn, die es gesehen hat, so ist es dabei, sofern man es nicht behindert, mit seiner Totalperson in Bewegung. Es illustriert herumlaufend, die Arme drehend und schwenkend, die Bewegungen der Lokomotive, die Bewegungen des Eisenbahnschaffners, die Bewegungen der Reisenden und alles, was in seinem Erlebnisstrom auftaucht.

Die Bedeutung rhythmischen Erlebens ist dabei ganz außerordentlich groß. Die beruhigende Wirkung gleichmäßiger Rhythmen empfindet nicht nur der Erwachsene. Nicht umsonst werden kleine Kinder in eine Wiege gelegt und geschaukelt, um sie zur Ruhe zu bringen und nicht umsonst werden ihnen schon sehr früh kleine rhythmische Lieder nahegebracht.

Bei der Erörterung neurotischer Entwicklungsstörungen, die das Motorium betreffen, muß man also immer mitbeachten, inwieweit den Kindern gestattet gewesen ist, in der ihnen eigentümlichen motorisch sehr lebhaften Form zu berichten, zu erzählen und berichtend Kontakt aufzunehmen. Der Erwerb von ticartigen Ausdrucksbewegungen hat fast immer eine Quelle in frühen Schäden, die die motorische Expansion getroffen haben. Und zwar muß — wie gesagt — bedacht werden, daß nicht nur die aktiven Handlungsimpulse eines Kindes auf Verbotsschranken übertriebener Art stoßen können, sondern daß oft auch Ausdrucksbedürfnisse und rhythmisches Erleben gestört werden.

Die Theorie läßt vermuten, was uns die praktische Erfahrung bei genauer Beobachtung zeigt: Kinder, die ticartige Krankheitszeichen aufweisen, stehen der zwangsneurotischen Strukturentwicklung nahe. Wenn es richtig ist, daß die zwangsneurotische Entwicklung aus der Phase handelnder Selbstentfaltung stammt und das erste selbständig aufkeimende Wollen in ihr behindert wurde, dann gehört in die gleiche Zeit die Entstehung ticartiger Krankheitszeichen mit früh erworbenen Entwicklungsschäden der Motorik.

Wir haben bei muskulären Störungszeichen mehrere Erscheinungsformen zu unterscheiden: Erstens die oben erwähnten *ticartigen Zuckungen*, die sowohl das Rudiment einer Handlung, wie auch das Rudiment einer Ausdrucksbewegung sein können. Zweitens Koordinationsstörungen der *Sprache*, wie sie bei den sehr verschiedenartigen Formen des Stotterns auftritt. Die Entstehungsgeschichte des Stotterns fällt etwa in die gleiche Zeit wie die Entstehungsgeschichte des Tics, hat aber noch andere Vorbedingungen. Psychologisch ist dem Stottern der *Schreibkrampf* sehr nahe verwandt. Er ist bei Kindern übrigens etwas Seltenes und seine Determinanten pflegen noch besonders zusammengeordnet zu sein.

Diesen drei Störungen der Motorik aus der Phase der motorischen Entwicklung stehen zwei andere Symptomarten gegenüber, die jeweils einen anderen und gesondert zu besprechenden Sinn und auch eine andere Entstehungsgeschichte haben. Wir meinen hier die bei Kindern außerordentlich häufigen nächtlichen *Iactationen* und die *allgemeine motorische Unruhe* überhaupt, die beide eine gesonderte Besprechung verdienen.

a) *Allgemeine motorische Unruhe*

Der vergangene Krieg hat mit der jetzigen Kindergeneration ein Riesenexperiment gestartet. Wohl selten sind die Entwicklungsbedingungen der Kinder so unruhig und ungeordnet gewesen wie in den vergangenen zehn oder gar fünfzehn Jahren. Ausbombung, Evakuierung, Dienstverpflichtung der Mütter, Flüchtlingselend im Treck, langjährige Wohnungsnot ist nur den wenigsten Kindern erspart geblieben. Die Quittung auf dieses Unglück ist nicht ausgeblieben. Jeder Lehrer klagt über die nicht zu bändigende Wildheit und motorische Unruhe der prozentual stark hervortretenden sogenannten „Störer". Die Hoffnung, daß man mit einfachen, billigen, leicht zu handhabenden Maßnahmen diese so störend unruhigen Kinder zur Ruhe bringen möchte, wird immer wieder ausgesprochen. Daß diese Hoffnung kaum verwirklicht werden kann, leuchtet von selber ein, wenn man nur einen kurzen Augenblick der Bemühung darauf verwendet, die Kinderschicksale solcher „Störer" wirklich zu überdenken.

In einer Erziehungsberatung oder auch in der ärztlichen Beratung jener Mütter, die über die motorische Unruhe ihrer Kinder klagen, hat man es immer wieder mit einer außerordentlich charakteristischen Situation zu tun: Fragt man diese Mütter nach dem Maß von Ruhe und Beständigkeit, das sie selbst ausstrahlen und zur Verfügung haben, dann erhält man fast einhellig die Antwort, daß diese Mütter von sich selber wissen, sie seien äußerst erregbar und nervös. Während sie aber von sich selbst entschuldigend meinen, sie „hätten es eben mit der Schilddrüse", oder sie „seien nun mal so" oder „die Zeiten hätten sie so gemacht", lassen sie die gleichen Entschuldigungen für ihre Kinder nicht gelten. Das Maß an Selbstbeherrschung, das von dem motorisch lebhaften oder motorisch unruhigen Kind gefordert wird, ist im allgemeinen wesentlich größer als das, was die Mütter sich selber abverlangen oder zu leisten in der Lage sind. Dabei ist es die Regel, daß die nervöse Unruhe der Mutter und die nervöse Unruhe des Kindes sich gegenseitig aneinander aufstacheln. Die Mutter in ihrer Nervosität und Hast überschüttet das Kind mit Vorwürfen und Ermahnungen und nimmt ihm damit den letzten Rest einer Möglichkeit, sich ruhig und geordnet zu verhalten.

Diese sehr allgemeine Situation ist ohne Zweifel der Hintergrund bei der überwiegenden Zahl neurotischer Störer der jetzigen Kriegsgeneration. Eine Spezialvariante gibt es gelegentlich noch, die in sozial ruhigeren Zeiten mehr ins Gewicht fällt und eine besondere psychologische Beachtung verdient.

Es handelt sich hier um jene Kinder, deren unruhige Motorik der Kompensationsversuch ist, Mangelerlebnisse im Bereich von *zärtlicher Zuwendung* auszugleichen. Das sind jene Kinder, die dadurch auffallen, daß sie unruhig durchs Zimmer laufen und mit den Händen oder gar mit dem ganzen Körper an den Gegenständen entlangstreichen, sie abtasten, dabei evtl. herunterreißen und beschädigen. Die Erfahrung hat gelehrt, daß ungestillte Zärtlichkeitsbedürfnisse im elementarsten Sinn diese motorische Unruhe hervorbringen kann. Kinder, die aus diesen Gründen motorisch unruhig sind, bekommt man selbstverständlich nicht durch Verbote und Strafen zur Ruhe, sondern nur durch die Befriedigung jener Bedürfnisse, die den Motor für die allgemeine innere Unruhe abgeben.

Natürlich muß man bei der Beurteilung des Gesamtproblems immer mit in Betracht ziehen, daß auch der *angeborene Antriebsüberschuß* an den auftretenden Schwierigkeiten beteiligt ist. Es ist ja auf keinen Fall eine Zufallserscheinung, daß die überwiegende Zahl der Störer unter den Knaben zu finden ist. Es fällt auch ins Gewicht, daß bei Kindern phasenweise verschieden die motorischen Bedürfnisse intensiviert auftreten können und wieder abklingen. Man würde sich aber das Problem gar zu sehr vereinfachen, wenn man sich mit dem Hinweis auf konstitutionellen Antriebsüberschuß und phasenweise verstärktes motorisches Bedürfnis begnügen wollte. Da wir diese Seite des Gesamtgeschehens ja kaum verändern können, wird es besonders wichtig sein, die Umweltkonstellationen ins Auge zu fassen, da wenigstens hier eine gewisse Chance besteht, daß man sie korrigieren und verbessern kann.

b) *Iactationen*

Der soeben beschriebenen allgemeinen motorischen Unruhe, durch die bestimmte Kinder störend im Schulalter auffallen, stehen die sogenannten Iactationen der Kleinkinder nahe. Es handelt sich hier um das rhythmische Hin- und Herwerfen des Kopfes oder des ganzen Körpers, das bei den Kindern vor dem Einschlafen oder auch im Schlaf auftritt. Gehäuft pflegen Iactationen bei Waisenhaus- und Hospitalkindern aufzutreten, und es ist eine altbekannte Erscheinung, daß unter Umständen ein ganzer Saal von Kleinkindern „angesteckt" werden kann, wenn ein oder zwei dieser Kinder mit den Iactationen beginnen. Selbstverständlich kommt das gleiche Symptom auch bei Familienkindern vor und kann unter Umständen so außerordentlich hartnäckig sein, daß es sich bis ins höhere Alter und in die Pubertät hinein erhält.

Um die Bedeutung der Iactationen zu verstehen, müssen wir uns zunächst überlegen, daß die rhythmisierte Bewegung für Menschen angeborenerweise einen ausgesprochen beruhigenden Charakter hat. Die Tatsache, daß rhythmische Bewegungen Kleinkinder, aber auch Erwachsene beruhigen und aufgestaute Erregungen besänftigen können, ist für uns eine so große Selbstverständlichkeit, daß wir nur selten darüber nachdenken, daß es auch anders sein könnte. Das Wiegen der Kinder, das rhythmische Schaukeln auf dem Arm, das Angebot von Rhythmus in Lied und Gesang tragen dieser angeborenen Eigentümlichkeit des Menschen Rechnung. Es scheint Völker zu geben, deren rhythmische Talente ganz besonders ausgebildet sind. Zweifelsohne gibt es sehr erhebliche individuelle Schwankungen in bezug auf die Empfindungen von Takt und Rhythmus.

Diese Tatsachen müssen wir auf jeden Fall beachten, wenn wir uns die Frage vorlegen, warum unter zahlreichen Waisenhauskindern immer nur ein Teil mit den rhythmischen Iactationen beginnt. Man wird als wahrscheinlich ansetzen dürfen, daß die rhythmische Entladung nicht für jedes Kleinkind den gleichen befriedigenden Charakter hat. Genau so wie nicht für jeden Erwachsenen musikalische Erlebnisse in gleicher Weise belebend und beglückend empfunden werden.

An der Feststellung, daß das Auftreten von Iactationen ein Zeichen für unbefriedigte subjektive Bedürfnisse ist, kann sicher kein Zweifel mehr bestehen. Die Tatsache, daß Waisenhauskinder besonders häufig von dieser Störung betroffen sind, gibt ja in dieser Richtung bereits einen wichtigen Hinweis.

Finden wir die Iactationen bei Familienkindern, so bietet sich verhältnismäßig oft eine bestimmte Konstellation: Wir finden bei solchen Kindern Einengung der Motorik und vorzeitige motorische Dressur, kombiniert mit sehr wechselvollem Verhalten hinsichtlich der Zärtlichkeitsbedürfnisse des Kindes. Die sehr unruhige und inkonsequente Mutter neben einem verhältnismäßig strengen Vater pflegt besonders geeignet zu sein, die Entwicklung ihrer Kinder im eben besprochenen Sinn zu stören.

Ein kasuistisches Beispiel:

Der siebenjährige Karl-Erik ist nach Schilderungen seiner Mutter außerordentlich nervös. Er schläft schwer ein, bewegt den Kopf rhythmisch von einer Seite auf die andere solange, bis er eingeschlafen ist und begleitet diese Bewegungen mit singenden Lauten, ohne bestimmte Melodie. Im Rhythmus spricht er singend „la la la" vor sich hin. Karl-Eriks Bett steht im elterlichen Schlafzimmer und die geschilderte Symptomatik stört die Eltern sehr. Außerdem soll der Junge schlecht gehorchen. Die Mutter gibt, um das schlechte Gehorchen zu illustrieren, folgendes sonderbare Beispiel: Sie erzählt mißfällig, daß Karl-Erik, wenn sie ihn mal auf den Schoß genommen hätte und ihn streichelte, dann nicht gerne wieder von dem Schoß herunter ginge, sondern daß sie ihm das dann drei- bis viermal sagen müsse. Die Mutter hat bei dem Bericht zunächst kein Gefühl dafür, daß dieser „Ungehorsam" ganz offenbar ein Ausdruck für Zärtlichkeits- und Anlehnungsbedürfnis ist. Charakteristischerweise hat Karl-Erik außerdem Freude an kleinen Wolltierchen und Puppen. Zu Hause nennt man ihn deswegen „Puppenaugust". Daß Karl-Erik bei der Mutter noch so gern auf dem Schoß sitzt, wird auch besonders vom Vater des Jungen moniert, der dieses Vorrecht nur dem kleineren Bruder zukommen lassen will. Die ältere Schwester hat dagegen das Vorrecht, daß sie zum Vater auf den Schoß darf. Karl-Erik ist von den drei Geschwistern derjenige, der daneben steht, wenn der kleinere Bruder auf dem Schoß der Mutter sitzt und die ältere Schwester vom Vater gestreichelt wird.

Der Vater des Jungen ist ein außerordentlich robuster und harter Mann. Berufssoldat, hat es bis zum Oberfeldwebel gebracht, und ist dann nach dem Krieg zur Polizei gegangen, wo er einen entsprechenden Dienst macht.

Zu Karl-Eriks Geburt berichtet die Mutter erst ganz zum Schluß der Konsultation folgendes: Karl-Eriks Vater hat — angeblich völlig aus der Luft gegriffen — bereits während der Schwangerschaft seiner Frau die Vaterschaft abgestritten und behauptet, das Kind müsse von einem anderen Mann sein. Er begründete diese Behauptung damit, daß seine Frau ihm erst im dritten Schwangerschaftsmonat etwas von der Schwangerschaft mitteilte. Er hat den Jungen von der Geburt ab hart und schroff behandelt. Wie sich später herausstellte, entsprangen die Leugnungen der Vaterschaft dem Wunsch des Vaters, sich scheiden zu lassen und eine Freundin zu heiraten, die er seit einiger Zeit hatte. Die Mutter in dieser konfliktreichen Situation war ihrerseits dem Jungen gegenüber äußerst ambivalent. Sie sagte von sich selbst, daß sie dem Kind gegenüber erregbar und inkonsequent sei, daß sie den Jungen gelegentlich heimlich mit Verwöhnungen überschütte, um ihn dann andererseits bei der geringsten Kleinigkeit anzuschreien. Das oben bereits geschilderte Detail über ihre Reaktion auf das Zärtlichkeitsbedürfnis des Jungen spricht ebenfalls für sich selbst. Vom Vater wurde Karl-Erik außerordentlich viel geschlagen, insbesondere auch für die Iactationen, die, wenn das Schlagen nichts nützte, schließlich mit Stubenarrest bestraft wurden. Die wechselvolle Einengung der motorischen Bedürfnisse des Kindes ist also an dem Zustandekommen der Iactationen mindestens ebenso beteiligt, wie die Zärtlichkeitsverarmung.

Therapeutisch wird man sich bei diesem Jungen nicht mit der allgemeinen Empfehlung begnügen dürfen, die in leichteren Fällen etwas nützt: Die Empfehlung für ausreichenden Auslauf bringt nur bei einem Teil der so gestörten Kinder Hilfe. Manchmal ist sogar an solchen Kindern auffällig, daß sie lediglich lebhafte Bewegungsspiele verhältnismäßig planloser Art als spielerische Betätigung zur Verfügung haben und daß ihnen die stetige sachliche Zuwendung und ruhigeres geordnetes Spiel fehlen. Man wird also meist Spielfähigkeit und Zärtlichkeitsbedürfnis der Kinder in gleicher Weise pflegen und entwickeln müssen wie die behinderte Motorik, um die Iactationen zum Schwinden zu bringen.

Daß motorische Einengung und Verarmung an Zärtlichkeit am Zustandekommen des Symptoms beteiligt sind, steht sicher außer Frage. Vergleichen wir diese Feststellung mit früheren Erörterungen, so fällt auf, daß ähnliche Konstellationen auch zu andersartiger Symptomatik führen können. Wir können heute im einzelnen noch nicht sagen, woran das liegt. Immerhin scheint die Arbeitshypothese nicht zu weit hergeholt, wenn wir unterstellen, daß nicht für jeden Menschen die rhythmisierte Bewegung den gleichen Beruhigungscharakter hat und daß demzufolge nicht jedes Kind diesen Weg der Entladung und Entlastung wählt.

c) *Ticartige Erscheinungen*

Ticartige Körper- und Gesichtszuckungen bei Kindern sind ein Krankheitsgeschehen, das sicher seltener auftritt als etwa Appetitstörungen, Enuresis oder Pavor nocturnus. Immerhin darf man es wohl kaum vernachlässigen, da es sich sicher um die Anzeichen einer nicht leicht zu nehmenden psychosomatischen Fehlentwicklung handelt. Es gibt verschiedenartige Formen von Tics. Gesichts-Tic mit verschiedenen Grimassen, ticartiges Zurückwerfen des Kopfes, ticartige Schulterzuckungen, Grunztics und manches andere mehr. Im Gegensatz zu den Iactationen handelt es sich bei den Ticerscheinungen um exquisit unrhythmische plötzlich auftauchende und weitgehend unwillkürlich auftretende Körperbewegungen, die nur in sehr engen Grenzen willentlich unterdrückt werden können.

Oben wiesen wir bereits darauf hin, daß die Entstehung psychogener Tics in jene Entwicklungsphase zurückreicht, in der sich — getragen von der reifenden Motorik — die Handlungsfähigkeit des Kindes entfaltet und in der die körperliche Bewegung noch ganz besonders lebhaft am *Ausdrucksgeschehen* der Kinder teilhat. Die Behinderungen, die die Kinder, die einen Tic erwerben, erlebt haben, sind im allgemeinen wesentlich einschneidender als alles, was Kindern mit Iactationen je passierte. Mindestens relativ zu motorischem Entladungsdrang und zur Beeindruckbarkeit des Kindes sind die Umweltschäden härter, dauerhafter und starrer als bei den Iactationskindern. Natürlich wird man nicht kritiklos nur ein Milieu mit dem anderen vergleichen dürfen. Es handelt sich hier immer um eine Relation zwischen der Beeindruckbarkeit des Kindes und den Verhaltensweisen der Eltern.

Eine Relation, die ja übrigens selbstverständlich für jede Beurteilung von neurotischen Fehlentwicklungen gilt.

Auf jeden Fall scheint den Kindern mit neurotischen Tic-Erscheinungen der Ausweg in die rhythmisierte Bewegung nicht oder nicht genug zur Verfügung zu stehen. Möglich auch, daß das rhythmische Empfinden bei solchen Kindern angeborenerweise geringer ist und damit ein Weg der Abfuhr und Entlastung für das Kind verlorengeht. Von einer vollständigen Beantwortung solcher Fragen sind wir vorerst noch recht weit entfernt. Es fehlen auch größer angelegte Reihenuntersuchungen über die Chance, ticerkrankte Kinder mit Hilfe von Tanz und Rhythmus ausreichend und dauerhaft zu bessern. Die gelegentliche Heilwirkung von rhythmischer Bewegung ist ja immer wieder einmal zu beobachten.

Folgendes kasuistisches Beispiel mag die hier vorliegenden Entwicklungssituationen illustrieren:

Die sechzehnjährige Hanna leidet seit ihrem dreizehnten Lebensjahr, also seit jetzt drei Jahren an einem ticartigen Zucken an Kopf und Oberkörper. Die Symptomatik fällt zusammen mit dem Auftreten der Periode, die die Patientin unvorbereitet und völlig unaufgeklärt erlebte. Hanna gibt an, daß sie seinerzeit ihre Mutter mehrfach nach den Vorgängen bei Schwangerschaft und Zeugung gefragt habe, daß sie aber nie eine sachliche und ausreichende Antwort erhalten habe. Hanna ist unehelich geboren und im Verlauf ihrer frühen Kindheitsentwicklung von sehr verschiedenen Erziehungspersonen betreut worden. Bis zum zweiten Lebensjahr war sie bei der Großmutter, Mutter der Mutter, während die Mutter selbst außerhalb arbeiten ging und nicht in der Wohngemeinschaft blieb. Unter der Pflege dieser Großmutter soll das Kind gut gediehen sein. Diese Großmutter ist auch heute noch die wesentlichste Beziehungsperson für Hanna, die zu ihrer eigenen Mutter nur eine recht dürftige Verbindung hat. Von Hannas zweitem bis viertem Lebensjahr wird berichtet, daß in dieser Zeit der Großvater arbeitslos wurde, die Großmutter statt dessen in einer Fabrik-Arbeit fand und das kleine Kind diesem Großvater überlassen werden mußte. Dieser Großvater ist Stiefvater der Mutter, zu der er eine recht schlechte Beziehung hatte, und die feindselige Stimmung zwischen Hannas Mutter und diesem Stiefgroßvater übertrug sich zweifelsohne auf Hanna selbst. Hanna wurde von diesem Stiefgroßvater nicht nur unfreundlich und abweisend, sondern auch ausgesprochen hart behandelt. Er schlug sie viel, fütterte sie unzulänglich und band sie, wenn sie ihm lästig fiel, oft stundenlang mit auf dem Rücken gekreuzten Armen auf einem Stühlchen fest. Vorwand für diese extreme Härte gab immer eine angebliche Unart des Kindes, das auf diese Weise erzogen werden sollte. Kein Zweifel, daß mit diesen Maßnahmen die motorische Reifung der Zweijährigen behindert wurde.

Hannas Mutter merkte schließlich, daß diese Art der Betreuung für das Kind auf die Dauer nicht tragbar sei, und sie nahm das Mädchen dann zu sich. Sie behielt Hanna zwischen dem vierten und neunten Lebensjahr, ging aber selbst weiter arbeiten und ließ das Kind tagsüber in Kindergarten und Hort betreuen. Hanna war einzelgängerisch und scheu zu Hause wie in der Schule, im Turnen relativ ungeschickt. In der Konkurrenzauseinandersetzung mit Gleichaltrigen war sie immer im Hintertreffen. Neunjährig wurde Hanna zur Großmutter zurückgegeben, da inzwischen der Stiefgroßvater verstorben war. In dieser Zeit hat Hanna insbesondere mit Schulleistungen sehr gut aufgeholt. Die Großmutter ist zu dem Kind offenbar wirklich freundlich und liebevoll gewesen.

Hannas Mutter war gegen ihre Tochter zur Zeit der Erkrankung äußerst mißgestimmt. Sie bemängelte, daß Hanna ihr gegenüber so zurückhaltend und abweisend sei. Sie habe sich immer eine Tochter gewünscht, die die beste Freundin ihrer Mutter wäre. Heiter, anschmiegsam und aufgeschlossen. Hanna sei das ganze Gegenteil von dem, was sie sich gedacht hätte. Die Mutter bedachte nicht, daß sie selbst das Kind ja nur eine verhältnismäßig kurze Spanne betreut hatte und daß Hanna mit Hinblick auf die abgelaufene Entwicklung selbstverständlich ganz besonders an der Großmutter hängen mußte.

Zur auslösenden Situation, als Hanna den Tic bekam, ist noch manches hinzuzufügen. Hanna ging damals in eine gemischte Klasse von Jungen und Mädchen gemeinsam. Sie hatte unter ihren Klassenkameraden einen heimlichen Schwarm, einen Jungen, der wegen Erkrankung ein Jahr zurückgestellt war, also etwas älter als sie, der zur Zeit in der Klasse der Anführer und Beste von allen war und der Schwarm von zwei Freundinnen Hannas. Die drei Mädchen versuchten auf ihre Weise die Aufmerksamkeit dieses Klassenhelden zu gewinnen. Hanna zog dabei in jeder Weise den kürzeren. Ihre eine Freundin blieb Siegerin und wurde die erklärte Favoritin. Hanna zog sich gekränkt und in trotzigem Stolz zurück. Der Tic, den sie zeigte, paßte recht gut als Ausdrucksbewegung zu der Gesamtverfassung, in der sie sich befand. Ein trotziges Den-Kopf-Zurückwerfen und Schulterzucken war offenbar sowohl formal wie inhaltlich das Wesen des Körpertics. Neurosenpsychologisch war wichtig, daß Hanna selbst nicht in der Lage war, ihr eigenes Trauererleben und ihre trotzig resignierte Abwehrhaltung innerlich in eine Verbindung zu bringen. Bei ihrem Bericht über die damaligen Schulerlebnisse meinte sie zunächst, es habe sich für sie um eine Bagatelle gehandelt und mit der damals siegreichen Konkurrentin sei sie nach wie vor in gleicher Weise befreundet geblieben. Erst allmählich, in ausgedehnterem Gespräch, rückte das Mädchen mit leidenschaftlichen Zorn- und Ärgeraffekten heraus, die sie sowohl ihrer Freundin gegenüber, wie dem angebeteten Schwarm gegenüber empfunden hatte.

Das ticartige Zucken war also jedenfalls der Rest einer Ausdrucksbewegung, die jedoch in ihrer Verbindung zum zugehörigen inneren Erleben abgerissen war. Verdrängt waren von dem Kind Wut, Ärger, Neid und heftige Aggression sowohl gegen den Jungen wie gegen die Freundin, verdrängt war auch weitgehend der Bewältigungsversuch, trotzig überkompensierend eine Gleichgültigkeit zur Schau zu stellen, die in Wirklichkeit nicht existierte.

Therapeutisch konnte sicher nicht anders vorgegangen werden als mit klärenden Gesprächen über die Berechtigung von Wut und Ärger in solchen Versagungssituationen. Wenngleich dies nur die eine Seite der therapeutischen Zielsetzung sein konnte. Die andere Notwendigkeit war auf jeden Fall die, daß das Mädchen darauf vorbereitet wurde, in welcher Weise sie altersgemäß mit jungen Männern Kontakt aufnehmen könne. Inwieweit es wirklich notwendig sei, jungen Männern so grundsätzlich zu mißtrauen, wie sie es tat, und inwieweit im Hinblick auf eigene erworbene Lebenssicherheit auch Partnerschaftsbeziehungen allmählich aufgebaut werden könnten.

Speziell bei dieser Patientin führten die geschilderten Maßnahmen zu einem raschen Erfolg. Bereits nach wenigen Gesprächen schwand das Symptom. Es gilt aber hier das gleiche wie für jede neurotische Symptomatik überhaupt: Vom Symptom her ist auf die Schwere der Erkrankung nicht zu schließen. Es gibt ticartige Erscheinungen, die nur ganz passager auftreten oder die sich durch therapeutischen Einfluß leicht auflösen lassen, während unter Umständen das gleiche Symptom außerordentlich tief verankert ist und hartnäckig auch intensiven Bemühungen trotzt.

Es ist kaum angebracht, den verschiedenen Varianten der ticartigen Einzelerscheinungen jeweils ein gesondertes kasuistisches Beispiel zu widmen. Zweckmäßig ist nur, darauf hinzuweisen, daß — abgesehen von der motorischen Einengung bei auftretenden neurotischen Tics — nicht selten vordergründig eine sexuelle Problematik mit im Spiele ist. Besonders bei kleinen Jungen ist es keine Seltenheit, daß heftige Onanieverbote und Androhungen schwerer Strafen, wenn die Kinder bei ihren ersten physiologischen Entwicklungsschritten beobachtet werden, auslösend einen Tic zustande bringen. Es sei aber hervorgehoben, daß es sich dann immer nur um eine vordergründig bedeutungsvolle Problematik handelt und daß die abrupte Behinderung der reifenden Motorik unbedingt eine Voraussetzung für das Auftreten der Ticerscheinungen ist.

Über die sich einschleichenden Automatismen beim einmal in Gang gesetzten Ticgeschehen wissen wir nur sehr wenig. Als selbstverständlich leuchtet ein, daß ein reflexhafter motorischer Vorgang um so schwerer zu beseitigen ist, je länger er besteht.

d) *Schreibkrampf*

Schreibkrampf bei Kindern ist kein häufiges Symptom. In der überwiegenden Mehrzahl der Fälle tritt es im späten Jugendalter oder im Erwachsenenalter auf. Zimmert hat bei einer nicht veröffentlichten zusammenstellenden Untersuchung an Schreibkrampfkranken festgestellt, daß bei der psychologischen Beurteilung dieser Schreibkrampfkranken von den verschiedensten Untersuchern und unabhängig voneinander immer wieder ein spezielles Etikett verwandt wurde. Immer wieder tauchte in den Beurteilungen die Feststellung auf, daß diese Kranken in ihren Mitteilungen nicht nur sehr zurückhaltend, sondern außerdem auch möglicherweise unaufrichtig seien und etwas sehr Spezielles zu verschweigen hätten.

Diese Feststellung verdient Beachtung. Sie wird verständlich, wenn man bedenkt, daß für den erwachsenen Menschen das Schriftstück ein festgelegtes Dokument darstellt, ein Dokument, das in seinen Inhalten fixiert vorliegt und nicht ohne weiteres vernichtet werden kann. Eine der Determinanten für die Entstehung eines Schreibkrampfes bei Erwachsenen ist sicher das — unbewußte — Bedürfnis, einen unverbindlichen Schwebezustand beizubehalten und eine heftige Abwehr gegen festgefügte Ordnungen.

Die Entstehung und Vorgeschichte bei Schreibkrampfkranken hat hinsichtlich der Schreibentwicklung immer bestimmte Gemeinsamkeiten: Fast immer wurde den Kindern bei den ersten Schreibversuchen übertrieben die Entwicklung einer ausgeprägten Zuchtschrift nahegelegt. Sie wurden gezwungen, in übertriebener Weise jene feineren, die Schrift plastisch formenden Bewegungsimpulse zu verdrängen, die einer Schrift den individuellen Charakter verleihen. Daß man von Kindern zunächst ein Schönschreiben verlangt, ist selbstverständlich. Die erste Bemühung, die motorische Feininnervation, so zu steuern, daß bestimmte Bewegungszüge flüssig und ungestört erfolgen, geht immer zuerst über den Weg zusammengefaßter Ordnung nach einem Schönschreibideal. Es gibt aber zweifellos ein Mehr oder Weniger an

Dressurforderung, die man an die Kinder stellt. Pedantische, leistungsehrgeizige Eltern können hier den Kindern ein Maß an Ordnung und Genauigkeit zumuten, das nicht mehr ertragen wird. Im allgemeinen pflegen sie nebenher der handelnden Selbstentfaltung, insbesondere auch der Handmotorik große Behinderungen entgegenzusetzen.

Ein zehnjähriges Mädchen, das vorübergehend mit einem Schreibkrampf erkrankt, hat folgende Vorgeschichte:

Ihr sehr junger, bei ihrer Geburt erst 18jähriger Vater, hat eine fast zehn Jahre ältere Frau geheiratet. Eine flüchtige Liebesbeziehung zwischen diesen beiden Menschen hatte zu der Schwangerschaft der Frau geführt und nach heftigen Kämpfen hatte diese es durchgesetzt, daß sie von dem Vater des Kindes geheiratet wurde. Bei der Geburt der Patientin war der Vater arbeitslos, und die Mutter mußte, um die Familie zu erhalten, sehr bald ihre Beschäftigung als Buchhalterin wieder aufnehmen. Der Vater zu Hause spielte Kindermädchen. Daß er über diese Tochter, die ihn in eine stark abgelehnte Ehe gezwungen hatte, nicht glücklich war, sondern ein schweres Ressentiment bewahrte, verwundert nicht. Die Erziehungsmethode, die ihm angemessen erschien, war folgende: Um das Kind daran zu hindern, verbotene Gegenstände anzufassen, benutzte er einen kräftigen Stock, mit dem das kleine ein- und zweijährige Kind sofort heftig etwas über die Finger bekam, wenn es nach einem unerlaubten Gegenstand griff. Damit nicht genug. Der Vater verhinderte nicht etwa vorbereitend schon die von ihm als Übergriffe angesehenen Handlungen, sondern er provozierte das Kind und versuchte gewissermaßen, es reinzulegen. Er versteckte sich mit einem Stock, ließ das Kind allein, legte ihm sogar versucherisch etwas Interessantes aber Verbotenes vor die Augen und zog dem Kind dann blitzschnell aus dem Hinterhalt einen Hieb über die Finger, weil es nach seiner Meinung wieder ungezogen gewesen war.

Es leuchtet ein, daß eine solche Vorbereitung die motorische Entwicklung des Kindes, insbesondere seine Fähigkeit, mit den Händen zuzupacken oder mit den Händen etwas anzufassen, stark behindern mußte. Impulse zum Zugreifen, Anfassen, Untersuchen wurden sehr weit verdrängt. Die konstruktive Tätigkeit des Schreibens hatte damit selbstverständlich eine ganz besonders schlechte Basis. Daß der Vater, als das Mädchen zur Schule kam, nun betont auf gute Schulleistungen drang, verwundert kaum. Stundenlange Schreibübungen sollten dazu beitragen, daß eine schöne Schrift erzielt wurde. Das übermüdete und überanstrengte Kind brachte selbstverständlich die ideale Zuchtschrift zunächst nicht zustande. Jetzt wurde nicht mehr mit dem Stock, sondern mit dem Lineal auf die Finger geschlagen. Um diese befremdende Erziehungsmethode zu rechtfertigen, wiesen sowohl Vater wie Mutter darauf hin, daß der Erfolg schließlich doch nicht ausgeblieben sei. Wenngleich sehr langsam malend, habe das Kind schließlich eine gestochene Zierschrift entwickelt. Es ist wohl kein Zweifel, daß ein Kind mit den eben beschriebenen Daten seiner Vorgeschichte den Schreibakt mit dauernden Ängsten und widerstreitenden Abwehrimpulsen begleiten muß. Spitzt sich für ein solches Kind aus irgendeinem Grund die Lebenssituation krisenhaft zu, so können die bis dahin verdrängten motorischen Gegenimpulse so stark mobilisiert werden, daß sie die mühsam andressierte Schreibleistung zerstören und den koordinierten Bewegungsablauf lahmlegen.

Bei dem soeben genannten Kind genügte ein Lehrerwechsel, um diese Krisis heraufzuführen. Die frühere Lehrerin, die dem Mädchen besonders zugetan gewesen war, hatte Verständnis für die Mühseligkeit des Schreibaktes, die bei dem Kind noch sehr deutlich zutage trat. Der neue Lehrer verlangte mehr Tempo, wurde gelegentlich ungeduldig und barsch, strafte dann auch mit Strafarbeiten in Schönschreiben, und das Resultat war der auftretende Schreibkrampf, der nun von den Eltern nach vorgefaßter Meinung zunächst wochenlang ohne einen Arzt zu konsultieren, mit Schreibübungen „behandelt" wurde.

e) *Stottern*

Einleitend hatten wir bemerkt, daß ticartige Erscheinungen, Sprachschwierigkeiten im Sinne des Stotterns und motorische Koordinationsstörungen wie der Schreibkrampf, recht nahe miteinander verwandt sind und in ihrer Entstehungsgeschichte gemeinsame Züge aufweisen. Jedesmal handelt es sich bei einem solchen motorischen Symptom um einen sehr ähnlichen Vorgang: Der Erlebnisanteil mit den evtl. vorhandenen Ziel- und Wunschvorstellungen, dem zugehörigen Ambivalenzkonflikt, den vorhandenen aggressiven Affekten, ist aus dem Bewußtsein verdrängt. Übrig bleibt lediglich das Rudiment einer im Ansatz versuchten Handlung bzw. eine Koordinationsstörung als Resultat ungeordneter und widerstreitender motorischer Impulse.

Will man sich den Sinn und das psychische Geschehen verdeutlichen, das mit dem gestörten motorischen Ablauf gekoppelt ist, muß man sich natürlich auch immer nach dem Sinn und Wesen der behinderten und verstümmelten Handlung fragen. Beim Tic hatten wir bereits davon gesprochen, daß es sich in der häufigsten Zahl der Fälle um rudimentäre Ausdrucksbewegungen verschiedenen Inhalts handelt. Zum Verständnis psychogener Sprachstörungen wird es zweckmäßig sein, einen Augenblick bei der affektiven Bedeutung, die die Sprache für den Menschen hat, zu verharren. In dem Kapitel über spezielle neurotische Verhaltensweisen hatten wir vom Mutismus, der Sprachscheu der Kinder gesprochen. Wir hatten beschrieben, daß es sich bei solchen Kindern im allgemeinen um weiche, empfindsame und gemütreiche Kinder handelt, die sehr negative Erfahrungen gemacht haben in jener Epoche, in der der Ruf oder der Schrei als Vorläufer der beschreibenden Sprache die Lautverbindung mit der Umwelt herstellte. Die Entwicklungsschäden dieser Epoche pflegen es mit sich zu bringen, daß empfindsame Kinder in depressiver Resignation auf die lautliche Kontaktnahme verzichten. Sie entwickeln sich so, daß später in ihrem subjektiven Erleben nichts Mitteilenswertes mehr zu existieren scheint, weil in ihnen die Vorstellung abgestorben ist, daß ein anderer Mensch bereitwillig und liebevoll den affektiven Kontakt aufnehmen würde.

Bei der Entwicklung zum Stottern liegt die Situation etwas anders. Die Bereitwilligkeit zu einer inhaltlichen Mitteilung ist erhalten geblieben. Schaden genommen hat jedoch der Vollzug dieser Mitteilungswünsche. Die beschreibende Sprache, die für Gegenstände, Vorgänge und Erlebnisse kennzeichnende Wortsymbole findet, ist ein hochentwickeltes Instrument, das sowohl der affektiven wie der sachlichen Kommunikation der Menschen untereinander dient. Mit Hilfe der Sprache übermitteln wir dem Anderen unsere Gedanken und Meinungen, unsere Wünsche und Bedürfnisse. Sie ermöglicht es dem Menschen, zu bitten, zu fordern, abzuwehren und Nein zu sagen. Mit all diesen Möglichkeiten schafft der Sprachvollzug viele sehr prägnante Erlebnisse. Er schafft unter anderem auch die Möglichkeit, daß ein Gedankeninhalt bewußt und absichtlich als ein Geheimnis bewahrt werden kann. Mit der Chance, die eigenen Erlebnisse, Gedanken und Innenvorgänge in Worte zu fassen und sie einem anderen zu übermitteln, wächst auch das antithetische Gegenteil, nämlich die Tendenz, eine Mitteilung, die an sich möglich wäre, zu verschweigen und zurückzuhalten. Je klarer und schärfer umrissen die Wege der Mitteilung sind, um so schärfer hebt sich auch das entsprechende Gegenteil heraus, nämlich das Bewahren von nicht Gesagtem, nicht Mitgeteiltem, von Geheimnissen. Unter allen Überlegungen, die wir anstellen müssen, um die Entstehungsgeschichte des Stotterns zu durchleuchten, wird uns daher auch immer der Gedanke beschäftigen, inwieweit ein Impuls zur Mitteilung unterbrochen wird, von einem Gegenimpuls zum Verschweigen.

Allerdings handelt es sich hier bereits um recht komplizierte Vorgänge. Die erste und primitivste Erfahrung, die wir machen, wenn wir die Biographien von Stotterkindern überblicken, ist verhältnismäßig einfach: Wir finden bei den Müttern von Stotterkindern sehr häufig solche Frauen, die als typische Verhaltensweise einen ganz besonders lebhaften Redeschwall aufweisen. Sehr oft neigen sie dazu, naiv und unbekümmert ihren Gesprächspartner mitten im Satz zu unterbrechen und selbst weiterzureden, gegebenenfalls mit Lautstärke und ohne auch nur zu bemerken, was sie tun. Ein häufiges Experiment mit solchen Müttern führt immer wieder zu dem gleichen Ergebnis. Macht man sie nämlich auf den schwer zu zähmenden Redeschwall aufmerksam, so reagieren sie teils beschämt, teils gutmütig und versprechen, sich zu ändern. Schon nach wenigen Minuten zeigen sie sich jedoch außerstande, das eigene propulsive Temperament zu zügeln. Es ist klar, daß diese Mütter eine Beherrschung, die ihnen nicht einmal einem Erwachsenen gegenüber möglich ist, ihren Kindern gegenüber kaum versuchen. Das Kind einer solchen Mutter erlebt also von klein auf, daß ihm nicht ausreichend zugehört, statt dessen aber ins Wort gefallen wird. Es erlebt, daß die Vitalität der Mutter seine eigenen aufkeimenden Sprachimpulse unaufhörlich unterbricht und zurückschiebt. Ist eine solche Mutter dann, abgesehen von ihrem Redestrom, auch noch stark auf Verbote aus, ist ihr möglicherweise sogar der sich sprachlich äußernde Trotz des Kindes sehr zuwider, dann wird sie sich zusätzlich gegen die ersten Sprachversuche wenden.

Eine solche Konstellation ist also, wie gesagt, bei den Entwicklungsbedingungen von Stotterkindern nicht selten zu finden. Natürlich handelt es sich hier nur um einen Faktor unter vielen. Muß doch eine weitere Überlegung unbedingt dahin gehen, daß man untersucht, wieviel Aufrichtigkeit in einem Haushalt wohl herrschen mag. Ein besonders häufiges Detail in den Familiensituationen von Stotterkindern ist die Tatsache, daß eine oberflächliche und vorgetäuschte Pseudofriedfertigkeit regiert, während hinter verschlossenen Türen die verschiedenen Familienmitglieder scharf gegeneinander hetzen. Nicht selten ist dabei folgendes typisch: Eine der Familienpersonen, z. B. die Mutter, befindet sich einem anderen Familienmitglied gegenüber stark im Hintertreffen. Sie läßt sich etwa von der eigenen Mutter oder Schwiegermutter herumkommandieren und ausnutzen, wagt keinen offenen Widerspruch, sondern dient und bleibt gefügig. Hinter der Tür mit den Kindern allein, ergeht sie sich dann in zornigen wütenden Anklagen und bezieht das Kind in ihre eigenen Affekte mit ein. Das Kind, das sich mit der Mutter identifiziert, wird gelegentlich in naiver Wut den vermeintlichen Peinigern der Mutter gegenüber frech und wütend, gibt vorlaute Antworten und hat einen sogenannten frechen Mund. Dann erlebt es aber, wie die gleiche Mutter, die sich soeben noch in Hetzreden erging, plötzlich Gehorsam, Nachgiebigkeit und Bravheit verlangt einem Menschen gegenüber, der gerade heftig hinter der Tür angeschwärzt wurde.

Eine übertriebene Heftigkeit, den Kindern ihren „frechen Mund", ihr Schreien und ihre verbalen Trotzreaktionen zu verbieten, ist ebenfalls in der Vorgeschichte der Stotterer besonders häufig. Fast wichtiger noch als die bisher genannten Fakten ist allerdings etwas Weiteres: Kinder, die zu stottern anfangen, haben von ihren Eltern sehr oft auf ihre berechtigten und kindlichen Fragen verwirrende, widerspruchsvolle oder offenkundig falsche Auskünfte erhalten. Zum Teil wurde das Weltbild eines solchen Kindes durch erstaunliche Absurditäten, die die Eltern aus „Ulk" dem Kind beibrachten, erschüttert. Besonders oft in der Vorgeschichte stotternder Jungen findet sich das Faktum, daß sie in ihrer Geschlechtsrolle anders gewünscht waren und daß diese Wünsche der Eltern auch einen wörtlichen Ausdruck fanden. Ein Junge, der fünfjährig und stotternd zur Untersuchung gebracht wird, antwortet auf die Frage, ob er ein Bub oder ein Mädchen sei: „unten ein Junge, oben ein Mädchen." Er hat diesen Ausspruch von seiner Mutter, die ihm einen mädchenhaften Lockenkopf stehen läßt und die ihre Freude daran hat, wenn Bekannte das Kind für ein Mädchen erklären. Der stereotype Satz der Mutter bei einer entsprechenden Frage aus dem Bekanntenkreis wird von ihr in dem oben genannten Sinn beantwortet, und das Kind hat diese absurde Formulierung übernommen. Welche groteske Verwirrung in einem Jungen entstehen muß, der über seine eigene Persönlichkeit eine so sonderbare Auskunft bekommt, liegt wohl auf der Hand.

Wir halten also als allgemeinen Hinweis für die Entstehung der Stottersymptomatik folgendes fest: Stottern entsteht, wenn im Verlauf der sprachlichen Reifung ein Kind stark von widerstreitenden Impulsen in bezug auf das, was gesagt und was nicht gesagt werden darf, hin- und hergerissen wird. Unter dieser allgemeinen Formel kann sich natürlich sehr verschiedenes unterordnen lassen. Einmal die Tendenz, aggressiv-trotzig wütende Gedankeninhalte auszusprechen, zum weiteren eine große Unsicherheit, ob bestimmte wissenswerte Dinge auch gefragt, andere erbeten werden dürfen, schließlich sogenannte retentive Tendenzen mit dem unbewußten Wunsch, eigene Gedanken zurückzuhalten und zu bewahren, ein Geheimnis nicht preiszugeben.

Das folgende Beispiel soll Bericht erstatten über die Entwicklung eines dreijährigen Jungen, der vorgestellt wird, weil er seit einem $^3/_4$ Jahr stottert. In diesem kasuistischen Bericht soll gleichzeitig kurz eingeflochten werden, in welcher Weise die sechs Stunden umfassende Therapie verlief und mit welchen Mitteln hierbei die Beseitigung des Symptoms erzielt wurde.

Günter war, wie gesagt, drei Jahre alt, als er zur Untersuchung vorgestellt wurde. Seine Mutter, eine etwas kühl und unbeteiligt wirkende Frau, 28 Jahre alt. Sie war die Älteste von sechs Geschwistern, Tochter eines schlesischen Bergarbeiters und hatte eine harte Kindheit hinter sich. Ihr Mann ist Klempner von Beruf und, wie sie sagt, „kein Kinderfreund". Er ist laut und barsch in seinem Wesen und herrscht den Jungen sehr viel an. Er hat aus erster Ehe noch einen achtjährigen Jungen, also Halbbruder des Patienten, der gelegentlich im gemeinsamen Haushalt wohnt, aber häufig auch bei den Großeltern, also Eltern des Vaters, untergebracht ist.

Als das Stottern bei Günter auftrat, war er wochenweise bei diesen Großeltern untergebracht gewesen. Der Großvater soll den sehr lebhaften kleinen Jungen nicht haben leiden können. Er habe ihn viel geneckt und gehänselt und sich dann gefreut, wenn das erregte Kind anfing zu weinen. Als der Junge zur Mutter zurückkam, stotterte er leicht, verlor das Symptom jedoch dann nicht, sondern sprach zunehmend und laufend schlechter.

Günter zeigte sich bei der Untersuchung als sehr lebhafter, kräftiger und an vielen Gegenständen interessierter Junge. Als erstes fiel an ihm auf, daß er zu einer übertriebenen Fragerei neigte und immer erneut Fragen wiederholte, die ihm soeben beantwortet worden waren. Außerdem passierte es sehr oft, daß er, wenn er einen Gegenstand suchte und dieser gut in seinem Blickfeld lag, ihn scheinbar nicht wahrnehmen konnte, immer wieder zur Mutter gewandt fragte: „Wo ist das?"

Bezeichnend waren dann für das Kind eine ganze Reihe von übertriebenen Ängstlichkeitsreaktionen bei harmlosen Vorkommnissen. Jedesmal, wenn dem Jungen ein Holzklötzchen umkippte oder herunterfiel, blickte er erschreckt zur Mutter oder zur Untersucherin und sagte: „Au weia." Häufig versicherte er, wenn er einen Gegenstand anfaßte: „Günter macht nichts kaputt." Auffällig waren auch die Reaktionen, die das Kind auf einen kleinen Wollbären hatte und auf die Mutterfigur aus dem Scenokasten. Er wollte diese Gegenstände nicht nehmen, sondern wandte sich ab und sagte: „Au weia, die beißen." Das Gleiche sagte er von der Kuh. Hier war noch folgendes zu beachten: Der Junge nahm die Kuh, zeigte auf den Kopf und fragte, was das sei. Nach erhaltener Erklärung tippte er auf die Beine und fragte das Gleiche. Dann glitt sein Blick auf das Hinterteil der Kuh. Man konnte bemerken, wie er eigentlich ebenfalls gern zu einer Frage angesetzt hätte. Er glitt dann aber mit leichter Beunruhigung im Blick wieder ab und fragte erneut auf den Kopf zeigend: „Was ist das?" Daß der Junge hier den eigentlichen Gegenstand seines Interesses fallen ließ und ersatzweise nochmals die schon soeben gestellte Frage wiederholte, war deutlich. Der Vorgang wiederholte sich mehrfach. Etwas später werden wir erläutern, wie therapeutisch das Erleben des Kindes gelenkt wurde.

Neben den übertriebenen Ängstlichkeitsreaktionen des Kindes fiel ein weiteres sonderbares Verhalten auf. Als der Junge gelegentlich gefragt wurde, ob er ein Junge sei oder ein Mädchen, erklärte er im Brustton der Überzeugung, daß er ein Mädchen wäre. Die daneben sitzende Mutter gab auf eine entsprechende Frage verlegen lächelnd zu, daß sie den Jungen oft nicht mit Günter anrief, sondern ihn Margrit nannte. Sie legte ihm ein Kettchen um, gab ihm ein Armbändchen und erklärte ihm: „Du bist eine Margrit." Es handelt sich hier um das gleiche oben bereits einmal erwähnte Detail, nämlich daß die Eltern ihre Kinder über die Realität und über die eigene Rolle stark in Verwirrung bringen. Günter war das typische Fragekind geworden, das stereotyp und scheinbar sinnlos bereits beantwortete Fragen wiederholte nur deshalb, weil bestimmte andere Fragen teils nicht gestellt werden durften, teils direkt falsch beantwortet wurden. Es ergab sich, daß Günter, wenn seine Fragerei oder sonst seine Lebhaftigkeit den Eltern zu viel wurde, entweder barsch und heftig angeherrscht wurde oder nachgeäfft.

Beachtete man die oben kurz skizzierten Ängstlichkeitsreaktionen des Kindes in bezug auf Vorgänge und Gegenstände, die normalerweise keine Angst auslösen sollten, mit ausreichender Sorgfalt, so war die therapeutische Zielsetzung klar. Man mußte versuchen, dem Kind seine primäre und naive Unbefangenheit wiederzugeben und zugleich dafür Sorge tragen, daß in der Umwelt eine Reihe von fehlerhaften Verhaltensweisen abgestellt wurden. Das fing damit an, daß man die Mutter eindringlich darüber beriet, daß ein Junge nicht über die eigene Geschlechtsrolle so verwirrt werden dürfe. Einmal sei er sonst außerstande, eine gradlinige jungenhafte Entwicklung zu nehmen, andererseits gerate er mit seiner Urteilsfähigkeit in große Schwierigkeiten. Ebenso mußte die Mutter darüber beraten werden, daß ein Nachäffen des Kindes beim Stottern und allzu heftiges barsches Anschreien nicht angebracht wären.

Das Ziel, die mit zu starken Angstreaktionen besetzten und partiell verdrängten Impulsbereitschaften wieder zur unbefangenen Einordnung in das Gesamterleben einzufügen, mußte auf anderem Wege erreicht werden. Da es sich um ein sehr kleines Kind handelte, sind gesprächsweise Erklärungen oder sogenannte „Deutungen" selbstverständlich völlig fehl am Platze. Therapeutisch kann man nicht anders vorgehen als so, daß man handelnd und spielend in die Betätigung des Kindes eingreift, seine verdrängten Impulse aus der Beobachtung erschließt und nun an diesen Stellen Ermunterungen setzt, möglicherweise so, daß man dem Kind das vormacht, was zu tun es sich nicht getraut.

Bei Günter wurden zunächst die Angstreaktionen bei destruktiv aggressiven Impulsen aufgelockert. Er wurde darüber beruhigt, daß nichts passierte, wenn etwas hinfiele und kaputtginge. Im Gegenteil, es wurde das Einwerfen von gebauten Häusern vorgeschlagen und wiederholt gespielt. Papierschnitzel zum Kaputtmachen wurden dem Kind gegeben und der Ausklopfer aus dem Scenokasten, um die Kuh, die angeblich immer biß, zu verhauen. Diese Vorschläge, die dem Kind gemacht wurden, wehrte der Junge zunächst ängstlich ab und er ließ die Behandlerin den Vorschlag ausführen. Erst als er sich das eine Weile mit angesehen hatte, wurde er mutiger und versuchte das gleiche selbst.

Diese Vorgänge spielten sich bereits in der ersten Behandlungsstunde ab. Als die Mutter wiederkam, berichtete sie, daß in der verstrichenen Woche das Stottern bereits wesentlich gemindert sei, freilich noch nicht völlig behoben. Im weiteren Verlauf der Therapie wurden die oralen und die analen Ängste des Jungen gelockert. Als der Junge die oben beschriebene Unruhe beim Betrachten des Hinterteils der Kuh zeigte, wurde er aktiv ermuntert, sich das Hinterteil der Kuh genau zu betrachten. Das sei der Po. Jedes Tier, wie die Menschen auch, hätte einen Po. Günter sagte daraufhin ernsthaft: „Der Po ist aber Pfui", um hinzuzufügen, daß man da nicht hinfassen dürfe. Die Mutter gab an, daß sie die hier auftretende Neugierhaltung des Jungen sehr intensiv abgewehrt habe, weil sie nicht wolle, daß man ihr Kind für schlecht erzogen halte. Aktiv und in Gegenwart der Mutter wurde im therapeutischen Umgang der Junge nochmals aufgefordert, sich alles genau zu betrachten, was ihm interessant sei. Günter nahm dann das Klo aus dem Scenokasten, setzte die Kuh drauf und sagte zufrieden: „Die Kuh kackt." Der Mutter wurde daraufhin empfohlen, den Jungen zu Hause nach Möglichkeit mit Sand und Wasser spielen zu lassen. Eine Empfehlung, die sich im Hinblick auf die Wohnverhältnisse der Familie technisch verwirklichen ließ, die aber von der Mutter bisher abgewehrt worden war. Während der Therapie selbst fing Günter nach der Feststellung über die kackende Kuh an, mit Wasser zu spielen, begann eine große Panscherei, die ihm zunächst nicht verwehrt wurde, sondern für die ihm Papierschiffchen gefaltet wurden. Hier assoziierte Günter zunächst wieder „anal". Er tauchte die Papierschiffchen unter, ließ sie aufweichen, nahm dann das aufgeweichte Papier heraus, trug es mit Siegermiene durch den Raum und erklärte voller Stolz: „Das ist alles Kacke."

Diese Reaktionsweisen des Kindes wurden im Verlauf der Therapie nicht nur geduldet, sondern mit freundlicher Anteilnahme und sehr wohlwollend aufgenommen. Hierzu ist folgende Einfügung wichtig: Die Notwendigkeit, einem Kind die unbefangene Einstellung zum eigenen Körper zurückzugeben, macht es erforderlich, das hier geschilderte Verfahren zu praktizieren. Es ergibt sich dann im allgemeinen ganz von selbst, daß das Kind von überschießenden Verhaltensweisen abläßt und zu anderen Spielen, allmählich auch zu Konstruktion und Ordnung zurückkehrt. Man hat also nicht zu befürchten, daß die zeitweilige Ermunterung und Bestätigung der Kinder zu Verhaltensweisen, die sonst sozial nicht üblich sind, zu einem Dauerzustand auffälligen Gebarens führen. Diese Tatsache ist insofern wichtig, als man in der Elternberatung die Väter und Mütter darüber beruhigen kann, daß ihre Kinder nicht zu auffälligen und gesellschaftlich nicht üblichen Verhaltensweisen hin gelenkt werden.

Bei Günter trat bereits nach der ersten Stunde die Bereitwilligkeit auf, das zermanschte Papier in eine besondere Ecke zu tun, zusammenzusammeln und ein gewisses Maß von Ordnung herzustellen. Wichtig war dabei, daß die Ermunterung des Kindes, ungehindert zu panschen und zu schmieren, teilweise in Gegenwart der Mutter geschah. Günter sollte nicht die Vorstellung haben, daß in der Therapiestunde sonderbarerweise etwas erlaubt wäre, was zu Hause wieder verboten würde. Der Mutter war der Sinn solchen Vorgehens klargemacht worden. Es war ihr außerdem klargemacht worden, daß bei den Menschen mit einem primären Ordnungs- und Reinlichkeitsbedürfnis gerechnet werden könne, daß aber eine vorzeitige und nicht altersgemäße Dressur nur oberflächliche Scheinerfolge erziele und im Endeffekt genau das Gegenteil erreiche, was eigentlich gewünscht werde.

Im Verlauf der sechs Behandlungsstunden, die Günter erhielt, stellte sich bei dem Jungen übergangsweise eine Kompromißhaltung den eigenen Ängsten gegenüber ein. Das anfangs noch häufig und spontan ausgesprochene „Au weia" wurde abgelöst von einem noch leicht angstgetönten, kompromißhaften: „Na ja, ist nicht au weia." Ebenso ging es mit den Ängsten des Kindes über die vermeintlichen Beißimpulse, die den Tieren und Figuren des Scenokastens zugeschrieben wurden. Hier wurden in der Therapie orales Verhalten und orale Aggression agiert. Günter durfte etwas kochen, Knete, die er als Fleisch ansprach, zerhacken, selber in die Knete hineinbeißen, wenn er Lust hatte, und er durfte die vermeintlich beißenden Tiere verhauen. Außerdem wurden ihm orale Zärtlichkeitsmöglichkeiten nahegebracht. Er wurde ermuntert, dem kleinen Wollbärchen einen Kuß zu schenken oder auch einer der Mutterfiguren. Günter fing hier zögernd an. Sagte immer zuerst im Frageton: „Beißt?", um mit Fortschreiten der Therapie sein kompromißhaftes „Na ja, beißt nicht" hinzuzufügen.

Wie gesagt, war es mit den oben kurz skizzierten Maßnahmen im Verlauf von sechs Behandlungsstunden möglich, die Stottersymptomatik des Jungen zu beseitigen. Es war dabei wichtig, daß die Mutter immer gegen Ende der Therapiestunden hinzugezogen wurde, damit in ihrer Gegenwart die Dinge nochmals angstfrei durchlebt werden konnten, die an sich zu Hause mit übertriebenen Ängsten besetzt worden waren. Daß die Mutter verständnisvoll mitging, war selbstverständlich die Voraussetzung für das erfolgreiche Gelingen der Therapie. Bei sehr kleinen Kindern, bei denen man das Symptom in statu nascendi zur Beurteilung und Behandlung bekommt, gelingt es im allgemeinen recht leicht, die Störung zu beseitigen. Daß die Mutter ihren Jungen so früh zur Vorstellung gebracht hatte, sprach bereits dafür, daß sie an der Entwicklung ihres Kindes ehrlich interessiert war. Die überwiegende Zahl der Mütter von Stotterkindern wartet mit einer ärztlichen Untersuchung außerordentlich lange, tröstet sich damit, daß sich der Sprachfehler schon geben werde und kommt im allgemeinen erst, wenn Schulschwierigkeiten in Erscheinung zu treten drohen.

Daß eine Symptomatik, wie die des Stotterns um so schwerer zu beseitigen ist, je länger sie besteht, leuchtet von selber ein. Können wir doch auch einen erworbenen Dialekt nur schwer durch eine Übung beseitigen.

Ein zweites Beispiel bei einem 17jährigen Stotterer mag zur Komplettierung des Gesamtbildes beitragen:

Egon P. geht als 17jähriger in die 11. Klasse des wissenschaftlichen Zweiges und soll nach einem weiteren Jahr von der Schule abgehen. Das bestehende Stottern, mit dem der Junge seit seinem vierten Lebensjahr behaftet ist, wurde in der Schule von den Lehrern geduldet, von der Mutter zunächst bagatellisiert, und erst die drohende Gefahr zukünftiger Berufsschwierigkeiten veranlaßte die Eltern, den Jungen vorzustellen mit der Anfrage, welche Therapie die geeignete sei. Abgesehen von dem Stottern leidet Egon unter lebhaften und unruhigen Träumen. Lebhaftester Traum, den er in Erinnerung hat, ist kurz: Er ist Gruppenführer bei den Pfadfindern, hat die Jungen seiner Gruppe vor sich versammelt und schreit sie mit hocherhobener Stimme wütend und erregt an. Er putzt die Jungen herunter und erklärt, sie seien ein Sauhaufen. Das reale Verhalten des Jungen entspricht diesem aggressiven Traum keineswegs. In seinem Auftreten macht er eher einen servilen Eindruck. Der Händedruck schlaff, die Verbeugung eine Note zu tief. Beim Gespräch scheint er in seiner Haltung dauernd ausdrücken zu wollen, daß er völlig mit der Meinung seines Gegenübers konform gehe. Die Mutter, zu der ein kurzes Wort über diese äußere Gefügigkeitshaltung des Jungen gesagt wird, weist mit Lebhaftigkeit darauf hin, daß das alles nur äußerlich sei. „Der Bengel ist voller Widerspruch" und ein Junge voller Kontraste. Außerdem neige er zu Heimtückereaktionen. Wenn er heute etwas ganz servil und ergeben von jemandem erbeten habe, ohne daß ihm diese Bitte dann erfüllt worden sei, könne er morgen diesen Menschen hinterrücks bei einem Dritten anschwärzen und ihm erhebliche Ungelegenheiten machen. Einmal habe er z.B. von einem Primaner Nachhilfestunden erbeten. Er habe diesem Primaner ein bestimmtes, nicht kleines Honorar für die Stunde angeboten. Der Primaner sei darauf eingegangen, jedoch nach der dritten Stunde habe der Patient um Stundung der Honorare gebeten. Als der Primaner damit nicht zufrieden war, sondern die

Nachhilfestunden aussetzte, ging der Patient in die Schule dieses Jungen und schwärzte ihn bei dem Direktor an als jemand, der übertriebene Honorarforderungen stellte und der sich die Not eines Schülers, der an einem Sprachfehler litte, zunutze machte.

Wie wir wissen, sind Neurotiker durch solche und ähnliche Verhaltensweisen nur allzu häufig gekennzeichnet. Mehrfach schon wiesen wir darauf hin, daß das Widersprüchliche und Ungleichmäßige in ihrem Verhalten oft dazu führe, daß naive Beobachter mit Lebhaftigkeit abstreiten, es könne sich bei einem solchen Menschen primär um die Existenz einer Gehemmtheit handeln. Wenn man bei Egon nur in Betracht zöge, daß er zu einem fremden Direktor hingeht, um den Primaner anzuschwärzen, dem er selbst ein hohes Honorar geboten hat, dann wäre es tatsächlich schwer, hier die Existenz einer primären Gehemmtheit zu verzeichnen. Die primäre Gehemmtheit bei diesem Patienten lag natürlich auch an anderer Stelle. Und zwar zeigte sie sich bereits bei den ersten Verhandlungen über das Stundenhonorar. Egon hatte keinen Maßstab dafür, mit welchen billigen und berechtigten Forderungen er der Welt gegenübertreten könne, in diesem Spezialfall z. B., für welchen Preis er seine Nachhilfestunde erhalten würde. Obgleich er wußte, was andere Jungen seines Alters für Nachhilfestunden zahlten, war es ihm nicht möglich, diese Verhandlungsbasis zu wählen. Eine vorbereitende Entwicklung hinderte ihn daran, in mittleren üblichen Grenzen zu fordern. Getrieben von einer neurotischen Fehlvorstellung bot er ein zu hohes Honorar. Unbewußt verknüpfte er damit die Vorstellung, man werde ihn dafür teils um so mehr bestätigen, teils ihm als Geschenk das viel zu hohe Honorar erlassen.

Diese Vorstellungen hatten eine spezielle biographische Vorgeschichte, die eng mit der Entstehung der Stottersymptomatik verbunden war. Egon hatte vierjährig angefangen zu stottern, und zwar in dem gleichen Jahr, in dem seine Mutter ihr zweites Kind erwartete. Für Egon galt das Gleiche wie für die beiden oben geschilderten Fälle. Seine Mutter hatte ihn als Mädchen gewünscht, und während ihrer Schwangerschaft sprach sie viel davon, daß nun wenigstens das zweite Kind ein Mädchen sein möge. Die Vorzüge, die kleine Mädchen im Gegensatz zu kleinen Jungen böten, wurden dabei, wie der Vater des Jungen später erzählte, in zahlreichen Varianten in Gegenwart des kleinen Jungen ausgemalt. Egons Mutter war eine sehr robuste Frau, die in ihrer Ehe die Dominierende war. Ihr Mann, Graphiker von Beruf, war eher weich, empfindsam und ließ sich in seiner Lebensplanung weitgehend von seiner Frau bestimmen. Er verdiente unregelmäßig, aber reichlich, und gab das gesamte Geld seiner Frau, die es verwaltete. An seinem Jungen hing er sehr. Die harte und robuste Art seiner Frau dem Kind gegenüber störte ihn. Als sehr weicher Mann war er allerdings nicht in der Lage, wirksam einzugreifen. Seine Methode, das Kind zu trösten, bestand darin, daß er den kleinen Jungen heimlich auf Spaziergänge, in Konditoreien, zu lang ausgedehnten Kahnfahrten mitnahm und der Mutter, die solche Extravaganzen immer verhindern wollte, ein ausweichendes Märchen erzählte. Vater und Sohn teilten bald Geheimnisse vor der Mutter, die nicht laut besprochen werden durften. „Sag nichts der Mutti", war ein Ausspruch des Vaters, den der Junge als eine seiner frühesten Kindheitserinnerungen aufbewahrte. Heimliche Verwöhnung und Geheimnistuerei auf der einen Seite, Einengung expansiver Aggression auf der anderen Seite charakterisierten also die Entwicklung des Jungen.

Als die kleine Schwester geboren wurde, erlebte die Mutter einen schweren Schock. Das Mädchen hatte eine Mißbildung, und zwar eine Scherenhand links und einen Klumpfuß. Ihr Ressentiment diesem Schicksalsschlag gegenüber ließ die Mutter wiederum an dem Jungen aus. Mit ständigem Hinweis auf die Mißbildungen wurde der Junge gezwungen, laufend Rücksicht zu nehmen und Kavalierspflichten der Schwester gegenüber zu erfüllen. Bekam er etwas geschenkt, so war es selbstverständlich, daß er den Löwenanteil seiner Schwester gab. Der Vater steckte ihm heimlich reichliche Gelder zu. Die Mutter, wenn sie davon erfuhr, verlangte, daß der Junge davon z.B. seine Nachhilfestunden bezahlte. Als kleineres Kind hatte Egon bald folgende Technik heraus: Wollte er von der Mutter etwas erbitten, dann machte er vorher der Schwester ein Geschenk und zwar so, daß die Mutter es bemerkte. Hierdurch etwas weicher gestimmt, pflegte die Mutter ihrem Jungen mehr zu erlauben, als sie sonst getan hätte. Auch der Mutter gegenüber erwies es sich als praktisch, wenn Egon Hilfeleistungen anbot, falls er für sich selbst etwas erbitten wollte. Die Mutter pflegte hier übertrieben viel zu fordern, insbesondere stundenlanges Aufpassen auf die kleine Schwester. So ergab es sich, daß bei dem Patienten vorbereitend die Vorstellungen gekoppelt blieben: „Wenn ich etwas haben will, muß ich erst einmal sehr viel anbieten." Die heimlichen Verwöhnungen des Vaters trugen dazu bei, daß aggressive Durchbruchsreaktionen erleichtert auftreten konnten. Das hintenherum und heimlich Sich-Nehmen, was gradlinig nicht gefordert werden konnte, charakterisierte die Lebensform des Vaters und übertrug sich in vielfältigen Varianten auf den Jungen. In der Entwicklungsgeschichte dieses Jungen tritt ganz besonders prägnant hervor, was wir oben bereits als eine der Vorbedingungen für auftretendes Stottern erwähnten: Geheimnistuerei, ein Hin und Her zwischen Mitteilung und Lüge und ein Verdrängen aggressiver Affekte, die unausgesprochen bleiben mußten.

Die Therapie dieses 17jährigen zu schildern, ist natürlich leider ebenso wenig möglich, wie bei all jenen bisher aufgeführten Beispielen, bei denen das Symptom Ergebnis einer verhältnismäßig schweren allgemeinen Grundstörung war. Natürlich muß bei einem 17jährigen Jugendlichen das Gespräch im Verlauf der Behandlung den breitesten Raum einnehmen. Auch kann bei einer zwölfjährig bestehenden Symptomatik nicht mit einem kurzen Behandlungsverlauf gerechnet werden. Der Therapieplan, der zugrunde gelegt werden muß, ergibt sich allerdings aus der kurz skizzierten Entwicklungssituation. Die maßstablose Vorstellungswelt in bezug auf orale Möglichkeiten und Berechtigung zu aggressiver Auseinandersetzung mußte korrigiert werden. Ebenso das Ressentiment, das die Konkurrenzauseinandersetzung mit der jüngeren Schwester gezüchtet hatte. Gleich von Anfang an war zu erwarten, daß diese freiere Selbstentfaltung sehr erschwert sein würde durch die gleichzeitig miterworbenen Heimlichkeitsreaktionen und Anspruchshaltungen. Die Vorerlebnisse, die der Vater vermittelt hatte, hatten auf jeden Fall für den Jungen einen schmalen Sektor intensiver Befriedigungsgefühle geschaffen, und diese vertraute Form von Lebensgenuß würde von dem Jungen sicher nur mit größter Mühe aufgegeben werden. Das Ausweichen in eine früh erprobte Ersatzbefriedigung würde vermutlich das größte Hindernis für eine erfolgreiche Therapie sein. Ein dauerndes Hin- und Herpendeln zwischen aktiver Ermutigung und korrigierender Einschränkung würde im Verlauf der analytischen Therapie unerläßlich sein.

17. *Enuresis nocturna et diurna*

Die Enuresis der Kinder, das nächtliche oder tägliche Einnässen gehört zu einer der häufigsten Krankheitsformen, die dem Arzt vorgestellt werden. Wie wir in unseren einführenden Kapiteln schilderten, ist der Entwicklungsstand eines Kindes etwa mit dem vollendeten zweiten Lebensjahr so weit ausgereift, daß das betreffende Kind Sauberkeitsanforderungen genügen kann. Dabei ist die komplette Beherrschung der Blasenfunktion erst etwas später möglich als die willkürliche Steuerung der Defäkation.

Rein symptomatologisch unterscheidet man bei der Enuresis die Enuresis nocturna und die Enuresis diurna. Man versteht darunter den unwillkürlichen Urinabgang bei Nacht oder bei Tag. Im allgemeinen neigt man dazu, von der Enuresis als einem Krankheitszeichen erst dann zu sprechen, wenn es sich um Kinder handelt, die das dritte Lebensjahr vollendet haben. Diesen Spielraum läßt man offen, um nicht individuelle Schwankungsbreiten der Entwicklung vorzeitig in den pathologischen Kreis einzubeziehen. Was die Entstehungsgeschichte der Enuresis angeht, so unterscheidet man einmal die Enuresis permanens und hebt diese von der Enuresis aquisita ab. Man hebt dadurch voneinander ab, daß ein Teil der Kinder von Beginn an einnäßte und nie sauber geworden ist (E. permanens) und ein anderer Teil anfangs die Beherrschung der Blasenfunktion erlernte und erst später mit der Enuresis erkrankte (E. aquisita).

Es gibt kaum ein Krankheitsbild, über das ein so ausgedehntes Schrifttum vorliegt wie die Enuresis. Über ihre Entstehungsgeschichte ist lange Zeit viel diskutiert worden, und noch heute sind die verschiedenen Arbeitshypothesen umstritten. Entgegen früherer Auffassungen setzt sich bei den Kinderärzten zur Zeit offenbar die Meinung durch, daß es sich um ein überwiegend psychogenes Leiden handele und daß es das seltenere Vorkommnis sei, wenn eine Enuresis die Folge einer primären Organfunktionsstörung sei. So schreibt von Noeggerath im Lehrbuch der Kinderheilkunde von Pfaundler und Kleinschmidt, daß die Enuresis in der überwiegenden Zahl der Fälle eine „zentral bedingte Blasenneurose" sei, bei der sich der erworbene bedingte Reflex des größeren Kindes wieder dem unbedingten Reflex des Säuglings nähere. Es handele sich bei den so gestörten Kindern teils um eingeschüchterte, teils um phlegmatische Kinder, bei denen psychische Faktoren wie Angst, Trotz, Haß und Eifersucht eine Rolle spielen könnten.

Eine solche Formulierung ist natürlich hinsichtlich der vorliegenden psychischen Faktoren verhältnismäßig allgemein gehalten. Es muß die Frage auftauchen, ob von der Erlebnisseite her speziellere Momente gefunden werden können, die evtl. den enuresiskranken Kindern gemeinsam sind. Einer Klärung dieser Frage nähern wir uns am besten, wenn wir mit Rückgriff auf frühere Kapitel nochmals erläutern, was die normale Physiologie bisher über den Ausscheidungsvollzug der Blase lehrt, und wenn wir uns anschließend bemühen, diese allgemeinen Regeln physiologischer Funktionszusammenhänge in Verbindung zu bringen mit jenen Erlebnisweisen, die sich bevorzugt an den Ausscheidungsvollzug der Blase anzuheften pflegen.

Wie die Physiologie lehrt, hängt das Gefühl des Harndranges nicht von der in der Blase enthaltenen Flüssigkeitsmenge ab, sondern vom Spannungszustand der Blasenwand. Stehen Flüssigkeitsmenge und Tonuszustand der Blase in einer bestimmten Relation, so werden die sensiblen Aufnahmeapparate in der Blasenwand gereizt, ein Vorgang, der sich dann im Erlebnis des Urindrangs bekundet und zur reflektorischen Blasenentleerung drängt. Eine Weile besteht die Möglichkeit, daß der Spannungszustand der Blasenwand nach erstmalig auftretendem Harndrang wieder erschlafft und sich dadurch das Verhältnis von Flüssigkeitsmenge und Tonus wieder verschiebt, so daß der Urindrang bei gleicher Flüssigkeitsmenge nach einer Weile vergehen kann. Tatsächlich kann das Gefühl des Harndranges bei sehr unterschiedlichen Urinmengen auftreten, gelegentlich schon bei minimaler Flüssigkeitsansammlung, sofern der Blasentonus heraufgesetzt ist. Wie wir schon früher ausführten, ist die nächtliche Blasenkapazität beim Erwachsenen etwa ein halber Liter. Normalerweise ist im Schlaf der Tonus schlaff, so daß Urindrang nachts auch bei größeren Harnmengen nicht auftritt. Kommt es jedoch zu nächtlichem Urindrang, so sind der gesunde Erwachsene und auch das gesunde Kind von einer bestimmten Altersstufe ab in der Lage, diesen Urindrang als Weckreiz zu erleben und den Schlaf zu unterbrechen. An sich ist diese Befähigung durchaus keine Selbstverständlichkeit. Es ist aber wichtig, wenn wir hier festhalten, daß der Mensch auch im Schlaf noch in der Lage ist, eine Reihe von gerichteten und beabsichtigten Leistungen zu vollziehen. Zum Beispiel ist es ein bekanntes Phänomen, daß auch im Schlaf leise, aber evtl. bedeutungsvolle Geräuschänderungen von einem Menschen registriert und mit Erwachen beantwortet werden, während geräuschvoller Lärm sonst die Schlaftiefe nicht verändert. Offenbar kennzeichnet es den Menschen, daß noch im Schlaf eine gewisse Selektion der wahrgenommene Reize vollzogen wird und daß bedeutungslose Gewohnheitseindrücke selbst bei wesentlich stärkerer Intensität hinter bedeutungsvollen Erlebniseindrücken zurückstehen. Für den Menschen jedenfalls gilt unbestritten, daß für ihn normalerweise der Urindrang zum Weckreiz wird und daß es einen krankhaften Zustand darstellt, wenn dieser Weckreiz nicht mehr erlebt wird. Die Existenz dieses Vorganges hat zu mancherlei Diskussionen geführt. Einerseits meinte man, daß die Enuresiskinder an einer abnormen Schlaftiefe krankten. Diese Hypothese ist bislang nicht voll bewiesen. Grundsätzlich kann der Vorgang genau so gut und vergleichsweise einfacher erklärt werden, wenn man annimmt, daß bei normaler Schlaftiefe nur der Weckreiz, der das gesund entwickelte Kind zum Aufwachen führt, nicht mehr erlebt wird.

Nach den bisherigen Hinweisen aus dem Wissensbestand der normalen Physiologie müssen wir also vermuten, daß bei der Enuresis allermindestens zwei unterschiedliche und getrennt zu bewertende abwegige Reaktionsweisen vorhanden sind: Einmal ist wahrscheinlich, daß bei den Enuretikerkindern der *Tonuszustand* der Blase *heraufgesetzt* ist, so daß es zu reflektorischen Blasenentleerungen kommt, die sonst bei ausreichend erschlafftem Tonus unterbleiben würden. Hierfür spricht z. B. auch, daß das Einnässen kurz nach dem Aufnehmen und nach soeben erfolgter Blasenentleerung mit ganz geringen Urinmengen auftreten kann. Es wird allerdings gelegentlich auch über eine vermehrte Urinproduktion berichtet, die pathologische Grade annehmen soll. Hierüber wissen wir freilich zu wenig Genaues. Statistisch gesehen ist es sicher das seltenere Vorkommnis. Zunächst halten wir als Hinweis fest, daß offenbar beim Enuretiker die nächtliche Erschlaffung der Blase nicht ausreicht, um das Durchschlafen zu ermöglichen.

Der nächste Vorgang, der gesondert beurteilt werden muß, ist die Tatsache, daß die reflektorische Blasenentleerung erfolgt, ohne daß der Schlaf dadurch unterbrochen wird, also ohne daß auftretender Urindrang als *Weckreiz* wirkt. Wir lassen offen, ob es sich bei solchen Kindern um eine vermehrte Schlaftiefe handelt oder ob nur die sonst übliche unbewußte Aufmerksamkeitshaltung den Kindern abhanden kam. Ob man, um mit Leibniz zu sprechen, mit einer „unwillkürlichen Aufmerksamkeitsentziehung", einer Verdrängung, für den Blasenweckreiz zu rechnen hat.

Wenn wir uns das soeben Gesagte vor Augen halten, so muß als Konsequenz natürlich die Überlegung folgen, ob in der psychischen Verfassung der Enuretikerkinder Korrespondenzen zu dem geschilderten Organgeschehen gefunden werden können. Nach der bisherigen Arbeitshypothese handelt es sich, wie gesagt, um zweierlei: Um einen vermehrten Spannungszustand des Blasentonus einerseits und um eine verminderte Fähigkeit, im Schlaf den auftauchenden Urindrang zu registrieren und zu beantworten. Im übertragenen Sinn also einerseits um eine sich im Schlaf erhaltene Dauerbereitschaft zum Urinieren, andererseits um die gegengeschaltete Abwehr dieser Bereitschaft.

Die Beobachtung der Enuretikerkinder lehrt uns tatsächlich, daß in ihrer psychischen Verfassung Reaktionsweisen existieren, die sich hier gut einordnen lassen. Enuretikerkinder sind außerordentlich oft dadurch gekennzeichnet, daß sie sich in einem Dauerzustand gespannter und leicht beunruhigter Leistungsbereitschaft befinden und daß sie dieser Leistungsbereitschaft dauernde Abwehrimpulse entgegensetzen. Das ängstliche, selbstunsichere, leistungsbemühte Enuretikerkind und der ausgesprochen phlegmatische Enuretiker stellen die beiden Typen dar, die den dauernd und immer vorhandenen Erlebniszwiespalt durch die Verschiebung nach der einen oder der anderen Richtung zu lösen versuchten. Wem es dabei sonderbar vorkommen will, daß das gleiche Kind so entgegengesetzte Impulse in sich tragen soll, der mag sich hier noch einmal daran erinnern, wie oft wir auf die Zwiespältigkeit im Erleben und Verhalten des Neurotikers hingewiesen haben und daß der Widerstreit der nicht richtig aufeinander abgestimmten unverarbeiteten und unbewußten Impulsabläufe in der gesamten Neurosenlehre den zentralen Angelpunkt abgibt.

Nun muß man sich zusätzlich überlegen, wie es kommt, daß beim Enuretikerkind der Widerstreit zwischen Leistungswilligkeit und Leistungsabwehr gerade für die Blasenfunktion zu einem Störungsfaktor wird. Wir erinnern uns jetzt an die Ausführungen früherer Kapitel. Wir hatten gesagt, daß durch die Anforderungen an das Sauberkeitsverhalten laufend bedingte Reflexe gesetzt werden, die eine Assoziation zwischen Leistungsanforderung und Ausscheidungsfunktion hervorrufen. Wie wir schon früher ausführten, hat die Blasenfunktion beim kleinen Kind daher einen besonderen repräsentativen Charakter, der sie mit dem Erlebnis einer Leistungsanforderung unmittelbar verknüpft. Abgesehen von diesen Assoziationen, die im Verlauf der Erziehung beim Kind gesetzt werden, ist der Vollzug der Blasenentleerung im Erleben dadurch hervorgehoben, daß Blasenfunktion und die Funktion der eigenen Geschlechtsorgane so eng gekoppelt sind. Wir wiederholen hier nochmals, was wir in früheren Kapiteln schon ausführlich beschrieben haben: Eine mißglückte Auseinandersetzung mit der eigenen Geschlechtsrolle wird assoziativ dem Funktionieren der Blasenausscheidung einen besonderen psychologischen Stellenwert verleihen. Wir werden also nach dem bisher Gesagten immer wieder die Beobachtung machen können, daß Kinder mit ungeordneter, wechselvoller, verfrühter oder übertrieben harter Sauberkeitserziehung bevorzugt zu Störungen der Blasenfunktion neigen, und daß diese Schwierigkeiten kompliziert werden, wenn auch die eigene Geschlechtsrolle zwiespältig erlebt werden muß und sich von daher weitere Störungsfaktoren einschieben.

Der Hinweis, daß bei der gestörten Blasenfunktion ein Zwiespalt herrscht, der das Kind zwischen Leistungsbereitschaft einerseits, Leistungsverweigerung und Wunsch nach unverpflichtendem Entspanntsein andererseits hin- und herreißt, gibt uns noch den Schlüssel zu weiteren Überlegungen in die Hand. Wir müssen uns daran erinnern, daß Leistungsanforderungen, die an ein sehr junges Kind gestellt werden, im allgemeinen nur dann erfüllt werden können, wenn das Kind in einer ausreichend befriedigten Gefühlslage ist. Für die Entstehungsgeschichte der Enuresis ist also die Untersuchung von Wichtigkeit, wie die Frühentwicklung eines Kindes ausgesehen hat, bis es in die Phase der Sauberkeitserziehung eintrat. Bei einer diesbezüglichen Untersuchung von 1000 Enuretikerkindern hat Schwidder festgestellt, daß ein ungewöhnlich hoher Prozentsatz dieser Kinder bereits in der ersten Säuglingsphase eine Störung der Mutter-Kind-Beziehung aufwies. Schwidder beschreibt die Entwicklungssituationen, die sich ihm präsentierten, dahingehend, daß diese Kinder bereits in der Säuglingsphase unbefriedigt blieben und so schon in einem labilen Zustand mit den Sauberkeitsanforderungen konfrontiert werden. Der Begriff „gestörte Mutter-Kind-Beziehung" ist dabei verhältnismäßig allgemein gefaßt. Offenbar mit Absicht. Die Umweltkonstellationen, die eine Enuresis mit sich bringen können, sind, wenn man sich an Einzeldetails hält, recht verschiedenartig. Depressiv mißgestimmte Mütter, wechselvolles Verhalten hinsichtlich der Reinlichkeitspflege, primäre Ablehnung des Kindes waren in der überwiegenden Zahl der Fälle festzustellen. Es ist wichtig, wenn wir unterstreichen, daß wir vom Symptom her nicht auf eine sehr eng zu umschreibende biographische Konstellation schließen dürfen, sondern bestenfalls auf typische Verhaltensweisen der Mutter. Die Gründe, die eine Mutter in Verwirrung bringen können, sind vielfältig. Ebenso die Gründe, die sie zu übertriebener Leistungsanforderung ihren Kindern gegenüber bringen, oder die eine Abwehrhaltung gegen die Geschlechtsrolle des Kindes hervorrufen.

Es ist kaum zweckmäßig, in diesem Zusammenhang ein kasuistisches Einzelbeispiel aufzuführen über die Entstehung einer Enuresis. Ein solches Einzelbeispiel würde höchstens zu dem Mißverständnis verführen, daß die Enuresis nur so und nicht anders zustande kommen könne. Wie wir schon sagten, ist jedoch die Umweltkonstellation, die das Symptom der Enuresis provoziert, verhältnismäßig allgemein. Von der psychologischen Seite des Kindes her kann man allerdings sagen, daß es sich um die Unfähigkeit handelt, bestimmte Leistungsvollzüge zu vollbringen und daß unbewußte Wünsche in bezug auf kleinkindhafte Geborgenheit und kleinkindhaftes Verhalten eine hervorgehobene Rolle spielen. Diese Feststellung ist insofern wichtig, als sie uns den kardinalen Hinweis dafür gibt, wie man sich *therapeutisch* zu verhalten hat. Die am häufigsten gegebenen Erziehungsratschläge, die von Pflegepersonal oder von Ärzten vermittelt werden, gehen dahin, daß betonte und geregelte Sauberkeit im Gesamttagesablauf des Kindes zu pflegen sei, daß Flüssigkeit eingeschränkt werden müsse und daß das Kind ernsthaft zu ermahnen sei. Die moralisierende Haltung der Umgebung einem einnässenden Kind gegenüber ist die Regel. Liebevolles Moralisieren ist sogar im allgemeinen das Optimum, mit dem ein Kind, das einnäßt, rechnen kann. Im allgemeinen sind Vorwürfe, abwertende und verächtliche Bemerkungen, Prügel oder grausame Strafen häufig.

Eltern von Bettnässerkindern hat man daher zunächst eindringlich klarzumachen, daß es sich bei der Störung um eine Krankheit und nicht etwa um eine Ungezogenheit handelt. Man hat ihnen außerdem klarzumachen, daß es nicht genügt, die Schläge einzustellen, sondern daß auch abwertende und verächtlich machende Bemerkungen aufhören müssen. Der nächste Schritt ist, daß den Kindern wenigstens übergangsweise ein Stück Verwöhnung zuteil wird und zusätzliche liebevolle Zuwendung, sofern Geschwisterkonkurrenz eine erhebliche Rolle spielt. Besonders wichtig ist dabei, daß die Mutter sich entschließt, abends, wenn sie das Kind ins Bett bringt, noch eine Weile an seinem Bettchen zu bleiben, sich mit ihm zu unterhalten, ihm evtl. einen Bonbon zu geben oder etwas Ähnliches zu tun.

Es charakterisiert die Mütter von Bettnässerkindern, daß sie oft meinen, diese Viertelstunde vor dem Schlafengehen nicht erübrigen zu können. Sie seien froh, wenn die Kinder im Bett sind und brächten diese Kraftanstrengung nicht auf. Unter Umständen ist die affektive Abwehr der Mütter so groß, daß sie lieber die Zeit für das zusätzliche Wäschewaschen aufbringen als die abendliche Viertelstunde. In solchen Fällen wird man im Gesamt der Therapie natürlich mit großen Schwierigkeiten zu rechnen haben, denn gegen unbewußte Abwehrhaltung und die dazugehörigen Fehlleistungen richtet auch eine eindringliche Beratung nichts aus, und der therapeutische Einfluß auf das Kind wird durch die täglichen Verhaltensweisen der Mutter zunichte gemacht.

Im Gegensatz zur Enuresis nocturna pflegt sich bei der *Enuresis diurna* die affektive Verfassung etwas zu verschieben. Das unbemerkte Einnässen bei Tage kommt nach bisherigen Untersuchungsergebnissen bei Mädchen etwas häufiger vor als bei Knaben, übrigens bei erwachsenen Frauen ebenfalls häufiger als bei Männern. Meist ist das Symptom außerdem dadurch charakterisiert, daß häufiger und sehr heftiger Urindrang einsetzt, der willkürlich nicht mehr beherrscht werden kann. Es ist bekannt, daß der Urindrang häufig auch bei sehr kleinen Flüssigkeitsmengen aufzutreten pflegt. Man kann also diese Symptomatik nicht ohne weiteres mit der Enuresis nocturna gleichsetzen, da bei der Enuresis nocturna immer eine wesentliche Rolle spielt, daß ein Weckreiz nicht erlebt wird.

Hinsichtlich der inneren Verfassung bei Patienten mit Enuresis diurna findet sich meist ein sehr verwandtes Moment. Die Patienten sind beherrscht von einem nicht kleinen Maß propulsiver Aktivität, die zur Betätigung drängt, aber nicht recht zum Zuge kommt. Diese Beobachtungstatsache hat dazu geführt, daß besonders für die Mädchen mit Enuresis diurna der Begriff „urethrale Aggression" oder „phallische Aggression" geprägt wurde. Man meinte festzustellen, daß bei diesen Mädchen eine Identifikation mit der männlichen Rolle vorläge und daß die vielfältige Auseinandersetzung mit verhinderten aktiven — männlichen — Impulsen störend in die Blasenfunktion eingriffen. Wenn wir bedenken, wie sich bereits beim kleinen Kind zahllose Assoziationen knüpfen, die die Ausscheidungsfunktion der Blase mit dem Geschlechtsunterschied identifizieren, so verstehen wir, in welchen Beobachtungen die genannten Begriffsbildungen wurzeln. Die Lebhaftigkeit, mit der kleine Kinder die Aktionsmöglichkeiten eines Jungen beim Urinieren von denen eines Mädchens unterscheiden, bringt es mit sich, daß wir in diesem Bereich mit einer großen Zahl von Assoziationen und bedingten Reflexen rechnen müssen.

Die Beobachtung kann also nicht von der Hand gewiesen werden, daß kleine Mädchen, die sich propulsiv aktiv mit der Rolle kleiner Jungen auseinandersetzen, assoziativ die Blasenfunktion als Repräsentanten erleben. Konsequenterweise kann sich als Folge eingeschliffener bedingter Reflexe immer dann ein Impuls zum Urinieren einstellen, wenn eine Identifikation mit männlicher Lebensform und männlichen Aktionsmöglichkeiten im Erleben auftaucht. Man wird also bei der Beurteilung einer Enuresis diurna immer in Betracht ziehen müssen, daß diese Seite des Erlebens, nämlich die Seite aktiver Propulsion, stärker in den Mittelpunkt rückt, als bei der Enuresis nocturna. Bei der Enuresis nocturna haben wir immer etwas stärker mit der Akzentuierung passiver Hingabewünsche und Bequemlichkeitshaltungen zu rechnen.

18. Enkopresis

Wie wir schon früher vermerkten, sind die physiologischen Vorgänge, die die Darmentleerung mit sich bringen, etwas anders geartet als jene, die an den Urinentleerungen beteiligt sind. Die Peristaltik von Dünn- und Dickdarm vollzieht sich an sich selbsttätig und autonom. Erst im letzten Darmabschnitt vermag der Wille in die Darmbewegungen einzugreifen. Das Empfinden des Stuhldranges hängt nicht ab vom Vorhandensein des Kotes im letzten Darmabschnitt im Mastdarm, sondern es tritt nur dann auf, wenn Kotmassen in den Mastdarm übertreten. Nur dieses Niedergehen der Kotmassen erzeugt das Gefühl des Stuhldranges. Bei diesem Übertritt schließt sich reflektorisch der After. Dieser Schließreflex kann willkürlich unterstützt werden. Der Darmverschluß besteht aus einem inneren Muskel mit glatter, autonomer Muskulatur und einem äußeren Muskel mit quergestreifter Muskulatur. Es ist bekannt, daß die Darmperistaltik durch psychische Erregungen wie Schreck und Angst aktiviert werden kann.

Beim Problem der Enkopresis handelt es sich jedoch nicht um Durchfälle infolge vermehrter Darmperistaltik. Es handelt sich vielmehr um den unbemerkten und unwillkürlichen Kotabgang. Die Kinder erleben den Stuhldrang und den Defäkationsakt nicht. Noch deutlicher als bei der Enuresis nocturna haben wir hier das Phänomen zu registrieren, daß eine „unwillkürliche Aufmerksamkeitsentziehung" stattfand und daß ein Vorgang, der sonst im allgemeinen bemerkt und registriert wird, sich pathologischerweise unbemerkt vollzieht.

Die Frage, die wir uns hier genau wie bei der Blasenfunktion vorzulegen haben, geht dahin, welche assoziativen Koppelungen an der Entstehung der Symptomatik beteiligt sein können. Genauer umschrieben, welchen affektiven Bedeutungsgehalt der Defäkationsakt für das kleine Kind bekommt.

In früheren Kapiteln hatten wir darauf hingewiesen, daß bei kleinen Kindern das Gebot, zu bestimmter Zeit zu defäzieren, leicht mit der Vorstellung gekoppelt wird, daß etwas Eigenes hergegeben werden soll. Man kann sagen, daß die Ausscheidungsvollzüge des Darmes „Besitztönung" erhalten, da der geforderte Leistungsvollzug eine umschriebenere Anstrengung und auch ein umschriebeneres Produkt mit sich bringt. In dieser Hinsicht sind deutliche Unterschiede zum Ausscheidungsvollzug der Blase festzustellen. Wenn ein Kind also zur Unzeit und ohne es zu bemerken Kot hergibt, so hat man in psychischer Hinsicht allen Grund, danach zu fragen, wie es insgesamt mit den Anforderungen in bezug auf Hergeben und Selbstlosigkeit dem Kind gegenüber steht und gestanden hat. Man hat außerdem allen Grund, danach zu fragen, in welcher Weise Geld- und Besitzverhältnisse in der Familie geregelt werden, insbesondere aber, wie dem Kind gestattet wird, Eigentum zu haben, zu behalten oder auszugeben. Folgendes Beispiel ist außerordentlich typisch für die Situation eines Kindes, das einkotet:

Der neunjährige Ronald leidet seit einem $^3/_4$ Jahr an der genannten Störung. Er lebt mit seinem drei Jahre jüngeren, noch nicht schulpflichtigen Bruder und seinen Eltern in einer Zweizimmerwohnung. Spontan hebt die Mutter rühmend hervor, daß Ronald ein außerordentlich gutes Kind sei. Er teile gerne und gäbe immer ab. Die einzige Einschränkung in dieser Hinsicht machte er seinem kleinen Bruder gegenüber, dem er nicht gerne etwas gebe. Auf eine entsprechende Frage betont die Mutter eifrig, daß beide Kinder absolut gleich behandelt würden. „Ronald kann sich nicht beklagen", versichert sie, „bis aufs Hemd haben die Kinder jedes Stück gleich." Bei Nachfragen muß sie dann allerdings zugeben, daß diese Gleichheit durchaus auf Ronalds Kosten geht. Ist der Kleinere für einen Spaziergang noch zu klein, muß Ronald auch zu Hause bleiben. Hat der Kleinere Mittagschlaf zu halten, muß Ronald auch. Selbstverständlich gehen beide abends gleichzeitig ins Bett. Ronald ist derjenige, der Rücksicht zu nehmen hat. Die Hauptkomplikation wird allerdings durch eine 84jährige Urgroßtante in die Familie getragen. Diese Urgroßtante hilft der Mutter im Haushalt und ihr besonderer Verzug ist der kleinere Bruder. Hat dieser etwas kaputtgemacht, schilt sie den älteren. War der Kleinere frech, hat Ronald ihn angeblich angestachelt. Diese Urgroßtante ist es auch, die Ronald immer zum Abgeben und Hergeben ermahnt. Zum letzten Geburtstag hat sie ihm einen Wandspruch geschenkt: „Ein gutes Kind teilt gerne."

Die Beziehungspersonen der beiden Kinder werden nun außerdem noch durch einen ganzen Rattenschwanz von Verwandten gebildet. Die Urgroßtante wohnt mit der Urgroßmutter, Großmutter und einer Großtante des Jungen gegenüber der elterlichen Wohnung. Diese vier Tanten wetteifern darin, die beiden Kinder zu verwöhnen. Sie haben ihren Ehrgeiz, sich vor den Eltern und der Schwester der Vaters, die ebenfalls im gleichen Häuserblock wohnen, hervorzutun. Wetteifernd bekommen die Kinder hohe Geldgeschenke. Folgendes ist dabei charakteristisch: Die Mutter ist nicht imstande anzugeben, wieviel Geld jedes der beiden Kinder schon gespart hat. Sie weiß es nur für beide zusammen. „Zusammen haben beide Kinder sieben Sparbüchsen." Es besteht eine geradezu groteske Verwicklung in diesen Geldverhältnissen. Ronald hat vier verschiedene Sparbüchsen: Eine für Markstücke, eine für Groschen, ein Postsparbuch und ein weiteres Sparkassenbuch. Der Kleinere hat wiederum drei Kistchen, die in der Wohnung herumstehen und worin gespart wird. Die Mutter macht ihre Haushaltsführung ebenfalls mit sechs oder acht Kassen, weiß aber schließlich von keiner mehr, wieviel sie hat. Über die Kinder weiß sie nur, daß diese „zusammen" etwa 200 Mark besitzen.

Die Mutter ist sehr sparsam und dreht den Pfennig um. Dafür hat der Vater eine flotte Ader. Er ist es, der heimlich an die Sparbüchsen seiner Kinder geht, und zwar immer an die Sparbüchse des Älteren, weil die 84jährige Urgroßtante die Sparbüchse des Jüngeren wie ein Zerberus hütet. Diese Details erzählt die Mutter in Gegenwart des Sechsjährigen, der mit blanken Augen und listigem Blick daneben steht. Sie versichert, daß der Ältere noch nie gemerkt habe, daß der Vater sein Geld entleiht. Das Ganze sei also unbedenklich. Sie bedenkt offenbar nicht, daß der Sechsjährige, der mindestens während der Konsultation zuhört, seinem Bruder diese Dinge vermutlich berichten wird. Ronald zeigt sich beim späteren Gespräch auch völlig orientiert, bringt aber nicht den geringsten Affekt auf. Daß der Vater an sein Geld geht, scheint ihm selbstverständlich. Übrigens ist der Vater Steuerberater.

Fragt man sich, welche Impulse bei dem Jungen verdrängt sein mögen, so ist es zweifellos die Fähigkeit, Besitz zu verteidigen und zu behalten. Er ist daran gewöhnt, daß man ihn zum Hergeben anhält und daß man ihm sein Eigentum wegnimmt. daß er nicht mehr wagt, aufzutrumpfen und sich zu verteidigen. Bewußter Ärger, bewußter Neid und bewußte Abwehr werden nicht mehr erlebt. Die Gebehaltung ist bereits so eingeschliffen, daß sie zur wesentlichsten Lebenstechnik in der Kontaktsuche geworden ist. Die letzte Insel möglicher Selbstverteidigung besteht in der Fähigkeit, wenigstens dem kleineren Bruder die zusätzlichen Geschenke zu verweigern. S c h w i d d e r formulierte den Sinn der Enkopresis dahingehend, daß es sich um die aggressive Karrikatur andressierter Gebefreudigkeit handele. Die früh gesetzten Assoziationen zwischen Darmfunktion und Anforderungen an bereitwilliges Hergeben haben meistens vorbereitend zu der Entstehung des späteren Symptoms beigetragen.

E. Indikationsstellung, Prognose und Therapie

In der gegenwärtigen historischen Situation wird die analytische Psychotherapie weder als Verfahren noch als Wissenschaft wirklich affektfrei beurteilt. Zu viele sachliche Fehlvorstellungen und persönliche Gefühlsreaktionen spielen in die Gesamtproblematik mit hinein. Diese Tatsache müssen wir in Rechnung stellen, wenn wir uns jetzt abschließend dem Thema zuwenden, unter welchen Bedingungen zur psychotherapeutischen Behandlung geraten werden soll und wie man sich in der Therapie zu verhalten hat.

Solange man noch, wie es zur Zeit der Fall ist, damit rechnen muß, daß den Eltern mit neurotisch gestörten Kindern von den verschiedensten Seiten kritische bis mißkreditierende Äußerungen zugetragen werden, wenn das Stichwort Psychotherapie fällt, so lange wird man mit erhöhten Schwierigkeiten in der therapeutischen Planung rechnen müssen. Es ist selbstverständlich, daß Eltern, die vom Arzt erfahren, daß sie selbst im Verhalten Einiges umstellen müssen, wenn das Kind gesunden solle, diese Mitteilung nur mit sehr gemischten Gefühlen aufnehmen. In dem Augenblick, in dem ihnen von anderer Seite autoritativ versichert wird, daß die Psychotherapie ein überflüssiges oder gar schädliches Verfahren sei, werden sie sich mit Erleichterung jenem Verantwortungszuwachs entziehen, der ihnen auf jeden Fall durch eine sachgerechte psychotherapeutische Beratung nahegebracht wird. Könnten wir heute schon damit rechnen, daß eine allgemeine Meinung der Haltung nach psychotherapeutische Beratung und Behandlung befürwortet, dann wäre auch manches in der Beratung und Behandlung der Kinder leichter. Es steht zu hoffen, daß wir uns allmählich diesem Ziele nähern. Dies wird um so eher zu erreichen sein, wenn sich die vielen Kritiker, die mit Rückgriff auf alte Denkgewohnheiten einen unablässigen Windmühlenkampf gegen orthodox-sexualistische Formulierungen führen, sich allmählich mit den wahren Sachverhalten auseinandersetzen und sich außerdem klarmachen, daß eine rein literarische Beschäftigung mit dem Fach noch nicht zu sachgerechtem Urteil ausreicht.

Die *Indikationsstellung* zum Beginn einer psychotherapeutischen Behandlung hat immer und auf jeden Fall zwei Voraussetzungen: Erstens hat eine sorgfältige körperliche Untersuchung voranzugehen, um die primär organischen Erkrankungsmöglichkeiten auszuschließen. Hier handelt es sich um eine Selbstverständlichkeit. Wir müssen aber nochmals wiederholen, daß es einen groben Kunstfehler darstellt, wenn die Indikation zur Psychotherapie nur per exclusionem gestellt wird. Wie Schwidder in einem Referat auf dem Neurologen-Kongreß 1953 ausführte, ist es insbesondere in der Klinik ein weitverbreiteter und beliebter Fehler, die Diagnose „psychogene Erkrankung" dann zu stellen, wenn kein faßbarer Organbefund fixiert werden kann. Ein solcher Fehler kann allerdings nur einem psychotherapeutischen Laien unterlaufen. Die von Schwidder geforderte Notwendigkeit, schlüssige *positive* Indizien dafür zu suchen, daß tatsächlich neurotische Konflikte und Reaktionsweisen das Auftreten der Erkrankung entscheidend bestimmen, kann nicht genug unterstrichen werden. Es existieren zur Zeit noch sehr laienhafte Fehlvorstellungen darüber, daß „alle Menschen" oder „alle Kinder", wenn man sie nur serienweise untersuche, die gleichen Konflikte und Krisen zeigten, wie jene Patienten, die von den Psychotherapeuten als neurotisch gestört bezeichnet werden. Tatsächlich kann eine solche Formulierung nur von einem sehr Sachunkundigen aufgestellt werden, denn es ist zwar richtig, daß alle Menschen sich mit Konflikten und Schwierigkeiten auseinanderzusetzen haben, aber es ist nicht richtig, daß alle Menschen eine vorbereitende Entwicklung durchliefen, die zu neurotischer Reaktion auf die immer vorhandenen Konflikte führte.

Es sei also unterstrichen und betont, daß nur dann zu psychotherapeutischer Behandlung geraten werden darf, wenn von psychologischer Seite her ausreichende Indizien vorhanden sind, die für die Psychogenese sprechen. Wir erinnern hier noch einmal an frühere theoretische Erörterungen. Wir hatten gesagt, daß man sich beim Auftreten von Organerkrankungen immer Mehreres fragen müsse: Einmal sei zu fragen, ob die Erkrankung, inklusive Symptom*wahl* ausschließlich psychisch determiniert sei. Falls letzteres nicht, sei zu überlegen, ob die Erkrankung, wenn auch vom körperlichen Eigenautomatismus stark abhängig, doch primär auf die psychische Reaktionslage zurückzuführen sei. Schließlich könne noch gefragt werden, ob unter Umständen eine primär körperliche Erkrankung entscheidend durch psychische Fehlreaktionen verschlechtert würde.

Für die Entscheidung zur Psychotherapie ist die Beantwortung von Frage eins und zwei überwiegend von akademischem Interesse. Sofern man sich zu der Meinung entschließen kann, daß die psychischen Faktoren gewichtsmäßig entscheiden, wird man im allgemeinen auch zur psychotherapeutischen Behandlung raten. Bei affektfreier Beurteilung wäre natürlich auch der Versuch zu empfehlen, die Schwere einer Erkrankung, die an sich primär im Körperlichen wurzelt, dadurch zu mildern, daß man dem Patienten von psychischer Seite her Hilfestellung gibt. Im Hinblick auf die oben kurz angedeutete gegenwärtige historische Situation ist hier allerdings große Vorsicht zu empfehlen. Bei den zur Zeit noch herrschenden sehr laienhaften Vorstellungen über das, was das psychotherapeutische Verfahren eigentlich ist, werden die Eltern noch zu oft vor einem vermeintlich schädigenden Zugriff gewarnt, so daß man sich nicht ohne größte Vorsicht zum Beginn einer Psychotherapie entschließen sollte. Diese Vorbehalte haben jedoch einen rein praktischen Charakter und passen sich der Lage unserer Zeit an. Sie sind nicht grundsätzlich und werden vermutlich eines Tages aufgegeben werden können.

Sofern man sich bei einem Erkrankungsfall darüber klargeworden ist, daß tatsächlich ein psychogenes Leiden vorliegt, so wird man sich als nächstes fragen müssen, ob die Psychotherapie, die man planen möchte, auch Aussichten hat, einen Erfolg zu bringen. Das ist keineswegs eine Selbstverständlichkeit, wie manche fachfremde Beurteiler meinen. Keineswegs kann die Kurzformel lauten: Weil durch Umweltschäden erworben, kann der einmal eingetretene Schaden auch durch Umwelteinwirkung wieder rückgängig gemacht werden. Das *prognostische Urteil* hat die Indikationsstellung auf jeden Fall zu begleiten. Dabei sind wir im gegenwärtigen Stand der Wissenschaft bereits verhältnismäßig treffsicher in unserer Fähigkeit, die Erfolgschancen einer Therapie abzuschätzen. Die Kriterien, nach denen sich dieses Urteil richtet, sind bei Kindern und Jugendlichen natürlich anders gelagert als beim Erwachsenen.

Beim Erwachsenen richten wir unser Hauptaugenmerk auf die Art der psychischen Fehlentwicklung, auf Ausmaß und Schwere der erworbenen Verdrängungen und Gehemmtheiten, auf die entstandenen zugehörigen psychischen Konsequenzen, und erst in zweiter Linie schätzen wir ab, wie weit ein neurotisch veränderter Mensch unter Umständen in eine nicht mehr veränderbare Schicksalssituation hineingeraten ist. Wir verlassen uns dabei darauf, daß der Erwachsene ein recht erhebliches Maß an aktiver und selbständiger Planung einsetzen kann, um seine derzeitige Lebenslage gestaltend zu verändern.

Beim Kind liegt das anders, und zwar um so mehr, je jünger es ist. Ein Kind ist seinem gegenwärtigen Milieu ausgeliefert, auf seine Pflege- und Erziehungspersonen angewiesen und nicht in der Lage, sich selbständig zu erhalten. Es muß also bei der Beurteilung eines Kinderfalles vordringlich abgeschätzt werden, wie weit man eine Veränderung der Milieufaktoren erhoffen kann. Dieses Urteil ist nicht immer leicht. Denn Eltern, die ihre Kinder bringen, pflegen ihre Familienverhältnisse nicht entfernt so offen mitzuteilen, wie Kranke, die um ihrer selbst willen kommen. Man wird also alle Sorgfalt walten lassen müssen, um das Familienmilieu eines Kindes richtig abzuschätzen.

Die Persönlichkeitsveränderung des Kindes muß selbstverständlich mit beurteilt werden, ebenso die auslösende Situation, an deren Schwere man Einiges über die Tragfähigkeit des Kindes ablesen kann. Doch kann man als grobe Faustregel sagen, daß etwa bis zum Alter von zehn bis zwölf Jahren bei dem größeren Teil der Fälle die Strukturveränderungen noch nicht so tief zu gehen pflegen, daß sie bei sachgerechtem Umgang und wirklich grundlegender Änderung des Milieus nicht zu bessern wären. Der gewichtsmäßig bedeutungsvollere Faktor ist hier tatsächlich die Plastizität des Milieus.

Wir weisen dabei nochmals — wie schon mehrfach — darauf hin, daß vom Symptom her, das das Kind zeigt, kein Rückschluß auf die Schwere einer Störung erlaubt ist. Es gibt leichte und schwere Stotterformen, leichte und schwere Eßstörungen, leichte und schwere Zwangserscheinungen usw. Das Urteil setzt sich aus der Bewertung zahlreicher Einzelfaktoren zusammen und wird zu einem erheblichen Teil vom Urteil über die Eltern abhängen.

Mit Eintritt in die Vorpubertät und Pubertät ändert sich die Situation etwas. Auf der einen Seite nähern sich dem Kind die Aussichten auf berufliche Verselbständigung und damit die Aussicht auf größere Unabhängigkeit. Hier liegt ein wesentliches begünstigendes Moment vor, das dazu verhilft, jene leichteren psychoneurotischen Schwierigkeiten zum Abklingen zu bringen, die im wesentlichen durch die Abhängigkeit vom Elternhaus fixiert wurden.

Gehen die Störungen jedoch tiefer und wird der Schritt zur Verselbständigung nicht mehr alleine bewältigt, wäre also grundsätzlich psychotherapeutische Assistenz zu empfehlen, so steht man hier doch vor einer sehr speziellen Schwierigkeit. Psychotherapie bei Jugendlichen ist ein besonderes Problem und kann nicht kritiklos einfach probiert werden. Und dies nun nicht, weil die Psychotherapie als Verfahren riskant oder schädlich wäre, sondern einfach, weil sie in einer bestimmten Altersstufe methodisch schwerer anwendbar ist. Ein kleineres Kind kommt im allgemeinen gern zu verabredeten Stunden, in denen Spiel und Gespräch die Zeit ausfüllen. Ein Jugendlicher hat dazu sehr viel weniger Neigung und aus naheliegenden Gründen ist eine eigentliche Erwachsenentherapie mit ihm noch nicht zu beginnen. Die altersgemäße Scheu junger Menschen, sich einem anderen gegenüber zu eröffnen, spricht hier mit, hat ihre Berechtigung und muß respektiert werden.

Man wird also bei Jugendlichen, die neurotische Störungszeichen aufweisen, immer die Schwierigkeiten dieser Altersstufe bedenken müssen, bevor man eine psychotherapeutische Behandlung empfiehlt.

Therapie:

Hinsichtlich der Therapie selbst ist nun folgendes zu überlegen: Wie wir schon sagten, sind heutzutage noch eine Reihe von recht sonderbaren

Fehlvorstellungen über das Wesen einer psychotherapeutischen Behandlung im Gange. Fehlvorstellungen sowohl formaler, wie sachlicher Art. Abgesehen davon, daß man gelegentlich immer noch meint, unter Kinderpsychotherapie sei im wesentlichen zu verstehen, daß den Kindern Kastrations- und Oedipuskomplex oder sonstige sexuelle Probleme gedeutet werden, hat man auch die Meinung, daß von analytischer Psychotherapie nur dann zu sprechen sei, wenn das Kind zu einer Vielzahl häufiger Einzelbehandlungen einbestellt wird. Man meint, hier „Beratung" und „Behandlung" voneinander abheben zu müssen. Das ist sachlich nicht gerechtfertigt. In diesem Sinn kann man in der Medizin Beratung und Behandlung überhaupt nicht voneinander trennen. Die Empfehlung an einen herzkranken Patienten, flüssigkeitsarm und salzarm zu leben, ist ein ärztlicher Rat unter medizinischen Gesichtspunkten und basiert auf ärztlicher Erkenntnis. Er unterscheidet sich von der Maßnahme einer intravenösen Spritze nur formal und nicht in bezug auf die ärztlichen Einsichten, die ihn bestimmten.

Eine Beratung der Eltern unter analytisch-psychotherapeutischen Gesichtspunkten, die unter Umständen ihr Auskommen damit findet, daß eine solche Beratung einmal im Vierteljahr stattfindet, ist ebensosehr ein Teil der analytischen Psychotherapie wie der direkte Umgang mit dem Kind, das gegebenenfalls zu täglicher Behandlung einbestellt wird.

Es ist auf keinen Fall richtig und weder sachlich noch methodisch gerechtfertigt, äußere Formalien des Vorgehens gewichtsmäßig so zu überwerten, daß man nach ihnen das Etikett Therapie akzeptiert oder verwirft. Es kommt auf die zugrunde liegenden fachlichen Einsichten an, nach denen man sich orientiert und nach denen man seine Maßnahmen ergreift. Sofern man bei der Beurteilung eines Kindes mit einer neurotischen Fehlentwicklung psychotherapeutische Einsichten benutzt und sich nach ihnen richtet, treibt man eben Psychotherapie. An dieser Tatsache ändert auch der Vorgang nichts, daß an vielen Arbeitsstätten zur Zeit zwar faktisch mit psychotherapeutischen Einsichten gearbeitet, das Wort Psychotherapie aber vermieden wird. Die hier vorliegenden meist standespolitisch bedingten Auseinandersetzungen brauchen uns im Augenblick nicht weiter zu beschäftigen. Wir geben im folgenden nur eine kurze Übersicht, welche Möglichkeiten zur Verfügung stehen, wenn man analytisch-psychotherapeutische Einsichten therapeutisch nutzbar machen will.

Rein formal äußerlich gesehen ist folgendes möglich:

1. Ausschließliche Beratung der Eltern unter analytisch-psychotherapeutischen Gesichtspunkten, jeweils frequent oder selten, je nach Schwere des Falles.

2. Einzelbehandlung eines oder beider Elternteile. Hierzu wird man sich entschließen müssen, wenn zu bemerken ist, daß die Eltern die gegebenen Empfehlungen aus eigenen inneren Gründen nicht aufgreifen und verwirklichen können.

3. Gruppenberatung oder Gruppenbehandlung der Mütter. Auf die Vorzüge bzw. Unterschiede von Gruppentherapie und Einzeltherapie kann hier im einzelnen nicht eingegangen werden. Die Gesichtspunkte, nach denen

man das eine oder andere empfiehlt, sind individuell verschieden, gelegentlich von rein technischen Zufälligkeiten abhängig.

4. Direkter Umgang mit dem Kind in Einzel- oder Gruppenstunden. Auch hier ist zu sagen, daß in leicht gelagerten Fällen durchaus mit Einbestellungen alle vier bis sechs Wochen oder noch seltener ausgekommen werden kann, während nur in schwierigeren Situationen häufigere Einbestellungen notwendig sind.

Die Einzeltherapie der Kinder wird nur in besonders gelagerten Fällen ohne Beratung der Eltern möglich und richtig sein. Nur in Ausnahmefällen wird man zu der Einsicht kommen, daß die Eltern unbelehrbar sind und daß man nichts anderes tun kann, als dem Kind eine bessere Selbständigkeit und ein besseres Urteil über die Welt zu vermitteln mit der prospektiven Aussicht auf spätere unabhängige Lebensgestaltung. Hier wird es sich aber um Ausnahmefälle handeln, die im allgemeinen nur bei größeren Kindern vorkommen.

Grundsätzlich ist hier anknüpfend einiges zu sagen über empfehlenswerte Grundregeln der *inneren Haltung*, von der die psychotherapeutische Einflußnahme getragen sein sollte: Zu allererst sollte sich der Psychotherapeut klar darüber sein, daß das Kind nicht nur von den Eltern materiell abhängig ist, sondern auch auf deren Zuneigung und Liebe angewiesen. Es wäre also grundverkehrt, wenn man durch therapeutisches Ungeschick in dem evtl. bestehenden Ambivalenzkonflikt zwischen Eltern und Kind eine unüberbrückbare Kluft aufreißt. Daraus ergäbe sich für ein Kind eine kaum tragbare Belastung. Man wird also im ersten Gespräch mit dem Kind niemals Fragen danach stellen dürfen, ob es evtl. an seinen Eltern etwas zu kritisieren hat, ob die Eltern zu streng oder zu ungerecht gewesen seien, ob sie Sinnloses verlangen usw. Das Solidaritätsgefühl der Kinder ihrer Familie gegenüber ist groß und man macht einen bestehenden Zwiespalt dadurch nicht besser, daß man mit der Tür ins Haus fällt und dem Kind darüber Mitteilungen zu entlocken sucht. Das zweckmäßige Vorgehen wird — der Zielsetzung nach — immer folgendes sein: Man orientiert sich durch das Gespräch mit den Eltern über die biographische Entwicklung und die gegenwärtige Familiensituation und versucht eine Einigkeit darüber herzustellen, daß bestimmte äußere Vorkommnisse die jetzige Verfassung des Kindes herbeigeführt haben. Man wird also primär versuchen, in den Eltern das Verständnis für die mitgeteilten und unter Umständen sehr beklagten Auffälligkeiten zu erzielen. Ist das geglückt, wird man von den Eltern die Erlaubnis erbitten, daß man sich mit dem Kind über diese Dinge unterhalten darf und man wird die Eltern zugleich darum bitten, daß man dem Kind einen lobenden Ausspruch, den sie selbst über Sohn oder Tochter gemacht haben, diesem Kind weitersagen darf. Nichts knüpft die Vertrauensbrücke zwischen Kind und Therapeuten fester und nichts erleichtert die psychotherapeutische Arbeit mehr, als wenn man dem Kind das Gefühl geben kann, daß in seiner Abwesenheit freundliche Dinge von ihm gesprochen wurden. Besonders wenn es sich um Leistungsversager oder neurotisch Verwahrloste handelt, die nicht mit Unrecht befürchten, daß die Eltern einen ganzen Berg von Vorwürfen über sie vortragen, ist das eine fast unerläßliche Voraussetzung. Übrigens gehört es auch umgekehrt mit dazu, daß man die Eltern gelegentlich der Zuneigung ihrer Kinder versichert.

Man hat hier folgendes zu bemerken: Eine große Zahl der Eltern, die ihre Kinder vorstellen, haben subjektiv ihr Bestes für die Pflege ihrer Kinder getan, unter Umständen bis an die Grenze ihrer Kräfte oder sogar darüber hinaus. Der Ambivalenzkonflikt zwischen Eltern und Kindern pflegt sich nicht im Bewußtsein abzuspielen, und es ist sicher eine große Erschütterung, wenn eine Mutter sich mit der Einsicht auseinandersetzen muß, daß sie ihrem an sich geliebten Kind gegenüber zugleich lebhafte Abwehrgefühle hat. Der durchschnittliche Mensch macht sich im Alltagsleben die grundsätzliche Zwiespältigkeit der menschlichen Natur, seiner eigenen wie der fremden, nicht klar. Die Entdeckung, daß Haß und Liebe den gleichen Beziehungspersonen gegenüber, und zwar dem Ehepartner wie den Kindern gegenüber, existieren können, ist immer eine schwere Erschütterung. Nach Möglichkeit hat man im Gespräch mit den Eltern zu vermeiden, daß sie das Gefühl zurückbehalten, der Untersucher glaube nicht an ihre ursprüngliche Zuneigung zum Kind, sondern meine, daß die „eigentliche" Grundhaltung Haß und Abwehr sei. Sowohl den Eltern wie auch dem Kind hat man im Verlauf einer psychotherapeutischen Bemühung klarzumachen, daß die Welt nicht in ihren Grundfesten erschüttert wird, wenn ein Mensch in sich entdeckt, daß seine Natur zwiespältig ist und Liebe und Haß dicht nebeneinander wohnen. Gerade Kinder kann man sehr damit entlasten, wenn man ihnen sagt, daß man sich auch über sehr geliebte Menschen gelegentlich außerordentlich heftig ärgern kann. Eine solche Bemerkung sollte immer vorauslaufen, bevor man sich um die Auflösung verdrängter Aggressionen der Kinder ihren Eltern gegenüber bemüht. Man hat sich dabei nämlich zu überlegen, daß eine zentrale Sorge auch der Kinder sein muß, daß man ihnen ihre subjektiv sicher lebhaft empfundene innere Zuneigung den Eltern gegenüber nicht mehr glaubt, wenn sie es riskieren, von ihrer Wut, ihrem Zorn oder ihrem Ärger über diese Eltern zu sprechen.

Es ist selbstverständlich, daß hier mit den Kindern keine langen theoretischen Gespräche geführt werden. Oft genügt eine hingeworfene Bemerkung, unter Umständen an einen Ausspruch der Mutter anknüpfend, etwa „Die Mutti hat gesagt, sie weiß, daß Du sie lieb hast, selbst wenn Du mal sehr wütend auf sie bist." Bei neurotischen Fehlentwicklungen ist es ja gerade charakteristisch, daß es eine existentielle Erschütterung bedeutet, wenn aggressives Erleben an die Oberfläche kommt.

Daß es bei der soeben angedeuteten Grundhaltung, die der Analytiker als Mittler zwischen Eltern und Kind einnehmen sollte, nicht zu autoritativem Gebaren kommen kann, ist selbstverständlich. Selbstverständlich sollte auch sein, daß Erwachsene Kinder nicht deshalb veranlassen, jedwede Kritik zu unterdrücken, nur weil sie selbst Erwachsene sind. Man sollte auch den Eltern klarmachen, daß man die Urteilsfähigkeit eines Kindes nur dann pflegt, wenn man ihm nicht eine sinnlose Respekts- und Ehrfurchtshaltung abverlangt. Wer Respekt erwartet, sollte sich auch respektswürdig verhalten. Viele Eltern haben nur noch eine sehr verworrene Vorstellung davon, wie lebhaft Kinder Kritik üben, wie viel und mit wie wachem und scharfem Verstand sie beurteilen. Halbe Wahrheiten, Ausflüchte, sinnlose Anforderungen können das Vertrauensverhältnis zwischen Eltern und Kindern nur erschüttern. Dabei ist wohl ebenso selbstverständlich, daß eine analytische Psychotherapie nicht darauf aufbaut, daß man bei einem Kind alles laufen lassen soll und ihm grundsätzlich alles erlauben. Wir wiederholen nochmals die Meinung, daß man ein Kind kaum tiefer ängstigen kann als dadurch, daß man ihm alles erlaubt. Es ist eine für ein Kind nicht tragbare Zumutung, daß es mit dem geringen Erfahrungsschatz, über den es erst verfügt, bereits seine eigenen Grenzen ziehen soll.

Diese Feststellungen sind im Grunde eigentlich alles Selbstverständlichkeiten. Wir führen sie hier lediglich auf, weil die große Zahl der Mißverständnisse, die die gegenwärtige Literatur noch belasten, uns empfiehlt, hier noch einmal ausdrücklich zu unterstreichen, was selbstverständliche Grundvoraussetzung sein sollte.

Von diesen Grundprinzipien der inneren Haltung abgesehen gibt es nun einen bestimmten Bereich, in dem reine Beratung über Verhaltensweisen, gewissermaßen kurzformelhafte Rezepte, verwandt werden können. Sie gehören zum Grundbestand dessen, was den Eltern an Kenntnis über sachgerechtes Verhalten mit einem Kind mitgeteilt werden sollte. Eine Beratung in diesem Sinn wird selbstverständlich nur begrenzte Wirksamkeit haben und nur in den leichteren Fällen ausreichen, ist aber unerläßlich als Ausgangsbasis auch für die komplizierteren Erkrankungsfälle. Wie fassen die hier vorliegenden Möglichkeiten folgendermaßen zusammen:

Bei stark autoritativ eingestellten Eltern wird man damit beginnen, die bösen Konsequenzen allzu starker Gefügigkeitsdressur konkret zu schildern. In einer nicht kleinen Zahl der Fälle gelingt das erfolgreich, wenn man den Eltern ausmalt, wie schlecht ein Kind auf den Konkurrenzkampf im Leben vorbereitet ist, wenn es die Selbstbehauptung in der Familie nicht vorprobiert hat. Praktisch wird es immer zweckmäßig sein, solchen Eltern die Lebensschicksale von erkrankten Jugendlichen zu schildern, die unter dem Druck zu stark autoritativer Erziehung in einer Lehre scheiterten, weil sie den Überforderungen ihrer Vorgesetzten wehrlos ausgeliefert waren. Da solche Eltern nicht selten selbst eine harte und strenge Erziehung durchgemacht haben, wird man sie oft gut auf ihre eigenen Lebenserfahrungen ansprechen können und auf die Schwierigkeiten, die sie gehabt haben, die Enttäuschungen, die sie erleben mußten, nur weil sie in ihrer eigenen Selbstsicherheit geschädigt wurden. Mit einem solchen Gespräch läßt sich fast immer der von Eltern oft wiederholte Satz relativieren: „Ich bin früher auch nicht anders erzogen worden, und es hat mir auch nichts geschadet" oder ähnliches.

Den gleichen Eltern muß man sehr oft klarmachen, daß sie an die Selbstbeherrschung ihrer Kinder Ansprüche stellen, die sie sich selbst nie zumuten würden. Hier kann man nur mit konkreten Einzelschilderungen vorgehen. Man wird z. B. versuchen, einer Mutter zu verdeutlichen, daß sie, wenn sie ihre Kinder ungerecht schlägt, weil sie „so nervös" ist, von ihren Kindern nicht Beherrschung der Nervosität und stundenlanges Stillsitzen verlangen kann.

Sehr eng damit zusammenhängend ergeben sich auch immer Gespräche mit den Eltern über die Leistungsanforderungen, die für ein Kind zumutbar sind und für das Ausmaß an Spielfreiheit, das einem Kind zugebilligt werden muß. Man hat den Eltern klarzumachen, daß ein achtstündiger Arbeitstag das offizielle Pensum für Erwachsene ist und daß man von einem Kind bestenfalls das gleiche, auf gar keinen Fall aber mehr verlangen dürfe. Hier hat man den Eltern die Grundregeln der Arbeitspsychologie und der notwendig werdenden Erholungsphasen des Gehirns deutlich zu machen, und man muß ihnen erläutern, daß bei Überdehnung der kindlichen Gehirnleistungen das gesamte Leistungsvolumen zusammenbricht und nicht etwa das übliche Minimum zustande kommt mit einem immer kleiner werdenden Zuwachs an positiven Effekten. Praktisch gesehen kann man das den Eltern so klarmachen, daß man sie eine Zahlenreihe nachsprechen läßt, die sie gerade eben noch störungsfrei reproduzieren können und daß man ihnen anschließend eine nur um zwei oder drei Zahlen erweiterte Reihe vorspricht. Sie bemerken dann an sich selbst, daß sie nicht etwa die Zahlenreihe bis zu einer gewissen Grenze korrekt behalten und den Rest vergessen, sondern daß die Gedächtnisleistung total ungeordnet ist.

Weitere ausgedehnte Gespräche pflegen sich um das Thema von Ermutigung und Lob zu knüpfen. Auch diese Dinge scheinen ganz einfache Binsenweisheiten zu sein und trotzdem ergibt sich immer wieder, daß den Eltern neurotisch veränderter Kinder nichts so schwer fällt, wie freundlich zugewandte Ermunterung und lobende Bestätigung. Die Selbsttäuschung der Eltern über das, was ein Lob sein soll, ist dabei oft sehr erheblich. Man hat hier im Gespräch sehr genau ins einzelne zu gehen. Es empfiehlt sich immer, daß man sich von den Eltern vormachen läßt, was sie denn als Lob empfinden und aussprechen. Häufigste Variante ist das moralisierend vorwurfsvolle „Na siehst Du, warum nicht immer so". Es empfiehlt sich hier, den Eltern aus ihrer eigenen Lebenssituation heraus zu verdeutlichen, ob sie wohl den entsprechenden Ausspruch ihres eigenen Chefs als Ermunterung oder als verschleierte Kritik empfinden würden. Wie weit eine Beratung hier glückt, hängt tatsächlich sehr weitgehend an der inneren Grundhaltung der Eltern. Affektive Abwehrhaltung pflegt zu allererst in diese Nuancen der Sprache und der Formulierung einzufließen. Wichtig ist übrigens, daß man die Eltern von vornherein darauf hinweist, daß die Lockerung allzu strenger Erziehungsmethoden nicht bedeutet, daß man die Kinder nun völlig laufen lassen solle wie sie wollten, daß etwa auch gar keine Aufsicht über die Schularbeiten mehr geübt werde usw. Es ist nicht selten, daß Eltern die Ratschläge des Psychotherapeuten damit ad absurdum führen wollen, daß sie nun ins entgegengesetzte Extrem verfallen und dadurch natürlich bei ihren Kindern überschießende Verwilderungserscheinungen provozieren.

Weiterhin hat man sich mit den Eltern darüber zu verständigen, wieviel Zeit einem Kind zum Spielen bleibt, was es zum Spielen hat, und ob es möglich ist, dem Kind eine eigene Spielecke einzuräumen, in der das Kind ungestört hantieren kann. Unbedingt sind die Eltern darüber zu informieren, daß vor die Phase der Konstruktion die Phase der Zerstörung zu setzen ist und daß ein Kind, das in der Periode der Destruktion zu stark dressiert wurde, später nicht zu konstruktivem Spielen kommt. Ein Gleiches gilt für das Sauberkeitsverhalten der Kinder. Kleinkinder im Buddelalter schmieren, panschen und kneten gern, und wenn man sie hier zu sehr in ihren Bedürfnissen einengt, wird die sich normalerweise ausbildende Entwicklung zu Sauberkeitspflege und Freude an der Ordnung behindert.

Sind bei einem Kind betontere aggressive und anale Verdrängungen zu finden, so wird es immer zweckmäßig sein, die Eltern darauf vorzubereiten, daß eine Phase überschießender Reaktionsweisen zu erwarten ist, bevor sich das Gleichgewicht eingependelt hat. Man vermeidet damit auf jeden Fall vorzeitige Abbrüche der Behandlung durch die Eltern, weil diese die Vorstellung haben, es würde alles nur immer schlimmer.

Neben der Bemühung um die Spielsituation des Kindes und seine Möglichkeiten, sich im Rahmen der Familie durchzusetzen und zu behaupten, hat man sich um seine Besitzsituation zu kümmern und die Eltern zu beraten. Kinder sollten das Recht haben, Spielzeug, das ihnen gehört, gegen Geschwister, insbesondere gegen jüngere Geschwister, zu verteidigen. Von einer bestimmten Altersstufe ab sollten sie die Möglichkeit haben, kleine Geldbeträge zu verwalten. Heutzutage ist es in weiten Grenzen üblich, daß Kinder Taschengeld bekommen, und wenn Eltern ihren Kindern das verweigern, ohne daß finanzielle Not der Grund ist, stellen sie ihre Kinder im allgemeinen aus der Altersgemeinschaft heraus. Taschengeld wird von den Eltern sehr verschieden gegeben. Recht unglücklich erscheint uns das gelegentliche Zustecken willkürlicher größerer oder kleinerer Summen. Das Kind, das lernen soll, Geld zu verwalten, hat mit unüberschaubaren Beträgen zu rechnen und kommt zu keinem geordneten Planen. Wirklicher Überblick wird nicht entwickelt. Wir führten schon aus, daß es diesem Kind ähnlich geht wie der Hausfrau, die von ihrem Mann nur gelegentlich Kleckerbeträge zugesteckt bekommt und auf diese Weise nicht weitschauend disponieren kann. Im gleichen Sinn unzweckmäßig erscheint das beliebte Leistungstaschengeld, das nur als Ansporn für gute Schulleistungen oder für die Erledigung von Haushaltspflichten gegeben wird. Auch diese Form des Taschengeldes pflegt keine besonders günstige Vorbereitung zu beginnender Besitzplanung zu sein. Es mag zwar einen gewissen Ansporn zur Leistungssteigerung darstellen, aber die Beträge sind ebenfalls unüberschaubar. Die Kinder befinden sich dann etwa in der gleichen Lage wie ein Handwerker, der nur dann einen Lohn bekäme, wenn das abgelieferte Stück die volle Zufriedenheit des Arbeitgebers erhält. Nach unserer Meinung sind wöchentliche, regelmäßige und feste kleinere Beträge das empfehlenswerteste. Monatliches Taschengeld pflegt das Zeitgefühl der Kinder zu überfordern. Zu große oder zu kleine Summen führen zu Verwöhnungssituationen einerseits oder Ressentimenthaltungen andererseits. Das Wichtigste allerdings ist, daß man den Kindern die Selbstverwaltung über ihr Geld möglichst frei überläßt und keine übertriebene Spardressur anwendet. Eltern müssen darauf vorbereitet werden, daß kleinere Kinder das Geld unbekümmert auszugeben pflegen, bis sie allmählich bemerken, daß langfristigere Planung zweckmäßig ist. Bei Eigentumsdelikten von Kindern scheint es eine unerläßliche Grundvoraussetzung, daß mit den Kindern fest verabredet wird, daß sie ein Taschengeld zu völlig eigener Verfügung erhalten und daß sie nur angehalten werden, von diesem Geld zurückzuzahlen, wenn sie etwas gestohlen haben. Das Zurückzahlen sollte dann gerecht sein und die Größe der gestohlenen Summe nicht überschreiten.

Wichtig in jeder Kindertherapie wird es sein, daß man die Eltern über die notwendige sexuelle Aufklärung ihrer Kinder berät. Da die meisten Eltern diese Information im wesentlichen deswegen versäumen, weil sie die richtigen Worte nicht finden und selber scheu und empfindlich sind, hat man ihnen hier behilflich zu sein. Eine besondere Sorge wird von den Eltern immer wieder angemeldet: Sie beunruhigen sich darüber, daß ihre Kinder mit der erhaltenen Information hausieren gehen könnten und in der Nachbarschaft unangenehm auffallen. Hier hat man die Eltern zunächst darüber zu beraten, daß zwei Drittel aller Schulkinder spätestens vom siebenten bis achten Lebensjahr ab die sexuellen Vulgärausdrücke der Straße gehört haben und damit mehr oder weniger unklare Vorstellungen verbinden. Vor allen Dingen verbinden sie die Vorstellung damit, daß der Gebrauch solcher Ausdrücke bei Eltern und in der Schule im allgemeinen lebhafte Empörung hervorruft und daß in der öffentlichen Gesellschaft darüber nicht gesprochen wird. Diese Vorstellung ist den Kindern im allgemeinen geläufig. Man sollte bei einer Information eines Kindes daran denken und man sollte sich niemals damit begnügen, daß man nur die rein biologischen Vorgänge beschreibt. Auf jeden Fall sollte man einem Kind sagen, daß die liebevolle Gemeinschaft zwischen zwei Menschen sehr bewegende und sehr erregende Gefühle mit sich bringt und daß die Menschen im allgemeinen Dinge, von denen sie sehr ergriffen sind, nicht in der Öffentlichkeit besprechen. Wir haben bisher noch kein Kind gefunden, das einer solchen Mitteilung nicht zugänglich gewesen wäre und das nicht ein gut empfundenes Verständnis bekundet hätte. Es muß sich schon um sehr schlecht gepflegte Kinder handeln, wenn hier etwas mißglückt. Außerdem kann man den Kindern klarmachen, daß es auch für die geschlechtlichen Vorgänge Vulgärausdrücke gibt, genau so wie es das zum Beispiel für die Vorgänge der Nahrungsaufnahme gibt. Man kann einem Kind in seiner Sprache auch durchaus sagen, daß diejenigen Menschen, die mit Clownerie, Albernheit oder schlechten Witzen über gefühlsbewegende Erlebnisse sprechen, im Grunde nur hilflos sind und eine Überlegenheit markieren wollen, die sie nicht besitzen.

Nach unseren Erfahrungen müssen Kinder — wie gesagt — eine sehr schlecht gepflegte Entwicklung durchgemacht haben, wenn es nicht mehr gelingt, ihnen diese Gefühlsdinge nahezubringen. Ganz verfehlt erscheint es uns, wie wir schon mehrfach wiederholt haben, den Kindern ihre Beziehung zum eigenen Körper, zur menschlichen Natur und zu den Vorgängen von Zeugung und Schwangerschaft durch Prüderie und Ängstlichkeit zu verderben.

Die beste Vorbereitung für ein Kind auf diese Fragen ist immer die, daß bei ihm die zarteren und innigeren Gefühlsseiten überhaupt gut gepflegt werden. Das Zärtlichkeitsbedürfnis der Menschen ist groß und je jünger ein Kind ist, um so intensiver sind seine Bedürfnisse danach. Mütter, die ihren Kindern gegenüber kühl sind, die die Zärtlichkeitswünsche abwehren, die gar verächtliche Bemerkungen gebrauchen für das Zärtlichsein, etwa: „Der schmiert so", solche Mütter werden ihre Kinder sicher nur schlecht darauf vorbereiten, daß der Zärtlichkeitskontakt und eine menschlich persönliche Beziehung immer Anfang und Grundlage späterer sexueller Vereinigung sein sollte.

Mit den soeben aufgeführten Verhaltensratschlägen sind wir dann aber auch ungefähr den Kreis der Möglichkeiten abgeschritten, die im Rahmen einfacher Gesprächsberatung zur Verfügung stehen, wenigstens sofern es sich um allgemeinverbindliche Grundregeln handelt. Die individuellen Varianten, insbesondere die Beratung der Mütter über ihre eigene neurotische Problematik, können hier natürlich nicht berücksichtigt werden. Es steht jetzt noch die Frage offen, was sich im Einzelumgang mit dem Kind vollzieht. Hier ist es selbstverständlich ausgeschlossen, die vielgestaltige Fülle therapeutischen Verhaltens auch nur einigermaßen erschöpfend wiederzugeben. Wir skizzieren nur einige Grundregeln:

Die *Einzeltherapie* variiert zunächst je nach Lebensalter des Kindes. Mit dem Kleinkind, dem Schulkind und dem Jugendlichen geht man selbstverständlich anders um. Als Grund- oder Faustregel könnte gelten, daß man mit einem Kind um so mehr agierend spielt, je jünger es ist und daß mit zunehmendem Alter das Gespräch einen größeren Raum einnimmt. Das vielbesprochene Problem analytischer Deutung taucht hier auf. Zulliger hat in seiner Schrift „Heilende Kräfte im kindlichen Spiel" darauf hingewiesen, daß Heilungserfolge bei Kindern durchaus dauerhaft erzielt werden, ohne daß ein einziges Wort der Deutung im orthodox analytischen Sinn gebraucht wurde. Diese Mitteilung kann man nur unterstreichen. Man weiß heute, daß eine intellektuelle Belehrung der Kinder über vorliegenden bzw. vermuteten Kastrations- oder Oedipuskomplex vergeblich, überflüssig oder doch nur sehr bedingt erfolgreich ist. Wie unsere bisherigen Ausführungen zeigten, kann man auch kaum die gesamte Vielfalt neurotischer Störungen auf Sexualkonflikte zurückführen. Die Einsicht hat übrigens Freud selbst bereits formuliert und gesagt, daß man mit Kindern etwas anderes machen müsse als analytisches „Deuten". Grundsätzlich wird man sich also immer so einzustellen haben, daß man versucht, einen Überblick zu gewinnen über die Impulse und Bedürfnisse, die in einem Kind nicht voll zur Entfaltung kamen und die mit übertriebenen Angstreaktionen besetzt sind. Mit Agieren wird man versuchen, diese Angstreaktionen des Kindes zu beseitigen, um dann die evtl. überschießenden Impulse sinnvoll einzuordnen. Etwa mit zehn bis zwölf Jahren hört diese Möglichkeit der reinen Spieltherapie auf. Bei den größeren Kindern und den Jugendlichen hat man damit zu rechnen, daß sie sich auf ein gemeinsames Spiel nicht mehr fixieren lassen und daß sie außerdem altersgemäße Abwehrhaltungen zeigen, wenn sie einem Fremden über ihr eigenes Innenleben Auskunft geben sollen. In diesem Alter kann man im allgemeinen nichts anderes machen als eine Art Mentorschaft zu pflegen, die unter analytischen Gesichtspunkten ausgerichtet ist. Es wird viel davon abhängen, ob man das Vertrauen der Jugendlichen gewinnt, aber es wird im allgemeinen nicht zweckmäßig sein, allzu drängend und überredend vorzugehen.

Was die reine Spieltherapie angeht, so bestehen hinsichtlich des Materials, das man verwendet, zweierlei Möglichkeiten, die man beide nebeneinander oder abwechselnd je nach Situation verwenden kann: Einmal ist es möglich, den Kindern außerordentlich einfaches Material anzubieten, das sie zu eigenem, konstruktivem Gestalten anregt: Sand, Lehm, Ton, Fingerfarbenmalerei, Holz, Laubsägearbeiten, ein Handwerkskasten, Bauklötzer usw. Andererseits kann man den Kindern Spielgegenstände anbieten, die einen besonderen, sehr ausgeprägten umschriebenen Gefühlswert besitzen und kann an der Reaktion und am Umgang der Kinder mit diesem gefühlsbetonten Spielmaterial innere Reaktionsweisen ablesen, aber natürlich auch besonders gut zu affektfreierem Verhalten ermuntern. Der Scenotestkasten von Frau v. Staabs ist ganz exquisit in dieser Richtung ausgearbeitet.

Den verschiedenen Bedürfnissen und unverarbeiteten Impulsspannungen der Kinder kann man mit jeweils verschiedenem Material zur Entfaltung verhelfen. Die aggressive Impulswelt wird sich am Umgang mit aggressiven Gegenständen entwickeln. Also etwa einem Gewehr, einem Stock, einem Ausklopfer, am Spiel von Autozusammenstößen oder sonstigen dramatischen Vorgängen. Für den sogenannten analen Bereich kommen Lehm, Ton, Knetmasse, feuchter Sand, Fingerfarben und ähnliches in Frage. Mit Hinblick auf orale Bedürfnisse wird im Verlauf jeder Spieltherapie gelegentlich gekocht werden, Kaufmannsladen gespielt oder sonstige Spiele, die mit Besitzfragen, Geldverteilung und ähnlichem einhergehen.

Allerdings sollte die Frage nach dem, was man „macht", d. h. die Frage nach dem formalen Vorgehen, immer in zweiter Linie rangieren. Im Mittelpunkt der therapeutischen Planung und der psychologischen Beobachtung muß immer stehen, was das Kind erlebt. Zwar bietet jede Form des Spiels wichtigen Anreiz, um die Erlebniswelt des Kindes zu entfalten, aber eingeflochtenes Gespräch, Nuancen des Tonfalls, Nuancen in Blick und Mimik, spielerische, wenn auch zurückhaltende Beteiligung des Therapeuten, die Fähigkeit, zur richtigen Zeit die richtigen Antworten zu geben, verdienen die allersorgfältigste Beachtung. Pflegt sich doch gerade von hier aus die Möglichkeit zu ergeben, die angstgetönte Impulswelt des Kindes von dem Ballast unnötiger Befürchtungen zu befreien und sie sinnvoll in das Gesamterleben einzuordnen.

Hinsichtlich der analytischen Therapie beschäftigt die Beteiligten seit langem die außerordentlich wichtige Frage, mit welchem Aufwand an Zeit und Kraft wohl für die Betreuung der Kinder gerechnet werden müsse. Zu einem nicht kleinen Teil wurzelt die Abwehr gegen analytische Psychotherapie in der etwas veralteten Vorstellung, daß unendliche Zeiträume und ein ungewöhnlich schweres Geschütz durch den Aufwand analytischer Psychotherapie benötigt würden. Wir sagten schon eingangs, daß es sich hier um ein Fehlurteil handelt. Wenn der Umgang mit dem Kind von ausreichender Vorerfahrung getragen ist und auch die Anfangsbeurteilung mit entsprechender Fachkenntnis durchgeführt wurde, dann gelingt es, die Durchschnittszahl der benötigten Stunden auf ein im Vergleich zu früher recht geringes Zeitmaß herabzudrücken. Nach den Erfahrungen im Berliner Zentralinstitut für psychogene Erkrankungen der Krankenversicherungsanstalt Berlin kann bei einem Viertel der in die Poliklinik überwiesenen Kinder mit einem durchschnittlichen Stundensatz von vier bis zehn Stunden ausgekommen werden. Diese

Behandlungsstunden werden weitmaschig über einen großen Zeitraum verteilt und mit sorgfältigster Beratung der Eltern gekoppelt. Wenn wir bedenken, daß in eine Poliklinik für psychogene Störungen bereits die schwerer erscheinenden Störungen von den vorbehandelnden Ärzten überwiesen werden, so darf mit den nötigen Vorbehalten ein Stück weit auf die Erkrankungsschwere in der Bevölkerung geschlossen werden. Selbst wenn wir bedenken, daß bei der Durchmusterung von Schulen ein außerordentlich hoher Prozentsatz von Kindern festgestellt wurde, die an neurotischen Störungen litten, so haben wir doch Grund zu der Annahme, daß nur der kleinere Teil dieser Kinder so schwere Veränderungen aufweist, daß ein großer Zeitaufwand benötigt wird. Allerdings wollen wir nochmals und mit Nachdruck betonen, daß eine Betreuung, die in kurzer Frist einigermaßen gefestigte Erfolge haben will, Fachkenntnisse voraussetzt, sofern es sich nicht um besonders leichte Fälle handelt. Gerade im Bereich der Psychotherapie ist man oft geneigt, den Wert sorgfältiger Vorbildung zu unterschätzen. Die trügerische Vorstellung, daß in dem Erleben eines Kindes das gleiche vor sich gehe, wenn rein formal und äußerlich das gleiche gemacht, z. B. das gleiche Spiel gespielt wird, hat hier zu zahlreichen Fehlurteilen geführt.

Insofern wollen wir abschließend einen nochmaligen Hinweis nicht versäumen: Das vorliegende Buch kann keine Ausbildung ersetzen. Es kann Anregungen geben und eine erste Einführung bieten. Aber so wenig die Psychiatrie, die innere Medizin oder die Chirurgie aus einem einführenden Lehrbuch gelernt werden können, so wenig kann die sorgfältige praktische Ausbildung in der Psychotherapie entbehrt werden. Nur wer über das Rüstzeug einer sorgfältigen fachlichen Ausbildung verfügt, wird imstande sein, wirklich dem Wohl der Kinder zu dienen, die seiner Obhut anvertraut wurden.

LITERATURHINWEISE

Achelis-Lehbert, E. : Du und das Kind. Stuttgart.
Adler, A. : Über den nervösen Charakter. Wiesbaden 1919.
— Praxis und Theorie der Individualpsychologie. — München und Wiesbaden 1920.
Aichhorn, A. : Verwahrloste Jugend. Bern 1951.
Axline, V. M. : Playtherapy, the inner dynamics of childhood. Cambridge, Massachusetts 1947.
Balint, A. : La vie intime de l'enfant. Paris 1937.
Baumeyer, F. : Zur Kasuistik und Theorie der Straßenangst. „Psychoanalyse" I, 164 (1949/50)
Bender, *Lauretta* : Child psychiatric techniques. Springfield 1952.
Binswanger, H. : Psychiatrische Aspekte zur Anorexie mentale (Pubertätsmagersucht). Zschr. f. Kinderpsychiatrie *19*, Nr. 4/5 (1954).
Boenheim, C. : Psychotherapie mit Kindern. Berlin 1932.
Bowlby, J. : Maternal care and mental health. Geneva 1951.
— The Effects of Mother-Child Separation: A Follow up-study. Brit. J. med. Psychol. (London) *29* : 3-4: 211 (1956).
Brentano, F. : Psychologie vom empirischen Standpunkt. 1874.
Buckle, D und *Lebovici*, S. : Leitfaden der Erziehungsberatung. Göttingen 1960.
Bühler, Ch. : Kindheit und Jugend. Leipzig 1928.
— und H. *Hetzer* : Kleinkindertests. Leipzig 1932.
Bühler, K. : Die geistige Entwicklung des Kindes. Jena 1930.
Burlingham, D. und A. *Freud* : Anstaltskinder. London 1950.
Busemann, A. : Pädagogische Jugendkunde. Oberursel 1948.
— Pädagogische Jugendkunde. Leipzig 1950.
Bykow, K. N. : Großhirnrinde und innere Organe. Berlin 1952.
Dougall, Mc. : Aufbaukräfte der Seele. Leipzig 1937.
Dührssen, A. : Zum Problem der psychogenen Eßstörung. Psyche *1950*, H. 1.
— Über die verschiedenen Möglichkeiten psychogener Verursachung bei Organerkrankungen. Kongreßbericht, Berlin 1951.
— Neurotische Eigentumsdelikte bei Kindern und Jugendlichen. Psychologische Rundschau 3/2 (1952).
— Zur Frage der Anlagefaktoren, welche die Persönlichkeitsentwicklung gefährden. Psyche *6* : 67 (1952/53).
— Welche Bedeutung haben tiefenpsychologische Einsichten für die Rechtsprechung im Jugendstrafrecht. In: Praxis der Kinderpsychologie und Kinderpsychiatrie *II* : 85 (1953).
— Zur Problematik der Zwangsneurose an Hand von Kinderfällen. In: Praxis der Kinderpsychologie und Kinderpsychiatrie *III* : 1 (1954).
— Soziale und biologische Reifung in ihrer Bedeutung für psychogene Erkrankungen. In: Praxis der Kinderpsychologie und Kinderpsychiatrie *V* : 253 (1956).
— Heimkinder und Pflegekinder in ihrer Entwicklung. Göttingen 1958.
— Psychiatrische Aspekte zur Familiensoziologie. In: Kölner Zschr. f. Soziologie u. Sozialpsychologie, Sonderheft 3, Köln 1958.
— Psychotherapie bei Kindern und Jugendlichen. Göttingen 1960.

Erikson, Erik H.: Childhood and Society. New York 1950.
Feer, E. und *H. Kleinschmidt:* Lehrbuch der Kinderheilkunde. Jena 1948.
Fischel, W.: Psyche und Leistung der Tiere. Berlin 1938.
— Leben und Erlebnis bei Tieren und Menschen. München 1949.
— Die höheren Leistungen der Wirbeltiergehirne. Leipzig 1948.
— und *R. Haerdtle:* Zur Entwicklungspsychologie des Schimpansen. Praxis der Kinderpsychologie *II:* 161 (1953).
Flugel, J. C.: Probleme und Ergebnisse der Psychologie. Stuttgart (Verlag E. Klett).
Freud, Anna: Einführung in die Technik der Kinderanalyse. Leipzig-Wien-Zürich.
— Aggression in Relation to Emotional Development: Normal and Pathological. In: The Psychoanalytic Study of the Child, Vol. 3/4, London 1949.
— Observations on Child Development. In: Psychoanalytic Study of the Child Vol. 6, London 1951.
— Adolescence. In: Psychoanalytic Study of the Child, Vol. 13, London 1958.
— Das Ich und die Abwehrmechanismen. London 1952.
— und *Dorothy Burlingham:* Anstaltskinder. London 1950.
Freud, S.: Gesammelte Schriften. Bd. I—XII, Leipzig-Wien-Zürich.
Fuchs-Kamp, A.: Jugendliche Fortläufer und Diebe. Praxis der Kinderpsychologie 1952, H 4—7.
Gehlen, A.: Der Mensch, seine Natur und seine Stellung in der Welt. Berlin 1950.
Gesell, A.: Säugling und Kleinkind in der Kultur der Gegenwart. Nauheim 1953.
— Das Kind von 5 bis 10. Nauheim 1954.
Haffter, C.: Kinder aus geschiedenen Ehen. Bern 1948.
Hamburger, F.: Die Neurosen des Kindesalters. Encke 1939.
— Über den Umgang mit Kindern. Wien 1952.
Harms, E.: Essentials of abnormal child psychology. New York 1953.
v. Harnack: Wesen und soziale Bedingtheit frühkindlicher Verhaltensstörungen. Basel 1953.
Hart de Ruyter, Th.: A Psychoanalytic Approach to Adolescence and Juvenile Neurosis. Folia Psychiatrica Neurologica et Neurochirurgica, Neerlandica *58:* 3 (1955).
— Über die Bedeutung konstitutioneller Faktoren bei kindlichen Verhaltensstörungen. Folia Psychiatrica Neurologica et Neurochirurgica Neerlandica *61:* 3 (1958).
— Bemerkungen zum Problem der Psychotherapie bei ich-schwachen Jugendlichen. Z. f. Kinderpsychiatrie *25:* 52 (1958).
Hartmann, H. und *E. Kris:* The genetic approach in psychoanalysis. In: Psychoanalytic study of the child I. New York 1945.
Hartmann, H.: Psychoanalysis and Developmental Psychology. In: The Psychoanalytic Study of the Child Vol. *5,* London 1950.
Hetzer, H.: Kind und Jugendlicher in der Entwicklung. Hannover 1948.
Hochheimer, W.: Zur psychologischen Problematik von Erziehung in der frühen Kindheit. In: Handb. d. Psychologie X, Pädagogische Psychologie, Göttingen.
Homburger, A.: Psychopathologie des Kindesalters. Berlin 1926.
Jones, E.: Psychoanalysis. London 1938.
Jung, C. G.: Psychologische Typen. Zürich 1946.
Kanner, L.: Child psychiatry. Springfield 3, 1950.
Katz, D.: Handbuch der Psychologie. Basel 1951.
Kemper, W.: Enuresis. Heidelberg 1949.
Kinsey, A.: Sexual behavior in the human male. Philadelphia und London 1948.
Kretschmer, E.: Körperbau und Charakter. Berlin-Göttingen-Heidelberg 1951.
— Psychotherapeutische Studien. Stuttgart 1949.

van Krevelen, A.: Autismus infantum. Acta Paedopsychiatrica 1960, 27/3 (97—107).
Kroh, O.: Entwicklungspsychologie des Grundschulkindes. Langensalza 1944.
— Die Phasen der Jugendentwicklung. Württemb. Schulwarte 1926.
Lange-Eichbaum, W.: Genie, Irrsinn und Ruhm. München 1928.
Lattke, H.: Psychoanalyse, soziale Arbeit und Erziehung. Freiburg i. Br. 1951.
Lebovici, S.: La relation objectale chez l'enfant. La Psychiatrie de l'enfant 3, 1906.
Leibniz, G. W.: Neue Abhandlungen über den menschlichen Verstand. Leipzig 1915.
Lersch, P.: Der Aufbau der Person. München 1951.
Lewin, K.: Untersuchungen zur Handlungs- und Affektpsychologie. Psychol. Forschg. 1922.
— A dynamic theory of personality. New York und London 1935.
Löwenfeld, M.: Grundzüge einer Kinderpsychotherapie. In: Psyche *VII*, H. 3, S. 208—210 (1953).
Lorand, D.: Katamnese elektiv mutistischer Kinder. Acta Paedopsychiatrica 1960, 27/8 (273—289).
Lorenz, K.: Über die Bildung des Instinktbegriffes. Die Naturwiss. 25/1937.
— Die angeborenen Formen möglicher Erfahrung. Z. Tierpsychol. *5:* 235 (1943).
v. Noeggerath, Pfaundler und *Kleinschmidt:* In: Lehrb. d. Kinderheilkde.
Pawlow, I. P.: Gesammelte Werke. Akademie Verlag, Berlin 1953.
Peiper, A.: Die Eigenart der kindlichen Hirntätigkeit. Leipzig 1949.
Rambert, M.: La vie affective et morale de l'enfant. Neuchâtel und Paris 1949.
Redl, F.: Children who Hate. Free Press 1951.
Rogers, C. R.: The clinical treatment of the problem child. River Child Press.
— Counseling and psychotherapy. Cambridge 1942.
Russel, E. S.: Valence and attention in animal behavior. Acta Biotheoretica I/1935.
Schaefer, K. H. und *M. A. Lassrich:* Über die Genese rezidivierender kolikartiger Leibschmerzen beim Kinde. Dtsch. med. Wschr. *1953:* 421.
Schmeing, K.: Die mehrfache Pubertät. 1930.
Schneider, K.: Die psychopathischen Persönlichkeiten. Wien 1943.
Schultz, I. H.: Das autogene Training. Leipzig 1942.
— Seelische Krankenbehandlung. Jena 1930.
Schultz-Henke, H.: Der gehemmte Mensch. Stuttgart 1947.
— Lehrbuch der analytischen Psychotherapie. Stuttgart 1951.
— Schicksal und Neurose. Jena 1931.
Schwarz, O.: Medizinische Anthropologie. Leipzig 1929.
Schwidder, W.: Zur Symptomatik und Aetiologie der Enuresis und Enkopresis. Kongreßbericht, Berlin 1951.
— Zur Psychogenese funktioneller und anatomischer Organkrankheiten. Kongreßbericht 1951.
— Die Bedeutung psychischer Faktoren in der Aetiologie der Ulcuskrankheit. Psyche *4:* 561 (1951).
— Zur Aetiologie und Therapie des Pavor nocturnus. Dtsch. med. Journ. *2:* 422 (1951).
— Zur poliklinischen Behandlung psychogener Erkrankungen des Kindes- und Jugendalters. Praxis der Kinderpsychologie *I:* 33 (1952).
— Die Bedeutung der Psychoanalyse und der aus ihr hervorgegangenen Behandlungsmethoden für die Psychotherapie im Kindes- und Jugendalter. In: Praxis der Kinderpsychologie und Kinderpsychiatrie *VI:* 41 (1951).
— Neopsychoanalyse. In: Handb. d. Neurosenlehre und Psychotherapie. München-Berlin.

Spitz, R. A. und *K. M. Wolf:* Anaclitic depression: an inquiry into the genesis of psychiatric conditions in early childhood (II). In: The psychoanalytic study of the child 2, 313.
Spitz, R. A.: Die Entstehung der ersten Objektbeziehungen. Stuttgart 1957.
Spranger, E.: Lebensformen. Berlin 1927.
— Die Urschichten des Wirklichkeitsbewußtseins. Sitzungsberichte d. Preuß. Akademie d. Wissenschaften, Berlin 1934.
— Psychologie des Jugendalters. Heidelberg 1949.
v. Staabs, G.: Der Scenotest. Stuttgart 1951.
Stutte, H., H. Ehrhard und *D. Ploog:* Psychiatrie und Gesellschaft. Bern 1958.
Stutte, H.: Indikationen und Möglichkeiten der heilerzieherischen Behandlung jugendlicher Rechtsbrecher. In: Recht der Jugend Jg. *6:* H. 20 (1959).
— Quellenmaterial zur kinderpsychiatrischen Prevention. A Crianca Protuguesa Ano XXIX (1960).
Toman, W.: Einführung in die moderne Psychologie. Wien-Stuttgart 1947.
Tramer, M.: Zschr. Kinderpsychiatrie 1 : 90 (1943).
— Lehrbuch der allgemeinen Kinderpsychiatrie. Basel 1949.
Villinger, W.: Moderne Probleme der Jugendpsychiatrie. Nervenarzt 1952, H. 6.
— Seelische Störungen im Kindesalter. In: *Gruhle-Weygands* Lehrbuch der Neurologie und Psychiatrie. Halle/Saale 1952.
Watson, J. B.: Psychology, as the behaviorist views it. 1913.
— Behavior. An introduction to comparative psychology. 1914.
Weber, A.: Zum elektiven Mutismus der Kinder. Zschr. Kinderpsychiatrie 1950 17. Jg., H. 1.
— Psychiatrische Durchmusterung der Schulkinder eines kant.-bernischen Schulkreises. Mschr f. Psychiatr. u. Neurologie *124:* 22 (1952).
Wundt, W.: Physiologische Psychologie. Leipzig 1911.
Zulliger, H.: Schwierige Schüler. Bern 1935.
— Schwierige Kinder. Bern 1951.
— Heilende Kräfte im kindlichen Spiel. Stuttgart 1952.
— Umgang mit dem kindlichen Gewissen. Stuttgart 1953.
— Helfen statt Strafen. Stuttgart 1956.
— Bausteine zur Kinderpsychotherapie und Kindertiefenpsychologie. Bern 1957.
Zutt, J.: Pubertätsmagersucht. Klin. Wschr. 1946.

SACHREGISTER

Absencen 273, 274
Affektassoziation 19
Aggressionen 144, 180, 183
Aktivität 11 ff.
Allergie 259
Ambivalenzkonflikt 113, 251, 260, 268, 277, 309
amorph 12, 132, 196
Analität 41, 42, 88, 263
anal-sadistische Phase 88, 92
anankastisch 104
Anfälle, epileptische 273, 274
Angstsymptomatik, Angstanfälle, allg. Ängstlichkeit 228 ff.
—erlebnisse 54 ff.
—reflex 50
Anlage, gefährdende 65 ff.
—komponenten 103, 104
—mangel 83
Anmutung
—sgehalt, -erlebnisse 13, 14, 15, 18, 28, 30, 55, 57, 70, 196, 197, 242
Anorexia nervosa 238 ff., 244
anthropomorph 26, 121
Antinomik 45, 103
Antrieb 29 ff., 30, 31
—sentwicklung 58
—serleben 29, 30, 31, 32, 58
—squalität 213 ff.
—überschuß 11 ff., 81
—swelt 29, 30, 31, 32, 37, 45 ff., 50 ff.
Arbeitshemmung 128 ff.
Aufforderungscharakter 14, 21, 30, 38, 64, 90, 101, 102, 130, 131, 137, 153, 217
Asthma bronchiale 259 ff.
Ausscheidungsfunktion (Darm und Blase) 216 ff.

Besitzerleben 33, 34
—tönung 32, 41

Circulus vitiosus 56 ff.
Clownerie 95

Daumenlutschen 175 ff.
Determinismus 174
Depressive Grundstimmung 81 ff.
Depressive Verstimmung 216 ff.
Diagnose 115 ff.

Ehrgeiz, neurotischer 139, 143, 144, 145
Eigentumsdelikte 151 ff.
Enkopresis 301 ff.
Entwicklungsgesetze, biologische 53 ff.
Enuresis nocturna et diurna 75, 295 ff.

Erbrechen 238 ff.
Erfahrungserwerb 18 ff.
Erleben, physiognomisches 25 ff.
—, magisches 26 ff., 43, 44, 88, 222, 228
Erröten 268 ff.
Ersatzbefriedigung, 146 ff., 154, 162, 169, 192, 194, 201
Eßstörung 238 ff.

Gastritis 251 ff.
Gedächtnisleistung 18 ff.
Gefühlsassoziation 18, 19, 20, 52
Gehemmtheit 47 ff.
—, oral-kaptative 59, ff. 184, 252, 259
—, retentive 41, 60 ff., 209, 256, 259, 262
—, aggressive 60 ff., 132, 137, 154
—, Hingabe- 61 ff.
—, intentionale 63 ff.
—, sexuelle 44, 45, 62 ff., 189 ff., 194
Geltungssucht 34, 144
Greifalter 14
Grundformen 79 ff.
Grundstruktur, neurotische 213 ff.

Haarausreißen 175 ff.
Hautaffektionen 264 ff.
Hysterie: s. Struktur, hysterische
Herzsymptomatik 274 ff.
Hochstapelei 151 ff.

Iaktationen 278, 280 ff.
Indikationsstellung 303 ff.
Intentional, i. Lücken 37, 38, 39, 64, 81, 83, 85, 86, 131, 138, 137, 189, 191, 217
—, Hemmungen 81 ff., 216 ff.
—, Bezogenheit 37 ff.

Kompensationsversuche 138 ff.
Kopfschmerzen 266 ff.
Krankheitsbegriff 53 ff.
— ssymptomatik 213 ff.
Krisensituationen 105 ff.

Leib-Seele-Problem 206, 207
Leistungsminderungen 128 ff.
Lügen, neurotisches 151 ff.

Magersucht, psychogene 230 ff.
Manifestationsformen 119 ff.
—, charakterologisch 125 ff.
Motorik 15 ff.
—, m. Unruhe 279 ff.
Mundwelt 14, 33, 37, 81
Mutismus 184 ff.
—, elektiver 175

Mutismus, totaler 184, 185, 188, 189
mutative Variante 70, 71
Mutterfixierung 55

Nabelkoliken 255, 256
Nägelknabbern 175 ff., 180, 181

Obstipation 256 ff., 259
Oedipus-Komplex 97, 111, 314
oedipale Phase 99, 110
Ohnmacht 271 ff.
Onanie 189 ff.
Oralität 37, 38, 39, 41, 84, 85, 131, 137, 179, 180, 244, 252, 257, 262, 263, 292
—, o. Wunschwelt 85, 86, 250
—, o. Bezogenheit 37 ff.
Organerkrankung 206 ff.

Parallelismus, psychophysisch 206
Pavor nocturnus 228 ff., 232 ff.
Personenbezogenheit 104
Perversionen 165, 166, 194 ff.
Phase, handelnde 39 ff.
Phobie 222, 228, 229
Pollakisurie 16
Prognose 50, 107, 194, 303 ff.
Propulsivität 101
Prostitution 166 ff., 202 ff.
Pseudodebilität 128
Pylorospasmus 243

Realitätsprüfung 28, 44 ff., 94, 102, 105
Rechenstörungen 134 ff.
Rechtsprechung 170 ff.

Sachbezogenheit 104
Säuglingshospitalismus 39, 71, 85, 189
Schaualter 14
Schematenausfall, -prägung 140, 197
Schlafstörung 235
Schreibkrampf 285 ff.
Sexualität 22 ff., 44, 45, 62 ff., 97, 151, 160, 165, 189 ff., 194 ff., 272, 273, 313
Sinnesorgane 12 ff.
Spielhemmung 128 ff.
Sprachentwicklung 18 ff., 186, 188, 287
Stigmatisation, hysterische 211
Stottern 287 ff.

Struktur, depressive 80
—, hysterische 80, 94 ff., 102, 105, 214, 234
—, schizoide 80
—, zwangsneurotische 80, 86 ff., 214
—, verschiedene Strukturbilder 101 ff.

Therapie 136, 138, 169, 194, 201, 227, 233, 291, 293, 295, 303 ff.
Tic-artige Erscheinungen 282 ff.
Tönung 57
—, Besitz- 32, 41
—, erworbene 54 ff.
—, Futter- 32, 55
—, Gefühls- 53, 37, 52, 70,
— des Lebensgefühls, 54 ff.
—, negative 55,
Trichotillomanie 175,
Trotzalter 27
Trotzphase 89

Ulcus ventriculi et duodeni 251 ff., 259
Übersprungbewegungen 177, 213
Umwelt, gefährdende 71 ff.
Unbewußten, Begriff des 47 ff.
Urethral 41, 42, 43

Valenz 13, 70, 196, 243
Vaterfixierung 55
Verdrängungsvorgänge 47 ff., 53 ff., 57, 58, 188
Versagungssituationen 105 ff.
Versuchungssituationen 105 ff.
Verwahrlosung 127, 144, 151 ff., 202, 203
—, aggressive 151 ff.
—, neurotische 151 ff.
—, sexuelle 151 ff., 202, 203

Weglaufen 151 ff.
Welterfassung, theoretische 27 ff., 104

Zärtlichkeitsbedürfnis 176, 180, 183, 264, 279, 281, 313
Zärtlichkeitserleben 15, 35, 143, 264, 265, 282
Zwangsneurose 27, 80, 86 ff., 123, 181
Zwangssymptomatik 220 ff., 228, 229

NAMENVERZEICHNIS

Adler, A. 8, 101

Baumeyer, F. 231
v. Bergmann 244, 247
Binswanger, H. 244
Bleuler 121
Bowlby, J. 72, 153
Brentano, F. 38
Bühler, Ch. 12, 14, 20
Bykow, K. N. 67

Descartes 54
Dougall, Mc. 31

Fanconi 247
Fischel, W. 20, 176
Flugel, J. C. 67
Freud, S. 7, 28, 47, 48, 49, 51, 66, 52, 88, 92, 196
Fuchs-Kamp 154

Gehlen, A. 30, 31
Glatzel 251

Haerdtle, R. 176
v. Harnack 116, 117
Hetzer, H. 12, 20
Husserl 38

James 207
Jung, C. G. 7

Kemper, W. 74
Kinsey, A. 194, 195
Kleinschmidt 296
Kretschmer, E. 66, 68, 82, 217
Kroh, O. 13, 25, 26, 28, 44
Künkel 8

Lange 207
Lange-Eichbaum, M. 121

Laßrich 255
Leibnitz, G. W. 47, 48, 49, 298
Lersch, P. 13, 70
Lewin, K. 14, 30, 101
Lorenz, K. 197

Moro 255

Noeggerath, v. 296

Pawlow, I. P. 19, 49, 52, 67
Pfaundler 296

Ruegg 244
Russel, E. S. 13

Schaefer, K. H. 255
Schmëing, K. 23
Schneider, K. 66
Schultz, I. H. 212
Schultz-Hencke, H. 8, 38, 41, 50, 66, 56, 80, 89, 92, 101, 151, 196, 199, 200
Schwarz, O. 122
Schwidder, W. 75, 234, 251, 252, 259, 299, 304
Schwöbel 259
Spitz, R. A. 72
Spranger, E. 14
v. Staabs 315
Stieve 250

Tramer, M. 184

Watson, J. B. 49, 50, 52, 67, 229
Weber, A. 184
Wolff 72
Wundt, W. 13, 206, 209

Zimmert 285
Zulliger, H. 314
Zutt, J. 244, 247

Annemarie Dührssen

**Die biographische Anamnese
unter tiefenpsychologischem Aspekt**
1981. 152 Seiten, kartoniert

**Analytische Psychotherapie
in Theorie, Praxis und Ergebnissen**
1972. 440 Seiten, Leinen

Psychotherapie bei Kindern und Jugendlichen
Ein Lehrbuch für Familien- und Kindertherapie
6. Auflage 1980. 426 Seiten, kartoniert

Heimkinder und Pflegekinder in ihrer Entwicklung
Eine vergleichende Untersuchung an 150 Kindern in Elternhaus, Heim und Pflegefamilie. (Beiheft 1 zur Zeitschrift »Praxis der Kinderpsychologie und Kinderpsychiatrie«)
6. Auflage 1977. 161 Seiten, kartoniert

Zum Problem des Selbstmordes bei jungen Mädchen
(Beiheft 9 zur Zeitschrift »Praxis der Kinderpsychologie und Kinderpsychiatrie«). Nachdruck 1980. 52 Seiten, kartoniert

Mitherausgeberin der Zeitschriften
Praxis der Kinderpsychologie und Kinderpsychiatrie
Zeitschrift für Psychosomatische Medizin und Psychoanalyse

**Verlag für Medizinische Psychologie im Verlag
Vandenhoeck & Ruprecht · Göttingen u. Zürich**

Beihefte zur Zeitschrift »Praxis der Kinderpsychologie und Kinderpsychiatrie · Auswahl

Abon. der Ztschr. erhalten die Beih. ab Heft 16 unter Abzug von 10% Ermäßigung

5: Werner Schwidder (Hrsg.)
Die Bedeutung der frühen Kindheit für die Persönlichkeitsentwicklung
3. Aufl. 1975. 83 S., kartoniert

7: Eberhard Künzel
Jugendkriminalität und Verwahrlosung
Ihre Entstehung und Therapie in tiefenpsychologischer Sicht. 5. Aufl. 1976. 164 S., kartoniert

8: Peter Müller
Familie und Schulreife
Sozialpsychiatrische Untersuchungen. 1967. 86 S., kartoniert

10: Theodor F. Hau
Frühkindliches Schicksal und Neurose
Schizoide und depressive Neurose-Erkrankungen als Folge frühkindlicher Erlebnisse in der Kriegszeit. 1968. 153 S. und zahlr. Tab., kartoniert

13: Kurt Eberhard / Gudrun Kohlmetz
Verwahrlosung und Gesellschaft
Logische und empirische Prüfung einiger Thesen zur Entstehung der Verwahrlosung. 1973. 142 S., kartoniert

14: Helmut Waldmann / Wolfgang Zander (Hrsg.)
Zur Therapie der Drogenabhängigkeit
1975. 117 S., kartoniert

16: Arnold Langenmayr
Die Berufstätigkeit von Müttern verhaltensgestörter Kinder
Eine empirische Untersuchung über ihre unbewußte Motivation und einige Folgen mütterlicher Berufstätigkeit für das Kind. 1976. 250 S., kartoniert

18: Johann Zauner (Hrsg.)
Familiendynamik und analytische Kindertherapie
Methoden und Probleme. Mit Beiträgen von R. Adam, W. Berger, G. Feldmann-Bange, H. Friedrich, R. Haarstrick, H. Knöll, U. Neumann, H. H. Ockel, E. v. Strachwitz, E. Sperling und J. Zauner. 1976. 181 S., kartoniert

19: Thomas Weinert
Aggression und Depression
Eine mehrdimensionale Untersuchung an kindlichen und jugendlichen Tötungsdelinquenten. 1976. 245 S., kartoniert

20: Hans-Christoph Steinhausen / Susanne Börner
Kinder und Jugendliche mit Diabetes
Psychologie einer chronischen Krankheit. 1978. 111 S. mit 9 Abb. u. 23 Tab., kartoniert

21: Manfred Müller-Küppers / Friedrich Specht (Hrsg.)
»Neue Jugendreligionen«
Vorträge und Berichte einer Fachtagung über »Probleme im Zusammenhang mit den sogenannten Jugendreligionen« der Medizinischen Hochschule Hannover. 2. Aufl. 1979. 179 S., kartoniert

22: Michael Bohman
Adoptivkinder und ihre Familien
Aus dem Schwed. von B. Mral. Mit einem Einführungskap. für die dt. Ausg. von H. Keilbach über Gesetz und Praxis der Adoption in Deutschland. 1980. 283 S., kartoniert

23: Eckart Förster (Hrsg.)
Kooperation bei der Versorgung psychisch kranker Kinder und Jugendlicher
1981. 96 S., kartoniert

Verlag für Medizinische Psychologie im Verlag Vandenhoeck & Ruprecht · Göttingen u. Zürich